U0908579

解放军国际关系学院国际关系研究所

2010国际安全

INTERNATIONAL SECURITY SITUATION IN 2010

主　编◎刘　强

副主编◎季正明

时事出版社

目　录

第一部分　全球安全形势综论

第二部分　重大国际安全问题

第三部分　主要地区安全形势

第四部分　国际安全大事记及条约资料选编

前　言

2010年的国际安全形势在大国关系深刻演化的过程中呈现出总体稳定、局部问题复杂尖锐和隐忧不少的局面。

世界主要大国国家安全战略在新的安全思维引导下，在应对新的问题和挑战中继续进行调整，总体上对维护世界和平与稳定发挥了积极作用。博弈型大国关系模式已经形成，这种模式区别于传统的利益趋同或利益相悖的简单敌友关系，既有利益一致也存在利益竞争，既合作又竞争（抑或斗争），你中有我、我中有你，一损俱损、一荣共荣，较之以往更趋复杂并在纠结中缓慢发展。世界主要力量中心的力量消长使得多极化国际格局历经多年嬗变趋势已十分明朗。以“金砖四国”为代表的新兴国家快速发展，已经成为拉动世界经济发展的重要引擎，更成为维护国际安全的重要力量。但是传统安全和非传统安全领域中，还存在一些现实的矛盾冲突和潜在的问题，这些消极因素相互作用使得国际安全局势的发展存在着许多变数，国际社会必须高度予以重视。

随着人们对安全问题的认识不断深入，国际安全问题研究已经成为一门新兴学问。由于诸多认识上的差异，目前“国际安全”研究尚未从国际关系研究中分离出来，成为独立的一级学科。但是这并未影响人们对国际安全问题的关注，特别是随着国际战略格局的深刻演化，国际安全形势日益复杂，人们对国际安全的研究也开始更加注重，研究成果不断出现，研究的广度和深度有所发展。特别是近年来对非传统安全问题的研究方兴未艾，然而我们必须清醒地认识到，传统安全对国际安全的威胁并未消失，如何防止战争仍然是人类面临的重大问题。尽管第二次世界大战后，人们为防止世界大战爆发制定的集体安全机制有效地防止了世界大战的再次爆发，但局部战争却此起彼伏，严重影响着国家安全和世界的稳定与发展。因此，我们更希望在关注非传统安全研究的同时，关注传统安全问题的研究，并将两者有机地结合起来。

作为以国际安全研究为主项的专业研究机构，我所人员从维护中国国家安全利益的立场出发，始终关注国际安全形势的变化，并在学习中不断拓展研究视野、更新观念，以中国新安全观为指导，以现实主义的安全思维思考国际安全问题，努力提高国际安全问题研究的水平。

本书既是对 2010 年全年国际安全形势的纵向梳理，也是对其进行的一个横向全面评估，我们继续坚持既定的“以事实为基础，以客观为标准”的撰写原则，力求反映 2010 年国际安全的真实面貌并揭示表象背后的实质，以期能为关心国际安全问题的各类读者提供参考，最终能为维护中国国家安全尽绵薄之力。

本书的所有看法均为学者的学术观点，但由于认识水平和时间有限，一些观点可能显得有些粗糙且不够成熟，真诚感谢各位读者和同仁多年来予以的支持并欢迎对书中一些不足之处不吝赐教，以提高我们的研究水平。

刘强博士

（解放军国际关系学院国际关系研究所所长，教授、博士生导师）

2010 年元月 · 南京

第一部分

全球安全形势综论

2010年的全球安全形势依然错综复杂，国际格局依然朝着多极化的方向快速发展且趋势已经明朗，大国关系演化为一种博弈型关系模式。这种所谓的博弈型区别于传统的利益趋同或利益相悖的简单敌友关系，形成既有利益一致同时存在利益竞争的既合作又竞争（抑或斗争），你中有我、我中有你，一损俱损、一荣共荣的更趋复杂的关系，这种复杂的大国关系在纠结中缓慢发展。在新的环境下，世界主要大国（集团）的安全思维发生变化，战略调整势在必行。其中，美国危机意识更加强烈，战略调整继续深化，战略重心开始东移，总体上看进攻性有所减弱，进入暂时蓄势阶段；经济利益促使俄罗斯安全战略开始显示出一定的弹性和柔性，但以核威慑为核心的军事力量支撑的国家安全战略没有发生根本改变；欧盟共同防务步伐向前迈进，但金融安全隐忧巨大，成为安全问题的重中之重；日本新防务政策浮出水面，敌手更加明确，更具进攻性；新兴国家风光无限，国际影响力稳步扩大，国际安全稳定器作用进一步发挥。

总之，大国间敌对程度相对降低，致使国际战略局势呈现出相对稳定的局面，但也引发了一些新的问题和冲突点，值得特别关注。同时，全球性军事安全威胁趋缓，但局部武装冲突依然存在且隐忧不少，防扩散形势更趋严峻，威慑性军事演习不断增多，防止战争依然是国际社会面临的重大问题。而军事安全以外的多种安全威胁程度总体不减，一些领域继续深化，国际社会面对着更大的应对挑战。

第一章

国际格局维持旧貌，但多极化趋势已经明朗，大国战略调整后关系更趋复杂，博弈型大国关系在合作与竞争的纠结中缓慢发展

随着国际金融危机的影响逐渐减弱，绝大多数大国已摆脱国内经济问题的困扰，总体安全战略开始进行新一轮调整。大国间博弈呈现出低强度和总体理性的特点。合作意识继续加强，但分歧和猜忌并未消失，国际格局尽管维持旧貌，但多极化趋势已经明朗，合作与竞争并存的你中有我、我中有你的非敌非友关系构成了新的博弈型大国关系模式，大国关系在纠结中缓慢发展。

一、美国危机意识趋强，战略重心东移，总体上进攻性有所减弱，进入暂时蓄势阶段，但主导世界的决心未变

尽管美国已基本走出了金融危机的阴影，经济开始复苏。但受此打击和前些年伸张过度因素的影响，总体实力相对下降，危机意识进一步增强。以 2010 年 5 月 27 日发布的《国家安全战略》①（报告）为标志，美国

① NATIOAL SECURITY STRATEGY，United States，May 27，2010，http：//www. whitehouse. gov/sites/default/files/rss _ viewer/national _ security _ strategy. pdf。

对其国家安全战略进行了重大调整。从2010年版《国家安全战略》(报告)中我们不难发现，最为明显的变化就是对威胁有了新的认识和判断，并作出了相应的对策性调整。报告认为其面临的威胁和挑战不仅是“广泛”(broad)的，更是“复杂”(complex)的，而且是“众多”(array)的。这些威胁包括“意识形态战争被宗教、种族冲突和部落认同感的对垒”、“核扩散”、“不平等和经济动荡加剧”、“环境破坏”、“粮食安全遭到损害”和“公共卫生面临的危险”等。但同时认为“仍必须开拓美国实力和影响力的来源”，以能够继续确保国际社会的“主导地位”，并以此建立一个“基于权利和义务的国际秩序”，而这种国际秩序“必须支持我(美)国的利益”。为了达到这些目的，美国一改原来唯我独尊的单边主义姿态，开始清醒地认识到，尽管其拥有稳固的同盟关系、举世无双的军力、全球最大规模的经济以及不断强大和发展的民主制度及富有活力的人民，但是“任何一个国家，无论多么强大，都无法单枪匹马地应对全球挑战”，因此美国不仅要求其盟国在共同利益下更多地分担责任，更要求“新兴强国要承担更多的责任”。而在振兴经济领域，美国“已经将重点转至G20”。①

从此不难发现，为应对新的威胁，牢牢掌握主宰世界的权力，美国的国家安全战略已开始了重大策略性调整。其中最为明显的就是放弃了包括不得人心且效果不佳的“先发制人”和“单边主义”为主要特征的布什主义战略，开始淡化绝对安全的调门，取而代之的是以多边主义和综合手段来应对安全威胁。

美国国家安全战略之所以发生这样深刻的策略性调整，客观地说是在总结实践经验和教训后理性思考的结果。这种调整既是基于能力也是基于效果的综合技术(策略)性调整，总之是为建立一个美国主导下的国际秩序而设计的战略蓝图。实践中，美国开始以“利益论”为基调加强与各同盟国的关系，以“责任论”为基调加大了对新兴国家的战略压力。凡此种种是期待世界各国均能按照美国制定的蓝图，实现美国主导下的国际秩序重建，最终实现美国国家利益的最大化。

---

① 以上有关美国的相关观点均来自于其2010年5月27日发布的《国家安全战略》(报告)，参见NATIOAL SECURITY STRATEGY, United States, May 27, 2010, http://www.whitehouse.gov/sites/default/files/rss_viewer/national_security_strategy.pdf。

此外，美国的战略调整还反映在2010年11月19—20日在西班牙首都里斯本召开的北约峰会上。此次峰会，根据对新的国际安全形势的判断，北约成员国领导人批准了冷战结束后的第三份战略文件，即用于指导北约未来10年发展的战略新概念。在新概念中，北约的宗旨仍是通过政治和军事手段维护所有成员国的安全，北约将继续履行三大核心任务，即集体防御、危机处理和安全合作。新概念称，面对导弹袭击、网络攻击等新安全威胁，北约需要采取现代化的防御手段。新概念重申北约需要展开区域外行动，同时更加重视在全球范围内发展伙伴关系。其中，北约明确将发展导弹防御能力作为集体防御的一个核心部分。北约还就建立欧洲反导系统达成协议，同意将北约现有的战区反导系统拓展为领土反导系统，保护的对象由部队变成成员国平民和领土。对于这份新的纲领性文件，北约秘书长拉斯穆森强调，新概念不是一份简单的文件，而是北约的“行动计划”。北约将根据新概念内容采取实际行动，从而使行动变得“更为有效”、“更多参与”和“更有效率”。①

事实上，作为北约首领，美国开始调整北约的战略定位，寻求与欧洲盟友就其政府新提出的阿富汗“过渡战略”达成一致。该战略要求美国及其他西方国家的部队继续执行作战任务，直到2014年。这对以美国为首的作战任务的未来而言，是一个“重要却微妙的说服谈话”，即在美国准备从明年夏季起开始减少在阿富汗的驻军人数之际，寻求说服欧洲盟友维持在联军中的兵力。② 这明显是美国战略调整在北约身上的集中反映，美国期待借助盟国的力量甚至非盟国的力量来弥补自身力量的不足，或者说是为了避免自己的力量过分伸张导致损伤而采取的“借力”。

同时，在战略调整中，美国开始将其重心向亚洲转移。2009年美国曾宣布将“重返亚洲，亚洲事务将在美国外交议程上处于更加显著的位

① “里斯本峰会谋划北约未来发展”，新华网，http：//news.xinhuanet.com/world/2010-11/21/c_12798990.htm。

② “北约峰会力图打造新北约”，新华网，http：//news.xinhuanet.com/world/2010-11/20/c_12796032.htm。

置”[1]。2010年美国开始扎扎实实地实践这一宣示，主要表现在：外交上除了深化与地区盟国的同盟关系外，开始加强与东南亚国家的交往（其中与越南和印度关系的提升格外引人注目）；军事上投入重金加强关岛基地的建设[2]并增加了与其盟国在这一地区的演习频度和烈度。特别是6月23日至8月1日举行“环太平洋2010”多国联合海上军演、7月25—28日韩国与美国在韩国东海即日本海举行代号为“不屈意志”的联合军演、12月3—10日美国和日本举行的代号为“利剑”（Keen Sword）的联合军演等，都是有史以来规模最大的军事演习，具有明显的炫耀武力、威慑地区国家和警示地区大国以及宣示主宰地区安全局势决心的意图。特别值得注意的是，美国回归亚洲，特别与东亚地区盟国安全合作的加强，其指向除应对一些地区危机、维护其在此的战略利益外，围堵、压制中国和俄罗斯的意图也十分明显，而其中针对中国的信号更加明显。

美国的国家安全战略调整，不仅源于奥巴马政府的执政理念有别于布什政府，更重要的是面对不断萎缩的权力美国已经感到自己的国际领袖地位受到严峻挑战，因此才会高喊“不做世界第二”[3]，危机感之重，溢于言表。我们不仅从将美军作战部队撤出伊拉克中感受到奥巴马政府为挽回国内和国际声誉所作出的努力，也从美国军事力量在世界各地特别是在亚太地区的活跃而感到其力量的彰显。为确保其世界“领袖”的“市场份额”，即便在总体收缩的情况下，依然尽力保持威慑的姿态。美国的这种伸张与

---

① 2009年7月美国国务卿希拉里・克林顿在访问泰国时曾这样郑重对外宣称。参见“中国时报：美重返亚洲 强烈冲击东亚国家”，中国新闻网，http：//www. chinanews. com. cn/hb/2010/08-06/2452411. shtml。

② 美国将投入120亿美金全面升级关岛军事基地，并开始在此首度部署B2隐形轰炸机以及F22先进战机，并准备兴建核战略潜艇基地。同时，大约已经有十一艘以上“俄亥俄级”战略核潜艇移防太平洋地区，其中三艘拆除核导弹而改装战斧巡航导弹的“俄亥俄级”潜艇最近还停泊韩国釜山与菲律宾苏比克湾。另外，部署在太平洋地区的航空母舰战斗群已经由五个增加为六个。参见“中国时报：美重返亚洲 强烈冲击东亚国家”，中国新闻网，http：//www. chinanews. com. cn/hb/2010/08-06/2452411. shtml。

③ 这是奥巴马在2010年1月27日在入主白宫后的首个国情咨文中称，当欧洲、中国、德国和印度都不愿停止脚步、不肯接受做第二名的时候，美国必须加紧步伐，快速迈进；绝不接受做世界第二。参见“奥巴马演讲表示美国绝不接受做‘第二名’”，环球网，http：//world. huanqiu. com/roll/2010-01/703240. html。

收缩，这一定程度上反映出一种或可称之为“美国困惑”的情绪状态，即高傲的优越感、自信心和强烈的救世情结与现实碰撞所产生出的“逆差”而导致的无奈。

从2010年美国的国际安全理念和实践看，与2009年相比其攻势总体有所减弱，这不仅仅反映在其结束伊拉克战争，更多地反映在实际武力运用的谨慎和相对减少。因此，可以说美国进入了一种蓄势阶段。然而，显然这种蓄势只是暂时的，是为下一轮进攻而作的必要准备，即当其实力得到彻底的恢复，势必会在一些涉及美国核心利益的问题上采取强烈攻势，这是美国下一轮进攻的逻辑起点和战略准备。

二、俄罗斯安全战略开始显示出一定的弹性和柔性，但以核威慑为核心的军事力量支撑的国家安全战略轨迹没有发生根本改变

俄罗斯的国家安全战略一直是以核威慑为核心的军事力量来支撑的。出于经济发展的需求，特别是在加入世贸组织问题上有求于西方，2010年间俄继续缓和并深化与美国和西方国家关系，其中包括争斗了10年之久的北约，同时在包括伊朗核问题上与西方国家进行了良好互动和配合，国家安全战略显示出一定的弹性和柔性。

在与美国关系上，2010年6月，俄总统梅德韦杰夫以与美总统奥巴马的“汉堡外交”向世界展示了与美国“兄弟般”的“和睦”。9月，中断已久的美俄军事交流“重启”，5年来第一次访问美国的俄罗斯国防部长谢尔久科夫与美国国防部长盖茨进行了长达5个小时的会谈，并在会谈后签署了包括军事关系备忘录在内的多项协议。根据会后公报，盖茨与谢尔久科夫确认：美俄面临相同威胁和挑战，防务合作是两国建立更广泛关系的基石；今后美俄国防部长每年至少举行一次首脑会晤，两国军事官员间的交流也将更加频繁。此外，美俄将组建一个防务工作组，协调处理林林总总的防务问题，包括军队改革和转型、国防政策要点和国家安全、军事透明

度和建立互信措施以及地区和全球安全问题等。①

在与北约和欧盟关系上，10月，梅德韦杰夫与法、德首脑单独会谈，力促新欧洲安全条约。11月初，北约秘书长拉斯穆森访问莫斯科并与梅德韦杰夫进行了会谈，就扩大阿富汗合作问题达成一致意见。这些都显示俄开始重新定位自己的欧洲国家属性，并意识到如果继续锋芒毕露地与西方特别是欧洲国家进行对抗，对俄国家利益的拓展并无益处，因此与西方交往的重心开始从政治与军事安全转向了务实的经济合作。为此，俄罗斯经济发展部制定了同欧盟进行合作的“现代化伙伴”计划，欧盟向俄方提出了10条合作原则，包括法治的最高地位、建立多元化有竞争力的经济、巩固科研领域合作、提高直接投资、市场一体化、俄罗斯加入全球贸易体系、促进人员间联系等，这些原则基本被俄接受。2010年6月1日，第25次俄罗斯—欧盟峰会发表联合声明，宣布启动现代化伙伴关系倡议。建立俄罗斯与欧盟的现代化伙伴关系，将是俄欧关系未来发展的重心。② 同时，在传统安全领域，俄罗斯与欧盟甚至商定将建立国防和安全领域规划和协调行动联合工作组，以使双方的共同决定不是停留在理论上，而是付诸实施。③ 这种与欧盟全面的接触与合作关系，充分反映出俄罗斯国家安全战略的务实性和灵活性，冷战思维明显褪色，即不再坚守以意识形态为基轴处理国际关系的传统习惯。

而年内俄罗斯最令人关注的一项举措就是成为北约导弹防御系统建设的“合作伙伴”，这更是其国家安全战略务实性和灵活性的具体体现。在北约里斯本峰会后，11月30日，俄总统梅德韦杰夫在发表年度国情咨文中就这一问题再次强调，并称目的是为了防止新的军备竞赛出现。为此，梅德韦杰夫称“今后10年，我们面临以下抉择：要么就建立导弹防御系统、创建一个成熟的合作机制达成一致……（要么）新一轮军备竞赛将开始”。而如果出现后一种情形，俄方“将不得不作出决定，（在国外）部署

---

① “俄罗斯国防部长访美 美俄军事交流‘重启’”，中国新闻网，http：//www.chinanews.com.cn/gj/2010/09-16/2536616.shtml。

② 左凤荣：“俄罗斯外交华丽转身”，载《南风窗》，引自新浪网，http：//news.sina.com.cn/pl/2010-07-19/140620710506.shtml。

③ 参见“俄罗斯和欧盟将建立国防和安全领域协调行动工作组”，新华网，http：//news.xinhuanet.com/world/2010-09/03/c_12516875.htm。

新的打击力量"，但这种方案后果严重。① 这种解释尽管有其逻辑合理性，但是显然俄罗斯参与其中还应有更深层次的原因，即缓和与西方集团的矛盾，避免正面对撞，以腾出更多的精力发展经济。同时，身在其中可以更好地控制西方导弹防御系统的建设方向，以使俄罗斯不成为北约导弹防御系统的靶标。

俄罗斯与西方关系的改善，也获得了一定程度的回报。其中，近年来深深困扰俄的格鲁吉亚已开始无法从美国和以色列获得武器装备的支持，甚至包括教学设备。此举导致格鲁吉亚抱怨称，"华盛顿把美俄关系重启看得比提高格军防御能力更为重要"②。尽管美国国务院拒绝就此发表任何评论，但以色列却明确表示，以公司冻结与格鲁吉亚的军贸不是因为美国官方对格的封锁政策，而是担心破坏与俄罗斯的关系，毕竟在一系列问题上俄罗斯都是以色列相当重要的伙伴。③

不仅如此，俄罗斯的外交政策开始将目标设定为成为新世界的缔造者。为此，俄罗斯开始淡化敌友意识，以追逐利益为重点，并"将俄罗斯的经济与文化融入欧盟、中国等邻国"，要与各大强国（欧盟、美国为首要伙伴）"互利互助，相互依靠"。④ 这与2—3年前与西方的严重对抗形成了强烈反差。对于俄外交政策转变的原因，莫斯科卡内基莫斯科中心主任特莱宁认为："经济危机消除了普京总统任期末的标志性的骄傲自大。如果你接受这样的论点，不现代化，就会被边缘化；俄罗斯自己不能完成现代化……那么你的外交政策就跃然纸上了。你要向发达国家伸手，寻求能实现现代化的资源。"⑤ 甚至有人认为，这是"普京下决心走彼得大帝的道路，向西方倾斜，以欧洲为样板，按照欧洲的发展途径进行自身变革，实

---

① "俄总统发表年度国情咨文 提出加强与美欧合作"，新华网，http://news.xinhuanet.com/world/2010-12/01/c_12837122.htm。

② "美以屈从俄罗斯压力　停止向格鲁吉亚供应武器"，新浪网，http://news.sina.com.cn/w/2010-07-01/163120590614.shtml。

③ "美以屈从俄罗斯压力　停止向格鲁吉亚供应武器"，新浪网，http://news.sina.com.cn/w/2010-07-01/163120590614.shtml。

④ "俄罗斯启动'融冰'外交"，易网，http://news.163.com/10/0618/04/69EEK3SA00014AED.html。

⑤ 同上。

现与欧洲的一体化，最终完全融入欧洲”[①]。

但是，俄罗斯双头鹰的另一只头并未放松对东方的注视。在稳定了欧洲的同时，俄战略重心也有东移迹象，俄开始更加关注并积极参与亚太地区的事务，强调“必须加强在亚太地区的地位”[②]。6月29日俄罗斯在俄远东和西伯利亚地区进行的“东方—2010”大规模战略战役演习和11月1日总统梅德韦杰夫登上“北方领土”（俄罗斯称“南千岛群岛”，日本称“北方四岛”）视察，正是俄对亚洲地区安全利益的高度重视的具体体现。俄政府正在酝酿出台加强俄罗斯在亚太地区地位的行动纲要。

尽管俄罗斯的安全政策和举措显示出一定的弹性，但俄罗斯并未偏离以核威慑为核心的军事实力支撑来重振大国地位的国家安全战略轨道，军事发展的脚步并未放慢。2008年开始启动的为期12年的重塑军队面貌的军事改革继续深入，[③] 其中，为了更加有效地提升军队的指挥与控制效率，完善指挥体系，2010年7月15日俄总统梅德韦杰夫签署命令，对俄战略战役指挥机关进行重大改革，批准在俄武装力量中组建4个新的军区，相应成立4个联合战略司令部。将原有的11个指挥层级调整为3个，并将“网络中心战”作为2015年的发展目标，同时组建由装甲汽车构成的“轻装旅”。[④] 为使改革更加高效，俄甚至向同样感到“非常痛苦”[⑤] 的美国取经，希望借鉴美国的军队改革经验找到俄军队改革的经验。提高武器装备的现代化水平是俄军事改革的重要一环，俄在武器装备发展上力量和决心

---

① “信力建：俄罗斯——走向欧洲的双头鹰”，南方报网，http://opinion.nfdaily.cn/content/2010-07/07/content_13548224.htm。

② 俄总统梅德韦杰夫2010年7月2日在俄远东哈巴罗夫斯克出席远东社会经济发展会议时作此表示。参见“俄罗斯大规模军演针对谁”，新浪网，http://news.sina.com.cn/o/2010-07-08/135117775182s.shtml。

③ 俄为期12年的军事改革分为3个阶段：第一阶段俄军组织结构的调整已经完成。通过近3年的改革，俄军大幅裁减军官人数，减少军队指挥层级，合并军区以及建立后勤和武器装备统一保障系统。而今后两个阶段俄军改革的重点是提高军队社会保障水平和武器装备现代化程度。

④ “俄罗斯军队实施重大改革”，人民网，http://world.people.com.cn/GB/12160155.html。

⑤ 这是俄国防部长谢尔久科夫2010年9月15日访美，在与美国国防部长盖茨会谈后的记者招待会上发出的共同感慨。参见“俄罗斯防长5年来首次访美 切磋裁撤将军经验”，环球网，http://mil.huanqiu.com/Exclusive/2010-09/1116234.html。

也十分强大，最为典型的实例就是有关“布拉瓦”（SS-NX-30）潜射导弹[①]的研发，这种被专家称为俄“海基战略核力量唯一的希望也是最后的希望”[②]的导弹，尽管研发过程中的12次试验发射有7次失败，但俄并未停止继续试验。反映出俄欲以这种世界最先进的导弹取得军事上的领先地位。时至年底，总理普京12月13日在俄北冰洋沿岸主要舰船制造中心北德文斯克举行的2011年至2020年俄武器装备采购计划会议上抛出了新的军购计划，称未来10年内俄政府将出资20万亿卢布（1美元约合30卢布）购买武器装备，以实现军队现代化，并重点考虑加强核遏制力量。这笔巨额经费主要用于2020年前俄罗斯购买1300多件（套）武器和技术装备，其中220种将是最新开发或是对现有武器的改进。普京表示，与目前的计划相比，新采购计划的资金投入几乎增长了3倍。20万亿卢布的采购金额虽是“可怕的数字”，但也是合理的。根据该计划，2015年前，俄军现代化武器装备的比例应提高到30%，到2020年则要达到70%。普京指示有关部门于2010年年底前完成计划制订工作。[③]

总之，尽管俄罗斯外交上体现出一定的柔韧度，即表现出一定的弹性和灵活性，务实程度之高前所未有，但无论是从政治安全还是经济安全的角度考虑，俄罗斯重塑世界一流大国的战略目标没有改变，为实现这一目标，以战略核力量为支撑的国家安全战略也未发生偏移。

---

① “布拉瓦”（SS-NX-30）是一枚三级潜射型弹道导弹，采用液体和固体混合推进剂，是一种突防能力很强的导弹，能够突破美国的导弹防御系统。

② 中央电视台军事评论员梁永春语。参见“‘布拉瓦’导弹或成俄海基战略核力量最后希望”，新华网，http：//news. xinhuanet. com/mil/2010-09/09/content_14151487. htm。

③ 普京当天还视察了正在当地造船厂进行测试的第四代战略核潜艇“亚历山大·涅夫斯基”号。这艘造价230亿卢布的核潜艇与先前下水的“尤里·多尔戈鲁基”号核潜艇同属“北风”级弹道导弹核潜艇，将装备新型的“布拉瓦”洲际弹道导弹。“布拉瓦”将成为俄海基核威慑力量核心，与以“白杨—M”弹道导弹为核心的陆基核威慑力量以及空基核威慑力量构成完整的核威慑体系。俄罗斯还计划于2012年完成第三艘“北风”级核潜艇建造工作。参见谭武军：“未来10年将花20万亿卢布购买武器装备 新规划为俄军换行头”，载《人民日报》2010年12月15日第3版。

三、欧盟共同防务步伐向前迈进，欧洲一极更加明显，但金融安全隐忧巨大，成为安全问题的重中之重

尽管一直受到美国的质疑和反对，但欧洲的共同防务 2010 年又有新的进展。为应对日益增多的海外军事任务，法、德等几个欧盟成员国一直致力于建立单一的军事指挥中心。[①] 伴随着欧盟一体化进程的发展，特别是受金融危机的影响，欧盟共同防务的步伐有所加快。那些致力于建立单一军事指挥中心的人认为，在统一司令部的协调与指挥下，可以减少矛盾，提高作战效率，以免每次行动开始时都要从头做计划。2010 年 5 月 27 日新就任欧盟军事参谋部主任的荷兰人范奥斯奇中将就是持这种观点的人，他认为金融危机迫使欧盟成员国在后勤方面加强合作，更有效地使用预算，这给推进建立欧盟单一军事指挥中心提供了良机。[②] 为了实现这一目标，欧盟各成员国的国防部长们不断召开会议进行磋商。2010 年 9 月在布鲁塞尔会议上，部长们强调通过深化区域内军事合作推进共同安全和防卫政策，并确保在海外的军事行动。欧盟下半年轮值主席国比利时国防大臣德克雷姆在会后举行的新闻发布会上表示，各成员国之间特别是荷兰、比利时、德国和法国“更有必要”增进军事合作，因为它们拥有统一的指挥中心。他呼吁各成员国在国防预算紧缩的窘境下发展和提升军事能力，拓展在海外的军事行动和培训项目。德克雷姆呼请欧盟外交与安全政策高级代表阿什顿让欧洲防卫局对已有军事行动的成果进行评估，并考虑开展新的军事项目。与会的国防部长还要求阿什顿授权欧洲防卫局就成员国之间

---

① 早在 2003 年 4 月，比利时、法国、德国和卢森堡就提议建立这样一个统一的指挥中心。而最早的提议应追溯到 1999 年 12 月，法、德、意等国认为，欧盟应最终建立一个指挥中心直接指挥在海外的军事行动，因为单一的欧洲国家太弱小，无法独立于美国之外扮演重要角色。2009 年 4 月 15 日，法国负责欧盟事务的国务秘书布律诺·勒迈尔称，法国希望设立统一的欧洲司令部，以确保欧洲防务相对于北约的独立性和互补性。他认为，欧洲和美国的安全利益并不完全重合，美国应同意由欧洲人处理自己的安全问题。

② “英军中将反对法国倡议称欧盟单一军事指挥不可行”，新华网，http://news.xinhuanet.com/mil/2010-06/02/content_13606399.htm。

开展军事合作的方式提交书面报告。[①] 12月9日，欧盟成员国国防部长再聚布鲁塞尔，重点讨论在各国受金融危机波及普遍缩减军事开支的情况下，如何通过合作来维持和发展欧盟国家的集体军事能力，并确定具体的合作领域。在会后发表的公报中强调了以下几点：（1）要把债务危机对各成员国国防预算的冲击转变成“一个机遇”，给提高欧洲军事能力注入新的活力；（2）成员国之间要加强合作，互相透明削减军费等信息，以便准确评估削减军费对欧盟军事建设的冲击；（3）在实现各自军事能力发展目标的同时，各成员国要努力避免重复建设；（4）鼓励各成员国系统客观地分析各自现有军事能力，并摸清哪些部分可以共享，哪些部分则要合并；（5）强调“军民合作”，发挥军费的双重效用，即军事效用和民事效用。公报中特别提到，要加强欧洲防务局与欧盟委员会的合作，尤其是在科研方面的合作，促进军事技术和民用技术的互通。因此，此次会议被认为是《里斯本条约》2009年12月生效以来，欧盟国家在共同安全和防务政策上迈出的重要一步。[②]

在欧盟共同防务与合作的具体操作中，英国的态度始终不够积极，但今年英国开始转变原有态度，并在实践中有所突破，特别是其与法国间的防务合作升级令世界瞩目。2010年11月2日，英国首相卡梅伦与到访的法国总统萨科齐在伦敦签署为期50年的全面军事合作协议，大力强化两国在国防和安全领域的合作。该协议被美国《纽约时报》评论为已远超北约60多年来的合作框架。[③] 因为协议内容将使英法两国的陆海空三军“全面联手”，不仅着手统一武器装备平台技术标准，还在军队联合编组、共同

① “欧盟推进共同安全和防卫政策确保海外军事行动”，中国网，http://www.china.com.cn/military/txt/2010-09/25/content_21000244.htm。

② “欧盟欲借经济危机发展欧盟国家的集体军事能力”，中国新闻网，http://www.chinanews.com.cn/gj/2010/12-10/2713970.shtml

③ “英法新防务协议被指史无前例 合作远超北约框架”，新华网，http://news.xinhuanet.com/mil/2010-11/08/c_12748503.htm。

训练等方面进行全新合作。① 关于新组建的联合部队的使用问题，一位不愿公开姓名的法国官员说，这支部队将用于参加北大西洋公约组织、欧洲联盟、联合国或是双边的民事和军事行动。② 尽管多数评论认为，英法的这种合作是应对经济窘境的无奈之举，但无论怎样，此举不仅超越了历史对抗恩怨的阴影，也超越了英美合作的水平，有助于欧洲的和平与稳定。

从目前的情况看，欧盟的共同防务新举措，看上去似有与美国“分道扬镳”的意味，但是实际上由于欧洲在美国战略中的重要地位，美国在这一问题上不仅不会轻易松口，反而会加大干预力度。同时，我们也必须清醒地认识到，欧洲要想完全独立于北约之外另起炉灶完全不现实，因为这既不符合安全利益最大化的原则，更不符合经济成本合理化的原则。尽管如此，2010 年欧盟在推进共同防务的举措，的的确确是欧洲一体化特别是欧盟共同防务进一步深化的一个实证，是彰显欧洲独立性格的一种体现。

与此相呼应的另一个值得注意的情况是在外交方面。随着 2009 年《里斯本条约》的正式生效，欧盟独立外交的步伐也在小步快跑。欧盟新组建的“欧洲对外行动局”，即所谓的欧盟“外交部”，于 2010 年 12 月 1 日正式成立并开始运转。它将在全世界 137 个国家和地区设立大使馆，外交官编制多达 7000 人。就连人口不到 30 万的加勒比海岛国巴巴多斯，欧盟都要派 46 名常驻外交官，在更小的太平洋岛国瓦努阿图，也将有 6 人的欧盟外交团队。“外交部”每年的预算高达 70 亿欧元，③ 足见欧盟欲在整体和独立外交领域大显身手的决心。

---

① 两国海军已要求对各自航母的弹射和拦阻索装置进行改装，以便起降对方战机。未来英、法两国的空中力量可以共同使用对方的航母，而各自的护卫舰和驱逐舰将为对方航母护航。双方合作的内容还包括：法国将租用英国的新型 A330 空中加油机；两国共同实施对 A400M 军用运输机的维护和机组人员训练；英国的 160 枚“三叉戟”战略核导弹送往法国，由法国进行维护和保养；协调两国核潜艇的战略巡航任务；为弥补英国取消“猎迷”反潜巡逻机后探测潜艇能力的缺陷，法国允许英国使用其“布瑞圭·大西洋”式海上巡逻机；两国陆军共同组建 5000 人的联合特遣部队，并于明年春天举行大规模联合演习等。参见“英法新防务协议被指史无前例 合作远超北约框架”，新华网，http：//news. xinhuanet. com/mil/2010-11/08/c _ 12748503. htm。

② “英法要共享核武器 欧洲防务一体化不再仅是梦想”，搜狐网，http：//news. sohu. com/20101109/n277446380. shtml。

③ “欧盟建‘外交部’乱花钱挨批”，凤凰网，http：//news. ifeng. com/world/detail _ 2010 _ 11/05/3016039 _ 0. shtml。

但是，推动共同防务也好，发展独立外交也罢，没有良好的经济支撑一切皆无可能。2010年，尽管欧洲的总体经济形势有所好转，由美国金融危机引发的冲击有所减弱，但经济金融安全隐忧巨大，特别是欧元区的问题较为严重。为更好地应对未来欧元区金融危机，防止“债务炸弹”① 击毁欧洲经济，欧盟27国领导人在11月召开的布鲁塞尔峰会上同意，将对《里斯本条约》进行一些修改，制定一套永久性的危机解决机制，加强经济治理，防止主权债务危机蔓延并更加严格批准预算条例，包括制裁那些不遏制赤字和债务的国家，以提高欧盟应对未来新财政危机的能力。② 而在爱尔兰债务危机问题上，不仅导致“欧元危机”③ 加重，更使人们开始怀疑欧元是否能够继续“生存”下去。英国《金融时报》12月8日的一篇评论甚至说，欧元现在的形势就像但丁笔下的地狱，让人看不到希望。欧元正处于一个不可持续的发展轨道上，只能期待奇迹出现。④

显然，欧洲国家领导人已深刻认识到，如果不在经济政策和制度上进行有效的调整，欧洲的经济安全面临着巨大的风险。然而问题是，欧盟国家并非一个声音，其分歧不仅存在于经济问题之中，也体现在政治合作之上。其中德国人对欧元区的状况最为不满，觉得自己受累别人受益，甚至

---

① 希腊债务危机引爆欧洲“债务炸弹”。2009年希腊政府赤字占GDP比例超过13%，爱尔兰约为10.75%，西班牙也超过10%，位居欧元区赤字前三位。根据欧盟委员会的预测，到2011年，葡萄牙公共债务在该国GDP总额中所占比例将从去年的77%上升至91%，希腊将从113%上升至135%，西班牙则将从54%上升至74%。希腊金融危机发生后，国际投机基金阻击欧元，希腊金融一度濒临崩溃，连累整个欧元区陷入困境。参见“欧盟峰会同意修改《里斯本条约》”，搜狐网，http://news.sohu.com/20101102/n276939547.shtml。

② “欧盟峰会同意修改《里斯本条约》”，搜狐网，http://news.sohu.com/20101102/n276939547.shtml。

③ 2008年10月金融危机爆发之际，冰岛由于国家债务严重超负荷陷入国家破产状态，之后欧元区成员国由于各自负债比例过高，相继成为继冰岛国家破产之后的多米诺骨牌中的一张，希腊、爱尔兰、葡萄牙、西班牙等国相继陷入国债危急中。2009年10月20日浮出水面的希腊债务危机为欧元危机正式拉开了序幕。

④ “欧洲各国因‘欧元危机’吵成一团”，环球网，http://world.huanqiu.com/in_depth/2010-12/1335243.html。

是吃力不讨好。[①] 德国电视一台旗下的德国形势研究所2010年12月3日公布的调查结果显示，57%受访者表示更愿意使用马克而非欧元，只有32%的人认为从使用欧元中受益，66%的人害怕欧洲央行会采取量化宽松措施刺激外围国家经济，这样将侵蚀欧元的购买力。一些人表示，马克象征着经济稳定与繁荣，欧元危机则加大了德国纳税人的负担，那些饭来伸手的"笨猪五国"[②] 让他们厌恶不已。[③] 不仅民众对欧盟以及欧元的现状存在严重分歧，即便欧盟高层也同样存在着激烈冲突。例如，当欧洲理事会常任主席范龙佩11月在柏林宣布质疑欧元者无异于"好战分子"后，英国首相卡梅伦在布鲁塞尔就毫不掩饰地宣称，"没错，我就是一个怀疑欧元的人"[④]。因此，英国《卫报》12月3日称，欧盟今年以金融崩溃开始，以政治危机终结。

从欧盟的安全现状上看，尽管第二次世界大战后的国际机制造就了长久的和平环境并致使经济快速发展，区域一体化模式几乎成为当今人们学习的范本。但是，从2010年的情况看，无论是共同防务还是一体化经济，其道路依然十分坎坷，而眼下解决经济和金融问题显然已成为欧盟安全事务中的重中之重。

---

① 德国《图片报》在一篇报道中气愤地说："我们支援他们，他们却侮辱我们，我们是否必须要为全欧洲的危机掏腰包?"报道还称，"欧元对德国的优点是让世界羡慕我们，但我们呢，无法看到欧元的优点，它既不体现在工资单上，也没有在存折上看到"。《明镜》周刊报道说，德国的立场越来越不讨好，连一些与德国立场类似的国家也开始对德国的政策取向表示质疑，以至于德国外交部正准备发动一场公关攻势，修补柏林的形象。

② "笨猪五国"的最初称呼是"笨猪四国"，即葡萄牙（Portugal）、意大利（Italy）、希腊（Greece）、西班牙（Spain）国名字头缩写构成的英文PIGS（猪群），后来加入了爱尔兰（Ireland），变成了PIIGS。故也叫作"群猪五国"或者"欧猪五国"。这是国际债券分析家、学者和国际经济界媒体对欧洲五个主权债券信用评级较低的经济体的贬称，这些国家的公共赤字都超过了3%。

③ 民调数据转引自"欧洲各国因'欧元危机'吵成一团"，环球网，http://world.huanqiu.com/in_depth/2010-12/1335243.html。

④ "欧洲各国因'欧元危机'吵成一团"，环球网，http://world.huanqiu.com/in_depth/2010-12/1335243.html。

四、日本新防务政策浮出水面，敌手更加明确，总体战略虽依然以日美同盟框架展开，但进攻性明显增加

民主党执政一年多来，经过党内新一轮洗牌，菅直人总算坐稳首相位置，国家安全战略也逐渐明晰。对内以振兴经济，通过各种方式实现经济复苏，包括欲尽快于2011年春季与欧盟协商经济伙伴关系协议，以解决对国内企业竞争优势下降的担忧。

外交上经历了一个激变演化过程，即由原来的鸠山由纪夫内阁的相对稳健转向菅直人内阁的相对激进，这一方面反映出民主党执政能力的成熟度不够，另一方面也反映出面对复杂多变的外交问题，民主党的外交政策的迷惘。

在2010年4月发布的《外交蓝皮书》中，前外交大臣冈田克也称："在多极化的世界中，积极参与国际合作体系的再构建，是日本的重要作用之一。而且，日本为了在国际社会发挥有意义的作用，不仅要加强两国间的双边合作，还必须与国际组织等进行合作。2010年日本要正面处理国际社会直面的各种课题与问题，开展积极的外交活动。"① 这样的表述，日本俨然是以一个政治大国自居，雄心勃勃。然而，众多现实问题使得民主党政府面临着重重困境，特别是在处理驻日美军基地搬迁问题上导致与美国的"不和谐"，在解决钓鱼岛海域撞船事件问题上导致与中国关系紧张，在处理俄罗斯总统梅德韦杰夫视察"北方四岛"问题上政策面临困惑等，都显示出日本外交正经历着一个痛苦时期。

在防卫问题上，2010年9月10日，日本批准了防卫大臣北泽俊美提交的2010年度《防卫白皮书》②。这是日本自1970年以来发布的第36个《防卫白皮书》，也是民主党上台后发布的首个《防卫白皮书》。从白皮书中我们发现，一贯重视与中国关系的民主党，却将防范的敌手定位为中

---

① 岡田克也：平成22年版外交青書（外交青書2010）の刊行に当たって，『外交青書 2010』，日本外務省，http：//www.mofa.go.jp/mofaj/gaiko/bluebook/2010/html/01.html。

② 2010年日本《防卫白皮书》的具体内容见日本防卫省·自卫队网站，平成22年版防衛白書，http：//www.clearing.mod.go.jp/hakusho_data/2010/w2010_00.html。

国，进攻性十分明显。

尽管日本民主党政府上台后采取了一些缓和形象的动作，例如大家共知的停止印度洋供油、在美国驻日基地搬迁问题上的“软抗”等等，但这些都只是一些策略性的调整，并不能反映日本防卫政策的本质。美日双方均一致强调美日同盟的重要性，而且美国总统奥巴马甚至称：“我们深信美日联盟是世界和平与稳定的基石。”[①] 但这不过是美日同盟下的一种“美丽的寓言”。

日本一直将自己的防卫政策定性为“专守防卫”，即以维护日本国家安全和利益为目的的保护行为。即所谓美军是“矛”主事攻击，日本为“盾”重在防守的基本逻辑结构。但是从日本具体的措施看，这种“专守”并非被动的守卫，在一些关键问题上很可能采取以攻为守的方式。这点从日本首相菅直人政策咨询小组向政府公开提交的有关修订新《防卫计划大纲》“最终报告”中已经反映出来，即所谓“主动应对、动态威慑、日美责任分担、离岛防卫”[②]。事实上，“主动应对”即不被动防守；“动态威慑”即以现实力量的展示和采取一定的行动来震慑对手；“日美责任分担”即与美国加强协同，借力发力，使自己的力量效能最大化；“离岛防卫”即将防御范围和战略前沿扩展至他国的边缘地带，最大限度地降低本土的安全威胁。

而其中最值得关注的是，日本已将中国锁定为现实敌手，这不仅体现在2010年版《防卫白皮书》中长达十几页的描述中，也反映在2010年底公布的推迟了一年的新版《有关2011年后的防卫计划大纲》（即我国通常简称的《防卫计划大纲》）中。如果说《防卫白皮书》对所谓“中国威胁”还有些遮遮掩掩的含蓄表达，那么新版《防卫计划大纲》则对此表述得十分明确和直白。其中针对“中国向海洋进军”要实施“动态防卫”和向西南方向的“空白地带”的岛礁派遣小规模部队加强守护和监视能力等新构想，以及从未来武装装备的发展规划看，2011年减少陆上作战装备，重点

---

① 这是2010年9月奥巴马在同出席联合国大会的日本首相菅直人举行双边会谈前发表的讲话。参见“奥巴马：美日同盟 是世界和平安全基石”，联合早报网，http://www.zaobao.com/special/china/sino_jp/pages4/sino_jp100925e.shtml。

② 吴怀中：“日本的防卫政策朝何处走”，载《人民日报》2010年9月14日03版。

加强海上装备建设，[①] 都是重点防范中国的最好佐证。

日本政府将中国作为假想敌，不仅仅因为中日之间存在着众多的利益冲突，主要是日本对现实问题解读中的认识误区造成的，特别是近来中日在钓鱼岛等问题上的冲突以及民众间对中国信任的缺失。据 2010 年 10 月日本《读卖新闻》社和中国新华社发行的《瞭望东方周刊》共同举办的民意调查显示，日本方面认为现在日中关系“坏”的达 90%，认为“中国不可信赖”的达 87%。其中认为有关钓鱼岛问题将成为今后中日关系最大障碍的达 80%，而对在中国经济和军事发展背景下将给其他国家增加外交压力而感到不安的占 89%，而在回答“你感到军事威胁的国家”时，有 79% 选择了“中国”（选择最多的是“朝鲜”，占 81%）。[②] 从现实上看，日本以实力的原则为视角，认为东亚地区能与日本构成现实抗衡的显然只有中国。同时，日本对于中国迅速崛起后的发展方向存在疑虑。在一些具体问题（领土问题、东海划分问题、历史问题等）上，日本感到中国直接对其构成所谓“现实威胁”，这就使得日本自然将中国作为主要防范对象。这一点，不仅民主党在台上如此，自民党或其他政党也将如此。这既是日本固有安全战略思维所决定的，也是现实矛盾所构筑的。因此，中日关系的矛盾是所谓的“结构性”矛盾，不会轻易改变，中国被日本锁定为主要敌手并不稀奇。

此外，之所以一直被中国认为相对友好的日本民主党公开将中国作为最大的威胁，并将主要防御力量转移至“西南诸岛”，也许还有顺乎日本民意，以确保民主党岌岌可危的执政地位之嫌。因为，据日本《读卖新闻》12 月 3—5 日进行的民调显示，对菅直人内阁的支持率已经下降至 25%。[③] 从经验上看，拿中国说事儿是稳定民心的一种有效方式，更何况

---

① 新大纲明确提出将自卫队潜艇数量从 16 艘增加到 22 艘，护卫舰由 47 艘增至 48 艘，并将具备反导能力的宙斯盾舰数量从 4 艘增加到 6 艘。而强调防御的坦克则从现在的 600 辆减少到 390 辆，火炮由 600 门削减至 400 门。此外随着运输机的大型化，自卫队主要战机由 350 架减至 340 架。

② 『「中国信頼せず」87%、対日不信は79%』，YOMIURI ONLINE，http：//www.yomiuri.co.jp/feature/20080116-907457/news/20101106-OYT1T00896.htm。

③ 『菅内閣支持率 25%に…仙谷氏「辞任を」45%』，YOMIURI ONLINE，http：//www.yomiuri.co.jp/feature/20080116-907457/news/20101205-OYT1T00627.htm。

日本民众中存在着对中国的强烈不信任和恐惧感。

客观地说，从日本的安全战略调整看，既有一般意义上出自维护自身国家安全利益，依据现实安全形势的变化和对未来安全局势发展判断，在理性思维引导下进行调整的成分，但更多的则是在不合时代潮流的冷战思维驱使下作出的“挑战性”选择，进攻性十分明显。而归根结底，它背后隐藏着日本一贯欲成为军事大国的夙愿，即日本借口威胁，趁机扩大防御范围，将军力尽可能向外伸展，最终突破宪法“第九条”，将自卫队变成军队的战略图谋。这是日本“正常国家”化进一步延伸和具体化的重要步骤，势必在东亚地区形成新的安全困境，从而导致东亚地区安全形势的复杂化。

五、新兴国家风光无限，国际影响力稳步扩大，国际安全稳定器作用进一步发挥

2010年是新兴国家风光无限的一年。以中国、印度、巴西和俄罗斯“金砖四国”为代表的新兴国家，不仅成为应对国际金融危机的英雄，在推动国际政治经济新秩序的重构上也显露出勃勃生机并发挥了重要作用。作为带动世界经济的火车头，是他们对世界经济的巨大贡献，才使世界经济迅速走出低谷，因此得到了越来越多国家的认可和赞许。以中国为例，2010年8月德国《经济周刊》的一篇文章援引高盛投行的统计指出，“过去10年，中国对世界经济增长的贡献率为22%，而美国仅为17%；中国消费者对世界经济增长的贡献率从0.15%升至0.26%，而同期美消费者对世界经济增长的贡献率则从1%降至0.33%。随着中国经济的高速增长和城市化发展，中国中产阶层不断扩大，其购买力持续增长，2011年中国消费者对世界经济增长的贡献率将首超美国消费者”。文章同时认为，“即使美经济不出现二次衰退，今后10年美经济增长率将从以前的年均3%至4%降至1.5%至2%，美将失去世界经济增长引擎的作用，取而代之的是中国等新兴经济体”①。2010年11月11日在韩国首尔举行的二十国集团

---

① “中国对世界经济增长的贡献率超过美国”，凤凰网，http://finance.ifeng.com/roll/20100825/2551958.shtml。

（G20）峰会上，“金砖四国”的地位再次得到体现。在国际金融机构改革问题上，峰会决定，基于G20财长会议达成一致的内容，审批国际货币基金组织（IMF）理事会11月5日议决的份额改革方案，并到2012年完成份额转移工作。若发达国家将6%的份额转移给新兴市场国家，中国在IMF的地位将提升至第3位，韩国则将从第18位升至第16位。这表明，在IMF机制内以“金砖四国”为主的新兴发展中国家的话语权将得到大幅提高。①

新兴国家对自身的发展和对世界的贡献也有着清醒的认识。中国国家主席胡锦涛在参加2010年11月11日在韩国首尔举行的G20峰会前接受韩国媒体联合采访时更加明确地指出，“中国积极参与应对国际金融危机的国际合作。中国在面临巨大压力的情况下，保持人民币汇率基本稳定，并按照主动性、可控性、渐进性原则稳步推进人民币汇率形成机制改革。中国对国际货币基金组织增资500亿美元，参与国际金融公司贸易融资计划，支持地区性开发银行开展融资业务，向有关国家和地区提供包括货币互换、提供信贷、免除债务、减免关税等各种支持和帮助。事实说明，中国为世界经济复苏作出了重要贡献”②。巴西财政部长吉多—曼特加（Guido Mantega）2010年5月20日也称，“金砖四国”今年对世界经济增长的贡献率高达60%，已经成为世界经济增长的主要推动力。保守估计今年巴西经济增长率也将达到5.5%—6%。而中国经济增长率则可能高达10%，印度将达到7%，即使经济增速最慢的俄罗斯今年GDP增速也将超过5.5%。因此，未来5年内世界经济增长的2/3以上都将来自“金砖四国”。新兴经济体已经成为推动世界经济增长的主要力量。③ 而根据美国银行公布的最新预测数据，2011年新兴经济体的增长速度将达到6.4%，新兴经济体在2011年全球经济总额中所占比重将达到80%。④ 由此可见，新兴国

① “G20首尔峰会闭幕 货币战尚未结束”，凤凰网，http：//news.ifeng.com/mainland/special/hjtcxg20apec/content-2/detail_2010_11/13/3099792_0.shtml。

② “胡锦涛：中国保持稳定就是对世界经济复苏的贡献”，新浪网，http：//finance.sina.com.cn/g/20101111/17148939091.shtml。

③ “巴西财政部长：金砖四国领跑世界经济 中国第一”，中国日报网，http：//www.chinadaily.com.cn/hqcj/zxqxb/2010-05-21/content_347807.html。

④ “美银：2010年新兴经济体GDP增速可达6.4%”，腾讯网，http：//finance.qq.com/a/20101215/001986.htm。

家不仅已经成为世界经济稳定和发展的支柱，还将引领世界经济的发展未来。

新兴国家的作用不仅反映在经济方面，还反映在政治方面。由于新兴国家经济的快速发展，在国际政治领域的话语权正在稳步提升，不仅在区域政治发展中发挥着重要的影响作用，在全球治理方面也开始显露出较大的影响力。特别是在美国等传统大国实力有所下降的情况下，新兴国家的作用可以有更大的发挥空间，而考虑到新兴国家的巨大发展潜力，必将成为世界多极化的巨大推动力量。

六、大国关系呈现出博弈型特色，合作与竞争并存，敌对程度相对降低，致使国际战略局势呈现出相对稳定的局面，矛盾和冲突点集中在亚太地区

在变化纷繁的世界中，由于国际安全战略思维的改变，当今世界主要国家的相处模式正在改变，博弈型大国关系因利益捆绑有效地抑制双方轻易采取敌对行动，减少了实质性严重冲突的几率，一定程度上有效地缓解了双边和多边关系之间的矛盾，使得2010年大国关系特别是以往矛盾和冲突较多的大国间关系和国际战略局势相对稳定。特别是美国为首的西方国家与中国和俄罗斯关系的改善，使得在处理国际安全相关问题时合作有所增强、协调相对顺畅。例如，在应对伊朗核问题上，大国向世人展现出前所未有的协调一致的局面。在打击国际恐怖主义的合作和应对气候变化问题等问题上，也都总体保持了较好的协调。特别是俄罗斯在发展欧洲反导系统上成为北约的伙伴，更加体现了大国（包括大国集团）间合作一面。但是，大国安全战略的调整也带来了一些新的问题，传统矛盾依旧的同时，增添了新的冲突点，并可能引发新的战略冲突，对国际安全构成新的挑战。

其中最为值得关切的是大国汇聚亚太地区，必将使这里成为大国冲突的爆发点。如前所述，美国宣称要加强在亚太地区的领导地位，而俄罗斯也强调要加强在亚太地区的地位，这就使得两国的权利在这一地区发生了碰撞。加之这一地区拥有经济发达并向军事和政治大国迅速扩张的日本以

及综合实力快速崛起的中国、印度等新兴国家，利益的竞争显然无法避免，亚太地区已经成为大国博弈的新战场。而这一地区众多固有的矛盾和冲突点，诸如领土纷争问题、恐怖主义问题、军控与防扩散问题等等，极易导致大国关系表面合作、实际斗争的局面发生。而美国的霸权主义与强权政治，配之以传统的结盟战略思维和实践，必将导致在一些涉及国家主权问题和关乎地区和平与稳定的问题上，与中国和俄罗斯产生碰撞，从而导致协调与合作流于“口惠”，朝鲜半岛延坪岛炮击事件导致半岛局势骤然进展后，中国呼吁紧急进行六方会谈代表团长紧急磋商的建议遭到美国和日本的反对就是最好的例证。

从当今大国关系的互动中我们可以发现，当今的大国关系不仅不同于冷战结束初期的对立性较强，也不同于前些年的更多地强调合作。从经济层面上看，大国在经济新秩序的重构上的冲突明显。世界经济秩序的主导模式正从G7、G8时代转向G20时代，但G20依然面临着诸多问题和巨大挑战。2010年11月韩国G20峰会中出现的诸如复苏世界经济的方式上的巨大分歧，预示着新的世界经济格局形成正经历着一个痛苦期。但是，从会后发表的《联合声明》中达成的共识看，反映出世界重要经济体在维护世界经济上仍有着共同期许。然而，我们也注意到：国际货币基金组织（IMF）表示，“G20成员国在政策细节上取得的进展有限”，“G20的经济报告并没有单独列出每个国家各自的政策建议”①。德国商业银行甚至称，“G20会议的结束只是很清楚地说明了一个问题，那就是货币战尚未结束，还将持续”②。可见，巨大的分歧使得峰会只达成一个有约束力的协议，未来的路还很长。

在安全合作领域也将引发新的问题。2010年11月19日召开的被称为北约历史上最重要峰会之一的里斯本会议，其中最令人关注的一个焦点就是俄罗斯的加入。在发展欧洲反导系统上，俄罗斯在北约的邀请下，同意与北约展开合作。双方将恢复此前在战区反导系统方面的合作，同时研究在领土反导系统方面合作的可能性。按照计划，在会后几周内，北约和俄

① “G20首尔峰会闭幕 货币战尚未结束”，凤凰网，http：//news.ifeng.com/mainland/special/hjtcxg20apec/content-2/detail_2010_11/13/3099792_0.shtml。

② 同上。

罗斯技术专家将开始举行会谈，研究如何在技术上连接北约和俄罗斯各自的反导系统，并在2011年6月北约和俄罗斯理事会国防部长会议前提交技术报告。除反导系统外，俄罗斯在20日下午与北约举行的首脑会议上，还同意扩大与北约在阿富汗问题上的合作，包括拓展北约途经俄境内的运输通道，将原有的单向通道变成双向，加强培训阿富汗禁毒人员等，[①]表现出俄罗斯与西方对抗不仅减弱更有极大改善。

但是，问题在于：俄罗斯作为北约的传统敌手，其同意参与北约行动计划如果说是传统安全战略思维的改变，那么主动将俄罗斯拉入北约的合作框架，则是北约看到了应对诸多威胁，没有俄罗斯的出手相助很难实现。然而，值得思考的是，俄罗斯参与北约的行动计划，使得“北约东扩”这一概念出现了疑问，即北约是否还存在着东扩？如果还存在，东扩的目标是什么？因为以往北约东扩的最大的目的之一是挤压俄罗斯的战略空间，那么如今俄罗斯已成为北约的合作伙伴，继续沿用这一概念则其内涵显然已发生重大变化。特别是俄罗斯开始参与发展欧洲反导系统，恢复此前在战区反导系统方面与北约的合作，同时研究在领土反导系统方面合作的可能性。从俄罗斯视角看，俄参与其中应有其更深层次的战略考量，即缓和与西方集团的矛盾，避免正面对撞，以腾出更多的精力发展经济。同时，身在其中可以更好地控制西方导弹防御系统的建设方向，以使俄罗斯不成为北约导弹防御系统的靶标。然而，从更广阔的视野看，俄既然已经成为“共同防御”的一方，那么由俄罗斯加入建立起的反导系统针对的敌手将是谁？以往北约建立反导系统并部署在俄周边曾引发俄的极大不安和强烈反应。那么现在，防御的对象显然不该是俄罗斯。而依据现有的导弹打击能力来分析，反导系统所针对的对象恐怕只能是伊朗、朝鲜和中国了。这样一来，伊朗和朝鲜暂且不论，美、俄、中的关系在这个问题上就变得蹊跷和微妙了。这一问题明确折射出当今大国间关系的复杂性。

总之，从当今大国关系的互动中我们可以发现，当今的大国关系不仅不同于冷战结束初期的对立性依然较强，也不同于2009年合作协调的顺畅，传统矛盾依旧存在的同时，由于现实性安全战略思维指导下的战略调

---

① “里斯本峰会谋划北约未来发展”，新华网，http://news.xinhuanet.com/world/2010-11/21/c_12798990.htm。

整，大国关系出现合作与竞争并存、非敌非友的合作伙伴加对手的复杂博弈关系模式。同时，由于美国总体实力的下降和新兴国家的快速崛起以及作用的日渐增强，多极化国际格局的发展趋势已十分明朗。尽管合作已成为当今大国间共同推崇的发展方式，但国家利益和追求目标的差异性，使大国间的竞争甚至斗争因素无法消除，导致地区和国际安全形势的隐忧增加。在应对朝鲜半岛局势问题上反映出的大国协调机制弱化和地区局势极不稳定，也折射出大国关系的复杂性，给地区安全带来巨大挑战，也给未来国际安全形势带来很多的变数。

（刘　强）

第二章

全球性军事安全威胁趋缓，但局部武装冲突依然存在且隐忧不少，防扩散形势更趋严峻，军事演习不断增多，防止战争依然是国际社会面临的重大问题

从2010年的总体情况看，大国间战争因素并不存在，全球性军事安全威胁趋于缓和，标志着二战后建立起的联合国框架下的维护世界和平机制的日臻成熟。但是，局部战争并未消失，对地区稳定的破坏力仍在发挥，而一些国家和地区的内在矛盾重重，导致武装冲突的隐忧巨大，一些诸如军控与防扩散等与军事安全相关问题，形势并不乐观，一些已几乎成为死结，彻底解决希望渺茫，对国际安全的威胁正日益加大。防止战争并未成为过时的话题，依然是国际社会面临的重大问题。

一、局部战争有所降温，武装冲突有所减少，但有限的局部战争和武装冲突依然搅乱世界，潜在战争和武装冲突的阴霾并未散去，防止战争依旧是重要问题

从2010年全球总体看，传统安全领域的威胁相对于2009年有所缓解，其中武装冲突明显减少，新增的武装冲突并不多，最为令人关注的除了仍在继续的阿富汗战争，就是缅甸、索马里、黎巴嫩、哥伦比亚和朝鲜半岛局势。但是从全球总体看，仍有很多国家和地区存在着武装冲突或潜在冲突的危机。据美国《外交政策》杂志2010年2月23日的文章称，“尽管人

类文明已经进入21世纪，但国家民族之间的战争冲突却从未完全停止过，从非洲的血腥内战到东南亚的纷乱冲突，全世界目前依然有32处战区，无辜平民通常成为这些战争冲突的最大受害者”①。

2010年8月31日，美国从伊拉克撤出了作战部队，结束了长达7年零5个月的由前总统乔治·W. 布什发动的“伊拉克自由行动”——伊拉克战争。这场局部战争最终成为美国反恐、防扩散和民主行动的“试验田”，但显然是一场“赔了夫人又折兵”的战争。战争导致“美方4419名军人死亡，3.2万名军人受伤，7630亿美元战争开支，500亿美元重建；伊方8000名士兵死亡，10—100万平民死亡，480万难民”②。美国直接用于战争的经费超过其朝鲜和越南战争的费用。尽管美国推翻了萨达姆政权，按照基本设想建立起了一个新的美国民主理念下的政府，并“体面”地撤军，但留下的却是一个局势混乱动荡、恐怖袭击不断导致安全指数极低的国家局面。从“维基解密”网站公布的大量伊拉克战争的相关秘密文件中，人们看到了美军在伊拉克“非法和违反道德的行为”，以及一些伊拉克政府军对不同教派武装分子的虐待行为，包括具体的虐待方式。③ 这给美国一直标榜的民主形象和所谓的软实力造成了重大冲击，使世界看清了伊拉克战争中美国的真实面孔。

阿富汗战争仍在继续，尽管美国调整了对阿战略，增加了在阿富汗军队人数，打击力度也不断升级，并要求盟国和非盟国协助。其中，在诸如2001年以来在阿富汗最大规模的军事攻势“坎大哈合作”中，美军甚至动用了B-1战略轰炸机、“阿帕奇”武装直升机和OH-58D侦察直升机等重型装备，也取得了一些战果，但是从总体效果看并不尽人意，塔利班的抵抗并未减弱，且美军及其友军伤亡惨重。据总部设在美国的民间独立机构“iCasualties. org”④ 统计，截至2010年9月21日，“2010年阿富汗外国军

---

① 转引自“图说2010全球32战区”，余杭新闻网，http://www.eyh.cn/newsShow.aspx?pci=1&infoid=22282&categoryID=335。

② “驻伊美军今日结束作战任务总共4419名军人身亡”，搜狐网，http://news.sohu.com/20100831/n274593121.shtml。

③ “维基解密称将尽快公布1.5万份阿富汗战争密件”，腾讯网，http://news.qq.com/a/20101024/000038.htm。

④ iCasualties.org长期追踪阿富汗战争和伊拉克战争进展，发布联军在阿战和伊战中的死亡人数。

人死亡人数增加到529人，已超过2009年全年521人死亡人数，成为阿富汗战争2001年爆发以来外国军人死亡人数最多一年。至此，外国军人在阿富汗战争中死亡人数已达2097人，其中60%是美国军人”①。为此，在军事打击的同时，美军还采取分化的政策，以此孤立塔利班内部的极端势力。同时，美国还支持阿富汗政府对塔利班的“招安”政策，尽管塔利班也一再表示可以跟阿政府进行谈判，但并未见其付诸行动，不能不使人觉得是一种缓兵之计。

美国在阿进行了9年的战争，耗费了大量的资源，其中既包括物力、财力，更包括以生命为代价的人力。首先，人员伤亡惨重。自奥巴马政府2009年12月宣布向阿富汗增派3万兵力以来，到2010年10月驻阿美军总人数突破10万人，阵亡人数已经超过1000人。其次，耗资巨大。据统计，“以单月计算，美国在阿富汗投入的资金数额已超过伊拉克：美国每月在阿花费67亿美元，而在伊拉克每月的花费为55亿美元”②。但是，美国所期待的最终目标并未完成，这一方面反映了这种“大炮打蚊子”的反恐方式存在着重大的缺失，同时也反映出美国低估了塔利班的能量。塔利班在阿经营多年，有着深厚的根基，加之运用一些“非常规”手段对付一些地区的居民，使其具有广阔的自由活动空间。据一份调查显示，“在受调查的阿富汗城市中，21个城市被归类为‘对政府持有支持态度’，而48个城市则更倾向于支持塔利班”③。与伊拉克一样，阿富汗的安全局势也是一塌糊涂，恐怖袭击此起彼伏，安全指数一再下降。可见，美军要想完成2011年7月从阿富汗撤军的任务，显然很难。

武装冲突在其他一些国家也时有发生。其中，索马里国内武装冲突频频发生，造成大量平民伤亡。事实上，索马里自1991年政府被推翻后，长期处于无政府状态。2004年建立的过渡政府执政乏力，导致该国的乱局没有得到根本性的改观。反政府势力与政府军队频频交战，仅过去3年来，有2.1万人因类似的武装冲突而死亡，150万平民被迫逃离家园，人权状况的恶化

---

① “529人！阿战今年夺命创纪录”，新华网，http：//news.xinhuanet.com/world/2010-09/22/c_13524006.htm。

② “美阿挥舞橄榄枝‘招安’塔利班”，搜狐网，http：//roll.sohu.com/20101118/n300546150.shtml。

③ 同上。

在世界上可谓罕见。[①] 此外，缅甸的局势也令人担忧。2010 年 11 月 8 日，缅甸大选刚刚结束后，政府军与反政府军就发生武装冲突，约 2 万名缅甸人为躲避冲突逃亡泰国。[②] 哥伦比亚的局势同样很糟糕，据国际红十字会的报道，2010 年 5 月和 6 月哥伦比亚总统大选前夕，在该国南部，特别是卡克塔、考卡、瓜维亚雷、乌伊拉和纳里尼奥等地，警察和武装部队与哥伦比亚革命武装力量的冲突激化。[③] 冲突导致国内安全和生活状况每况愈下，大量民众逃亡他国。据非政府组织人权和移居咨询机构 2010 年 1 月 27 日的一份报告称，2009 年哥伦比亚有 286389 人为躲避武装冲突移居国外。[④] 这使得这个美洲国家成为因武装冲突而造成的人道主义灾难最为严重的国家。

2010 年最为引人关注的是朝鲜半岛局势，朝韩两国因“延坪岛炮击事件”[⑤] 导致朝鲜半岛局势骤然紧张，几乎到了战争边缘。朝鲜人民军最高

① “索马里中部城镇爆发武装冲突致 70 余人死伤”，中国新闻网，http：//www. chinanews. com. cn/gj/gj-zd/news/2010/06-02/2319819. shtml。

② “约 2 万名缅甸人为躲避武装冲突逃往泰国”，新华网，http：//news. xinhuanet. com/2010-11/09/c _ 12753402. htm。

③ “哥伦比亚：南部武装冲突仍影响着成千上万人的生活”，国际红十字会网站，http：//www. icrc. org/WEB/CHI/sitechi0. nsf/html/colombia-update-300810。

④ 该机构的主席罗哈斯在记者招待会上推出这份年度报告时说，最近几年的趋势是每年平均有 30 万人离境，说明问题是经常存在的。2009 年这些移居人群的 8 名领导人被杀害。与 2008 年相比，移居国外的人数下降了 24%。从 2002 年乌里韦总统就职到 2009 年有 241 万人离开自己的国家。25 年来国内武装冲突造成 490 万移民。而 1999 年到 2007 年农民家庭被夺去 550 万公顷土地。2005—2009 年 99.4 万人放弃了他们在农村的工作和农牧业生产。将土地归还农民的进程没有成效。该机构多年研究国内武装冲突，认为问题主要的责任者是极右的准军事人员和“哥伦比亚革命武装力量”游击队，它们分别占移居案件的 37%和 29.8%。游击队不加区别地使用地雷和公共力量喷药取缔古柯也促使农民离开他们的家园。纳里尼奥省占强迫移民的 56%。该机构对政府的安全政策提出批评。难民人数大量增加，到 2008 年登记的难民人数为 37.4 万人，当年有 25430 个哥伦比亚人在 34 个国家申请流亡。哥伦比亚是世界上第五个难民人数最多的国家，前 4 个是阿富汗、伊拉克、索马里和苏丹。参见“哥伦比亚 2009 年 28 万人移居国外躲避武装冲突”，人民网，http：//world. people. com. cn/GB/1029/10868225. html。

⑤ 延坪岛炮击事件是发生于 2010 年 11 月 23 日 14：30 左右的军事冲突。由于韩国在年度例行军事演习中向朝韩争议海域发射数十枚炮弹，朝鲜随即炮击韩国的延坪岛炮兵阵地，韩国亦还击了 80 多炮，双方开始进行互射。朝鲜发射的炮弹共计 170 余枚。延坪岛上平民陆续撤离，韩国出动 F-16 战斗机前往延坪岛海空进行巡逻。事件导致朝韩双方均有人员伤亡，其中韩国 2 名海军陆战队员和 2 名平民死亡，18 人居民受伤。而朝鲜方面据悉至少 5 名人民军官兵在韩国军队的还击中丧生。

司令部23日在平壤发表新闻公报说，朝鲜人民军当天采取了坚决的军事措施反击韩国向朝鲜领海发射炮弹的军事挑衅行为。[①] 24日美国核动力航母"乔治·华盛顿"号、4艘军舰和至少一艘高科技攻击潜艇离开日本前往韩国北部海域，参加与韩国在黄海的军演，以此向朝鲜施压。同时，韩国政府25日决定全面修改军队的交战准则以更积极地应对朝鲜军事挑衅，并大幅增加黄海南北边界水域内5个岛上的兵力。而朝鲜当天则拒绝与美国领导的联合国军司令部举行将军级会谈，并威胁将对韩国的任何"挑衅"进行更多军事打击。一名朝鲜军方代表告诉美军："如果好战的韩国不恢复理智，再对朝鲜进行冒险的挑衅，我军将毫不犹豫地实施第二轮、第三轮强有力的报复性打击。"[②] 而美国政府12月26日决定加派"里根"号核动力航母赶赴东亚海域，加上在西太平洋已经部署了"华盛顿"号和"卡尔·文森"号两艘核动力航空母舰，航母的数量已经超越了一般性质的"威慑"，而达到了"战争准备"级别。

延坪岛炮击事件，看似是一场偶发事件，实则是朝韩双方多年积累的恩怨的一次必然反映。事件导致地区局势紧张和大国关系纠结，特别是使六方会谈陷入僵局，给地区局势带来了许多不确定性。美国会否借此机会搅乱东亚局势，值得进一步观察。

从战争和武装冲突的视角看，尽管当今世界总体是和平的，自第二次世界大战后大国之间没有再次发生战争，但是局部战争和武装冲突却一刻也没有停止。据有关资料显示，仅2009年全球范围的武装冲突约有28起，遍布除了澳洲以外的欧、亚、非和美洲，但主要集中在非洲和亚洲。（参见"2009年武装冲突地理分布表"）

---

① "朝鲜军方说朝鲜采取军事措施反击韩国的挑衅"，新华网，http：//news.xinhuanet.com/world/2010-11/23/c_13619125.htm。

② "外媒：韩朝剑拔弩张拉高对抗调门"，新华网，http：//news.xinhuanet.com/2010-11/26/c_12818137.htm。

2009年武装冲突地理分布表[①]

地区	地区国家数	地区国家冲突数	维持冲突的国家数	持续冲突占地区国家的百分比	占世界冲突的百分比
非洲	50	11	10	20	39.3
亚洲	42	11	8	19	39.3
欧洲	42	1	1	2.4	3.6
美洲	44	1	1	2	3.6
中东	14	4	4	29	14.2
世界总计	192	28	24	12.5	100

虽然武装冲突的原因各有不同，但都反映出一些国家和地区存在着这样或那样的容易导致冲突的根源。特别是一些国家内部冲突，是国家内部各种关系不平衡所导致的结果。而从外部因素看，诱发或加剧国内武装冲突的一个重要原因就是一些国家向冲突地区提供军事援助。例如，非洲特别是撒哈拉南部地区是武装冲突的一个高发地区，武器装备源源不绝地流入，支撑着冲突的持续。武器作为武装冲突的必备工具，其数量和质量一定意义上决定着冲突的烈度和时间。根据美国世界政策研究所的公开数据，仅在撒哈拉南部地区，美国的军事援助国已从2000年的1个增长到9个，援助金额从1200万美元增长到5000万美元。仅在2006年，美国就向非洲输出了8500万美元的武器。[②] 可以说，大量的武器装备的流入支撑了这一地区武装冲突高发和持续，这是国家利己主义导致的一种恶果。

武装冲突不仅加剧了地区和一些国家的人道主义灾难，也给当地经济

① 资料来源于 the free library 网站，http：//www. thefreelibrary. com/The+2010+armed+conflicts+report—preview. -a0240191912。

② “非洲十几国被指看中歼—10 中非军事合作遭抹黑”，搜狐网，http：//mil. news. sohu. com/20101106/n277192415 _ 1. shtml。

发展带来了巨大阻力，从上述统计中我们不难发现，近些年，绝大多数武装冲突发生在亚洲和非洲，而这一地区也是不发达和最不发达国家最多的地区。因此，防止冲突、珍爱和平应该成为这些地区国家以及世界大国必须清晰认识到的一个重大问题。

二、裁军与防扩散领域问题依旧，且热度不减，理念和方式的缺失导致一些问题欲彻底解决希望渺茫，安全困境有所加剧

2010 年，一直令人关注的伊朗核问题和朝鲜核问题总体局面比较平稳，并未像前两年一样剑拔弩张，但也并不太平，热度依旧。军控与防扩散的局势发展令人担忧。

继 2009 年在核燃料交换问题上的僵持①，伊朗以一贯的“太极”风格与大国博弈，任凭风吹浪打继续按着既定目标发展自身核能建设，且取得不断进展。2010 年伊始，伊朗就向西方国家发出“最后通牒”，即“如果西方国家本月底前未能与伊朗就核燃料交换达成协议，伊朗将自行生产核燃料”，而美国则针锋相对，表示“正和其他国家协商，准备对伊朗实施制裁”②。2010 年 2 月 11 日，伊朗宣布成功生产出 20%纯度的浓缩铀，国际社会对此表示出极大的关注，制裁的声音再次高涨。经国际社会的协调，最终于 2010 年 5 月 17 日，伊朗总统艾哈迈迪内贾德、巴西总统卢拉和土耳其总理埃尔多安在伊朗首都德黑兰举行三方会谈，会议就有关核燃料处理问题达成协议，并由三国外长签字。此举被看成是缓和的一次重要机会。协议承诺伊朗将 1200 公斤的低浓度浓缩铀运到土

---

① 2009 年 10 月，伊朗原则上同意美国、法国和俄罗斯提出的建议，运送低纯度浓缩铀到俄罗斯和法国，加工成适合德黑兰研究用反应堆使用的核燃料，然后运回给伊朗。然而，伊朗过后坚持，该交换浓缩铀的活动必须在伊朗境内进行，这导致谈判陷入僵局，以美国为首的列强随后恫言，对伊朗展开第四轮的联合国制裁。

② “2010 年伊始 伊朗核问题阶段性升温”，中国网，http：//www.china.com.cn/international/txt/2010-01/06/content_19187174.htm。

耳其，以换取国际社会为德黑兰用于研究的反应堆提供核燃料。[①] 但与此同时，伊朗原子能组织主席萨利希却表示，伊朗会继续铀浓缩活动，包括提炼纯度20%的浓缩铀。伊朗总统内贾德还呼吁联合国安全理事会五个常任理事国和德国与伊朗举行新一轮核会谈。他说："现在是五加一国与伊朗，在诚实、公正和互敬的基础上，举行会谈的时候了。"[②] 然而，伊朗的举动和态度引起了美国和西方国家的强烈怀疑，依然决定对伊朗进行制裁。2010年6月9日，联合国安理会通过了关于伊朗核问题的第1929号决议，决定对伊朗实行第四轮制裁[③]。但是，伊朗像以往一样并未屈服制裁的压力。在第1929号决议通过仅一星期后伊朗即宣布新建四处核反应堆、扩充核工厂的燃料，以抗议新制裁方案。随后，7月24日，伊朗原子能首席专家阿里·阿克巴尔·萨莱希表示，"现在我们打算对核聚变领域展开深入研究"，"启动资金为800亿里亚尔（800万美元）"，"这项工程需要20—30年方可实现商业化，但是在此之前，国家将会提供所有能提供的帮助以加快对核聚变领域的研究"[④]。尽管有报道称，核聚变所产生的核能向来被视作廉价、安全、清洁、取之不尽用

① 根据该协议，伊朗运送至土耳其的低纯度浓缩铀（LEU）将"继续是伊朗的财产，而国际原子能机构（IAEA）可以派观察员驻守，以确保该低纯度浓缩铀在土耳其获得妥善保管"。该协议也说，伊朗将在七天内通过官方管道，正式向国际原子能机构通报有关安排。如果美国、法国和俄罗斯组成的"维也纳集团"接受该安排，伊朗将在一个月内把1200公斤的低纯度浓缩铀运到土耳其，并预计一年内获得列强为德黑兰研究用反应堆提供120公斤的核燃料。

② "伊朗核问题 伊朗与土耳其巴西签署核燃料处理协议"，联合早报网，http://www.zaobao.com/special/mideast/pages2/peacetalk100518.shtml。

③ 这是自2006年以来的第四轮制裁。当天的表决结果显示，安理会15个理事国中有12个国家投赞成票，巴西和土耳其投票反对，黎巴嫩弃权。5个常任理事国全部投了赞成票。巴西和土耳其之所以投反对票，是因为他们认为他们与伊朗在5月与伊朗签署的协议可以使伊朗核问题朝着好的方向发展。因为在协议签署后土耳其外长达武特奥卢就对记者表示，该协议的达成意味着联合国"没有必要"对伊朗实施新一轮制裁。他说："大家应该积极看待该协议，也没有必要进行制裁，因为我们（土耳其和巴西）已作出保证，低纯度浓缩铀将留在土耳其境内。"参见"安理会决定对伊朗实行第四轮制裁"，环球网，http://world.huanqiu.com/photo/2010-06/851064.html。"伊朗核问题 伊朗与土耳其巴西签署核燃料处理协议"，联合早报网，http://www.zaobao.com/special/mideast/pages2/peacetalk100518.shtml。

④ "伊朗调拨800万美元'认真'展开核聚变研究"，环球网，http://world.huanqiu.com/roll/2010-07/955637.html。

之不竭的未来能源，但是迄今为止，利用核聚变发电仍未能取得成果。而由于核聚变材料也可用于制造氢弹，因此伊朗此举更加重了西方国家对伊朗发展核能项目真实目的的怀疑和担忧。美国为此也开始加强在一些军事基地的军事部署，加强对伊朗的军事威慑。

针对伊朗核问题，国际社会一刻也未曾放弃通过对话和协商解决的努力，2010年同样如此，各类相关磋商一直在进行。[①] 伊朗基本上是以不变应万变，在坚持拥有和平利用核能合法权利的同时，自主研发工作一刻也未停止。伊朗与国际社会的对立也不断加剧，而一些突发事件更给伊朗核问题蒙上阴影，特别是以色列的态度和伊朗对以色列的敌对情绪，使得问题更加复杂化。2010年11月30日，伊朗首都德黑兰发生两起炸弹袭击，两名伊朗高层核科学家沙赫里阿里和阿卜巴西在上班途中遭遇炸弹袭击，结果沙赫里阿里被炸死，阿卜巴西被炸伤。伊朗原子能组织主席萨利希称，沙赫里阿里在伊朗原子能组织"负责其中一项伟大的计划"，而阿卜巴西是伊朗国防部和革命卫队物流科学家，是伊朗"少数几个能够分离同位素的专家之一"，也是联合国安理会1747号决议案要制裁的对象之一。此次袭击对伊朗核计划所造成的损失可想而知。伊朗内政部长纳贾尔指责美国中央情报局和以色列情报局制造了这两起袭击。[②] 此事件，不可避免地进一步加深了伊朗对美国和以色列的仇恨心理。针对美国多次发出对伊

---

① 其中，9月22日，中国、美国、俄罗斯、英国、法国和德国六国外长在美国纽约就伊朗核问题举行会议。在会议声明中，六国外长强调，六国决心致力于早日谈判解决伊朗核问题，愿继续积极与伊朗进行接触。10月19日，法国、德国和俄罗斯三国首脑会议中继续讨论了伊朗核问题，三方领导人呼吁伊朗遵守联合国安理会和国际原子能机构的要求，同时三方指出寻求协商解决伊朗核问题的对话大门始终敞开。

② "伊朗两科学家遭袭 一死一伤"，联合早报网，http://www.zaobao.com/gj/gj101130_006.shtml。

朗发动军事打击的威胁并加紧军事准备[①]，伊朗也不断进行防止军事打击的军事演习，导致地区局势十分紧张。特别是美国结束了伊拉克战争，人们普遍认为其可腾出手来重点解决伊朗问题，这就为未来伊朗核问题的走向增添了不确定因素。

因此，有学者得出结论认为“以美国为首的西方国家和伊朗围绕核问题的博弈，已经形成一个‘无解’的‘死结’”[②]。的确，从目前的状况看，由于双方在利益交换上差距较大，形成各不相让的局面，“死结”似已形成。但是笔者认为，解铃还须系铃人，只要以美国为首的西方国家放弃对伊朗的敌视行为，并以诱人的利益相交换，伊朗放弃自主铀浓缩开发项目并实现“软着陆”并非绝无可能，也就是说这个“死结”依然有打开的可能性。正是出于这种理念，各国都在继续为此努力。12月6日，在中断了14个月后，伊朗核谈判首席代表贾利利与国际代表团团长、欧盟外交和安全政策高级代表阿什顿汇聚瑞士日内瓦，阿什顿代表中国、英国、法国、德国、俄罗斯和美国等国与伊朗就核问题进行谈判。但鉴于谈判双方的“价码”差距较大，依然未能推动这一问题取得实质性进展，足见伊朗核问题的复杂和艰巨性。

与伊朗核问题不同，朝鲜核问题也许真正成了“死结”：一是因为朝鲜已经进行了两次核试验，并向着核武装方向继续迈进，打出了“核威慑”牌。二是由朝鲜目前面临的国内外局势所决定的。尽管2010年元旦，

---

①　2010年1月22日，美军中央司令部司令彼得雷乌斯在华盛顿公开表示，伊朗已被海湾地区“另外一边的国家”视为非常严重的威胁，美军将在海湾4国（卡塔尔、阿联酋、巴林和科威特）部署导弹防御系统。1月31日，美国国防部首次举行以伊朗为假想敌的导弹防御试验。美国在海湾地区构筑导弹防御体系既可以对伊朗形成先发制人的军事威慑，也可以增强海湾国家的安全感，还可以安抚以色列，防止它未经美国允许就对伊朗的核设施和导弹设施实施军事打击。同时，美国向迪戈加西亚岛调运重型钻地弹。据悉，美军已将387枚BLU-110和BLU-117型重型钻地弹调往印度洋上的迪戈加西亚岛。这两种被称为“掩体粉碎机”的智能炸弹专门用于摧毁坚固的地下建筑，而其作战目标可能就是伊朗的地下核设施。迪戈加西亚岛被称为“美国战争风向标”。有军事专家分析认为，美军此举意味着它基本完成对伊朗的军事合围。参见徐进：“伊朗核问题‘核’去‘核’从”，载《中国社会科学报》，2010年11月04号，第13版。

②　徐进：“伊朗核问题‘核’去‘核’从”，载《中国社会科学报》，2010年11月04号，第13版。

朝鲜在新年社论中称“在朝鲜半岛建立持久和平机制，以及通过对话来实现朝鲜半岛去核化，是朝鲜的一贯立场”①，但是，一些突发事件使得问题变得复杂化，赖以解决这一问题的六方会谈机制受到了严重冲击。无论是“天安舰事件”②，还是后来的“延坪岛炮击事件”，都引发了朝鲜半岛局势的极度紧张，六方会谈也受到了根本性影响。在“天安舰事件”后的5月6日，韩国总统府青瓦台发言人朴先圭表示，“在天安舰事件得到解决之前，不能举行朝核问题六方会谈，这是韩国政府的坚定立场”③。面对紧张的局势，朝鲜加快了核计划的步伐。5月，朝鲜宣布朝鲜科学家依靠自己的力量进行了一次核聚变反应。朝鲜劳动党的《劳动新闻》报说：“这次核聚变的成功表明，朝鲜的尖端科技取得了快速进步。”④ 这充分反映出针对美国的敌对政策，朝鲜就是要坚持“以核治核”政策，因为朝鲜明确指出“历史证明我们的‘以核制核’政策是正确的”，特别是，“经过最近朝鲜半岛的紧张趋势后，我们更感受到了加强核遏制力的重要性”⑤。同时，为展示自己的实力，11月份，朝鲜让美国科学家西格弗里德·赫克（Siegfried Hecker）参观了一座新建的巨大浓缩铀工厂。这个厂内安装了成百上千台的离心机，这些离心机都已经在运作。而朝鲜早已宣称在赫克所参观

---

① “承诺在新一年实现无核化 朝鲜吁美结束敌对关系”，联合早报网，http://www.zaobao.com/special/korea/pages3/korea100102.shtml。

② 2010年3月26日，韩国军方称，26日晚9点45分许，在西海白翎岛西南方1.8公里海域，韩国海军第二舰队司令部所属的一艘“天安”号导弹护卫舰因发生不明原因的爆炸事故而沉没。后经韩国“天安”号军民联合调查团公布的正式调查结果，称综合各种证据来看，韩国海军的“天安”号是遭受朝鲜小型潜水艇发射的鱼雷攻击而沉没的。但朝鲜一直予以否认。此事引发了朝鲜半岛局势紧张。“天安”号导弹护卫舰，为浦项级巡逻舰。标准排水量1350吨，最大航速32节。配备有一门奥托76毫米主炮，两门布雷达40毫米机炮，四枚“捕鲸叉”反舰导弹，2枚飞鱼反舰导弹以及MK46鱼雷发射器。

③ “天安舰事件妥善解决之前 韩国不考虑朝核六方会谈”，联合早报网，http://www.zaobao.com/special/korea/pages3/korea100507.shtml。

④ “朝鲜宣称进行核聚变 韩边界探到放射性物质”，联合早报网，http://www.zaobao.com/special/korea/pages3/korea100622.shtml。

⑤ 朝鲜外交部发言人2010年6月28日语。参见“朝鲜：‘以核制核’政策正确”，联合早报网，http://www.zaobao.com/special/korea/pages3/korea100629a.shtml。

的这座核厂内安装了大约2000台离心机，并已开始投产。[①]

虽然朝鲜也时常发出有关方面进行包括六方会谈的谈判呼吁，然而由于利益分歧较大和一些偶发事件的影响，一些小型接触和会谈均未取得实质性成果，而停滞已久并一再声称将重新开启的新一轮六方会谈拖至年底也未见召开。特别是“延坪岛炮击事件”后，针对朝鲜半岛的紧张局势，尽管中国一再发出六方会谈团长进行紧急磋商的提议，但是美、日、韩三方反应冷淡，这无疑更将这个解决朝鲜核问题的重要平台再次推向浅滩。

从2010年朝鲜核问题的发展情况看，几乎可以设想，时至今日彻底解决朝鲜核问题已经成为一项不可能完成的任务。因为朝鲜外部不仅面临着半岛紧张局势的压力，内部还面临着如何顺利实现领导人接班的重大问题，核威慑或核遏制能力几乎可以断定是新的年轻领导人掌控局势的“资本”，并已成为朝鲜的既定战略和政策选择。因此，即便六方会谈重启，让朝鲜弃核理论上已经成为一个“伪命题”。因为欲让朝鲜弃核，在朝鲜看来无异于斩断其手臂，其面临的威胁将无法控制。而退一步讲，即便朝鲜接受“弃核”主题，也必将会以高额经济援助或补偿为实质性回报和世界范围内彻底销毁核武器为前提来进行谈判。试想，这样的谈判是否会有结果？因此，朝鲜核问题也许真的成为了一个死结。

在军控领域，2010年呈现出军火贸易购销两旺的局面，亚洲成为全球最大的买家，而美国依旧保持着军售的“霸主”地位。据美国国防安全合作局网站2010年11月11日报道美国国防安全合作局（DSCA）发布报告称，美国军售总额已经连续三年超过300亿美元，2010财年的军售总额达到316亿美元。以色列政府在2010财年从美国采购的武器装备价值40亿美元，成为美国最大的武器出口国。排在第二位的是埃及，军售总额为26亿美元。沙特阿拉伯为25亿美元，英国为18亿美元，分列三、四位。[②]

军售一直是一些大国赚取高额利润和保持政治影响的手段之一。根据瑞典斯德哥尔摩和平研究所报告的统计，在卖家中，2009年美国对外

① “朝鲜展示新建浓缩铀工厂”，联合早报网，http：//www.zaobao.com/special/korea/pages3/korea101122.shtml。

② “美国2010财年对外军售总额达216亿美元”，新华网，http：//news.xinhuanet.com/mil/2010-11/12/c_12766763.htm。

军火出口额达到381亿美元，再创年度新高，继续稳居全球首位。排在第二位的是俄罗斯，因武器性能优良且价格低廉，2009年的销售额为104亿美元。作为欧洲老牌军事强国的法国，一直以来也是武器出口市场上的“大户”。根据法国国防部2010年10月6日公布的报告，继2007年和2008年后，法国在2009年的军火销售额提高了13%，创下新世纪以来的纪录，再次紧随美、俄、英后，稳坐世界第四大武器出口国的交椅。[①] 而在2010年的军火贸易中最吸引世界眼球的是10月20日美国宣布将向沙特出售600亿美元军火[②]，这一军售项目成为美国军售历史上价值最大的一单。尽管美国一再声称，其军售是为了维护地区的稳定，但是全球这种所谓的“逆裁军”现象的出现，深刻反映出传统安全思维的惯性和利己主义，从而导致“安全困境”的进一步恶化。而“之所以出现这种局面，其中一个重要原因是没有建立起实质性的地区安全合作保障体系，使得该地区固有的复杂矛盾诸如领土纠纷等问题找不到有效的解决途径”[③]，转而期待运用军事手段加以解决的可能性增大，为防范可能遭受的军事打击，一些国家对军火的需求量不断攀升。就此，我们也许可以断言，“安全困境”是军火贸易的最大推手，而军火贸易又加剧了“安全困境”。

---

① “军火贸易为何逆势上扬?”，新华网，http：//news. xinhuanet. com/mil/2010-11/23/c_12805496. htm。

② 美国政府当天通知国会，美国计划向沙特阿拉伯销售大批战斗机、直升机等军事设备，价值接近600亿美元。美国务院负责政治军事事务的助理国务卿安德鲁·夏皮罗与国防部负责国际安全事务的助理部长亚历山大·弗什博当天举行联合新闻发布会宣布此事。根据他们提供的数字，这笔军售涉及84架F-15SA型战斗机、70架AH-64D型“阿帕奇”攻击直升机、72架UH-60M型“黑鹰”战术直升机、36架AH-6i型轻型攻击直升机、12架MD-530F轻型直升机。此外，美国还将向沙特方面提供数以百套计的引擎、武器和导航系统。除了提供武器装备外，美国还将帮助沙特空军升级其现役的70架F-15S型战斗机。整个交易预计将在未来15—20年内完成。参见“美国宣布对沙特600亿美元军售”，新华网，http：//news. xinhuanet. com/world/2010-10/21/c_12682249. htm。

③ 刘强：《国际军事安全论》，时事出版社，2010年10月版，第353页。

三、军事演习不断增多，规模越来越大，一些具有积极意义，而另一些带有明显的国家指向性，加剧地区紧张局势

2010年，世界各地军演不断，而亚太地区成为重要“舞台”。在众多军演中，既有以反恐、救灾、救生、转移战区居民、维和等和平为目的的，也有以反潜、水雷、登陆、打击海上和空中目标等纯军事为目的的。与一些国家和地区组织旨在针对打击恐怖主义和救灾等具有积极意义的军事演习不同，另一些国家将军演的假想敌设定为具体国家，指向性十分明显，导致国家间关系紧张并加剧了地区紧张局势。

从积极意义角度看，2010年最大的军演亮点当属9月9—25日由上海合作组织成员国进行的“和平使命·2010”联合军演。军演的目的主要是以应对恐怖主义引发的地区危机为背景，演练军事反恐作战的指挥、协同、保障和行动方法。此次演习是上海合作组织框架内的第7次联合反恐军事演习。上合组织五国参演部队共投入5000多名兵力。演习中方总导演马晓天上将针对此次演习强调，“上合组织不是军事同盟，此次联演不针对任何特指国家，也不对任何国家构成威胁”。同时，“中国参加这次演习的目的与以往历次类似演习一样，都是为了落实上合组织各成员国元首达成的共识，进一步增强上合组织成员国之间包括防务合作在内的各方面务实合作，维护地区的安全、和平和稳定，进一步彰显共同反对恐怖主义、分裂主义、极端主义的决心、意志和能力。同时，参加联合军演，也可以进一步增加各成员国之间的政治互信，加强各国军队之间的了解和友谊”。[①] 而从军演的具体内容看，也充分体现出成员国反恐和维护地区和平与稳定的决心和能力。

然而，一些国家尽管也进行了具有相对积极意义的军演，如2010年2月1日由来自泰国、美国、印度尼西亚、新加坡、日本、韩国的约1.4万

---

① “上合组织不是军事同盟 不对任何国家构成威胁”，载《解放军报》，2010年9月17日，第7版。

名军事人员参加的“金色眼镜蛇”东南亚地区最大规模的军事演习[①]。但是，更多的则是进行有针对性的不利于地区稳定的军事演习。其中最令人瞩目的是6月23日起开始在夏威夷海疆进行的两年一度的多国“环太平洋2010”军事演习[②]、8月16—26日美国和韩国在朝鲜半岛东西两侧的日本海和黄海进行的“乙支自由卫士”联合军事演习[③]、11月28日开始的美韩军演[④]和12月3日开始的美日“利剑”联合军演[⑤]。尽管这些军演几乎都宣称不针对具体国家，但由于演习的时机和地点十分特殊，明眼人可看

---

① 军演内容包括救生、登陆、转移战区居民、维和等。自1982年以来，“金色眼镜蛇”联合军演每年举行一次。2010年度联合军演为期11天，共有14073名军事人员参加，其中包括泰国士兵4658人、美军士兵8741人。韩国首次派遣331名军人参演。演习主要场所包括泰国中部主要海陆空军事基地及演练场。中国、文莱、智利、德国、老挝和新西兰等国派观察员观摩这次军演。参见“‘金色眼镜蛇’军演在泰国举行”，新华网，http：//news. xinhuanet. com/mil/2010-02/01/content _ 12915086. htm。“盘点2010年度亚太地区六大热点军演”，新华网，http：//news. xinhuanet. com/mil/2010-08/25/content _ 14070019. htm。

② 演习一直持续到8月1日。美国、澳大利亚、加拿大、智利、哥伦比亚、法国、印度尼西亚、日本、马来西亚、荷兰、秘鲁、韩国、新加坡和泰国等14个国家的34艘战舰、5艘潜艇、上百架军机和2万多人参加。演习的科目包括反潜战、水雷战以及登陆演习，其中25艘各国军舰将参与实弹射击。此次14国联合军演是历届中规模最大的一次。参见“盘点2010年度亚太地区六大热点军演”，新华网，http：//news. xinhuanet. com/mil/2010-08/25/content _ 14070019. htm。

③ 这是两国在不到一个月的时间内，第二次进行联合演习，逾3万美国军人和5.6万韩国军人参加。美军方发言人表示，这次演习是世界上最大的由联合参谋部指挥的战区演习之一，还有一定数量的美国士兵将在本土通过互联网加入演习。参见“盘点2010年度亚太地区六大热点军演”，新华网，http：//news. xinhuanet. com/mil/2010-08/25/content _ 14070019. htm。

④ 此次军演是“延坪岛炮击事件”后美韩进行的，包括美国“华盛顿”号核动力航母在内的众多军力参加了军演。

⑤ 据日本防卫部发布，参与的部队为数4.5万人，其中有3.4万人属于日本海陆空自卫队。所投入的军备空前最多，包括60艘舰艇，以及F15在内的400多架军机。军演内容是以日本遭受攻击为开端，训练据点将从北海道一直展开到冲绳。压轴戏是围绕冲绳海域的西南岛屿防御作战，冲绳东部、四国南部和九州西部区域都将展开大型的抢岛防卫作战训练。美国航母“乔治—华盛顿号”参与护岛演习，同日本海上自卫队的护卫舰“日向”号一起挑大梁。它们身上搭配了标准3型导弹（SM-3）拦截系统，将同设在基地内的地对空拦截系统“爱国3号”（PAC-3）相互接应。参见“美日军演接近实战 日称军演不针对任何特定国”，新华网，http：//news. xinhuanet. com/mil/2010-12/04/c _ 12847948. htm。

出，军演均是针对具体国家而炫耀武力。特别是美韩和美日联合军演，具有明显针对半岛局势向朝鲜施压和向中国示威的意味。朝鲜《劳动新闻》12月4日发表评论，指责美国、日本和韩国拼凑三角军事同盟，不仅破坏朝鲜半岛和平，而且也对亚洲和世界和平构成严重威胁。评论说，“美日韩三角军事同盟虽然还没有以条约的形式固定下来，但已具备一个军事集团所有的条件和外形，并且正在实际运作。美日韩积极拼凑三角军事同盟的目的主要针对朝鲜及周边国家。由于这一军事同盟的活动具有冒险性，导致朝鲜半岛局势日益紧张，战争的危险日益增大”①。对于美、日、韩是否能够真正成为同盟姑且不论，但至少其在应对地区局势的联动趋势令人关注和担忧。

尽管由于一些特殊内在问题，至今美日同盟与美韩同盟并存，但并未形成美日韩同盟，但是由于两个同盟的特殊属性，美国携两个地区重要国家推进军事同盟关系，无疑直接指向朝鲜和中国乃至俄罗斯，目的是掌控地区主导权。而不断进行有针对性的军事演习，特别是从一些演练科目看，防范中国的意图十分明显。以美日“利剑”联合军演为例：日本派出3.4万名海陆空自卫队官兵、40艘舰船、250架战机；美方投入1万名官兵、20艘舰船和150架飞机。参演兵力是先前美韩军演的6倍。而演习主要内容之一是弹道导弹防御，即模拟日本遭受弹道导弹袭击时的情景，日美双方将在演习中协调侦察、跟踪、拦截弹道导弹的能力，但双方均不展开实际导弹发射。双方还展开岛屿防御演习，在九州西部，以及冲绳至四国南部的西南海域展开岛屿防卫训练。此外，演习的内容还包括联合防空、基地防御、搜救活动、海上轰炸等等。② 演习的时间是在中日钓鱼岛撞船事件和延坪岛炮击事件之后，地点又在对中朝均为敏感的黄海地区，显然不是开娱乐派对。这种军事结盟和军事威慑的传统安全思维，除了导致“安全困境”的加剧和地区局势紧张外，无法解决地区存在的安全问题。

（刘　强）

---

① “朝鲜媒体指责美日韩拼凑三角军事同盟”，新华网，http：//news. xinhuanet. com/mil/2010-12/04/c_12847748. htm。

② “日美军演主要演习弹道导弹和岛屿防御”，新华网，http：//news. xinhuanet. com/mil/2010-12/04/c_12846733. htm。

第三章

军事安全以外的多种安全的威胁程度总体不减，一些领域继续深化，国际社会面对着更大的应对挑战

除了军事安全问题使得世界安全形势严峻外，众多非军事安全因素也对世界安全环境构成巨大威胁，且与2009年相比程度总体未减，特别是在政局稳定、国际恐怖主义、气候问题引发的外交矛盾和水危机等领域有所深化。为应对这些问题，尽管国际社会作出了巨大努力，但其应对的难度依然巨大，挑战严峻。

一、国家内乱导致一些国家处于动荡状态，政权危机严重，其外溢作用严重影响地区稳定

全球化的一个最大特点就是将原来不相联系的世界各国自动或被动地联系在一起。国家作为国际社会的主要行为体，其内政问题所产生的外溢作用对地区的安全稳定越来越产生着重大影响。

军事政变是破坏国家和地区稳定的一种“超常规”手段。尽管2010年军事政变较上一年有所减少，影响也不如上一年大，但这种受国际社会所不齿的更迭国家权力的行为依然存在，不仅先前发生的军事政变的余波尚未平息，其中一些国家还存在军事政变的隐患。

2010年2月18日，非洲国家尼日尔发生军事政变，总统马马杜·坦贾(Mamadou Tandja)被政变军队关押，政府也遭解散，政变者称要还政于民。阿拉伯和非洲媒体认为，冰冻三尺，非一日之寒。尼日尔政局自去年大选以来

一直动荡不安，潜伏着更大的政治危机。宪法危机则是本次军事政变的导火索。尼日尔原来的宪法规定，总统任期5年，可连任一次。坦贾于1999年当选尼日尔总统，2004年获得连任。2009年，坦贾总统为谋求再度连任，先后解散议会和宪法法院，并签署修宪法案，规定总统可以无限期连选连任。其支持者认为，他执政以来，政局稳定，经济发展，民生改善；反对派却指责他腐败、独裁，导致政局持续紧张、动荡。[①] 政变遭到了包括联合国秘书长潘基文在内的国际社会的强烈谴责，要求恢复法律秩序。尼日尔是位于非洲西部的内陆国家，人口1300多万，人均GDP不足400美元，属于联合国公布的最不发达国家之一。政变导致局势不稳并使得原本并不发达的经济水平受到冲击。

2009年洪都拉斯军事政变的余波未平。2010年6月27日晚间起，在洪都拉斯军事政变发生一周年之际，上万名来自全国各地的民众在首都特古西加尔巴举行大规模的游行示威，表达对去年政变的不满，要求惩治政变者。[②] 当地舆论称，持续了一年之久的洪政治危机引发严重的经济危机和社会危机。目前拉美中左翼国家仍拒绝承认现任政府合法性，洪政治危机破解之路困难重重。特别是，政变后洪都拉斯国内和国际环境持续恶化，[③] 对这个原

① 吴文斌："西非尼日尔发生军事政变 联合国非盟呼吁恢复宪法秩序"，载《人民日报》，2010年02月20日，第3版。

② 游行民众当中包括当地工人、农民、土著居民和工会组织成员。多数人身穿红衣，高举在政变中遭罢免的前总统塞拉亚的照片，打出"不能宽恕政变者的标语"，指责洪政府继续留任那些曾经参与、发动军事政变的官员。一些示威民众还在街头焚烧代表政变者的人偶，以表达不满。参见"洪都拉斯民众举行游行示威对去年军事政变表不满"，新华网，http：//news. xinhuanet. com/mil/2010-06/29/content _ 13770266. htm。

③ 政变发生后，洪都拉斯因权力争斗引发的暴力暗杀浪潮也引起多国政府和国际组织的严重关切。根据国际人权组织的统计，在米切莱蒂临时政府执政期间，洪都拉斯有超过40位反政变人士遭暗杀，政府发动的逮捕行动多达3000次；自洪都拉斯现任总统洛沃就任以来，该国发生了700多起政治谋杀，包括12名政治领导人和9位记者遭暗杀。巴西明确表示，洪都拉斯能否重返美洲国家组织，必须与该国人权状况和民主化进程挂钩。洛沃上台后成立了真相与和解委员会，调查军事政变等侵犯人权行为，向国内反对派释放出和解善意，但最近最高法院解雇了5位反政变派别的成员，加深了民众对于现政府能否实现变革的忧虑。洪大多数民众认为，洛沃上台后，该国的政治体制没有发生任何变化，这进一步妨碍了其融入国际社会的努力。在对外关系方面，洪现政府仍面临以委内瑞拉为首的拉美中左翼国家的坚决抵制。左翼国家要求，以塞拉亚重返洪都拉斯政坛作为其重返美洲国家组织的先决条件。参见邹志鹏："洪都拉斯军事政变一周年政治危机仍未破解"，载《人民日报》，2010年6月30日，第3版。

本就贫穷的国家来说可谓雪上加霜。

2010年2月22日，土耳其挫败了一起军事政变企图，逮捕了包括土耳其前空军司令、前海军司令在内的48名高级军官。[①] 此举却引发了军方与世俗民众的示威游行，2月28日，为表示对军方的支持，安卡拉爆发了数千人的游行。示威者高喊口号要求“政府下台”，土军方出动坦克参与了示威游行。而宗教支持者也于同日组织数百人规模的游行，以示对政府“铁腕”的支持。[②] 此举实际上反映了土耳其世俗化与宗教化的激烈冲突，给土耳其的政治和经济都带来了许多负面影响。而军事的强势甚至成为影响土耳其成为欧盟成员国的主要原因之一。

由于洪水等灾难，巴基斯坦军方对政府的执政能力表示怀疑。英国路透社9月13报道说，据来自英国《星期日快报》的消息，由于担心巴基斯坦军方可能对国内局势采取干预行动，英国特种部队已处于最高戒备状态，准备随时从巴撤出侨民。报道引用英国驻巴基斯坦使馆一位负责人的话说：“洪水给巴基斯坦造成了巨大损失和威胁，目前有800万人需要提供紧急援助，巴境内的恐怖主义势力又乘机制造混乱，巴基斯坦国内局势会导致更多年轻人倾向或参加极端武装，这种情况发展下去极为危险，巴军方对政府已失去耐心，英国驻巴使馆和领事馆认为巴军方很可能要采取行动，甚至发动军事政变。而这必将使巴局势急剧动荡，为此，英国驻阿富汗特种部队已在靠近巴基斯坦边界地区处于最高警戒状态，随时撤出英驻巴使馆外交人员和侨民。”[③] 前总统穆沙拉夫当地时间2010年9月29日也

---

① 土耳其警方在8座城市同时行动，闪电般地逮捕了48名高级军官，其中包括21名陆军和海军的将领，其余的都是上校军衔的实权军官。被捕的军官中级别最高的是前副总参谋长厄根·赛甘将军、前空军司令易卜拉欣·弗尔特纳将军、前海军司令厄兹登·奥尔内克将军和担负伊斯坦布尔防卫的土耳其陆军第1军军长赛汀·德甘将军。这些军官被捕后立即用直升机送到伊斯坦布尔的秘密地点，接受反恐警察和检察官的询问。土政府随后解释说，这次行动是在土警方长期监听这些军官的电话，发现了许多秘密弹药库，以及掌握了这些军官阴谋发动政变的详细计划之后才动手的，此举“没有政治因素”。参见“土耳其挫败军事政变企图”，新浪网，http：//news. sina. com. cn/o/2010-02-24/145717122308s. shtml。

② “国际视点：土耳其军事政变案余波未了”，中国共产党新闻网，http：//cpc. people. com. cn/GB/64093/82429/83083/11053103. html。

③ “英国准备从巴基斯坦撤出侨民”，中国广播网，http：//www. cnr. cn/allnews/201009/t20100913_507043003. html。

在英国首都伦敦表示，巴基斯坦军方目前正面临着巨大的舆论压力，他们很可能会发动一场政变。[①]

2010年11月17日，非洲岛国马达加斯加对修改后的新宪法进行全民公投之际，一伙高级军官宣布接管权力，但该国军方领导人誓言镇压叛乱。而事实上，自2009年的军事政变以来，该国军队一直处于分裂状态。一伙持不同政见的宪兵5月份曾短暂夺得一座军营的控制权，但随后被安全部队镇压。此次，叛乱分子查尔斯·安德里亚纳苏阿维纳上校[②]早些时候在首都市郊机场附近的一座兵营称，一个"为人民谋福利的军事委员会"已经组建，将管理这个世界第四大岛。[③] 尽管真正的政变并未发生，但它给马达加斯加国内局势平添了许多不确定因素，国内局势陷入动荡。

军事政变一直是一些国家和地区经常发生的事件，其中非洲国家尤甚，尽管从数据统计看，近些年其数量呈递减趋势。有数据统计称，"过去50年内，非洲发生'成功的军事政变'（即最终推翻现政府的军事政变）的数量在不断减少。20世纪60年代为27次，70年代为30次，80年代和90年代均为22次，从2000年到2008年8月仅为5次"[④]。同时，一些军事政变也得到了国内民众的支持，也确有一些国家成功地从军政府转向了

---

① 在伦敦举行的一个论坛上，穆沙拉夫抨击巴基斯坦政府治国无方。他表示，巴现任总统扎尔达里既没有带领巴基斯坦走出经济困境，也没有打败巴境内的恐怖分子。在罕见的洪涝灾害爆发以后，巴政府没能及时做出恰当的应对，使人民的生命和财产遭受了重大损失。当被问及是否担心巴基斯坦会因此发生军事政变时，穆沙拉夫说："你们已经看到扎尔达里和（巴总理）吉拉尼开会的照片了，我向你们保证他们不是在讨论天气。"穆沙拉夫所说的会议是指日前在巴首都伊斯兰堡举行的一次危机处理会议。穆沙拉夫表示，巴基斯坦民间已经有一些关于政变的传言，他认为巴陆军参谋长阿什法克·基亚尼现在面临着和他当年一样的困境。参见"穆沙拉夫指责巴政府无能 称军事政变或再度发生"，中国日报网，http：//www.chinadaily.com.cn/hqgj/2010-10/01/content_11372677.htm。

② 安德里亚纳苏阿维纳上校是现任领导人安德里·拉乔利纳2009年3月推翻马克·拉瓦卢马纳纳夺取政权时的主要支持者。当时支持拉乔利纳的另一名高级军官也是这次叛乱的反叛组织成员。

③ "外媒：马达加斯加又遇政变危机"，中国日报网，http：//www.chinadaily.com.cn/hqgj/jryw/2010-11-18/content_1233272.html。

④ "'良性军事政变'难给非洲带来稳定和民主"，载《中国青年报》，引自腾讯网，http：//news.qq.com/a/20100801/000132.htm。

民选文人政权[①]，但是就其本身而言，是与现代政治理念相悖的一种获取权利的方式，特别是，“军事政变就像是一枚没有导航仪的导弹，可以摧毁腐败政权，也可以颠覆民主政权”[②]。从其破坏力的角度看，即便从近年来仅有的军事政变看，其给国家甚至地区的稳定带来的冲击依然很大，成为影响非洲政治稳定和经济发展的最重要因素之一。

除军事政变外，因国内外各种因素的综合影响，一些国家还发生了骚乱。发生于2010年6月的吉尔吉斯斯坦骚乱，不仅导致国内政治局势的动荡，并造成大量难民的出现，更导致了严重的经济损失。发生在奥什和贾拉拉巴德地区的吉尔吉斯族与乌兹别克族民众间暴力冲突，后演变成大规模骚乱。吉卫生部统计数字显示，骚乱致261人死亡，2000多人受伤。另有大约2500处建筑被焚烧。吉尔吉斯斯坦紧急情况部副部长穆坎别特·卡西马利耶夫7月9日称，初步统计显示，大规模骚乱造成经济损失大约7100万美元，并强调这一数据并非最终结果。[③] 这对一个GDP世界排名第140位，仅有26.95亿美元[④]，人均GDP位列世界第147位，仅为850.99美元[⑤]的国家来说，无疑是巨大的损失。骚乱还导致国家机关一度处于瘫痪，以至于俄罗斯总统梅德韦杰夫担心这个国家会解体。[⑥] 也有人担心这个国家会成为第二个阿富汗。此外，骚乱对周边国家特别是中国西部安全构成了巨大挑战。

---

① 例如，从20世纪90年代起，军事政变后实现军政府向民选政府顺利移交权力的非洲国家包括尼日利亚、几内亚、贝宁、布基纳法索、加纳、利比里亚、塞拉利昂、马里等。其中，加纳被誉为非洲“从军权走向民权”的样板。从1957年独立开始，加纳经历了一系列军事政变，最终实现民选政府接替军政府权力，成为西非的民主典范。

② 同上。

③ “吉尔吉斯斯坦骚乱致损约7100万美元”，人民网，http：//world. people. com. cn/GB/12107725. html。

④ 世界银行2006年的排名。参见《GDP》，智库·百科网，http：//wiki. mbalib. com/wiki/%E5%9B%BD%E5%86%85%E7%94%9F%E4%BA%A7%E6%80%BB%E5%80%BC。

⑤ 国际货币基金组织（IMF）2010年4月的最新统计，参见“人均国内生产总值”，http：//baike. baidu. com/view/640019. htm。

⑥ 梅德韦杰夫说：“吉尔吉斯斯坦面临许多难题，最显著的威胁是国家解体。要避免国家解体，吉尔吉斯斯坦需要一个强有力、组织有序的政权。”参见“俄罗斯总统称吉尔吉斯面临国家解体威胁”，人民网，http：//world. people. com. cn/GB/157578/12009228. html。

骚乱同样发生在泰国，导致2010年泰国的政局形势依然严峻。“红衫军”（泰国反对独裁民主联合阵线）与现政府间的矛盾导致3—5月两个多月的集会、冲突，至少造成88人死亡、200多人受伤，成为18年来泰国最血腥的事件。事件导致周边国家高度警惕。2010年5月20日，印度尼西亚外交部发言人法伊查沙表示，泰国的骚乱不仅影响了泰国本身，而且还影响到了整个东南亚地区的和平与稳定。如有必要，印尼政府愿意帮助泰国结束目前的政治乱局。至此，东南亚国家联盟成员国均表示了对泰国局势的关注。印尼总统苏希洛也表示，在泰国骚乱问题上，东盟国家有必要做出集体行动。在此之前，柬埔寨、新加坡等东盟成员国都曾呼吁泰国冲突双方保持克制，通过和平手段解决政治纷争。[①] 由此可见，泰国的不稳定局势已经超越了泰国的疆界，对地区形势产生了重大影响。

从本质上说，2010年发生在泰国的“红衫军事件”[②] 是2006年泰国

① “泰国骚乱扩散至多省 东盟考虑集体干预”，中国日报网，http：//www. chinadaily. com. cn/hqgj/2010-05/21/content _ 9876467. htm。

② 2010年“红衫军”活动的主要历程如下：2010年2月，泰国法院对他信的贪污行为予以认定。判定没收他信家族被冻结760亿泰铢（约合23.3亿美元）资产中的462.1亿泰铢（14.1亿美元）。2010年3月12日，红衫军开始在曼谷举行抗议示威。他信于14日发表讲话视频，号召“红衫军”坚持抗争。2010年3月16日下午，“红衫军”在总理府门前实施泼洒血液行动，以此向政府施压，要求解散国会下议院。2010年4月5日，泰国政府称将向法院申请逮捕令，将逮捕带领群众盘据曼谷商业区的“红衫军”领袖，希望结束已经持续了四个礼拜的示威。2010年4月7日，反政府“红衫军”示威民众向泰国国会发起冲击，驾驶卡车撞开大门，强行进入国会大院。2010年4月17日，“红衫军”17日宣布，“红衫军”全部24名领导人打算于下月15日向警方“集体自首”，但不会结束集会示威。2010年4月22日，泰国民事法院下令禁止运用武力干扰“红衫军”的示威活动。2010年4月28日下午，泰国反政府组织“红衫军”与政府军警在曼谷北郊发生激烈流血冲突。防暴警察对空鸣枪并以催泪瓦斯驱离，造成1名士兵死亡、18人受伤，军警也下令在闹市区“红衫军”的示威地点附近进行道路封锁，并逮捕了14名当天与军警发生冲突的“红衫军”示威者。2010年4月29日，“红衫军”领袖温格表示当日“红衫军”将前往欧盟在泰国的代表处向其报告发生的事情。2010年4月30日，国际危机组织发表报告指出，泰国红衫军和政府日益激烈的长期暴力对峙，很可能恶化并演变为“不宣而战的内战”。2010年5月3日，财政部总审计员蓬帕努·萨瓦塔伦达称截至当天，他信家族总计490亿泰铢（15亿美元）资产已经转入国有账户，包括法院判定没收的资金及其银行利息。2010年5月4日，“红衫军”表示愿意加入总理阿披实提出的和解进程，但在阿披实宣布解散国会下议院的具

军事政变延长线上的一段，自2006年起，“红衫军”与政府间的争斗就一直没有停止，暴力程度也逐渐升级，强占国际机场，冲击政府机关，霸占总理府，冲击东盟峰会，焚烧商业中心等使得泰国政局一直处于不稳定状况。2010年的街头斗争使得泰国直接经济损失达46亿美元，旅游业受到严重影响，大量人员失业。尽管在政府的高压下“红衫军”领袖自首使事件最终平息，但导致骚乱的社会和政治根源并未消除，因此这种“街头政治”的惯性还会继续向前冲击，再次发生骚乱的隐忧依然巨大。

体时间前，“红衫军”不会解散。2010年5月5日，“红衫军”在示威现场举办庆祝国王登基60周年活动，维拉并强调，反政府抗议人士尊重君主制度，并没有外界宣称有意图要推翻王室。2010年5月6日，泰国总理阿披实宣布，将于9月15日到30日之间解散国会下议院，为计划于11月举行的议会选举扫清道路。2010年5月6日，泰国“特别调查部”部长塔利特表示，在9名“红衫军”领导人5月15日自首，为违反紧急状态令的指控辩护时，该部将以恐怖主义罪对9人追加指控。2010年5月13日，泰国政府开始封锁“红衫军”集会地点，以迫使“红衫军”结束示威。2010年5月14日下午开始，泰国军队和“红衫军”在曼谷多个地点发生冲突。当晚午夜过后，冲突逐渐减弱，但零星冲突仍然不断。2010年5月16日，泰国紧急状态公共管理中心向“红衫军”提出最后通牒，要求他们于曼谷时间星期一下午3时前离开商业区。“红衫军”领袖纳塔武表示，由支持者自行决定留下还是离开。2010年5月16日，泰国家安全委员会会议决定16日下午开始在曼谷部分地区执行宵禁。总理阿披实发表讲话称“本月13日军方采取的措施是正确的，军方绝不会改变立场”。2010年5月16日，泰国“红衫军”最高领导人之一乍都蓬表示，备受尊敬的泰国国王普密蓬是使国家摆脱政治危机、结束首都曼谷的致命暴力浪潮的“唯一希望”。2010年5月18日，“红衫军”领导人纳塔兀表示将无条件和政府进行停战调停的谈判，并表示此举是为了尽快停止持续的暴力冲突。2010年5月18日，泰国政府一名高级官员表示拒绝“红衫军”的停火对话提议。2010年5月19日，泰国“红衫军”领导人宣布停止在曼谷为期两个多月的集会并向警方自首。2010年5月20日，泰国反政府“红衫军”领导人发表讲话，呼吁“红衫军”停止从事暴力行为，因为“民主不能建立在复仇之上”。2010年5月20日，泰国警方称在首都曼谷举行反政府集会的“红衫军”当天已全部被遣返回乡，他们不会受到法律制裁。2010年5月21日，军警对“红衫军”集会地点曼谷拉差巴颂地区进行全面排查，搜索武器和制造骚乱分子。2010年5月23日，泰国总理阿披实表示，只有在“红衫军”彻底放弃示威抗议，国内局势完全恢复平静的情况下，才会宣布举行新大选。参见葛劳孔：“泰国‘红衫军’发展历程”，北京大学发展研究中心网站，http：//jus. pku. edu. cn/phpcms/2010/0509/564. php。

临近年末，西非国家科特迪瓦因大选导致了严重的政治骚乱，几乎达到内战的边缘。12月2日以来大选出现了两个不同的结果：科独立选举委员会公布的结果认定反对派候选人前总理瓦塔拉当选，而宪法委员会则宣布现任总统巴博当选。4日两人分别宣誓就职。尽管非盟、联合国、美国和欧盟均表示支持瓦塔拉，但是巴博一直拒绝把政权移交给瓦塔拉，两个“政权”的对立导致科国内局势陷入动荡，种族冲突不断。联合国驻科特迪瓦使团称，自科特迪瓦总统大选僵局升级以来，已造成至少210人死亡。科特迪瓦曾于2002年9月爆发内战，共造成近5000人死亡，数千人受伤，100多万人流离失所。[①] 直到2010年底，事态还在继续发展，尽管国际社会进行了大量的斡旋，美国甚至宣布对巴博及其亲信实施制裁，但局势继续恶化甚至再次出现分裂和内战的可能性依然存在。

近年来，特别是2008年金融危机爆发以来，经济不景气与各种政治和社会矛盾相结合并导致激化，抗议活动导致骚乱的事件遍布全球许多国家。尽管这些因诸如种族和民族矛盾、党派纷争、社会不公、失业、福利待遇下降等诱发的大规模的街头抗议、游行示威、罢工直至导致骚乱以及暴力事件的发生，对一些发达国家的政权并未产生真正的威胁，但是对一些不发达国家政权却带来了深重的危机。这虽然是对国家的一种传统安全威胁形式，但在全球化深入发展的今天，其穿透力已经大大提升，影响力和破坏力通常可能超越国家疆界，对地区形势稳定造成重大影响。

二、国际恐怖主义依然是重要关键词，“本土化”和“业余化”恐怖分子制造的“微恐怖主义”增多，反恐神经无法放松，但美国“秘密战”反恐方式将导致“越反越恐”怪圈继续扩大

2010年国际恐怖主义活动仍旧猖獗，美国和西方国家仍是主要攻击目标，国际反恐尽管取得一定的成效，但国际恐怖主义的威胁时刻存在，国际恐怖主义依然是重要关键词，反恐神经无法放松。

---

① 以上有关科特迪瓦内乱的相关内容，均来自于中国新闻网和国际在线网站。

从2010年国际恐怖主义发动袭击的地点和针对的对象看，均有以美国为首的西方国家的身影。伊拉克、阿富汗、巴基斯坦等地依然是恐怖主义袭击的高发区和反恐的主战场，北非地区成为新的关注点。令人更加关注的是，恐怖分子出现“本土化”和“业余化”趋势。所谓本土化，是指被逮捕的恐怖分子嫌疑人中，越来越多的是持有美国或西方国家护照且为标准的白人。而所谓业余化则是指在西方国家生活、但愿意为境外恐怖组织效劳的有着正常职业和身份的人。这些人深受恐怖组织思想的影响，甚至改变信仰，心甘情愿地为恐怖组织服务，成为美国为首的西方的防范难度极大的新的攻击源。这些本土且业余化的危险人物被认为是受到一些魅力型“精神导师”透过互联网来施加影响，向他们宣扬“圣战”精神，从而使他们的思想变得激进。① 而且有学者甚至认为，“持着美国、英国、法国以及其他欧洲国家护照的这些人，看起来和其他公民没有两样，但他们的思想却变得很极端，而这种现象出现的频率会越来越多”②。这些人行动更加隐蔽，往往进行一些被称为“微恐怖主义”③ 的袭击，袭击成功的概率更大，更加难以防范，但其“恐怖指数”与大规模恐怖袭击具有几乎同样的效能。

从现实情况看，“基地”组织的影响并未因连续不断的打击和多名首领的或被击毙或被逮捕而有所减弱，其影响依然巨大，更加令西方担心的

① 有关这点，美国国家情报局总监布莱尔上2010年2月在国会听证会上，提出评估威胁的报告时曾提及这种现象，并认为即使是个人或者是一小撮本土极端分子，只要他们有意愿和机会就可以造成破坏，这是我们最担心的。参见“美国本土恐怖主义呈上升趋势”，联合早报网，http://www.zaobao.com/special/us/pages11/attack100319.shtml。

② 美国华盛顿大学政治心理学计划主任波斯特语。参见“美国本土恐怖主义呈上升趋势”，联合早报网，http://www.zaobao.com/special/us/pages11/attack100319.shtml。

③ “微恐怖主义”是指规模较小的恐怖主义袭击。以希腊、也门、瑞典、英国等地发生的一系列袭击事件为代表，美国“国土安全部”的评估报告把它定义为“小规模恐怖主义行动”。

是它将有可能与其他恐怖组织（例如巴基斯坦塔利班运动[1]，以及巴基斯坦虔诚军[2]）联手向西方发动袭击。

在经历了9年的“战争”反恐后，美国经过反思，已经开始调整其反恐策略和战法，采取一种被称为“秘密战”（Stealth War）的方式打击恐怖主义，即《纽约时报》所称之为的已从过去的“铁锤式”（hammer），改为较精确细腻的“手术刀”（scalpel），并认为从北非沙漠、巴基斯坦山区，到饱受种族和宗教冲突困扰的原苏联加盟共和国，美国已在10多个国家采用这种新的军事行动策略，而其中，也门是“解剖刀”战法的重点试验场。如今美国已经在70多个国家部署了特种作战部队，随时准备对恐怖分子发动攻击。尽管美国政府从未公开承认参与此类打击行动，但这已是公开的秘密。针对这种“秘密战争”，中东地区媒体指责美国的行动简直是“另一种形式的恐怖活动”。而西方媒体也认为这只会适得其反。[3] 显然，中东人是从性质进行解读的，而西方人则是从效果出发解读并劝告的。可以预见，这种方式继续深入下去，不仅将导致美国与一些国家关系紧张，也会诱发更多的恐怖袭击，导致“越反越恐”的怪圈继续扩大。

自从奥巴马入主白宫，美国的反恐战略有了较大调整，“阿富汗—巴基斯坦反恐新战略”的实施在阿富汗取得了一定的战绩，但是塔利班并未被彻底击垮，“基地”组织依然活跃，本·拉登依然不时地发出“圣战”的呼声，伊拉克的恐怖袭击事件接二连三，其他地区甚至一向太平的北欧也出现了恐怖袭击事件，国际恐怖主义的威胁势头并未减弱，依然困扰着世界。面对复杂的反恐局面和不断上升的军人死亡数字，即便是美国政府

---

① 巴基斯坦塔利班运动（Tehrik-e-Taliban Pakistan）是受“基地”组织影响最大的武装组织之一，最高指挥官为拉赫曼（Wali-ur-Rehman）。该组织认为巴国不是一个合法国家，故其攻击目标以巴基斯坦为主。美国政府已在2010年10月将该组织加入其海外恐怖组织的名单内，并且悬赏500万美元抓拿拉赫曼和该组织头目马哈苏德（Hakimullah Mehsud）。

② 巴基斯坦虔诚军（Lashkar-e-Taiba）是一个以巴基斯坦为基地的武装组织，攻击活动主要针对印度，但是西方分析员表示，该组织得到了巴基斯坦离散分子的支持与经济援助，并且可以利用这个网络对西方展开攻击。该组织被认为策划了导致166人死亡的2008年印度孟买的恐怖袭击。

③ “美国反恐战由明转暗”，联合早报网，http：//www.zaobao.com/special/us/pages11/attack100816.shtml；“美反恐‘秘密战’升级特种部队在73个国家行动”，凤凰网，http：//news.ifeng.com/mil/4/detail_2010_12/23/3661357_1.shtml。

内部对如何打击恐怖主义也出现了不同的声音。[①] 从目前的情况看，无论美国采取何种措施，其与"基地"组织为首的国际恐怖主义组织甚至"业余恐怖分子"都结下了难以解开的死结，美国面临的反恐形势将是长期的。

更为严重的现实是，国际恐怖主义瘟疫般的扩散效应，正成为世界范围内反政府、反社会的一股逆流，任何国家都无法置之度外。恐怖主义无论是作为一种思想体系还是行为方式，都将对人类发展形成一种前所未有的挑战。特别是考虑到可能发生的核、生、化、导大规模杀伤性武器恐怖袭击和网络恐怖主义袭击，它们与恐怖分子的"献身精神"相结合，将会导致恐怖主义超越历史上任何时期，给人类带来巨大的灾难性后果。因此，打击恐怖主义已经实实在在地成为世界各国政府必须认真面对的一个日常性课题。

令人欣慰的是，2010 年在国际反恐合作方面又有了新的进展。4 月 13 日在美国华盛顿闭幕的首届全球核安全峰会上，与会的 47 国首脑发表联合公报，承诺在 4 年内确保所有易流失核材料的安全，不让它们落入恐怖分子手中。公报说，核恐怖主义是对国际安全最具挑战性的威胁之一，强有

---

① 奥巴马政权最高决策层中针对反恐问题大致分成两派：一派是以副总统拜登为首的"主和派"，另一派是以国务卿希拉里和国防部将领们为骨干的"现状派"。2009 年奥巴马召集群雄会讨论"阿富巴"战场增兵时拜登就提出"打恐"（counter-terrorism）而不"打叛"（counter-insurgency）的主张，遭到大多数人反对。他的意思是：只打"基地"组织，因为它是美国死敌。而只要塔利班不和卡伊达挂钩，美国就与它无仇。2009 年 10 月美国国家安全顾问琼斯（James Jones）说，阿富汗的"基地"组织成员只剩下不到 100 人，2010 年 6 月美国中央情报局长里昂 · 帕内塔（Leon Panetta）也作出同样估计。因此，拜登一派主张，如果美国是去"阿富巴"战场"打恐"，那就完全不需要地面部队作战，无人飞机就够了。拜登 2009 年就称，美国地面部队在阿富汗起的最大作用是帮助"insurgency"（抗击势力）征募、壮大，美国无论动员怎么大的力量都无法消灭阿富汗的塔利班。美国增兵除了帮助塔利班壮大外，只能是增加美国青年死亡率。而 2010 年现在事实似乎正在验证他的观点，2010 年 6 月美军阵亡 56 人，7 月的头 20 天内阵亡人数已达 42 人。而以希拉里为首的"现状派"不赞成拜登的极端主张，认为美国强力仍然能够控制局势，并成功说服了奥巴马继续信任军事将领的"打叛"（counter-insurgency）能耐。但前阿富汗战场总司令迈克科里斯特（Stanley McChrystal）的强悍军人气质和华盛顿最高决策层的优柔寡断不能调和，因此换将。参见黄绮淑："美国打恐战略与阿巴关系'范式转移'"，联合早报网，http：//www.zaobao. com/special/us/pages11/attack100723a. shtml。

力的核安全措施是防止恐怖分子、犯罪分子及其他非授权行为者获取核材料的最有效途径。各国对维护各自控制的所有核材料及核设施的有效安全，以及对防止非国家行为者获取并恶意使用此类材料所需的信息或技术负有根本责任。峰会重申国际原子能机构在国际核安全框架中的至关重要的作用；确认联合国的作用和贡献；支持将经修订的《核材料实物保护公约》和《制止核恐怖主义行为国际公约》等国际核安全文书的目标作为全球核安全体系的实质要素。长达3页的公报向与会国提出12项要求。美国总统奥巴马在会后的讲话中称："这是个宏大的目标，我们知道实现起来并不容易。可是，该威胁的紧迫性，以及即使是发生一起核恐怖主义都会带来灾难性后果，意味着我们必须采取大胆和务实的手段。"① 可见，尽管国际社会在反恐问题上依然存在着很大差异，但在认识恐怖主义将可能使用核恐怖手段方面的认识还是一致的，这对防止该类恐怖袭击事件的发生无疑具有十分重要的意义。

三、气候问题依然是国际社会的焦点，气候外交继续深化，"穷"、"富"国之间矛盾尖锐，"穷国"面临的压力越来越大

自2009年底哥本哈根气候大会（联合国气候谈判会议）召开一年后，2010年11月29日起，近200多个国家的代表在墨西哥坎昆再次召开内容相同的会议，会议的全称为《联合国气候变化框架公约》第十六次缔约方会议暨《京都议定书》第六次缔约方会议。与会各国均希望能就一系列问题在发达国家（"富国"）与发展中国家（"穷国"）之间达成一致。会议旨在就资金和保护雨林的方法等问题达成一致，并将把现行的减排目标正式化。尽管会

① "47首脑发表联合公报 承诺不让核原料落入恐怖之手"，联合早报网，http://www.zaobao.com/special/us/pages11/attack100415a.shtml。

议几乎是在最后一分钟才“落锤定音”通过《坎昆协议》[1]，比2009年的《哥本哈根协议》多向前迈进了一步，但是在如何延续《京都议定书》的关键问题上，本次大会没有取得重大进展，因此一些国家依然对前景忧心忡忡。[2] 联合国秘书长潘基文认为，环境大会取得了“重要成果”，但各国仍需付出更多努力。这无疑预示着在这一问题上的博弈远未结束。

然而，会议尚未开幕就弥漫着一种悲观情绪，人们普遍对会议能够取得像样的成果表示怀疑。果然，会议刚一开幕，火药味就十分浓重。首先，有国家对会议的主旨提出质疑。墨西哥总统费利佩·卡尔德龙称：“保护环境和解决贫困问题、应对气候变化和推动经济增长之间存在的两难局面，是一个伪问题。”他称谈判的重心是着力为防止气候变暖做好准备，“我们要讨论的基本上是如何适应的问题”。[3] 其次，在是否延长《东京议定书》[4] 期限问题上，发展中国家与日本的矛盾加深。日本在会议开

---

① 此项协议的主要内容包括：推迟到2011年达成一项用以取代《京都议定书》的协议；承认目前各方作出的承诺不足以缓解气候变化；要求富裕国家到2020年每年投入1000亿美元；达成一项旨在遏止毁林的协议：将各国在哥本哈根会议上达成的减排协议纳入联合国决议当中。

② 其中，作为协议的唯一反对者，玻利维亚代表在会后向各国媒体散发的声明中指出：“衡量气候协议成败的唯一标准，就是该协议能否有效减排，避免气候变化失控。《坎昆协议》显然是失败的，因为它将可能导致全球升温4摄氏度，危及人类存亡，这是我们无法接受的。”参见“坎昆会议玻利维亚反对无效 美国或将一毛不拔”，新浪网，http：//finance. sina. com. cn/review/observe/20101213/09369095916. shtml。

③ “联合国气候变化会议即将在坎昆揭幕”，路透社网站，http：//cn. reuters. com/article/commoditiesNews/idCNnCN104578220101130。

④ 《东京议定书》(Kyoto Protocol，全称《联合国气候变化框架公约的京都议定书》)是《联合国气候变化框架公约》（United Nations Framework Convention on Climate Change，UNFCCC）的补充条款，是1997年12月在日本京都由联合国气候变化框架公约参加国三次会议制定通过的，并于1998年3月16日至1999年3月15日间开放签字，共有84国签署，条约于2005年2月16日开始强制生效，到2009年2月，一共有183个国家通过了该条约（超过全球排放量的61%），引人注目的是美国没有签署该条约。条约规定，它在“不少于55个参与国签署该条约并且温室气体排放量达到附件I中规定“国家在1990年总排放量的55%后的第90天”开始生效，这两个条件中，“55个国家”在2002年5月23日当冰岛通过后首先达到，2004年12月18日俄罗斯通过了该条约后达到了“55%”的条件，条约在90天后于2005年2月16日开始强制生效。其目标是“将大气中的温室气体含量稳定在一个适当的水平，进而防止剧烈的气候改变对人类造成伤害”。议定书中特别规定了发达国家截至2012年的减排任务。参见“东京议定书”，百度百科，http：//baike. baidu. com/view/31046. htm。

始前就放出风声称“日本反对延长仅对发达国家有减排要求的《京都议定书》的期限，并将力争使各国达成一项涵盖范围更广的协议，即使它发现自己在联合国谈判中遭到孤立也在所不惜”①。会议开始后日本依然坚持这个观点，称“除非美国和中国等国加入，否则日本不支持2012年以后延续《京都议定书》承诺”②。为此，代表77国集团和中国发言的也门大使阿卜杜拉·阿萨迪（Abdullah Alsaidi）表示：“我担心，没有在《京都议定书》问题上的让步，坎昆会议也不会达成什么协议。”③ 玻利维亚代表也要求各国坚决履行议定书第二承诺期，并获得了委内瑞拉等国的积极响应。巴西气候变化特使塞尔吉奥·塞拉认为，日本企图终结《议定书》的立场是本次坎昆大会的“绊脚石”。美洲玻利瓦尔联盟成员委内瑞拉、玻利维亚、厄瓜多尔和尼加拉瓜的代表12月3日举行新闻发布会，警告发达国家不要重复它们在2009年哥本哈根大会上所犯的错误。该组织指出，某些发达国家企图抛弃《京都议定书》另起炉灶，美洲玻利瓦尔联盟决不答应，也不会作任何让步。④ 中国政府代表团团长、国家发改委副主任解振华也表示，日本反对延续《议定书》的理由难以成立。为此，中国提出的方案说，参加《议定书》的发达国家，应在《议定书》下作出第二承诺期的减排承诺。没有参加《议定书》的美国，应在《联合国气候变化框架公约》下，作出跟其他发达国家具有可比性的减排承诺。发展中国家也应在《公约》下，根据各自国情，自主、自愿地作出减排承诺。⑤ 发达国家与发展中国家间的矛盾与斗争更趋尖锐化。

自人们开始认识到二氧化碳排放量过度导致地球气候异常变化后，“节能减排”就成了国际社会的一个重要议题，即所谓“逢会必谈”、“无

① “日本反对延长《京都议定书》期限”，路透社网站，http://cn.reuters.com/article/macroeconomicsNews/idCNnCN145730520101126。

② “发展中国家指责日本会破坏坎昆会议”，路透社网站，http://cn.reuters.com/article/CNEnvNews/idCNCHINA-3434520101202。

③ “发展中国家指责日本会破坏坎昆会议”，路透社网站，http://cn.reuters.com/article/CNEnvNews/idCNCHINA-3434520101202。

④ “坎昆会议各方围绕《京都议定书》角力升温”，中国新闻网，http://www.chinanews.com.cn/ny/2010/12-06/2701980.shtml。

⑤ “坎昆会议日本反对延续京都议定书遭中国抗议”，新浪网，http://news.sina.com.cn/w/2010-12-06/174021591160.shtml。

会不谈”，并逐渐成为一些发达国家与发展中国家博弈的砝码。的确，地球气候变化异常是事实，二氧化碳排放量在成倍增加也是事实，然而，姑且不论高碳排放是否为导致气候异常的真正祸根，问题的关键在于如何在减排与发展中寻找到平衡，如何在减排问题上实现公平与公正。这个关键的问题不解决，再多的会议与协议（无约束力的）都无济于事。而拥有科技和资金优势的富国对科技和资金相对落后的穷国在减排问题上展开围剿，更是无助于问题的解决，其结果必然是，发达国家在富裕中享受着蓝天，而发展中国家特别是欠发达国家则在疾苦中仰望蓝天。

因此，有专家指出，“国际气候合作制度的建立和实施远远超出气候变化科学问题的范畴，而更多地包含着非气候的主观因素，如国家利益、国际形象、文化因素以及其他战略考虑等。当前在国际社会合作应对气候变化的进程中，仍有极个别发达国家不能正视历史责任，在为发展中国家应对气候变化提供资金支持和技术转让方面设置各种条件和障碍。也仍有极个别发达国家，割裂历史和现实责任去看待发展中大国未来的排放责任，无视人均排放差距而片面比较国家排放总量，不顾发展中国家发展经济、消除贫困和适应气候变化的优先需要，逼迫发展中国家过早过激的‘减排’，将国际气候合作当作遏制发展中大国崛起的战略手段，这些都是气候领域国际合作的霸权思维和强权逻辑”①。可见，在“节能减排”问题上，发达国家与发展中国家的博弈才刚刚开始，墨西哥坎昆会议的所谓成功更多是体现在政治层面，即增加了信心，而非技术层面上的，在真正减排问题上并未达成共识。未来发展中国家面临的压力越来越大，很可能最终导致地缘政治结构的重大变化。

四、“水问题”的危机警报不仅仍未解除，且有所加剧，人类面临着滴水贵如油的危险

2010 年，水危机并无起色，地球上的动植物特别是人类依然面临着

① 国家发展和改革委员会能源所能源环境与气候变化研究中心主任徐华清语。参见“2010 年外交主题词：气候公正气候变化问题成为当今国际关系的一个重要考量因素，已经渗入国际关系的方方面面”，中国广播网，http：//www.cnr.cn/allnews/201001/t20100108_505865479.html。

"渴"甚至"病"的威胁。"渴"不仅反映在缺水上，还反映在有限的水资源受到严重污染而导致无法饮用上。而"病"则反映在饮用受污染水源后导致各种疾病上。

随着对"水问题"认识的不断深入，人们不仅意识到"水危机"的存在，更将其提升到"水管理危机"[①] 的层面。事实确实如此，我们在缺水的同时，由于没有很好的控制和管理有限的水资源，浪费和污染加重了"水问题"，从而导致全球有 43 个国家经常面临"水危机"，约 1/6 的人无法清洁饮用水，1/3 的人生活用水困难。其中一些人口大国面临的情况更为严重，以印度为例：随着人口激增、工业化经济飞速发展，再加上农业区大量用水，眼下的印度正面对水供不足的危机，印度水源部长班萨尔 2010 年 3 月在水资源管理大会上说，印度水资源只占全球的 4%，却需要养活占全球 17%的人口。而根据印度中央水源委员会的数据，到 2050 年，印度常年的总耗水量预料将倍增，从 6340 亿增加到 1 万 1800 亿立方米。水源部则预测，40 年后，印度可供应饮用的人均水量将不到 2001 年的一半。此外，季候风带来的雨水减少也是印度需面对的新问题。这一年来，

① 美国西图集团国际部总裁 Thomas G. Searle 2010 年 9 月 13—15 日在天津举行的夏季达沃斯论坛上表示，现在并没有一个水的危机，我们现在是一个水管理的危机，这是我们所要面临的问题，如果我们可以很好的管理的话就有很好的未来。他认为，首先我们应该关注污染的问题，如果要处理那些污染成本是非常低的，从污染角度来看供应，资产的管理是非常重要的一个成功的关键，我们必须能够来修复很多的事情，在很多的大的都市当中，比如说像德里，有 60%的水的泄漏都是由于基础设施的老化，或者是出问题造成的，如果我们能够对这些老化的漏水的设施进行维修维护就可以节约很多大量的水。另外，我们要进行一体化的水管理，我们很多次提到这样的一些词汇，有时候我们是在做工业方面的管理，有的时候是国内生产，我们必须以一种一体化的方式看待这个问题，水、废水都应该来进行考虑。我们可以在农业的方面或者工业以及国内生产的方面整体看待水的管理。最后，还要提高公共的意识，这是非常重要的，我们要拿出那种可执行的规则。在美国，我是来自美国的，我们成立了一个 EPA，因为我们还有很多的水的法律，在美国、在欧洲还有很多其他的国家，我们之所以有这样的一些法律法规，是因为人们需要有更好的、更高质量的水、更高的生活水准，所以才促进这些立法，更多的时候不是说政府来驱动的。参见"西图集团国际总裁：世界面临水管理危机非水危机"，凤凰网，http：//finance. ifeng. com/news/special/2010dws/20100914/2619137. shtml。

由于雨水不足农作物歉收，粮食价格上涨了18%。[①] 更为严重的是，除了水资源匮乏国家外，即便是一些水资源丰富的国家同样面临着“水危机”，而这种危机状态则是“污染”。[②]

因此，为了应对越来越严重的水污染问题，2010年世界水日的主题定为“保障清洁水源，创造健康世界”（Clean water for a healthy world）。联合国环境规划署在世界水日当天发布一份报告称，全球每天排放大约20亿吨工业、农业和生活污水。全球河流和湖泊每年遭污染水量相当于全球60多亿人体重总和。这些污水加速疾病传播，损害生态系统。发展中国家大约90%污水未经处理，就直接排放至河流、湖泊和海洋中。因此，水相关疾病每年致死至少180万名5岁以下儿童，即每秒钟夺取1个幼小生命。全球半数以上住院患者染病与污水相关，大约3.7%去世者死于与污水相关疾病。从某种意义上说，污水比战争等暴力活动更加致命。[③] 为了应对世界水危机，不仅需要国际社会高度重视，共同努力，还需要从技术层面和管理层面上加以努力。为此，俄罗斯有经济学家认为：或许将水资源的公共利用关系转变为经济关系是解决问题的最佳方式，将淡水资源、储存地以及运输体系私有化，使之成为真正的商品，将其与其他重要资源如石油、有色金属、天然气等同等看待。对此，有学者更进一步指出：当温度接近40度，当人们面临饮水困难或者污染隐患时，最珍贵的液态物质绝不是石油，而是干净的水源。从这个意义上来说，或许多年后，一处优质的水源地远比一个油田更有价值。[④]

针对水危机，联合国秘书长潘基文说：“我们不可或缺的水资源确实

---

① “以占世界4%水资源养17%人口印度面临供水危机”，中国新闻网，http：//www. chinanews. com. cn/gj/gj-yt/news/2010/03-12/2165385. shtml。

② 据《俄罗斯报》报道：全球性水污染日益严重，俄罗斯2009年仅有38%的居民点饮水符合安全要求，9%的居民点饮用的劣质水，超过一半的城市和乡村自来水根本未经检测，而作为号称对水源保护最为严谨的美国，早在2008年就被美联社披露：由于水污染，美国24座大城市的自来水含某种药物成分。一些专家担忧：这些药物成分积少成多，存在致癌风险。参见“水危机蔓延全球 保护水资源刻不容缓”，中国新闻网，http：//www. chinanews. com. cn/ny/2010/09-03/2511368. shtml。

③ “联合国世界水日发布报告 污水每年夺数百万人命”，搜狐网，http：//news. sohu. com/20100323/n271035002. shtml。

④ “水危机蔓延全球 保护水资源刻不容缓”，中国新闻网，http：//www. chinanews. com. cn/ny/2010/09-03/2511368. shtml。

具有巨大的复原力，但它们越来越脆弱也日益受到威胁。不断增长的人口对食物、原材料和能源用水的需求，与大自然自身对维持业已濒危的生态系统和我们赖以生存的生态服务的水量需求之间竞争日趋激烈。人类每天都向世界各水系中倾倒千百万吨未经处理的污水以及工业和农业废物。清洁饮水已经成为稀缺资源，而且随着气候变化的到来将变得更加稀缺。穷人将首当其冲地受到污染、缺水和缺乏适当卫生条件的影响。”①

总之，从 2010 年全球水资源和卫生状况上看，危机的警报不仅依然没有解除，而且有所深化。如果不加以认真解决，滴水贵如油的时代也许离我们并不遥远。更为可怕的是，因争夺水资源而诉诸武力导致武装冲突甚至全面战争的可能性不能排除。

（刘　强）

① “2010 世界水日 联合国秘书长在世界水日发表致辞 水质关乎人类健康与持续发展”，中华人民共和国环境保护部网站，http：//www.zhb.gov.cn/zhxx/hjyw/201003/t20100323_187176.htm。

第二部分

重大国际安全问题

2010年，影响国际安全形势的一些重大问题各有不同的变化和发展。其中，世界经济安全形势总体好转，走出了衰退的低谷；军控与防扩散问题有喜有忧，一些问题导致形势复杂深刻；国际恐怖主义依然猖獗，急需正确的反恐战略；国际维和行动任务艰巨，面临的问题和挑战巨大；太空安全形势严峻，竞争更趋激烈，战场化趋势凸显；极地竞争热度不减，成为未来争夺的高地。上述这些老问题的新动向值得引起人们的关注。本年度，我们依然选取了世界经济、军控与防扩散、国际恐怖主义、国际维和、太空安全和极地竞争问题作为分析和评估对象，以使读者看清这些问题的变化轨迹，认识这些重大问题对国际安全的影响力和冲击力。

第四章

世界经济安全形势

2010年，国际金融危机引发的全球经济严重衰退的形势继续有所缓解。尽管金融危机已经成为往事、全球性经济衰退即将远去，但是世界经济复苏进程依然脆弱，传统国际秩序遭受的冲击还在继续，各国各地区经济形势不同，国际经济利益关系依然复杂，全球经济增长与经济格局变化依然存在诸多变数。基于金融危机后世界各国经济实力和经济影响力对比的诸多变化，全球经济增长、国际金融、国际贸易、国际投资、国际生产与国际协调形势都呈现出一系列新的变化。在不断变化的世界经济格局当中，各国出于增进国家经济利益考虑，纷纷采取一系列政策措施，积极增强自身在世界经济体系当中的话语权与影响力。国家之间经济利益关系调整与国际经济关系的协调，增大了国际经济格局变化的不确定性。概括而论，世界经济运行总体依然不平衡，国际金融改革面临的形势依然严峻，贸易保护主义抬头，世界经济运行依然存在着陷入衰退的危险。针对世界经济面临的诸多风险，国际社会加强了协调与合作，并且取得了一定效果，但有关协调与合作远未达到预期的理想目标。展望未来的一年，国际经济热点与难点问题依然集中在实现世界经济持续复苏、推动国际金融体系全面改革、协调国际经济关系与加强国际经济合作等方面。

一、全球经济增长，有信心，更有压力

2010年，世界经济基本走出了金融危机阴影，继续恢复增长，世界经

济恢复增长基本成为事实。不过，欧洲有些国家的债务危机、美国为首的发达国家贸易与货币金融政策调整，还是引起了国际社会关于世界经济可能再度陷入危机的担忧。总体而言，全球经济增长形势是：发展中国家经济增长形势普遍好于发达国家；全球经济增长重心进一步向新兴经济体转移；“金砖四国”和中等发展中国家开始成为与发达国家并驾齐驱的、推动全球经济增长的重要力量；与发展中国家经济增长有信心相比，发达国家经济增长更有压力；全球经济有明显的恢复与上升，也有潜在的风险与问题。

（一）金融危机渐渐远去，世界经济恢复增长

一年来，世界经济复苏形势已经趋于大致明朗。发达国家、发展中国家与转型国家经济都呈现出明显的恢复性增长势头。

首先，国际社会对于世界经济增长形势的预期较为乐观。经济合作与发展组织（OECD）在2010年5月26日出版的半年度经济展望报告当中估计，2010年和2011年全球经济增长将达4.6%和4.5%，高于先前预期的3.4%和3.7%的水平，其中，经济合作与发展组织成员国2010年和2011年的经济增长预计为2.7%和2.8%，高于先前预期的1.9%和2.5%。[①] 世界银行6月9日发表的更新版《2010年全球经济展望》报告认为，2010到2011年世界经济增幅将分别为2.9%、3.3%和3.2%至3.5%之间。[②] 国际货币基金组织（IMF）发布最新报告，认为世界经济最困难的时期已经过去，主要国家资本市场逐步回稳、制造业开始恢复增长、进出口贸易显著上升，预计2010年世界经济将呈现恢复性增长，增速达到4.2%，其中发达国家经济增长2.3%，新兴市场和发展中国家增长6.3%。联合国经济与社会事务部12月1日在纽约发布的《2011年世界经济形势

---

① “当前世界经济形势分析”，新华网，http：//news. xinhuanet. com/observation/2010-07/14/c _ 12333054 _ 2. htm。

② “2010年世界经济形势分析与预测”，http：//baike. baidu. com/view/3087876. htm。

与展望》报告预计2010年世界生产总值的增长为3.6%，2011年为3.1%。①

其次，发达国家经济艰难复苏。从发达国家和地区的情况看，尽管过程相对艰难，但恢复性增长还是成为2010年经济运行的基调。目前，美国经济复苏依然处于二战以来的所有经济周期当中最为疲软的阶段，年国内生产总值（GDP）增长约为2.6%，预计2011年有可能减缓为2.2%。尽管美国GDP总值在2011年有望恢复到金融危机之前的水平，但要实现经济全面恢复，却至少需要4年左右的时间。相比之下，欧洲和日本的增长速度相对更为缓慢：在德国经济维持稳定复苏的基础上，欧元区2011年的增长可望维持在1.5%的水平，与2010年大体持平；受困于主权债务危机的希腊、葡萄牙、爱尔兰和西班牙等国的经济，则很可能继续衰退或停滞不前；日本经济在2010年初出现出口推动的反弹，但此后迅速下滑，预计2010年全年增长仅为2.7%；基于通货紧缩和公共债务的困扰，日本经济2011年增长率预计大约为1.4%。②

第三，发展中国家经济强势复苏。与发达国家和地区相比，发展中国家和转型经济国家，特别是一些新兴经济体的复苏势头更为强劲。尽管全球金融危机对发展中国家造成了严重的影响，但危机之前较好的宏观经济基础，以及危机之后所采取的比较有效的经济刺激政策，使这些国家内需得以稳定增长，从而相对有效地减缓了外部冲击。当然，假如主要发达国家经济的复苏继续放缓，受其影响，发展中国家2011年经济增长有可能从2010年的7.0%下降为6.0%。发展中国家当中，中国和印度仍扮演着亚洲发展中国家经济体增长引擎的角色：2011年，尽管在国内宏观政策调控的不确定性以及主要发达国家复苏乏力的背景下，中国和印度两国经济增长速度有可能减缓，但是中国年经济增长预期依然有望达到8.9%，印度则有望达到8.2%。预计拉丁美洲的增长将从2010年的5.3%下降到2011年的4.0%左右。巴西依旧是拉美经济增长的主要动力之一。2010年，西亚经济可望随着石油价格的恢复而保持温和复苏。非洲经济将进一步复

---

① “联合国发布《2011年世界经济形势与展望》”，易网，http://news.163.com/10/1202/17/6MTQA1D600014JB5.html。

② “世界经济形势”，凤凰网，http://finance.ifeng.com/roll/20101202/2993550.shtml。

苏，随着初级产品国际价格的反弹和国内基础设施投资效益显现，非洲2011年经济增长可望达到5.0%。受益于外部需求和石油等初级产品价格回升，独联体国家2011年经济增长预计可达4%，但其国内需求依然有待增强。①

（二）世界经济增长重心转移，发展中国家信心继续增强

金融危机爆发以来，新兴经济体一枝独秀，已逐渐成为世界经济增长的重心，其引领全球经济复苏局面引起国际社会广泛关注。

全球经济复苏2009年第2季度开始于中国、印度和印度尼西亚，随即传播到其他新兴市场和亚太地区的发达经济体。世界银行报告认为，2010年东亚太平洋地区经济增长速度依然居全球首位，预计增长8.7%，2011年预计增长7.8%。国际货币基金组织发布的《金融与发展报告》预测，今后5年内亚洲经济规模将增长50%，占世界产值的比重将达到1/3。根据国际货币基金组织2010年10月公布的世界经济形势预测报告，2030年，中国和印度的经济总量有可能占世界经济总量的1/3，美国、中国、印度有可能成为世界前三大经济体。国际货币基金组织预测2010到2015年世界经济增长的基本格局是：发达经济年平均增长2%；世界经济年平均增长4%；新兴市场与发展中国家经济增长6%；中国经济则年平均增长8%。② 由此可见，新兴国家对未来世界经济增长格局的变化必将产生重大影响。

从未来世界经济格局变化的特点看，依然主要体现为发达国家经济复苏与增长乏力、发展中国家则借助经济高速增长的机会不断增强自身的影响力。尽管未来的世界经济增长形势依旧呈现出许多不确定性，但发展中国家，特别是新兴经济体拉动世界经济增长的能力持续增强却是相对明确的。

当然，世界经济增长格局的变化，尚未导致世界经济格局的根本性变

---

① “当前世界经济形势分析”，新华网，http：//news.xinhuanet.com/observation/2010-07/14/c_12333054_2.htm。

② “全球经济复苏取决中印俄巴等新兴市场”，腾讯网，http：//finance.qq.com/a/20100107/007743.htm。

化。在可以预见的将来，美国作为唯一超级大国的地位还很难被取代。亚洲乃至全球主要发展中国家的崛起并不意味着欧美发达国家的衰落。发达国家在世界经济当中的主导地位还会继续下去，发展中国家要取得与发达国家完全平等的地位，还需时日。其主要原因有三：目前发达国家在综合实力上依然强于发展中国家；在高科技产业和新兴产业上，发达国家依然具有压倒性优势；各国相互合作、协调方面，发达国家更是优于发展中国家。

（三）世界经济增长的可持续性不强，依然面临压力与风险

第一，世界经济的增长势头有所减弱。回顾2010年世界经济增长的基本形势，上半年，世界经济持续复苏，增长了5.3%，其中发达国家经济增长3.3%，新兴经济体和发展中国家增长8%。分季度看，二季度复苏势头明显放缓。目前，由于国际金融危机影响尚未根本消除，全球经济下行风险仍然存在。主要发达国家投资和消费疲弱，失业率长期居高不下，产能过剩依然没有缓解，经济增长乏力；新兴经济体虽然在出口扩大和内需增长的带动下实现了经济强劲复苏，但由于出口长期以来高度依赖外部市场，近期由于发达经济体增长乏力影响，经济增速明显放缓；各国已出台的经济刺激政策效应进入衰减阶段，加上复苏进程不平衡，新一轮宏观调控政策自顾性加剧，协调难度增加，不利于世界经济整体复苏。由此，国际货币基金组织预计，2010年下半年，发达经济体经济增速为1.8%，新兴市场和发展中国家为6.3%，全年全球经济将增长4.8%，2011年增长4.2%。①

第二，发达国家经济增长存在诸多隐忧。2010年，美国经济继续复苏，不过产能利用率并不高，自主增长的动力依然不足。一季度，美国经济增幅比上年四季度回落2.9个百分点，但依旧为连续第3个季度增长。在大规模经济刺激计划及相关政策措施作用下，居民消费信心持续回升，储蓄意愿逐渐下降，消费支出动力有所增强。一季度，美国失业率达到

① “世界经济形势”，凤凰网，http：//finance.ifeng.com/roll/20101202/2993550.shtml。

9.7%，表明美国经济仍处于无就业复苏的状态。进入二季度，美国经济复苏仍在持续。4月份，美国工业生产增长0.8%，增速比上月加快0.6个百分点；产能利用率达到73.7%，已连续多个月回升。5月份，制造业活动指数达到59.7，已连续10个月超过50点；非制造业活动指数升至55.4，连续5个月超过50点；消费者信心指数也由上月的57.7升至63.3。受欧洲主权债务危机加剧等影响，美联储可能会在更长时期内将联邦基金利率维持在低水平上。①

目前美国的经济复苏，依然面临高失业率制约消费持续较快增长、联邦财政赤字和政府债务规模急剧攀升导致财政风险集聚的问题。2009财政年度，美国预算赤字总规模达到1.42万亿美元，创历史最高纪录；据官方预计，2010财年联邦预算赤字规模达到1.56万亿美元，占GDP的10.6%左右；2010年底，美国国债总额占GDP的比重可能升至90%以上。欧洲主权债务危机日益加剧的形势下，人们势必会对美国经济运行风险产生担忧，投资者和消费者信心有可能受到削弱，进而影响经济复苏。此外，中小银行倒闭风潮、房地产市场复苏缓慢、家庭财富缩水以及个人消费和信用卡市场低迷等，都可能加大美国经济再度衰退的风险。总之，美国经济继续保持复苏态势，但增长的动力很可能有所减弱。②

2010年，欧元区经济保持温和增长，复苏的不确定性明显增大。在企业库存和政府支出强劲增长的带动下，一季度，欧元区经济增幅比上季提高了0.1个百分点；同比增长0.6%，为2008年第三季度以来首次出现正增长。受失业率居高不下和消费价格上涨较快等影响，一季度，欧元区居民消费支出环比下降0.1%。受市场前景不明朗、产能大量过剩及信贷紧缩等影响，一季度，欧元区固定资产投资环比下降1.1%。可见，欧元区经济内需动力仍然相当疲弱。从欧元区经济复苏的状况来看，欧元区的葡萄牙、意大利、爱尔兰、希腊与西班牙经济复苏乏力。这些国家的债务状况如持续恶化，很可能对欧元区经济复苏造成很大拖累，甚至会导致欧元区经济再度衰退。有关国家的财政赤字与债务危机、就业市场低迷都会不

① “当前世界经济形势分析”，新华网，http：//news.xinhuanet.com/observation/2010-07/14/c_12333054_2.htm。

② “2010年世界经济形势分析”，新浪网，http：//finance.sina.com.cn/world/gjjj/20100104/11027188791.shtml。

同程度地制约欧元区经济复苏。目前，欧元区通货膨胀水平仍属可控，这为欧洲央行继续维持其低利率以刺激经济增长创造了有利条件。同时，受企业库存回补、出口形势向好等因素的推动，预计下一阶段欧元区经济仍有望继续增长。不过考虑到欧洲主权债务危机加剧、失业率高企及主要景气指数大幅回落等因素，欧元区经济有可能再度陷入困境。①

2010 年，日本经济复苏快于预期，不过前景仍不容乐观。在内外需强劲拉动下，一季度，日本经济增速比上季加快 0.3 个百分点，为连续第 4 个季度增长；增幅明显高于美国和欧元区。其中，居民消费支出环比增长 0.3%，为连续第 4 个季度正增长；企业设备投资环比增长 1%，为连续第 2 个季度正增长。内需对当季经济增长的贡献率高达 0.6 个百分点。资料显示：5 月份，家庭消费信心指数升至 42.8，为 2007 年 10 月以来最高点；制造业采购经理人指数（PMI）由 4 月的 53.8 升至 54.7，创下近四年来的最高水平；小型企业商业信心指数升至 46.7，为 2007 年以来最高值。目前，日本小型企业雇用人数占日本劳动力市场的 70%左右，商业信心指数上升，有助于强化市场对日本经济复苏的预期。4 月份，日本失业率升至 5.1%，已经连续两个月超过 5%。无就业增长必然会导致国内需求疲软，增大了经济复苏的不确定性。考虑到日本产业外移、人口老龄化带来的消费与创新能力不足、欧洲债务危机加剧及欧元贬值对其出口带来的不利影响，未来日本经济增速可能会放慢。②

第三，新兴经济体经济增长同样存在风险。由于金融体系在国际金融危机当中损失较小，2010 年，新兴经济体财政和国际收支状况总体较好，外债负担较轻，而且普遍实施了大规模经济刺激计划和相关措施，这些国家经济增长加快，复苏势头明显：一季度，印度经济同比增长 8.6%，明显高于去年四季度的 6.5%；巴西、俄罗斯、中国等国经济同比分别增长 9%、2.9%和 11.9%；韩国、马来西亚、印尼、越南等国经济分别同比增长 8.1%、10.1%、5.7%和 5.8%，增速均有所加快。③ 从新兴市场国家经济面临的下行压力主要来自于潜在的通胀风险和资产价格泡沫：一季

① “2010 年世界经济形势分析”，新浪网，http：//finance.sina.com.cn/world/gjjj/20100104/11027188791.shtml。

② 同上。

③ 同上。

度，印度经济同比增幅已超出正常时期水平，由于危机治理期间注入大量流动性，通胀压力与资产泡沫日趋显现；越南、俄罗斯、巴西、墨西哥、印尼等国的通胀压力也在持续加大，致使这些国家政府确定的年度通胀预期目标将很难实现。如果上述国家不能有效防范和控制其潜在的通胀风险和资产价格泡沫，经济有可能下滑甚至衰退。

二、国际金融领域改革有所深化，但依旧步履艰难

针对国际金融危机的严重教训，防范金融风险与加强监管开始日益成为国际金融市场发展的基调，全球金融业发展与创新能力大大削弱，2010年全球金融业发展方式面临的改革压力更加突出。发达国家更加意识到，单凭自身的力量，事实上已经不可能战胜全球化背景下的金融危机。发达国家让渡部分话语权给新兴大国、改革国际金融体系势在必行。新兴经济体与发展中国家经常项目顺差与外汇储备的大量积累、总债务水平的下降和对外支付能力的增强，客观上形成了对美元世界货币地位的压力，促使美元主导的国际货币体系加快变革。基于自身国家战略利益考虑，美国力图维护并增强美元的世界货币地位，巩固维护美国既得的国际金融利益，使得国际金融的改革深化，充满变数、步履沉重。

(一) 国际金融改革的基本取向，在于控制风险与加强监管

首先，国际金融改革的思路基本明朗。20世纪90年代以来，在经济全球化趋势以及金融自由化、市场化与金融创新潮流的推动下，全球金融业急剧扩张：据统计，到2007年底，全球股票市值已达62.7万亿美元，债券余额为78.9亿美元，1000家大银行的总资产规模达到96.4亿美元，金融衍生品的名义价值更是高达674万亿美元；根据上述数字，全球金融资产的名义价值为实体经济的16.4倍。在金融危机打击下，2008年全球股票市值比高峰时下跌了近一半，金融衍生品的名义价值更是下跌了24.6

亿美元。基于金融风险防范不力与金融监管无效是金融危机形成与恶化的主要因素的共识，市场政策的选择开始以加强金融风险防范控制与金融监管为基本取向。金融监管的范围由金融机构的资本金、流动性扩大到金融衍生品的创设，甚至连对冲基金的活动与和金融机构薪酬安排都被纳入监管的视野。2008 年，美国奥巴马政府上台伊始，就把推动金融监管体系全面改革提上议事日程。2010 年 3 月，欧盟金融监管改革全面展开，建立欧洲货币基金、禁止投机性信用违约掉期交易、征收金融交易税等改革意向也已基本形成。

其次，金融监管改革不断深化。发达国家在采取措施化解金融危机的同时，不断加大金融监管改革力度。美国政府先后公布了《现代金融监管构架改革蓝图》、《金融监管改革框架》和《金融监管改革：新基础》三个改革方案，英国发布了《2009 年银行法》和《改革金融市场》白皮书，法国推出了《2008 年经济现代化法》、《2009 年消费信贷改革法草案》，欧盟理事会通过了《欧盟金融监管体系改革》，国际金融监管改革呈现出新的特点。全覆盖监管理念要求对金融市场和金融企业的所有重要风险进行监管。金融监管改革进程中，美国提出的改革目标之一是消除金融监管的“盲区”和“真空地带”；要求所有对冲基金管理人都在证券交易委员会登记注册；强化对资产支持证券和其他金融衍生产品的监管；要求所有的标准化金融衍生产品及服务在透明且接受监管的场所完成，并在监管下集中清算；在证交会首次设立评级机构监督办公室，加强评级机构监管，赋予投资者对劣质评级提起民事诉讼的权利。法国提出，要加强对对冲基金和私人投资公司的监管，加大对信用评级机构和离岸金融中心的监管。欧盟委员会则通过了关于加强信用评级公司权威性和监管的提案。

从金融监管的改革措施看，金融危机之后，发达国家监管当局致力于确保本国金融机构的资本充足，加强流动性管理和风险管理监管，实施宏观微观监管、并表监管、逆经济周期监管以及完善监管保障，甚至建议采用金融交易税、高管薪酬税等税收措施。总体而论，微观审慎监管、宏观审慎监管和国际监管合作已经成为国际金融监管调整和改革的三大基本领域。微观审慎监管重点从资本监管、流动性监管、全面风险管理、信息披露、薪酬机制等方面展开；宏观审慎监管重点采取了扩大监管范围、强化集中监管、使用逆周期调节和强化系统性风险监管等措施；国际监管合作方面，主要措施体现在搭建G20峰会、FSB等国际合作平台，推动相关标准在全球范围内执行，建立联合监管机制，开展危机处理跨境合作，以适应金融全球化的新形势。

综上所述，国际金融危机之后的金融秩序调整过程中，国际金融监管改革日益呈现出四个方面的特征与趋势：其一，金融危机打破了过去极端崇尚市场调节的自由化理念，重新关注金融监管的重要性；其二，金融危机之后，金融监管从严的特点显现，资本监管、流动性监管、信息披露、薪酬激励等方面的监管标准都大大提高；其三，金融监管的范围更为全面，几乎覆盖了所有具有系统重要性的金融机构、市场和工具，同时强化了对冲基金、资产证券化市场和OTC衍生品以及对信用评级机构的管理，相关法律法规也更为完备；其四，跨国联合监管趋势明显，针对大型跨境金融机构而建立的联合监管机制正在完善。

（二）深化国际金融改革的重点，在于国际货币制度

事实上，国际货币体系的矛盾由来已久，未来国际货币体系改革面临着难度大和问题多的困境。

布雷顿森林体系解体以来，美元主导的国际货币制度一直面临着进行全面改革与深刻调整的压力。全球金融危机再次表明现行国际货币制度的不合理性：从危机发生和传播来看，危机先发生在美国，但是迅速传递到其他国家；危机的根源在于以美元为主导的国际货币体系的传递渠道；从国际储备结构来看，美国作为主要储备货币发行国，不受任何约束。

2008年国际金融危机以来，面对严峻的金融危机形势，依靠美元在国际货币体系当中的霸权地位，美国缓解货币金融压力的做法已经引起国际社会的强烈不满。2010年美元在全球范围内展开汇率攻势，旨在通过汇率贬值推卸债务责任，从而导致了其他采用浮动汇率机制的货币升值。上半年，美国将矛头对准人民币，对人民币汇率问题屡屡施加压力。6月以后，美元加速下跌，美元指数连续走低，从88.7的高点一路下泻到11月初的76左右。11月3日，美联储抛出了第二轮“量化宽松货币政策”，决定在

2011 年 6 月底以前购买 6000 亿美元的美国长期债券，增加基础货币供应。[①] 这样的形势下，全球许多经济体都感受到了本币对美元升值的强大压力。美元贬值带动其他货币升值，使这些经济体出口乃至金融安全与稳定都面临着现实威胁。为了自身的利益，各国中央银行先后加入汇率博弈，被迫采取措施，干预外汇市场，以压低本币汇率，国际金融形势几度呈现出货币汇率纷争不断的混乱局面。

归根到底，美国之所以能够实现“私人债务国家化”，进而做到“国家债务国际化”，试图通过货币贬值和输出通货膨胀来化解债务压力，处理本国经济累积多年的过度负债问题，凭借的就是美元的世界货币身份。要摆脱美元所主导的国际货币体系对全球经济的负面影响，就必须对当代国际货币体系进行改革。改革的基本方向就是实现国际储备货币体系多元化，逐渐减少对美元的依赖。

事实上，基于维护自身经济利益考虑，一些国家已经开始调整外汇储备结构，减持美元资产，转向多元货币取向，美元地位相对削弱的趋势日渐明显。据国际货币基金组织统计，2010 年一季度，美元资产占全球外汇储备的比例从 1999 年的 71%下降为 61.5%，为 10 年以来的最低水平；同期，欧元资产的比重从 18%上升到 27%，英镑则取代日元成为世界第三大储备货币，加拿大元、澳大利亚元和挪威克朗成为有些国家多元化储备的选择。[②] 2009 年 4 月开始启动跨境贸易人民币结算试点工作以来，中国开始推动人民币国际化进程。

避免全球竞争性货币贬值与保持汇率稳定，必须深化国际货币制度改革，必须以削弱美元的霸权地位为切入点，全力推进地区货币金融合作，建立国际多元货币体系。由于此项改革涉及到国际金融的深层次矛盾问题，所以全面推进有关改革的难度相当大。

---

① “2011 年世界经济形势分析与预测”，中金在线网，http：//news.cnfol.com/101226/101，1281，9047074，00.shtml。

② “IMF：美元欧元占全球外汇储备比重均下降”，中国新闻网，http：//www.chinanews.com/fortune/2010/07-02/2376952.shtml。

(三) 国际金融改革的难点，在于国际经济利益关系调整

国际金融危机影响下，全球经济走势、政策调整趋势在很大程度上都反映了各方的经济利益关系博弈，进而导致国际金融秩序的调整与改革。

首先，国际经济利益关系存在着不平衡。当前，国际经济利益关系依然不平衡。根据国际货币基金组织统计，2000年到2008年，新兴经济体与发展中国家经常项目顺差由929亿美元增加到7034亿美元；尽管2009年由于金融危机下降为3391亿美元，但是到2015年预计将增加到7638亿美元。与此同时，新兴市场与发展中国家的外汇储备由2008年的49614亿美元增加到2009年的55002亿美元；预计2010年到2011年，将分别增加到61944亿美元和67763亿美元。基于国内金融市场不发达的实际，新兴市场与发展中国家大都将外汇储备以购买国债的形式投资于美国等发达国家。金融危机使得发达国家财政赤字和主权债务不断增加的形势下，新兴市场资本流入对于发达国家来说，显得更加重要。2008年以来，国际金融危机对外国直接投资（FDI）造成冲击，投资规模连续下挫。联合国贸易和发展会议报告指出，2009年全球FDI从2008年的1.7万亿美元降至1.04万亿美元，下降了39%。其中，流入发达国家的FDI大幅下挫41%，流入发展中国家和新兴经济体的FDI分别下降了35%和39%；美国吸收FDI为1370亿美元，比2008年下降57%。受金融市场萎缩、资金短缺的影响，跨国并购大幅减少：2009年上半年，全球10亿美元以上的跨国并购案只有40宗，不到2008年同期数据的1/3。报告认为，2010年全球FDI可能出现温和反弹，2011年将增长强劲。在国际资本的地区流向上，中国及其他亚洲新兴经济体将依然是最有吸引力的地区之一。农业、服务行业、采矿业等将是未来投资的重点，不过制造业投资恢复的速度相对稍慢。据联合国贸发会议统计，2010年上半年，FDI开始缓慢复苏，预计全年全球FDI流入量有望恢复至1.2万亿美元，2011年可能达到1.3到1.5万亿美元，2012年有望恢复金融危机爆发前2万亿美元的水平。[①]

---

① “2011年世界经济形势分析与预测”，中金在线网，http：//news.cnfol.com/101226/101，1281，9047074，00.shtml。

其次，必须实现国际经济利益关系平衡。当前国际金融秩序框架内，发展中国家应当享有的权利与其对世界经济增长的贡献并不匹配：由于国际货币基金组织许多重要决策均需85%的票数才能通过，因此拥有超过15%票数的美国，事实上享有一票否决权。在发展中国家积极推动下，改革国际金融机构、增加发展中国家话语权的努力取得了一定进展：2009年10月，国际货币基金组织决定在2011年1月前将新兴市场和发展中国家的份额至少增加5%；2010年4月，世界银行决定将发展中国家的投票权提高3.13个百分点至47.19%；在此基础上，中国的世界银行投票权由2.77%提高到4.42%，成为仅次于美国和日本的全球第三大股东国。①

总之，不论各国关于国际金融体系改革具有怎样的思路与措施，确保国家经济利益依然是主权国家参与国际经济协调合作的出发点和立足点。

三、国际贸易恢复增长是主调，但贸易保护主义有所抬头

由于国际金融危机所引发的全球经济衰退导致国际市场需求骤减、国际社会贸易保护措施增加，世界贸易明显下降。2010年，世界贸易快速恢复成为全球经济复苏的主要拉动力，发达国家主导的全球贸易流向发生转向，新兴市场的国际贸易拉动作用不断增强。不过，由于金融危机和经济衰退加大了各国的就业压力，一些国家特别是发达国家，出于自身利益的需要采取各种形式的贸易保护主义措施保护本国市场和本国企业，滥用反倾销、反补贴和特殊保障等贸易救济措施，严重干扰了正常的国际贸易秩序，影响到世界贸易持续增长。

（一）世界贸易的恢复增长：有人欢喜有人忧

2010年，随着世界经济缓慢恢复，主要经济体对外贸易出现恢复性增长，但增长势头在下半年开始明显放缓。世界贸易恢复增长过程当中，不

① 陈凤英："二十国集团机制化适应时代发展潮流"，载《当代世界》2010年第12期，第26—30页。

同国家情况也不同。

首先，世界贸易开始恢复增长。据世界贸易组织（WTO）统计，2009年全球货物贸易额下降23%，跌至12.15万亿美元，世界贸易量下降12.2%，为70多年来的最大降幅。其中美国出口额下降13.9%，欧盟下降14.8%，日本下降24.9%，均高于世界平均降幅。2009年，全球贸易量减少了12.2%。2010年前两个月，美国进、出口同比分别增长16%和14.8%，欧元区分别增长3%和7%。3月份，日本进、出口分别增长20.7%和43.5%。另外，据世界贸易组织统计，2010年上半年世界货物贸易额同比强劲增长25%。WTO预计，2010年全年世界贸易量将增长13.5%，其中发达经济体增长11.5%，其他国家增长16.5%。①

其次，发达国家与发展中国家贸易增长的形势不同。2010年上半年，美国、欧盟和日本分别增长25%、13%和41%；中国和印度分别增长41%和32%。下半年随着各国政府经济刺激政策逐步减弱或退出，加上企业去库存化基本结束，世界贸易增速将放缓。巴西、中国、印度在内的新兴经济体和亚洲发展中国家的贸易量已恢复或超过了危机前水平，但发达国家的进出口尚待完全恢复。预计世界贸易增长率将从2010的10.5%降低至2011年的6.5%。世界贸易组织的报告估计，发达经济体2010年贸易量将增加7.5%，发展中经济体和独联体国家将增加11%左右。②

（二）贸易保护主义逐渐抬头，影响经济增长

目前，世界经济尚在缓慢复苏当中，贸易保护主义不仅依然存在，而且保护手段开始延伸到汇率、知识产权以及低碳与环保节能等领域。贸易保护主义直接影响到世界经济的稳步复苏与持续增长。据世界贸易组织统计，从2008年7月至2009年6月，成员国向世贸组织通报的反倾销案例高达217起，同比增加了15%。尽管2010年6月27日G20第四次峰会通

① “世界经济贸易形势”，和讯网，http：//news. hexun. com/2010-11-01/125363118. html。

② “金砖四国：贸易依存度不断提升”，中国日报网，http：//www. chiandaily. com. cn/hqgj/2010-04/15/comtent _ 9732481. htm。

过了《二十国集团多伦多峰会宣言》并就反对贸易保护主义达成了共识，① 但是根据世界贸易组织预测，2010 年全球范围内的贸易纠纷可能增加到 437 起，比 2009 年多出一倍多。中国更是贸易保护主义的最大受害国：据中国商务部统计，目前全球范围内反倾销调查的 35%和反补贴调查的 71%都是针对中国出口产品；2009 年前三个季度，共有 19 个国家针对中国产品发起了 88 起贸易救济调查，涉案金额高达 102 亿美元，分别同比增长 29%和 125%。2010 年发达国家失业率很可能仍将居高不下，贸易保护主义倾向势必还会增强，从而制约和影响世界经济复苏。根据世界银行统计，二十国集团当中，有 17 个国家共出台了 78 项贸易保护措施，其中 47 项已经付诸实施。OECD 和世界贸易组织的联合报告指出，至 2010 年上半年已经出台了 250 多项具有贸易保护倾向的政策。②

（三）世界商品市场价格波动剧烈，可能导致通货膨胀

2010 年，全球范围内大宗商品价格呈现整体向上升趋势。全球商品价格指数从 302 点的低位逐步攀升至 498.54 点的高位。以白糖、玉米、小麦为代表的农产品类，以黄金、铜为代表的金属类产品价格均呈现较大涨幅，其中金价突破每盎司 1400 美元大关，不断创历史新高。此外，国际油价也从每桶 30 多美元涨至 70 美元以上，开始步入短暂的价格整理阶段，以后势必进入快速上涨时期。

从导致世界商品价格上升的基本因素看，其中关于世界商品市场大宗商品价格攀升的原因，国际社会普遍的看法认为，货币币值波动、市场供求形势变化与市场投机是主要原因。目前，世界商品主要还是以美元计价。美联储货币政策的调整使大宗商品价格明显地脱离了市场供求基本面的支撑。众所周知，为了刺激自身经济复苏，美国一直维持零利率政策，并出台了第二轮量化宽松政策，导致美元汇率持续走低。在全球多数大宗商品交易都和美元直接挂钩的情况下，美元的贬值直接导致了大宗商品价

① “就反对贸易保护主义 G20 峰会达成共识”，新华网，http：xinhuanet.com/mrdx/2010-06/29/content-13770622.html。

② OECD and UNCTAD，Report on G-20 Trade and Investment Measures，Nov. 2009 to mid-May 2010，http：//www.oecd.org

格的攀升。2010年世界经济开始逐步走出国际金融危机的阴影，恢复增长。世界各国，尤其是新兴经济体对大宗商品的进口需求明显增加。供求形势使得大宗商品价格开始上升。全球宽松的货币政策刺激下，主要国家都开始出现通货膨胀。为了避免通货膨胀带来的财富缩水，各国投资者将大量资金投入世界商品市场进行投机炒作，以实现保值和增值。投机资本的进入，放大了世界商品市场需求，推动了商品价格上涨。

在未来世界范围内，特别是新兴经济体面临的通货膨胀压力加大。长期地看，未来世界市场大宗商品价格的走势，主要还是取决于发达国家私人部门消费与投资复苏的可持续性、新兴经济体需求上升速度、发达国家货币政策的变化以及美元汇率走势等因素。与此同时，大宗商品市场繁荣，不可避免地加大全球通货膨胀的压力：一方面，全球主要国家在各自经济复苏和救市计划的推动下，通货膨胀的压力逐渐加大；另一方面，大宗商品价格上涨使得主要进口国必须承受输入型通货膨胀的压力。与发达国家相比，经济率先复苏的新兴经济体可能面临更大的通货膨胀的压力，各国面临的通货膨胀的压力也是不平衡的。尤其必须注意的是，2010年，国际“热钱”重新活跃并开始大举进入新兴市场。根据国际金融协会（IIF）的统计，1到11月份初，新兴市场股票市场基金的资本净流入达700亿美元；债券市场基金资本净流入则达到创纪录的671亿美元，超过2009年全年462亿美元的水平。“热钱”大量涌入，无疑使得新兴经济体面临持续的资产价格上涨和货币升值压力。1—11月份，MSCI新兴市场指数上涨8.73%，而全球指数、发达市场指数仅分别上涨2.99%、2.15%；同期，泰国、马来西亚、印度尼西亚和中国等国货币对美元汇率累计升值分别达10.4%、8.2%、4.0%和2.4%。与此同时，新兴经济体面临的通胀压力显著上升，10月份印度、印尼、巴西和中国消费物价指数分别同比增长达9.7%、6.33%、5.2%和4.4%。[①]

① “2011年世界经济形势分析与预测”，中金在线网，http：//news.cnfol.com/101226/101，1281，9047074，00.shtml。

四、国际投资恢复增长，风险明显增大

20世纪90年代以来，美、欧、日三方面基本主导着全球直接投资流量和流向。国际金融危机导致全球直接投机锐减，发达国家受到严重冲击。据联合国贸发会议统计，2009年全球对外直接投资（FDI）流入量同比下降38.7%，其中跨国并购大幅下降近65%，是导致FDI流量下滑的主要原因。2010年上半年，FDI开始缓慢复苏，2010年上半年全球并购投资扭转连续两年的大幅下降趋势，同比增长6.9%。联合国贸发组织估计，2010年全球FDI流入量有望恢复至1.2万亿美元，2011年可能达到1.3到1.5万亿美元，2012年有望恢复金融危机爆发前2万亿美元的水平。国际投资恢复增长的同时，发达国家国内经济运行的不平衡，特别是财政货币政策的调整变化，有可能导致更为严重的国际投资风险。①

（一）国际投资艰难恢复增长：不同国家不同形势

总体看，国际投资增长形势严峻。国际金融危机严重打击了发达国家吸引外资的形势：2008年全球直接投资由2007年的18.3万亿美元减少到14.5万亿美元；2009年全球直接投资进一步减少为12万亿美元；2008年发达国家吸收的外资总量下降了29%，跌破1万亿美元规模，为9620亿美元；发达国家之间的并购额下降了39%，欧洲的跨国并购下跌了56%；10亿美元以上的大规模跨国并购交易数量和金额分别下降21%和31%；英国、德国、法国、意大利、荷兰等诸多传统吸引外国直接投资大国的外资流入量下降均超过三成。与发达国家不同，总体而言，2008年发展中国家的外国直接投资不降反升：非洲增长了7%；加勒比海地区增长了13%；

① “2011年世界经济形势展望”，中国日报网，http：//www.chinadaily.com.cn/hqgj/jryw/2010-12-20/content_1426201.html。

南亚增长了49%；只有东南亚地区有所回落。[①]

新兴经济体开始成为推动国际投资增长的主力。国际金融危机形势下，新兴经济体和具有资源优势的国家成为全球直接投资的新源泉：2009年，新兴经济体收购发达国家集团的资金为1050亿美元，同期发达国家对新兴经济体的收购资金仅为742亿美元；《金融时报》全球500强企业名单当中，新兴经济体的企业数量从2007年3月危机爆发之前的68家增加到2009年3月的119家。无独有偶，全球银行业实力对比也有新变化；发达市场的影响力有所下降，新兴市场地位有所上升：2009年《银行家》千家大银行排名表明，美、欧国家与地区的银行数量由185家、279家分别下降为159家、258家；凭借厚实的基本业务和较强的盈利能力，名单上的亚洲银行数量却由174家上升为193家。到2010年6月，全球范围内的主权财富基金管理的资产规模达到3.891万亿美元，远远超过全球对冲基金与私募基金的资产规模。[②] 与对冲基金和私募基金大多来自美欧发达国家而且由私人资本控制不同，主权财富基金多来自新兴经济体和海湾国家：其中38%来自亚洲；37%来自中东地区。今后主权财富基金规模进一步增加的形势下，新兴资本对全球投资格局的影响自然会更大。

（二）国际投资风险：不同国家财政与货币政策调整

引发国际投资风险的主要原因在于发达国家的经济政策。2008年国际金融危机以来，发达国家当前极具扩张性的财政政策和货币政策面临越来越大的调整压力：大规模经济刺激计划，已经导致美国、欧盟、日本等发达经济体财政赤字飙升、债务负担沉重，财政的可持续性和主权债务风险明显。主要经济体的中央银行实行零利率政策和大量收购不良资产以增加金融体系流动性，导致金融风险从私人部门转向中央银行系统，流动性急剧增加导致潜在通胀风险，货币政策因此也面临着越来越大的调整压力。

随着经济逐步的复苏，发达国家的宏观经济政策有可能正常回归，个

① “世界经济走势的六个不确定因素”，新华网，http：//news. xinhuanet. com/observation/2010-07/13/c_12328612. html。

② http：///www. swfinsitute. org/fund-rankings/.

别国家2010年可能提前收紧财政政策和货币政策。发达国家宏观经济政策调整面临着增大实体经济稳定复苏的风险：其一，选择政策的进入和退出时机本身就很困难，把握不当往往适得其反，假如经济刺激政策退出的时机、力度和节奏把握不当，很可能导致经济复苏过程中断；其二，各国经济复苏步伐不同，假如在经济刺激政策退出方面协调不力，特别是假如在利率政策上缺乏协调，则可能引发国际资本无序流动和主要国际货币汇率大幅波动，从而影响国际投资稳定增长。

金融危机以来，发达国家由于经济复苏乏力，将利率调整到接近零的水平，也没有达到预期的刺激作用，只能选择扩大量化宽松规模。面对发达国家的量化宽松的政策，新兴市场国家货币政策面临两难选择：假如提高利率，那么可能会引起更多的资本流入；假如不提高利率，通货膨胀和资产泡沫可能就继续发展下去。总之，国际社会不同国家的财政货币政策存在矛盾冲突，宏观经济调控的难度更大。任何国家应对不当或者措施不力，都要面临更大的经济压力。

五、国际生产领域产业转移升级，变数增多

从全球生产网络布局来看，基本变化趋势在于：全球跨境产业转移随着产业重组而加速，区域经济合作随着区域供应链功能的增强而扩大，市场导向型供应链的重要性随着核心市场的转移而趋于上升。全球生产网络的如此调整与变化，在推动全球制造业重心向新兴经济体转移的过程当中，把设计、研究开发、物流运输、销售服务等服务业全球分工部门拓展到新兴经济体和发展中国家。全球产业转移过程当中，伴随着新能源生态环境技术为核心的新一轮国际竞赛的加剧，无论发达国家还是发展中国家，都有必要加大生产与经济结构的调整，由此经济社会发展面临新的变数。

（一）国际产业转移与国际分工：升级换代，分工深化

20 世纪 90 年代以来，发达国家服务业转移加快，服务业占跨国直接投资比重已经超过制造业。随着新一轮全球产业结构调整，金融、电信等行业跨国并购开始成为跨国投资的主要领域，汽车、电子、医药、化工等传统制造业的转移在更大程度上依赖于服务。同时，高新技术产业也出现转移趋势，发达国家不仅将高新技术产业加工组装环节转移到发展中国家，而且将配套零部件生产、物流、营销、研发外移，甚至有些高技术产品生产线刚研发出来就转移至发展中国家生产，发达国家则主要控制核心技术和品牌，因而使国际产业转移中服务化特征也日趋明显，由传统生产环节转移转变为生产、流通、服务等多环节转移。

在产品内分工不断深化的过程中，产业转移链条将向两端延伸，因而使国际产业转移出现由传统生产环节转移转变为生产、流通、服务等多环节转移的特征。与传统国际分工格局相比，新型国际分工的基础由过去的产业间或产业内的分工演变为产品内分工，即参与分工的国家是在同一产品内根据价值链的划分进行分工合作。在新型国际分工格局下，国际分工的边界从产业层次转换为价值链层次，一国的竞争优势也随之不再体现在某个特定产业或某项特定产品上，而是体现为在产业链条中所占据的环节或工序上，因为从产业链细分的角度看，技术密集型产业有它的劳动密集型环节，劳动密集型产业有它的知识技术密集环节。

（二）发达国家与发展中国家：分工协作，利益调整

对发达国家而言，在生产全球化的背景下，伴随着跨国公司在全球范围内寻求资源的最佳配置，它们必然寻求在成本最低的国家或地区去组织生产。劳动成本方面较大的区位差异，使得传统的劳动密集型产业，包括高新技术产业的劳动密集型环节在内的海外转移成为大势所趋。这为发展中国家介入新兴产业、全方位参与国际分工和国际竞争提供了新的机会和条件。

发展中国家由于在经济规模、人力资源、技术水平等多个方面与发达

国家差距过大，尽管发展中国家日益融入国际分工体系、分工地位将有所提高，但仍然受到来自发达国家的强大竞争压力。发达国家和发展中国家的国际分工关系不断调整。发达国家之间以水平分工为主，发达国家和发展中国家既发展垂直分工，也发展水平分工。发展中国家之间也是垂直分工与水平分工兼顾。中国与发达国家之间以垂直分工为主，出现水平分工趋势。中国与发展中国家之间水平和垂直分工兼有，与最不发达国家则以垂直分工为主。美、欧、日等主要发达国家将继续处于产业链的中高端，在全球经济发展中居于主导地位，利用研发、设计、品牌和技术等环节控制和影响全球经济的发展进程。亚非拉发展中国家和部分转型经济国家居于产业链中低端，或提供能源、资源、原材料，或以加工制造为主。

金融危机推动了产业的转移与分工的深化。金融危机的蔓延与加重，导致货币贬值的同时，既提高了本国产品相对于贸易伙伴国的出口价格竞争力，也通过对国内经济的影响，减少了对贸易伙伴国的产品进口。金融危机的“溢出效应”自然会波及到实体经济，实体经济渐受其影响，利润开始下降。在美国，大量银行倒闭，大量企业不再具备原有的比较优势，经营困难甚至面临破产，面临着严峻的考验：要不就停止生产经营，要不就开始产业转移，要不就升级换代。正是在经济危机冲击之下，发达国家不得不选择尽快将其部分生产环节，甚至研究开发环节转移出去。总之，全球金融危机深刻地改变了世界生产与分工的格局，加速了第四次世界产业转移的进程。

在金融风暴的强烈冲击波下，发达国家和中国东部沿海发达地区的工业体系将开始一次全球性产业布局大洗牌。对于正处于经济快速发展中的中国来说，正是顺势承接发达国家和地区产业转移的百年一遇的大机遇。在全球经济危机和衰退的大环境条件下，中国应该积极主动承接发达国家和地区的产业转移，接受先进制造产业和先进技术转移，有选择地承接适合中国工业发展实际条件、有发展前景和长期竞争力的企业转移，并借此推进产业结构调整和优化升级，提升产业竞争优势，获得更大的利益。

（三）新能源生态环境技术为核心的竞争：比实力、比未来

开发新能源与生态环境技术，降低对煤炭、石油、天然气等传统资源

的依赖，发展低碳经济，是未来世界经济发展的方向。在这方面，发达国家已经领先于发展中国家一步。发达国家与发展中国家在此问题上的竞争关系的主题在于，双方既是科技产业发展方面实力的较量，也是未来经济发展战略上的比拼。

金融危机以来，美国把开发新能源和发展低碳经济作为应对危机、振兴经济的战略选择，旨在实现摆脱对海外石油的依赖、促进经济战略转型的目标。美国政府在经济刺激计划当中，明确将发展新能源作为摆脱经济衰退、创造就业机会、占领未来经济发展的先机。与美国相比，欧盟既是全球发展低碳经济的重要推动者，也是气候变化的倡导者和温室气体减排的积极行动者。早在2006年3月，欧盟委员会发表的《欧盟能源政策绿皮书》就提出鼓励能源可持续利用、发展可替代能源，加大对节能、清洁能源和可再生能源的研究投入。2008年底，欧洲议会通过的欧盟能源气候一揽子计划规定，欧盟到2020年将温室气体排放量在1990年的基础上减少至少20%，将可再生清洁能源占总能源消耗的比例提高到20%，将煤炭、石油、天然气等传统能源的消费量减少20%。2009年3月，欧盟委员会宣布在2013年之前投资1050亿欧元支持欧盟地区的绿色经济，促进就业和经济增长，保持欧盟在绿色经济领域的领先。作为《东京议定书》的发起国和倡导国，日本在应对气候变化方面注重与国家能源战略的协同发展，重视能源多样化研究。2008年5月，日本发布了《面向低碳社会的12大行动》报告，明确了建设低碳社会的主要行动及其可能实现的减排量，提出了发挥日本技术优势和技术潜力的建设低碳社会的战略步骤。

从发展中国家的情况看，依然任重道远。持续快速的经济增长始终是发展中国家关注的战略重点。发展低碳经济对于发展中国家来说，具有长远意义。由于发展中国家主要产业部门经济结构普遍以传统能源的高消耗为特征，开发新能源、发展低碳经济，对于发展中国家而言，任重道远。世界气候大会上，发达国家与发展中国家之间的经济利益博弈刚刚拉开序幕。从科技与经济发展的趋势看，在新能源与生态环境技术为核心的产业发展领域，发达国家与发展中国家的竞争将继续下去。①

---

① 郑小鸣、谢晶莹："美、欧、日、印低碳经济发展策略探析"，载《当代世界》2010年第5期，第47—51页。

六、国际经济协调围绕老问题展开，新机制建立取得进展

美国次贷危机已经演变成为一场金融危机，并很有可能进一步发展成为一场全球性的经济危机。尽管各国积极采取行动应对危机，但是仍不足以重建金融市场信心，市场对金融机构的忧虑转为对政府偿债能力和财政运营可持续性的忧虑。危机再次表明，难以依靠一个或少数几个发达国家的经济金融力量掌控金融形势，因此建立一个能够预警和克服全球性金融危机的国际经济协调机制迫在眉睫。10 月 11 日，主要发达国家和发展中大国组成的 20 国集团，举行了财政部长和中央银行行长特别会议，强调各国“将采取一切可能的经济和金融手段确保金融市场稳定和正常运行”，成员间将保持密切沟通联系，确保各国行动不会损害他方和整个金融系统的稳定性。11 月 15 日，二十国集团金融峰会上，虽然在如何加强监管问题上，一些国家还存在分歧，但是各方已经达成共识，要对当前的国际金融体系实行改革。①

（一）国际经济协调的老问题：经济利益关系调整

国际金融危机表明，当前已经难以再依靠一个或少数几个发达国家的经济金融力量全面控制国际金融形势。为了切身经济利益，发达国家必须寻求国际合作，增强反危机力量。国际经济协调还是围绕着经济利益关系调整这个传统的中心议题，或者说围绕一个老问题展开。

首先，国际经济利益关系十分复杂。应对金融危机的国际合作和救援，必须加强多样化与协调性。严重国际金融危机救援的成功，决不能单靠一个或少数几个国家或者是某一个国际经济组织。目前，对于国际金融危机的救援，缺乏由各国政府、次区域货币安排、区域货币安排（区域金融组织）和全球性金融机构组成的多层次复合型危机救助体系；此外，救助资金来源比较单一，应对严重金融危机的财政力量不足。各地区区域性

---

① “从 G20 首尔峰会看世界经济形势与走向”，易网，http://news.163.com/10/1119/16/6LS81KSJ00014JB6_2.html。

货币合作进展缓慢，东亚建立清迈货币互换安排机制至今尽管已有十年之久，但是建立亚洲货币基金的目标尚未实现。美洲、欧洲和非洲也同样缺乏有效的地区金融救援机制。基于自身经济利益要求，大国对国际金融体系主导权的争夺，势必影响到金融危机救援的效率和效果。金融危机爆发后，欧盟对主导未来国际金融体系的诉求有所增强，以法国为代表的欧盟非常希望通过G20金融峰会变革美国所主导的国际金融系统，进而建立新的全球金融体系。对于欧盟如此一厢情愿的计划，美国不以为然：正如美国政府所强调的那样，自由市场、自由贸易与自由企业，即资本主义的三大原则必须得到尊重。美国对G20峰会的希望在于各国携手共同参与解决当前的国际金融危机，帮助美国尽快摆脱金融困境。

其次，协调国际经济利益关系出现积极举措。随着金融危机和世界经济形势的发展变化，目前G20的工作重心已从如何应对危机转向如何巩固世界经济复苏，规划全球长期协调合作机制。众所周知，国际贸易和汇率争端的根本原因在于国际货币体系缺陷。在G20财政部长和中央银行行长会议上，各方已就国际货币基金组织改革达成协议：在2012年前，该组织将向包括新兴国家在内代表性不足的国家转移超过6%的份额，并且欧洲国家还将出让两个执行董事席位。日前，国际货币基金组织决定将中国的份额提高到6.39%，投票权提高到6.07%。而其他增加份额转移给哪些经济体，准备由首尔峰会及以后的会议继续磋商和安排。有关矛盾问题远没有解决，但是毕竟还留有余地，依然有逐步解决的希望。[①]

（二）国际经济协调的新机制：加强全球协调合作机制

国际经济协调机制存在与发展的理由，在于能够解决实际问题，在于解决问题的实际效果。加强国际经济协调的取向，也在于此。

从历史的经验看，国际经济协调机制不健全的教训深刻。2010年，欧洲国家债务危机的日益加深，使得欧盟作为目前世界上一体化程度最高的地区经济协调机制饱受质疑。如何构建有效的国际经济协调新机制，再次

---

① “世界经济复苏仍脆弱 全球治理格局在改变”，新华网，http://news.xinhuanet.com/fortune/2010-06/30/c_12279652_4.html。

成为国际经济协调领域的热门话题。回顾欧洲债务危机的由来，国际金融危机的蔓延当然属于首要外部因素，有关国家财政政策不当固然是直接原因，欧盟框架内的各国财政治理措施的不协调也是债务危机升级的重要原因。

事实上，欧盟不算是世界上负债率最高的地区：2009 年，欧盟整体 GDP 与美国相当，但美国政府以 1.4 万亿美元的负债总额居世界首位；日本政府债务在 2009 年甚至占到了 GDP 的 195％。尽管美国与日本两国主权信用也曾经受到质疑，但并未引起市场恐慌和债务危机。希腊债务危机之所以不断升级、愈演愈烈，是因为它暴露出欧元区机制设计的内在矛盾问题，即缺乏统一的财政治理框架。欧元区各国使用同一货币、具有统一的货币政策，却没有统一的财政政策。欧洲中央银行的独立性强，但灵活性不足，"一刀切"的货币政策大大限制了成员国应对金融危机、调控社会经济的能力。财政政策方面，欧盟《稳定与增长公约》要求成员国财政赤字水平不得超过 GDP 的 3％，债务水平不得超过 GDP 的 60％。因此，有效应对金融危机、避免经济严重下滑的公共支出政策，在欧盟框架内实际上被严重束缚住了。再加上欧盟以"辅助原则"（欧盟尽量不介入成员国的施政）为基本运作方针，没有建立可以酌情运用于区域内的"共同财政资源"，因此一旦成员国出现经济危机，各国政府就不得不使用赤字财政予以应对，从而增加了政府债务负担。此外，成员国财政政策方面一向各自为政，直接导致核心国在救助外围国问题上的犹豫不决，加剧了市场恐慌，导致危机不断升级。

欧洲债务危机使得欧盟治理框架的内在矛盾问题显现出来。2010 年 9 月份，欧盟提出将于 2011 年引入"欧洲学期"这一区域内财政政策协调机制，以便让欧盟对成员国的财政状况心中有数，尽早发现可能存在的问题，并督促有关国家及时予以纠正。2010 年 12 月 16 日，欧盟峰会决定在《里斯本条约》中加入新的内容，欧元区成员国将创建一个名为"欧洲稳定机制"的永久性救助机制，用来维护整个欧元区的稳定；当然，对于接受救助的成员国，要附加严格的条件。这为改善欧盟财政协调奠定了初步法律基础。

关于加强全球协调合作机制的思路与措施，应对全球性经济矛盾问题，国际社会必须加强协调与合作。国际社会加强协调与合作，首先需要建立具有广泛代表性的平等交流与协商对话机制。经济利益要求能够相对公开、直接、有效地表达出来，既是主体维护自身经济利益的首要环节，也是主体参与国际经济多边协调机制的基本立足点。国际社会不同主体的经济利益要求各有千秋：既可能有共性，也可能有个性；既可能有合理性，也可能有不合理性，但是表达出来是关键的第一步。目前，国际货币基金组织、世界银行、世界贸易组织等国际经济协调机制在协调全球经济问题方面已经发挥着重要作用。不过，发达国家主导的格局下，上述国际经济协调合作机制的运行效果有待提高。11 月 5 日，国际货币基金组织执行董事会通过了基金组织份额改革方案。根据新的改革方案，国际货币基金组织将在 2012 年之前向包括新兴国家在内代表性不足的国家转移超过 6%的份额。其中，中国的份额将从目前的 3.72%升至 6.39%，投票权也从 3.65%升至 6.07%，位列美国和日本之后。与此同时，欧洲国家将在国际货币基金组织执行董事会让出两个席位，提高新兴市场和发展中国家的代表性。这是 IMF 成立 65 年来最重要的治理改革方案，也是针对新兴市场和发展中国家最大的份额转移方案，体现出该组织增强自身全球协调合作能力的改革思路。

应对金融危机过程当中，二十国集团扮演了国际经济协调与合作的重要角色。二十国集团的广泛代表性，不仅取决于成员的多元化构成，更取决于相对公开、公正、公平、包容的利益诉求表达平台。坚持相对公开、客观、全面地反映国际社会经济利益关系状况，为主体表达经济利益要求，提供公开、直接、有效的表达机制，就成为增强二十国集团广泛代表性、团结广大成员共度时艰的关键。新兴发展中国家一定要加强对新的国际环境的研究，主动提出能够解决当前全球经济金融问题的新方案，积极探索促进全球经济金融健康、稳定发展的新思路和新方向，积极参与新规则的修改和制定，力促全球治理新框架的形成，确保全球经济的可持续发展。

经济全球化形势下，未来各国家各地区经济相互依赖性将不断增强。与此同时，随着多极化进程的不断加快，全球经济利益格局的板块状特征更为突出，以若干主要国家或地区经济体为核心的地区经济一体化组织，日益成为国际经济协调机制当中，主体经济利益诉求的重要载体。

经济全球化趋势与多极化进程之间的矛盾，集中体现于全局利益与局部利益的对立统一之中。此外，基于全局利益更为关注长远利益、局部利益更为关注当前利益的实际，全局利益与局部利益的矛盾关系，在一定程度上也表现为当前利益与长远利益的冲突。在此背景下，国际经济协调合作，必须把全球化与多极化、全局与局部、现在与未来、民主与集中等诸多的矛盾关系有机结合起来，力求做到统筹规划各种矛盾关系，使之辩证统一于协调与合作活动的全过程。全球经济失衡是经济全球化过程中一个客观反映。既与产业转移和资本流动有关，也有贸易失衡、货币体系失衡以及一些发达国家宏观政策不当的因素，归根结底是南北发展不平衡造成的。未来实践中，国际经济协调与合作必须重视宏观经济政策对发展中国家的外溢效应，着力推动南北合作，拓展利益交汇点，树立以发展促增长、以合作抗风险的新发展理念。

真正经得起实际问题考验的、真正有发展前途的国际经济多边协调机制，必须有助于推动更多的国家和地区真正实现自身实体经济繁荣，进而推动世界实体经济繁荣，必须有利于推动建立平等协商、优势互补、互利共赢的国际经济秩序与经济利益分配格局。国际经济协调与合作的精神实质，亦即如此。在国际经济协调与合作艰难前进的背景下，中国坚持开放、共赢理念，积极扩大区域合作，取得了显著进展。2010 年 1 月，中国与东盟自由贸易协定正式生效。中国与东盟自由贸易区总人口达 19 亿，约占世界的 1/3；经济总量近 6 万亿美元，约占全球的 1/9。6 月，中国大陆又和台湾签署 ECFA，使东亚所有经济体都能参与到区域合作进程当中。总之，在寻求合作并促进世界经济稳定和持续增长的宗旨的指导下，国际经济协调与合作取得了一定成果，但也有进一步发展的空间。①

综上所述，2010 年，世界经济复苏仍在延续，但增长乏力的趋势日益明显。世界各国继续推进结构改革、促进全球经济稳定复苏、实现可持续与平衡增长的任务依然艰巨。基于脆弱的国际金融形势，世界主要储备货币发行国必须采取负责任的经济政策，保持汇率相对稳定，减少货币政策的负面溢出效应，切实维护国际金融市场稳定。与此同时，国际社会还要

① “2011 年中国外贸发展将面临复杂的国内国际形势”，中金在线网，http：//forex. cnfol. com/101230/134，1506，9075334，00. shtml。

共同采取措施，反对一切形式的保护主义，促进国际公平贸易，推动世界贸易组织多哈回合取得理想结果。展望2011年，世界经济仍处于危机后的深度调整之中，主要经济体继续面临严峻政策挑战：全球经济持续增长、国际金融改革、国际贸易摩擦、国际投资风险、国际生产调整、国际经济协调与合作机制等诸多需要国际社会积极应对和解决的矛盾问题，依然是世界经济运行的中心内容。全球经济稳定复苏与可持续发展，依然是任重道远。

(赵宗博)

第五章

军控与防扩散问题

回望2010年的国际核军控进程，可谓喜忧参半。一方面，国际社会及主要核大国延续了近两年的积极势头，通过多边、双边等方式，为推动国际核裁军与核军控作出了积极的尝试。但是另一方面，有限的进步仍然难以掩饰种种问题。核大国之间的博弈、伊核与朝核问题的日趋复杂等，都让人对目前看上去鼓舞人心的进展能持续多久打出一个大大的问号，正所谓“初春难消凛寒”。

一、美国《核态势报告》呈现有限的积极转变

作为超级核大国，美国的核战略及核裁军立场历来都对国际核军控产生着重要的影响。2010年4月6日，美国国防部公布了《核态势报告》。这是冷战结束以来的第三份核态势报告。鉴于奥巴马政府在核裁军和防扩散领域做出的种种积极表态，这份报告出台之前被人们寄予了厚望，人们有理由相信这份报告能够带来更多积极的变化。正如有人评论的那样，“《核态势报告》对奥巴马是否真的愿意超越他布拉格演说的抱负和激励，将美国政策转向为使消除核武器更为可行的方向，是一个真正的考验”。[①]

---

① Huge White，“Nuclear Weapons and American Strategy in the Age of Obama ”，*Lowy Institute for International Policy*，p. 5.

从内容上来看，这份报告被评为“既不激进也不保守”，在体现平衡的同时，强调了美国对于核问题的基本战略与首要关注。报告认为冷战后国际安全环境发生了根本性变化，全球核战争的可能性越来越低，但核攻击的可能性却在增加。为此，报告列出了美国核政策的5个关键性目标：(1) 阻止核扩散和核恐怖主义；(2) 降低美国核武器在美国国家安全战略中的作用；(3) 以较低的核武器水平维持战略威慑和稳定；(4) 加强地区威慑，确保美国盟友和伙伴安全；(5) 维持一个安全、可靠、有效的核武库。①

在《核态势报告》中，美国继续对核扩散以及其可能引发的核恐怖主义表示了极大的关注和担忧。报告指出，美国要想阻止核扩散和核恐怖主义，必须把握3个要素：第一，“我们应通过推翻朝鲜和伊朗的核野心，加强国际原子能机构的预防监督措施，增强对这些措施的遵守，阻止非法核交易，促进和平利用核能而不增加扩散风险，以此来寻求对核不扩散机制及其核心内容《不扩散核武器条约》(NPT) 进行支持”。第二，“我们正在加速实施奥巴马总统关于在4年内，确保世界范围内所有易受攻击的核材料安全的倡议”。第三，继续军控方面的努力——包括新的《削减战略武器条约》、《全面禁止核试验条约》的批准与生效，以及可核查的《禁止易裂材料生产条约》。② 美国在《核态势报告》中还指出，美国将继续加强常规能力建设，并降低核武器在遏制非核武器进攻中的作用。美国指出，保留核武器的唯一目的在于遏制对美国或美国盟友及伙伴的核打击。美国将只会在“极端情况下”才考虑使用核武器，以用于维护美国或盟友及伙伴的关键利益。同时，美国在报告中还明确宣示不再研发新型核武。而整个报告中最引人注目的，应该是美国还首次提出，美国不会对遵守核不扩散义务的《不扩散核武器条约》无核成员使用或威胁使用核武器。③

评论家认为这是对美国一贯核战略的一定修正，甚至有人称其为“奥巴马颠覆美国核战略”。美国之所以做出以上的承诺，其原因在于：首先，响应奥巴马的“无核世界”倡议，推动世界范围内的核军控和防扩散；其

① “Nuclear Posture Review Report”, Department of Defense, April, 2010, p. 2.

② Ibid., VI.

③ Ibid., IX.

次，这一立场与同俄罗斯签署新的削减战略武器条约、世界核安全峰会等一系列行动一起，构成了奥巴马旨在提升美国国家安全的综合战略；第三，通过适当削减现有核武器，降低核风险，减少维护核武器装备和设施的开支；第四，这一立场的修正，并不妨碍美国的核优势和战略威慑能力，因为即便削减现有核武器，美国仍然拥有庞大的核武库，而且美国从来没有宣布“不首先使用核武器”这一原则，因此核威慑的主动权仍然把握在美国手里。此外，美国在常规武器方面拥有的显著优势，已经使其能够对无核国家构成实质性的威慑。因此，适当调整使用核武器的原则，并不会有损于美国的整体利益。事实上，这样一份新的报告，折射出美国在核威慑和防止核扩散方面，更趋于灵活务实。正如一名白宫官员所说：“这份报告着眼于防范核恐怖主义和核扩散、弱化核武器在（美国）国家安全战略中所扮演角色的同时，保持安全、可靠和有效的核威慑。”①

冷静观察下，这份报告的乐观之处恐怕十分有限，它所传递的积极信息比预期的要少得多。这样的反差来自于核武器在美国国家安全战略中的地位争论。冷战结束以来，美国国内很多人一直呼吁削减庞大的核武库，保持在一个适量水平即可应对新的威胁。奥巴马对此持支持态度，甚至以“无核世界”为人们展示一个有望消灭核武器的前景。奥巴马希望以此来表明自己与前任相比所具有的进步和革新形象。但是另一方面，他又不得不避免招致太多批评，指责其损害美国国家安全，削弱了美国在世界上的地位。正因为如此，这份备受关注的报告并没有回答和解决与美国核战略有关最重要的问题：(1) 奥巴马将如何改变美国的核态势以推动最终消除核武器？(2) 美国的核态势将如何调整以应对核扩散和恐怖主义的显著威胁？(3) 美国“延伸威慑”的未来如何？(4) 在美国同主要大国——特别在亚洲地区——战略关系发生转移时，美国如何看待核武器在其中的作用？此外，美国所提及的“只有在极端情况下才使用核武器”来维护美国或其盟友、伙伴的关键利益，这一立场可以说是绝大多数战略家们所老生常谈的，并没有太多新意。而且报告中不断提及盟友或伙伴，这一限定十分模糊，意味着即便美国潜在的、非正式的盟友面临着来自敌方的核打击

① “奥巴马重塑核战略，美国着眼限核武”，新华网，http://news.xinhuanet.com/2010-04/07/c_1220076.htm。

威胁时，美国也会动用核武器。这无疑是扩大了使用核武器的范围和条件，这也是“延伸遏制”所面临的尴尬局面。还有一点不可忽视，那就是美国的非核打击对象中，将伊朗和朝鲜排除在外，因为美国认为前者没有遵守《不扩散核武器条约》条约，而后者则已退出了该条约。而两国的核计划对美国及其盟友构成了重大威胁，因而美国的核打击对象仍然包括了这两个敏感国家。不过，这样的政策对于这两个国家来说，只会起到刺激性作用，促使其加快建立核武库，用以平衡常规军力方面的巨大差距。

二、核安全“两会”象征意义大于实际功效

2010 年国际社会围绕核军控展开的各项活动中，有两个国际性会议引人注目，其一是核安全峰会，其二则是《不扩散核武器条约》审议大会。

核安全峰会是近年来国际社会寻求核安全努力的延续。2009 年 9 月 24 日，在纽约联合国总部召开了核不扩散与核裁军峰会。这也是联合国安理会历史上首次专门就此问题举行峰会。此次峰会集中讨论了核不扩散和核裁军问题，包括军备控制与核裁军、国际核不扩散机制、防止核材料非法贩运、核材料安全与国际和平安全等议题。安理会在核不扩散与核裁军峰会上通过决议，将于 2010 年召开核安全峰会。

2010 年 4 月 13 日，47 个国家及联合国等组织聚集在华盛顿，召开了首届核安全峰会。这此会议的召开可以被看作是国际社会为消除核威胁所取得的一项重大进展。通过此次会议，可以看到当前核裁军和维护核安全的国际大趋势，也传递出了很多积极的信号。作为此次核峰会的标志性成果，会议通过了《华盛顿核安全峰会工作计划》。概括而言，该计划强调维护有效的核安全需要各国在国际合作协助下持续努力，并在自愿基础上采取行动，将通过负责任的国家行动和持续有效的国际合作，以及强有力的安全措施，减少核恐怖主义威胁。然而，尽管会议给人们带来了鼓舞，甚至些许乐观氛围，但必须冷静地认识到，这场核安全峰会是近年来国际社会不断努力的结果，但期望由此彻底扭转冷战结束以来四处弥漫的核阴

影，恐怕是不现实的。

2010年5月3—28日，第8次《不扩散核武器条约》审议大会在美国纽约举行。[①] 189个缔约国参加了此次会议，各国讨论了核裁军、防扩散、和平利用核能以及建立中东无大规模杀伤性武器区等一系列问题，在核裁军、核不扩散以及和平利用核能等《不扩散核武器条约》三大方面都达成共识，并最终形成了包含64项行动计划的最后文件。其中，最后文件要求在2012年，召开一次有关中东地区如何实现一个无核武器区和无大规模杀伤性武器区的国际会议，届时所有中东国家和有关核武器国家将与会。最后文件特别指出以色列加入《不扩散核武器条约》的重要性。对于朝鲜核问题，会议文件则强调支持有关朝鲜半岛核问题的六方会谈，敦促朝鲜履行在六方会谈中所作出的承诺，其中包括以可验证方式、全面彻底放弃核武器计划，并敦促朝鲜早日重新加入《不扩散核武器条约》。这份最后文件是10年来在《不扩散核武器条约》框架下首次达成的协议。联合国秘书长潘基文赞扬《不扩散核武器条约》会议就未来5年世界无核化、核不扩散以及核能和平利用达成了行动计划，并称这为“建立一个更安全和牢固的世界”创造条件。[②]

此次会议对于国际社会的核军控具有积极意义。大部分观察家也认为，此次会议是一个巨大的成功。长期以来，《不扩散核武器条约》一直面临着众多成员国的诟病。尤其是非核武器成员国（NNWS）指责核武器成员国（NWS）并没有根据条约的第6款规定充分削减核武库，核武器成员国也没有在条约中明确不会对非核武器成员国发动核攻击。更重要的是，很多国家相信，该条约确保了现有核武器成员国对核武器的垄断，却未能迈向无核武器世界。20世纪90年代伊拉克核计划的曝光进一步削弱了该条约的可信度，而朝鲜退出该条约并进行核试验，以及伊朗核武器计

---

① 笔者注：《不扩散核武器条约》是英国、美国、苏联等59个国家于1968年7月1日分别在伦敦、华盛顿和莫斯科签署的一项国际条约，旨在防止核扩散、推动核裁军和促进和平利用核能条约还特别规定，核武器国家是指在1967年1月1日前制造并爆炸核武器或其他核爆炸装置的国家。条约还规定生效后每5年召开一次审议大会，审议条约执行情况。

② “《不扩散核武器条约》审议大会推动中东无核化”，中国新闻网，http：//www.chinanews.com/gj/gj-gjzj/news/2010/05-29/2311541.shtml。

划造成的紧张局势，都使得该条约摇摇欲坠。此次会议则强化了人们对于控制核武器的共识，与会国同意共同努力，实现核裁军和防止核扩散。会议上，美国的积极表态也让人看到了推动核军控的希望。美国国务卿希拉里在开幕发言中强调，美国将为实现无核武器世界做出自己应有的贡献，同时她表示，美国将使本国核武库透明化（在同一天，五角大楼宣布了美国核武器数量为5113枚）。美国参加会议的代表埃伦·陶谢尔也表示，会议的最后文件推动了奥巴马的倡议，“它反映了我们为坚持和强化国际不扩散机制的基石所做出了集体承诺。通过对下一步行动的建议，它还反映了我们加强条约三大支柱——裁军、不扩散及和平利用核能——的一致决心”。①

2010年世界核力量②

国家	部署的核弹头	其他核弹头	总数
美国	2468	7100	9600
俄罗斯	4630	7300	12000
英国	160	65	225
法国	300	—	300
中国	..	200	240
印度	..	60—80	60—80
巴基斯坦	..	70—90	70—90
以色列	..	80	80
总数	7560	14900	22600

（此数据来自瑞典斯德哥尔摩和平研究所年鉴，仅供参考）

① Jayantha Dhanapala, “Evaluating the 2010 NPT Review Conference”, *The United States Institute of Peace*, 2010, p. 12.

② SIPRI Yearbook 2010: Armaments, Disarmament and International Security, Stockholm International Peace Research Institute, 2010, p. 12.

从整体效果来看，这两个会议传递的积极信号，似乎有理由让人们对未来寄予希望，标志着全球治理核威胁进入了新的阶段，还有人相信，国际合作有助于消除各国核政策的分歧，树立共同的行为准则。但是在严峻的现实面前，必须清楚地看到，会议上所达成的共识或发表的声明，象征意义更多于实际意义。《华盛顿邮报》也直言不讳地指出，会议达成的成果虽然是“积极的”，但是在多大程度上能得到执行仍是疑问，“全面阻止核材料泄露的可能性有多大？目前既没有统一的执行标准，也没有独立的国际机构来监管执行状况”。[①] 持怀疑态度的人认为，“类似这样的进步并不是无核世界面临的唯一问题。知识界和政界支持消除核武器的运动还受到难以令人信服的论据、固有的冲突和非现实的期盼的冲击。一个没有核武器的世界是一个不合逻辑的目标”。[②] 从各方面因素来看，世界面临的核威胁并不会轻易得到缓解，一些负面因素仍将会进一步刺激核危机的蔓延。

首先，霸权心态破坏着国际社会为维护核安全所进行的努力。美国对于此次核峰会十分积极。但是不可否认的是，恰恰是美国，拥有足以让世界颤抖的核武库。美国将核武器看作是推行全球霸权战略的重要工具。根据美国国防部的报告，截至 2009 年 9 月 30 日，美国的核弹头储量为 5113 枚，尽管其核弹储备较 1967 年时的 31225 枚削减了 84%，但这也只是将地球摧毁 50 次和 10 次的区别。美国奉行进攻性的核战略，特别是在针对非核国家的时候，经常挥舞核大棒进行威慑和恐吓。也正因为如此，一些国家才矢志不渝地致力于发展自己的核力量，试图以此来平衡美国的威慑力。这也是国际社会核危机频发的一个重要原因。正如美国《世界日报》所说，在防止核恐怖主义共识基础上，全球核安全峰会达成共识，加强管理核物质，是完全合理的。不过，美国应看到，要使国际合作生效，华盛顿要改变霸权心态，更公平合理地来处理国际事务，并援助其他国家促进核安全。

其次，美国对绝对军事优势的追求刺激着核危机。尽管从表面来看，

---

① 吴妮：“首届核安全峰会只是‘看上去很美’?”，载《新京报》，2010 年 4 月 15 日，第 A32 版。

② Bruno Tertrais，“The Illogic of Zero”，*The Washington Quarterly*，April，2010，p. 125.

美国在核问题上的政策和立场似乎在软化，并向"无核世界"靠拢。但是不可忽视的是，美国已经在寻求能更有效替代核威慑的常规威慑。例如，美国成功试飞了被誉为未来空天战机的X-37B，以求建立全球1—2小时内的快速打击能力。军事分析家们指出，这种新型武器将如同第一次海湾战争中的"战斧"巡航导弹、反恐战争中的无人机那样为美国提供一种新型的军事打击手段，建立起核武库之外的常规武器威慑能力，同时又避免了核威慑在伦理道德上引发的灾难。从这个意义上来讲，美国并不是良心发现，要主动削弱核优势，而是试图利用更有效、更安全、成本更低的常规军力来完成军事任务，这恐怕会对核军控产生消极的影响，因为对于那些无法获得与美国同级别常规威慑力量的一些国家而言，在国家安全面临美国的威胁时，只能铤而走险，寻求获取核武器。

再者，国际社会为控制核武器和核扩散的努力，在下定决心发展核武器的国家面前，很难达到预期效果。这一方面体现了国际条约与国家主权原则之间的矛盾，同时也反映了国际政治的现实主义特征。例如，在2000年的《不扩散核武器条约》审议大会的文件中，曾表示将不予承认印度和巴基斯坦的核武器国家地位，对于现实的国际政治而言，这无疑是掩耳盗铃。2010年召开的会议上，同样的话语被用于朝鲜身上，但其效力恐怕微乎其微。同样是核危机的主角，伊朗在此次会议上并没有被点名，其目的是为了避免伊朗以此为由扰乱会议议程，但要想通过条约来限制伊朗，恐怕也是痴人说梦。

最后，恐怖主义仍然对国际核安全构成了直接的、不可忽视的威胁。在此次核峰会上，美国总统奥巴马警告说："一旦成功掌控，恐怖分子必将使用核武器。"这并非危言耸听。事实上，美国并不是唯一一个面临这种潜在威胁的国家。据国际原子能机构统计，从1993年到2008年，全球共发生经确认的核材料或其他放射性材料被偷窃、丢失或非授权占有等事件多达1500余起。[①] 这充分说明国际上对于核材料的管理存在严重的漏洞，这也为恐怖主义势力获取梦寐以求的核武器创造了机会。此次核峰会与会各方都很重视对核材料安全的保护，因为这也是整个国际社会面临的

---

① "IAEA官员：中国在处理核安全问题上树立榜样"，新浪网，http：//news. sina. com. cn/c/2010-04-14/060920068547. shtml。

共同威胁。在全球化时代，技术扩散、人员流动日益迅猛，如何防范核恐怖主义的滋生，也是人们必须严肃对待的重要问题。一旦核恐怖主义得逞，其危害将比“9·11”事件更为严重。

三、“布拉格条约”并不意味着核裁军春天的真正到来

2010年，备受世人关注的美俄核裁军谈判终于开花结果。2010年4月8日，在捷克首都布拉格——2年前美国总统奥巴马踌躇满志地宣布建立无核世界的地方——奥巴马与俄罗斯总统梅德韦杰夫签署了《俄美关于进一步削减和限制进攻性战略武器措施的条约》（或称“START后续条约”）。这一来之不易甚至险些夭折的新条约将替代已于2009年底到期的《削减和限制进攻性战略武器条约》。这份被称为“近20年来最为全面的军控协议”，规定两个核大国各自已部署的核弹头数量将被削减至1550枚以下，比2002年《战略进攻性武器削减条约》（SORT）设定的2200枚上限降低了30%。这些核弹头或炸弹所对应的部署型和非部署型发射装置（包括洲际弹道导弹的地基发射井、潜射弹道导弹的潜艇发射管以及执行核任务的重型轰炸机）总数量上限为800具。在这其中，部署型发射装置的上限为700具，比START条约规定的1600具上限也减少了50%多。此外，新条约所规定的削减目标要在条约生效后的7年内完成，START后续条约效力期限为10年，此外还可额外延长5年。

从此次签署的条约内容上来讲，对国际核军控起到了推动与示范作用。它推动两国继续履行削减核武库义务，并促使两国共同努力加强国际防扩散体制，同时两国在削减核武器上的合作对于整个国际社会无疑是起到了不小的示范作用。回顾这一条约的谈判历程，可谓困难重重。两国在近1年的时间中经历了10轮谈判、两国元首14次通电话及会面后，才得以成形。美国总统奥巴马在签署协议后表示，这份新的条约是双方在核裁军方面的重要一步。俄罗斯总统梅德韦杰夫也表示说，俄美签署新条约是一个历史性事件，掀开了俄美关系新的一页。签署新条约对俄美两国来说是双赢。

美俄两个核大国在核裁军上的积极姿态，无疑对全球核裁军与核军控起到了良好的表率作用。不过，“布拉格的春天”究竟能持续多久，影响能有多大，则仍然是个未知数。

首先，从核武器数量上来讲，尽管新的条约限定了两国的核武器数量，但是即便在这个层面，双方保留下的核武器对人类生存所构成的威胁并没有减弱，区别不过在于将地球毁灭上百次还是几十次。而对人类而言，毁灭一次和毁灭几十次并没有区别。

美俄核裁军条约对核武器数量的限制①

条约名称	签署时间/生效时间	核弹头总数	战略核武器发射装置总数	失效时间
START I《削减和限制进攻性战略武器条约》	1991.07.31 1994.12.05	6000	1600	2009.12.05
START II《关于进一步削减和限制进攻性战略武器条约》	1993.01.03 1994.12.05	3000—3500	无	
SORT《削减进攻性战略武器条约》(莫斯科条约)	2002.05.24 2003.06.01	1700—2200	无	2012.12.31
START 后续条约《关于进一步削减和限制进攻性战略武器措施的条约》	2010.04.08	1500	800 (部署上限 700)	生效后 10 年

注：START II 没有生效。2002 年 6 月 14 日，美国正式退出《反导条约》后一天，俄罗斯宣布退出 START—II。

① SIPRI Yearbook 2010：Armaments，Disarmament and International Security，Stockholm International Peace Research Institute，2010，p. 380.

其次，两国围绕核军控问题的争论，实质上是两国国家实力和利益的较量。核军控条约更多的扮演的是一个筹码角色，它的有效性将时刻受到两国关系的影响。尤其是在两国的根本性矛盾并没有得到实质性解决的情况下，能否带来核裁军的新局面，仍是未知数。两国之间仍然相互警惕，心存怀疑。据美国非政府科研组织披露，美国能源部为了维持本国核军工系统的潜力，在现役核弹头数量将要削减至少30%—40%的情况下，确保3000—3500枚弹头的核武储备，为此要求国会在2030年前至少拨付1750亿美元的专项资金。分析人士指出，此举旨在一旦再次发生俄罗斯退出条约的情况，美国能使核弹头数量迅速增加到3500枚。而据《俄罗斯报》报道，为了促进今后50年国家核武器系统的发展，俄罗斯也已秘密起草了核武系统试验、测试及实验基地大规模现代化改进计划，以确保俄罗斯能在核武库方面掌握优势地位。[①]

再者，进攻与防御矛盾仍然存在。俄罗斯曾表示，希望将军控条约与限制反导关联起来，但是美国对此表示反对。美国推行在欧洲推行的反导系统，让俄罗斯感到巨大威胁。2010年2月，罗马尼亚宣布在其国内建设美国在欧洲的一个拦截弹发射基地，美俄两国的谈判一度陷入低谷。俄罗斯外长拉夫罗夫曾明确表示，如果美国战略导弹防御系统的数量和质量开始对俄罗斯战略核力量产生实质性影响，俄罗斯将有权退出新的核裁军条约。而美国国防部长盖茨在条约签订之后即称，“导弹防御不受这一条约的约束”。

最后，美俄国内政治因素也可能对新条约的有效性造成负面影响。虽然两国顺利签订了新的条约，但是两国国内对此都存在不可忽视的反对意见。俄罗斯方面认为既然俄罗斯在核军控问题上作出了让步，美国应该相应地在其他重大问题上尊重俄罗斯的立场，一旦美国继续咄咄逼人的政策，俄罗斯国内的强硬势力势必对条约的执行持抵制态度。由于俄罗斯怀疑美国国会能否批准限制战略武器条约，俄罗斯国家杜马在11月3日曾出人意料地决定收回7月通过的批准与美国签定限制战略武器条约的决议，并表示将关注中期选举受挫的民主党政府能否在参议院通过此条约。美国

① “美国拟20年内拨付1750亿美元维持核武潜力”，新浪网，http://news.sina.com.cn/w/2010-07-16/133820694086.shtml。

国内也面临类似的情况，新的条约引发了激烈争论。反对派认为这是对俄罗斯的妥协，是以牺牲美国利益为代价的。美国前国防部长詹姆斯·R. 施莱辛格认为，美国消除核武器的冲动，“反映了美国乌托邦主义和美国式偏狭的结合”。[①] 中期选举前，民主党就因条约难以获得国会参院 2/3 席位支持而搁置投票。所幸在奥巴马的努力之下，美国参议院在 11 月 22 日终以 71 票对 26 票，通过了此项条约。两天之后，俄罗斯国家杜马经过仅仅几个小时的辩论之后便表决批准了此条约。

该条约的通过无疑有助于缓解美俄关系，推动核裁军。但未来的前景却仍难以让人真正乐观起来。例如，奥巴马为争取共和党人的支持，允诺将在未来 10 年投入 1800 亿美元用于对生产核武器和导弹、轰炸机、潜艇的工厂企业进行现代化更新和维护。这一举措将使得其他国家“对奥巴马政府追求核裁军的诚意提出质疑”。[②] 同样受到损害的还有奥巴马看重的《全面禁止核试验条约》。作为“交易”的一个负作用，参议院共和党人在此问题上让步的可能性变得更低。

新条约另一个为人诟病的缺陷在于，它并没有解决两国军控谈判议程中争论最大的那些问题，例如导弹防御、常规远程武器、装载能力、核武器储备或非战略性核武器等。而这些问题在特定情况下，都有可能引发两国新的争议甚至冲突，从而对新条约的前景投下阴影。不过，即便存在诸多未知因素，但新的条约的积极意义仍然是明显的。它最大的进步在于重新激活两国停滞的核军控进程，创造了一定的透明性，同时虽然该条约取得的成果比较温和，距离核裁军的春天还有很长一段距离，但它毕竟帮助两国走出严冬，为今后进一步拓展深化核裁军提供了相对稳定的环境。

---

① Melanie Kirkpatrick, “Why We Don’t Want a Nuclear-Free World”, *Wall Street Journal*, July, 13, 2009, http://online. wsj. com/article/SB124726489588925407. html.

② Nikolai Sokov & Miles A. Pomper, “New Start Ratification: A Bittersweet Success”, http://cns. miis. edu/stories/101222_new_start_ratified. htm.

四、伊核、朝核更趋复杂，危险性进一步增加

在核军控领域的两个热点地区：伊朗和朝鲜，在2010年呈现出截然不同的两种境况。伊朗以核问题为中心展开的多边外交战略，在应对美国强硬压力面前，颇有得心应手的感觉。借助诸多国际力量的介入，伊朗纵横捭阖，让持续喊打多年的美国下不了狠手。另一方面，东北亚的朝鲜，则在“让炮弹飞”年终高潮之中，将半岛局势推向战争边缘，和平解决朝鲜核问题的未来前景更加暗淡。

（一）美国与伊朗：明争暗斗

对于坚持核计划的伊朗，美国采取了一贯的强硬政策，伊朗方面则毫不退让，坚称本国拥有和平利用核能的权利。在美国的推动之下，2010年6月9日，联合国安理会就伊朗核问题通过决议，决定对伊朗实行自2006年以来的第四轮制裁。与之前的几个制裁决议相比，这份决议对伊朗制裁的力度更大，范围更广。在安理会15个理事国中，有12个国家投赞成票，土耳其和巴西投票反对，黎巴嫩弃权。为了进一步向伊朗施加压力，美国国会参众两院还在6月24日通过对伊朗实施单方面制裁的议案。该表决在美国国会参议院和众议院分别以99票支持、零票反对和408票支持、8票反对的结果最终获得通过。根据该议案，任何帮助伊朗炼油或发展炼油能力的企业或个人，任何同伊朗伊斯兰革命卫队或其他被列入制裁名单的伊朗银行往来的企业或个人都将受到制裁。奥巴马在接受《纽约时报》采访时，明确表示安理会新一轮制裁决议目的在于让伊朗真正“尝到痛的滋味”。特别是美国看准了伊朗在利用能源牌谋求外交空间，认为一旦沉重打击了伊朗的石油工业，将使得伊朗的强硬立场难以维续。

在推动对伊制裁的同时，种种迹象显示，美国对伊动武的可能性依然存在。美国著名调研机构“皮尤研究中心”所进行的调查显示，有66%的

受访者支持军事打击，而 24%对此表示反对。以色列《国土报》网站报道，7 月 14 日公布的一份民意调查结果显示，超过一半的美国人支持以色列对伊朗动武。从全部受访者的调查结果来看，有 56%的美国人支持以色列对伊朗进行军事打击，以防伊朗制造核武器，而 30%的受访者对此表示反对。[①] 而一直对军事打击伊朗持积极态度的以色列，也在 2010 年 6 月下旬发射“地平线 9 号”卫星，用以增强对伊朗的监控能力。

面对美国的咄咄逼人，伊朗坚持一贯的战略，那就是利用多边外交。伊朗总统艾哈迈迪-内贾德呼吁让更多国家参与伊朗核问题谈判，目的在于在坚持核心利益不让步的同时，引入多方势力，谈判对话则国际化，以此来化解美国压力，为自己赢得时间和空间。而 2010 年伊朗多边外交的一个重要成果，就是利用土耳其与美国、以色列的外交冲突，成功地将其拉入外交阵线之中。

伊朗与土耳其的关系近年来不断升温，被称为“正在成长的地区联盟”。这是因为：首先，两国在经济、能源等领域互补性强。虽然这两个国家间有着 499 公里长的边境，但两国外交官都乐意强调，土耳其和伊朗间的和平已经持续了数个世纪。两国间的贸易在 2008 年已经达到 100 亿美元，而在 2000 年，这一数字仅仅才是 10 亿美元。尤其在能源领域，二者的合作具有很大潜力。例如，在 2007 年 8 月，土耳其和伊朗达成能源协议。根据双方达成的协议，土耳其将在伊朗南帕尔斯天然气田 22、23 和 24 区进行投资，并在协议框架内继续开发。这三个区天然气的 20%都将出口到土耳其，而剩余的天然气也将借道土耳其输往欧洲。如今，伊朗已经成为土耳其第 2 大天然气供应国，仅次于俄罗斯。此外，在地区安全问题上，两国享有共识。对于地区性的库尔德人问题，土耳其、伊朗、伊拉克以及叙利亚都认为，必须反对出现独立的库尔德国家。但是，一旦美国、以色列对伊朗开战，势必会利用库尔德人与伊朗的矛盾，那么这一地区的库尔德人将有机会在美国支持下建立梦寐以求的“库尔德斯坦”，而这个新国家的领土将来自于现在的土耳其、伊朗、伊拉克和叙利亚各自的一部分。这也是土伊两国都不愿看到的局面。正因为如此，土耳其一直强调，

① “以报称民调显示过半美国人支持以色列对伊朗动武”，中国日报网站，http://www.chinadaily.com.cn/hqgj/jryw/2010-07-16/content_586524.html。

对伊朗实施经济制裁或军事行动都将对整个地区带来危害。为此，土耳其政府有关伊朗问题的许多做法，一直与美国等盟国南辕北辙。

美国认为土耳其这样做是在拖美国后腿。众所周知，为推行对伊朗的新一轮制裁，美国进行了艰难的外交努力。而作为伊朗能源合作重要伙伴的土耳其，自然是美国必须争取的对象。为此，美国持续对土施压，希望后者为美国提供支持。2010年2月，美国副国务卿史坦伯格敦促土耳其关注伊朗核计划的前景，认为美土两国需找到一项共同战术方案来确保伊朗无法获取核武器。此举让十分依赖伊朗天然气出口的土耳其感到不快。土耳其总理埃尔多安在接受法国《费加罗报》记者采访时说："我不认为那些讨论中的制裁措施会产生作用。"他毫不客气地与美国唱起了反调，认为对伊朗实施更多制裁恐怕无法达到预期效果，应当通过外交途径解决伊朗核问题。土耳其外长达武特奥卢也强调，土耳其反对任何国家以任何理由来发展核武器，但"土耳其相信伊朗与所有其他国家一样享有平等权利来为和平目的发展核技术"。这等于明确告诉西方，土耳其支持伊朗和平利用核能。

2010年5月，利用在德黑兰举行第十四届十五国集团峰会的机会，巴西总统卢拉分别与伊朗最高领袖哈梅内伊和总统艾哈迈迪-内贾德会面，而土耳其总理埃尔多安甚至专门取消了原定访问阿塞拜疆的行程，连夜抵达伊朗参加三方会谈。最后，5月17日，伊朗与巴西、土耳其在伊朗首都德黑兰就解决伊朗核问题签署协议，承诺将把1200千克纯度为3.5%的浓缩铀运往土耳其境内。而作为交换条件，伊朗将在一年之内得到在俄罗斯和法国加工提纯的120千克浓度为20%的浓缩铀，以从事医学研究和作为核电燃料使用。正是基于这样的局面，土耳其外长达武特奥卢随即表示，核燃料交换协议的达成"表明了伊朗走上建设性轨道的意愿"。土耳其的态度很明确，反对对伊朗实施新一轮的制裁，因为这将势必恶化地区局势，严重损害土耳其的利益。而在安理会表决通过制裁伊朗决议时，土耳其也投了反对票。土耳其解释说，这是为了让伊朗能够始终呆在谈判桌上，而美国则批评，土耳其的做法无疑是在鼓励伊朗推行核计划。毫无疑问，伊朗的外交战取得了预期的效果。

伊朗总统艾哈迈迪-内贾德在2010年6月下旬还提出了与其他国家就伊朗核问题重开谈判的三个条件。第一个条件是："我们要求谈判各方宣布其对以色列核武器的态度。”他说，伊朗将对支持以色列拥有核武器的国家和不支持以色列拥有核武器的国家采取不同谈判方式。第二个条件是要求谈判各方清晰明确地宣布各自对《不扩散核武器条约》的承诺。第三个条件是，谈判各方应声明它们想通过核谈判得到什么，它们是想成为伊朗的朋友还是敌人。这三项条件说明，伊朗试图通过将更多国家拉入伊核问题谈判桌，同时抓住美国中东战略的重要支柱以色列，使对伊谈判复杂化和长期化，阻止美以动武的意图，从而赢取发展核力量的有利环境和足够时间。

除此之外，伊朗还对美国在伊朗国内的秘密势力进行了打击。例如，2010年3月，伊朗在国内逮捕了一批与美国网络战有关的人员。伊朗指控这些人在美国的支持和帮助下，秘密实施对伊朗的网络战，肩负着搜集情报、煽动内乱的任务。耐人寻味的是，9月份，一场隐藏在计算机病毒背后的网络攻击袭击了伊朗，使得伊朗境内的很多工厂企业都遭到电脑病毒攻击。专家指出，此次攻击的病毒名为“震网”蠕虫病毒，这种病毒比较特殊，它是迄今为止发现的全球首例专门针对大型基建的计算机病毒。专业人士的分析指出，这种病毒非常特殊、复杂，具有不同以往的特征，他们判断，单凭个人是难以制造出来这种程度的病毒的，它极有可能只是由“国家层面”制造的。据统计，全世界六成受此病毒感染的计算机均位于伊朗，尤其是伊朗的重点核设施布舍尔核电站，成为该病毒尤为关注的对象。甚至有媒体披露，伊朗核工厂的正常生产遭到了明显破坏。人们有理由相信，这种病毒极可能是美国和以色列针对伊朗制造的“网络武器”，用于尝试通过网络病毒打击伊朗的核工业。专家们担心，考虑到近年来频频传出的美国计划对伊朗动武的消息，此次病毒攻击可能预示着在美国和以色列在为今后的军事行动进行试探和预演。

（二）朝鲜：战争边缘的“钢丝舞”

朝鲜核问题在2010年继续呈现僵局，军事冲突也使得核问题的和平解决情景暗淡。一方面，朝鲜对于美国的制裁和战争威胁继续我行我素；另一方面，随着金正恩正式以接班人身份亮相，处于政权交替阶段的朝鲜更加难以在核问题上作出实质性的让步。概括来讲，朝鲜的核问题与伊朗核问题有着很大区别，不管愿不愿意，国际社会已经不得不将其作为有核国家来对待。尽管美国的情报机构认为，虽然朝鲜已经进行了两次核试验，但仍然不具备通过导弹来投射核弹头的能力。[①] 但是从目前的趋势来看，除非出现政权崩溃，朝鲜的核武化道路是不会停止的，其核技术和核武库将进一步发展，即便是以比较缓慢的速度。

2010 年 5 月，根据朝鲜《劳动新闻》报道，朝鲜科研人员已经在开发核聚变反应技术方面取得了“值得自豪的成果”，朝鲜已经设计和制造了独特的热核聚变反应装置，完成了有关核聚变反应的基础研究，培养了开发热核技术，从而为开发新能源打开了突破口。国际社会对此普遍感到惊讶。众所周知，核聚变是比核裂变更复杂、难度更大的技术。核裂变是靠原子核分裂释放出能量，而核聚变则由较轻的原子核聚合成较重的原子核而释放出能量，从能源开发角度讲，核聚变能够用于发电，而从军事角度上讲，则是研发氢弹的前奏。此外，美国核物理专家齐格弗里德·海克尔在 11 月结束对朝鲜的访问后透露，朝鲜已经秘密建造好一座大型铀浓缩设施，并且已经有 2000 台离心机投入运行。他确认了外界关于朝鲜正在宁边建设一座 2.5 万—3 万千瓦的轻水反应堆的猜测。

针对朝鲜的强硬立场，美国面临着艰难的战略选择。核危机已经不再保有原先的意义，即不再以阻止朝鲜拥核、促成朝鲜去核为主要目的，而是在核阴影笼罩之下，已经成为拥核的朝鲜与美国之间战略与意志的博弈，双方军事冲突的可能性也在迅速增大。而六方会谈重启的前景更是不容乐观。朝鲜方面出于国家安全和政权交替的考虑，试图借美国纠缠于伊拉克和阿富汗局势之机，以核力量为筹码，推行强硬政策，特别是将韩国作为“人质”，逼迫美国减缓对朝军事压力，接受朝鲜的条件，从而确保新旧领导人交替这一敏感时期的稳定。这也是朝鲜一贯的行为模式。但是，2010 年发生的“天安舰”沉没事件（美方认定是朝鲜击沉了“天安舰”）和年底的延坪岛炮击事件对美国构成了强烈的刺激，美国深感朝鲜的“战争边缘”政策得寸进尺，对美国的利益和盟友的安全构成了严重的威胁。为此，美国的近期目标是要阻止朝鲜核计划的进一步发展，遏制朝鲜的“军事野心”。尽管朝鲜提

---

① Robert S. Norris & Hans M. Kristensen, “Global Nuclear Weapons Inventories, 1945-2010”, *Bulletin of the Atomic Scientists*, July/August, 2010, p. 82.

出通过平等的六方会谈解决问题的建议，但是美国以“天安舰”沉没事件为由拒绝与朝鲜举行包括六方会谈在内的所有对话，并通过与韩国、日本等不断展开规模升级的军事演习对朝鲜进行震慑。

2010年7月25—28日，美韩在日本海进行“不屈的意志”联合军演，美国的“乔治·华盛顿”号航母、韩国海军的亚洲最大登陆舰“独岛”号等20多艘舰艇以及“F-22”战机等200多架飞机参与了军演。美韩双方投入兵力达8000多人。紧接着在8月16日，由韩美8万多兵力参加的“乙支自由卫士”（UFG）韩美联合军事演习也拉开帷幕，军演持续了2周，韩国方面动员超过40万人参与此次军演。对于美韩的军事演习，朝鲜谴责是为实施对朝军事侵略而做的准备，朝方将对此进行无情的军事应对。2010年10月13日，来自韩国、美国、日本、澳大利亚等14个“防扩散安全倡议”成员国的代表在釜山举行防扩散研讨会。韩国国防部相关负责人说，与会代表将在此次研讨会上介绍各国的防扩散决策体系，并讨论各国的防扩散政策和海上拦截程序等问题。韩国、美国、日本、澳大利亚等4国的战机和战舰还于14日在釜山附近海域举行海上拦截演习，演习是模拟海上出现运载核武器等大规模杀伤性武器的可疑船只时，进行拦截和搜索。尽管这次由韩国首次主导的联合演习对外宣称为“防扩散安全倡议”参与国之间进行的例行演习，并非针对某一特定国家。但项庄舞剑，意在沛公，这类演习的目的就是演练特定情况下针对朝鲜的封锁和制裁。如此密集的针对朝鲜的演习，在以往是不多见的。美朝之间的紧张关系，给未来的朝鲜核问题和半岛局势投下了阴影。

“千里之行，始于足下”，消除人类面临的核威胁，是一个任重而道远的任务，它关系到人类未来的安全和幸福。如今，美俄仍然保留着大量的核武器，朝核、伊核问题仍悬而未决，恐怖主义势力也没有放弃核野心。种种复杂的因素决定了这不是一个能一蹴而就的问题。从更为现实主义的角度来看，正如温斯顿·丘吉尔所说：“首先要千万小心的是，不要放弃原子武器，直到你极其确定，你手中掌握了其他维持和平的方法。”[①] 对霸

① Bruno Tertrais, “The Illogic of Zero”, *The Washington Quarterly*, April, 2010, p. 138.

权国家是如此，对试图以核武器寻求安全的国家，也是如此。因此，从全球角度来看，坦诚、务实的国际合作，将是控制核恐怖的最有效的途径。核大国之间建立互信、互利的合作关系，减低核武器在军事战略中的地位，是推动国际核裁军与核军控的重要前提。

（胡　欣）

第六章

恐怖主义问题

2010年，国际恐怖主义活动依然高涨。国际恐怖主义在袭击方式、组织模式和发展动向等方面不断出现新变化，但也有稳定的、不变的因素——政治性。政治性已成为其重要的斗争工具，为其生存和发展创造了空间。国际恐怖主义变与不变的特点对国际反恐有重要启示。美国主导的国际反恐行动取得了一定进展，但仍然无法摆脱“越反越恐”的尴尬，美国欲从反恐中“脱身”，但不会“退出”其欲借反恐攫取的利益，大国围绕反恐必将展开进一步的利益争夺。国际恐怖主义的国际政治角色已日益明显，国际恐怖主义问题的解决也必须置于国际利益格局的大框架中。

一、国际恐怖主义依然猖獗，袭击形式发生改变，“本土化”和“业余化”恐怖分子更难防范

（一）在伊拉克政治敏感时期，恐怖分子不断掀起新的袭击浪潮，制造教派冲突、破坏安全局势以干扰伊拉克安全进程

2010年是伊拉克全国议会选举及新政府组阁的一年，在教派冲突和权力争夺一直不断的伊拉克，各教派围绕议会选举及组阁展开了激烈的权力斗争。[①]

---

① 在2005年大选中，由于逊尼派抵制选举，伊政府权力被什叶派和库尔德人政党所掌握。2006—2007年，因为权力分配不均等原因，伊拉克发生激烈的教派冲突。近几年来，各派别在利益上争持不下，致使教派和解进展缓慢。各派在此次选举前已经达成共识，表示愿意通过参加选举来推动政治和解，各派别之间的利益争夺也更趋激烈。

在选举这一敏感时期，伊拉克境内的恐怖势力也活动频繁，暴力事件大幅增多。暴力活动的目标指向也较明确，主要针对政府及候选人目标、什叶派穆斯林、外国驻伊目标等。在选举日前后，伊拉克境内针对投票站、选举人、候选人等的恐怖袭击活动明显增多。投票日当天，首都巴格达发生多起爆炸袭击事件。大选[①]后数月，新政府组建一直处于僵局，恐怖组织利用这一权力真空不断发动恐怖袭击。据伊拉克官方公布的数字显示，3 月份伊共有 367 人死于各类袭击，比 2 月份有所上升，7 月份因暴力袭击死亡人数达到 535 人，创两年以来单月最高纪录。[②] 此外，针对什叶派民众[③]和外国驻伊机构[④]的暴力袭击事件也频繁发生，意在制造教派冲突、打击政府威信以及警告伊拉克周边和西方国家不要染指伊拉克的政治进程，这也从另一个侧面反映了伊拉克政治争夺的复杂和剧烈。

发生在伊拉克的恐怖袭击虽然主要指向官方目标，但是由于其袭击地点的选择越来越"平民化"，如商业区、广场、停车场、银行等公共活动场所，甚至不断出现"房里简易爆炸装置"（house-borne improvised explosive device，简称 HBIED）[⑤] 等炸毁建筑物导致大量间接受害的死者和

---

① 根据伊拉克独立高等选举委员会公布的国民议会选举结果，前总理阿拉维领导的世俗阵营"伊拉克名单"赢得席位最多，现任总理马利基领导的"法治国家联盟"屈居第二。由于没有任何一方达到过半数的 163 席，组阁出现难产。

② "驻伊美军今日结束作战任务　美国留有后路"，中国评论新闻网，http://gb.chinareviewnews.com/doc/1014/3/1/7/101431748.html?coluid=7&kindid=0&docid=101431748。

③ 比较重大的针对什叶派民众的恐怖袭击事件包括：4 月 23 日，伊拉克首都巴格达发生一系列针对什叶派穆斯林的汽车炸弹袭击事件，造成至少 56 人死亡；7 月 28 日在首都巴格达南部 80 公里处的卡巴拉对前来朝圣的什叶派穆斯林的恐怖袭击；7 月 28 日，位在巴格达东方的什叶派沙德市（Sadr City）的一处公家银行发生爆炸；11 月初，在巴格达的什叶派住宅区内靠近咖啡厅或餐馆的地方，接连发生 11 起汽车炸弹爆炸案，造成至少 63 人丧命，285 人受伤，等等。

④ 4 月 4 日上午在伊朗、德国和埃及使馆附近接连发生了剧烈爆炸和多次迫击炮弹袭击。因为伊朗被指责试图用自己的影响力促使伊拉克什叶派力量再次联合，一个什叶派的伊拉克在地缘政治上会对伊朗扩大地区影响力起到重要作用。阿拉维频繁拜访沙特阿拉伯和黎巴嫩等阿拉伯国家，试图寻求他们的支持。美国对伊拉克政治进程的操纵是不言自明的，不成立一个符合美国利益的政府美国不会从伊拉克撤军。埃及和德国分别是阿拉伯国家和西方国家的代表。

⑤ 伊拉克境内的"基地"组织不断改变袭击手法。在租来的房子里安装炸弹，袭击无辜民众及保安部队。美军将这种炸弹称为"房里简易爆炸装置"。

伤者的恐怖袭击方式，所以其造成的平民伤亡越来越多。英国《泰晤士报》指出，伊拉克每天平均有10个平民因为政治引发的暴力事件丧生，这个数字比阿富汗高出许多。[①] 伊拉克政府也公布了一份统计评估报告，报告显示在后伊拉克战争[②]的重建时期，共死伤伊拉克人20余万，其中死亡8.5万人，受伤14.7万人，并且从伤亡者构成可以发现，伤亡者从原先的战斗方转向社会，也即伤亡者从士兵伤亡突出转向平民伤亡更为严重的状况。[③] 平民伤亡更容易扩大恐怖袭击的社会效应，激发社会矛盾。

伊拉克社会固有的矛盾以及由此导致的缺乏一个有权威的政府进行有效的社会治理为“基地”等极端势力在伊拉克的存在提供了土壤[④]。当前，伊拉克国内仍面临诸多社会问题，教派和民族问题十分突出，军队和警察力量还需大力增强。要真正实现伊拉克内部各派的和解、社会稳定和经济发展，不是短期内能解决的。而“仍然在这里存在着，仍然有能力在伊拉克首都甚至全国制造严重袭击”[⑤] 的“基地”等极端势力对伊拉克的现实威胁不会在短期内根本改变。随着绝大部分驻伊美军明年年底撤出[⑥]，伊拉克的安全局势将面临更加严峻的考验。

---

① “伊拉克今日大选 面临‘基地’威胁百万人保安全”，凤凰网，http://news.ifeng.com/mil/3/201003/0307_341_1566936.shtml

② 伊拉克战争2003年3月20日打响，同年底前总统萨达姆·侯赛因被捕，伊拉克战争进入“战后阶段”。

③ “后伊战时代仍无安宁 伊拉克人5年死伤逾20万”，新华网，http://news.xinhuanet.com/mil/2009-10/16/content_12243687.htm。

④ 提克里特市退休教师穆罕默德·萨比特说，现政府执政期间，教派冲突不断，美国难辞其咎。他说：“美国发动的这场战争可谓失败。美国让一些人获得权力，然而这些人擅长的却是报复、勒索、鼓动教派（冲突）和劫掠。”在库特居民艾哈迈德·阿卜杜勒—侯赛因看来，只要美军撤离，发生在自己身边的暴力事件就会减少。他说：“他们制造暴力，他们来到伊拉克偷窃自然资源。”

⑤ “连续爆炸凸显伊拉克维稳路艰”，凤凰网，http://finance.ifeng.com/roll/20100406/2009937.shtml。

⑥ 8月31日驻伊美军正式结束在伊作战任务，2003年发动的“自由伊拉克行动”将正式从9月1日起被“新黎明行动”取代，美军在安保任务中的角色将由主转辅。而剩余的约5万美军将主要负责培训伊拉克安全部队和军警并为其提供情报支持，他们也将在2011年底前陆续撤出伊拉克。

（二）阿富汗塔利班势力渗透到阿富汗全境，其暴力活动有新变化

阿富汗塔利班自2009年进入活跃期[①]以来，在阿的活动范围和势力日益扩大。国际安全与发展理事会指出，塔利班武装已渗入到阿富汗全国各地。以数字计，塔利班“实质性存在”地区覆盖阿富汗国土面积的97%，其中，“长期存在”的地区占80%，“实际存在”的地区达17%。[②] 塔利班武装已经从其主要据点——南部坎大哈地区渗入到北部和西部地区，包括原来塔利班活动较少地区——位于边境的巴尔赫省和昆都士省。[③] 塔利班武装还在阿富汗大部分地区[④]建立了“影子”政权，在省区级地方任命了自己的“行政长官、警长和法官”等。塔利班“影子”政权在控制区域内推行伊斯兰法律，实施所谓“高效”统治，争取普通民众支持。

塔利班的暴力袭击活动也出现了新变化。其暴力活动的组织性和协作性越来越强，敢于主动发起相当规模的袭击行动，突破了传统意义上的基于自杀袭击为主的恐怖活动模式，说明它已经具备了相当强的行动能力。最典型的就是塔利班在年初对克霍斯特北约军事基地[⑤]的袭击以及8月28日塔利班武装对北约在阿两处基地[⑥]的突袭行动。在后一次行动中，两批

---

① 作者在《2009国际安全》关于阿富汗塔利班的部分曾作出判断和论证：阿富汗塔利班武装进入活跃期，在阿富汗已占据优势。

② 国际安全与发展理事会定义“长期存在”的标准是平均每周发生一起或多起袭击事件，“实际存在”的标准是每月至少发生一起袭击。

③ 今年以来，阿富汗几个原本相对安全的省份也出现暴力袭击事件，部分地区甚至出现升级趋势。如昆都士省据悉有大约100名外籍武装人员潜入，帮助训练当地反政府武装人员；曾是阿富汗“安全天堂”的巴米扬也出现了暴力袭击事件；原安全局势相对较好的阿西北部巴德吉斯省和巴拉米贾暴力活动出现升级趋势；在相对平静的阿东北部的巴达赫尚省也首次抓获试图实施自杀式袭击的恐怖嫌疑人。

④ 北约一位高级官员说，在阿富汗全国34个地区中，塔利班在33个地区都任命了它的行政长官，并组建了准备接管全国政权的“影子”内阁，部长职位齐全。

⑤ 克霍斯特靠近阿富汗与巴基斯坦边界，是塔利班组织根据地之一，美军一年来在当地与塔利班有激烈交战。遭袭的查普曼前进行动基地是中情局的办公地点，该基地主要服务于从事阿富汗重建工作的平民，重建项目是奥巴马稳定阿局势的战略关键部分。

⑥ 东南部霍斯特省靠近巴基斯坦边界的美军萨勒诺前线基地、美国中央情报局（CIA）在阿的查普曼基地。

武装人员分别动员了50余人并成功实施突袭，北约情报系统并未注意到和发出预警。

随着塔利班势力的扩大，它的袭击活动也愈发具有策略性和规划性。今年以来，驻阿美国、北约和阿富汗联军针对塔利班的两大据点赫尔曼德省（包括马尔贾地区）[①] 和坎大哈[②]分别发动了代号为“共同行动”[③] 和“合作”的攻势。针对联军的攻势，塔利班武装采取多头出击的策略，在阿富汗全国各个角落制造暴力袭击事件；塔利班武装对喀布尔政府实行“农村包围城市”的策略，控制了阿富汗的广大乡村地区，为它立足阿富汗提供了重要的资源、人力和庇护所；此外，除了动用狙击手、暗藏炸弹对付联军外，还利用当地平民作掩护。赢得阿富汗民心也是联军行动的重要一部分，平民形成的“人肉盾牌”必将制约联军的行动。在北约部队宣布6月份将要在坎大哈发动针对塔利班的大规模军事行动后，塔利班声称将发动代号为“胜利”的攻势作为报复。随之，塔利班在坎大哈的武装袭击呈现升级趋势。据阿富汗内政部统计，7月份，阿富汗全境共发生765起武装分子袭击事件。造成270名平民丧生，相比6月，这一数字上升29%。共有89名北约士兵命丧阿富汗战场，其中美军死亡66人，成为阿富汗战争9年来美军死亡人数最多的一个月。[④]

塔利班武装的袭击方式也日趋多样化和更加残忍，伤及大量无辜。如使用毛驴作为炸弹载体发动袭击、将爆炸装置安装在停放在公园内的自行车上等，这样的袭击使人猝不及防，增加了安全维护的难度，也伤及大量无辜。有数据显示，阿富汗平民在2010年1月到6月之间，因为政府军或

① 马尔贾是赫尔曼德省的农业区，靠农业生存的有8万人，这里多年来由毒枭和塔利班控制，有2万人已经逃离家乡。

② 坎大哈是阿富汗第二大城市，更是塔利班创始人奥马尔“发家之地”，也称作“塔利班根据地”，战略地位十分重要。美方透露，坎大哈之战将是2010年美军在阿富汗的“核心任务”。

③ 2月13日，约1.5万名阿富汗、美国与北约联军发起了代号为“共同行动”的对阿富汗南部塔利班聚集点马尔贾的大规模军事行动。这是2001年阿富汗战争爆发以来，北约军队对塔利班发动的最大一次军事行动。他们的任务是从塔利班和大毒枭手里，夺回赫尔曼德省的马贾和纳阿里地区。

④ “阿富汗7月270名平民因袭击和误炸丧生”，新华网，http://news.xinhuanet.com/mil/2010-08/01/content_13949808.htm。

盟军与叛军之间的攻击行动而不幸罹难的人数，与2009年同期相比增加了31%，也就是有1271人遇害。另有1991人受伤，而且绝大多数都是重伤。反政府叛军、塔利班及其他伊斯兰激进组织，必须为其中3/4的平民死亡负责。[①]

塔利班武装的另一重要特征是其恢复能力强、速度快。2月份，联军通过“共同行动”削弱了塔利班在赫尔曼德省的势力，但是半年多以后，塔利班又卷土重来，在许多地区又实际操纵了控制权。《华盛顿邮报》引述不具名军方和情报人员的话说，美军加强火力展开密集的空袭和突击，虽给予塔利班重创，但那只是暂时的。塔利班头目或司令被捕或被杀后，往往只需几天时间就有新人补上。[②]

通过以上分析可以看出，塔利班武装在阿富汗已经又具有了一定的规模和势力。与“基地”组织相比，它武装攻击能力更强，又借鉴了“基地”等恐怖组织的自杀式袭击方式，因此它的破坏力和威胁更大。更为关键的是，塔利班武装将自己的恐怖活动定位为反侵略、反占领的正义行为，指出自己是“直接和侵略者作战”[③]。塔利班的“反侵略”身份定会为其赢得民心发挥重要作用。此外，阿富汗固有的种族、宗教冲突也为塔利班的生存提供了土壤，多国势力在这一地区的利益纠葛，更增加了阿富汗问题的复杂性。阿富汗塔利班的发展状况以及阿富汗国内安全形势都难以预估，“阿富汗化”[④] 会否成为历史的现状？

---

① “阿富汗平民因攻击意外死亡率上升31%”，中国评论新闻网，http://www.chinareviewnews.com/doc/1014/1/0/2/101410239.html?coluid=0&kindid=0&docid=101410239&mdate=0810162608。

② “美媒称塔利班能迅速恢复‘元气’美军围剿未起效”，凤凰网，http://news.ifeng.com/mil/special/kandarhaoperation/content-1/detail_2010_10/28/2926139_0.shtml。

③ 当联军指责塔利班将阿富汗平民当做“人肉盾牌”时，塔利班发言人不仅坚决否认，还说：“我们从未利用平民作人肉盾牌，我们不会让自己的人民做人盾。我们在这里，直接和侵略者作战，打击他们”。

④ “阿富汗化”这一概念来源于“巴尔干化”。“巴尔干化”指的就是像巴尔干地区那样陷入种族、宗教冲突的常态。前美国总统安全顾问布热津斯基在《大棋局》中说道，欧亚大陆也有它的“巴尔干”，指的是中亚五国、高加索三国和阿富汗。这些国家存在着种族仇恨，有的已经陷入领土、种族或者宗教等的暴力冲突之中。“阿富汗化”指的就是像阿富汗那样受恐怖、暴力困扰而产生的混乱甚至无政府状态。

(三) 巴基斯坦塔利班依然活跃且有新发展

随着巴军反恐行动的逐步推进[①]，“巴塔”的生存空间被进一步压缩，但是“巴塔”以及巴境内其他恐怖组织活动依然猖獗且有新发展。

首先，“巴塔”等极端组织袭击行动宗教色彩剧增，意在挑起各民族、各教派间的争斗，搅乱巴局势以向政府施压。巴基斯坦宗教、民族矛盾错综复杂[②]，容易被恐怖分子利用。自年初以来，巴基斯坦已发生多起针对什叶派和艾哈迈迪派穆斯林的袭击事件。卡拉奇[③]、拉合尔、奎达市都是

---

① 以2009年斯瓦特打恐行动为开端，巴军的反恐行动一直在持续。2010年3月，巴政府结束南瓦济里斯坦战役后，迅速在奥拉克兹、开伯尔等部落区开展新的围剿行动。

② 从印巴分治开始，巴基斯坦国内就发生了教派间的大规模屠杀，“锡克教徒(Sikhs)”屠杀穆斯林，印度教派（Hindus）杀害穆斯林以及穆斯林活活烧死印度教徒和锡克教徒，从而导致了基于宗教原因的当地人口大规模迁移。此外，巴国内逊尼派和什叶派穆斯林之间的对立和敌视现象也十分严重。早在20世纪50年代，逊尼派原教旨主义者就有反“艾哈迈迪派”（Ahmediyyas）迫害的情绪。自1958年实施戒严法后，巴政治局势发生突变，成了一个由军政府治理的国家。而在军政府的统治下，宗教势力与世俗政治相结合，导致军事政权不断更迭，针对什叶派穆斯林的屠杀事件时有发生。据估计，在2005年以前的25年里，有超过4000人死于教派冲突。（资料来源：刘忠、杨玲：“积重难返的巴基斯坦恐怖主义”，载《国际资料信息》2010年第2期。）

③ 卡拉奇宗教学校盛行，仅城区就有数百所之多，最富裕地段的宗教学校都属于逊尼派迪奥班迪学派，与“巴基斯坦塔利班”等极端团伙意识形态相同。这些宗教学校不仅传授严格的逊尼派教义，更是大肆鼓动反什叶派行动。卡拉奇反什叶派运动还与“基地”等国际伊斯兰恐怖阵线联系密切，2007年12月，“基地”二号人物扎瓦赫里就公开表示伊朗什叶派与美国共谋占领阿富汗，从而伤害了逊尼派穆斯林感情，将永远受到虔诚穆斯林的打击。由于这些极端思想的传播，历史上卡拉奇就屡屡发生大规模宗教冲突，不仅什叶派，甚至保持中立的逊尼温和派也在被打击之列。面对逊尼派极端势力的持续压迫，当地什叶派也不甘受辱，奋起反抗，2008年9月卡拉奇什叶派就宣布，如果政府不能保护他们安全，他们就要举行大规模游行示威。2009年12月28日，该市什叶派穆斯林举行阿舒拉节纪念活动时遭自杀式袭击，40多人死亡，60多人受伤，随后愤怒的什叶派穆斯林发动骚乱，焚毁了至少500间商店以及9座建筑物。

恐怖活动重灾区，卡拉奇和奎达市的什叶派穆斯林、拉合尔的艾哈迈迪派[①]信徒都是恐怖袭击的直接受害者，这些袭击既有“巴塔”、“基地”组织等极端组织直接发动的，也有亲塔利班的巴基斯坦激进分子发动的。极端势力的目的就是试图挑起教派纷争、搅乱巴局势。另一方面也是利用巴固有的宗教矛盾为其行动冠以宗教正义的光环，获得教众的支持和谅解，从而挑起宗教狂热。

其次，以南部城市卡拉奇为首的巴基斯坦主要城市频繁遭受恐怖袭击，表明“巴塔”等极端组织正向巴基斯坦主要城市蔓延，意在打击大城市、降低政府威信。自2007年成立以来，巴基斯坦塔利班的主要目标就是控制巴基斯坦部落地区，训练作战人员，对阿富汗的美国和北约部队发动“圣战”，在军队攻入部落区的时候对巴政府构成重创。但随着巴基斯坦政府在部落区反恐行动的推进，“巴塔”将袭击目标转向巴国内其他城市。今年以来，巴基斯坦第一大城市卡拉奇频繁遭受恐怖袭击。卡拉奇是巴基斯坦的经济、工业、交通中心和金融首都，巴国内税收中的65%、GDP的25%来自卡拉奇。卡拉奇的安全状态将直接影响该市甚至关乎巴基斯坦的经济发展。除卡拉奇外，巴基斯坦其他大城市如拉合尔等也是恐怖袭击的重灾区。有分析指出，虽然巴政府军对“巴塔”等恐怖组织聚集地区不断出击，但是“巴塔”奉行“打了就跑”的游击战术，其有生力量并没有受到致命性打击，大量武装分子逃向了阿富汗或者潜入了巴内地。卡拉奇、拉合尔的频繁遭袭表明“巴塔”等极端组织正在向巴基斯坦主要城市蔓延，对大城市的袭击不仅具有经济意义，更有政治意义，必然会打击政府的威信。

再次，巴基斯坦境内恐怖组织和武装分子相联合[②]，形成恐怖共同体。

---

① 艾哈迈迪派是伊斯兰教的少数教派，属于伊斯兰一个分支教派艾哈迈迪亚派。该派19世纪末创立于印度，其基本教义综合了伊斯兰教、基督教和印度教各种理论，虽然采纳了伊斯兰教各种教规，自认为伊斯兰教分支，但因不承认先知穆罕默德是最后一个先知而备受穆斯林主流排斥，目前该派分为两派，其中一派以拉合尔为基地。1974年后巴历届政府皆宣布该派为“异端”和非法，不承认其为穆斯林，禁止其以任何方式传播教义，该派也成为逊尼派极端团伙的重点打击目标。

② 在《2009国际安全》恐怖主义问题的分析中，笔者曾经做出“巴基斯坦境内恐怖组织和武装分子出现了联合态势，尤其是在东部旁遮普地区表现明显”的判断，事实的发展有力证明了这一判断。

“巴塔”出现了一种新的发展动向——与控制区域内的其他好战组织结成联盟。他们集中训练、分享资源，有时合作执行攻击计划，他们的技巧、战术日趋丰富，影响范围和野心也相应扩大。“旁遮普塔利班”就是去年新兴的一个武装组织。它的成员成分复杂，主要来自旁遮普省，不同于以普什图人为主的“巴塔”。旁遮普省南部宗教氛围浓厚，宗教学校盛行，自20世纪80年代以来，各种逊尼派极端组织就非常活跃，“强戈维军”和“圣贤军”是典型代表。这些组织最初主要针对克什米尔和印度，近年来其意识形态日渐与“基地”合流，合作日益密切，“强戈维军”甚至成为“基地”、“巴塔”的中间联络人，彼此之间经常协同行动，区别愈发模糊。此外，逊尼派武装集团团伙“穆罕默德军”、“伊斯兰运动”也与“基地”、“巴塔”、“强戈维军”联系密切。这些极端组织一起构成了恐怖共同体。

最后，“巴塔”在“基地”组织的指导下，开始在国外发动袭击。“基地”组织不仅自身制造恐怖袭击，还对其他团伙施加影响。“巴塔”是受“基地”组织影响较深的武装组织。“巴塔”自成立以来其活动范围基本限于巴基斯坦境内，不过2010年以来已对美国和欧洲目标展开多次威胁。美国纽约时报广场的爆炸案就是“巴塔”的力量已能投放到巴境外、甚至是美国的一个重要说明。美国国务院也将塔利班列入海外恐怖组织的黑名单。巴基斯坦塔利班分支组织的一名军官卡里通过电话告诉法新社：“很快的，我们会以美国和欧洲为（袭击）目标，我们将为美军的无人机攻击行动进行报复。”① 2010年10月以来，西方媒体也频频传出有关欧洲面临恐怖威胁升级的报道，指出恐怖组织正密谋策划向英国、法国和德国等欧洲国家发动袭击。有情报显示，意图对欧洲目标发动袭击的是一群来自巴基斯坦北瓦济里斯坦山区的激进分子，其中还包括一些欧洲公民。②

在巴基斯坦政府和美国无人机的双重打击下，“巴塔”等极端组织的活动依然活跃。除复杂的历史、宗教以及民族原因外，美国将巴国作为反恐盟友、不断敦促巴政府的反恐进展也是一个重要原因。巴基斯坦国内恐怖问题的解决主要依赖于巴政府，巴政府也能够控制其反恐进程，局势不

---

① “声称对近日两起炸案负责　巴国塔利班恫言攻击美欧”，早报网，http：//www.zaobao.com/special/us/pages11/attack100905.shtml。

② “欧洲拉响警报”，早报网，http：//www.zaobao.com/special/feature/pages/feature101010a.shtml。

会完全失控。但由于复杂的历史原因以及巴部分民众对这些武装分子的同情和支持，部落区的武装分子不可能清除干净，短时间内巴塔及其他极端组织的问题不可能根本解决。

（四）“基地”组织新特点、新动向

2001年美国发动阿富汗战争，塔利班政权被推翻，“基地”组织的力量也得以削弱，但其“精神导师”的地位却逐步确立。2007年该组织实力又有明显恢复。自2009年美国和北约盟国加大在阿富汗的反恐力度以及巴基斯坦逐步推进其反恐进程以来，“基地”组织在阿巴地区生存环境受到威胁。但是，它仍然通过其代理组织，不断扩展影响力，且以新的形式继续发展。

第一，“基地”组织扩大培养本土恐怖分子。随着安全措施的不断加强，在西方国家内部发动恐怖袭击的难度愈来愈大，“基地”组织随之转变策略。2006年以来，“基地”组织更多招募西方国家土生土长的人实施袭击，这些人通常没有极端活动前科，又拥有美国或欧洲护照便于隐蔽地融入当地社会和自由地实施行动，不易引起西方国家当局的警觉。“基地”组织认为“赢得它们战争的唯一方法将是让战斗在美国进行”，这是其本土化袭击策略的核心目的所在。在美国被捕的一名“基地”组织支持者说：“如果我很疼，你不会明白。你只有在你也疼的情况下才会明白。”2009年以来，美国接连遭遇本土恐怖嫌疑人的未遂恐怖袭击。2010年5月1日纽约时报广场炸弹未遂事件中被捕的费萨尔就是巴基斯坦裔美国人。德国联邦刑事警察局也据获悉情报指出，大约220名德国居民先后前往巴基斯坦或阿富汗接受恐怖主义训练，已有70人完成训练，其中大约1/3据信已经返回德国。一名德国官员介绍，“我们坚定地认为，‘基地’和其他组织正试图招募欧洲人，把他们派回欧洲发动袭击”[1]。纽约大学法学院法律与安全研究中心的克鲁克尚克在一份报告中指出，自2004年以来，21起针对西方目标的严重恐怖袭击阴谋当中，大部分的策划者不是直接来自

---

① “‘欧洲遭袭’美国炮制?”，新浪网，http：//news. sina. com. cn/o/2010-10-11/050418211759s. shtml。

基地或其巴基斯坦盟友的指示，就是曾经接受过他们的训练。去年有100至150个西方人到该地区接受武装训练。[①]

第二，“基地”组织攻击行动迈入新阶段：正朝小规模且“遍地开花”[②] 的方向发展。最近一年，“基地”组织及其分支发动的几次对美国的袭击，从底特律炸机未遂、驻阿富汗美中央情报局特工遭遇爆炸到也门包裹炸弹，都是小规模但却极具隐蔽性和技术性的袭击事件。有学者将这种小规模的恐怖主义定义为“微恐怖主义”[③]。这种恐怖主义行动的特点：一是其执行者选择的不是最大或最引人注目的行动，而是那些有望成功的行动。二是它不是由高层指挥的，而是从下层兴起的。“微恐怖主义”由“基地”组织的分支所创造，本·拉登和扎瓦希里可能并没有直接进行指挥。[④] 身为美国军事反恐研究中心高级研究员的布鲁斯·霍夫曼指出，这标志着“‘基地’领导层正在采纳一种新战略”。这一战略的要义在于以枪击、汽车炸弹等小规模的攻击手法针对更广泛的目标不断发动袭击。这是一种低成本[⑤]、不强调规模效应但却会产生持续痛感的战略，也是一种令安全部门更加防不胜防的攻击策略。“基地”及其分支组织将其称为“千刀战略”，他们说“我们不需要进行大规模打击”。“打击敌人……是为了让敌人失血而亡”。[⑥] 为配合这一战略，“基地”组织还有意释放大量信息和威胁，增加在众多情报数据中找出头绪和主线的难度，从而无法摸清“基地”组织袭击的主要路线、轨迹。2009年底的圣诞节炸机案就集中体现了这一特点。美国情报人员承认在一年前就发现“基地”有炸机计划，

---

① “专家称基地组织吸引更多西方本土激进分子受训”，中新网，http://back-end.chinanews.com.cn/gj/2010/10-05/2569588.shtml

② 2010年1月11日，《参考消息》引述美国《华盛顿邮报》文章“‘基地’组织有了一个新战略，奥巴马也必须有一个”指出：美面临“基地”“全面开花”新威胁。

③ 这一概念在美国《时代》周刊于12月27日（提前出版）的一期文章中由作者法理德·扎卡里亚提出。

④ 据悉，在全球从伊拉克、阿拉伯半岛、非洲以及东南亚地区共有大约24个“基地”组织支部，这些支部与“基地”组织核心领导层虽然只保持着松散的联系，但是它们却有共同的目标，即抵抗“针对伊斯兰的战争”。

⑤ 在“基地”组织的新网上杂志《激励》中的一篇文章列举了发动“出血行动”——即包裹炸弹事件——的成本：两部电话，两台打印机以及运费，总计4200美元。

⑥ “2010年是‘微恐怖主义的一年’”，载《参考消息》2010年12月19日。

但却无法将其行动与这名尼日利亚青年挂钩。

第三，“基地”组织正在非洲扩展其势力，也门或许成为其新的训练基地。西点军校反恐中心的资深安全研究学者布鲁斯·霍夫曼也指出，这些年“基地”组织一直在暗自扩张，从原始的以阿富汗和伊拉克为大本营，逐步“走出这一地区”，眼下“基地”分支在巴基斯坦、阿尔及利亚（伊斯兰马格里布“基地”组织）、西非、索马里等地都“若隐若现”，在也门[①]则是“明目张胆”。2010 年 1 月，“基地”组织宣称其在也门和沙特阿拉伯的分支正式合并为“基地”组织阿拉伯半岛分支（AQAP），并将扩大袭击范围。2010 年以来，也门的恐怖袭击事件明显增多。也门还正在成为“基地”组织对美国等发动袭击的跳板。有分析家指出：“基地组织阿拉伯半岛分支的领导人是也门和沙特的新一代恐怖分子，他们渴望把也门变成向美国、美国在阿拉伯的盟友和以色列发动圣战的跳板。”[②]“也门已成为了新的阿富汗，基地组织新的庇护所。”[③]底特律炸机未遂案、包裹炸弹这些与“基地”组织阿拉伯半岛分支有明显联系的恐怖袭击有力说明了这一点。

第四，“基地”利用全球金融危机加紧经济进攻战略，从精神上打击西方金融机构。2010 年以来，“基地”组织不断以声明、录像、录音和电邮等形式吹嘘自己针对西方金融体系采取的行动，甚至把金融危机说成是自己的功劳，以此来打击西方金融机构的信心。这种“软打击”成本不高、风险不大，效果不错。如底特律炸机案，由于发生在圣诞期间，对西

① 也门是拉登父亲的出生地，长期以来是武装分子的出口国和“基地”组织支持者聚集地，也是伊斯兰武装分子的逃亡地点之一。“9·11”事件发生前，也门人是“基地”阿富汗训练营中最踊跃的参与者之一，数以千计的也门人曾在阿富汗和伊拉克作战，其中很多人现在已返回也门。“基地”组织近年更加着力于在也门招揽新血。一年前，曾被囚于古巴关塔那摩湾监狱的沙特阿拉伯恐怖分子赛义德·阿里·希赫里加入了“基地”的也门分支，其后又有多名关塔那摩湾监狱的释囚相继加盟。2000 年和 2002 年，激进分子还两度在附近海域发动袭击。

② “‘基地’承认炸机　美国于也门开展第三战线”，中国评论新闻网，http://gb.chinareviewnews.com/crn-webapp/doc/docDetailCNML.jsp?coluid=7&kindid=0&docid=101182298

③ “美媒体披露炸机疑犯所用内裤炸弹”，中国评论新闻网，http://news.xinhuanet.com/photo/2009-12/29/content_12722475_2.htm。

方国家就构成了心理和经济双重袭击效果。①

"基地"组织袭击策略的转变表明它们非但没有"像美国情报人员先前所说的那样'战略失败'②，而是已完成对内'结构调整'和对外'战略调整'"。"基地"组织的威胁更大更复杂了。

(五) 车臣分离主义势力在北高加索掀起新的袭击浪潮

2009年4月，俄罗斯总统梅德韦杰夫宣布取消对车臣长达十年之久的反恐行动状态，并于2010年1月从南部联邦区中专门划分出北高加索联邦区，试图通过振兴高加索地区经济，改善居民生活方式，从根本上消除恐怖主义滋生的土壤。但北高加索一些极端的势力和非法武装却掀起了新的恐怖袭击浪潮。③ 俄罗斯新闻社报道称，2010年针对俄罗斯领土的恐怖袭击又增加了一倍。④ 由车臣"黑寡妇"⑤ 实施的莫斯科"3·29"地铁连环爆炸案更意味着车臣叛军还有能力在俄罗斯的心脏地带发动袭击。

在车臣战争已经结束，车臣秩序基本恢复，当地的政权建设基本完成

---

① "'基地'新战术：'耗死美国'"，凤凰网，http://finance.ifeng.com/roll/20100112/1694569.shtml。

② 从2008年至2009年，美国官员一再鼓吹"基地"组织灭亡论。2008年5月，时任中央情报局局长的迈克尔·海登表示，"基地"组织已经接近战略失败。

③ 2009年，车臣的格罗兹等地连续遭受恐怖袭击。在印古什共和国，恐怖势力也明显抬头。2009年6月，印古什共和国总统车队遭汽车炸弹袭击、8月建设部长阿梅尔汗诺夫在办公室遭两名蒙面者枪击身亡。仅仅去年前8个月，印古什遇害人数就达到了212人。2010年年初以来，北高加索地区发生多起公然袭警事件已经造成数十名警察死亡。

④ "2010年是'微恐怖主义的一年'"，载《参考消息》2010年12月19日。

⑤ "黑寡妇"的成员多是已故车臣分裂分子的妻子、姐妹，她们发誓为死去的亲人报仇。这一组织的头目巴萨耶夫（2006年自己处理炸弹时遭炸死），曾宣称有一个营的"黑寡妇"（约500人），但有报道说只有30—40人，确切数目说不清。"黑寡妇"的成员多数没有受过良好教育，生存艰难，加上失去亲人带来的仇恨、被极端的宗教思想洗脑，极易成为恐怖组织的女人弹。2001年，"黑寡妇"人弹发动第一次袭击。2002年对俄罗斯特种部队兵营、2003年对莫斯科摇滚音乐会以及2004年在一架飞机上的自杀攻击，她们都是身带炸药出击，这几次爆炸总共杀害了185人。她们也参与了2002年包围莫斯科杜布罗夫卡剧院绑架近千名人质的事件，当时有19名车臣恐怖分子就是身缠着炸药的黑寡妇。截至本月29日的袭击，"黑寡妇"共参加了大约26起袭击，致死近900人。

后，恐怖袭击事件却在增多。其原因是复杂的，既有历史的也有现实的、既有国内的也有国外的。从历史原因来讲主要是自苏联时期遗留下来的历史积怨和民族矛盾以及由此衍生的深重的民族仇恨[①]；从现实原因来讲主要是十年车臣战争所造成的车臣地区经济发展缓慢、地方政权腐败和公信力差[②]，这些都为恐怖主义的滋生提供了土壤。从国内原因来讲，主要是车臣分离主义势力并没有从根本上消除[③]；从国外原因来讲是国际恐怖势

---

① 恐怖活动多源于北高加索，其范围包括北奥塞梯—阿兰共和国、印古什共和国、车臣共和国和达吉斯坦共和国等。从15世纪甚至更早以来，高加索地区由于重要的战略地位，一直是诸强争夺的对象，战火从未断过。1895年，俄国经过半个多世纪的高加索战争，把车臣纳入版图，但未能实现完全控制。第二次世界大战期间，德国法西斯一度占领北高加索，当地一部分居民曾与他们合作。因此，1944年3月，苏联撤销车臣—印古什共和国，把60万车臣人和13万印古什人强制迁徙到西伯利亚和中亚，其中许多人在途中不幸死亡。此举使这些民族同俄罗斯结下“刻骨铭心”的深仇大恨。苏共二十大后，允许部分少数民族返回故乡，车臣和印古什两个民族也被恢复名誉，并恢复了车臣—印古什共和国的建制，但由于缺少周密安排，对他们也没进行经济上的补偿，导致1957年初大批返回的车臣和印古什人坚持回到原来的住所，与后来迁入的俄罗斯人、达尔金人、阿瓦尔人、奥塞梯人矛盾不断，甚至发生流血冲突。直到20世纪70年代，北高加索地区都是暴力冲突事件最多的地区，苏联政府不得不向这一地区增派军队。1989年后，苏联剧变，民族分离势力在高加索地区严重膨胀，车臣等自治共和国流血冲突日益增多。苏联解体前夕，在叶利钦“共和国想要多少主权，就能得到多少主权”的口号下，1991年9月6日，苏联空军少将、车臣人杜达耶夫用武力推翻了车臣当地政权，并随后当选“车臣共和国总统”，车臣正式走上了“独立”之路。“独立”后的车臣不断制造事端，俄罗斯政府不得不于1994年、1999年两次出兵镇压。长期造成的历史积怨，成为恐怖活动的肥沃土壤。

② 车臣战争造成了大量人员伤亡和财产损失，许多人失去了亲人，流离失所。在苏联时期，车臣—印古什是唯一一个不靠联邦和全苏财政拨款的自治共和国，车臣首府格罗兹尼的工业也属发达水平，然而两次车臣战争摧毁了500多家工业、能源和其他企业，导致车臣境内7个城市几乎被夷为平地，70%的村庄受到严重破坏，几十万人沦为难民，53%的车臣家庭失去亲人，经济形势和治安情况变得极度糟糕，百姓失业率居高不下，生活水平下降，民众失去对政府的信任，不满情绪加大。

③ 虽经过两次车臣战争，但是北高加索，包括车臣地区的非法武装并没有被清除干净。这些非法武装被打散后逐渐形成一种团伙化的组织形态，使得俄罗斯反恐形势更加复杂。多库．乌马罗夫领导的车臣境内的所谓“高加索酋长国”仍在向莫斯科叫板，他的终极目标是在高加索地区建立一个政教合一的国家，且计划将毗邻的数个州划入未来国家的地域之内，使整个伊斯兰国度的领土面积达到俄领土的1/4。

力和某些西方国家的渗透和暗中支持①。此外，有人认为梅德韦杰夫与普京在车臣地区治理策略和模式的差异②为车臣武装势力抬头制造了空间。

以上所有这些因素都是车臣分离主义分子重掀恐怖袭击浪潮的重要原因，这些历史与现实的原因也决定了车臣问题的复杂性。但是，这些因素又都不足以说明车臣问题的根本，车臣问题有其不同于其他国际恐怖主义活动的独特性质。

车臣恐怖主义起因于车臣独立运动。2010 年，车臣分离主义组织领导人乌马罗夫曾发表讲话称，要将俄罗斯与北高加索毗邻的数个州划入未来的伊斯兰国度的领土范围之内，“规划”中的这一伊斯兰国家的领土面积将占俄领土的 1/4。从“规划”中可以看出车臣分离主义分子的一贯追求目标——追求车臣独立。改变的只是其活动手段，从常规战争转向了极端行动、恐怖袭击。宗教信仰也成为他们进行诱骗和培养自杀袭击者的一种手段。2006 年，车臣分离主义组织时任领导人巴萨耶夫曾表示，他们在车臣的行动不掺杂宗教色彩，他们就是为了追求独立。“从这个角度讲，车臣的问题更多的还是民族问题，而不是宗教问题。或许近年来出现了车臣

---

① 俄外长拉夫罗夫说，活跃在阿富汗和巴基斯坦边境的恐怖分子不仅会在阿富汗策划袭击，他们有时也会针对高加索地区。此外，俄格交恶也不利于反恐。在车臣战争期间，车臣叛军曾以格鲁吉亚为基地，在那里进行训练，偷运军需物资。2002 年 2 月，美国开始向格提供援助，以协助该国打击潘杰西峡谷的犯罪分子和圣战者的活动。俄军也对潘杰西峡谷的叛军据点进行过秘密空袭，俄格两国为此经常发生争执。2004 年 3 月 2 日，车臣军阀鲁斯兰．格拉耶夫在从达吉斯坦返回格鲁吉亚途中被俄边境警卫队击毙。格鲁吉亚发生颜色革命以来，特别是 2008 年俄格战争后，俄不断指责格鲁吉亚资助恐怖主义活动和帮助基地组织向车臣和达吉斯坦地区走私武器，帮助俄分离组织在格境内设立秘密营地，训练杀手，包括资助人弹培训等。一些民族分离组织将格鲁吉亚作为休整基地，而格当局对此睁一只眼闭一只眼，放任自流，构成了对俄国家安全的严重威胁。

② 促进车臣的经济与社会发展是根治车臣问题的唯一途径，这是普京与梅德韦杰夫的共识，但在具体的治理策略上两者有区别。普京时代，在车臣的社会重建与经济发展方面主要采用“车人治车”的模式，也就是利用车臣传统的“门族治理模式”。而梅氏治理思维则倾向于现代化的发展模式。他将北高加索设为一个独立的联邦区，并亲自委派一位在经济管理方面颇有建树的领导人——赫洛勃宁为其管理人。这说明梅氏治理车臣的主要思路是从经济重建入手。但是这却动摇了“门族治理模式”的掌权人卡德罗夫在车臣的地位。梅氏还特别强调了要结束车臣“门族政治”。这有防止卡德罗夫在车臣坐大，向其夺权的考虑。但新的治理模式短期内难以取得明显效果，旧的治理模式又受到抑制，这为分离主义分子提供了活动的空间。

问题宗教化的趋势，但其基本面没有改变，车臣问题没有溢出民族问题的大框架。”[①] 因此，从根本意义上讲，北高加索地区的武装分子是一种采用了恐怖主义手段的分离主义势力，而不是纯粹意义上的恐怖主义。车臣问题的解决不能单纯从对待恐怖主义的角度去理解，必须以民族问题为出发点，如果民族问题处理不当，则更容易将其推向恐怖主义一边。据报道，乌马罗夫与接近“基地”组织的“瓦哈比—萨拉菲”教派的联系越来越多。在2007年11月，乌马罗夫还宣布建立高加索伊斯兰酋长国，并自称为埃米尔，表示这个新国家愿意接纳全世界的圣战者。在当前国际恐怖主义出现全球串联的趋势下，车臣分离势力中也出现了“基地”组织的影子[②]，这就使得车臣问题变得更加复杂和敏感。

（六）欧美国家恐怖主义威胁本土化日益严峻

欧美国家一直是恐怖袭击的重点目标。据报道，在2001年至2008年间，英国当局在国内总共调查了16起“重大”的恐怖袭击阴谋，其中12起被成功制止。[③] “9·11”事件后，纽约也已遭遇数次未遂袭击，目标包括地铁、教堂、肯尼迪国际机场和布鲁克林大桥等。今年以来，欧美国家面临的恐怖主义威胁本土化的形势尤为严峻，尤其是美国、英国、德国等参与阿富汗战争的北约国家。

恐怖主义威胁本土化包括两层含义，一是恐怖威胁发生在本土，而不是发生在其他国家的间接袭击；另一方面是本土恐怖分子的威胁。所谓本土恐怖分子，是指在该国本土接触到极端主义思想，并在该国本土或其他

① “地铁连爆后对车臣问题的重新审视”，搜狐网，http://star.news.sohu.com/20100331/n271224278.shtml。

② 2004年“别斯兰”事件中就已经出现“基地”组织的影子。针对“3·29”莫斯科地铁爆炸案有分析指出：恐怖袭击中出现“黑寡妇”这一事实、袭击策划手法的有序和目前俄国内反恐形势以及国际恐怖主义串联态势来分析，初步可以断定这次袭击是在“基地”组织支持下由车臣分离组织策划实施的一起恐怖袭击事件。

③ “前情报官：因支持美国攻打伊阿 英国恐袭阴谋激增”，早报网，http://www.zaobao.com/special/us/pages11/attack100721.shtml。

国家接受恐怖训练的本国人。[①] 其中后者的表现尤其突出，美国的情况又最为严重。

前“9・11”事件委员会的领导人也指出：“美国面临的威胁已不同于9年前，同欧洲几乎一样，正面临着由移民、本土回教徒和改信回教的人造成的国内恐怖问题。”[②] 美国有关官员说，美国土生土长的恐怖分子在过去一年中“异军突起”，并且更为成熟、更难防范，和其他恐怖分子的合作更多。美国在过去一年中接连遭遇本土恐怖嫌疑人的未遂恐怖袭击。自2009年初以来，至少有63名美国公民因恐怖主义相关罪名被起诉或定罪。[③]

与本土恐怖主义同时出现的是“基地”等恐怖组织力图在西方国家“本土化”的趋势，将加剧本土恐怖威胁的态势。美国两党政策中心发表报告指出，“基地”组织领导层已经历了“美国化”的演变。“基地”组织及其在巴基斯坦、索马里和也门的成员，在美国建立了“初创期的”招募机构。2009年，有至少43名具有激进意识的美国公民或居民被定罪，当局也发现一些人被招募至国外接受训练。涉及恐怖主义的新面孔已不再是9年前开飞机撞世贸的中东年轻人，潜在的恐怖分子来自不同的种族、教育和经济背景。策划或发动袭击的人包括白种人和有色人种，也不仅限于男性。越来越多美国人已成为“基地”组织及其分支的领导成员。[④] 在安全措施加强的情况下，面部特征趋同或具有欧美护照的本土化恐怖分子更难被国家当局察觉、防范，这些国家面临的恐怖主义威胁态势正在改变。

发生在欧美国家本土的恐怖袭击也逐渐增多。2010年5月美国国土安全部在其报告中指出：“过去的9个月内，企图针对美国发动攻击的数量和步伐超过了此前任何一年中全年的数量。”[⑤] 2009年的胡德堡枪击案、底特律炸机未遂案、2010年的纽约时报广场爆炸案、包裹炸弹以及其他与恐怖

---

① “美国高官称本土恐怖主义威胁加剧”，搜狐网，http：//news.sohu.com/20100923/n275211817.shtml。

② “美国两党政策中心报告：本土恐怖分子是美最大威胁”，早报网，http：//www.zaobao.com/special/us/pages11/attack100912c.shtml。

③ “美国高官称本土恐怖主义威胁加剧”，凤凰网，http：//news.ifeng.com/world/detail_2010_09/23/2609776_0.shtml。

④ “美国两党政策中心报告：本土恐怖分子是美最大威胁”，早报网，http：//www.zaobao.com/special/us/pages11/attack100912c.shtml。

⑤ “2010年是‘微恐怖主义的一年’”，载《参考消息》2010年12月19日。

活动有关的事件[①]都是有力的证明。仅在今年10月，在欧美国家发生的多起与恐怖袭击有关的事件[②]也说明欧洲国家同样面临着恐怖主义威胁本土化的严峻形势。

问题的关键在于，这些发生在欧美国家本土的未遂恐怖事件是“单独事件”[③] 还是一种趋势？如果将“基地”等国际恐怖组织策略转变——本土化和小规模化与欧美国家突然剧增的恐怖主义威胁本土化形势联系起来分析，这些恐怖未遂事件就不能被看作是一个个的“单独事件”，而是国际恐怖主义发展的一种趋势或是一种持续的策略调整。唯有由此入手来相应调整国家安全政策，才能有效预防恐怖主义的发生。

二、国际恐怖主义的本质特性不会改变，正确的战略是取得反恐成效的关键

自“9·11”事件以来，国际恐怖活动不断有新变化，但深入分析可

---

① 如2010年3月美国检方指控密歇根州一极端组织意图杀死当地一名警官并在他的葬礼上引爆爆炸装置、4月美国检方指控两名居住在纽约的美国籍男子向“基地”组织提供帮助等。

② 包括：10月3日，美国和英国政府警告民众，欧洲遭恐怖袭击风险增加，“基地”组织袭击目标可能为交通基础设施。西方情报人员说，藏匿在巴基斯坦西北部的武装人员计划在欧洲多个城市发动恐怖袭击；10月5日，法国警方在一次突袭中逮捕12名恐怖嫌疑人。法国内政部长布里斯·奥尔特弗说，欧洲恐怖威胁加剧。“基地”组织北非分支今年9月绑架包括5名法国人在内的7名人质后，法国一直保持高度警惕；同一天，法国政府提醒赴英国旅游的法国民众提高警惕，原因是英国公共交通设施和旅游景点遭恐怖袭击危险“非常高”。10月6日，“基地”组织嫌疑人在也门对欧洲目标发动两起袭击。英国驻也门大使馆车队遭火箭弹袭击，一名法国人遇袭身亡。10月17日，法国内政部长奥尔特弗说，法国收到来自沙特阿拉伯情报部门警告：“基地”组织可能对欧洲，特别是对法国发动恐怖袭击；10月27日，“基地”组织头目乌萨马·本·拉登威胁将“以牙还牙”，报复法国支持美国发动阿富汗战争；同一天，美国司法部说，联邦调查局逮捕一名涉嫌帮助恐怖组织在华盛顿地区实施地铁爆炸袭击的美国人。

③ 美国军事反恐研究中心高级研究员布鲁斯·霍夫曼在其“‘基地’组织有了一个新战略，奥巴马也必须有一个”的文章中指出：“在圣诞节炸机未遂事件以及几天后7名中央情报局人员在阿富汗遇害后，华盛顿又像“9·11”事件后那样，一味研究单独事件，而缺乏将它们联系起来考虑的能力。”纽约时报广场未遂袭击案发生后，有美国官员也认为这仅是“单独事件”。

以发现，其错综复杂的变化背后始终隐藏着一些不变的特性。国际恐怖活动的变化主要在于袭击方式、组织模式等，不变的是其具有浓重宗教色彩的政治性诉求，正是这种政治性诉求为恐怖主义的生存和发展提供了土壤。国际恐怖活动这种变与不变的特性为国际反恐提供了重要启示。

（一）国际恐怖主义活动的新变化

第一，就袭击方式来说，国际恐怖主义组织不断寻找安全漏洞，变换袭击手法。零散的或者是经过周密策划的自杀式袭击是国际恐怖主义的主要活动方式。但从2008年开始，以孟买恐怖袭击为标志，国际恐怖活动中出现了连环爆炸和小型武装冲突的活动模式。恐怖袭击目标也日趋“软化”，不断由官方目标向平民目标转变。恐怖袭击方式和目标的转变既与目标国的安全措施和安全能力有关，也与恐怖组织的实力有关。如在政府安全能力薄弱的阿富汗，恐怖袭击多针对政府和西方目标，较少直接针对平民目标。在安全措施较严密的西方国家，恐怖袭击多针对公共目标。随着塔利班组织实力的增强，它也多采用武装攻击连带自杀式袭击的恐怖活动方式。今年出现了两种新的恐怖袭击方式——“房屋简易爆炸装置”和“包裹炸弹”更说明了国际恐怖主义组织不断寻找新的安全漏洞，变换袭击手法这一特征。

第二，就发展动向来说，国际恐怖主义出现了全球串联态势。随着国际反恐斗争的进行，恐怖组织的生存环境日益受到挤压，恐怖组织之间及恐怖组织与其他地区性武装派别之间出现了联合趋势，共同应对打击。主要表现在以下两个方面：首先，国际恐怖势力的蔓延与地区联合。“基地”组织在各个恐怖组织之间发挥着一种纽带的作用，从南亚的塔利班到车臣分离组织、从阿拉伯半岛的伊拉克、也门到非洲都有“基地”组织或其分支的活动印记。2010年在马来西亚也逮捕了10名可能与也门“基地”组织有关的恐怖嫌疑人，这“可能意味着，该组织企图在这里设立新活动基地，或重新启动旧基地”，反映出恐怖分子无处不在，全球都是他们的活动场所。[1] 其次，反政府武装恐怖化的问题。反政府武装与恐怖组织面临着同样的生存压力。在正规作战无法取胜的情况下，反政府武装很容易效仿恐怖主义的袭击方式。许多反政府武装本身又带有民族分离主义特点。目前的国际恐怖主义组织中有两种类型最为肆虐：一是宗教极端型、二是民族分离型。具有民族分离特点的反政府武装很容易受到民族分离型恐怖主义的“启发”而走上恐怖主义道路。在索马里，伊斯兰反政府武装“青年党”（AL—Shabaab）就转向了恐怖主义，宣誓效忠“基地”组织和本·拉登，保证严格按照其所谓的“伊斯兰教法”统治索马里。如果带有民族分离主义特点的反政府武装与宗教极端型恐怖主义相结合，会使民族问题更加错综复杂。在现实中，两者之间存在着互为利用的空间：宗教极端主义以“民族”为旗号，把宗教问题扩大化；民族分离主义则利用人们的宗教信仰扩大社会基础，车臣分离组织就带有这一特征。

第三，就组织模式来说，国际恐怖主义极力构建网络化模式。有学者指出，当今恐怖组织一般有两大结构，即阶层式和网络式。某一恐怖组织可能是阶层模式或网络模式，也可能是两者的结合，但目前的恐怖组织更倾向于使用网络模式。[2] 就应对打击来说，阶层式的恐怖组织很容易因为恐怖高层被毁而瓦解，而网络型恐怖组织具有扁平化的特点，各个分支之间既可以互相配合又互相独立，一个小组的毁灭不会累及其他，从而保证了整个组织的生存能力。“基地”组织就采用了这种扁平状的网络结构。据报道，“基地”已转化成一个由多个“挂名”恐怖分子小组所形成的网络。这个网络跨越亚洲、中东及非洲，尤其是在局势不稳的国家如也门及索马里站稳脚跟。[3] “9·11”事件以来，反恐斗争进行了九年，但恐怖主义组织并没有土崩瓦解，反而经常出现“春风吹又生”的怪相。国际恐怖组织的组织形式变化及由此形成的组织结构特点是其“自生”功能的一部分。

---

① “马报章：落网10恐怖嫌犯 与美炸机不遂被告有联系”，早报网，http：//www.zaobao.com/special/us/pages11/attack100129.shtml。

② 韩亚伦：“恐怖主义网络与打击策略”，载《公安学刊—浙江警察学院学报》2009年第1期，第47页。

③ “9·11八周年民众厌倦反恐 美称基地威胁仍在”，人民网，http：//www.022net.com/2009/9-12/491636223044523.html。

(二) 政治性是国际恐怖主义活动稳定的、不变的特性

政治性是就斗争的政治意义而言的，也即斗争是为了获取政权以及与此相关的诸多现实利益。国际恐怖主义的政治性主要体现在它的意识形态特性上。国际恐怖组织以伊斯兰教为号召，意图成立信仰伊斯兰教的“哈里发”国家。如阿富汗和巴基斯坦的塔利班组织就在其控制区内实行伊斯兰法律；巴政府与部落区塔利班的停火协议重要的一条就是允许其在部落区实行伊斯兰教法。

任何战争都是政治的延续。从这个意义上说，任何政治团体的政治性要求都没有绝对的正确与错误之分，只有进步与反动之别。但是，国际恐怖主义的政治性要求却是一个伪命题，政治性对于国际恐怖主义来讲更是一种工具。以“基地”组织为例：“基地”组织的既定策略就是进行有计划的意识形态培养，通过意识形态培养塑造其自身的意识形态“图腾化”特征，以增强号召力，扩大队伍。“基地”组织在也门恐怖网络的领导人纳西尔·艾尔·巴赫里（NasirAhmadNasir AlBahri）说：“我们的职责包括为我们的信仰和我们的事业进行祈祷，唤起人们的觉醒，并且随时做好准备实施圣战行动。‘基地’组织从一开始就采取一种意识形态斗争的策略，那就是要在美国和伊斯兰世界之间制造一种对立。”[①] 本·拉登也曾说过，“基地”组织最重要的任务并非战斗，而是鼓动穆斯林参加防御性“圣战”，帮助培训并领导那些挺身而出的人。[②] 从这个意义上讲，意识形态的工具性远远大于它的目的性。“基地”等极端组织不断利用意识形态工具宣传极端思想，招募和培养自杀式袭击者；利用一些国家原有的宗教与民族矛盾挑动教派冲突、制造混乱，打击政府威信，为其意识形态宣传制造空间。利用伊拉克大选的敏感时期制造教派冲突以及随着巴基斯坦政府军的推进巴境内恐怖袭击活动教派冲突色彩的明显增多都是有力证明。

意识形态的工具性还决定了它的宣传不仅面向穆斯林，也不仅是进行

---

① “拉登前保镖披露‘基地’新策略：用意识形态斗垮美国”，中国评论新闻网，http://www.chinanews.com.cn/news/2004/2004-08-23/26/475731.shtml。

② 石刚：“‘基地’风向标”，载《世界知识》2007年第16期，第23页。

一种宗教号召，而是通过刻意宣传和制造意识形态的对立并利用一些国家的贫穷和动荡来营造一种全球广大穆斯林受苦受难的氛围，以此吸引不同国别、不同层次的参加者。有越来越多的尤其是生活在欧美国家的非穆斯林因此被“皈依”。美国《纽约时报》网站有文章指出，2009 年以来试图袭击美国本土的恐怖分子都有一个共同的特点，他们不是中东的虔诚穆斯林，不是因为战争使自己的国家千疮百孔而去袭击西方。他们多数是“被皈依”的，认同一个虚拟的、想象中的“乌玛”（穆斯林世界）。①

有学者因此认为，极端组织意识形态的虚假性、工具性表明它并没有一个建立伊斯兰国家的政治战略，只是以此为工具进行一种反对西方的战斗，更像是在延续切·格瓦拉和“巴德尔—迈因霍夫”组织之类在 20 世纪 60 年代和 70 年代进行的激进反帝斗争。对于“基地”组织，这种认识有一定的合理性，但并不适用于所有恐怖组织。阿富汗塔利班组织就有明确的国家权力要求，意识形态既是它的斗争工具，也是目的。从意识形态工具性角度来看，“基地”、“塔利班”以及其他恐怖组织没有本质区别。但面对不同的历史传统和社会基础，又必须区别对待。阿富汗卡尔扎伊政府力主与一些塔利班组织谈判，同意它们参与到国家政权中来，就说明在阿富汗存在着这样的社会基础。

极端组织的意识形态虽然存在虚假性，却产生了强大的号召力，其深层原因是值得深入探讨的。意识形态作为上层建筑的一部分，对意识形态的探究离不开对经济基础的考察。极端组织能够将意识形态作为一种工具，甚至将其“图腾化”，根本原因在于经济基础的薄弱。在阿富汗、也门、索马里等贫穷动荡的国家，人们的生活缺乏基本的保障，参加极端组织甚至成为一种谋生的手段。极端组织正是利用这些国家的贫穷以及美国在这些国家行为的失当，描绘一种世俗政府以及世俗政府与西方相勾结对广大穆斯林民众进行统治压迫的图景。有学者认为，在美国对伊拉克发动战争之后，恐怖组织有增长的趋势，这是因为伊斯兰教世界觉得他们的许多弟兄们遭受到了苦难，一些伊斯兰教徒因此决定要对抗他们所说的来自

① “纽约时报：恐怖主义的诱惑”，中国评论新闻网，http://mgb.chinareviewnews.com/crn-webapp/mag/docDetail.jsp?coluid=0&docid=101200175。

欧美国家的压迫。[①]

除去经济原因，历史文化因素也很重要。在国际恐怖团体中，存在着大量的恐怖精英分子，他们没有被遗弃或压迫，甚至还出身豪门、接受了西方教育。如本·拉登就靠经商赚的钱来培训恐怖分子；美国底特律炸机嫌犯穆塔拉布的父亲曾任尼日利亚经济部长和第一银行董事长，穆塔拉布在伦敦读书期间，住的是价值400万美元的公寓。他们选择走恐怖主义道路的原因和动力看似是单纯的宗教信仰或者说是文明的冲突，但这不是最本质的原因，世界各文明之间如果是平等共处的、互不干涉的，不会产生冲突，产生冲突的原因还在于生活在某种文明或秉承某种宗教信仰的人们感觉自己的文明与信仰遭到了不平等的待遇。正如有学者认为："任何加入恐怖组织的人，必然受到过一定的挫折，这种挫折来源于个人在异质文化中所遭受的歧视和偏见，进一步又会产生对政治权力的失望感。在现实途径不通的情况下，人才会求助于宗教信仰的力量，同时付诸于极端的手段。"[②]"9·11"事件后，布什总统在解释中东人为何仇恨美国时说，"他们仇恨民选政府……仇恨我们的自由……"[③] 塞缪尔·亨廷顿（Samuel Huntington）也认为，西方与伊斯兰之间的问题，不仅存在于暴力的伊斯兰极端分子之间，而且存在于伊斯兰本身之间。这种说法实际上是将中东人对美国的仇恨，归结于两者之间的制度和文化差异，这恰恰成为了恐怖主义的旗号，使其能够获得民心支持。奥巴马总统上台后，部分修正了这一认识偏差，试图弥合美国与伊斯兰世界的裂痕，但是在伊拉克、阿富汗甚至是美国间接反恐的巴基斯坦、也门，造成很多无辜民众伤亡最根本的原因还是美国。美国的行为给这些坚信自己的文明与信仰遭到侵略和侵蚀的民众提供了最好的佐证。文明的平等不仅在于口头宣誓，更应付诸实际的行动。

---

① "反恐专家：情况看来是'越反越恐'"，早报网，http：//www.zaobao.com/special/us/pages11/attack101010c.shtml。

② "美国反恐战争陷入'越反越恐'尴尬"，新华网，http：//news.xinhuanet.com/mil/2010-01/19/content_12834058.htm。

③ George W. Bush. Addres on Terrorism before a Joint Metting of Congress. ［EB/OL］.［2008-05-18］. http：//query.nytimes.com/gst/fullpage.html.

（三）国际恐怖主义活动变与不变的启示

通过对国际恐怖主义活动变与不变的特点分析可以看出，袭击方式、组织模式等属于策略性的层次，是国际恐怖组织根据其自身特点和生存环境的变化而做出的适应性调整。真正具有决定意义的是其不变的基本特点——政治性部分。准确剖析国际恐怖主义活动的特点是取得国际反恐胜利的关键。国际恐怖主义活动变与不变的特点为国际反恐行动提供的重要启示在于：国际反恐行动应是包括军事行动、政治行动在内的一个全面的、自主的不带有外来干涉性质的战略。

首先，恰当的军事行动是取得反恐胜利的必要条件。为产生巨大的威慑效应，制造政治和心理上的恐惧，恐怖主义具有无限的暴力追求。为抑制和铲除恐怖主义的暴力危害性，使用军事手段是必要的。况且，恐怖主义不会自动灭亡，军事打击能限制其行动规模，也正是在军事打击下，国际恐怖主义不断变换活动地点、调整袭击方式。

其次，国际合作是取得反恐胜利的重要途径。国际恐怖主义不断拓展其生存环境和生存空间，甚至出现了全球串联的态势。国际恐怖主义还初步形成了网络化的组织模式，这种组织模式将扩大其在全球行动的范围和有效性。此外，虽然国际恐怖主义主要的暴力危害仍集中于全球某几个区域，但是国际恐怖主义对世界的危害不仅在于它的暴力性，更会波及经济发展、国家合作等层面，在全球化背景下，后者的危害性更容易扩散。反恐行动必然不是某个国家单独的行为和责任，反恐需要国际合作。此外，经过多年的发展，国际恐怖主义活动的政治性和谋略性日趋增强，反恐阵营又面临诸多分歧和现实利益博弈，国际恐怖主义因此日益成为影响地区和大国关系的一个重要因素，甚至发挥一种“非传统行为体”的作用，它的国际政治角色日益明显。有专家评论指出：进入21世纪以来，在传统国际格局之外，又第一次逐渐形成了“非传统国际格局”，即国际恐怖主义等非国家、非政府行为体，与主权国家之间的矛盾长期化，形成“隐形”一极与超级大国殊死较量的两极对抗。[①] 所以，在全球化背景下，必须将

① 刘江永：“如何认识和塑造国际大格局”，载《环球时报》2010年5月13日。

恐怖主义问题置于国际格局的大框架下，通过深入的国际合作来解决。

再次，减少国际干涉、坚持自主性的政治性战略是取得反恐胜利的根本保障。国际恐怖主义将其政治性诉求作为一种号召工具，尤其在贫穷、动荡、政治和宗教纠纷深重并且有浓厚的伊斯兰信仰的地区，它的政治性诉求更容易发酵。也正是这种政治性诉求为国际恐怖主义提供了生存空间和土壤。如伊拉克的权力争夺、教派冲突和社会矛盾就为“基地”等极端势力提供了生存的土壤；阿富汗、巴基斯坦深重的历史和民族矛盾也为塔利班组织提供了生存空间。战争是政治的继续，某种意义上讲，战争只是政治的工具，战争结束于政治问题的控制或解决。国际恐怖主义问题的根本解决也离不开政治战略部分。国际反恐行动的重点应在于遏制国际恐怖主义政治性特点的发挥，唯有如此才能从根源上肃清国际恐怖主义。就具体行动来说，应该包括从政权建设到经济建设等国家建设的全部内容。同时，这一战略必须是一个自主性的战略，不应带有外来干涉的痕迹，更不能以反恐为契机谋取私利，否则反恐本身将成为国际恐怖主义的又一政治工具。阿富汗“塔利班”组织，就将联军的反恐行动看做是对阿富汗的侵略活动，将自身的暴力活动视为反侵略斗争，由此赢得广大民众的同情和认可。

最后，努力化解宗教信仰和文化冲突是取得反恐胜利的关键性举措。世界宗教、文化、价值观念等的多样性是客观存在，各文明之间、不同的宗教信仰都可以和平共处，但前提是平等。如果一些文明试图将自己的价值观念强加于对方，以自己的标准来改造对方，抹杀文明差异性的客观存在，就只能带来反抗，当这种反抗走向极端，就表现为恐怖主义。美国的反恐就含有基督教的普世和救世情结。宗教信仰从来都不是独立的，任何宗教信仰都掺杂有政治因素，恐怖势力可以将宗教信仰作为一种政治性工具，西方的“民主改造”也同样是一种政治工具，背后隐藏着现实的利益诉求。但当双方的宗教中都渗透了现实政治利益因素，问题的性质已发生改变，问题的解决也就不能单单从宗教本身、从文明冲突本身入手，必须从政治解决开始。反之也说明如果还原宗教本身，不再有借宗教“逐利”的考虑，问题就简单了，也唯有如此，才能真正化解宗教的仇恨。

三、美国"阿富巴"反恐战略并非灵丹妙药

2009年3月27日，奥巴马政府提出了"阿富巴"反恐新战略。12月1日，奥巴马宣布阿富汗战略调整方案，在增兵①同时突出了"退出"，计划2011年7月开始逐步从阿撤军。具体来说，该战略包括以下三方面内容：第一，军事打击与谋求政治和谈并进。一方面，美国力求通过增兵和大规模军事行动遏制塔利班势力扩展。另一方面，美国谋求以强大军事压力达成"以打促谈"的政治目标。第二，以综合性的政治战略推进反恐进程、巩固反恐成果，以使阿富汗政府能够妥善利用并维护安全形势的改善。第三，加强与周边国家包括巴基斯坦甚至是伊朗等的合作，寻求反恐的国际支持。总的来看，这是一项包括军事行动和政治战略在内的综合性反恐战略，修正了单纯军事反恐的偏差，它的总体思路和方向是正确的。但是，美国战略意图的复杂性却决定了该战略存在先天缺陷，也决定了美国倡导的反恐合作和阿富汗国家重建难以达到预期目标。

（一）不彻底的"退出"战略难消战略猜疑

美国的"阿富巴"反恐战略体现了"以进谋退"的特征，但可以肯定的是美国的"退出"是不彻底的。"退出"包括两层含义：一是军事的部分退出，以降低战争成本并保障美国新的战略需求。二是"退出"并不意味着对这一地区利益的放弃和让渡，而是以培植符合美国需要的"民主政府"以及塑造稳定的有利于美国的地区秩序来保障其在这一地区利益的实现。所以，与其说"退出"，不如说美国要寻求从阿富汗"脱身"。从根本来说，撤军是与美国国家安全战略调整相一致的，也是为了实现美国全球战略重心转移这个更大的目标。

受金融危机的影响和两场战争的拖累，美国的经济持续低迷。2010年5月美国出台的《国家安全战略报告》指出，美国目前债务总额高达13万亿美元，"已成为美国安全和领导地位的重大威胁"。奥巴马政府认为，经

① 2010年9月，新增的3万美军和其他国家的约7000名士兵已经抵达阿富汗，开始执行任务。此外还有数以百计的教官。

济是美国实力的源泉，必须把推动经济增长作为国家安全的优先任务。报告同时放弃了反恐战争的说法和“先发制人”的基石，将本土恐怖主义列为国家安全首要问题之一，这意味着美国必然要在反恐战场上作出收缩。

与战略收缩相伴的是美国全球战略重心的转移。美国认为，与恐怖主义相比，新兴国家的崛起对其全球霸主地位的挑战和威胁更加现实。所以，遏制新兴国家——主要是中国的崛起是美国当前的战略重点①，与之相应，美国就要增加在地缘竞争特别是在亚太地区的投入力度，以增强对该地区的影响力和控制力。美国必须做出战略调整，既要将有限的资源用于保障重点战略目标的实现，同时还要牢牢把握对这一地区的主导权、遏制地区动荡，形成有利于美国的地区性国际秩序。阿富汗地处南亚、中亚和中东交汇点，在美国欧亚战略的总体布局中占有重要地位。目前，美国在欧亚大陆的东西两端已有两大军事政治同盟——美日同盟和北约组织。美国通过北约东扩和强化日美同盟对中俄形成遏制之势。但欧亚大陆东西两端相距遥远，中俄两国又幅员辽阔，美国对欧亚大陆这一中间地带的控制显得相对薄弱。因此，就有了美国的“大中亚”战略——力图在中间地带实现突破，将中亚和中东连接起来。阿富汗在美国的“中间突破”战略中占据着非常重要的地位，该国南窥伊朗腹地，北指中亚与俄罗斯，东接中国大西北，东南临巴基斯坦西北边境部落区。如果能够稳固地据有阿富汗，那么美国就能完成在欧亚大陆中部的诸多战略目标。② 所以，美国不会“退出”阿富汗。

在阿富汗的美国将领彼得雷乌斯将军在接受采访时也极力淡化美国明年快速从阿富汗撤军的可能，坚称总统奥巴马所说的2011年7月只是“开始撤军过程的日期”。国务卿希拉里说，美国不会被锁定在“撤军模式”

---

① 继奥巴马和国务卿希拉里访问东南亚之后，2010年1月12日，希拉里在夏威夷发表了关于美国在亚太地区的政策原则和重点的讲话，全面阐明了美国的新亚太战略部署，提出“加强安全和稳定、扩大经济机会、促进民主和人权”三大任务，反复强调要发挥美国在这个地区的领导作用。既要强化美日等双边同盟关系，加强以关岛为中心的多军事基地建设，又要积极参与和加强本地区内各种多边机制，包括加强APEC和参加东亚峰会，同时正在积极构建亚太共同体和“跨太平洋伙伴关系”。这些都表明奥巴马新亚太战略的主要目的是应对本地区新兴大国的崛起，主要是中国的崛起。新的《四年防务评估报告》又继续把中国作为主要敌手。

② 王铭野：“美军绝不会完全撤出阿富汗”，载《环球时报》2010年3月5日。

当中，而奥巴马宣布撤军时间，是为了向世人表明美国对于占领阿富汗不感兴趣。[①] 2010 年 11 月，北约驻阿富汗高官也表示，2014 年并非外国驻阿部队任务终结的时间，而更像是一个转换任务性质的时间点。到 2014 年，驻扎在阿富汗的士兵基本转换身份，成为军事训练人员或顾问，但是他们仍在阿富汗活动。他指出，无论是开始撤军的 2011 年也好，还是转化任务性质的 2014 年也好，都是北约一个更大、更长远计划的组成部分，是“中途的里程碑”，不是最后的终点。[②]

利益决定行动，阿富汗对于美国实现“大中亚战略”的重要地位决定了它不会真正的“退出”，只是对反恐方式做了一种现实的调整，采取了比小布什政府更为实用和积极的做法。在阿富汗民众看来，美国在阿富汗的存在就是一种军事占领。

（二）地区大国的现实利益博弈决定了反恐合作的有限性

争取国际合作是美国新反恐战略的一个重要步骤，也是美国国家安全战略调整的一个方面。奥巴马指出：“未来国际领域的反恐，不仅要美国一家承担责任，要让世界各个相关国家参与进来。”[③] 国际合作反恐是遏制恐怖主义扩张的一个重要途径，但是阿富汗周边国家在这一地区的现实利益争夺却限制了反恐合作的深度。阿富汗战略研究中心研究员瓦希德·穆希达接受新华社采访的时候说，伊朗与美国、巴基斯坦与印度，这些国家之间的政治角力为塔利班提供了生存空间。只有消解大国在这一地区的政治纷争，阿富汗才有真正实现和平的可能。[④]

在这一地区的所有国家关系中，印度和巴基斯坦的关系具有决定意义。巴基斯坦是美国的重要反恐盟友，在美国的反恐战略中起着举足轻重

---

① “美国防部长称美在阿失败将意味着塔利班掌权”，凤凰网，http：//news. ifeng. com/world/200912/1203 _ 16 _ 1459870. shtml。

② “北约：2014 年不是阿富汗战争终点 士兵不回家”，新华网，http：//news. xinhuanet. com/world/2010-11/18/c _ 12789584. htm。

③ “美全球部署特种部队难平恐怖活动”，网易，http：//news. 163. com/10/0609/17/68OKDAFF000146BD _ 2. html。

④ “阿富汗战争 9 周年　干戈未止又一年”，新华网，http：//news. xinhuanet. com/video/2010-10/09/c _ 12641661. htm。

的作用，巴基斯坦部落区的塔利班问题不解决，阿富汗局势也难以平静。但是由于历史原因，巴基斯坦在对待塔利班的态度上始终存在两面性。美国指出，巴基斯坦长期在阿富汗问题上要两面派，在公开支持美国主导的行动之时还暗中支持我们在战争中试图铲除的叛乱组织（塔利班组织）。这主要是因为巴基斯坦认为其国家安全的最大威胁来自印度，塔利班组织是巴基斯坦抗击印度的一个重要武器。阿富汗局势的动荡对巴基斯坦形成了现实威胁，但是对巴基斯坦政府来说，阿富汗与印度结盟是更大的威胁。美国和平研究所南亚问题顾问穆伊德·W. 优素福说："巴基斯坦认为，任何不包含对巴基斯坦友好的组织在内的阿富汗政治解决方案都将意味着，巴基斯坦将处于艰难境地。"① 印度与巴基斯坦具有同样的认识。印度正通过各种援助项目不断渗透到阿富汗②，甚至追求在阿富汗北部的军事存在。作为南亚大国，印度还希望在美国的反恐战略中扮演重要角色。今年以来，印度多次发布反恐预警，预警每每指向巴基斯坦。这不仅有借"虔诚军"或"基地"组织之恐怖威胁指责巴方对恐怖组织控制不力的企图，还有吸引美国对印度的更大注意力的期望。此外，出于对中亚能源的觊觎，印巴还有一项共同的战略——中亚战略，阿富汗对他们实现这一战略具有重要意义。可见，印巴对立不仅是历史的积淀，更有现实的利益争夺。印巴对立不仅增加了阿富汗实现和平的难度，更将影响巴基斯坦反恐的力度。面对印度在阿富汗的渗透，巴基斯坦一方面积极介入阿富汗的和解进程；另一方面巴基斯坦军方向美国提出了明确要求——华盛顿必须确保印度在阿富汗问题上的参与仅限于开发工作这一项，不能参与阿富汗的总体战略。

此外，伊朗和俄罗斯也对阿富汗战争的进程起着重要作用。通过伊拉克和阿富汗战争，美国成功对伊朗形成了钳形包围态势。但是，伊朗也不

---

① "美巴在阿战略目标南辕北辙"，载《参考消息》2010年10月12日。

② 2002年以来，印度在阿富汗已大手笔地投入了12亿美元，是仅排在美英等西方国家之后的第五大援助国。印度在经济、政治、安全等方面对阿富汗的介入力度之深，任何发展中国家无出其右。印度对阿富汗的援助项目涉及基础设施、官员培训、通信等各个领域。

断加大对阿富汗的渗透以钳制美国。伊朗与阿富汗有着先天的血缘关系[①]，伊朗在政治、安全、经济甚至意识形态等方面不断加大对阿富汗的影响力。尤其在安全领域，伊朗一方面拉拢卡尔扎伊政府对付塔利班，另一方面又借塔利班之手给美国制造麻烦。美国国防部长盖茨就称，伊朗在阿富汗玩“双面把戏”。塔利班高级领导人也向媒体透漏，有数百名塔利班成员在伊朗接受如何袭击驻阿富汗联军的训练[②]。另据报道，伊朗政府还向阿富汗塔利班提供武器弹药，包括塑胶炸弹、迫击炮、手榴弹以及技术手册等。伊朗这种“两面下注”的做法使其成为唯一与阿富汗各派力量“都说得上话的国家”。[③] 美国欲政治解决阿富汗问题必须考虑伊朗的影响力。

俄罗斯的战略争夺则更加剧了该地区局势的复杂性。历史上俄罗斯就试图占领阿富汗。目前，面对美国谋求通过“大中亚战略”挤压俄罗斯，俄罗斯试图恢复在这一地区的影响力[④]，构筑中亚和南亚地区关系新体制，与美国展开竞争。虽然高加索地区一直处于动荡环境中，车臣恐怖组织恐怖活动重新升级，在国际恐怖主义出现了全球串联的态势的背景下，俄罗斯面临着恐怖主义的现实威胁，也担心塔利班重新上台会导致中亚地区局势不稳，威胁其安全，因此多次表态愿意就阿富汗局势与北约及美国等西方国家展开合作。但是在现实的国家利益争夺背景下，这种合作是有限的。

尼克松当年在其《真正的战争》一书中指出，阿富汗是“亚洲命运的十字转门”，是大国计谋的较量场。对美国来说，阿富汗是美国进军中亚的重要跳板。通过阿富汗战争，美国历史性地进入到了中亚腹地，美国的

---

① 阿富汗主体民族普什图族和第二大民族塔吉克族均分属于印欧语系的伊朗语族，在阿富汗还有操伊朗语的哈扎拉族，阿富汗是唯一通行波斯语的非波斯族国家。

② 据两名不愿透露姓名的塔利班高官介绍说，伊朗向塔利班提供经费，以供他们到伊朗与阿富汗交界的东南边境地区接受如何实施爆炸袭击的训练，训练周期一般为3个月，时间主要是在冬季。

③ “阿富汗成为伊美争夺新战场”，中国评论新闻，http：//gb.chinareviewnews.com/doc/1012/5/7/0/101257071 _ 2.html? coluid = 137&kindid = 4890&docid=101257071&mdate=0318002806。

④ 2010年8月19日，俄罗斯总统梅德韦杰夫在索契主持了一个区域安全峰会，邀请了阿富汗、巴基斯坦、塔吉克斯坦三国总统参加，这是继2009年在杜尚别举行首次四方会晤后的第二次峰会。

进入也使这一地区的利益争夺变得更加残酷和现实。阿富汗战争已经超越了单纯反恐战争的范畴，俨然转化成了一场“代理人的战争”。这也决定了反恐国际合作难以深入，不处理好大国关系也难以实现阿富汗的和平。阿富汗巴尔赫省副省长瓦达特说：“阿富汗的战略重要性决定了各方只想把它搅乱，所以真希望阿富汗能处在不那么重要的地方，好换取我们的永久安全。”①

（三）移植的制度在阿富汗缺乏广泛的社会和历史基础，阿富汗的国家重建难以取得预期进展

从对国际恐怖主义变与不变的特点分析可以看出，将意识形态作为工具是其得以生存发展的重要条件。意识形态本身不会产生恐怖主义，恐怖主义产生并发展的真正根源还在于经济发展的落后，贫穷和动荡异化了意识形态的差异性。所以，根除恐怖主义必须从经济基础建设做起。经济基础与上层建筑相互作用，上层建筑建设对反对恐怖主义也具有重要作用。奥巴马政府的反恐战略重要的一环就是帮助阿富汗建立有执政能力的、能够承担起战争和战后责任的政府。但上层建筑是具体的，必须从一个国家的历史和文化传统出发，如果反其道而行之，将“民主化”建设作为普遍规律，往往会适得其反。

布什政府反恐的一个重要手段就是推行美式民主，伊拉克和阿富汗政府都是其“民主改造”的样板。这种移植的美式民主与伊拉克和阿富汗固有的伊斯兰教教规以及当地的政治习俗产生了巨大的冲突，结果与这种强行的制度改造相伴的却是恐怖主义的愈演愈烈。有评论指出，差异本身不会产生冲突，当你把这种差异强行抹平的时候，比如说你觉得它的制度是不合理的，你觉得你的制度是全世界最优的，你要拿你的问题来改造他那就产生问题了。② 奥巴马政府调整了布什政府的反恐战略，不再提“民主”、“自由”这些目标，但输出民主仍是其国家安全战略的重要部分。奥

---

① 邱永峥、郝洲：“印度悄悄渗透阿富汗”，载《环球时报》2010 年 3 月 5 日。

② “金一南：美国没能力在也门发动大规模反恐战争”，大军事，http://www.dajunshi.com/int/fkpl/201001/37157_2.htm。

巴马政府不会丢弃“民主”这个重要工具，只有通过民主改造，才能建立符合美国利益的政府。正因为如此，奥巴马政府才对阿富汗的总统选举和政府改革给予了过分的关注。

但事实是，阿富汗卡尔扎伊政府在国内缺乏权力基础、腐败盛行，难以获得民心支持、真正发挥民主政府应有的作用。民主政府倡导男女平等，但是“塔利班”在部落区仍推行着它的伊斯兰法律，并且能够获得民心支持。卡尔扎伊更被看作是西方的傀儡。据报道，卡尔扎伊说，如果西方国家再施加压力要他进行彻底的改革，他将抛弃总统大位，参加到“塔利班”组织中去。不管卡尔扎伊是否确实发表过这样的言论，但给了世界一个深刻的警示：在阿富汗固有的、深厚的历史文化传统下，战争手段、民主政府建设都不是解决塔利班问题的根本之道。任何的社会改造都必须从该国社会内部进行，否则民主化建设不仅会成为西方攫取利益的工具，更会成为恐怖主义的借口。

通过对2010年国际恐怖主义态势和特点的梳理和分析可以看出，恐怖主义仍是世界不稳定的重要因素，为国际社会带来了巨大灾难，恐怖主义自身也在不断变化。美国主导的国际反恐行动掺杂了过多的私利，影响了反恐合力的形成。随着美国安全战略重点的转移，美国欲从阿富汗“脱身”（但不是“退出”），并在适当的时刻将阿富汗问题国际化，以减轻美国的反恐压力和负担。由此也可以推断，美国不会开辟新的反恐战线，如也门、索马里，美国将更多地使用提供支援、无人机轰炸、派遣特种部队等间接反恐的方式。在可预见的将来，恐怖活动是不会消失的，与之针锋相对的反恐斗争也不会停止，国际社会围绕反恐的利益争夺也不会减弱。

（马晓娟）

第七章

国际维和行动

截至2010年12月31日，联合国在全球各地实施中的维和行动共计15项，分别分布于非洲（7项），亚洲（5项），欧洲（2项）和北美洲（1项）。① 联合国维和行动总数及地区分布情况与上年相同。在上述15项行动中，联合国驻中非共和国与乍得特派团（MINURCAT）于2010年12月31日终止使命，联合国刚果（金）稳定特派团（MONUSCO）于2010年7月1日起取代联合国刚果（金）特派团（MONUC）开始行使使命。截止到2010年10月31日，有116个国家向现行联合国维和行动派遣军事和警务人员99508人，比上年增加1939人。其中，维和部队83118人，军事观察员2353人，警察14037人。② 2010年7月1日至2011年6月30日财政年度，联合国维和行动的年度预算约为66.86亿美元，比上一年度的78亿美元有明显下降。③ 截止到2010年11月30日，由区域或次区域组织

① 数据来源：United Nations Peacekeeping：Current Opertions。http：//www.un.org/en/peacekeeping/currentops.shtml。本文数据包括联合国与非盟共同实施的非盟/联合国达尔富尔混合行动（UNAMID），但不包括联合国网站上所列举的联合国阿富汗援助团（UNAMA），该团是联合国维和部管辖的一个政治特派团。

② 数据来源：Monthly Summary of Military and Police Contribution to United Nations Operations. URL〈http：//www.un.org/en/peacekeeping/contributors/documents/Yearly06.pdf〉。

③ 数据来源：United Nations Peacekeeping：Current Opertions. URL〈http：//www.un.org/en/peacekeeping/currentops.shtml〉. 预算总数根据联合国各项维和行动（不包括未提供数据的联合国科索沃特派团，UNMIK）的年度预算累计得出，其中联合国中非共和国与乍得特派团与联合国海地稳定特派团（MINUSTAH）的预算截止期限为2010年7月1日至2010年12月31日，联合国停战监督组织（UNTSO）与联合国印度与巴基斯坦军事观察组（UNMOGIP）的预算期限为2010年至2011年。

以及临时联盟等非联合国行为体实施中的维和行动共计 32 项，其中，欧盟 11 项，欧洲安全与合作委员会 7 项，北约 4 项，非盟 1 项，其他组织或国家 9 项。[①] 非联合国行为体实施的维和行动共计部署军警 111092 人，年度预算约 15.42 亿美元。其中，北约驻阿富汗国际安全援助部队部署军警 84146 人，年度预算 4.16 亿美元，为非联合国行为体实施的规模最大的维和行动。[②]

一、国际维和行动任务艰巨，区域组织维和行动是联合国维和行动的有效补充

2010 年国际维和行动继续在世界各地展开，尽管取得了一定的成效，但复杂的安全形势导致任务十分艰巨。区域组织实施的维和行动不断展开，有效地弥补了联合国维和行动在人力和财力方面的不足，为维护世界和平做出了积极的贡献。

（一）联合国维和行动

联合国维和行动是国际维和行动的主体，其在一些地区的维和行动遭遇严峻挑战。

1. 两场灾难袭击海地

2010 年新年伊始，一场突如其来的大地震袭击了加勒比岛国海地。大地震不仅吸引了全世界人民关切的目光，也使部署已经 5 年又半的联合国

① 数据来源：瑞典斯德哥尔摩国际和平研究所（SIPRI）多边和平行动数据库。http：//conflict. sipri. org/SIPRI _ Internet/index. php4。该网页截止到 2010 年 11 月 30 日显示的全球多边和平行动的总数为 58 项，其中包括联合国和平行动 21 项（维和特派团及政治与建设和平特派团之和），已经结束的和平行动 2 项（欧盟乍得与中非共和国维和部队 EUFOR Tchad/RCA 以及欧洲安全与合作组织驻格鲁吉亚特派团 OSCE Mission to Georgia）以及重复统计的 3 项（联合国刚果（金）特派团 MONUC，欧盟拉法边境援助团 EU BAM Rafah 以及驻希伯伦临时国际力量 TIPH 2）。

② 数据来源：瑞典斯德哥尔摩国际和平研究所（SIPRI）多边和平行动数据库。http：//conflict. sipri. org/SIPRI _ Internet/index. php4。

海地稳定特派团（联海稳定团）成为舆论焦点。地震发生后，联海稳定团不顾自身所遭受的严重人员和财产损失，立即投入到抗震救灾之中。来自19个国家的8500名维和部队人员以及49个国家的2775名维和警察，或者在废墟中搜救幸存人员，或者为民众提供生命救助，或者为人道主义救援车队提供安全护卫，或者为妇女儿童和病残人员提供安全保护，或者直接从事提供食品、饮水、药品等人道主义救援活动。联海稳定团的努力减轻了因灾难造成的损失，缓解了民众痛苦，稳定了治安形势。联海稳定团的地震救援行动告诉我们，维和行动的职能不仅限于解决与冲突相关的活动，救民众于危难之中同样是维和人员应尽的义务，也是维和行动应有之义。

正当地震阴影渐渐淡去的时候，不幸再一次降临到海地人民头上。2010年10月21日，致命传染病霍乱开始在海地暴发，并迅速蔓延。仅一个多月的时间，疫情就波及全国10个省中的8个，并导致1500多人死亡。[①] 联合国秘书长警告说，被霍乱感染的海地人可能达到65万，死亡率依然保持在3.6%。[②] 如果不能得到迅速有效的控制，死于霍乱的人数可能超过2万。有报道认为，海地的这次霍乱疫情是输入性的，是维和人员从自己国家带入的霍乱源和维和部队营地化粪池处理不当造成了霍乱的暴发。11月中旬，近千名海地群众走上街头，手持标语，朝联合国维和人员和海地警察投掷石块，一名示威者甚至向维和士兵开枪。[③] 尽管联合国认为霍乱由维和部队带入的说法没有依据，但这一事件提醒我们：维和行动（或者维和人员）的可信度是件需要精心呵护的易碎品，稍有不慎，维和人员历经千辛万苦甚至流血牺牲建立起来的信任就可能毁于一旦。

2. 三个国家举行民主选举

2010年，分布于三个国家的四个联合国维和特派团经历了所在国家的全国大选。4月，苏丹举行了24年来首次多党民主选举，巴希尔总统获得连任。虽然过程不尽完美，但选举总体上在平静气氛中比较有序地进行，

---

① 环球网据法新社2010年11月25日消息。

② “联合国官员：预计海地将有65万人被霍乱感染”，华夏经纬网，http://www.huaxia.com/xw/gdxw/2010/12/2204492.html。

③ “海地闹霍乱，民众迁怒联合国维和人员”，星岛环球网，http://society.stnn.cc/tufa/201011/t20101117_1456590.html。

各党派及候选人对选举结果也没有太大的争议。联合国苏丹特派团（联苏团）及非盟/联合国达尔富尔混合行动（混合行动）不仅为大选的顺利举行创造了较好的安全环境，还提供了广泛的后勤支援。

2010 年 10 月 31 日，科特迪瓦举行了推迟五年之久的历史性总统选举。由于在第一轮投票中，得票领先的在任总统巴博和前总理瓦塔拉的得票率均未超过直接当选所需的 50%，第二轮投票于 11 月 28 日举行。根据选举规则，在第二轮投票中得票领先的候选人将当选总统。然而，选举结果却出现了戏剧性变化。12 月 3 日，科特迪瓦最高立法机构宪法委员会推翻独立选举委员会先前公布的结果，宣布巴博击败瓦塔拉获得连任，而联合国认定，瓦塔拉才是这次选举的获胜者。根据 2005 年签订的《比勒陀利亚协议》，科特迪瓦领导人请求联合国为科特迪瓦总统选举结果的公证人。[①] 12 月 4 日巴博和瓦塔拉分别宣誓就任总统，并随后分别公布了新政府成员名单，科特迪瓦出现了一国二主的混乱局面。两个阵营的支持者走上街头示威游行并燃烧轮胎，以表示对对方阵营侯选人的不满。截止到本章截稿时，科特迪瓦的政治僵局仍在继续，全国局势紧张，形势的未来发展仍不明朗。联合国维和部队正在动员一切力量维护该国治安。

同样在 11 月 28 日，海地举行了因地震而推迟的总统和议会选举。12 月 7 日，海地临时选举委员会公布计票结果，前总统夫人米朗德·马尼加和执政的团结党候选人汝德·塞莱斯廷分别获得 31.37%和 22.48%的选票，得票率分别位居第一、二位。由于双方得票率均未过半，总统选举将进入第二轮。按计划，第二轮投票将于 2011 年 1 月 16 日举行。[②] 第一轮投票结束后，有的候选人提出了选举中存在“不正常”现象的指控，也出现了落选侯选人的支持者上街游行抗议并投掷石块的现象。有分析家预计，第二轮投票前后，海地可能出现更多暴力。人们希望海地大选不要出现科特迪瓦那样的复杂局面，以和平方式顺利产生新的国家领导人，完成

① “关于 2010 年 11 月 28 日举行的第二轮总统选举的声明”，联合国秘书长特别代表、联合国科特迪瓦行动负责人崔英镇，2010 年 12 月 8 日，阿比让。联合国网站，http：//www. un. org/en/peacekeeping/missions/unoci/documents/unoci _ pr _ elections08122010. pdf。

② “海地总统选举进入第二轮”，新华网，http：//news. xinhuanet. com/world/2010-12/09/c _ 12862013. htm。

政权的平稳过渡并领导海地人民尽快从地震和霍乱灾难中走出来。

顺利举行民主选举是冲突国家和平进程的重要内容，是国家从冲突向和平过渡的重要里程碑。协助驻在国举行民主选举是维和特派团的重要使命和应尽义务，但是维和行动只是和平的协助者而不是提供者，真正的和平只能由冲突国家的人民自己去争取。这就需要冲突国家的政治团体和全体人民培养法治精神，遵守民主程序，放弃暴力思维，以和解、对话和宽容的态度解决一切矛盾和问题，实现政权的有序更替。只有这样，联合国的维和使命才有可能完成，冲突国家才有可能实现长治久安。

3. 联合国中非共和国与乍得特派团终止使命

根据联合国安理会 2010 年 5 月 25 日通过的 1923 号决议，联合国中非共和国与乍得特派团（联中乍团）的军事人员应削减至 2200 人（其中 1900 人部署于乍得，300 人部署于中非共和国），自 2010 年 10 月 15 日起开始撤离，并于 2010 年 12 月 31 日完成包括民事人员在内的整个特派团的撤离工作。[①] 联中乍团是在迫不得已的情况下撤离乍得和中非共和国的。2010 年年初，乍得政府致函联合国秘书长潘基文，要求联合国在该国的特派团于 3 月 15 日使命到期时不再延长其任期。[②] 这实际上是乍得政府向联合国下达的“逐客令”。乍得政府是以对联中乍团的表现不满为由要求联合国撤离的。在与秘书长代表关于联中乍团撤离问题的磋商中，乍得政府对联中乍团维和部队的部署迟缓以及基础设施项目的实施进展缓慢表示不满。[③] 经联合国与乍得政府磋商，乍得政府同意将联中乍团的任期技术性地延长 2 个月。对联中乍团表现不满仅仅是乍得政府要求特派团撤离的一种借口，实际上，乍得总统德比将国际部队在乍得的部署视为对其领土主权的蚕食，因此从一开始乍得政府就不愿意接受联合国维和部队的部署。[④]

① 联合国安理会 1923 号决议，S/RES/1923（2010），2010 年 5 月 25 日，URL〈http：//www. un. org/ga/search/view _ doc. asp? symbol=S/RES/1923（2010）〉。

② “Chad wants timetable for UN withdrawal：diplomats”，Reuters，January 28，2010. URL〈http：//af. reuters. com/article/topNews/idAFJOE60R0J220100128〉.

③ “秘书长关于联合国中非共和国与乍得特派团工作的报告”，S/2010/217，2010 年 4 月 29 日，联合国网站，URL〈http：//www. un. org/ga/search/view _ doc. asp? symbol=S/2010/217〉。

④ “Chad wants timetable for UN withdrawal：diplomats”，Reuters，January 28，2010. URL〈http：//af. reuters. com/article/topNews/idAFJOE60R0J220100128〉.

担心领土主权受到蚕食的不仅是乍得，刚果（金）与苏丹政府对待联合国维和行动的态度也反映了他们的这种担心。在对待联合国刚果（金）特派团（联刚团）在刚果（金）的存在问题上，刚果（金）政府一开始向联合国提出的要求与乍得没有什么两样，只是在与联合国的谈判过程中，刚果（金）政府展现了更大的灵活性，同意联刚团在更名为联合国刚果（金）稳定特派团（联刚稳定团）、缩小其部署地区并开始削减其部队人员后继续履行其维和使命。苏丹政府也是以维护其领土主权为由对非盟/联合国达尔富尔混合部队设置各种限制的。混合行动的诞生实际是苏丹政府从一开始反对部署纯联合国维和部队立场上妥协的结果。在不情愿地接受部署混合行动后，苏丹政府对混合行动的成员组成也提出了限制性条件，这也是混合行动成立已经整整三年尚未完成最后部署的重要原因。对于已经部署了的维和部队，苏丹政府也经常是以各种理由限制其行动。苏丹政府经常以安全为由限制维和部队前往特定地区进行巡逻，联合国部署的战术（武装）直升机需要提前 48 小时提出申请，苏丹政府才允许其起飞并且不准其携带必要的武器装备。2010 年 7 月底，南达尔富尔州首府尼亚拉市郊区的卡尔玛难民营发生暴力冲突，混合行动向到设置在难民营的联合国警务中心寻求避难的 5 位族长提供保护后，苏丹总统授权达尔富尔的三个州可以将超越其使命并妨碍政府工作的国际机构人员不加请示地驱逐出境。作为响应，西达尔富尔州政府于 8 月 18 日驱逐了几名国际机构的救援人员。①

一些专家认为联合国维和部队向成员国主权的让步，暴露出联合国维和行动的致命弱点，是导致联合国维和行动效率与效果不如人意的重要因素。而事实上，维和行动的部署必须取得东道国的事先同意并尊重东道国的主权，是维持和平行动与强制和平行动的主要区别所在。但与此同时，维和行动一旦在东道国同意后得到部署，东道国必须与维和特派团充分合作，否则，维和行动就成为“完不成的使命”。

---

① “Sudan to deport foreign NGO workers”, The Washington Times, August 18, 2010. URL 〈http://www.washingtontimes.com/news/2010/aug/18/sudan-deport-foreign-ngo-workers/〉.

（二）地区组织的维和行动

地区组织的维和行动积极展开，尽管不是国际维和行动的主流，但其成为联合国维和行动的有效补充，对维护世界和平发挥了积极的作用。

1. 地区组织不是维和行动的主流

无论从数量还是从部署的人数来看，地区组织的维和行动都要多于联合国维和行动。这难免给人以地区组织是维和行动主角的印象，这样的印象其实是一种假象。

北约是国际维和的主要力量，但北约正在实施的两大维和行动——驻阿富汗的国际安全援助部队（ISAF）和驻科索沃部队（KFOR）——都是名不符实的维和行动。就部署的人数而言，国际安全援助部队是有史以来规模最大的维和行动（部署人数超过8.4万），超过地区组织维和行动部署人数总量（111092人）的76%。而实际上，国际安全援助部队所从事的是和开展“持久自由行动”的驻阿美军完全一样的反恐战争。两者指挥系统合一，执行的主要任务相同：消灭塔利班武装。说国际安全援助部队是名不符实的维和行动毫不过分。与此相似的是科索沃维和部队（现有人数12662人）。[①] 众所周知，科索沃部队是在北约未经联合国授权对南联盟自治省科索沃实行78天轰炸并在军事上打败南联盟后强加给南联盟的，其目的是肢解南联盟。如果将北约的这两支部队排除在维和行动之外，那么，地区组织维和行动的部署人数就只有不到1.5万人了。

非盟是国际维和行动的另一主要力量，但非盟目前单独实施的维和行动——驻索马里维和部队（AMISOM）——不得不依靠合作伙伴提供各种保障。2007年3月开始部署的非盟索马里维和部队现有人数5221人。[②] 受装备和经费短缺的影响，非盟索马里维和部队至今没有达到授权的8000

① 数据来源：瑞典斯德哥尔摩国际和平研究所（SIPRI）多边和平行动数据库。http：//conflict. sipri. org/SIPRI _ Internet/index. php4。

② 数据来源：瑞典斯德哥尔摩国际和平研究所（SIPRI）多边和平行动数据库。http：//conflict. sipri. org/SIPRI _ Internet/index. php4。

人。为此，非盟早在 2008 年就要求联合国接管非盟在索马里的维和责任。[①] 但由于索马里安全条件尚不具备，联合国成员国承诺派兵的数量远远达不到要求，联合国安理会始终无法作出向索马里派遣联合国维和部队的决定。[②] 事实上，非盟驻索马里维和部队的部署、运转以及管理都是由非盟的合作伙伴提供资金保障的，这些合作伙伴包括联合国、欧盟、阿盟、中国、美国、英国、意大利、瑞典和日本等国家和组织。[③] 非盟与联合国共同实施的维和行动——非盟/联合国达尔富尔混合行动——也只是名义上的联合行动，实际上，该行动的指挥控制、经费保障和行政管理完全由联合国负责。

2. 地区组织在维和行动中的补充作用

虽然联合国仍在国际维和行动中占据主要地位，但随着维和行动规模的扩大以及武装冲突性质的变化，联合国已经难以独自承担国际维和的重任。发挥地区组织在维和行动的补充作用不仅是国际社会的战略选择，也是维护世界和平的现实需要。问题在于，地区组织究竟应该怎样发挥其在维和行动中的补充作用。笔者认为，其途径主要有四：

第一，遵守联合国维和行动的基本原则。取得主要冲突方的事先同意、保持公正以及除自卫和捍卫使命外不使用武力是联合国在维和行动的长期实践中逐渐形成并行之有效的基本原则，[④] 也是维和行动取得成功的重要保证。地区组织虽然有着决策与行动更加迅速，与冲突国家在地缘、种族和文化等方面具有相近性等优势，但 20 世纪 90 年代以来的事实证明，地区组织往往背离上述原则，超越“维和”的界线，开展旨在分裂主权国家、支持亲己派别、扶持亲己政府的军事行动，借“维和”之名，行“谋私”之实。北约在南联盟和阿富汗的行动、西非经济共同体在利比里亚的

---

① “AU urges UN to take over Somalia”, East Africa Forum, July 24, 2008. URL 〈http: //www. eastafricaforum. net/2008/07/28/au-urges-un-to-take-over-somalia/〉.

② “UN sees not yet time for Somalia blue helmet force”, Reuters, May 16, 2009. URL 〈http: //www. reuters. com/article/idUSLG364158. _ CH _. 2400〉.

③ “AMISOM Financial Support”. URL 〈http: //www. africa-union. org/root/au/auc/departments/psc/amisom/amisom _ Financial. htm〉.

④ 上述原则首见于联合国 2008 年 3 月出版的“United Nations Peacekeeping Operations: Principles and Guidelines”，由形成于冷战时期的“同意”、“中立”和“除自卫外不使用武力”等三项基本原则演变而成。

行动、独联体在格鲁吉亚的行动都证明了这一点。

第二，宜在联合国主导下开展行动。为避免地区组织在开展维和行动时可能出现的过多使用武力以牟取私利等缺点，地区组织宜在联合国主导下开展行动。具体而言，除遵守联合国维和行动的基本原则外，地区组织还应该：①在联合国安理会授权下开展行动；②接受联合国安理会的指导并向联合国安理会汇报工作；③和非盟一样与联合国开展联合行动。

第三，坚持有所为和有所不为。随着维和行动向建设和平方向迅速拓展，冲突后重建、组织民主选举、安全机构改革、法制建设等成为维和行动的重要任务，完成上述任务不仅需要充足的资金保障，更需要大量的专业知识。地区组织（尤其是北约、欧盟和欧洲安全与合作组织）的主要优势在于经济实力比较雄厚，专业知识比较丰富。地区组织在开展维和行动时应将重点放在与上述任务密切相关的民事职能上。在这方面，欧洲安全与合作组织的做法值得效仿。目前欧安组织开展的 8 项行动全部为民事行动，如欧安组织驻科索沃特派团。[①]

第四，为联合国维和行动提供外交支持。如上所述，地区组织有着与冲突国家在地缘、种族和文化等方面近似的优势，这为地区组织的外交斡旋创造了有利条件。为了保护平民安全以及避免人道主义灾难的发生，联合国有时不得在冲突持续进行或复发的情况下实施维和行动，而采用通过外交斡旋和谈判实现冲突的和平解决，为维和行动的开展提供安全稳定的环境。地区组织可以为联合国维和行动的顺利部署和实施发挥有力的外交支持作用。

二、主要维和任务区形势各异，总体呈现相对稳定局面，面临的问题和挑战巨大

（一）联合国海地稳定特派团

1. 联合国海地稳定特派团的成立及其使命

自 20 世纪 90 年代初起，加勒比岛国海地的局势就一直没有实现真正

① 数据来源：瑞典斯德哥尔摩国际和平研究所（SIPRI）多边和平行动数据库。http：//conflict. sipri. org/SIPRI _ Internet/index. php4。

的稳定，联合国海地稳定特派团的成立，是联合国及国际社会其他成员一系列和平努力的结果。1991年9月，海地武装部队总司令塞德拉斯发动军事政变，推翻了同年2月上台的民选总统阿里斯蒂德，使海地政治由宪制倒退到军事统治之下。1993年2月，在流亡总统阿里斯蒂德的请求下，联合国与美洲国家组织联合向海地派出了国际民事特派团，以监督海地的人权状况。[①] 同年9月，联合国海地特派团（联海团）成立，[②] 但因海地军政府的阻挠，直至1995年3月以美国为首的多国部队恢复阿里斯蒂德的合法地位，[③] 联海团始得全面履行其职责。联海团完成维和使命后，为了巩固联海团的维和成果，使海地走上可持续和平道路，联合国又相继向海地派出了三个维和特派团。[④] 联合国维和特派团的派出为稳定海地局势发挥了重要作用，但反复出现的政治危机与一再拖延的民主改革形成了互为因果的恶性循环，海地不稳定局势的根源并未消除。2004年2月，海地再次爆发武装冲突，冲突迅速由戈纳伊夫市蔓延到其他城市。为了迅速稳定海地局势，防止人道主义局势的恶化，联合国于2004年2月29日通过1529号决议，授权立即部署多国临时部队，并宣布将随后部署联合国稳定部队以接替多国临时部队的工作。[⑤] 2004年3月，安理会通过1542号决议，授权成立联合国海地稳定特派团（联海稳定团），[⑥] 并于同年6月1日接替多国临时部队的工作。

联海稳定团的任务主要包括安全与稳定、政治进程以及人权三个方面。在安全与稳定方面，支持海地过渡政府建立安全稳定的社会环境，协

① The International Civilian Mission in Haiti。参见联合国网站，http://www.un.org/rights/micivih/first.htm。

② United Nations Mission in Haiti（1993.9—1996.6）。这是联合国向海地派出的第一个维和特派团，其任务是协助海地合法政府建立一个举行自由和公正选举的有利环境。

③ 该部队是根据1994年7月31日联合国安理会940号决议部署的，其使命是恢复阿里斯蒂德的合法地位，维护海地的安全与稳定，促进法治。

④ 联合国海地支助团（United Nations Support Mission in Haiti，1996.7—1997.7），联合国海地过渡特派团（United Nations Transition Mission in Haiti，1997.8—11），及联合国海地民事警察特派团（United Nations Civilian Police Mission in Haiti，1997.12—2000.3）。

⑤ 联合国安理会1529号决议，S/RES/1529（2004），2004年2月29日。

⑥ 联合国安理会1542号决议，S/RES/1542（2004），2004年4月30日。

助监督、重组并改革海地国家警察部队，协助恢复和维护法律与秩序，保护平民安全。在政治进程方面，支持海地的宪政进程，协助组织、监督并举行自由、公正的市政、议会与总统选举；促进全面包容的政治对话与全国和解；为大选提供后勤与安全援助。在人权方面，支持过渡政府及海地人权机构促进并保护人权，监督并报告海地的人权状况。①

2. 大地震对海地和平进程的影响

经过联海稳定团多年的努力，海地和平进程取得了许多积极进展。过渡政府顺应不同党派的呼声对宪法进行了修正，从而使与政治有关的暴力活动大大减少。在联海稳定团警务部门协助下，海地国家警察的执法能力得到了明显提高，在双方的联合打击下，犯罪团伙的嚣张气焰得到有效遏制，公共安全在很大程度上得到了恢复。海地的国民经济也在全球经济危机蔓延的不利条件下实现了增长。②

然而，2010 年 1 月 12 日，一场突如其来的强烈地震使海地和平进程受到严重影响。海地原定于 2010 年 2 月 28 日和 3 月 3 日分别举行总统和议会选举。地震使大选准备工作与候选人的竞选活动被迫中止，一时间，海地政治前景变得模糊起来，震后实施的紧急状态法及救援工作进展也成为反对党攻击临时政府的工具。地震使海地的公共安全受到严重威胁。海地国家警察部队受到重创，共计有 77 名警官在地震中遇难，数百人受伤或下落不明。由于监狱受损，全国 8535 名在扣犯人中的一半在地震后逃脱，其中有 700 人曾参与了团伙犯罪活动。③ 一些原来没有不良记录的平民也迫于生计而参与抢掠救灾物资的活动。地震使联海稳定团协助海地政府努力建设的已有成果遭到严重破坏。根据海地政府的报告，全国约 1/3 的公务员在地震中丧生，总统府、最高法院、司法大厦、议会、主要法院和警

---

① 环球网据法新社 2010 年 11 月 25 日消息。

② MINUSTAH Background. URL〈http：//www. un. org/en/peacekeeping/missions/minustah/background. shtml.

③ 联合国秘书长就联合国海地稳定特派团工作致安理会的报告，S/2010/200，2010 年 2 月 22 日。

察机构等设施，或毁于地震，或严重受损。[1] 地震使海地面临严重的人道主义危机。据海地政府统计，地震共造成22.257万人死亡，数千人受伤或致残，1.5万人无家可归。据联合国及其伙伴机构的跟踪统计，仅首都太子港地区460个安置点就有无家可归人员117万人。[2] 更为严重的是，港口关闭、道路阻断、电力和通讯设施被毁，给救援工作带来了严重障碍。地震还必将放缓海地的冲突恢复和重建进程，使海地的经济发展受阻。联海稳定团自己也是这场大地震的直接受害者。地震中，联海稳定团总部所在地克里斯多弗饭店坍塌，附近的许多联合国办事机构和设施遭到破坏。包括联合国秘书长特别代表（联海稳定团最高首长）、副特派代表、代理总警监等在内的101名联合国工作人员在地震中遇难，还有许多人因为身心两方面所受到的严重创伤而无法重返工作岗位。[3]

3. 联海稳定团的主要工作

因海地政府的请求，根据联合国安理会的授权，联海稳定团向海地大选的准备工作提供技术、安全与后勤保障，并协调美洲国家组织和加勒比共同体等国际伙伴，向海地全国大选工作提供援助。临时政府所实行的紧急状态法以及对选举法的修改，将临时总统普雷瓦尔的任期至少延长到2011年5月，此举遭到反对党及一些民间团体的反对。因此，尽快举行大选是使海地政治进程重新走上正轨的关键。2010年4月，应普雷瓦尔总统的请求，联合国秘书长向海地派出专门工作组，对海地大选的可行日期进行评估。经过考察，工作组得出结论，在年底前举行大选在技术上是可行的。2010年6月，海地政府宣布总统与立法选举将于2010年11月28日

---

① “关于2010年11月28日举行的第二轮总统选举的声明”，联合国秘书长特别代表、联合国科特迪瓦行动负责人崔英镇，2010年12月8日，阿比让。联合国网站，http：//www.un.org/en/peacekeeping/missions/unoci/documents/unoci _ pr _ elections08122010.pdf。

② “关于2010年11月28日举行的第二轮总统选举的声明”，联合国秘书长特别代表、联合国科特迪瓦行动负责人崔英镇，2010年12月8日，阿比让。联合国网站，http：//www.un.org/en/peacekeeping/missions/unoci/documents/unoci _ pr _ elections08122010.pdf。

③ “关于2010年11月28日举行的第二轮总统选举的声明”，联合国秘书长特别代表、联合国科特迪瓦行动负责人崔英镇，2010年12月8日，阿比让。联合国网站，http：//www.un.org/en/peacekeeping/missions/unoci/documents/unoci _ pr _ elections08122010.pdf。

举行，而市政选举将单独举行。[①] 联海稳定团与联合国开发计划署协调，落实了组织大选的资金。联海稳定团还为投票中心的选址以及投票人名单的确定提供了协助。在安全方面，地震发生后仅仅一个星期，联合国安理会即通过1908号决议，将联合国维和部队和警察的数量分别扩大到8940人和3711人。[②] 6月4日，安理会又授权将警察人数增加到4391人。[③] 这样，军警人数分别比震前增加了2000人和2180人。联海稳定团与联合国警察、海地国家警察和民事部门一道，制定了旨在保护灾民的一体化战略，加强维和军警在犯罪团伙活动猖獗的灾民安置点内外的驻守与巡逻。维和部队还通过陆上和海上巡逻，为海地国家边防部门的管控工作提供支援。维和警察除帮助海地国家警察恢复执法能力外，还协助国家警察搜捕从狱中脱逃的犯人。在联海稳定团的努力下，海地公共安全保持了基本稳定。大规模的抢掠活动并没有发生，犯罪案件数量在地震后的几个月中虽然有所上升，但也只与往年同期相当。全国虽然发生了要求总统辞职并撤换全国选举委员会的示威游行，但没有造成明显的社会混乱。在人道主义救援方面，联海稳定团在开展自救的同时，积极投入到对灾民的救助之中。联海稳定团新增的兵力中，有来自日本、韩国、印度尼西亚和巴拉圭的工兵部队，他们与原有的巴西、智利和厄瓜多尔工兵部队一起，抢修震毁道路，为人道主义救援物资及时、连续地送达灾民手中发挥了关键作用。在震后恢复与重建方面，联海稳定团工兵部队拆除震毁建筑，清理政府机构、学校、医院、教堂等公共建筑废墟，准备灾民安置点场地，为恢复重建创造了有利条件。联海稳定团还积极与开发机构和捐助国协调，为海地震后恢复与重建募集了大量资金。其中欧盟承诺为海地重建提供16亿美元，[④] 美国承诺提供1亿美元，加拿大提供3000万美元。[⑤]

---

① 联合国秘书长就联合国海地稳定特派团工作致安理会的报告，S/2010/446，2010年9月1日。

② 联合国安理会1908号决议，S/RES/1908（2010），2010年1月12日。

③ 联合国安理会1927号决议，S/RES/1927（2010），2010年6月4日。

④ Press conference by European Union on donors' conference for Haiti. URL〈http：//www. un. org/News/briefings/docs/2010/100331 _ Haiti. doc. htm〉.

⑤ "秘书长关于联合国中非共和国与乍得特派团工作的报告"，S/2010/217，2010年4月29日。URL〈http：//www. un. org/ga/search/view _ doc. asp? symbol＝S/2010/217〉。

目前，海地面临的主要挑战是 2011 年 1 月顺利举行第二轮总统选举，实现政权的顺利交接；控制霍乱疫情的蔓延；加快震后重建的速度。

（二）联合国苏丹特派团

苏丹是非洲领土面积最大的国家，是目前世界上仅有的同时驻有两个联合国维和特派团两个国家之一。[①] 联合国苏丹特派团负责解决苏丹南北方之间的冲突，其任务区在苏丹南方。[②] 2010 年是苏丹北南和平进程的关键之年。这一年，苏丹不仅要举行 24 年来的首次多党民主选举，还必须完成拟定于 2011 年 1 月 9 日开始举行的苏丹南方和阿卜耶伊两项公决的组织准备工作，两者都与苏丹的未来息息相关。

1. 民主选举顺利举行

根据苏丹政府与苏丹人民解放运动/解放军（简称“苏人解”）2005 年签署的《全面和平协议》，苏丹应最迟于 2009 年举行总统、议会及地方选举。苏丹政府与苏人解还同意，大选日期由全国选举委员会确定。由于大选准备工作的滞后，苏丹全国选举委员会将大选日期推迟到 2010 年 4 月举行。虽然达尔富尔地区的一些反对派抵制了本次大选，大选过程中也因为组织工作的差错而出现了一些混乱，但据卡特中心、欧盟、阿盟和非盟等国际组织派出的观察员报告，整个大选在比较平静的气氛下有序地进行。结果，全国大会党候选人、现任总统巴希尔和苏人解侯选人基尔分别当选全国团结政府总统和苏丹南方自治政府总统。本次大选是落实《全面和平协议》的重大步骤，其顺利举行是苏丹北南和平进程取得的重要积极进展。同时，由于本次大选也是苏丹 24 年来举行的首次多党民主选举，对于苏丹的民主转型也具有重要积极意义。

支持苏丹选举是安理会赋予联合国苏丹特派团（联苏团）的使命之

---

① 另一个驻有两个维和特派团的国家是黎巴嫩，分别驻有联合国驻黎巴嫩临时部队，以及联合国停战监督组织，不过后者的任务区还包括叙利亚的戈兰高地和埃及的西奈半岛。

② 驻扎在苏丹的另一个维和特派团是非盟/联合国达尔富尔混合行动，其任务区是苏丹西部达尔富尔地区的三个州。关于非盟/联合国达尔富尔混合行动本文将在另一节加以阐述。

一。根据这一要求，联苏团应与其他国际机构一道为大选的准备与实施提供技术援助与指导。在选民登记阶段，联苏团为选民登记工作人员提供了培训教材、登记材料、通讯器材、办公设备等物资。联苏团与联合国开发计划署密切配合，在投票材料的采购、分发与回收，敏感材料的分装与存放等方面向全国选举委员会提供了广泛的后勤支援。联苏团还动用直升机向偏远地区输送选举材料。联苏团军警人员加大了巡逻和维持秩序的力度，为大选的顺利举行创造了有利的安全环境。

2. 公投准备进展缓慢

《全面和平协议》承认苏丹南方有通过公投决定其未来地位的权利。为此，《全面和平协议》规定，在长达6年的过渡期结束之时，苏丹南方将在国际社会监督之下，举行由苏丹政府和苏人解联合组织的公决，以确定苏丹南方与北方继续保持统一或者成为独立国家。① 此外，根据《解决阿卜耶伊冲突协议》的规定，在苏丹南方举行未来地位公决的同时，阿卜耶伊的居民也将举行公决。不管苏丹南方公决结果如何，阿卜耶伊公决将决定其是否保留在北方的特别行政地位以及是否成为加扎勒河州的一部分。②双方商定，这两项公投将于2011年1月9日开始进行。

上述两项公投的组织与实施工作由全国公投委员会负责，联苏团将根据安理会赋予其的使命，为公投的准备与实施提供指导与援助。公投无非是另一次投票，有年初组织举行全国大选的经验，就投票本身的组织实施而言，全国公投委员会应能克服面临的挑战，联苏团及国际社会所要提供的指导与援助也不会超出技术与后勤的范围。但公投的准备工作却面临着十分复杂的障碍，正是这些障碍使得公投的准备工作进展缓慢，甚至威胁着公投的顺利进行。

由于公投的结果直接关系到国家的统一还是分裂，因此，在公投进行之前，双方必须完成选民登记、北南边界划定、阿卜耶伊居民投票权以及财富和债务分配等关键问题。根据《全面和平协议》，只有1956年1月1日及之前生活在苏丹南方的居民及其子女才有权参加公投。选民的投票权

---

① 2002年7月20日苏丹政府与苏人解在肯尼亚马查科斯签订的《马查科斯议定书》，该议定书是《全面和平协议》的组成部分。

② 2004年5月26日苏丹政府与苏人解在肯尼亚奈瓦沙签署的《解决阿卜耶伊冲突协议》，该协议也是《全面和平协议》的组成部分。

直接关系到公投的结果，选民身份的甄别必须十分仔细。然而由于准备工作的迟缓，选民登记工作直到 2010 年 11 月中旬才开始。① 受复杂地形的影响，北南边界划定工作进展缓慢。受雨季影响，勘界工作被迫于 2010 年 7 月中止。然而，据勘界委员会的一位南方代表表示，勘界过程 75%的未决问题存在着争议，在公投前完成勘界工作没有可能。② 最为敏感的恐怕要数阿卜耶伊问题了，③ 这个问题的关键在于阿卜耶伊的居民权（也即投票权）问题。苏丹政府认为，丁卡·恩古克族人（倾向于南方）和米塞里亚族人（倾向于北方）都是当地的居民，因此都有权在阿卜耶伊公投中投票。而苏人解则坚持，只有丁卡·恩古克族人才有权在公投中投票，而米塞里亚族人没有投票权，只有在当地放牧的权利。到目前为止，关于居民权（投票权）问题的谈判仍然处于僵局，而苏丹政府则将达成一个令丁卡·恩古克族和米塞里亚族都能接受的协议作为在阿卜耶伊举行公投的先决条件。④ 此外，双方能否在公投举行前解决一旦南方独立后财富（尤其是石油收入）以及共和国现有债务的分配问题也将直接影响到公投能否顺利进行。⑤

3. 公投结果与联苏团的命运

2011 年是苏丹北南和平进程的决定性一年。现在几乎可以肯定的是，

---

① “Sudan Referendum Registration to Begin in Mid-November”, URL〈http://www.cbsnews.com/stories/2010/10/03/ap/middleeast/main6923275.shtml〉.

② “North-South border demarcation ‘impossible’ to complete before referendum: official”, Sudan Tribune, 27 July 2010. URL〈http://www.sudantribune.com/spip.php?article35774〉.

③ 阿卜耶伊地区位于苏丹北南分界线上，蕴藏着丰富的石油资源。该地区由 1905 年转让给科尔多凡的 9 个丁卡·恩古克族酋长领地组成，当地居民主要为丁卡·恩古克族，但在传统上，米塞里亚族人及其他牧民一直保留着在此放牧及自由流动的权利。根据设在荷兰海牙的国际仲裁法院 2009 年 7 月的仲裁结果，阿卜耶伊北部、东部和西部共约 8000 平方公里的土地划归苏丹北方中央政府管理，其余部分作为一个整体由 2011 年在当地举行的全民公决确定其最终归属。

④ “苏丹副总统提出在争议地区阿卜耶伊举行公投的条件”，人民网，http://world.people.com.cn/GB/12879884.html。

⑤ 苏丹政府与苏人解 2004 年 1 月 7 日于肯尼亚奈瓦沙签订的财富分配协议规定，苏丹政府应按照各州石油产量的比例，将石油收入的 2%分配给产油州。在完成上述支付后，苏丹南方油井中生产的石油净收入的 50%将分配给苏丹南方政府。但苏丹南方认为苏丹政府没有按规定的比例将石油收入分配给苏丹南方。

公投将于2011年1月9日如期举行。一般认为，公投的结果将没有什么悬念，那就是南方的独立。人们没有十分把握的是公投的结果是否会被民族团结政府接受，这将对联苏团的命运产生直接影响。

如果公投结果（南方独立）被苏丹政府接受，非洲大陆最大的国家将被一分为二。为落实2005年《全面和平协议》而成立的联苏团，很可能在2011年4月30日现有任期到期时结束自己的使命。安理会也很可能授权在南苏丹成立新的维和特派团，履行类似于联合国东帝汶过渡行政当局的使命，主要负责协助新生的国家完成向完全独立自主的主权国家的过渡。

如果公投结果（南方独立）不被苏丹政府接受，苏丹南方很可能强行宣布独立，并且得到美国等西方国家的支持。苏丹北南战争可能重新开始。由于苏丹政府背弃了在《全面和平协议》中所作出的承诺，苏丹在国际上更加孤立，并很可能面临外交、军事、经济等方面的严厉制裁。美国可能纠集自愿国家联盟出兵苏丹南方，以支持对苏丹北方的战争，甚至向北方发动军事打击。即使不被苏丹政府驱逐，联苏团在苏丹的存在将十分尴尬。

人们希望，无论出现何种情形，苏丹民族团结政府与苏丹南方政府能够通过和平协商解决一切争议，使苏丹全国保持和平与稳定。

（三）联合国刚果（金）特派团

1. 从联刚团到联刚稳定团

2010年5月28日，安理会就联刚团的命运通过1925号决议。决议将联刚团的使命延长至同年6月30日的同时，决定自同年7月1日起，将联刚团更名为联合国刚果（金）稳定特派团（联刚稳定团）。[①] 2010年6月30日，参加刚果（金）独立50周年庆典活动的联合国秘书长潘基文为联刚稳定团揭牌，[②] 至此，联刚团的维和使命正式结束，联合国在刚果（金）

---

① United Nations Organization Stabilization Mission in the Democratic Republic of the Congo (MONUSCO)。

② “联合国秘书长潘基文为联稳团（Monusco）揭牌”，中华人民共和国驻刚果（金）大使馆经济商务参赞处网站，http：//cd. mofcom. gov. cn/aarticle/jmxw/201007/20100707002386. html。

的维和行动掀开了新的一页。

联刚团走过了10年多不平凡的历程。1999年11月30日，联合国安理会通过1279号决议，决定成立联刚团。联刚团的基础是安理会1999年分别通过的1258号与1273号决议所授权部署的各类人员，包括军事联络人员，人权、人道主义、儿童保护、公共信息、医疗保障、政治事务和行政保障等人员。其最初的主要任务是与1999年7月签订的《卢萨卡停火协议》的签署方进行联络，制定停火监督和部队脱离接触计划，促进人道主义援助的提供。[①] 2000年2月24日，安理会通过的1291号决议扩大了联刚团的规模，将军事人员增加到5537人，军事人员种类由军事联络官增加到维和部队和军事观察员。决议还给联刚团增加了三项新的使命：监督停火协议的落实，调查违反停火协议的事件；监督并核实各方武装部队的脱离接触与重新部署；促进全国对话。[②] 2002年12月4日，安理会通过1445号决议，决定将联刚团的军事人员规模再次扩大到8700人。这次增兵的主要目的是部署两支特遣部队，以落实解除武装、复员部队和重新安置工作。其中第二特遣队的部署取决于两个条件，一是第一特遣队已经完成部署，二是解除武装、复员部队和重新安置工作量太大，仅靠一支特遣队无法完成预定工作。[③] 2004年10月1日，安理会通过1565号决议，决定为联刚团增加人员5900人，并赋予联刚团如下主要使命：①确保平民、人道主义救援人员以及联合国自身人员和财产受到保护。②与联合国布隆迪行动以及刚果（金）与布隆迪两国政府进行联系与协调，监督并阻止武装人员的跨境流动。③收缴并处理刚果（金）境内的非法武器。④观察并报告武装组织的位置以及外国军队在刚果（金）的活动情况。⑤协助刚果（金）全国团结与过渡政府维护法律与秩序，确保政府机构与官员的安全。⑥为人道主义援助的提供创造有利的安全条件，协助难民和流离失所人员自愿重返家园。⑦支持刚果（金）武装部队解除外国武装人员的武装，并协助其复员与自愿遣返。⑧支持刚果（金）本国武装人员的武装解除、复员与重新安置计划。⑨协助举行全国大选。⑩促进并保护人权，调查侵犯

---

① 联合国安理会1279号决议，S/RES/1279（1999），1999年11月30日。

② 联合国安理会1291号决议，S/RES/1291（2000），2000年2月24日。

③ 联合国安理会1445号决议，S/RES/1445（2002），2002年12月4日。

人权的事件。[①] 2005 年 9 月 6 日，为了给 2006 年 6 月 30 日举行的刚果（金）46 年来首次多党全国大选以及大选后成立的过渡政府提供支持，安理会通过 1621 号决议，决定将联刚团的人员编制增加 841 名临时人员，包括 5 个建制警察部队和其他警务人员。[②] 针对 2008 年下半年以来刚果（金）东部南、北基伍省严重恶化的安全形势，为更好地保护平民，调整联刚团组织结构及其部队部署，2008 年 11 月 20 日，安理会通过 1843 号决议，授权将联刚团维和部队增加 2785 人，建制警察部队增加 300 人。[③] 至此，联刚团军警编制实力达到 22016 人，实际军警人数达到 20819 人（截至 2010 年 4 月 30 日），[④] 使联刚团成为联合国有史以来第二大维和特派团。[⑤] 同年 12 月 22 日，安理会通过 1856 号决议，赋予联刚团下列使命：慑止刚果（金）国内外武装使用武力威胁戈马和内罗毕进程的任何企图；在刚果（金）东部地区协调并支援政府军的作战行动，以解除这一地区的地方和外国武装并防止向非法武装提供支援；支持安全机构改革，在人权、国际人道主义法、儿童保护和防止性暴力等方面向政府军提供军事训练，加强国家警察部队及有关执法机构的能力建设；帮助政府加强其扫雷能力；支持刚果（金）政府加强各级法治与民主机构建设；支持政府组织、准备并举行地方选举；支持政府加强司法系统（包括军事司法系统）的能力建设。[⑥]

2. 更名之外的无奈

从大的方面看，在联刚团的大力支持和密切配合下，刚果（金）形势的确发生了显著变化，具体表现在：《卢萨卡停火协议》的成功落实（2003 年），全国内战结束；与支持内战的邻国关系得到实质性改善，领土

---

① 联合国安理会 1565 号决议，S/RES/1565（2004），2004 年 10 月 1 日。

② 联合国安理会 1621 号决议，S/RES/1621（2005），2005 年 9 月 6 日。

③ 联合国安理会 1843 号决议，S/RES/1843（2008），2008 年 11 月 20 日。

④ MONUC Facts and Figures，URL〈http：//www.un.org/en/peacekeeping/missions/monuc/facts.shtml〉.

⑤ 无论就编制人数还是实际到位人数而言，联合国第一大维和特派团为非盟/联合国达尔富尔混合行动，其编制实力和实际到位的军警人数分别达到 25987 人和 22061 人（截至 2010 年 10 月 30 日）。参见：UNAMID Facts and Figures，URL〈http：//www.un.org/en/peacekeeping/missions/unamid/facts.shtml〉。

⑥ 联合国安理会 1856 号决议，S/RES/1856（2008），2008 年 12 月 22 日。

完整得到恢复；成功举行全国性民主选举（2006 年），中央、省和地方三级政权向全国延伸；除东三省（北基伍省、南基伍省和东方省）外，全国其他八个省的安全局势基本稳定；基础设施建设不断推进，为建设和平工作创造了一定的条件。

但如果对照联合国所提出的具体退出标准，[①] 则可以发现联刚团离维和使命的完成尚有很大差距。秘书长为联刚团的裁减和逐步撤离确定了两大方面（民主制度建设和安全环境建立）的六项标准，[②] 其中民主制度建设方面的地方选举工作尚未进行。在安全环境建立方面的差距则更远。由于国内外武装组织仍在东三省从事反对刚果（金）政府和针对平民的军事活动，东部安全环境尚未建立，人道主义状况仍然十分严峻，因此，第一、二项标准远未达到。第四项标准不仅要求建立政府军和国家警察部队，还要求其尊重人权与法治并具备捍卫国家宪法和保护人民生命财产安全的能力，而政府军和国家警察部队成员强奸妇女甚至杀害平民等严重侵犯人权的事件不仅仍然不断发生，而且往往得不到严肃查处，其尊重人权与法治的意愿以及保护人民安全的能力不得不受到怀疑。

其实，联刚团的更名是刚果（金）政府压力之下的无奈之举。早在 2009 年年中，刚果（金）总统卡比拉就要求联合国在 2010 年 6 月前提出联刚团逐步撤离的计划，并希望联刚团维和部队于 2011 年 6 月 30 日前完全撤离。[③] 为此，安理会在 2009 年 12 月审议联刚团的使命时，仅仅同意

---

① 为使联合国维和特派团能够在完成维和使命后及时从驻在国家撤出，参照安理会决议为维和特派团所确定的维和使命以及维和特派团为完成使命所取得的进展，联合国秘书处为维和特派团的裁减和最终撤出制定出可资衡量的具体标准（benchmarks），即决定维和特派团能否裁减或撤出的先决条件。

② 民主制度建设的两项标准是：完成基本立法并建立三级政府机构，成功举行可信的全国大选和地方选举。安全环境建立的四项标准是：①敏感地区（尤其是东部）局势稳定；②完成（本国）前战斗人员的武装解除、复员遣返和重新安置工作以及外国武装组织的武装解除和（或）遣返回国工作；③国家权力机构延伸至全国范围；④完成安全机构的改革工作，包括组建国家武装力量和统一的国家警察部队以及建立独立有效的司法制度。参见“联合国秘书长关于联刚团工作的第 24 份报告”，S/2007/671，2007 年 11 月 14 日。

③ 在与联合国技术评估团的磋商中，刚果（金）政府表示可以将维和部队的最终撤离时间定为 2011 年 8 月 31 日。参见“联合国秘书长关于联刚团工作的第 24 份报告”，S/2007/671，2007 年 11 月 14 日。

联刚团延长任期5个月。[①] 2010年2月22日至3月5日，秘书长向刚果（金）派出了一个技术评估团，就联刚团的改组及逐步撤离与刚果（金）政府举行谈判。经过磋商，双方同意联刚团维和部队于2010年6月30日前裁员2000人并于7月1日起调整联刚团的维和使命，双方还同意分阶段对新的维和使命进行定期评估，以及时确定维和部队从刚果（金）的最终撤离时间。

刚果（金）政府之所以迫不及待地要求维和部队撤离主要有三个原因。一是已经发生变化的国内形势。刚果（金）政府认为，维和部队的存在必须与国家的实际形势相一致。在这方面，卡比拉总统向技术评估团表示，除东部几个省份外，全国安全形势已经稳定，国家必须于现在翻开新的一页。二是刚果（金）政府强烈主权和自立意识的表现。2010年6月30日是刚果（金）独立50周年大庆的日子。2万多联合国部队在刚果（金）的存在时刻提醒着刚果（金）政府：自己的国家还不能自立，主权还没有得到完全行使。卡比拉总统强调，现在已经是让自己的国家“靠自己的翅膀飞翔”的时候了。刚果（金）总理为联刚团调整使命确定的第一条原则就是尊重刚果（金）民主共和国的独立与主权。为确保联刚团开始撤军，政府要求联刚团在6月30日前完成首批2000人的撤离工作，并表示将安排其中的一些部队参加独立50周年的庆典活动。政府向联刚团发出了强烈的送客信息。三是对联合国和国际社会一定程度的不满。秘书长在给安理会的多份工作报告中提到，政府军和国家警察部队成员严重侵犯人权的事件屡屡发生，也存在着有罪不罚的现象。人权观察组织2009年12月发表的一份报告甚至认为政府军在军事行动中故意杀害平民。[②] 对此，刚果（金）政府表示，对于政府军的能力建设，虽然也愿意考虑维和特派团参与的可能性，但更希望直接通过双边合作来进行。[③]

---

① 联合国安理会1906号决议，S/RES/1906（2009），2009年12月23日。

② UN considers withdrawal of peacekeepers from DRC，URL〈http：//www.opendemocracy.net/opensecurity/security_briefings/040310〉.

③ “联合国秘书长关于联刚团工作的第24份报告”，第101段，S/2007/671，2007年11月14日。

(三) 非盟/联合国达尔富尔混合行动

联合国与区域组织在维和领域的合作由来已久，其合作方式主要包括互相支持、互相继承及平行行动。[①] 就联合国与区域组织的合作而言，非盟/联合国达尔富尔混合行动（混合行动）是迄今为止独一无二的维和行动，其独特性在于，它是联合国与非盟联合组织实施的维和特派团，指挥机构由双方共同组成，主要官员由双方共同任命，特派团向两个组织同时报告工作。联合（或曰混合）行动成为联合国与区域组织新的维和合作方式。

1. 安全形势继续动荡

2010 年是达尔富尔安全形势持续动荡的一年，主要影响因素包括派别之间的武装冲突、部族之间的武装冲突、流离失所者营地（难民营）的暴力事件以及各种严重暴力犯罪活动。[②]

进入 2010 年，苏丹政府军就在迈拉山区（Jebel Marra）和摩恩山区（Jebel Moon）分别与苏丹解放军（阿卜杜·瓦希德派，SLA/AW）和正义与平等运动（JEM）展开激战，本轮交战一直持续到 3 月方告结束。2 月 23 日苏丹政府与正义与平等运动签订停火框架协议以后以及在 4 月的苏丹大选期间，[③] 政府军与上述反政府武装之间的冲突暂告平息。由于苏丹政府与正义与平等运动关于停火执行问题的谈判破裂，双方自 5 月初起再次发生武装冲突。在政府军的强攻下，正义与平等运动被迫撤出了在摩恩

---

① 联合国与区域组织之间的相互支持包括外交、作战与后勤等方面，其中外交支持是双向的，作战支持主要由区域组织向联合国提供（如北约向联合国），后勤支持主要由联合国向区域组织提供（如联合国向非盟）。互相继承是指一方派遣维和特派团作先头部署，待条件成熟后移交给另一方。平行部署是指联合国与区域组织的维和特派团共同部署于同一个冲突地区，但执行不同的维和任务。

② 流离失所者由英语 internally displaced persons（IDPs）翻译而成，流离失所者与难民一样都是因为武装冲突等原因而逃离原住地的人，两者的区别是，前者仍避难于本国境内，而后者则已经出逃至他国。为了表述方便起见，本文将流离失所者营地简称为难民营，将流离失所人员简称为难民。

③ "Sudan and Darfur rebels sign key truce". URL:〈http://www.smdailyjournal.com/article_preview.php?type=wnews&id=125610〉.

山区的根据地，流窜中的正义与平等运动又与政府军在南达尔富尔州、北达尔富尔州和科尔多凡州交界地区的多个地方发生冲突，并一直持续到6月。除上述严重冲突外，政府军与上述两个派别之间的零星冲突在整个2010年都有发生。政府军与反政府武装之间最激烈的冲突发生于5月，冲突造成的战斗人员死亡超过400人，是2007年12月31日混合行动成立以来死亡人数最多的月份。[①]

达尔富尔居住着包括阿拉伯人、富尔人和黑人在内的总共80多个部落。对牧场和水源的争夺控制常常引发部落之间的武装冲突，2010年，部族冲突的发生率依然较高。最为严重的地区是位于南达尔富尔州与西达尔富尔州交界处的奈提提—扎林吉—卡斯（Nertiti-Zalingei-Kas）三角地区，主要涉及米塞利亚和里泽盖特两个部族。3月3日，米塞利亚族的一名头领遭到里泽盖特族的杀害，这一事件导致了西达尔富尔州扎林吉至南达尔富尔州卡斯地区这两个部族之间一连串的武装冲突，冲突一直持续到5月才渐告平息。据混合行动的统计数字，3至5月冲突造成的双方人员死亡分别达到182人、212人和126人，而2009年全年的部族冲突死亡人数仅为134人。[②] 8月也是部族冲突比较严重的月份，共造成157人死亡，其中最为严重的仍是奈提提—扎林吉—卡斯三角地区米塞利亚族与里泽盖特族之间的冲突。[③]

7月下旬，位于南达尔富尔州首府尼亚拉市近郊的卡尔玛难民营发生严重暴力事件。营内赞成与反对多哈和平谈判的难民发生冲突，[④] 造成4人死亡，7人受伤。7月底，卡尔玛难民营的安全局势进一步恶化，赞成与反对多哈谈判的双方再次发生冲突，共造成35人死亡，营内约2.5万名

---

① “秘书长关于非盟/联合国达尔富尔混合行动工作的报告”，S/2010/382，2010年7月14日。

② 数据来源：United Nations Peacekeeping：Current Opertions。URL〈http：//www. un. org/en/peacekeeping/currentops. shtml〉。

③ “秘书长关于非盟/联合国达尔富尔混合行动工作的报告”，S/2010/543，2010年10月18日。

④ 多哈谈判是卡塔尔政府为解决苏丹达尔富尔冲突而发起的一系列和平谈判的总称，因谈判地点设在卡塔尔首都多哈而得名。

难民被迫再次迁移到尼亚拉市及周边村庄避难。[①] 受此事件影响，7 月 24 日，卡尔玛难民营的 5 名反对多哈谈判的族长以害怕遭到报复为由到设置在难民营的联合国社区警务中心寻求保护，警务中心将其收留保护。苏丹政府以此 5 人为煽动暴力的犯罪分子为由要求维和特派团将其移交给苏丹政府，遭到特派团有条件拒绝。此事引发特派团与苏丹政府之间的关系紧张，直到本文截稿时，5 名族长仍处于特派团的保护之下，双方之间的紧张关系仍未完全缓和，并仍有可能引发难民营内部甚至以外的暴力事件。[②]

各类严重暴力犯罪活动也是造成达尔富尔地区安全形势不稳定的重要因素。其中，针对维和人员的武装袭击、绑架和劫车事件尤为突出。根据联合国秘书长关于混合行动工作的季度报告统计，2010 年 1 至 10 月，针对联合国维和部队和警察的武装袭击事件共计发生 8 起，共造成 5 名维和人员死亡，10 人受伤；绑架维和人员及其他国际机构工作人员的事件共计发生 6 起，被绑架人员 12 人；抢劫维和特派团及其他国际机构车辆事件共计发生 15 起，抢劫未遂 1 起。针对平民的暴力犯罪活动也经常发生，最严重的要数 9 月 12 日。当天，一群不明身份的武装分子朝着北达尔富尔州塔巴拉特（Tabarat）村一市场的平民开枪扫射，共造成 37 人死亡，35 人受伤。[③]

2. 收效甚微，挑战艰巨

自 2007 年 12 月 31 日从非盟苏丹特派团（AMIS）接过职权以来，[④] 混合行动已经走过整整三年的时光。2009 年 11 月 16 日，秘书长在其向安理会提交的报告中提出了衡量混合行动进展的四条主要标准：（1）全面政治解决冲突，（2）安全稳定的环境，（3）法治、政府管理及人权得到加强，（4）人道主义状况得到稳定。[⑤] 秘书长在 2010 年 10 月 18 日关于混合

---

① 卡尔玛难民营内难民的具体数字不详。据统计，营内从世界粮食计划署领取食品救济卡的难民约 8.2 万，实际人数可能在 10—15 万人之间。

② 本段有关数据均来自“秘书长关于非盟/联合国达尔富尔混合行动工作的报告”，S/2010/543，2010 年 10 月 18 日。

③ 数据来源：瑞典斯德哥尔摩国际和平研究所（SIPRI）多边和平行动数据库。URL〈http：//conflict. sipri. org/SIPRI _ Internet/index. php4〉。

④ 根据联合国安理会 2007 年 7 月 31 日通过的 1769 号决议，非盟苏丹特派团自 2007 年 12 月 31 日起向非盟/联合国达尔富尔混合行动移交职权。

⑤ “秘书长关于非盟/联合国达尔富尔混合行动工作的报告”，S/2009/592，2009 年 11 月 19 日。

行动工作的报告中，对照上述标准对混合行动成立三年来所取得的进展进行了评估。对于这四条标准，秘书长所用之词分别为“进展有限”（limited progress）、“没有明显进展”（a lack of significant progress）、“适度进展”（moderate progress）和“进展不大”（prevented much progress being made）。与此形成对照的是，秘书长强调了混合行动所面临的诸多挑战。[①]

首先是达尔富尔和平进程停滞不前。到目前为止，军事实力最为强大的两个达尔富尔反政府武装（正义与平等运动以及苏丹解放军瓦希德派）均拒绝参加多哈和平谈判。苏丹政府与正义与平等运动 2010 年 2 月签订的停火框架协议一度使人们看到了和平的希望，但由于双方对落实停火协议的具有条件没有取得共识，谈判被迫于 4 月全国大选前中止。大选刚一结束，政府军与正义与平等运动就重新爆发冲突，后者随即宣布冻结对多哈谈判的参与。[②] 12 月 10 日、11 日和 17 日，政府军主动挑起了与已经签有和平协议的另一主要反政府武装苏丹解放军明纳韦派（SLA/MM）的冲突，其领导人明纳韦随即宣布与政府签订的和平协议已经死亡。至此，苏丹政府与主要反政府武装之间已处于全面的交战状态，和平进程前景变得更加暗淡，必将给混合行动履行使命造成更加严重障碍。

其次是多方限制维和部队的行动自由。行动自由是维和部队完成使命的先决条件，也是苏丹政府与混合行动签订的维和部队地位协议赋予维和部队的基本权利。然而在许多情况下，维和部队地位协议仅仅是一张空头支票，苏丹政府、反政府武装、甚至生活在难民营的平民都对维和部队的行动自由加以限制。7—10 月，各方限制混合行动或联合国其他机构行动的事件多达 26 起，其中苏丹政府 19 起，反政府武装 3 起，当地平民 4 起。[③] 3 月 5 日，混合行动的 60 多名维和人员在迈拉山区遭到不明身份的武装分子扣留，大批车辆、武器和装备被武装分子夺走。[④] 由于政府军与

---

① 数据来源：瑞典斯德哥尔摩国际和平研究所（SIPRI）多边和平行动数据库。URL〈http：//conflict. sipri. org/SIPRI _ Internet/index. php4〉。

② “JEM rebels freeze peace talks with Sudanese government”, Sudan Tribune, 3 May, 2010. URL：〈http：//www. sudantribune. com/spip. php? article34954〉.

③ 数据来源：瑞典斯德哥尔摩国际和平研究所（SIPRI）多边和平行动数据库。URL〈http：//conflict. sipri. org/SIPRI _ Internet/index. php4〉。

④ 秘书长关于非盟/联合国达尔富尔混合行动工作的报告”，S/2010/213，2010 年 4 月 28 日。

正义与平等运动在南、北达尔富尔州交界处所发生的武装冲突，苏丹政府自5月30日起禁止联合国直升机飞往这一地区的多个联合国营地，这次长达数周的禁飞令使部队轮换和后勤补给等活动受到严重影响。[①]

再次是非法武器的流通。由于苏丹及其周边一些邻国的长期战乱，边境地区常常是非法武装组织异常活跃的“天堂”，这给非法武器的跨境流动带来了极大的便利。法治的薄弱也迫使普通平民私藏武器以备不时之需。平民的武装化使得“人民内部矛盾”往往变得非常暴力和血腥。卡尔玛难民营暴力事件发生的原因之一就是营内存在着大量非法武器，部落冲突伤亡如此之高的原因也在于此。

最后是维和人员安全得不到保障。由于经常发生的针对维和人员的武装袭击、抢劫车辆、绑架人质事件，混合行动不得不加强巡逻队的兵力和武器装备配置，但这样一来，巡逻队的数量就不得不减少。作为应对抢劫车辆和绑架人质的措施，混合行动不得不为执行非作战任务的非武装公勤人员的外勤工作以及机关人员的上下班出行提供武装护卫。这又使本来应该为巡逻任务提供保护的步兵部队的兵力受到一定程度的牵制。这还不算，武装分子甚至在夜间闯入维和人员的住宅，进行抢劫、偷盗甚至绑架等活动。10月7日晚，一群不明身份的武装分子闯入混合行动总部所在地、北达尔富尔州首府法希尔市一维和人员住宅，将在此居住的4名维和人员中的2人绑走。[②] 恶劣的安全形势已经给一些空缺岗位的人员招聘造成了一定的困难，使正常工作的开展受到一定程度的影响。[③]

（四）国际安全援助部队

1. 步入歧途的维和行动

目前在阿富汗存在着两支任务和性质完全不同的国际部队，一支是由

① 数据来源：United Nations Peacekeeping：Current Opertions。URL〈http：//www. un. org/en/peacekeeping/currentops. shtml〉。

② “Armed men kidnap peacekeeper in Sudan’s Darfur”，Reuters，October 7，2010. URL：〈http：//www. reuters. com/article/idUSTRE6964ZO20101007〉.

③ 根据联合国秘书长10月18日向安理会提交的关于混合行动工作的报告，2008年1月至2010年10月，共有207名应聘者拒绝受聘，另有一些人受聘后辞去了职务。

美国领导的反恐联军，执行的是美国 2001 年 10 月 7 日发动的阿富汗“反恐”战争；另一支是北约领导的驻阿富汗国际安全援助部队（ISAF），主要任务是根据联合国安理会的决议，向阿富汗过渡当局以及后来的阿富汗政府提供安全援助。① 前者是不折不扣的战争机器，后者则是师出有名的维和部队。国际安全援助部队成立时，塔利班政权已被推翻，喀布尔及其周围地区的塔利班武装已被肃清。根据《波恩协定》附件一的设想，国际安全援助部队的使命是帮助阿富汗新政权组建并训练军队及治安部队，协助阿富汗过渡当局维持喀布尔及其周围地区的安全，使阿富汗过渡当局及联合国人员能够在安全的环境下开展工作。②《波恩协定》还要求，在国际安全援助部队所部署的地区，其他部队必须撤出。显然，两支部队各有分工：反恐联军继续进行其以肃清塔利班武装为目的的阿富汗战争，而国际安全援助部队则填补反恐联军撤出地区的安全真空，负责维持治安并帮助训练阿富汗国家军队和警察部队。尽管国际安全援助部队的出兵国大多为北约国家，但在一开始，国际安全援助部队在阿富汗的部署并不是以北约的名义，其指挥官也由几个主要出兵国的将军轮流担任。但为了让盟国分担反恐责任、减轻其阿富汗战争负担，美国的最终目的是要将国际安全援助部队纳入北约的轨道，并在自己的领导下共同完成消灭塔利班武装、结束阿富汗战争的任务。为此，美国于 2003 年 4 月推动北大西洋理事会同意扩大对国际安全援助部队的支援。同年 7 月，北约首次以自己的名义派遣部队加入国际安全援助部队，并于 8 月接过了国际安全援助部队的指挥权。国际安全援助部队从此成为北约部队。同年 10 月，安理会授权将国际安全援助部队的活动范围扩大到阿富汗全国的其他地方。③ 2004 年 10 月和 2006 年 9 月，国际安全援助部队分别完成了向阿富汗北部和西部的扩张。2006 年 7 月和 10 月，北约部队分别开始了向塔利班势力猖獗的阿富汗南部和东部的扩张，作为鼓励，美国将南部和东部的国际部队（包括国际安

---

① 联合国安理会根据 2001 年 12 月 5 日签订的《关于阿富汗永久政府机构重建前临时安排的协定》（即《波恩协定》）附件一的设想，于 2001 年 12 月 20 日通过 1386 号决议，授权部署国际安全援助部队。该部队的初始任期为 6 个月，后经多次延长至今。

② 《波恩协定》附件一。http：//www.afghangovernment.com/AfghanAgreementBonn.htm。

③ 联合国安理会 1510 号决议，S/RES/1510（2003），2003 年 10 月 13 日。

全援助部队和反恐联军）指挥权由反恐联军移交给北约。至此，美国完成了反恐联军与国际安全援助部队的指挥一体化。但时过仅数月，美国将军丹·麦克尼尔就于 2007 年 2 月接过反恐联军和国际安全援助部队的指挥权，美国在组织上完成了对国际安全援助部队的完全控制。[①] 国际安全援助部队向喀布尔以外地区的扩张意味着与塔利班武装的正面交手，标志着国际安全援助部队偏离了维和行动的方向，走上了强制和平的歧途。

2. 随着美国的曲调继续舞蹈

2010 年，国际安全援助部队在向阿富汗国民军和警察部队提供培训等援助的同时，继续随着美国反恐的曲调舞蹈。针对塔利班在 2009 年的重新得势以及美军在阿富汗泥潭越陷越深的情况，2009 年 12 月 1 日，美国总统奥巴马宣布了对阿富汗的新战略。根据这一新战略，美国将向阿富汗增兵 3 万，并于 2011 年 7 月起开始从阿富汗撤军。奥巴马表示，他的对阿新战略有三大目标：铲除“基地”组织的藏匿之地，逆转塔利班的嚣张势头并使其丧失推翻阿富汗政府的能力，加强阿富汗政府与安全部队的能力。[②] 为了配合美国的阿富汗新战略，北约也随即宣布可以向阿富汗增兵至少 5000 人。[③] 2010 年 2 月 12 日，反恐联军、国际安全援助部队士兵以及阿富汗政府军士兵共约 1.5 万人向阿富汗南部赫尔曼德省的塔利班重要据点马尔贾地区发动猛攻，并随后取得了对这一地区的控制权。[④] 这是奥巴马对阿新战略的首次重要尝试，目的是通过与阿富汗军队的共同行动，肃清塔利班在这一地区的势力，以便阿富汗安全部队掌握对这一地区的控制权，实现阿富汗政府对这一地区的统治。9 月，国际安全援助部队与阿富

① 从此，反恐联军和国际安全援助部队的指挥权就一直牢牢掌握在美国手中。2010 年 6 月，英国将军尼克·帕克曾接替因批评奥巴马政府而突然遭到解职的美国将军麦克里斯特尔担任驻阿美军和国际安全援助部队的临时指挥官，但很快即被美国将军彼得雷乌斯接替。

② “Obama Afghanistan strategy：More troops in quickly，drawdown in 2011”，URL：〈http：//articles. cnn. com/2009-12-01/politics/obama. afghanistan _ 1 _ obama-afghanistan-strategy-afghan-forces-security-forces？ _ s=PM：POLITICS〉.

③ “北约秘书长宣布有望向阿富汗增兵至少 5000 人”，易网，http：//news. 163. com/09/1202/11/5PHAJS5I0001121M. html。

④ “北约阿富汗新战略首次重要尝试：强攻塔利班据点”，德国之声中文网，http：//www. dw-world. de/dw/article/0，5246552，00. html。

汗政府军向塔利班在坎大哈的大本营大举进攻。国际安全援助部队为本次军事行动集中了优势兵力，但坎大哈是塔利班的发迹之地和最重要的据点，为此与对手展开殊死搏斗，战事在 2010 年难以结束。

面对国际安全援助部队与阿富汗政府军的强大攻势，塔利班并不示弱，并在年中向反恐联军和国际安全援助部队发起一轮袭击浪潮。5、6 月间，塔利班动用汽车炸弹、火箭弹和自动武器连续三次向北约大型军事基地发动袭击。7 月初，塔利班又袭击了位于北部昆都士的美国国际开发署办事处。[①] 8 月 28 日，塔利班武装分子身着美军制服同时向阿东部的美军萨勒诺前线基地和中央情报局在阿富汗的查普曼基地发动突然袭击。塔利班的连续袭击使 7 月和 8 月成为美军阵亡人数最高的月份，分别为 66 人和 42 人，而驻阿联军 8 月份的阵亡人数也至少达到了 62 人。[②] 9 月的国家议会人民院选举是塔利班政权倒台以来阿富汗举行的第二次全国议会选举，是阿富汗人民政治生活中的一件大事。和 2009 年总统大选期间一样，塔利班从事了一系列破坏选举的活动。仅 9 月 17 日就发生了 485 起暴力活动，超过了 2009 年 8 月 20 日总统选举日的 479 起。[③] 针对反恐联军和国际安全援助部队连续不断的武装袭击事件以及针对阿富汗政府官员和平民的暴力活动表明，塔利班的残余势力依然十分活跃。

尽管国际安全援助部队继续随着美国的反恐曲调起舞，但随着伤亡人数的增加，不和谐的步调随之出现。2 月 21 日，荷兰看守内阁首相表示，荷兰将按计划于 8 月开始从阿富汗撤军，并于年内完成撤离工作。[④] 荷兰部队一直驻扎在战事比较激烈的南部乌鲁兹甘省。就在荷兰宣布从阿富汗撤军的同时，澳大利亚外长发表讲话表示，澳大利亚无意取代荷兰在乌鲁兹甘省发挥领军国作用，由谁担任领军国是北约需要考虑的事。[⑤] 8 月 1

---

① “塔利班连续强攻考验美军新帅，狡猾战术屡次得手”，中国战略网，http：//mil. chinaiiss. com/html/20107/8/a27ca0. html。

② “塔利班进攻，百人穿美军服自杀空袭北约基地!”，英雄军事网，http：//www. gokuto. com/zuixinjunshi/zuixinjunshi/2010-08-30/524. html。

③ “北约：阿富汗议会选举期间共发生 485 起暴力事件”，中国新闻网，http：//www. chinanews. com/gj. 2010/09-19/2543169. shtml。

④ “荷兰宣布如期从阿富汗撤军”，新华网，2010 年 2 月 23 日。

⑤ “澳大利亚表示不打算在阿富汗发挥领导作用”，人民网，http：//military. people. com. cn/GB/1077/52988/11003941. html。

日，荷兰如期开始从阿富汗撤军，此举有可能在加拿大和英国等北约盟国中产生连锁反应。

反恐联军、国际安全援助部队以及阿富汗政府军对塔利班武装清剿力度的加大以及塔利班武装采取的针对性报复行动，使得2010年阿富汗安全形势持续恶化。与2009年相比，安全事件的总体数量增加了69％。①不断发生的塔利班报复性袭击事件极大地影响了阿富汗民众对政府及国际安全部队维护法治和提供基本社会服务的信心。

三、各种不确定因素导致2011年国际维和形势走向变数很多

2011年的国际维和行动仍有许多值得密切关注的焦点：海地第二轮总统选举能否顺利举行、政权能否顺利交接；苏丹南部公投给苏丹（包括达尔富尔地区）的安全形势究竟会产生什么影响；联合国刚果（金）稳定特派团是否会像刚果（金）政府要求的那样在2011年结束使命；科特迪瓦的政治闹剧会如何收场；美军是否会如期开始从阿富汗撤军、国际安全援助部队是否能够回到维和行动的正确轨道，这些谜底都有待于随着时间的推移逐一解开。

在新的一年里，联海稳定团仍然面临着艰巨的任务。政权的顺利交接是联海稳定团乃至海地整个和平进程的第一要务。根据海地选举法的有关规定，新总统将于2011年5月14日宣誓就职，海地已经确定于2011年1月16日举行第二轮总统选举。政权顺利交接无疑将促进海地政府进一步推进安全和法治领域的改革，促进联海稳定团维和使命的顺利完成。否则，海地和平进程将再次出现反复，也必将给联海稳定团维和使命的完成造成新的障碍。其次，虽然人道主义援救工作取得了重大进展，但地震的破坏程度以及海地原本存在的经济落后与贫困问题，意味着在2011年仍有许多人将在难民营和临时安置点度过。难民问题仍然有可能被党派政治所利用，给第二轮总统选举带来变数。此外，2010年10月暴发的霍乱疫情能

① "The situation in Afghanistan and its implications for international peace and security, Report of the Secretary-General", S/2010/463, 14 September, 2010.

否以及何时能够得到有效控制也关系到海地的社会稳定。

苏丹南部公民投票委员会 2011 年 2 月 7 日在喀土穆正式宣布苏丹南部公投的最终结果，在 1 月举行的苏丹南部公投中，98.83％的选民支持南部地区从苏丹分离，1.17％的选民支持国家统一。苏丹南部公投委员会主席伊卜拉欣 · 哈利勒在当晚举行的记者招待会上宣布的最终结果，与上月底公布的初步结果完全吻合。根据该结果，有 379.25 万名选民投票支持分离，4.48 万名选民支持统一。

苏丹总统巴希尔 7 日早些时候已经颁布总统令，宣布承认和接受苏丹南部公投的最终结果。

根据苏丹北南内战双方 2005 年达成的《全面和平协议》，如果苏丹南部地区今年 1 月 9 日至 15 日举行的公投结果是分离，那么该地区将在今年 7 月 9 日宣布独立。

2011 年达尔富尔的形势仍然可以用“难以预测”来形容。解决达尔富尔问题的关键要看冲突各方是否能够达成全面和平协议。如果全面和平协议达成，安全和人道主义状况的改善就具备了必要的条件。但至少就近期而言，人们还看不到达成全面和平协议的希望。2010 年 12 月间政府军对原本签有和平协议的苏丹解放军明纳韦派的连续进攻，使达成全面和平协议的希望更加渺茫。另外，很可能发生的苏丹南部独立，有可能给达尔富尔的反政府武装产生示范和鼓舞作用，在和平谈判停滞不前的情况下，反政府武装可能在现有的分享权力、分享财富以及难民等要求的基础上，进一步提出自决的要求。2010 年 8 月，正义与平等运动就首次表示，达尔富尔自决已经成为该运动的一个选项。[①]南部公投可能引发的南北边境地区的武装冲突，可能造成难民的跨境流动，而达尔富尔的反政府武装可能利用南北之间的紧张局势借机在达尔富尔给苏丹政府施加军事压力。

在刚果（金），根据刚果（金）政府与联合国达成的共识，双方将每六个月对联刚稳定团的裁撤进行联合评估。由于 1925 号决议将联刚稳定团的部署期限定为 1 年，即到 2011 年 6 月 30 日，双方将对裁撤工作进行两次联合评估，其中拟定于 2011 年 3 月进行的第二次评估甚为关键，因为安

---

① “Self-determinaion emerging as an option for Darfur：JEM”, Sudan Tribune, 4 August, 2010. URL：〈http：//www.sudantribune.com/spip.php? article35853〉.

理会将于2011年6月30日前讨论是否延长联刚稳定团部署期限，这次评估结果将直接影响安理会的决定以及联刚稳定团的命运。联刚稳定团在2011年6月30日之前完成使命是根本不可能的。政府军虽然有联刚稳定团的支持，但其能否在此之前在东三省完成对本国以及外国武装组织的军事行动值得怀疑，即使军事行动完成了，也还有解除武装、复员遣返和重新安置的艰巨任务。政府军和国家警察部队的能力建设以及国家司法制度的建立更非一日之功。而支持地方选举工作则至少要持续到2012年地方选举工作完成后才能结束。联合国甚至做好了刚果（金）局势出现逆转的准备。

科特迪瓦将成为考验国际社会智慧与意志的试金石。打破一国二主的僵局将是一道十分难解的政治题。落选总统巴博虽然在道义上失去了支持，但仍然掌握军队和警察等国家机器；当选总统瓦塔拉虽然有联合国和美国等的支持，但只是个光杆司令。一个落选的候选人担任总统是国际社会无法接受的，联合国维和行动也无法承受如此高的信誉损失。国际社会劝说巴博交权的工作到目前还看不出明显的效果。人们要问的是，国际社会会像当年美国出兵利比里亚将独裁总统泰勒赶下台那样迫使巴博就范吗？如果巴博被迫就范，瓦塔拉能够站稳脚跟吗？

2011年的阿富汗值得世人高度关注。美国是否会像奥巴马宣布的那样从阿富汗撤军？这个问题的答案应该取决于反恐联军以及北约部队在军事上所取得的进展。从2010年的情况来看，反恐联军和国际安全援助部队在赫尔曼德省和坎大哈省的军事行动虽然在初期进展较为顺利，但也遇到了塔利班的顽强抵抗。军事专家认为，奥巴马想在2011年7月从阿富汗抽身绝非易事。美国国务卿希拉里·克林顿曾在喀布尔举行的阿富汗问题国际会议上表示，"设定这个时间并不意味着美国将就此从阿富汗撤离，这只是一个新阶段的开始"。[①]国际安全援助部队及其任务也存在着一定的变数。北约秘书长拉斯穆森曾经表示，北约可能在2010年底前将安全任务移交给阿富汗部队。而在7月于喀布尔举行的阿富汗问题国际会议上，阿富汗总统宣布将自2010年底起启动防务移交程序，并将自2014年起由阿富汗部

① "阿富汗问题国际会议首次在阿富汗本土举行"，人民网，http：//world. people. com. cn/GB/1029/42354/12201501. html。

队全面担负起安全保卫职责。[①] 无论阿富汗政府军何时接手安全任务，2011 年仍有可能有北约国家从阿富汗撤军。加拿大已决定 2010 年从阿富汗撤出全部约 3000 名士兵。意大利也将于 2011 年夏季开始从阿富汗撤军。[②] 随着美国和北约尽早从阿富汗撤军（至少是部分撤军）的意图日益明显，国际安全援助部队可能加大对阿富汗政府军的培训力度，使后者能够尽快接管阿富汗的安全任务，而这才是国际安全援助部队的本来任务。

（陆建新）

① “阿富汗问题国际会议首次在阿富汗本土举行”，人民网，http://world.people.com.cn/GB/1029/42354/12201501.html。

② “意大利 2011 年夏季开始撤军，驻阿北约力量捉襟见肘”，凤凰网，http://news.ifeng.com/mil/1/detail_2010_10/14/2780270_0.shtml。

第八章

太空发展与安全问题

太空是人类发展的新边疆。在21世纪，由于航天太空技术对国家政治、经济、军事、科技等方面巨大的推动作用，成为了决定一个国家在世界政治经济格局当前地位与未来发展的关键性指标之一。因此，当前世界各主要大国与一些新兴国家都将发展航天太空技术作为提高国家国际地位、确保国家安全利益、抢占战略制高点的重大举措。世界各国在航天太空技术领域的竞争与合作所引发的太空安全问题，成为影响国际安全形势的一个重要方面。

2010年世界各主要航天大国分别围绕开发新型运载工具、部署应用卫星、建设国际空间站和深空探测，实施了一系列重要航天工程，取得了丰硕的成果。美国依然在世界航天太空领域保持领先地位。在积极参与国际太空站建设、与部分国家进行航天合作的同时，美国仍将夺取制天权、谋求空间霸权、维护太空绝对优势作为发展航天太空事业的核心目标。欧盟继续重视航天太空事业发展，在继续参与国际太空站建设、利用阿丽亚娜火箭完成多次商业发射任务的同时，大力推进“伽利略”全球卫星导航系统建设。2010年俄罗斯积极参与国际太空站建设，大力推进“格洛纳斯”全球卫星导航系统建设，但在临近年终时随着三颗导航卫星发射失败，该系统建设遭受重大挫折。中国航天太空事业在2010年取得重大发展。包括“嫦娥二号”月球探测卫星、5颗北斗导航卫星等在内，中国全年共进行了15次航天发射，全部获得成功。印度继续加大对航天太空事业的投入，实际发展喜忧参半。年内虽“一箭五星”发射成功，但在12月25日印度火箭发射却遭遇重大失败。除上述国家外，2010年日本、韩国、以色列、巴西、伊朗等新兴航天国家在推进本国航天太空事业方面也取得了一定成绩，但包括韩国“罗老”号火箭发射失败在内，部分国家在发展航天太空事业方面付出了较为沉重的代价。总的来看，以国际空间站基本建成为标志，2010年世界各主要国家的国际太空合作取得一定发展，但同时各国间在航天太空领域中的竞争性与对抗性因素也逐渐增多，部分国家研制、布置太空武器的步伐有所加快，太空竞争的无序性有所增加，可控性有所降低，对2010年国际安全形势构成了一定挑战。

一、世界各国更加重视航天与太空事业发展，战略调整提速，竞争加剧，呈现不平衡发展状态

（一）美国

2010年美国适度调整了航天太空战略。在布什政府2004年发布的太空计划中，美国宣布了2020年实现人类再度登月、2030年启动火星远征的“星座计划”。但奥巴马政府上台后认为，美国近来由于致力于实现这一目标，被迫削减了其他关键的航天太空项目的经费，包括对地观测、航空、机器人太空探索、太空科学和教育等，从而威胁了美国航天局其他重要的任务，而登月计划本身又没能成为一项经济可承受、可执行、有望最终取得成功的项目。因此，在美航天局2010财年预算当中，宣布终止“星座计划”，将执行一项更为安全的、创新的、经济可以承受的且长期稳定的政策。为此，美国将研制新型天基项目与太空飞行系统、开展太空探索、扶植航天太空产业作为经费投入的重点方向。然而，这并不意味着美国已经完全放弃了载人登月计划与火星远征计划。2010年4月15日，美国总统奥巴马在视察了肯尼迪航天中心后承诺，美国将尽快打造低地轨道新型太空船、开展载人航天飞行以及开发未来可能的月球任务所需要的新技术。奥巴马表示：“我们不仅要强化美国在地球上的领导力，还要进一步拓展人类在太空中的活动范围。”①

2010年美航天飞机陆续完成退役前的太空之旅。2月8日，美“奋进”

① “美宇航局2010大事回眸”，新浪网，http://tech.sina.com.cn/d/2010-12-24/09185023572_3.shtml。

号航天飞机从佛罗里达州肯尼迪航天中心发射升空，为国际空间站运送重大施工部件。10日与国际空间站完成对接后，宇航员们进行了三次太空行走，为国际空间站安装了“宁静”号节点舱和一个便于宇航员对地球、其他天体及航天器进行全景观测的观测台。5月14日，“阿特兰蒂斯”号航天飞机在肯尼迪航天中心进行了退役前的最后一次发射。与国际空间站对接期间，“阿特兰蒂斯”号宇航员完成了三次太空行走，为空间站太阳能电池板安装了6块新电池，安装了一个直径约1.8米的碟状天线，以提高空间站与地面控制中心进行双向数据、语音及视频通信的能力，并为空间站“德克斯特”双臂机器人连接了一个储物平台。“发现”号航天飞机的太空飞行计划一波三折：“发现”号最初定于11月1日升空，但由于氢气泄漏，用于分隔外部燃料箱的铝条出现裂缝以及外部燃料箱出现裂缝的原因，“发现”号航天飞机的发射被一再延后。按计划，“发现”号此次的飞行任务为期11天，将为国际空间站运送“机器人宇航员2号”，这将是空间站上首个人型机器人，并将成为空间站“永久居民”。美国航天局此前计划，在“发现”号和“奋进”号分别于今年年底前及2011年2月执行一次飞行任务后，美国航天飞机将全部退役。但《2010美国航天局授权法案》要求增加一次航天飞机飞行任务。美国航天局官员曾表示，增加的飞行任务可能安排在明年6月进行。①

2010年美太空武器技术开发取得新进展。4月22日，美国使用“阿特拉斯5号”火箭将X-37B空天飞机发射升空。作为人类研制的首架空天飞机，X-37B长约8.8米，翼展约4.6米，尺寸仅约美国现役航天飞机的1/4，起飞重量超过5吨。美国政府在近20年的研制过程中共为该项目投入数亿美元资金，其技术性能一向是美军的最高等军事机密之一。据报道，X-37B在战时有能力对敌国卫星和其他航天器进行军事行动，包括控制、捕获和摧毁敌国航天器，对敌国进行军事侦察等。12月3日，该飞行器在美国范登堡空军基地自主着陆，结束了二百余天的飞行。截至目前，美国空军仍在分析研究该飞行器的相关数据，不过空军高层官员称此项飞行任务获得了极大成功。

---

① “美国航天局授权法案”，南方周末网，http：//www.infzm.com/content/51025。

2010年，美多颗军事卫星被送入太空执行任务。5月27日美国于佛罗里达州卡纳维拉尔角使用“德尔塔—4”型火箭将一颗用于查明大气层或太空中核试验情况的新型卫星送入轨道。这颗卫星是桑迪亚国家实验室和洛斯阿拉莫斯国家实验室研制的新一代太空监视设备，配备有性能更加完善的仪器。美国能源部国家核安全局副局长助理肯恩—贝克指出，该卫星的入轨将有助于加强美国对大气层或太空核爆炸的监视能力，“大幅改善检查各国履行《全面禁止核试验条约》义务的情况，将会促进不扩散核武器制度的巩固”。[①] 8月14日美国空军利用“宇宙神”—5运载火箭发射了首颗先进极高频（AEHF）卫星。这颗卫星将提供跨任务领域的安全与保护性通信能力，将惠及特别行动、战略核威慑、战略防御、战区导弹防御与太空作战。与已经在轨工作50多年的“军事星”相比，该卫星的带宽容量、交叉链路、点波束覆盖等都有极大提高，其中一颗AEHF卫星的容量将高于目前在轨的整个“军事星”星座的容量，向全球范围内的美国军事指挥官提供高速、抗干扰的通信保障。9月25日，美军方发射一颗“天基太空监视卫星”。该卫星的部署可以摆脱地球大气层干扰，全天候时时追踪人造地球卫星和太空垃圾碎片。12月9日，美国陆军建造的首颗试验性纳卫星在卡纳维拉尔角成功发射升空。该卫星进入低地球轨道后，与地面站通讯状态良好，并提供了所需数据。作为50多年来美国陆军制造的首颗卫星，这颗卫星此次首飞的主要目标是接收来自地面发射器的数据，并将这些数据中继到地面站。美国陆军进行此次发射的目的，在于演示验证该型卫星对加强陆军战术通信的作用，最终目标是在低地球轨道部署多颗该型卫星。

（二）欧盟

2010年欧盟继续重视发展航天太空技术。11月25日，欧盟第七届航天理事会一致通过了一项决议，强调“伽利略”全球卫星导航系统和“全球环境与安全监视系统”（GMES，即“哥白尼”）仍然是欧盟航天计划中

---

① “美国新型卫星入轨将监视各国空天核试验”，新浪网，http：//mil.news.sina.com.cn/2010-06-02/1117595823.html。

的优先项目，要求欧委会、欧空局局长与各成员国及欧洲其他国家一道，共同提升欧盟的航天太空能力。该决议还呼吁推动建立太空态势感知能力以保护欧洲太空资产，并强调在国际太空探索讨论中整个欧洲保持统一立场的必要性。法国总统萨科齐12月14日也表示，法国将一如既往地把航天事业视为“战略优先发展目标”，并会从政府借贷计划中使用2.5亿欧元用于研发“阿丽亚娜—6型”火箭。萨科齐指出，面对当前航天领域激烈的国际竞争，法国乃至欧洲必须拥有自主进入太空的能力，这样才有可能获得大量的先进技术，为此法国需要强大而高效的运载火箭。[①] “阿丽亚娜—6型”火箭有望在2020年到2025年间投入使用，用于替代目前使用的“阿丽亚娜—5型”火箭。另外，法国还计划拨款研发新型卫星。

2010年欧盟“伽利略”计划在压力下向前推进。经过多方协调，欧盟委员会最终在2010年授出6份“伽利略初始运行能力”（IOC）采购合同中的4份。这些合同的授出意味着“伽利略”计划全面启动了运行基础设施的工作。在此4份合同当中，获益最大的仍是航天技术领先的德意法英等国。其中，意大利泰利斯阿莱尼亚太空公司获得了系统支持服务项目合同，价值8500万欧元；德国OHB公司领衔囊获卫星项目合同（制造30颗卫星中的前14颗），合同总额5.66亿欧元；法国阿里安太空公司赢得了卫星发射服务项目合同，合同价值3.97亿欧元；运行阶段的空间和地面设施管理项目合同则授予由德国航空航天中心和意大利空间通信公司联合建立的公司，合同金额约1.94亿欧元。剩下的地面基础设施完成项目和地面控制中心完成项目两个合同预计将于2011年签署。另外，2010年多个伽利略卫星导航系统的地面站和控制中心陆续建成：位于南太平洋中的新喀里多尼亚监测站于10月6日正式建成，这是伽利略卫星导航系统全球服务网络最远的站点之一；位于瑞典北部基律纳市的地面站于12月13日正式落成；位于意大利富奇诺的控制中心于12月20日投入使用。加上2009年11月19日建成的、位于法属圭亚那库鲁航天中心的库鲁地面站，伽利略导航系统地面配套设施的建设已经取得阶段性成果，为“伽利略”计划2011年发射首颗导航卫星、并于2014年完成初步部署并具备初始运行能

---

① “萨科齐签署贷款协议加快阿丽亚娜新型火箭研制”，中新网，http：//2008.chinanews.com.cn/gj/2010/12-15/2723148.shtml。

力打下了坚实的基础。

（三）俄罗斯

2010年俄继续大力参与国际空间站建设。2010年俄罗斯5次发射“进步”系列货运飞船，为国际空间站送去包括科研设备、燃料、服装、水、食品与娱乐设备在内的大批给养与设备。另外，俄还于12月15日在拜科努尔发射场使用“联盟-FG”型运载火箭将“联盟”载人飞船送入太空。该飞船搭载三名分别来自俄罗斯、意大利与美国的宇航员。按计划，“联盟”飞船与国际空间站自动对接后，此三名宇航员将在国际空间站内生活和工作近半年时间。随着美国航天飞机的陆续退役，预计未来俄罗斯在建设、使用与维护国际空间站方面的作用将更加突出。

2010年俄“格洛纳斯”全球导航系统建设受到挫折。“格洛纳斯”是俄近年来大力建设的科技项目，该系统主要服务内容包括确定陆地、海上及空中目标的坐标及运动速度信息等。2010年3月与9月，俄在拜科努尔火箭发射场使用“质子号”火箭分两次将6颗“格洛纳斯”导航卫星成功送入预定轨道。但12月5日俄罗斯“质子号”火箭在哈萨克斯坦拜科努尔发射升空后，因火箭机载电脑系统程序错误，致使该火箭搭载的3颗“格洛纳斯”导航卫星被送入错误轨道后坠毁。俄总理普京今年早些时候表示，俄罗斯2011年计划投入此项目上的预算资金约为17亿卢布（约合4000万美元），计划在现有的20颗正在运转的卫星基础上，再发射7颗卫星，确保它们的覆盖范围遍及全球。[①] 俄计划在2011年实现该导航系统的全面部署。

2010年俄罗斯成功发射多颗军用卫星。1月28日俄罗斯从哈萨克斯坦境内的拜科努尔发射场用一枚“质子”运载火箭将一颗“虹”系列军用通信卫星发射升空。俄罗斯加快了“宇宙”系列卫星的部署速度：4月16日俄罗斯从俄境内的普列谢茨克发射场成功发射一颗“宇宙”系列军用卫星，卫星进入预定轨道。4月27日，俄罗斯“宇宙—3M”火箭再次将一

① “俄罗斯3颗卫星发射失败 或因运载火箭程序错误”，中国网，http：//www.china.com.cn/economic/txt/2010-12/21/content _ 21586064.htm。

颗“宇宙”军事导航卫星送入轨道。9月8日，俄罗斯“罗科特”火箭成功将两颗军用“宇宙”系列卫星和一颗“信使”卫星送入轨道。

（四）中国

2010年中国航天太空技术取得重大进展。包括“嫦娥二号”月球探测卫星、5颗“北斗”导航卫星等在内，中国2010年全年共进行15次航天发射，全部获得成功。在月球探测方面，10月1日中国“嫦娥二号”探月卫星在西昌卫星发射中心被“长征三号丙”运载火箭成功送入太空并正常展开工作，标志着中国登月之旅技术储备又向前迈进了一步。相比“嫦娥一号”先发射到地球附近的过渡轨道，再经过数次调整切入奔月轨道，“嫦娥二号”卫星将一步到位，由运载火箭直接送入近地点200公里、远地点约38万公里的绕月轨道。“嫦娥一号”需要近14天时间才能进入工作轨道，这次的“嫦娥二号”则只需7天就可做到。因此，“嫦娥二号”的技术更先进，其对运载火箭推力要求更大，对入轨精度和控制精度要求更高。作为中国探月工程二期的技术先导星，“嫦娥二号”目前工作正常，为此后的“嫦娥”实现月面软着陆开展了关键技术试验，拍摄了距月面约18.7公里、分辨率约1.3米的清晰月面图像，向地面传回大量相关数据。

在全球卫星导航系统建设方面，随着综合国力不断增强，2010年中国建设自己的全球卫星导航系统的步伐明显加快。随着12月18日在西昌卫星发射中心发射场使用长征三号甲火箭将第7颗“北斗”导航卫星成功送入预定轨道，中国已于今年连续发射五颗“北斗”导航系统组网卫星。“北斗”卫星导航系统是目前全球卫星导航系统四大供应商之一，是中国独立发展、自主运行的全球卫星导航系统，同时也是国家正在建设的重要空间信息基础设施。根据总体规划，2012年左右，“北斗”卫星导航系统将首先具备覆盖亚太地区的定位、导航和授时以及短报文通信服务能力；2020年左右，建成覆盖全球的“北斗”卫星导航系统。中国将在今后两年内发射10颗左右的导航卫星，预计最快到2015年、最迟不超过2020年，建成由30多颗卫星组成的覆盖全球的“北斗二号”卫星导航系统。“北斗二号”系统在定位精度等功能将不逊于美国的GPS全球卫星导航系统。“北斗”卫星导航系统的建设，推动了全球卫星导航系统的技术进步，将有利于世界各国在全球卫星导航领域的合作发展。

在火箭技术方面，12 月 18 日“长征三号甲”运载火箭在西昌卫星发射中心的成功发射，是自 1970 年“长征一号”火箭发射“东方红一号”卫星以来，中国“长征”系列运载火箭的第 136 次航天飞行，也是中国运载火箭技术研究院总装研制生产的“长征”系列运载火箭第 100 次飞行。在过去近四十年的发展历程中，中国火箭、卫星产品质量稳步提升，可靠性和安全性进一步提高，发射能力显著增强，测控技术更趋成熟。随着航天事业迅速发展，中国当前卫星发射已进入高密度期，并正在成为常态化。

中国继续稳步推进载人航天事业。据悉，我国载人航天工程第一个空间交会对接目标——“天宫一号”目标飞行器也已完成总装，计划将于 2011 年发射进入预定轨道，之后将发射神舟八号飞船与该飞行器交会对接。执行交会对接任务的“天宫一号”目标飞行器、改进型“长征二号 F”运载火箭和改进型“神舟”载人飞船等主要飞行产品的研制正在按计划进行，交会对接任务各项准备工作进展顺利。目前，我国新选拔出的第二批共 7 名航天员正与首批航天员一起，进行着紧张繁重的学习训练任务，为执行后续我国载人航天飞行任务积极准备。载人航天工程是我国航天史上规模最大、系统组成最复杂、技术难度和安全性可靠性要求最高的国家重点工程。随着以“神七”为代表的神舟系列飞船成功完成使命，我国科技人员突破了一大批拥有自主知识产权的核心关键技术，使我国载人航天工程实施短短十余年时间内，先后实现从无人飞行到载人飞行、从一人一天到多人多天、从舱内实验到出舱活动等重大跨越，使我国加速跻身于世界航天大国之列。

（五）印度

2010 年印度继续大力推进航天事业的发展。2010 年印度加大对航天太空技术的财政投入力度，并公布了其雄心勃勃的航天计划。2 月 26 日，印财政部长慕克吉在向议会下院所提交的 2010—2011 财政年度（始于 2010 年 4 月 1 日）中，航天预算比上个财年增加 58%，达 500 亿卢比（约合 11 亿美元）。在预算中，50 亿卢比将用于极地卫星运载火箭和地球同步卫星运载火箭的研制，15 亿卢比将用于载人航天技术（包括太空舱研制、航天员培训和基础设施建设）的发展，10 亿卢比将用于月球探索项目（包括研制新的月球探测器等）。在载人航天飞行工程方面，印度空间研究组织宣称，印计划于 2016 年进行首次载人航天飞行。该组织还宣布，从 2010—2011 财政年度开始，该组织计划在数年间每年平均发射 10 颗卫星，以满足国家经济发展等方面的需求。

2010 年印度火箭卫星技术发展喜忧参半。印度于 7 月 12 日成功实现了"一箭五星"发射任务，使用一枚极地卫星运载火箭将五颗卫星送入太空轨道。在这五颗卫星中，包括一颗印度新研制的高分辨率遥感卫星，该卫星携带一部全色相机，拍摄范围达 9 公里长，最大分辨率为 0.8 米。《印度时报》13 日报道称，随着该卫星的成功发射，印度在太空中已有一个由 10 颗遥感卫星组成的"关键星座"，这使印度在监控边境和边境活动方面具备了优势。① 但 12 月 25 日，印度 GSLV-F06 运载火箭在发射升空后不久，突然偏离轨道，后发生猛烈爆炸，星箭全毁。初步调查显示，爆炸原因是火箭第一级出现严重技术故障。该火箭所搭载的 GSAT-5P 卫星重约 2310 公斤，是印度研制的重量最大通讯卫星。这枚卫星在印度硅谷班加罗尔开发，预计寿命为 12 年，携带 24 个普通的 C 波段转发器和 12 个扩展型 C 波段转发器。这颗卫星的主要功能是提高电视转播清晰度，并为远程医疗、教育等提供支持。

（六）日本

2010 年，日本开始推进导航卫星系统建设。9 月 11 日，日本使用 H-2A 火箭首次发射了自主研发的定位卫星"向导号"，标志着日本开始加入导航卫星竞赛。此次发射的"向导号"是日本"准天顶卫星导航系统"计划发射的三颗卫星中的第一颗。近年来，日本力图建立起一个与 GPS 兼用的、并逐步过渡到能够独立测位的卫星导航系统，提高日本及其周边的 GPS 定位的性能。构筑"准天顶卫星导航系统"是日本整个卫星导航计划中的第一步。该系统计划由 3 颗与地球同步的倾斜轨道卫星组成。它能发

① "印度新型间谍卫星升空 太空监控能力赶上中国"，新浪网，http：//mil.news.sina.com.cn/2010-07-14/0739600578.html。

射与GPS同样的导航信号，这使得用户可以将其当作一颗GPS卫星来使用。同时，该卫星系统增加了一个增强信号以为日本国内用户提供更高质量的定位服务，此外还增加了一个试验用信号。该系统有望提高定位精度，将GPS原来10米的定位精度提高到1米。该系统部署完毕后，将为日本卫星导航技术研究提供一个测试和论证的在轨平台，极大地推动日本在卫星导航领域的发展。

2010年日本继续积极展开太空探测活动。5月21日日本于九州岛的鹿儿岛县种子岛宇宙中心发射“拂晓”号金星探测器。“拂晓”号是日本首个金星探测器，搭载有红外线相机等先进设备，并安装了日本自主研发的世界首台高性能陶瓷引擎，目的是对金星的大气运动、雷电等进行观测，并利用这些成果加深对全球变暖等地球气候现象的研究。12月7日，该探测器经过长达6个多月近5亿公里的长途跋涉后，由于燃料供应受阻，主引擎动力降低，导致突然大幅度倾斜，飞行姿势改变，最终与金星擦肩而过，未能进入预定轨道。1998年，该机构发射的“希望”号火星探测器的主引擎阀门就曾出现异常情况。另外，6月13日携有“丝川”小行星岩石微粒的日本“隼鸟”号探测器回归地球。5年前在探测“丝川”小行星时，“隼鸟”号曾经历着陆观测器丢失、燃料泄漏等诸多困难，但它仍传回了大量图片和数据，并最终完成着陆采样。

2010年日本在新太空飞行器开发上取得一定进展。5月21日，与金星探测器“拂晓”号一起升空的，是日本开发的一种名为“伊卡洛斯”号太空帆船。该飞行器由其附带的太阳能薄膜帆提供动力，这种薄腊帆由可自由调节光反射的特殊材料制成，用于加速、减速及改变方向。在接近金星之前的约半年中，该飞行器将反复进行太阳帆试验，为将来开发深空探测器积累经验。6月10日，“伊卡洛斯”号通过旋转机体，利用离心力展开了折叠收藏在机体外侧的帆。16日，日本宇宙航空研究开发机构公布了“伊卡洛斯”号携带的摄像头所拍下的太空帆船全景图像。图像显示，14米见方的薄膜已经像帆那样展开，太空帆船正在太空中顺利航行。

（七）其他国家

2010年韩国航天太空技术发展喜忧参半。6月10日，韩国“罗老号”

运载火箭进行了第二次发射，但在升空后不久就发生爆炸。据调查，事故原因在于“罗老号”火箭第一级和第二级火箭推进器之间分离螺栓（俄罗斯制）所发生的故障。6月27日，韩国首颗静止轨道卫星“千里眼”搭载法国“阿里亚娜—5型”火箭被成功送入地球同步转移轨道。经测试，包括通信、海洋、气象等3个搭载物体在内的卫星状态一切正常。这是韩国自2003年9月着手研发“千里眼”卫星以来，取得的该国航天史上的重大成果。

以色列于2010年6月22日在特拉维夫以南的帕勒马希姆空军基地成功发射了一颗名为“地平线9号”的间谍卫星，主要用于增强对伊朗等国家的监测能力。以色列国防部发表声明称，该卫星为“具有先进技术的监测卫星”，上面安装了高分辨率摄像头。“地平线9号”升空后，将与之前发射的2枚“地平线”系列间谍卫星联手工作，从而加大以色列军方对敏感地区的监测覆盖面积。

2010年2月3日伊朗国防部长宣布，该国当天成功发射了一枚火箭，并将老鼠、乌龟和蠕虫等生物送入太空以供科学研究。伊朗近年来航天技术发展迅速：2005年10月，俄罗斯将一颗为伊朗制造的卫星送入太空轨道，用于研究和通讯服务。2007年2月，伊朗发射了该国第一枚运载研究材料的火箭。2008年伊朗启动该国首个航天与卫星中心，相继发射了“探索者1号”和“探索者2号”火箭。2009年，伊朗首次将一枚自行研发的卫星发射升空。伊朗总统内贾德不久前发表讲话说，伊朗希望不久后能够将宇航员送入太空。他表示，“打破国际垄断局面的主要突破就在于科学与技术领域”。①

2010年12月12日，巴西成功将一枚装载了数百公斤物品与多项试验设备的中型火箭送入太空。巴西国家太空局官员说，这枚火箭从巴西东北边的艾坎塔拉火箭发射中心升空后，进行了多项科学试验。这枚由巴西和德国科学家合作设计的火箭，在飞行约18分钟后回落，坠落在巴西大西洋海岸外233公里处海面，由巴海空军收回。多年来，巴西的太空计划屡遭挫折，这次火箭顺利升空被看作是巴西航天太空事业的一大成功。

---

① “伊朗成功发射自制火箭 称不久后送宇航员进太空”，人民网，http：//scitech. people. com. cn/GB/10933843. html。

二、太空安全形势严峻，战场化趋势凸显，合作有所进步的同时，也面临诸多挑战

（一）太空竞争日趋激烈，太空战场化趋势有所凸显

近年来，随着科学技术的长足发展，越来越多的国家意识到了航天太空技术在提升国家国际地位、带动相关产业发展、推动国家实力增长、抢占军事制高点等方面的战略性意义。为此，世界各国均对发展本国的航天太空事业投入了极大的热情，纷纷提出了自己的太空发展计划。随着国际太空领域竞争日趋激烈，源自冷战思维的太空竞赛不仅没有减弱，反而呈现愈演愈烈之势。特别是在个别国家推动下，在航天太空领域中的对抗因素逐渐增多，太空已成为霸权主义的附属工具和大国博弈的重要战场。

美国在其2006年《国家太空政策》中宣称，太空已经成为美国经济、国家和国土安全的重要组成部分，“美国将保护国家在太空行动的权力、能力和行动自由，拒绝就任何可能会限制其进入和使用太空的协议进行谈判，反对任何形式的军事控制协议。如有必要美国有权不让任何敌视美国利益的国家进入太空，太空自由与美国海上和空中力量同等重要。”[①] 作为世界航天太空领域的领先国家，虽然美国奥巴马政府的新空间政策在内容上与布什政府奉行的单边政策多有不同，但其基本原则并未改变：美国仍将夺取制天权、谋求空间霸权、维护太空绝对优势作为核心目标。2010年6月30日在美国国务院发表的奥巴马政府航天政策的要点简报中，虽呼吁加强在航天太空领域中的国际合作，但同时强调美国将继续致力于利用太空系统以保障美国的国家与国土安全。基于此目的，该报告宣称美国将重点投资太空态势感知能力和运载火箭技术，研发确保飞行任务核心功能在太空运用的手段，加强识别与判断威胁的能力，遏制、防范并在必要时击溃试图干扰或攻击美国或其盟国太空系统的种种企图。美空军2010年态势报告也宣称，空军的太空战能力是提升美国应对各种冲突能力的决定性因素之一。在该报告所强调的支援联合部队行动的六个主要任务领域中，几

① “美国为何强烈拒绝签署《外太空非武器化条约》”，新华网，http://news.xinhuanet.com/mil/2008-01/31/content_7535209.htm。

乎都与航天太空领域密切相关。[①] 本着上述目的，在“天军”建设和太空武器开发一向走在世界前列的美国，近年来加速了太空军事化、武器化进程，力图籍此确保在外太空自由作战的优势地位。经大力发展，目前美国已在诸多太空武器技术领域取得突破性发展，特别是2010年美X-37B空天飞机的成功试飞，进一步拉大了与俄罗斯、欧盟等航天强国之间的差距。美国希望借此独霸外太空或大气层外的制天权，牢牢控制信息、数据的卫星中继与安全传输，提升美国在航天太空领域的军事实力和技术优势。

作为新兴的航天大国，印度从不掩饰其推进太空战武器开发的意图。印度于2007年筹建“航空航天防御司令部”，对太空战武器展开了概念性研究。2010年印度首席国防科学家萨拉斯瓦特表示，印度的卫星及火箭发射技术已相当发达，政府开始整合各方面的力量，研发一种太空武器，用以摧毁敌人部署在地球低轨道的卫星。据悉，这种“卫星杀手”能够摧毁敌方卫星、远程雷达、通信系统、激光制导系统以及呈现完整卫星图像的红外导引头等。印度希望通过拥有攻击对手太空设施的手段，破坏其战争行动，从而使印度在未来“网络中心战”时代中立于不败之地。印度空间研究组织主席拉德哈克里希南博士曾表示：“印度已经掌握了足够的‘直接撞击低轨道卫星’的航天科技……我们在每次发射（卫星）前都要进行相关专业的计算，为印度卫星确定相对安全的位置，避免造成被同一区域内运行的其他卫星冲撞的麻烦。而这种技术也能用于猎杀在轨运行卫星的目的。”[②] 不仅如此，据美国媒体称，当前印度正在加紧开发反卫星系统技术，包括粒子束武器、射频武器和轨道拦截器以及信号干扰器，并计划于2010年部署动能攻击飘浮拦截器、无方向限制的射线火炮阵列和高级跨大气层空中飞行器。印度巴巴原子能研究中心的名为“卡利—5000”的强大电子加速器也处于后期安装之中，预计到2020年可当作粒子束反卫星武器

---

① 这六个主要任务领域包括：导弹预警；空间态势感知（SSA）；军事卫星通信；定位、导航和定时；太空进入和气象。见“美空军2010年态势报告公布 涉及制太空权等领域”，中国网，http://www.china.com.cn/news/txt/2010-04/20/content_19862960.htm。

② “印度研发低轨道‘卫星杀手’誓保‘太空财产’”，新华网，http://news.xinhuanet.com/tech/2010-01/06/content_12762542.htm。

投入使用。

不仅如此，除美印之外的很多国家目前也着手或准备开展太空军事技术的开发。日本在2008年通过的《宇宙基本法》中，便允许自卫队发射并操控高分辨率侦察卫星，并规定如顺应世界潮流将太空用于“非侵略目的”，则可以在“专守防卫”原则下允许对太空进行军事利用。① 日本于2009年通过的《航空基本法》，使日本航空自卫队得以利用太空资源，并正在“研究、制定和规划”相关政策，力图为日本未来太空行动奠定所谓的“法理基础”。其他一些初具航天能力的发展中国家如巴西、智利，以及少数毫无航天基础的国家如马来西亚、乌拉圭等，都不同程度表达了对空天问题的关注，有的国家甚至开诚布公地表明了本国在军事上开发和利用太空的决心和计划。

在航天太空领域中国际体制的缺失是导致太空军事竞争愈演愈烈的另一个重要原因。为了确保外空用于和平目的，国际社会曾于20世纪六七十年代达成了一系列旨在控制外空军备竞赛的国际条约，如《外空条约》、《月球协定》、《部分禁止核试验条约》、《反弹道导弹条约》等。其中，1967年通过的《外空条约》被誉为和平利用外空的法律基石。但由于《外空条约》不禁止在外层空间部署非大规模杀伤性武器，也没有禁止发展、生产和使用外空武器，使其对防止太空军备竞争的作用有限。对此，世界主要航天大国近年来又相继提出了关于加强太空立法的建议，如2002年6月中俄等国联合提出的《关于未来防止在外空部署武器、对外空物体使用或威胁使用武力国际法律文书要点》，及其之后根据各国意见起草的《关于外空法律文书的核查问题》和《现有国际法律文书与防止外空武器化问题》等。但由于个别大国始终不愿将这个问题列入联合国裁军会议的议程，太空立法进程始终未取得实质性进展。

随着越来越多的国家加入太空竞争、空间技术的飞速发展以及个别国家加快太空武器开发的举措，使得太空战场化已经成为世界航天太空事业发展的一大障碍，这势必将大大增强太空竞争的对抗性，降低航天大国之间的信任度和太空活动的可控性，增加因偶然事件爆发太空冲突的几率，

① “日本《宇宙基本法》正式生效，宇宙开发战略总部成立”，人民网，http://military.people.com.cn/GB/52937/52939/7736633.html。

因此太空竞争及其可能引发的部分国家间的敌对磨擦已经成为影响未来国际安全走向的一个重要因素。然而，任何一个国家如若发动“太空战”，由此产生的太空垃圾不但将危及其自身太空资源的安全，而且也势必迫使其作战对手采取实施太空核爆、向太空密集轨道投射大量“太空垃圾”等超常规手段进行反制。其后果轻则两败俱伤，重则可能会引发世界范围的冲突与动荡。届时，将没有任何一个国家可以在“太空战”中独善其身，作为头号军事强国的美国也不能例外。因此，达成禁止在太空部署任何武器以及禁止试验和部署特定反卫星武器的国际协议，推动达成并签署《禁止反卫星武器的国际公约》，建立行之有效的外层空间监督、管理和协调机制，不仅极为必要，同时也符合世界绝大多数国家的利益。积极寻求推动外空军备控制谈判、引导人类走上和平利用外空的正确轨道，是逐步彻底消除太空军备竞赛、实现太空永久和平的正确道路。

(二) 国际太空合作取得一定进展，但同时面临诸多挑战

近年来，由于各主要航天太空大国发展航天太空事业速度的不断提升与任务的不断更新，越来越多的国家进入太空领域并拥有自己的空间设备。鉴于开发太空所需耗费的巨大资源、金钱和技术力量，致使世界各国面临的技术、资金压力与失败风险越来越大，因此通过国际合作减轻单个国家的技术、资金压力，实现技术、经验共享，便成为人类航天太空事业未来发展的必然选择和必然趋势。另外，由于太空领域的独特性质，有效的国际太空合作对于维护国际安全与世界和平发展、对于促进全球治理和推动区域一体化、对于服务于世界各国的共同利益等都有重大的现实意义。中国航天员科研训练中心主任陈善广早就指出：“探索与利用外层空间是一项复杂、艰巨的事业，单靠一两个国家是难以持久和深入进行的，载人航天规模庞大、技术复杂、耗资巨大，国际合作是必然趋势。”[①] 俄航天署署长佩尔米诺夫也表示：“人类未来大型航天项目的实施，仅靠一个国家的力量难以完成。人类面临的是航天学发展的全新时代，也是各国开

---

① “中国载人航天拓展国际合作，国外测控站达 4 个”，光明网，http：//www.gmw.cn/content/2008-09/24/content_841431.htm。

展合作具有转折性的时代。”[1]

国际太空站的建设发展，就是世界各国在航天太空领域内的积极开展国际合作的一大范例。2010年美国航天飞机三次出动，俄罗斯货运飞船与载人飞船数次成功完成使命，使得欧洲航天局的节点舱、天体观测台和机械臂以及俄罗斯小型实验舱在国际空间站上纷纷就位，空间站建设基本完成。目前国际空间站舱体总数已达13个，可供6名宇航员长期驻扎，空间站的服役期将延长到2020年。11月2日，国际空间站的各建设方共同庆祝国际空间站载人飞行10周年。在过去10年间，国际空间站共实施了600多项不同的研究任务和技术研发试验，在医药、环境系统以及对宇宙的理解方面都取得了重大研究进展，来自多个国家约190名航天员已经参观了国际空间站或在国际空间站进行过工作。因此，国际空间站的发展建设过程，体现出世界各国在航天太空领域内的国际合作在广度深度上所取得的重大突破。俄罗斯航天署署长佩尔米诺夫表示：“我希望在国际空间站方面各国的合作能够长远地继续进行，不论在这个项目里，还是其他先进的空间探险举措，我都希望合作能持续。”[2]

2010年各航天太空大国间的双边合作也取得一定发展。由于美航天飞机即将退役，美国未来数年内可能将完全依靠俄罗斯火箭和飞船把航天员送入空间站，这为下一步美俄两国航天国际合作创造了有利时机。2010年4月6日，美国航空航天局与俄罗斯联邦航天局签署了价值3.35亿美元的国际空间站修正合同，在2013年和2014年进行人员运输、救援和相关服务。这份修正合同涵盖使用“联盟”飞船提供支撑服务，包括所有发射、乘员救援、常驻人员登陆所需的培训和准备。[3] 另外，2010年5月18日俄第一副总理伊凡诺夫与美国航天局局长博尔登会谈后表示，美俄两国有望在探索太阳系、联合研发下一代火箭、增强在高技术领域（如卫星导航系

① “俄官员称实施大型航天项目需要国际合作”，新浪网，http：//mil.news.sina.com.cn/s/2009-03-27/0955546757.html。

② “国际空间站：载人航天任务十周年”，中国航天网，http：//www.spacechina.com/zsyzx_gjhtkx_Details.shtml?recno=71385。

③ “美俄签署3.35亿美元合同延长国际空间站合作”，新浪网，http：//mil.news.sina.com.cn/s/2010-04-09/1158589853.html。

统等）技术交流等方面进行进一步的国际合作。[①] 俄印两国在航天太空领域中的合作也取得一定进展。3 月 12 日，在俄罗斯总理普京访问印度期间，俄罗斯与印度签署了内容涵盖印度核力量、太空和国防领域的数项协议。在航天太空领域，两国计划成立一家联合企业，生产全球导航卫星系统设备。此前，俄印两国所签署的协议，规定两国将联合生产 GPS 和俄罗斯“格洛纳斯”全球卫星导航系统的导航设备，其中包括将“格洛纳斯”系统用于满足印度的国防目的。印度准备在“格洛纳斯”系统全球覆盖、投入使用时，便开始利用该系统分辨率为 5—15 米的民用信号。[②] 与此同时，美印两国太空合作也有望取得进一步发展。美国国家安全委员会高级官员马尔克斯于今年 6 月曾指出，美国认识到同印度进行太空合作的重要意义，两国已经就在民用太空技术和国家安全领域中的合作展开了磋商。[③]

但是，由于航天太空技术大多是尖端科技，代表着一个国家科技最高水平，大多具有极为重要的军事价值，对国家政治、经济、军事发展极具战略意义，因此出于防范航天太空技术外泄的考虑，特别是由于霸权思维与意识形态偏见作祟，部分国家对开展航天太空合作、特别是技术交流与技术共享仍持保守态度，甚至以技术保护为借口对开展航天太空合作人为设置障碍。比如，目前唯一一个在轨的国际空间站，以美国、俄罗斯为首，有加拿大、日本、巴西、法国、德国、英国等 16 个国家参与，但其他国家却长期被排除在这一国际合作之外。因此，尽管美国国家航天局博尔登在今年 4 月的一次会议上曾指出，在航天太空领域必须展开国际合作，“孤立中国，那是一种幻想。被孤立的将是美国自身”，[④] 白宫国家安全委员会空间政策顾问马尔克斯也指出，“（美国的）中心目标是促进太空领域的和平合作，这不仅能避免冲突，还有助于增强美国在地球轨道及以外的

---

① “俄罗斯寻求与美国开展太空领域合作”，中国国防科技网，http：//www.81tech.com/2010/0519/25944.html。

② “印俄签署价值数十亿美元的能源、国防协议”，中国国防科技网，http：//www.81tech.com/2010/0315/23367.html。

③ “美国政府谋求扩大国际太空合作”，华尔街日报网，http：//cn.wsj.com/gb/20100629/bus124329.asp? source=NewSearch。

④ “美中寻求太空合作可能”，强国网，http：//www.chnqiang.com/article/2010/1019/mil_30182.shtml。

运行能力”。① 但美国传统基金会在2009年10月30日所刊发的一篇文章中，依然表现美国部分政治势力对开展国际太空合作、特别是开展美中太空领域合作的所谓“强烈忧虑”。该文警告，中美在太空技术上总体差距悬殊，互惠交流时中方得到的利益要远多于美方，美方潜在的成本将大大超过可能的收益。因此正如业内人士所指出的，不可对太空国际合作形势过于乐观，部分国家推行的所谓“合作”政策更像是控制对手的一种策略，部分国家不可能放弃在航天领域的霸主地位与霸权思维。② 而这种思维方式不除，世界主要国家要在太空合作领域走得更远，还面临诸多无法克服的障碍与挑战。但同时，我们也有充分的理由坚信，人类未来航天太空事业的发展合则互利，争则互损。只要世界各国本着对人类未来整体发展的负责态度，在航天太空领域展开全面的国际合作，和平开发利用太空将不会只是一个愿望或梦想。

（葛汉文）

---

① “美寻求国际太空合作 不排除搭中国飞船上太空”，新华网，http：//news. xinhuanet. com/mil/2010-07/06/content _ 13815024. htm。

② “美中寻求太空合作可能”，强国网，http：//www. chnqiang. com/article/2010/1019/mil _ 30182. shtml。

第九章

极地竞争问题

全球环境与气候问题引发的举世瞩目，科学研究推动人类对自然地理空间探索的日益深入，能源资源与国际政治权益的激烈竞争，所有这些活跃的国际社会现实活动，都在极地问题上得到强有力的呈现。很大程度上可以说，极地问题已经越来越成为人类活动新的焦点问题之一。沉寂了亿万年的南北极不再有往日的宁静。

南北极问题属于典型的全球公共问题。南极是地球上尚未开发的最后一块陆地，按《南极条约》所说，南极的科学研究要致力于全人类的共同利益；[①] 北冰洋（除了已有归属的岛屿和领海部分以外）也属于国际共有，各国共同使用。[②] 但由于南北极地区越来越涉及到资源问题、能源问题和环境问题，如同在这些问题上向来具有的涉及国际政治权益斗争的矛盾性，极地问题也日渐深陷国际权益竞争的陷阱，尽管它强调，也必需，国际社会的共同治理。

一、南极竞争忙“插旗”，资源争夺与环境保护成为政府和民间各不相同的目的

目前世界公认的竞争最激烈的三块资源宝地分别是：海底、月球和南

---

① 《南极条约》的序言，The Antarctic Treaty，http：//www. nsf. gov/od/opp/antarct/anttrty. jsp. zhuanzai。转引自张磊：“国际法视野中的南北极主权之争”，《学术界》，2010 年第 5 期，第 66 页。

② 董秀丽：《国际法教程》，北京大学出版社，2006 年版，第 101 页。

极。作为最受竞争的潜在资源宝地之一，南极地区尽管有着较为有效的国际管理规则，尽管目前由于气候极为严寒仍不具备资源广泛利用的现实性，但各国为了在南极问题上获得更大的发言权，纷纷千方百计地前往南极建站“插旗”。

(一)《南极条约》体系

南极洲基本上都位于南纬 60°以南。目前国际社会在南极地区管理上发挥国际法效力的主要政府间条约依然是《南极条约》。《南极条约》相关协定与依据《南极条约》及其相关协定所采取的措施一起被称为南极条约体系。这些相关的重要协定包括《南极条约环境保护议定书》〔又称《马德里议定书》(1991)〕、《南极海豹保护公约》(1972)、《南极海洋生物资源保护公约》(1980) 等。[①] 截至 2010 年，《南极条约》缔约国已经发展到 48 个，2010 年该条约开始生效的国家是葡萄牙；但批准《南极条约环境保护议定书》并生效的国家只有 34 个（其中协商国全部批准和生效，非协商国中只有 6 个国家批准和生效）；《南极海豹保护公约》缔约方仅有 16 个国家，《南极海洋生物资源保护公约》有 29 个缔约国。[②]

其中，《南极条约环境保护议定书》将南极建立为一个致力于和平与科学研究的自然保护区，并在原则上无限期禁止开采其矿藏。但是，议定书也规定，如果所有缔约方都同意的话可对这一禁止进行修订。并提出，如果有要求的话，只要缔约方至少四分之三同意、存在着控制开采的有效力法律机制、并且各方主权利益得到保护，可在条约生效（1991 年）的 50

---

① 1959 年签署，将南极地区建立为和平与合作地区，并处理有关主权要求事宜。其首要目标是“为了全人类的利益，确保南极永久性地唯一用于和平目的，不应成为国际纷争的对象和发生地区”。该条约是一系列相关协定的核心。ATS 网站，http://www.ats.aq/e/ats.htm。

② ATS 网站，http://www.ats.aq/devAS/ats_parties.aspx?lang=e。

年后召开一次评估会议，以决定修订这一开采禁令。[①] 因此，到 2041 年以后，很大程度上可以说，随着全球资源特别是非再生资源的日趋枯竭，以及在南极资源开采技术上的逐渐成熟，并且在做到不破坏南极环境的情况下，人类不可能永久不动用南极的资源。直到今天，没有任何国家或者南极研究者否认南极资源在未来开发的可能性。从这种意义上说，南极"资源开发时代"的到来只是一个时间问题。权益和资源也始终是国际南极考察竞争的焦点。

南极问题上，政治上主要的国际政府间机制即是南极条约协商会议（The Antarctic Treaty Consultative Meeting，ATCM)。这是一种机制化的会议，由南极条约协商国轮流举办，每年一次（1961 至 1994 年间每两年举办一次，自 1994 年后每年一次)，参加者包括南极条约协商国、非协商国、观察员，以及特邀专业人员组织。协商国必须有在南极开展实质性考察活动的历史，如在南极建立科考站。《南极条约》协商国目前有 28 个，分别是阿根廷、澳大利亚、比利时、巴西、保加利亚、智利、中国、厄瓜多尔、芬兰、法国、德国、印度、意大利、日本、韩国、荷兰、新西兰、挪威、秘鲁、波兰、俄罗斯、南非、西班牙、瑞典、乌克兰、英国、美国、乌拉圭。非协商国目前有奥地利、白俄罗斯、加拿大、哥伦比亚、古巴、捷克、丹麦、爱沙尼亚、希腊、危地马拉、匈牙利、朝鲜、摩纳哥、巴布亚新几内亚、葡萄牙、罗马尼亚、斯洛伐克、瑞士、土耳其、委内瑞拉 20 国。[②] 观察员目前有南极研究科学委员会（the Scientific Committee on Antarctic Research，SCAR)、南极海洋生物资源保护委员会（the Commission for the Conservation of Antarctic Marine Living Resources，CCAMLR)、国家南极项目管理人委员会（the Council of Managers of National Antarctic Programs，COMNAP)。邀请的专业人员组织有南极和南

① 该议定书规定南极为一个"致力于和平和科学的自然保护区"，建立了所有活动行动的环境保护原则，禁止开采矿物资源，规定所有活动首先都要进行环境影响评估，还规定建立一个环境保护委员会以为南极条约协商会议建议。澳大利亚在该协定的提议与运行过程中发挥了重要作用。参见 Protocol on Environmental Protection to the Antarctic Treaty（The Madrid Protocol)，http：//www.antarctica.gov.au/antarctic-law-and-treaty/the-madrid-protocol。

② ATS 网站，http：//www.ats.aq/devAS/ats_parties.aspx？lang=e。

部海洋联盟（the Antarctic and Southern Ocean Coalition，ASOC），南极旅行社国际协会（the International Association of Antarctica Tour Operators，IAATO）等。

南极条约协商会议以一致同意的形式通过措施、决定和决议，以实施《南极条约》及其《环境议定书》所规定的原则，为管理《南极条约》地区及ATCM机制订立相关规定和指导方针。处理ATCM内部组织事宜以及督促性的决议，对各缔约方没有法律约束力。所通过的措施，一旦被所有协商国批准即对协商国产生法律效力。[①]

近年来，英国、美国、澳大利亚、日本、俄罗斯、智利等国在极地研究上都投入较大的人力和财力，在国家研究机构和高校中设立研究部门，制定本国的极地法律法规和极地战略。

（二）南极科学考察与地位竞争

目前南极共建有80多个科学考察站。其中，阿根廷在南极共有14个考察站，是目前南极考察站数量最多的国家；其次是智利，共有9个考察站；俄罗斯在南极建立了8个考察站；英国有5个考察站；美国有3个考察站。

作为科学研究的"天然实验室"，南极地区在科学研究领域具有独特性。其严寒的气候、巨大的极地冰帽和冰川、地质构造、动植物独特的适应形式，以及不寻常的气象学现象，这些都是科学界持续关注的热点。世界各国众多的气象学家、海洋学家、大气物理学家、地质学家、冰河学家、地震学家、地球物理学家、生物学家、动物学家，甚至医学家都纷纷在南极地区展开实地研究和考察。据中国极地研究中心提供的一份资料显示，目前每年赴南极的科学考察队有三四十支之多。据统计，各国在南极设立的科学考察站可容纳2500人左右开展科学考察活动。

2010年11月1日，印度将派遣科考队奔赴南极展开为期45天的科学考察。科考队由8名科学家组成，将抵达南纬90度的南极地区，考察冰层

① 只有协商国参加会议决策，其他会议参加者可以参与讨论。参见ATS网站，http：//www.ats.aq/e/ats_meetings_atcm.htm。

厚度，寻找南极地区千年气候变化的线索。具体工作包括进行地形学等方面的科学实验，搜集大气数据，以及采集冰芯样本等。科考小组将配备先进的导航设备和现代化的越冰车。印度在南极设有一座科学考察站，并准备再建一座新的考察站，新考察站计划将于 2012 年年底前投入使用。

2010 年 10 月 30 日，俄罗斯政府总理普京签署关于批准“俄罗斯 2020 年前后南极事业发展战略”的命令。俄罗斯将南极事业发展战略分为 3 个阶段实施。第一阶段从 2011 年至 2013 年，主要任务是建成新的过冬房屋和“进步”南极科考站的冰雪起降跑道，并投入使用，使用新型工作保障设备等。第二阶段从 2014 年至 2020 年，继续对南极科考活动的基础设施进行现代化改造和技术更新，并进行跨部门综合性研究。第三阶段从 2020 年至 2030 年，主要任务是确保俄罗斯在南极研究方面的世界地位。[①] 根据俄罗斯在 2020 年之前重点开发南极地区的政府战略文件，莫斯科还将在那里重建 5 所考察站以及 3 所季节性基地。

在南极问题上，澳大利亚一直表现积极。澳大利亚是离南极最近的几个《南极条约》成员国之一，并且在南极的领土要求面积最大。澳大利亚在南极大陆上开展活动的历史也最为悠久，而且从未间断过。澳大利亚希望继续发挥作为南极主要看管人的角色。为了重建在南极研究上的领先地位，澳大利亚正在对南极未来发展方向进行中短期规划，考虑采取十大举措来协助澳大利亚巩固其国家利益。分别为：（1）发表南极活动白皮书；（2）提升南极地位，任命南极大使；（3）提升南极国家政策的地位与作用；（4）启动南极中高层人员交流计划；（5）开展筹建“世界南极大学”的可行性研究；（6）开展南极矿产资源前期研究；（7）南极政策决策者应与国家安全机构建立联系；（8）进行多用途船舶的可行性研究；（9）通过南极气候科学研究提升领导地位；（10）在南极展示国家实力。

阿根廷作为一个离南极最近的国家之一，也在南极进行积极的作为。阿根廷从 1904 年起便开始在南极设立常年考察站，目前阿根廷在南极运行了 6 个常年考察站，建有多个临时站、避难所，拥有多艘考察船和多架飞机，并具备搭建野外营地的保障能力，积极地在其所声明的“南极领土”

---

① “俄罗斯强化南极事业发展战略将分‘三步走’”，腾讯网，http：//news.qq.com/a/20101110/000761.htm。

区域内实施考察任务和从事科学研究。阿根廷制订有专门的南极科学战略计划，其确立的南极战略任务包括：继续致力于其国家南极政治目标，特别是获取国际社会对阿根廷“南极扇区”的公认；致力于领导和协调阿根廷“南极扇区”范围内的国际与国内的南极研究项目；致力于整合其国内从事南极事业的高素质专业人力资源；努力获取南极科学的卓越成果；以及通过开展南极科学活动来维持阿根廷在南极的存在。

国际社会其他国家对南极的兴趣也正愈益增加，而且还有很多的旅游者以及民间组织也比以往更易于到达南极。对于各国来说，关注南极显然更多着眼于政治权益竞争和未来的资源争夺。而对于民间组织来说，关注南极地区则主要着眼于南极的环境、资源保护。

二、北极地区资源争夺日益国际化，强权政治明显

地理意义上的北极地区是指北极圈（66°33′N）以北、包括北冰洋在内总面积为2100万平方公里的广大地区，但其中约800万平方公里的陆地和岛屿分属8个环北极国家，即加拿大、丹麦、俄罗斯、美国、冰岛、挪威、瑞典、芬兰。因此，今天我们所说的北极之争实际上是指各有关国家围绕有关北冰洋海域与北极冰盖区的权益争议。这些区域的价值尤其在于资源、航运和战略地位三个方面。随着冰川融化，北极地区将从一片沉睡的地区变成具有重大战略意义的地区。

目前在北极地区问题上的主要国际机制是北极理事会（the Arctic Council）这一政府间高层国际论坛。北极理事会根据1996年《渥太华宣言》正式建立，旨在促进北极国家之间的合作、协调和交往，关注北极地区社会及其本地居住者所面对的各种共同问题，特别是该地区的可持续发展与环境保护问题。成员国为加拿大、丹麦（包括格陵兰和法罗群岛）、芬兰、冰岛、挪威、俄罗斯、瑞典、美国。还有一些北极地区土著民族组织是该理事会的永久参与者。非北极国家，全球和地区性政府间、议会间组织，非政府组织可成为该理事会的观察员。该理事会下设六个工作组：

北极污染物行动项目（ACAP）、北极监测与评估规划（AMAP）、北极动植物保护（CAFF）、紧急情况预防、准备和反应（EPPR）、北极海洋环境保护（PAME）、可持续发展工作组（SDWG）。[①]

（一）北极环境与气候变暖问题

2010年，全球气候变暖问题是最吸引世人关注的问题之一。而在全球气候变化中，北极气候变化最明显。同样，在北极问题中，最吸引世人关注的也可说是气候变化问题。

气候变化是一个以长时间为尺度来衡量的结果，而不是凭几年的数据可以说明。科学家以1800—2008年间的统计结果说明，全球气候正在发生变化，特别是北极地区正经历最迅速、最严重的气候变暖。据国际气候变化跨政府小组称，在过去100年中，北极地区每年平均气温的增长是全球平均气温增加值的两倍。据《科学》杂志2009年9月文章称，如今北冰洋的气温比此前2000年的任何时候都要高。[②] 科学家预计，到21世纪末，北极地区的每年平均气温将提高2.8°到7.8°，海冰范围和厚度都将下降，甚至有研究模型预测北冰洋在该世纪中晚期的深夏季节会变成无冰的海洋。[③]

这种气候变化在北极地区造成的自然和社会环境问题有：（1）北极地区正快速变暖；（2）北极的植物群落发生迁移；（3）物种的多样性、范围和分布发生改变；（4）许多沿海地区和设施面临更多风暴潮袭击；（5）海冰减少可以增加海洋运输和资源开发的机遇；（6）冻土融化将破坏道路、建筑和其他基础设施；（7）土著居民的经济和文化受到严重冲击；（8）紫外线辐射水平提高，影响人类、植物和动物；（9）多种影响连锁反应，加

---

① The Arctic Council，http：//arctic-council. org/article/about.

② Kaufman，Bo M.；Schneider，David P.；McKay，Nicholas P.；Ammann，Caspar M.；Bradley，Raymond S.；Briffa，Keith R.；Miller，Gifford H.；Otto-Bliesner，Bette L. *et al*.（2009）．"Recent Warming Reverses Long-Term Arctic Cooling". *Science* 325（5945）：1236—1239，quoted from http：//en. wikipedia. org/wiki/Climate _ of _ the _ Arctic＃cite _ note-Kaufman-0.

③ Climate of the Arctic，http：//en. wikipedia. org/wiki/Climate _ of _ the _ Arctic＃Climate _ change.

重对人类和生态系统的冲击程度。[①] 气候变化、全球变暖造成的自然灾害和温室效应，在很大程度上是21世纪全球面临的最严重危机之一，在北极地区也同样深受影响。

在2010年3月底于加拿大召开的北冰洋外长会议上，尽管主要议程有海上运输管理规定、溢出油污的清洁能力、搜救能力等方面，但是所有这些新兴问题的核心却是北极的气候变暖问题。实际上早在2008年的《伊留塞特宣言》(Ilulissat Declaration) 便承认，北冰洋的快速变化源于气候变化。[②] 2010年12月1日，在墨西哥坎昆气候会议上，丹麦驻墨西哥大使代表北极八国向《联合国气候变化框架公约》(UNFCCC) 秘书处提交了一份声明。该份声明由现任北极理事会主席、丹麦外相莱娜·埃斯珀森(Lene Espersen) 女士签名。该声明指出，全球变暖的证据在北极比世界其他任何地方都表现得更明显，北极地区气温的上升是全球气温升高的两倍，北极气温变化的影响将具有深刻的本地、地区和全球性涵义。声明说，格陵兰大冰原的冰冻融化促成了全球海平面的上升，且指出最近的模型表明全球海平面在21世纪末将上升1米，由此对地球产生严峻的后果。[③]

2010年发生的墨西哥湾漏油事件引发了人们对海底石油钻探风险的关注，在此背景下，北极地区海底能源开发安全及海洋自然环境保护问题引发热议。目前，美国已经冻结了在阿拉斯加地区的油田勘探工作。今年加拿大进行“北极熊行动”军事演习的部队比以往增加了一项任务，除一年一度彰示主权的训练外，部队还和当地居民演练如何应对原油泄漏。俄罗斯自然资源部副部长谢尔盖·东斯科伊2010年8月底表示，俄罗斯政府将加强对北极大陆架开发的环境控制。俄自然资源部已起草完成一项旨在防止海上污染的草案。根据这项草案，每个北极矿藏开发公司必须起草一个

---

① 李志军、魏莉、刘艺工：“北极气候变化对加拿大和中国社会与经济的影响”，《内蒙古大学学报》(哲社版)，2010年第1期，第128—129页。

② U.S.A. and Norway Lead on Climate at Arctic Meeting，http://itsgettinghotinhere.org/2010/03/30/u-s-a-norway-lead-on-climate-at-arctic-meeting/.

③ Arctic States' Statement to COP 16，Cancum，Mexico，http://arctic-council.org/filearchive/Arctic% 20Council% 20statement% 20to% 20the% 20COP% 20XVI.PDF.

在发生可能的石油泄漏和其他消极生态事件时如何采取环境保护措施的专门计划。[①]

总的来说，气候变化以及自然资源环境的变化日益深刻地影响到社会和经济的发展，这在北极表现尤为明显。北冰洋这块“净土”也随着海冰的减少，使得夏季通航和资源开发成为潜在工程行为，因此激发多国纷纷对北冰洋提出主权要求。

（二）北极地区权益之争日趋国际化

2010年，北极地区继续是国际政治利益的焦点。虽然根据现行的《联合国海洋法公约》，北极点周边为冰所覆盖的北冰洋仍被视为国际海域，但国际共有北极的理念日益崩解，北极周边各国对北冰洋蕴含的巨大资源利益虎视眈眈。据测算，北极地区拥有世界煤炭资源的9％，石油和天然气储量占世界未开发油气资源的25％。随着世界能源的日渐紧缺，北极地区所蕴藏能源的重要性将逐渐凸显。而且，随着北冰洋冰层减少，尤其是夏季，穿过北冰洋的“西北航道”[②] 极具战略价值，北冰洋周边各国志在必得。与通常的巴拿马运河航线相比，走西北航道可能使北美西海岸与亚洲之间的航程缩短6500公里。商业运输成本大大节省，是商业利益非常可观的“黄金水道”。这一航线的军事意义也不言而喻。

早在1984年，美国国会就通过了《北极考察和政策法案》，从而把美国对北极的科学研究、经济利益和战略考量以法律的形式确定下来。美海军还曾宣布，将在北极部署一支使用核动力和绿色燃料的航母战斗群，即所谓“大绿舰队”，以加强对北极海域的控制。

地处北冰洋周边的加拿大、丹麦和挪威等国家也相继宣称对邻近的北极地区拥有主权。加拿大与丹麦因为对北极汉斯小岛归属的争执，还曾引发诸如插国旗、搞军事演习等主权宣示行动。在北极圈内，加拿大与俄罗斯、美国和丹麦三国有着领土争议，其中和俄罗斯的矛盾最为尖锐。加拿

---

① “北极自然资源引各国关注，科学家提醒气候影响”，新气象网站，http：//www.zgqxb.com.cn/kjzg/kejidt/201009/t20100907_12453.htm。

② 西北航道：是指穿越加拿大北极群岛，连接大西洋和太平洋的航道。

大与美国的矛盾，则主要表现在“西北航道”的归属问题上。美国认为“西北航道”属开放水域的国际航道，而非加拿大所宣称的内海航路。①

美、俄、加、挪、丹等“北极五国”虽然在所谓的领土权益问题上相互牵连，相互斗争，但五国之争牵涉到国际政治诸多复杂的矛盾，所以“北极之争”也绝不是这五国所能解决得了的。以目前形势看，真正能在北极主权争夺中占据全面优势的是美国和俄罗斯。还有其他已经在北极地区展开或即将展开科考和地探工作的国家也都纷纷参与到这场竞争中来。

在这种情况下，自称“北极超级大国”的加拿大倍感来自俄、美等强国以及其他国家战略竞争的压力。俄罗斯图-95 战略轰炸机经常在加拿大北极领空附近出现，这使加拿大怒不可遏。例如，加拿大称，2010 年 7 月 30 日，加拿大发现两架“图—95 型”俄罗斯轰炸机在距离加拿大纽芬兰省古斯贝海岸 250 海里的加国缓冲区海域上空飞行。为此加拿大出动军机对这两架俄轰炸机进行拦截。

在环北冰洋各国中，加拿大是第一个正式提出对北极主权要求的国家，视北冰洋为“自家后院”。加拿大政府高调宣布：北极是加拿大领土一部分，不允许任何国家侵犯、宣示对北极地区的主权。加拿大政府在国内外不断重申其北方战略。而这一北方战略最重要的内容就是加强和维护加拿大在其北极地区的主权。加拿大称，其北方战略包括行使主权、促进经济社会发展、保护环境，以及加强地方政府管理等四根支柱。军事存在更是加拿大彰显其北极实力的支柱。尤其是在 2007 年俄罗斯“插旗”事件之后，加陆续出台了一系列旨在维护加北极主权的措施，其中包括修建军事训练中心，兴建深水港，购买和建造新的巡逻舰艇，建成一支主要在北极地区执行军事任务的庞大陆军兵团，以及在“西北航道”的经停站设立世界级北极研究站等等。2010 年 8 月 23 日加拿大总理斯蒂芬·哈珀又对北极地区进行为期五天的例行年度视察，包括观摩加拿大军队代号为“纳努克行动”的年度军事演习。加拿大还计划在 2014 年至 2015 年发射 3 颗遥感卫星，为军队提供高精度实时图像，以便于对北极地区的控制。

---

① 2010 年 10 月 13 日北约北极问题国际研讨会在英国召开，北约专家和俄罗斯代表将重点讨论北极地区前景问题，此次会议讨论的中心话题将是北极争端的法律和政治背景问题。

与加拿大相比，2007 年在北极“插旗”的俄罗斯显得更为雄心勃勃。2009 年 3 月，俄罗斯出台了《2020 年前及长远未来俄罗斯北极地区国家政策基本原则》(简称“北极战略”)。该战略指出，北极应成为俄 21 世纪的资源基地，俄应使用包括军事力量在内的一切手段来“保障俄罗斯在北极的国家利益”。在俄罗斯 2009 年 3 月发布的北极地区国家政策原则中，俄提出分阶段实施北极的战略规划，包括在 2020 年前将北极建成俄主要的资源基地；2011—2015 年，完成俄在北极地区的边界确认，确保实现“俄罗斯在北极能源资源开发和运输领域的竞争优势”。

应该说，在北极权益之争当中，除美国外，俄罗斯的军事实力还是具有一定的优势。2010 年 10 月 2 日，俄罗斯“北极—38”站（又称“北极地带漂流考察站”）的成员乘坐“俄罗斯”号核动力破冰船启程赴北极东部地区进行考察。此次考察的主要目的是确定俄罗斯在极地大陆架、罗蒙诺索夫海岭和门捷列夫海岭区域的边界线。就此，俄罗斯海军总司令弗拉基米尔·维索茨基表示，俄罗斯将增加北冰洋的巡逻力量，以防范其他国家在该海域开发矿产资源。

2010 年 8 月，俄罗斯经济发展部还提议于 2014 年开始启动“北极”(Arktika) 卫星系统。该系统耗资 25 亿美元，包括 6 颗卫星，由三个子系统组成，将用于监视北极地区的气候变化和勘测能源资源，并可在信号不佳地区实现通信，确保区域内空中交通和商业海运的安全。

不过，俄罗斯也面临着欧美国家力量的可能联合趋势。北约已经显示出对北极地区事务的兴趣。2009 年 1 月份，时任北约秘书长夏侯雅伯就表示，北约需要在北极地区实现军事存在。北约现任秘书长拉斯穆森也曾于 2009 年 9 月表示，随着全球气候变化，北极成为越来越有意义的话题，北极的安全将成为北约新的战略中的关键问题。但俄罗斯认为，北约有可能以其能源安全计划、保障能源安全为借口，采取军事手段插手北极地区事务。另外，欧盟也有意通过尽快吸收冰岛入盟而强化在北极地区的地缘战略存在。

当然，有斗争也有妥协合作。2010 年 9 月 16 日，俄罗斯和挪威两国签署的关于划定海上边界、在巴伦支海和北冰洋开展合作的条约，这对两国关系、北冰洋地区的整体局势产生积极影响，为两国的合作特别是在开采渔业资源和碳氢资源方面的合作带来新的动力。

与此同时，俄罗斯和加拿大也打算依据国际法和科学研究结果，在国际公约的基础上解决在北极存有争议的问题。2010 年 9 月 22 日至 23 日，俄罗斯地理学会在莫斯科主办了名为“北极：对话之地”的国际会议。会上主要讨论的议题便包括北极地区的气候变化与人类活动的后果、自然资源和该地区的稳定发展前景等内容。

三、中国对极地问题的关注度有所提升，但仍应扩大研究领域

极地系统是地球整体系统的一部分，它直接影响全球的大气环流、大洋环流和气候变异。因此，两极地区的自然过程及其变化深刻影响着我国的海洋、气候、生态环境系统和社会经济发展。更重要的是，极地的资源价值、科研价值和环境价值对人类的未来发展有重大意义，尤其是数量庞大的矿物资源和生物资源，以及能够改变世界政治经济格局的通道资源。因此，从长远和战略的眼光来看，我国应该对极地资源的开发与利用前景给予充分的重视和前瞻性的研究，以期在未来极地资源的分配中确立起我国的发言权。

在极地建立科学考察站，体现着一个国家综合国力和科学研究的实力。目前，世界上共有 28 个国家在南极建立了 53 个科考站，多数站建在南极边缘地区；除中国外，只有美国、俄罗斯、日本、法国、德国和意大利这 6 个国家在南极内陆地区建立了内陆科考站。根据《中国极地考察“十二五”发展规划》,[①] 2011 年至 2015 年，我国将继续加强极地考察能力建设，促进高新技术应用，提升极地考察站的保障能力。继南极的长城站、中山站、昆仑站以及北极的黄河站之后，2015 年至 2025 年，我国将在南极选择科学研究的关键区域建设第 4 个南极科学考察站。科考站的建立可利用南极特殊的地理位置开展各项科学研究，研究如何利用南极资源来为人类探索科学奥秘作出更重要的贡献。

2009 年 10 月至 2010 年 4 月间，中国成功开展第 26 次南极科学考察，

---

① 张维：“我国将在南极建立第 4 个科学考察站”，中国科学院地质与地球物理研究所网站，http：//www.igg.cas.cn/xwzx/zhxw/201009/t20100929_2976528.html。

来自全国数十家单位的科研工作者参与了这次南极科学之旅，其在冰川、天文、地质、海洋、高空物理等科研领域均取得突破性进展：（1）“冰盖之巅”再创浅冰芯钻探新纪录。因为南极冰芯直接记录着远古时代的大气组成，蕴藏着珍贵的古气候和古环境信息。（2）南极昆仑站开辟天文观测新“窗口”。此次，考察队在中国南极昆仑站的天文观测站成功安装了一台频谱范围更宽的太赫兹傅立叶频谱仪，为我国在冰穹A地区开展天文观测开辟了新窗口。（3）陨石采集、冰下地形测绘取得重大突破。（4）首次独立建成南极永久性验潮站。海洋潮汐验潮资料分析是研究海平面变化的重要手段之一。（5）首次应用无人机开展大范围南极海冰观测。（6）中山站极区空间环境实验室基本建成。（7）首次开展大范围南极地物光谱采集。（8）首次在南大洋自主成功布放和回收潜标系统。

2010年11月11日，中国南极科考队乘坐“雪龙号”科考船从深圳启程，执行我国第27次南极科考任务。这次考察将从事31项站区科学考察和27项后勤保障任务，科学考察项目涉及到天文、地质、生物、大洋调查、高空大气物理等等，进行有关极地生态环境、南极无冰区至内陆冰盖生态环境的化学变化过程及其对人类活动的响应等方面的科学研究。这次考察预计将持续到2011年3月。

另外在南极研究上，中国科研人员在国家863项目支持下，2010年成功绘制1∶10万全南极洲土地覆盖图，[①] 这是世界首张南极土地覆盖图，也是中国自主掌握的首批关于南极洲的重要科学数据。数据结果显示，南极海岸线长度为3.9266万公里，海岸线所包围面积为1362.2915万平方公里，大于1.5万平方米的岛屿为1169个。粒雪是南极洲最主要的覆盖类型，裂隙和蓝冰主要是沿海岸线和裸岩分布（南极半岛除外）。冰碛分布在裸岩周围。水体主要包括冰面湖和河流，冰面湖主要分布在南极半岛、罗斯冰架和麦克罗伯逊地的周边。南极横断山脉、埃尔斯沃思山脉、格罗夫山、查尔斯王子山和南极半岛是裸岩分布的最主要区域。全南极洲土地

---

① 北京师范大学全球变化与地球系统科学研究院副院长程晓教授在此间召开的2010中国极地科学学术年会上介绍说，相关课题组通过收集1999—2003年期间全南极洲1100张多通道的卫星影像，进行DN值饱和溢出调整、辐射校正、表观反射率转化等关键技术应用，将大量的卫星影像数据还原成地表的真实状态，得到了6个波段的全南极洲15米分辨率的“ETM+镶嵌图”。

覆盖图较好体现了南极的地表覆盖类别差异，是中国极地科学研究的一项重要基础性工作，可为从事气候系统模型预测的科研人员提供更准确的地面参数，也可为科研人员长期监测南极地表类型的变化提供重要基础数据。

在北极问题上，中国也表示出越来越大的关注，中国目前已是北极理事会的正式观察员国。在北极科考方面，2010 年 7 月，中国北极科学考察队乘坐“雪龙号”第四次对北极进行科学考察。这次考察研究了北极海冰快速变化及北极海洋生态系统对海冰快速变化的响应。中国北极科学考察队这次还首次成功到达北极点，创造了我国历次北极考察队到达北冰洋最北顶点的考察纪录。

2009 年，我国斥资 20 亿元建造最新型的国产破冰船，预计将在 2013 年前完成。该船建成后将进一步提高我国的极地考察能力。虽然中国目前对于极地的关注度日益提升，但是目前我们国家在极地科学研究方面比起传统的极地研究大国来说仍然相对滞后。而且，迄今为止，我国对极地的关注主要集中于自然科学研究领域，而对极地除科学以外的其他信息了解甚少。实际上，极地问题已经不单单是自然科学问题，更是一个人文社会问题，涉及政治、法律、外交等诸元素。

（葛腾飞　李高峰）

第三部分

主要地区安全形势

作为全球安全的组成部分，各地区的安全形势直接或多或少、或重或轻地对国际安全形势产生影响。各地区的安全形势汇聚一起，描绘出全球安全形势的场景。2010 年世界主要地区的安全形势比 2009 年总体有所好转，呈现出总体稳定的局面，但一些遗留问题和新问题交替影响着地区的稳定与发展。由于大国安全战略的调整，重点汇聚亚太地区，导致这一地区形势变得更为复杂严峻，尤其是东北亚安全局势受到广泛关注。一向问题较多的非洲总体呈现出难得的和平景象，但现实和潜在危机依然存在；东南亚地区的安全形势总体趋好，但面临的非传统安全挑战严峻；南亚地区在经济发展的同时，安全形势令人担忧；中东地区仍是国际安全的焦点中的焦点，各种问题导致地区安全形势并不乐观；中亚地区一些国家冷战遗产继续发酵，未来变数不小；欧洲在债务危机的阴影下一体化艰难发展；独联体地区在新旧矛盾的交织中总体呈现发展局面，但经济发展仍是面临的主要难题。

总之，世界主要地区的安全形势在国际格局深刻演化过程中呈现出不同的主色调，联合国和地区组织维护地区安全的挑战巨大。

第十章

东北亚地区安全形势

作为世界上冷战遗产存留最多的地区，2010 年的东北亚见证了这些遗产的发酵过程，出现了朝鲜战争以来最为紧张的局面。2010 年是朝鲜战争爆发 60 周年，历史的惨痛经历和巨大的悲伤本应成为人们汲取的教训，然而历史遗留下来的隔阂与敌视似乎并没有随着时间的流逝而得到缓解，任何一个突发事件都有可能对本已脆弱的东北亚安全体系造成巨大冲击。2010 年 3 月 26 日的“天安”舰事件不仅给紧张的半岛局势蒙上了战争的阴影，也引发了一系列的政治反应。“天安”舰事件后，朝韩双方剑拔弩张、针锋相对，甚至在 11 月引发了严重的炮击事件，挑动了世人的神经。在半岛附近海域进行的美韩、美日以及韩国自己单独进行的一系列频繁和规模空前的军事演习不仅是对朝鲜所谓“挑衅”的回应与威慑，更有可能差枪走火成为引爆战争的导火索。在东北亚局势紧张加剧的背景下，美国借机高调重返亚太，强化与东北亚盟国日本和韩国的合作，强调了美国对盟国的保护和同盟关系。同时，冷战遗留下来的东北亚各国的岛屿领土争端、主要国家对未来战略态势的不同研判再次引发相关国家激烈的外交博弈。2010 年该地区所有的冲突与对峙、竞争与博弈再次显示出仍处于大国政治时代的东亚国家国际政治合作与安全体系的脆弱性和不稳定性。

一、朝鲜半岛搅动世界神经，战争阴影下危机四伏

2010 年朝鲜半岛再次挑起了世人的神经，朝鲜半岛核问题还没有解

决，又“舰”走偏锋，引发半岛持续的紧张与敌视乃至战争危险。3月26日的韩国“天安号”军舰的爆炸沉没导致本已非常敌对的半岛双方对抗情绪不断发酵，双方不仅狠话连篇，甚至发生了朝韩延平岛互相炮击等恶性事件，造成2010年以来半岛安全情势持续恶化，战争的阴云至今仍飘荡在半岛上空。

(一)“天安”舰酿惨剧，开启半岛紧张局面

导致朝鲜半岛气氛急剧紧张是始于2010年3月26日发生的“天安”舰事件。2010年3月26日，韩国海军1200吨级的“天安号”护卫舰在黄海的白翎岛和大青岛海域行驶时，突然爆炸沉没，舰上共有104人，仅58人获救，46人死亡，“成为韩国海军史上最大惨案”，随后韩国政府宣布进入“非常待命”状态。在经历了56天的打捞和调查后，韩国把矛头指向了朝鲜。5月20日，由韩国、美国、澳大利亚、瑞典、加拿大和英国24名专家组成的“天安”舰事件联合调查团终于出示了最为关键性的物证——用朝鲜文字标有“一号”字样的鱼雷螺旋桨。韩国宣布调查结果认为，韩国“天安”舰沉没是朝鲜一艘小型潜艇发射的鱼雷所致，在出事地点水域找到的螺旋桨和发动机的残片与朝鲜重型鱼雷的零件完全一样。5月24日，韩国总统李明博发表国民讲话，朝鲜应立即对韩国和国际社会道歉并处罚这起事件的牵涉人员。韩国随即出台了一系列制裁措施：缩小开城工业园区运营规模，中断开城工业园区以外的朝韩贸易和交流，禁止对朝投资；恢复中断6年之久的“对朝心理战”；禁止朝鲜船只进入韩国领海；将在与有关国家协商后把这一事件提交联合国安理会；禁止韩国国民访问开城和金刚山以外的朝鲜地区；积极参与“防扩散倡议”，防止朝鲜核武器和大规模杀伤性武器的扩散；宣布与美国进行联合军演等七项措施。同时，韩美决定，把本来美国准备向韩国移交的美韩同盟的美国战时指挥权再延长3年零7个月。

但韩国等国的调查结果遭到朝鲜的矢口否认，并要求派团到韩国核查证据，遭到韩国的拒绝。起初，朝鲜对“天安”舰事件一直保持沉默。但随着韩国将之与朝鲜联系起来的舆论出现，朝鲜在对“天安”舰事件表示“令人遗憾的不幸事件”的同时，也对韩国军方和一些右翼保守势力在真

相还没有调查清楚前就把这一事件与朝鲜联系起来的做法表示了强烈不满和愤怒。朝鲜官方5月19日首次就“天安”舰事件表明立场，朝鲜和平统一委员会称，把“天安”舰事件与朝鲜联系起来是对朝鲜的“严重挑衅”，是“把局势引向严重危机的行动”。朝鲜决不能容忍韩国的对抗和战争阴谋，韩国当局如果胆敢点燃战火，朝鲜将给予无情的、坚决的惩罚。[①] 朝鲜国防委员会的反应更是激烈，在5月20日的声明中称，“天安”号的沉没事件只能视为旨在追求某种政治、军事目的，让军官活下来，只惨杀46名士兵炮制出来的逆贼匪帮有意图的、强盗性的“阴谋剧”、“捏造剧”，警告南韩叛徒团伙不要就傀儡海军的“天安”舰沉没事件发表不计后果的言论。这群叛徒在无法提供具体证据的情况下硬是试图把此事与我们联系起来，意欲在朝鲜半岛内外误导舆论，这完全是捏造。为了表示朝鲜的清白和气愤，朝鲜决定，第一，鉴于这群叛徒声称“天安”舰沉没事件与我们有关，朝鲜国防委员会将派一个考察团，到南韩实地查证此事与我们有关系的证据；第二，我们的军队和人民对任何“惩罚”和“报复”行为以及任何侵犯我们国家利益的“制裁”都将立即采取各种强硬的措施，其中包括发动全面战争，彻底消灭这群导演了这场“阴谋闹剧”和“猜谜游戏”的叛徒及其走狗的大本营，并建立一个重新统一的强国，让整个民族都变得强大和繁荣。第三，既然这群叛徒宣布了所谓的“决定性行动”，那么我们将把在我们行使主权的领海、领空和领土，包括西海上发生的一切小事件都看作挑起对峙的疯狂行为，并将以无限制和无情的强大武力打击予以还击。利用这个机会，我们要严重警告美国和日本当局以及乌合之众，还有它们卑鄙的走狗，要慎重行事。[②] 5月25日，针对韩国的对朝制裁行为，朝鲜宣布废除与韩国的互不侵略协议，贸易往来中断，水运航道关闭，双方军队进入警戒状态。

导致“天安”舰爆炸沉没事件的说法很多，但直到今天也没有一个明确的解释，韩国和朝鲜都没有给出令人信服的证据。就是联合国安理会最后也没有给出一个明确结论，安理会对“天安”舰事件的主席声明在对韩

① “朝鲜指责韩国把舰艇沉没与朝联系是严重挑衅”，腾讯网，http：//view. news. qq. com/a/20101124/000005. htm。

② “2010年5月20日朝鲜民主主义人民共和国国防委员会声明”，乌有之乡网，http：//www. wyzxsx. com/Article/Class20/201005/152602. html。

国政府、人民和该事件遇难者及其家人表示深切慰问与同情的同时，既提到了韩国联合调查团的结果，也提及了朝鲜表示的与此事无关的表述，谴责导致“天安”舰沉没的攻击，强调维护半岛及东北亚和平、稳定以及遵守联合国宪章宗旨和原则的重要性，鼓励以和平手段解决半岛未决问题，鼓励半岛南北恢复直接对话与协商。虽说“天安”舰事件的谜底一直未有揭晓，但在韩国看来，结果是明确的。“天安”舰事件是朝鲜对黄海海域分界线争端和美韩每年联合军演的报复，也是朝鲜希望用炸沉“天安”舰来提升军人士气和树立金氏第三代政权权威的需要。针对朝鲜的“威胁”，韩国决心用持续的军演来表达对朝鲜的不满和愤怒，今年东北亚频繁的、规模空前的联合军演就是“作为对朝鲜军事应对的措施之一”。

（二）延坪岛炮击加剧半岛危机

如果说“天安”舰事件由于“证据不足”而只是使得朝鲜与韩国、美国等国家关系紧张、军事对峙的话，那么11月份延坪岛炮击事件则使得半岛紧张局势达到了一触即发的地步。“天安”舰事件后，在美国、日本的支持下经过几次的联合军演，韩国开始视北方分界线为无物，把军演由宣泄“天安”舰沉没导致的悲愤情绪逐渐转变为向朝鲜示威和恫吓的工具。在此背景下，韩国不顾朝鲜的警告，除与美国进行频繁的联合军演外，韩国还决意要单独在朝韩有争议的西部海域举行“护国军演”，进行炮弹射击，由此引发了11月23日朝鲜海岸炮兵向距离朝鲜仅有12公里的韩国岛屿延坪岛进行了报复性还击。据称，朝鲜方面发射了200多发炮弹，韩国军方也回击了80多发炮弹。这次炮击导致延坪岛上两名韩国海军陆战队队员和两名平民死亡，18人受伤。炮击过后，朝鲜声称，11月22日在西海进行的“护国军演”的炮弹落到了朝鲜领土范围内的延坪岛周围，是韩国反朝对抗政策和军事冒险导致的“严重后果”，由韩国军队“故意诱导我方反击”的有计划的挑衅所引起。韩国军队不顾朝鲜的多次警告，向朝鲜领海发射了“数千发炮弹”，迫使朝鲜不得不采取自卫行动。①

---

① “朝鲜称炮击事件是由韩军‘故意诱导’的挑衅引起”，中国新闻网，http：//www. chinanews. com/gi/2010/12-10/2712886/shtml。

不管是主动挑衅还是被“诱导”，朝鲜炮击韩国延坪岛，给已经处于深层危机的东北亚局势再添危机。朝鲜炮击韩国的延坪岛，是朝鲜战争1953年结束以来双方发生的最大规模的交火事件。从这次危机的后续发展来看，危机不仅远较从前各次危机严重，更在很多方面体现出质的变化。首先，炮击事件激起了韩国国内对朝鲜的强硬态度，韩国八成国民支持对朝采取严厉措施，甚至不惜一战。前国防部长金泰荣被指由于韩国军队对朝鲜11月23日炮击延坪岛反应软弱而下台，李明博任命金宽镇为新任国防部长，其在上任讲话时称：“如果朝鲜对我们的领土和人民发起另一轮军事袭击，我们必须用武力迅速作出有力回击，彻底惩罚他们直到他们投降为止。”[①] 其次，韩国加强了对朝鲜的进攻态势，在“西海五岛”加强了战备准备。延坪岛炮击事件后，韩国联合参谋部和防卫事业厅等军方向国会国防委员会提交了4556亿韩元的预算案，以紧急加强西北岛屿的战斗力。将部署中型战术航空器、改良海军情报舰配备的无人机性能、音响探测雷达等，同时将部署在延坪岛的6门K-9自行火炮再添18门等。[②] 最后，11月28日至12月1日，韩美在韩国西部海域举行了大规模联合军事演习。自12月6日起，韩国在其西部、东部、南部海域的29处举行海上射击训练。虽然训练地点暂不包括与朝鲜存在争议的延坪岛和白翎岛等地，但没过多久，12月20日，韩国还是在与朝鲜有争议的延坪岛海域举行了海上实弹射击训练。据称这次射击训练是完成11月23日由于朝韩炮击事件而中断的剩余训练量。对此，朝鲜虽声称在延坪岛再次进行实弹射击是对朝鲜克制力的“不可容忍的戏弄”，是“完全不正当的好战性挑衅行为”，若韩方真的在延坪岛举行实弹演习，朝鲜将给予比早前炮击行动力度更大的回击。但面对12月20日韩国强硬的延坪岛射击训练，朝鲜或许真正认识到了问题的严重性，之前还发表强硬警告的朝鲜并没有反击，只是以“不值得这样做”、对这样“卑劣的军事挑衅”“不值得每次都加以回应”而使世人紧张的神经暂时松弛下来。

“天安”舰事件和延坪岛炮击事件以及频繁的军演和射击训练严重恶

---

① “韩新防长：若再攻击将反击至朝投降平壤警告韩勿轻举妄动”，都市报网，http：//www. ocue. com/ccp _ west/ccp _ content. php? ID2884300。

② “韩拟增加预算 延坪岛部署尖端武器”，朝鲜日报中文网，http：//chn. chosun. com/site/data/html _ dir/2010/11/30/20101130000017. html。

化了朝鲜半岛乃至东北亚的安全情势，但无论是从半岛双方还是从相关大国的战略意图来看，爆发大规模军事冲突也是各方不愿看到的事情。虽然半个多世纪以来，西海北方分界线附近擦枪走火事件时有发生，但以往都是双方舰艇交火，而今年的“天安”舰事件和延坪岛炮击事件不仅造成象征国家主权的军舰沉没，而且还发生了炮击领土并造成平民死亡的恶性事件。尽管目前半岛形势还没有恶化到不可收拾的地步，但战争的阴云却时刻笼罩在半岛上空，擦枪走火并非小概率事件。同时，我们也应该看到，无论是美国、韩国还是朝鲜都不愿意看到再一次爆发朝鲜战争，中国更是如此。首先，虽然韩国自2008年李明博上台后开始对朝实行强硬政策，但战争的代价尤其是韩国首都首尔距朝韩边境仅几十公里这种近乎人质似的困境使得韩国政府不得不非常慎重考虑战争后果的严重性。同时，韩国如果没有美国等盟国的坚定支持，韩国就是再想“报复”朝鲜乃至急切地统一半岛都不太可能，况且美韩同盟的指挥权还在美国人手里，韩国还是要看美国人的眼色。今年以来韩国的连串军演，可以理解为“天安”舰沉没事件后韩国民众需要示强泄愤，但是演变到韩国在半岛周围不停的军事演习和海上射击训练和包括在延坪岛的射击训练乃至在距离朝鲜20多公里的边境线附近举行的最大规模的陆空联合火力演习，就已经带有挑衅的意味。所以，如何约束韩国持续不断的“挑衅”行为，避免擦枪走火成为维护半岛和平与否的重要问题。其次，在朝鲜战争爆发60年的特殊日子里，朝鲜并非想再制造第二次朝鲜战争。且不论朝鲜与韩国、美国的军事实力差距有多么悬殊，就是为了维护金氏政权的需要，朝鲜也不愿进行大规模的军事冲突。2010年是朝鲜权力交接的关键一年，金正日第三儿子、28岁的金正恩被确定为接班人，延坪岛炮击事件不排除有树立新领导人权威的意图，是增加政治业绩，通过危机加强对国内权力的控制，树立金正恩良好领导形象的一个手段。但如果爆发大规模军事冲突，那么对金正恩的考验就太大了，结果可能就会适得其反。同时，朝鲜提出在金日成诞辰100周年纪念日时建设社会主义强盛大国的目标，这就要求朝鲜打破不利的国际安全和经济环境，为实现这一目标创造一个比较有利的国际环境。朝鲜开始将注意力转向经济发展和提高人民生活水平上来，在2010年的新年社论中，朝鲜有关改善人民生活的词语出现了16次，与以往相比出现了明显的反差。所以，在坚持一贯强硬的言论的同时，朝鲜曾多次试图改善与美、日、韩的关系，希望韩国提供更多援助、希望美国同意美朝双边会谈和表示愿意恢复六方会谈，也不时传出美国一些专家或政府官员访问朝鲜的消息，朝鲜与美国的接触渠道并没有完全关闭。其实朝鲜与美韩打交道的真正筹码是核武器和浓缩铀离心机。11 月，朝鲜宣布已拥有了 2000 台用于生产核燃料的浓缩铀离心机，并在一定程度上得到刚刚访问过朝鲜的美国核专家的确认。朝鲜公开宣布这一“机密”无疑有着重要的战略考量，不排除用核来转移韩国和美国注意力的嫌疑。最后，朝鲜半岛局势的关键还是要看美国的态度。美国在半岛的战略目的不是制造大规模的军事冲突，它的战略意图是阻止东北亚间日趋紧密的经济联合和政治、安全合作，利用中日矛盾、俄日矛盾、朝韩矛盾来制造紧张局势，进而达到在东北亚乃至东亚的战略主导权，为美国的单极世界服务。半岛紧张是美国驻足东北亚的重要战略依据，近年来美国在东北亚的主导权有进一步被边缘化的趋势，其重要盟友韩国和日本随着东亚一体化进程的展开，其美日同盟和美韩同盟有再次“漂移”的趋势，这引起了美国的战略关注。奥巴马上台后为了维持美国在东亚的主导权，提出了“重返东亚”的亚洲外交政策。为了显示美国在东北亚的主导作用和对盟国的责任，危机发生后，美国坚定地站在韩国一边，希拉里曾指出：“我们全都同意，朝鲜的挑衅和好战行为破坏了亚洲的和平与稳定……我们要韩国人民知道，我们和你们肩并肩站在一起，我们将致力于保护你们。”① 显示了美国保护盟国的坚定决心。但是美国的决心并不代表美国希望半岛发生大规模军事冲突，而只是显示美国在东北亚的存在和主导权。因此，尽管美国鼓动韩国不断进行联合军演，但是冲在第一线当马前卒的永远是韩国，美国玩起了 21 世纪的“尼克松主义”。这从韩国 11 月 22 日开始的“护国军演”就可以看出，韩国在朝韩有争议地区举行炮击演习，鉴于该地区的争议性和危险性，美国在韩国举行军演之前就声明不参加这次军演。所以，美国一方面与韩国、日本不断军演，一方面又安抚朝鲜，与朝鲜展开大校级谈判和进行非正式的官方沟通，以免给美国造成失控和被动局面。

① “美韩日誓团结保护韩国”，联合早报网，http：//www.zaobao.com/photoweb/pages2/korea101208.shtml。

二、频频军演深化危机，严重恶化地区安全形势

2010年东北亚地区除了半岛危机重重之外，另外最显著的事件就是以美国为首的联合军事演习，尤其是“天安”舰事件后，联合军演成为东北亚地区美、日、韩三国应对所谓朝鲜威胁和加强三国军事同盟的重要举措。密集和规模庞大的联合军演势必给本已紧张的朝鲜半岛助长了更加不稳定的因素，严重恶化了东北亚地区安全情势，不时散发着冷战气息。这无疑将对仍处于大国政治时代的东亚体系中各国初步建立起来的脆弱的政治互信形成巨大冲击。

（一）军演频率空前密集

2010年东北亚地区军事演习一个重要的特征就是演习次数频繁而且一些军演规模都大大超过以往。首先，以“天安”舰事件为缘由，美国、韩国和日本以朝鲜为现实威胁，以中国为潜在的威胁进行了一系列的联合军演。三国在东北亚地区进行的各种各样的演习和所谓军事训练不下十余次，在和平时期进行如此频繁的、有针对性的军事演习不可能不对地区安全造成巨大的冲击。我们知道，美韩每年3月份都有一次联合军演，今年也一样，3月8日至18日，韩美举行每年一度的韩美“关键决心”联合军事演习。[①] 但是“天安”舰事件后，作为应对朝鲜威胁的措施之一，美韩决定每月举行联合军演直到年底。美韩联合军演从7月份开始到12月份几乎每月都有针对性的军事演习。7月25—28日在日本海和黄海，美国和韩

---

① 今年的美韩军演，美方派遣1万多名驻韩美军和8000多名增援军队士兵参加，韩国方面由军团级以上的兵力2万多人参加。其间，还举行了“秃鹫”联合军演。举行“关键决心”及“秃鹫”军演旨在提高韩美联军的应对能力，在非常时期进行有效的防御。美军首次对媒体披露其拥有专门针对“朝鲜大规模杀伤性武器”的部队，并派来参加韩美联合军演。

国进行了代号为“不屈意志”的为期4天的联合军演。从8月16日开始的为期两周的韩美2010年度“乙支自由卫士”联合军事演习，此次演习是取代由于中国反对而取消的有“华盛顿”号航母参加的“不屈意志”的第二阶段美韩联合黄海军演。9月27日开始的在韩国西部海域（黄海）举行为期5天的反潜联合军事演习，这是“天安”舰事件后，韩美举行的第二次反潜联合军事演习。10月13—14日举行的名为“东方努力—10”的防扩散联合演习，这次演习由韩国军队主导，有美国、日本、澳大利亚、法国、加拿大等15国参加，将模拟海上出现运载核武器等大规模杀伤性武器的可疑船只的情况时进行拦截与搜索。[①] 这次演习刚刚结束，韩美就于当月15日展开了为期8天的代号为“最响雷鸣”的联合常规空军演习，此次演习旨在“威慑并击败可能来自朝鲜的空袭”，来提升韩美应对朝鲜的协同作战能力。11月23日的延坪岛炮击事件后，美韩两国于11月28日至12月1日在黄海海域（韩国称西海）进行联合军演。韩国除了与美国举行联合军演外，在8月5日至9日，韩国军队在朝鲜半岛西部领海单独举行了陆海空海上机动反潜军事演习。11月22日开始，韩国海、陆、空三军和海军陆战队总计7万人进行了旨在整合各兵种的协同作战能力、慑止朝鲜可能挑衅行为的护国军事演习。而在延坪岛炮击事件后，韩国的军事演习就一直没有停下过：除了与美国在11月28日至12月1日在韩国西海举行大规模联合军演外；12月6日至12日，韩国军方在29处地点举行海上实弹射击训练；20日，韩国在延坪岛进行实弹射击训练；22日，韩国海军开始在东部海域举行为期3天的机动演习，陆军和空军则从23日起在京畿道抱川举行规模空前的冬季联合演习；从27日起又将连续5天在朝鲜半岛东、西、南23处地点实施海上实弹射击训练。当然，除了美韩的热闹军演外，东北亚地区的另一个美国的盟友日本也没闲着，在“天安”舰事件发生后，日本就一直同美国和韩国谴责朝鲜。从12月3日开始，与美国进行了为期8天的代号为“利剑”的海空联合军事演习。美日的这次军演从日本本州岛的海域到九州岛的冲绳海域，以日本遭到弹道导弹攻击和进行

---

① 今年韩国主导的防扩散联合演习其实是对朝鲜“天安”舰事件后对朝鲜军事措施的一部分，针对朝鲜的意图十分明显。以前，考虑到朝鲜等因素，韩国一直低调回应2003年美国发起的“防扩散安全倡议”，但2009年5月朝鲜进行了第二次核试验后，韩国宣布立即加入“防扩散安全倡议”。

岛屿防卫为主要内容进行演习。模拟日本远离本土的岛屿被“敌国”占领后，美日如何通过协同作战予以夺回。这一连串的军演不仅使中国近海黄海成为了“热海”，更给东北亚地区平添了几分火药味。

（二）超常规模的军事演习

另外，今年美、日、韩三国不仅进行了频繁的军事演习，而且演习的规模和武器装备水平也达到了前所未有的程度。以“天安”舰事件为起因，韩国不仅单独进行大规模的军事演习，[①] 更是与美国进行了一系列的大规模联合军事演习。美韩在日本海和黄海进行的“不屈意志”的联合军演，两国出动了自1976年以来的最大规模的军力，总共约20艘舰船、200架飞机以及8000名陆海空三军人员参与演习。9.7万吨的“乔治·华盛顿”号航空母舰、美国最新型“F-22猛禽”隐形战斗机以及号称亚洲最大的韩国“独岛”号运输舰、“文武大王”和“崔永”驱逐舰等也都参加了这次军演，“F-22猛禽”隐形战斗机是首次在韩国领空执行空中演习任务。而8月份的“乙支自由卫士”联合军事演习共有来自海陆空各军种逾5.6万名韩国军人，以及3万余名美军参加，其中部分美军将在美国本土利用电脑参与演习。[②] 据称这次演习是世界上最大的由联合参谋部指挥的战区演习之一，美军的参演人数也创下了新高。11月底的美韩联合军演可以说是两国今年演习级别最高的联合军演。这不仅体现在有美国“华盛顿”号航母的参加，同时韩国最先进的驱逐舰——宙斯盾驱逐舰也参加了军演，韩国还有大量的水面舰艇参加演习。此次韩美联合军演的阵容相当于一个中等国家的战斗力。而且，这次演习内容覆盖的非常全，很多是攻击型的作战行动，比如采取攻势防空，演练对朝鲜纵深目标打击的能力等都是进攻性或者侵略性的一种行动演习。12月份的美日联合军演也是两国自1986年以来总共进行的10次军演中规模最大的一次。参加这次演习的日本自卫队约有3.4万名官兵，包括宙斯盾护卫舰和有“直升机航母”之称的“日

---

① 8月5日开始的韩国在西海（即黄海）单独举行的陆海空海上机动演习有4500名官兵参加，成为到目前为止规模最大的反潜军事演习。

② “乙支自由卫士”演习过去叫“乙之焦点透镜”，该军演自1975年以来每年都举行，都是针对朝鲜作战的某一个具体方案，或者某一批具体方案。

向”号战舰在内的约40艘舰艇，约250架战机；而美国出动了驻日美军约1.04万官兵，包括在12月初刚刚参加完美韩军演的“华盛顿”号核动力航空母舰在内的约20艘舰艇，约150架战机，此次演习规模是美韩11月底演习规模的6倍。尽管不断的军演已经给东北亚制造了重重危机甚至是冲突，但临近岁末却又有一种“乌云压城城欲摧”的感觉。据报道，鉴于朝鲜称已经做好打一场“基于核威慑圣战”的准备，美国的“里根”号航母将于12月底到达东亚，与已经部署在东亚的“华盛顿”号和“卡尔·文森”号两艘核动力航空母舰会师。美国三个航母战斗群会师东亚是否进行战争部署还不得而知，但在朝韩关系紧张的情况下势必增添朝鲜半岛乃至东北亚的紧张气氛，其战略意图还有待进一步观察。

（三）美国借机军演，主导东北亚安全

东北亚地区频繁的军演固然是“天安”舰事件引发的连锁反应，但如果说韩国频繁的军演是对“天安”舰事件和延坪岛炮击事件造成的悲愤情绪宣泄所致的话，那么从美国和日本异乎寻常的过激反应来看，则显得似乎也有点不同寻常。根本上，造成今年东北亚地区频繁军演和地区紧张局势的原因不仅有韩国宣泄悲愤情绪的因素，更与今年东北亚地区的安全态势和美国对外战略重点的转移分不开的。我们知道，随着东亚经济活力的展现和经济能力的增强，亚太地区将成为世界经济增长的发动机。在此背景下尤其是世界金融危机以来，东亚国家的经济合作乃至地区经济一体化建设都取得了长足发展，中日韩以金融危机为契机，以三国峰会为舞台，不断强化经济合作，日本和韩国在经济上日益看重中国的地位和作用。2009年，当时的日本首相鸠山提出建立“东亚共同体”设想和实施“疏美亲亚”的“友爱”、“互信”外交。此外，2010年1月1日，中国—东盟自由贸易区正式开始运作。在东北亚一体化的共同战略利益合作和中国日益崛起的背景下，美国担心由美日、美韩同盟所确立的美国在该地区的主导地位将越来越呈现破裂趋势。如果日本和韩国都被绑在与中国和东南亚国家实施一体化的地区战略的框架内，那么就意味着美国在东亚的主导权和安全架构面临被推翻的威胁，这是与美国的东亚战略和全球战略完全相悖的，对于美国来说也无异于一场噩梦，也许日本前首相鸠山提出搬迁美国

驻冲绳军事基地的纠纷给美国提了一个很大的警示。所以，2008 年奥巴马上台后就逐渐认识到了这个问题，2009 年 7 月希拉里·克林顿在东盟地区论坛上高调喊出美国要“重返亚洲”，而东北亚无疑是美国重返亚洲的一个重要战略基地。

但是美国如何在“重返亚洲”的口号下，重新确立美国在东北亚的主导权，“天安”舰事件无疑给美国提供了一个绝好的机会。我们知道，美国与东北亚的韩国和日本的军事同盟号称亚洲版的北约，是美国亚洲战略的基石。但在金融危机中还没有恢复过来的美国没有能力在经济上重返亚洲，现在美国的经济已经自顾不暇，没有能力像 20 世纪六七十年代一样，经济上开放市场，美国的重返亚洲主要是军事和政治上的。具体到东北亚就是拉紧跟日本和韩国的同盟关系，挽回美韩和美日同盟的日渐“漂移”。所以，在“华盛顿没有能力重建自己的国际经济杠杆工具”情况下，“华盛顿日益求助于军事手段，扭住其他国家的经济臂膀已经不再是保证对方屈服于自己的有效手段”。[①] 而“天安”舰事件出现后，无疑为美国的这一战略的实施提供了很好的借口。美国抓住了这个机遇，利用“天安”舰事件及其后来的联合军事演习，把过去韩国跟美国若即若离的态势彻底扭转了。特别是过去韩国相对于美国有一个离心的倾向，比如要求把战时指挥权还给韩国，进一步减少美军在韩国的驻军等等。奥巴马政府不仅利用频繁的联合军演向朝鲜施压，而且全面提升美韩军事同盟关系。今年，美韩在黄海进行的包括美国“乔治·华盛顿”号航母在内的频繁联合军事演习，向朝鲜释放了美国保护盟国的坚强决心。10 月 24 日，韩国政府已经宣布将“积极考虑加入”美国在东亚推动数年的导弹防御计划。美国通过“天安”舰事件后的联合军演强力干预东北亚地区安全的姿态也打击了原本想要争取在冲绳美军基地进行重新调整的日本鸠山政府，迫使其在今年 6 月初下台，新上台的菅直人政府在普天间基地转移问题上，完全屈服于美国，按照原有日美协定的指示处理。

所以，东北亚一系列的军演是美国重返亚洲的具体步骤，在经济能力缺乏的情况下，政治、军事上的重返亚洲，成为美国亚洲战略的主要政策支柱。这一连串重大事件不仅导致亲美的李明博政权更加重视美国的安全

① “美外交军事化只因丧失经济影响力”，《参考消息》，2010 年 8 月 23 日。

保障作用，而且使追求日美关系“平等化”的日本民主党政权也不得不回头加强与美国的关系，可以说，奥巴马政府利用一系列军演成功地达到了巩固美国在东北亚的主导权的目的。

三、冷战遗产持续发酵，导致国家关系倒退的同时，形塑地区安全的未来发展趋势

我们知道，作为拥有世界第二、第三和第十五大经济体和众大国汇集的东北亚不仅是当今世界最具经济活力的地区，同时也是世界上冷战遗产最多的地方，而且这种冷战遗留下的遗产至今都是影响该地区发展与合作的不稳定因素，随时都有可能爆发。虽然这些遗产难以阻挡和平、发展、合作的时代大潮，各国固然也不愿意看到历史的车轮倒退，但现实中的2010年的东北亚确实存在冷战遗产发酵的成分。这些冷战遗产不仅体现在半岛的朝韩关系的紧张与对峙，也存在于冷战遗留下来的东北亚地区各国的领土领海与岛屿争端和冷战思维上，其在一定程度上继续左右着地区政治安全局势，也继续形塑着东北亚各国关系发展的趋势。

（一）岛争引纠纷

2010年东北亚各国关系发展出现了一定程度的纠纷和倒退，造成这种局面的一个重要因素就是冷战遗留问题的发酵。其中最重要的一个表现就是东北亚各国围绕岛屿主权问题展开的一轮轮外交博弈。我们知道东北亚各国的岛屿争端是冷战后遗留下来的问题，不管中日的钓鱼岛还是俄日的北方四岛（俄称南千岛群岛）和日韩的独岛（日称竹岛）之争莫不如此。中国与日本的钓鱼岛及其附属岛屿之争也跨过了一个世纪。钓鱼岛及附属岛屿自古以来就是中国的固有领土，1894年中国在甲午战争中失败，翌年被迫同日本签下《马关条约》，台湾、澎湖列岛、包括钓鱼诸岛均在那时被日本霸占。日本无条件投降后，日本接受了《开罗宣言》所规定的“日本所窃取于中国之领土，例如满洲、台湾、澎湖群岛等，归还中华民国（即中国）。日本亦将被逐出于其以暴力和贪欲所获取之所有土地”。《波茨

坦公告》中也规定“开罗宣言之条件必将实施，而日本之主权必将限于本州、北海道、九州、四国及吾人所决定其他小岛之内”，① 并宣布废弃一切不平等条约。但由于冷战，该岛长期被美军占据使用，1970 年美国宣布将行政管辖权移交给日本，而主权归属交由当事方协商解决。后来，中日建交和签订《中日和平友好条约》时就把钓鱼岛及附属岛屿的主权给搁置起来了。但是主权的归属问题没有解决成为日后两国关系发展的潜在不稳定因素之一。2010 年 9 月 7 日，一艘有 15 名船员的中国拖网渔船“闽晋渔 5179 号”在钓鱼岛附近海域进行捕捞作业时，日本海上保安厅一艘巡逻船“与那国”号赶到钓鱼岛海域久场岛西北 12 公里处现场，试图“驱逐”中国渔船，并冲撞“闽晋渔 5179 号”。冲撞发生后，日本海上保安厅随后又派出两艘巡逻艇“水城”号和“波照间”号，对中国渔船进行追踪并以涉嫌违反《渔业法》为由对“闽晋渔 5179 号”进行了搜查。当天，日本海上保安厅决定以“涉嫌妨碍执行公务”为由，逮捕我渔船船长詹其雄等人，并以涉嫌违反日本《渔业法》为由展开调查，称“这是中国渔船进入日本领海非法作业的事件”。同时，把船长“带到最近的检察机关或警察机构，按照日本的程序加以处理”。日本企图用其国内法来处罚在钓鱼岛海域作业的中国渔民是中国绝对不能接受的，更何况钓鱼岛自古就是中国领土。后来在我国的严正交涉和强烈抗议乃至暂停双边省部级以上领导交往的强大政府压力下，被日方非法扣留的 14 名渔民于 13 日由我国政府包机接回，渔船也于 14 日归国，25 日船长也安全返回国内。除了钓鱼岛，日本媒体在今年 5 月也对中国国家海洋局海洋调查船在中日间有争议的海域“追逐”日本保安厅的测量船“昭洋”大肆炒作。

在这次撞船事件中，日本方面对于有争议的领土和岛屿表现出了强硬的立场，不仅国内舆论反应强烈，而且日本政府的态度也是很强硬。首相菅直人多次发表谈话和指示，表示要按照日本国内法严肃处理，而前原外相更是矢口否认周恩来、邓小平都先后提出“暂时搁置争议”的解决方案，称“邓氏说他的，可日本从未默认过此事。尖阁群岛（日方对钓鱼岛的称谓）是日本固有领土”。日本政府的强硬立场导致中日两国在这样一

① 王绳祖、何春超、吴世民编选：《国际关系史资料选编》（17 世纪中叶—1945 年），法律出版社，1998 年版，第 859、876 页。

个偶然事件上的冲突和对抗不断升级。在被迫放还中国船长后，日本拒绝中方提出的道歉和赔款的要求，反而居然向中国索要其海上保安厅巡逻船因与中国渔船相撞而产生的修理费用。同时，日本民主党的73名国会议员还向内阁提出一份抗议书，抗议政府超越司法权限放还中国船长。另有部分议员还发表声明要求政府立即派自卫队进驻钓鱼岛进行驻防。同时，就在撞船事件前后，日本又放出风来称，决定在2011年3月前后将其周围的包括钓鱼岛在内的25个远离日本本土的“离岛”私有土地登记为“国有财产”，实行统一管理。并以这些离岛作为测算大陆架面积的基点，以巩固日本的海上权益。针对日本在撞船事件上的强硬立场，中国一再警告日本不要错误估计形势。9月20日，中国宣布对日本的强硬立场采取反制措施，包括暂停双边省部级以上交往，中止双方有关增加航班、扩大中日航权事宜的接触，推迟了中日综合煤炭会议，推迟原定于9月中旬举行的第二次东海问题原则共识政府间谈判等。从撞船等一系列的行为来看，日本的战略图谋就是企图以国内法来解决撞船事件以增强日本实际控制钓鱼岛及其海域的国际法依据，以便能够永久霸占钓鱼岛。但日本的这种做法严重违背了中日两国先前达成的共识，也违反国际法和基本的国际常识，是难以得逞的。正如中国在一贯坚持的那样，钓鱼岛及其附属岛屿自古就是中国的固有领土，中国对此拥有无可争辩的主权。中国政府维护主权和领土完整的意志与决心是坚定不移的。

中日围绕钓鱼岛撞船事件的余波未了，俄日围绕着北方四岛的争议再起波澜。俄日间的北方四岛问题也是冷战遗留问题，北方四岛是日本北海道东北方向大海上的四个岛屿：择捉岛（3200平方公里）、国后岛（1500平方公里）、齿舞岛（250平方公里）、色丹岛（100平方公里）。日本将其统称为“北方四岛”，俄罗斯方面则称呼为“南千岛群岛”。两国围绕该群岛的争斗有400年历史。1945年苏联根据与英美签署的《雅尔塔协定》获得南库页岛和千岛群岛的全部主权。自那以后，北方四岛归入苏联囊中。1956年苏联时代及2004年普京总统时代都曾考虑同意先归还靠近日本的齿舞及色丹两岛，但均被日本拒绝，日本始终强势坚持“四岛一起归还论”。2009年7月，日本参议院通过《促进北方领土等问题解决特别措施法》修正案，首次将北方四岛规定为日本固有领土。俄罗斯联邦委员会随即发表声明称，这是对“俄罗斯人民的侮辱”。今年9月10日，日本发表的2010年度防卫白皮书也称，竹岛和北方四岛皆为日本领土。而6月份菅直人上台，日本内阁在领土争议问题上采取强硬立场，外相前原诚司无数次强硬指斥俄罗斯"非法"占领北方四岛，此举可能直接激怒了俄罗斯。9月底，在刚刚结束了访华行程后，俄罗斯总统梅德韦杰夫表示会去那里视察，但由于天气原因推迟了这一行动。虽然日本一再要求俄罗斯总统不要登岛，但11月1日，梅德韦杰夫总统还是成为俄国（苏联）几十年来登上该争议岛屿的第一位国家元首，这不能不说是对日本强硬外交的打击。日本政府虽然对此很愤怒，并暂时召回了日本驻俄大使，但也很无奈。日本虽宣称北方四岛是固有领土，但也没有办法像俄罗斯领导人那样亲临四岛，所以，日本外相前原诚司12月4日只能一手捧着地图，一手握着望远镜，在空中远眺北方四岛。对此，俄罗斯调侃地回应："日本政治家可以在其本国领土从远处欣赏我国令人惊叹的山水之美。"① 一周后的12月13日，俄罗斯第一副总理舒瓦洛夫在总统私人的命令下再次登上了北方四岛的国后、择捉岛，并考察了当地学校等基础设施发展状况，又一次刺痛了日本的神经。

日本与同为美国盟国的韩国之间也存在着岛屿争端，即独岛（日称竹岛）问题。这片总面积18.6平方公里的岛屿，现为韩国实际控制。日本1905年吞并朝鲜半岛，同年将该岛正式纳入版图。1952年韩国宣布对该岛行使主权，并于1953年登岛驱逐岛上日本驻军。自那以来，韩国逐年加强该岛基础设施建设，屯兵护守，直至今日。几十年里，日韩之间为该岛归属纠纷不断。今年3月30日，日本政府文部科学省还强势审定通过了将于明年启用的小学教科书，9月防卫省又发表了2010防卫白皮书，两者都将该岛记述为日本领土，这引起韩国朝野抗议的浪潮。

（二）抱持冷战思维，地区国家关系倒退

除东北亚各国围绕岛屿主权问题展开的一轮轮外交博弈外，该地区某些国家冷战思维的发酵成为构建地区和平乃至东亚一体化进程的无形障

---

① "强硬外交令日本陷入'岛屿困局'"，新华网，http://news.xinhuanet.com/world/2010-12/17/c_12891543.htm。

碍。冷战遗产的一个重要表现就是冷战思维的根深蒂固的影响，尤其要警惕冷战历史经验和思维方式的持续影响。冷战思维还在困扰着世界政治发展的前景，许多冷战时代的事务通过改头换面、甚至不改头换面，仍在大行其道。[①] 可以说，冷战思维根深蒂固地影响在东北亚地区较世界其他地方有着明显的体现。东北亚在冷战期间是一分为二、两个阵营。虽然说这一局面在中国改革开放后得到了很大的改观，经济的交往在某种程度上出现了一体化的趋势，但不戴有色眼镜进行正常国家间交往在东北亚还是有一定的难度，尤其是在政治和战略安全层面。一个东北亚的局面从来就没有出现过，也就是说，冷战的遗产从来就没有消失过，东北亚的日本和韩国在政治和战略上一直是被整合在美国的安全构架内的。所以，在东北亚的政治和战略层面，冷战式的“阵营”模式和军事对抗思维继续主导着一些国家的对外政策。在今年的“天安”舰事件后，美国、日本和韩国不问青红皂白就一味谴责朝鲜、向朝鲜施压和围堵，进行频繁军事演习，向朝鲜示威。朝韩炮击事件后，美韩发表声明，称朝鲜针对韩国军队在北方界线（NLL）以南进行的例行射击训练，有目的地非法攻击延坪岛，违反了联合国宪章和停战协定，导致平民死伤的非人道主义行为应受到谴责。为遏制朝鲜的“进一步挑衅和战争行为”，美韩双方称，“继续维持坚固的战略同盟关系，在朝鲜对弃核以及放弃对半岛乃至东北亚和平与稳定进行军事威胁和挑衅行为表现出诚意，并付诸实际行动之前，应继续维持必要的军事戒备态势”。在中日钓鱼岛“撞船事件”中，美国迅速表达了美日同盟、美日安保条约“涵盖”钓鱼岛的立场和履行对盟国的防卫责任。在10月24日美日外长会晤中，提出了要在美日之间签署专门就中国问题加强美日军事、情报和经济协调的新协议。12月7日，在美国召开的美日韩三国外长会议上，三国也借此事件加强了战略同盟，协调一致向朝鲜施压，拒绝与朝鲜谈判和恢复六方会谈。这种以美国为主导，以美日和美韩同盟为基础的三国同盟的加强，以强调军事安全和明确界定敌人身份的行为，[②] 无疑符合我国著名学者张小明所总结的冷战思维，即“以战后持续40多年

① 张小明：《冷战及其遗产》，上海人民出版社，1998年版，第384—389页。

② 韩国2010年12月30日发表的的防卫白皮书中，对朝鲜身份的定位由过去的“主敌”改为“敌人”。

的这个国际大环境中人们观察国际事务特有的思想模式或认识框架”,[①] 具体到东亚就是向东盟、韩国和日本等表达美国可依赖的、强大的军事、外交与同盟责任。可以说,保持东北亚局势的紧张和国际关系的冷战思维模式是美国在该地区立足的重要战略考量,符合美国主导东亚的战略利益,也是东北亚至今冷战思维继续存在的重要因素之一。

除了美国在搅动东北亚地区安全局势、推行冷战思维外,日本在新首相菅直人6月上台后的对外政策取向、行为对于构建和谐东亚、构建东亚共同体的前景抹上了倒退的阴影。我们知道,2009年鸠山由纪夫上台后执行了一条对等、自由、入亚的外交路线:与美国追求对等,与亚洲国家尤其是与中国和韩国等国展开了“信赖”、“友爱”、“全力构建与亚洲各国信赖关系”,实现“价值观不同的国家实现共存共荣、自立共生”的关系,[②] 力求在亚洲和欧美传统盟友之间的平衡中掌控国际事务的话语权乃至主导权,充分体现日本沟通东西方的桥梁作用。但由于迫于美国的压力而没有实现竞选时承诺的让在冲绳的美军普天间军事基地搬迁问题,民主党也由于内外交困失去参议院多数席位,导致今年6月鸠山内阁下台。菅直人上台后对鸠山的对外政策进行了大幅度调整,大有回到安倍和麻生时期“价值观外交”的理念上去。新政府的对外政策转圜首先体现在放弃“平衡外交”,借美国重返亚洲的机会,修复、强化日美关系。修复受损的日美关系成为民主党新政权的当务之急。对于参议院选举落败的菅直人政权而言,直接面对的外交课题就是如何改善鸠山政权时期一度冷却的日美关系。韩国“天安”舰事件导致的东北亚紧张局势,成为日本修复、拉近日美关系,重获信任的极好契机。为此,菅直人缄口不提“紧密且对等的日美关系”,而是强调“日美关系是维持地区稳定的重要基础”,按照《日美联合声明》作出让步,选定冲绳县名护市边野古为美军普天间机场迁入地,化解美国对日本的不信任。同时,日本积极配合美国全球外交战略,在朝鲜和伊朗核问题上加强合作,尤其是在今年的“天安”舰事件和延坪岛炮击事件上,积极加强与美国和韩国的合作,而对朝鲜则继续施压。

而在亚洲,日本的价值观外交好像又重新抬头,新政府强化与韩国等

---

① 张小明:《冷战及其遗产》,上海人民出版社,1998年版,第389—393页。

② 刘强主编:《2009·国际安全》,时事出版社,2010年版,第221—225页。

具有相同价值观和市场理念国家的关系，特别是利用今年朝鲜半岛的紧张局势强化与韩国的关系，对中国则表现出强硬的立场。如果说去年鸠山政府在实施“信赖”、“友爱”、“全力构建与亚洲各国信赖关系”，实现“价值观不同的国家实现共存共荣、自立共生”的亚洲政策的话，今年菅直人上台后，则突出韩国在日本对外关系中的重要地位。菅直人称，日韩两国“具有民主主义、自由主义及市场经济等共同的价值取向，是最重要的亲密邻国”，所以“为维护东亚地区以及世界的和平与稳定，将进一步加强与韩国的信赖关系”，强调与美国和韩国的合作是实现东北亚的“和平与繁荣”的根本途径。日本以近乎讨好韩国的口吻称，日韩“双方均为美国的同盟国。即使互相有不满，但也共同承担着通过日美韩合作，维护地区稳定的责任”。为此，日本派海上自卫队参加韩国10月举行的基于“防扩散安全倡议”（PSI）的海上封锁训练；12月，邀请韩国参加美日联合军演。

而日本新政府对中国则放弃了“信赖”、“友爱”的政策，严加提防。虽然日本仍希望加强与中国的经济联系，借助中国庞大的市场和巨大的经济活力带动其经济的复苏与增长，这一点从菅直人任命熟悉中国市场经济的“民间人”丹羽宇一郎出任驻华大使就一目了然，但在政治、战略层面，日本对中国冷战式的战略猜疑依然成为构筑中日战略互惠关系的最大障碍，这种思维在2010年尤其突出的表现出来。在今年的钓鱼岛撞船事件中，日本的态度不但强硬，而且否认钓鱼岛领土的“搁置论”。外交部长前原诚司表示，日本从未接受过这么一个见解，指出“那是邓小平（中国）一厢情愿的说法，日本事实上没答应过”，“今后，若（中方）再提出搁置论，也不会接受”。在中日两国钓鱼岛事件而导致关系恶化后，日本对中国的防范进一步加强，如密切监视中国军舰经过冲绳主岛和宫古岛之间的公海驶向太平洋活动，美日举行的所谓夺岛演习也包括一些与中国有争议的岛屿和中国不承认为岛的冲之鸟礁。而日本政府12月17日正式通过的新《防卫计划大纲》则明确提出由“严密关注”中国的说法升级为“警戒监视”。这是民主党上台后第一次发表《防卫计划大纲》，指出“为亚太地区的安定，日本有必要加强与盟国美国的共同防卫体制”，同时也要积极与它有同样防卫价值观的澳大利亚、韩国以及其他亚洲国家建立防卫联系。并且表示了对中国的战略猜疑和担心，认为“中国的军事现代化与海洋扩张政策”和“中国不透明的军事动向”是区域和国际社会的隐忧。所以，《防卫计划大纲》一改冷战时期用于应对苏联的北方防卫路线，决定把军事视角南移到冲绳附近海域，以应对朝鲜局势、中国军力，以及多元化的恐怖袭击为重。为此，日本国防部决定把海上自卫队的潜水艇数量从目前的16艘增至22艘，并且增添2艘宙斯盾舰和1艘护卫舰，扩大以东海为主的警戒监视海域。这是1976年后，日本首次制定部署20艘以上潜艇的防卫计划。同时在防卫能力和防卫构想上提出，由过去传统的“基础防卫力构想”，转变为强化自卫队机动性和快速反应的“机动防卫力构想”，以便灵活运用军力和军备。这包括了要建设互动式的导弹防御系统，应对朝鲜危机；增设地对空的“爱国者3型”（PAC3）导弹；同时，各战舰中也将配置海对空导弹防御系统。在靠近朝鲜的青森地区基地内，也会增设E-2C预警机等。

（董庆安）

第十一章

东南亚地区安全形势

2010年，东南亚地区安全形势总体较为稳定，东盟在全面推进共同体建设及对外交往方面取得一定进展。但该地区仍存在一些安全隐患：泰国政局持续动荡；边界和领土纠纷等问题有待解决；非传统安全威胁持续存在；美俄等区外大国加大了对该地区事务的介入力度。这些动向不仅影响到东盟内部一体化进程及其对外交往，也对中国与东盟国家间关系带来一些新的困难和挑战。

一、地区安全形势总体稳定，部分国家政局不稳，非传统安全挑战严峻

2010年，东南亚地区大部分国家内部局势相对稳定，而泰国政局的持续动荡、缅甸举行的多党制全国大选以及菲律宾的政权交接等引起了外界的关注。在非传统安全领域，该地区仍面临着恐怖主义等暴力活动猖獗、自然灾害频发以及一些疾病流行肆虐等威胁。

（一）泰国政局持续动荡不安

阿披实政府自2008年底上台以来，一直面临着持续动荡的国内政局所带来的巨大执政压力。2010年2月，支持前总理他信的泰国“反独裁民主联盟”（简称“反独联”）示威者开始在曼谷等地举行小规模聚会，要求总理阿披实解散国会，重新举行大选。自3月12日起，“反独联”示威者“红衫军”开始持续在曼谷举行大规模反政府集会，期间发生多起炸弹爆

炸事件并造成人员伤亡。泰国政府为此成立了国家安全临时监控委员会，并开始在曼谷等地实施内部安全法，后因局势恶化将安全法令数次延长并扩大到其他地区。3月底，泰国政府与“红衫军”先后举行过两轮谈判，但均无果而终。进入4月，“红衫军”的集会规模不断扩大，混乱局势逐渐升级，导致示威者于4月10日、22日和28日在曼谷同军警发生三次严重暴力冲突，造成20多人死亡，逾900人受伤。泰国政府宣布在曼谷及周边地区实施紧急状态，法院先后批准逮捕27名“红衫军”领导人。期间，反前总理他信的“人民民主联盟”（简称“民盟”）等组织的支持者也多次在曼谷举行大规模集会活动，要求政府使用暴力手段驱散反政府示威者。为结束政治纷争，阿披实于5月初提出5点和解路线图，包括尊重王室地位、创造社会公平、保证媒体公正中立、彻查4月三次流血事件和推进政治改革等内容，并称如果“红衫军”示威者予以接受，政府将于11月14日举行大选。该路线图得到泰国内阁的批准，“红衫军”领导人也表示将有条件地接受，但并未决定停止集会。自5月12日起，双方对峙持续升级。泰国政府于5月13日开始封锁曼谷市中心的“红衫军”主集会地点，以迫使“红衫军”结束集会，后来逐步将紧急状态法实施范围扩大到24个府。随后几天，政府军和“红衫军”多次发生冲突。5月19日，泰国军队对示威者发起清场行动，最后“红衫军”领导人向警方自首，长达2个多月的大规模抗议集会活动方告结束，期间共有90人死亡，逾1900人受伤。①

集会结束后，泰国司法部门开始对相关责任人进行法律追究，包括以涉嫌恐怖活动罪名批准逮捕前总理他信，对“红衫军”领导人展开法律审讯，以及传唤涉嫌资助“红衫军”的企业法人代表和个人等。泰国政府同时组建调查小组，对示威集会期间发生的暴力事件进行调查，并正式启动政治和解方案。在泰国国会下议院6月2日否决了反对党议员5月25日对以阿披实为首的6名内阁成员提出的不信任案之后，泰国内阁进行了上任一年半以来最大规模的一次改组，有8名新内阁成员宣誓就职。此前，泰国内阁因医疗计划贪污丑闻曾于1月对包括卫生部长及副部长在内的五个职位人选进行改组。自7月以来，泰国局势逐渐趋于稳定。阿披实以需要

---

① “泰拟解除更多府的紧急状态法，但首都曼谷除外”，中国新闻网，http://www.chinanews.com/gj/2010/08-11/2460021.shtml。

时间实现和解为由取消了年内举行选举的计划，泰国内阁从7月6日开始逐步取消在多个府的紧急状态法令，但曼谷等4府实施的紧急状态被延长至2011年1月初，以维持法律和社会秩序。8—10月，“红衫军”多次在曼谷等地发起较大规模的游行集会活动，泰国警方为此出动大量警力加强安保工作，期间均未发生混乱和暴力事件。8月9日，泰国宪法法院开始审理民主党涉嫌收受献金和滥用选举经费案件，一旦罪名成立，民主党可能面对被解散的惩罚，该党40个重要成员包括总理阿披实5年内将不得从政。不过，11月29日，泰国宪法法院以指控程序不合法为由，推翻对执政党民主党涉嫌滥用政党发展基金的指控，裁决不解散该党。

泰国政治乱局严重影响了经济发展和社会稳定。据泰国商会大学经商预测中心估计，“红衫军”两个月以来的示威活动已造成600亿至700亿泰铢（1元人民币约合5泰铢）的巨额经济损失。[①] 同时，泰国政局动荡还严重影响其国家形象和外交活动，如导致阿披实2010年4月未能赶赴越南河内参加第16届东盟峰会，危机期间有美、英、日等近20个国家关闭驻泰国大使馆等。泰国政治危机演变为暴力冲突，根源在于“红衫军”同阿披实政府围绕现政府的合法性、政治和经济利益分配等问题存在尖锐分歧，僵持不下。尽管泰国政府正式启动了政治和解方案，但由于近几年各派政治势力积怨很深，暴力冲突造成的人员伤亡又加深了相互的仇视，因此和解之路困难重重。如何破解政治僵局，寻找国家稳定的长远之计，是泰国面临的艰难考验。

（二）缅甸举行多党制全国大选

2010年11月7日，缅甸依据2008年全民公决通过的《缅甸联邦共和国宪法》，举行了20年来首次多党制全国大选，共选举1000多名联邦议会（人民院和民族院）议员和省邦议会议员，缅甸联邦巩固与发展党（巩发党）、民族团结党和全国民主力量党等37个政党的3000多名候选人和82名独立候选人参选。民盟因拒绝重新进行政党登记注册，于今年5月自动失去合法政党资格，其领导人昂山素季因仍处于监禁状态，无资格参选。

① “泰国军队与‘红衫军’冲突升级”，《人民日报》，2010年5月15日。

据缅甸联邦选举委员会于11月17日公布的选举结果，吴登盛总理任党主席的巩发党获得约77%联邦议会和省邦议会议席，在各级议会中均为多数党。作为巩发党候选人参选的缅甸现政府第三号领导人国家和平与发展委员会（简称“和发委”）成员吴瑞曼、第四号领导人政府总理吴登盛、第五号领导人“和发委”第一秘书长吴丁昂敏乌正式当选联邦议会人民院议员。①

为准备此次大选，缅甸政府自今年3月以来正式颁布了《联邦选举委员会法》、《政党注册法》、《人民院选举法》、《民族院选举法》和《省（邦）议会选举法》等重要法律，并依法成立联邦选举委员会，负责选举事宜。4月，巩发党正式成立，政府总理吴登盛和22名部长同时宣布以文官身份参选，总参谋长吴瑞曼等15名军官也在8月辞去军职，准备参选。巩发党是缅甸最大的政党，由1993年成立的缅甸联邦巩固发展协会（简称“巩发会”）演变而来，巩发会通过大量吸收青年人，将组织铺向全国城乡，为现政府执政奠定群众基础。在加强国内局势掌控方面，缅甸政府自2009年初以来先后将国内3支少数民族地方武装收编为边防军。但2010年以来，缅甸又经历了4月仰光大爆炸、军方高层大改组和10月“吉里”严重风灾等重大考验。大选期间，为确保选举顺利进行，缅甸政府在全国主要城市加强了安全防范。针对大选前缅甸国内一些政治力量与国外势力遥相呼应，特别是昂山素季领导的民盟拒绝重新进行政党登记，并呼吁各政党抵制大选和试图影响选情的动向，缅甸领导人在谴责外国干涉的同时，多次呼吁民众共同努力，确保多党制全国大选取得圆满成功。缅甸联邦选举委员会在8月份正式确定大选日期，并在竞选期间为各政党安排通过电视、广播及报纸公开阐述政策主张的活动。此外，缅甸高度重视发展同中国和印度这两个最大邻国的关系，并寻求缓和对美关系，希望借此为大选创造良好的国际舆论环境。

此次大选是缅甸实现政府转型的一次重要选举。1988年9月，缅甸军方在国家政局经历数月动荡后成立“恢复法律与秩序委员会”（简称“恢委会”，1997年改组为“和发委”），接管政权，并废除原有宪法。1990年5月，缅甸举行全国大选，昂山素季领导的最大反对派民盟获胜，但军政

---

① “缅甸巩发党获近八成各级议会议席”，《人民日报》，2010年11月18日。

府拒绝交权，致使美国等西方国家支持的昂山素季无法上任。此后缅甸政府致力于推动国内民族和解和民主化进程。1993 年，军政府开始召集国民大会，启动制宪进程，但国民大会在 1995 年中断，制宪进程半途而废。2003 年 8 月，军政府宣布旨在实现民族和解、推进民主进程的七点民主路线图计划。2004 年 5 月，制宪国民大会在中断 8 年后复会。2007 年 9 月，国民大会完成使命，确定新宪法制宪原则，并成立新宪法起草委员会。2008 年 5 月，《缅甸联邦共和国宪法》在全民公决中获得通过。2010 年 3 月，缅甸正式颁布大选法和政党组织法等法律。11 月，大选如期举行，这是缅甸 2003 年 8 月宣布的七点民主路线图的第五步，也是实现从军政府向民选政府转型的一次重要选举。通过大选选举产生的联邦议会将在选后 90 天内召开首次会议，并在会议上选举产生总统和副总统，组成新政府，其后军政府将向民选政府移交权力。而政府的建立，以及军政府向民选政府移交权力，是“七步走”的最后两步。大选前，缅甸已正式启用了新宪法颁布的新国旗和新国徽。依据新宪法，缅甸国名将定为缅甸联邦共和国，实行总统制，总统为国家元首和政府首脑，并担任包括三军总司令为其成员之一的国防安全委员会主席。三军总司令为各武装力量的最高统帅，军队将继续在国家政治方面发挥作用，在各级议会中拥有由三军总司令提名、非经选举产生的军人议员席位，其数量将占全部议席的 25%。

大选后，发展经济、改善民生将成为缅甸政府的工作重点。缅甸领导人曾多次表示，缅甸将逐步开放，发展国内经济，保护本地工商企业家，提高企业适应能力，积累充足资本，增强与外国企业竞争的能力，大选后的新政府政策将会更加开放。① 缅甸国家“和发委”主席丹瑞 2010 年 9 月的访华行程安排中就包括上海和深圳等地，目的是借鉴中国改革开放的成功经验，进一步推动缅甸与中国经济发达地区的交流与合作。丹瑞在 7 月下旬访问印度期间，获得印继续向其提供发展援助的承诺。另外，缅甸此次大选得到中国、印度、俄罗斯及东盟等国的欢迎与肯定，其周边外交环境将有较大改善，这为其进一步开展多元化外交创造了有利条件。但大选后，缅甸仍面临着包括如何处理少数民族地方武装等问题的挑战。缅甸国内目前仍存在多支少数民族武装。自 11 月 7 日投票结束以来，缅甸政府军

① “缅甸大选投票顺利结束”，《人民日报》，2010 年 11 月 8 日。

与反政府武装在泰缅边境地区多次爆发冲突，有不少难民逃往泰国。同时，尽管缅甸政府于11月13日释放了民盟领导人昂山素季，但与民盟为代表的反对派势力之间的矛盾仍将存在，后者长期得到西方支持，对缅甸国内局势仍有一定影响。此外，西方国家对缅甸此次大选不乏批评和指责，缅甸政府在发展同美国为首的西方国家间的关系方面也将面临不少障碍。

（三）菲律宾实现权力交接

2010年5月10日，菲律宾正式举行6年一届的大选，5000多万选民将选出下届总统、副总统、12名参议员、287名众议员和1.7万余名地方官员。这次“多合一”选举涉及菲政坛从上到下的官员轮换，被视为菲政坛的大洗牌。[①] 为保证大选和平有序进行，菲警方在全国各投票点布置了3万多个警务站，出动13万警力。据菲国会6月8日完成的统计结果显示，自由党总统候选人阿基诺三世以约1520万张选票成功当选总统，民众力量党候选人比奈以约1464万张选票当选副总统。[②] 6月30日，阿基诺三世宣誓就职，成为该国第15任总统。在就职演说中，他表示本届政府将努力使国家摆脱贫困和腐败，并称政府的首要目标之一是创造就业机会，解决严重失业问题。7月26日，菲第15届国会召开首次会议，选出新一届国会领导人。

阿基诺三世生于1960年2月8日，是菲已故前总统阿基诺夫人的独子，于1998年步入政坛，当选菲国会众议员，2001和2004年成功连任，曾在众议院多个委员会任过职。2004年11月至2006年2月，阿基诺三世任众议院副议长，后于2007年5月在菲国会中期选举中当选参议员。在自由党内，阿基诺三世从1999年至2002年任秘书长，2002年至2004年任吕宋自由党副总裁，2004年至2006年任秘书长，2006年3月起任副主席。2009年阿基诺夫人因病去世40天后，阿基诺三世宣布参加总统竞选。此次大选是在菲律宾社会对现政府强烈不满、人心思变的

① “菲律宾大选如期举行”，《人民日报》，2010年5月11日。

② “阿基诺三世赢得菲律宾总统选举”，《人民日报》，2010年6月9日。

背景下举行的，他在竞选中提出以“反腐、减贫、改革”为核心的竞选纲领，承诺当选后将致力改革，坚决打击腐败、消除贫困、振兴经济、促进就业、提高教育和医疗水平，这顺应了广大民众的诉求，赢得大部分选民的支持。

阿基诺三世上台后，主要面临反腐减贫纲领的实施、发展经济和国内安全问题等诸多挑战。一是反腐减贫纲领的实施，特别是由于反腐将会触及政府、军警以及社会各个层面的利益，因此将冒极大的政治甚至生命风险。二是发展经济。由于目前菲律宾经济问题严重，失业率长期高达两位数，政府债台高筑，要想改变局面并非易事。三是国内安全问题。长期以来，菲国内治安问题难以得到有效改善。阿基诺上台后，曾向国内的反政府武装组织“摩洛伊斯兰解放阵线”（简称“摩伊”）释放善意，希望重启和平谈判，并与“新人民军”实现短期停火协议，为和谈创造条件。但“阿布沙耶夫”组织等反政府武装仍多次与菲军警部队发生交火，并发动针对平民的袭击和绑架事件，导致该国内部安全问题仍较严重。此外，菲国非法枪支泛滥，许多政治人物和富人拥有自己的私人武装。2009 年 11 月，造成 57 人死亡的马京达瑙政治屠杀案就是私人武装所为，这是该国有史以来最严重的政治屠杀案。因此，新政府施政将面临诸多困难。

（四）非传统安全威胁持续存在

首先，恐怖主义活动依然猖獗。菲律宾政府 2010 年先后于 1 月和 3 月同该国最大的反政府武装力量“摩伊”举行两次和谈，并在 5 月签署一项协议，同意共同清除菲南部地区棉兰老岛的地雷和哑弹。阿基诺三世上台后，仍致力于以和平方式解决冲突。菲政府开始与“摩伊”和“新人民军”重启谈判。9 月，菲政府对“摩伊”宣布不再寻求建立一个独立国家的立场表示欢迎。12 月初，菲政府同菲共及其领导的“新人民军”达成在圣诞节和新年期间停火 19 天的协议，以便于双方恢复和谈。菲政府随后称，希望在 3 年内与菲共及其领导的“新人民军”和全国民主阵线达成一项最终和平协议。与此同时，菲政府加强对“阿布沙耶夫”等反政府武装组织的进攻，后者则频繁发动爆炸袭击和绑架等活动，“新人民军”也多次与菲军警部队发生交火。此外，2010年8月马尼拉市发生香港游客遭持枪绑匪劫持事件，造成多名香港游客伤亡。11月，针对美、英、澳等国发布赴菲旅行警告，提醒游客警惕恐怖袭击，菲警方提升了警戒水平。

印尼年内也加大了对国内恐怖分子及其活动的打击力度。2010年2月以来，印尼在全国重要城市提高了警戒级别，并增派警力在亚齐等地展开清剿抓捕行动，击毙或逮捕多名恐怖嫌犯。为确保美国总统奥巴马原计划3月访问印尼期间的安全，印尼特警与安全部队士兵3月多次在首都雅加达等地举行反恐演习。在奥巴马11月访问印尼期间，印尼在各主要地区部署了8500名安全人员。9月，印尼新国民军司令阿古斯·苏哈托诺在宣誓就职时表示，国民军反恐特种部队将协助警方应对恐怖主义活动。10月，印尼总统苏西洛呼吁军警应携手合作打击恐怖主义，维护社会治安。泰国南部地区仍经常发生爆炸、枪击及绑架等暴力活动。据悉，自2004年以来的6年中，泰国南部地区发生暴力事件9800多次，造成1万多人死伤。2004年1月泰南爆发骚乱后，泰国政府随即宣布在北大年、那拉提瓦、也拉三府实施紧急状态法。目前泰南驻扎3万军队维持治安，以班排为单位分布在近2000个城镇和村庄中。[①] 另外，缅甸仰光2010年4月发生多起爆炸事件，有100多人伤亡。

其次，地震等自然灾害频发，一些流行性疾病呈蔓延之势。印尼是东南亚地区受灾最为严重的国家之一。8月29日，印尼北苏门答腊省的锡纳朋火山喷发，近万名当地居民被紧急疏散。10月25日，印尼西苏门答腊省明打威群岛附近海域发生里氏7.2级强烈地震并引发海啸，截至11月20日，已有509人死亡，21人失踪。[②] 自10月26日以来，印尼中爪哇省的默拉皮火山多次爆发，截至11月22日，已有304人死亡，467人重伤，33万名附近居民离家避难。[③] 因连降暴雨，印尼国内还多次发生水灾并引发泥石流，带来重大人员伤亡和财产损失。泰国2010年遭受了50年来最

① “走进泰南动荡区”，《人民日报》，2010年7月16日。

② “印尼海啸造成至少509人死亡”，新华网，http：//news. xinhuanet. com/society/2010-11/20/c_12796940. htm。

③ “印尼默拉皮火山喷发导致死亡人数超过300人”，新华网，http：//news. xinhuanet. com/world/2010-11/22/c_12803459. htm。

严重的水灾。据泰国政府11月7日披露，持续1个月的洪灾已造成全国161人死亡，600多万人受灾，洪灾波及全国近一半的府。泰华农民研究中心说，洪灾造成的损失可能高达540亿泰铢（1美元约合29.5泰铢），使泰国今年国内生产总值增速比预期降低0.6至1.2个百分点。[①] 菲律宾和缅甸等国也是重灾区，在10月分别遭受超级台风“鲇鱼”和热带风暴“吉里”袭击。此外，湄公河流域国家今年还遭受了较长时期的旱灾影响。频繁的自然灾害导致该地区主要稻米生产国农业遭受重大损失，多种作物价格上涨，并可能引发粮食危机。

受雨季及全球变暖影响，菲律宾、泰国和马来西亚等国登革热感染人数不断上升。1—10月，菲律宾国内登革热病例接近12万例，比去年同期增加140%，有724人死亡，比2009年同期增加近一半。[②] 截止到12月14日，马来西亚登革热死亡人数达到132人。[③] 1—8月，泰国有70902例登革热病例，其中死亡87人，比去年同期上升117.23%，疾病防控形势比较严峻。[④] 1—9月，柬埔寨发现996例登革热病例，其中29名15岁以下儿童死亡。[⑤] 泰国7月初还开始出现季节性流感的传播，从2009年4月28日至2010年8月7日，该国因感染H1N1病毒而死亡的人数上升到245人。[⑥] 泰国卫生部长9月20日称，该国今年被证实感染H1N1病毒的人数增至11154人。[⑦] 此外，柬埔寨国内还发生H5N1型禽流感和口蹄疫等疫情。

---

① “泰国全力抗洪救灾”，《人民日报》，2010年11月8日。

② “菲律宾登革热病例剧增今年夺命已逾七百”，新华网，http://news.xinhuanet.com/health/2010-11/19/c_12792429.htm。

③ “马来西亚今年登革热死亡人数已经达到132人”，中国新闻网，http://www.chinanews.com/gj/2010/12-15/2724868.shtml。

④ “登革热在亚洲蔓延，东南亚死亡人数不断攀升”，中国新闻网，http://www.chinanews.com/gj/2010/09-16/2537983.shtml。

⑤ “柬埔寨登革热发病率逐年下降”，新华网，http://news.xinhuanet.com/world/2010/10/02/c_13540326.htm。

⑥ “泰国H1N1流感死亡人数升至245人”，中国新闻网，http://www.chinanews.com/gj/2010/08-17/2473588.shtml。

⑦ “泰国上周再增3宗H1N1病毒死亡病例”，中国新闻网，http://www.chinanews.com/gj/2010/09-20/2546928.shtml。

二、东盟区域一体化进程向前推进，对外交往取得较大进展

2010年成为东盟迈向一体化的关键年，距2015年东盟共同体建成还有5年时间。越南作为2010年东盟轮值主席国，在年初专门成立了国家东盟委员会，负责推进东盟各项事务，并将2010年东盟系列活动主题确定为“从愿景到行动：迈向东盟共同体”。同时，越南还确定了2010年东盟轮值主席国的两项“优先工作”：一是加强东盟内部的联系和团结，有效落实《东盟宪章》和东盟共同体路线图；二是扩大并深化与对话国的关系，提高东盟在国际社会的影响力。经过积极努力，东盟国家在推进内部一体化进程及对外交往等方面取得了一些重大成果。

（一）东盟区域一体化进程及次区域合作不断向前推进

首先，举行了两届东盟首脑会议，就共同体建设以及对外交往等方面达成重要共识。在2010年4月上旬于河内举行的第16届东盟峰会及系列会议上，东盟各国重点商讨了加速东盟一体化建设、推动经济持续复苏和共同应对气候变化等议题，通过了《第十六届东盟峰会主席声明》、《东盟经济复苏和可持续发展联合声明》以及《东盟应对气候变化联合声明》等文件。东盟各国领导人表示，将进一步提高效率，落实有关协议，积极推动《东盟宪章》转化为现实，推动东盟一体化进程，实现2015年建成东盟共同体的目标。各国外长在峰会上还签署了《东盟宪章框架内争端解决机制协议》，确定将在《东盟宪章》框架内以规则来解决各成员国之间的争端。在10月底于河内举行的第17届东盟首脑会议上，东盟国家在构建东盟共同体、以保持自身中心地位为前提强化东盟对外关系、可持续发展及应对全球性挑战等方面达成广泛共识，通过了《东盟互联互通总体规划》，为经济复苏和可持续发展开发人力资源和劳动者技能的《东盟宣言》，旨在加强保障东盟地区妇女、儿童福利的《河内宣言》，以及实施海上搜救合作的文件。特别是《东盟互联互通总体规划》的通过，标示着东盟共同体建设进程又迈出了关键性的一步，东盟将为此建立互联互通协调委员

会，负责协调和监管“规划”的落实过程。

其次，召开了一系列东盟部长级会议，重点讨论经济发展和防务安全等议题。2月28日，第16次东盟经济部长非正式会议在马来西亚举行，主要讨论当前东盟经济实力及在2015年前建成东盟经济共同体等问题。4月上旬，第14届东盟财长会议在越南芽庄举行。5月11日，以“加强东盟国防合作，促进地区稳定与发展”为主题的第4届东盟国防部长会议在越南河内举行，会议通过一份共同声明。与会代表称，东盟各国要加强在国防和安全领域的合作，提高合作效率，以应对跨国非传统安全挑战。8月23日，东盟各国负责经济事务的官员在越南岘港举行会谈，讨论确定了2010—2011年阶段东盟共同体建设的主要内容，并重点就实现东盟内部交通运输网络连接等12个合作领域进行探讨。8月25—27日，以“东盟经济共同体——充满活力和可持续增长的共同体”为主题的第42届东盟经济部长会议在越南岘港举行。会后发表联合声明指出，东盟国家经济发展所面临的重要任务是：进一步完善推进东盟经济共同体路线图实施进程的具体措施和方案，促进货物贸易便利化和服务贸易自由化，实现经济和谐发展的同时保持成员国宏观经济稳定，推动东盟国家经济实现平衡、稳定和可持续发展。会议还通过了《东盟中小企业发展2010—2015年战略行动计划》。

第三，积极推进东盟内部的次区域合作，着力缩小内部成员国之间的差距。7月28日，第5届东盟东部增长区交通部长会议在文莱举行，来自文莱、印尼、菲律宾和马来西亚等增长区4个成员国的交通部长等与会。会议通过的联合声明认为，增长区在内部扩大航空联系、建立综合航运服务、跨境巴士流动以及跨境货物运输等领域已取得积极进展，提出建立有效率的综合运输体系，实现将增长区建成东盟地区“食品篮”和生态旅游目的地的长远目标。8月20日，大湄公河次区域经济合作第16次部长级会议在越南河内举行，会议审议通过了改善交通和贸易便利化的行动计划，就大湄公河次区域合作未来10年（2012—2022）发展战略进行深入讨论，并一致通过大湄公河次区域铁路衔接计划。如果计划进展顺利，预计到2020年，大湄公河次区域6国将实现铁路网络的连通。[①] 11月16日，

① “大湄公河次区域酝酿大铁路网”，《人民日报》，2010年8月24日。

第5届柬埔寨、老挝、缅甸和越南四国峰会在柬埔寨举行，主要讨论东盟新四国如何缩小与东盟组织其他成员国之间的发展差距等问题。当天，柬越老三角地区发展峰会也在金边召开，三国签署了《金边宣言》，表示将加强区域合作。

但是，东盟共同体建设过程中也面临着一些挑战。从外部来看，世界经济增速放慢，一些主要经济体经济陷入衰退，作为外向型新兴经济体，东盟受国际金融危机影响较深；从内部来看，东盟各成员目前仍在政治制度、意识形态、语言文化、价值取向等方面存在较大差异，经济发展也很不平衡。同时，东盟内部国家间的矛盾冲突仍时有发生。1月和4月，泰柬两国军队在边境地区2次发生交火事件，凸显双方围绕柏威夏寺及其附近领土的纠纷依然严重。自柬埔寨于7月向世界遗产大会单方面提交柏威夏寺地区的管理计划后，两国围绕边界纠纷多次发生外交摩擦，促使柬方要求联合国和东盟协助解决柬泰边界矛盾，但泰国坚决反对外界干预。2009年底，两国政府因柬埔寨邀请他信访柬并正式聘请其为柬政府经济顾问一事而相互召回大使，双方外交关系陷入僵局。直至他信于2010年8月辞去柬首相洪森和柬王国政府顾问一职，两国才相继恢复大使级外交关系。但由于双方在领土问题上各不相让，两国间存在已久的领土纠纷在短期内将难以得到解决。与此同时，印尼与马来西亚两国因领海问题也再起争端。今年8月，双方相互扣留对方人员，经交涉后才最终获释。两国之间的主要分歧集中在苏拉威西海域。据统计，截至今年上半年，印尼与邻国发生了至少10起领海争端，而去年仅与马方发生的争端就多达14起。今年2月，两国海军同意最大限度减少海上冲突，尊重两国海军在各自海域边界巡逻的规定和程序。两国海军还约定，一旦双方出现争端，应交由两国政府协商解决。① 此外，泰国政局的持续动荡，以及西方国家同东盟在缅甸国内政治民主化进程上的分歧，也对东盟共同体建设及对外交往等带来较大压力和阻力。

---

① “印度尼西亚—马来西亚迅速化解领海争端”，人民网，http://world.people.com.cn/GB/57507/12492874.html。

（二）东盟国家及东盟组织的对外交往活动取得较大进展

首先，发展对美关系仍是东盟国家外交的一大重点。一是双方政要之间互动交流较为活跃。3月，美国国务院亚太事务助理国务卿坎贝尔访问了泰国、老挝、马来西亚、文莱和印尼，就双边关系等问题进行讨论，期间还出席了美马两国自2006年以来的第2次高官对话。4月，马来西亚总理纳吉布和美国总统奥巴马在纽约举行会谈，双方一致同意在安全事务上进行合作，以加强两国关系。7月，美国国务卿希拉里参加了在河内举行的东盟地区论坛外长会议，表达美国加入东亚峰会的强烈意愿。9月，东盟国家领导人赴美参加在纽约举行的第2届美国—东盟首脑峰会（印尼总统苏西洛因故未参加），会后发表联合声明，强调“海上安全”和“自由航行”的重要性。这是在美国本土召开的首次美国—东盟峰会（首届峰会于2009年在新加坡举行）。10月，希拉里作为观察员国代表再次赴河内出席东亚峰会，会后还访问了柬埔寨和马来西亚等国，同马来西亚签署了3项合作协议。11月，奥巴马访问印尼，两国签署了一项旨在提升双边合作的全面伙伴关系协议，商定双方将在贸易、投资、教育、能源、环境、国家安全等领域展开全方位合作。奥巴马希望通过同印尼这个东南亚最大和世界上穆斯林人口最多的国家发展关系，提升美国在该地区的影响力，改善美国与伊斯兰世界的关系。

二是频繁举行联合军演及加强安全合作。在演习交流方面，泰美两军今年2月在泰国主办了代号为“金色眼镜蛇”的东南亚最大规模联合军演，日本、印尼、新加坡和韩国派兵参演，参演总兵力近1万人。从5月起，美军开始与文莱、菲律宾、泰国、印尼、新加坡、马来西亚和柬埔寨等国军队举行代号为“卡拉特”的年度双边系列军事演习，旨在提高美军与东南亚国家军队之间的联合作战能力，维持美国在该地区的军事存在。其中，柬埔寨是首次加入该演习。6—8月，印尼、马来西亚、新加坡和泰国等国军队参加了美国在夏威夷附近海域举办的两年一度的多国“环太平洋2010”联合军演。8—10月，美海军“华盛顿”号核动力航母先后访问越南、菲律宾和泰国。“林肯”号航母于10月对马来西亚进行访问。“华盛顿”号航母还与“麦凯恩”号导弹驱逐舰同越海军在南海举行两国历史上首次海军联合演习，两国国防部高官还在河内举行自越战结束以来首次高层防务对话。11月初，美军在新加坡举行城市战演习。

加强安全合作是今年东盟与美国关系中的一个突出特点。坎贝尔在3月访问马来西亚时表示，美国将继续为马六甲海峡沿岸国家提供支援，帮助这些国家打击恐怖活动。美国国防部长盖茨在7月访问印尼期间，宣布美国将恢复与印尼特种部队中断了十多年的军事联系。此前美印两国于6月签署了防务协议框架文件，为两国在军事训练、军备采购和海事安全方面加强合作打下基础。美国务院负责政治事务的副国务卿威廉·伯恩斯7月在访问菲律宾时称，美国希望保留在菲驻军，帮助当地安全部队实施反恐行动。据悉，从2002年起，美国根据1999年签署的《访问部队协议》在菲南部地区部署了500名军人。美驻菲大使托马斯于10月也表示，作为美菲安全交流计划内容之一，美国政府将继续派兵到菲律宾参加联合反恐训练，直到与“基地”组织有联系的激进组织“阿布沙耶夫”被剿清为止。9月，越南国防部副部长阮志咏率团访美，与美方就举行首次东盟防长扩大会议进行讨论，并为美国防长盖茨正式访越做准备。10月，盖茨访问越南，并参加首届东盟国防部长扩大会议。11月，盖茨访问马来西亚。

三是推动经贸及能源领域合作。年内，美越签署了一份核能合作协议，为美国公司帮助越南建造核电站铺平了道路。在阿基诺三世访美期间，美国承诺向菲提供4.34亿美元的援助。11月，奥巴马总统访问印尼时，强调美国将全力加强与印尼的经贸合作，尽快把美国在印尼贸易伙伴中的排名从第三位提升到第一位，他还承诺将召集美国商人和投资者在印尼寻找商机。在区域合作方面，美国自2009年正式宣布加入“跨太平洋伙伴关系协定”（TPP）后，① 该贸易协定的知名度和影响力有大幅提升，其总体规模将与北美自由贸易区相当。美国也希望以TPP为核心，重新主导亚洲经济合作。在美国带动下，越南和马来西亚相继宣布加入。2010年3月，TPP首轮谈判在澳大利亚举行，这被视为奥巴马就任以来采取的首个重大贸易举措。6月和10月，TPP扩大化谈判又分别举行两轮会议，参加

---

① 该贸易协定于2005年7月由智利、新西兰、文莱和新加坡四国发起签署，2006年生效，2008年11月澳大利亚和秘鲁宣布加入。该协定旨在把将太平洋地区的经济体连在一起，形成区域性自由贸易区。

谈判的包括四个创始国以及美国、澳大利亚、秘鲁和越南。马来西亚是在10月举行的第三轮谈判中正式加入的，菲律宾也表达了对加入该谈判的兴趣。

其次，东盟国家与其他区外大国的关系也有不同程度的发展。一是继续发展与韩日两国的合作关系。两国2010年都参加了2月在东南亚举行的“金色眼镜蛇”联合军事演习，其中韩国是首次正式参演。10月，韩国国防部高级代表团正式访问越南，签署了两国国防合作备忘录，并出席由越南主办的第一次东盟国防部长扩大会议。同月，韩日两国领导人出席了在越南举行的东盟与对话伙伴国系列会议，分别与东盟国家领导人举行会谈。期间，日本首相菅直人对越南进行了访问，并与越南领导人发表了《为了亚洲的和平与繁荣——日本和越南发展全面战略合作伙伴关系共同声明》，双方还就稀土开发及核电站建设达成合作协议，日本表示将与越南合作开发越南境内的稀土资源，并将帮助越南建设2座核反应堆。当月，柬埔寨、老挝、缅甸、泰国和越南等东盟地区湄公河流域5国还与日本举行第2次领导人会议，就湄公河流域环境保护和经济发展领域加强合作等问题进行探讨。12月，越南与日本举行了两国间第一次战略合作对话，就两国战略合作伙伴关系、对外政策、国防安全等问题交换意见。同月，韩国总统李明博先后访问印尼和马来西亚，出席在印尼举行的第3届“巴厘民主主义论坛”，与印尼领导人举行首脑会谈，共同商讨两国战略合作关系、国防工业、核能项目等合作事宜；同马来西亚领导人商定将积极推动两国自贸协定谈判进程，并将扩大两国在绿色技术、核能、经济及科技领域的合作，双方还签署了有关两国合作开发油田和生物能源等协定。

二是与印澳等国开展安全及经贸合作。2月，印尼等8个东南亚国家参加了由印度海军在印度东部安达曼—尼科巴群岛组织的“米兰—2010”多国海上联合军演，以加强本地区国家海军救灾和人道援助的相互协调能力，同时提高对付海盗和恐怖袭击的能力，确保海上通道安全。3月，澳大利亚总理陆克文与到访的印尼总统苏西洛举行双边会谈，两国同意在打击偷渡、反恐和经贸等方面密切合作，并将定期举行涉及外交和国防事务的双边会谈。两国军队于9月在印尼巴厘岛国际机场举行联合反恐演习。4月底至5月初，澳大利亚、马来西亚、新西兰、新加坡和英国军队在马来半岛及附近海域举行代号为“联合盾牌2010”的大规模军演，演习旨在根据五国防务安排，增强参演国家陆海空三军协同作战能力，加强地区安全。6月，印度海军与马来西亚海军在公海联合举行演习，主要针对马六甲海峡日益增多的海盗行动，并加强两国海军的联系。7月，缅甸领导人丹瑞访问印度，两国签署了5项有关反恐、能源和发展援助等领域的协议。印度总统帕蒂尔于9月访问老挝和柬埔寨，以加强印度与两国的经济合作关系。10月底至11月初，澳大利亚总理吉拉德在参加东盟峰会后访问马来西亚和印尼，分别同两国领导人就加强双边经贸关系等议题交换意见。

三是与俄罗斯突出在军事和能源领域的合作。2009年底，越俄签署一系列军事和能源领域合作协议，包括俄罗斯将帮助建造越南首座核电站、同越南公司合资扩大开采油气田及向越南出口6艘价值20亿美元的“基洛”级常规潜艇等。2010年2月，两国签署一份金额约10亿美元的军售合同，俄方将向越南提供12架“苏—30MK2”型战机及航空设备。越南曾于2009年1月购买了8架该型战机，成为俄方苏霍伊系列战机的主要买家。3月，俄国防部长谢尔久科夫访越期间，称俄方将帮助越南建成用于潜艇维护和保障的基地。10月，俄总统梅德韦杰夫首次对越南进行正式访问并出席东亚峰会及第二次俄罗斯—东盟峰会。两国签署了关于越俄合作在越南建设核电站的协议、两国能源合作协议及海关行政领域互助协议等多项合作文件。其中，合作建设核电站项目总投资超过50亿美元，标示着两国能源和科技合作提升到了新的水平。① 按照协议，俄方将在未来10年内帮助越南建成首座核电站。此外，俄罗斯今年还向越南交付了2艘护卫舰，越南也继续采购一些巡逻艇等武器装备，并获准组装10艘“闪电”级导弹快艇等。另据新加坡《联合早报》网站9月28日报道，印尼空军计划增购6架俄制苏霍伊战斗机，以增强该国空中防御能力。同时，俄罗斯还成为印尼潜艇项目的主要竞争者，将与韩国一道参与印尼采购2艘潜艇项目的招标。

四是积极参与国际维和等事务。7月，“吴哥哨兵—2010”多国维和军演在柬埔寨举行，共有来自柬埔寨、美国、俄罗斯等20多个国家的近千名官兵参加。7月和9月，马来西亚分批向阿富汗派遣一个由40人组成的军

① “综述：越俄多领域合作进入新阶段”，新华网，2010年10月31日，http://news.xinhuanet.com/world/2010-10/31/c_12722348.htm。

事医疗队，执行为期9个月的任务，该国还准备为阿富汗警察、军事人员和政府文职人员提供培训。9月，由2艘军舰组成的泰国海军编队开始赴亚丁湾索马里海域执行为期98天的打击海盗任务。新加坡于2009年开始向该海域派遣军舰。泰国陆海空三军司令会议年内还决定派一个约有980名官兵参加的维持和平部队，前往苏丹达尔富尔地区担任联合国维和使命。

第三，东盟组织作为一个整体积极开展同对话伙伴国及欧盟的关系。在与对话伙伴国关系方面，4月初，东盟与中日韩（10＋3）财政部副部长和央行副行长在越南芽庄举行会议，讨论进一步深化东亚金融合作问题。5月初，第13届东盟与中日韩（10＋3）财长会在乌兹别克斯坦的塔什干举行，会议集中讨论东亚区域宏观经济形势和加强东亚财经合作等议题，宣布区域信用担保与投资基金正式成立。7月下旬，东盟部长级系列会议在越南河内举行。其中，第17届东盟地区论坛外长会就扩大深化东盟框架内的合作，以及实现朝鲜半岛及地区长久和平与稳定等深入交换意见，并在会后发表主席声明。东盟除强调在地区架构中东盟要发挥核心主导作用外，对美俄希望加入东亚峰会表示欢迎。10月中旬，以“为了地区和平、稳定和发展的战略合作”为主题的首届东盟防长扩大会议在河内举行，来自东盟10国和澳大利亚、中国、印度、日本、新西兰、俄罗斯、韩国、美国的国防部长或代表与会，就进一步深化各国在非传统安全等领域的合作、维护地区和平与稳定等问题进行讨论。会议通过《东盟防长扩大会议框架下务实合作的潜力、前景和方向》文件，并发表联合声明，强调与会各国将加强防务和安全合作，推动地区的和平、安全和繁荣。此次会议的举行标志着东盟与对话伙伴的防务安全合作迈入了新阶段，为有关国家进一步加强防务和安全领域的对话与合作，增进了解与互信搭建了新的平台。10月底，东盟与对话伙伴国举行了“10＋1”和“10＋3”等系列会议。其中，东盟与中国签署了《关于可持续发展的联合声明》，与日本一致同意进一步深化双方面向长远的对话伙伴关系，与韩国商定把双方关系提升至战略伙伴级别，会议还决定从2011年起邀请美俄加入东亚峰会。

在与欧盟组织联系方面，5月底，第18届欧盟和东盟部长级会议在西班牙首都马德里开幕。来自欧盟27个国家和东盟10个国家的外交部长和官员与会，主要讨论双方在政治、经济和安全等领域的合作机制。这次会议是在欧盟和东盟建立双边关系30周年之际举行的。7月底，欧盟贸易委员参加了东盟第42届经济部长会议。这是近3年来欧盟首次参加此类会议，为双方提供了在2009年双边自由贸易谈判陷于停滞后进一步加强双边经贸关系的机会。欧盟还参加了7月底在越南举行的东盟地区论坛等会议。

三、东盟国家与中国关系发展取得实质性进展，面临的问题和挑战成为未来发展的桎梏

2010年，东盟国家与中国在政治、经济和军事安全等领域的交流与合作继续得到拓展和深化。与此同时，鉴于部分东盟国家在加强军备建设的同时又试图拉拢区外大国介入该地区事务，其在该地区的一些做法也危及到中国的战略和安全利益，双方关系仍面临一些问题和挑战。

（一）频繁开展高层互访交流与对话，进一步提升和强化双方政治关系

年内，中国党和国家领导人多次出访东盟国家，在双边或多边场合就双方关系等问题加强沟通。1月下旬，国务委员戴秉国访问印尼，与印尼共同主持中国—印尼副总理级对话机制第2次会议，双方签署了《关于落实战略伙伴关系联合宣言的行动计划》。戴秉国还访问文莱，并在回国途中顺访新加坡。2月底至3月初，中共中央对外联络部部长王家瑞率团访问越南和缅甸，期间出席中越两党对外部门交流合作机制第3次部长级会晤。3月中旬，国务院副总理回良玉对柬埔寨和老挝进行访问。4月，中组部部长李源潮率团访问新加坡和马来西亚，期间出席“中国—新加坡领导力论坛”。6月，国务院总理温家宝正式访问缅甸，这是时隔16年后中国总理再次访缅。6月，国家主席胡锦涛致电贝尼尼奥・阿基诺，祝贺其当选菲律宾第15任总统，全国人大常委会副委员长严隽琪作为胡锦涛主席特使应邀出席了菲新总统的就职典礼。6月和11月，国家副主席习近平先后对老挝和新加坡进行正式访问。7月，外交部长杨洁篪赴越出席中国—东盟（10+1）外长会议及第17届东盟地区论坛外长会议，就南海问题等阐述中方的立场、看法和主张。9月和10月，中宣部部长刘云山先后率团

访问越南和老挝，分别出席第6次中越两党理论研讨会和第1次中老两党理论研讨会。10月，温家宝总理出席东盟与对话伙伴国系列会议，期间与一些东盟国家领导人举行会见。11月，全国人大常委会委员长吴邦国先后访问柬埔寨、印尼和泰国。其中，吴邦国对泰国的访问是中国主要领导人时隔7年后对泰国进行的最高级别访问，也是中国全国人大常委会委员长8年后再次访泰。此外，针对中越、中印（尼）和中缅建交60周年，以及中泰建交35周年和中新建交20周年，双方领导人互致贺电，有关部门举行了相关庆祝活动。

东盟国家领导人也多次到访中国，包括在赴华出席博鳌亚洲论坛2010年年会、参观上海世博会、出席中国—东盟博览会和亚运会开幕式等活动期间，与中国领导人就双边关系等议题举行会谈。2—4月，柬埔寨国王西哈莫尼、东盟秘书长素林和马来西亚上议院议长王蒂明先后访华。4—7月，越南政府总理阮晋勇、副总理阮善仁、国家副主席阮氏缘和副总理兼外交部长范家谦先后访华。阮晋勇应邀出席了上海世博会开幕式并访问江苏、浙江和上海3省市；范家谦与中国国务委员戴秉国共同主持中越双边合作指导委员会第4次会议，双方就下一步两国关系发展和各领域合作达成共识。6—9月，缅甸外长吴年温、国家“和发委”第一秘书长吴丁昂敏乌与“和发委”主席丹瑞先后访华，与中国党和国家领导人就双边关系等深入交换意见并达成广泛共识。7月，泰国副总理素贴和外长分别访华，阿披实总理于9月参观上海世博会，并于11月出席第16届广州亚运会开幕式。7—9月，新加坡总理李显龙对中国5个城市进行访问，纳丹总统赴上海参观世博会，副总理兼内政部长黄根成赴华参与主持中新双边合作联委会第7次会议等活动。10月，印尼总统苏西洛赴上海参观世博会并出席中印尼经贸论坛，印尼副总统布迪奥诺与中国国家副主席习近平就深化两国战略伙伴关系举行会谈。12月，柬埔寨首相洪森访华期间，两国一致同意建立全面战略合作伙伴关系，并签署了13个双边合作文件。

（二）启动中国—东盟自贸区平台，拓展和深化双方经济关系

2010年1月1日，中国—东盟自由贸易区正式成立，这标志着由中国和东盟10国组成的、接近6万亿美元国民生产总值、4.5万亿美元贸易额

的区域开始步入零关税时代。这是我国与多个国家建立的第一个自贸区，也是东盟作为一个整体与外国达成的第一个自贸区，对促进中国同东盟国家的双边贸易和相互投资发挥着重要作用。自贸区启动后，中国对东盟的平均关税将从之前的9.8%降至0.1%，而东盟6个老成员国文莱、印尼、马来西亚、菲律宾、新加坡、泰国，对中国的平均关税将从12.8%降低到0.6%，4个新成员国越南、老挝、柬埔寨和缅甸，将于2015年实现90%商品零关税的目标。1月7日，中国—东盟自由贸易区论坛暨中国—东盟自由贸易区建成庆祝仪式在南宁举行。论坛以“互利共赢，再创辉煌”为主题，达成并通过了《主席声明》，双方在扩大货物贸易合作、重振区域产业活力、共创区域经济繁荣等方面达成新的共识。论坛期间还举行了中国—东盟自由贸易区商务门户网站启动仪式和中国—东盟投资合作项目签约仪式等务实性活动，双方正式签署18个合作项目。

为深化经济关系，双方领导人及有关经济部门也积极开展互动交流。其中，国务院副总理回良玉于3月访问柬埔寨和老挝期间，出席了双边合作协议签字仪式。3—4月，商务部长陈德铭出访缅甸和印尼期间，出席了中国—印尼经贸联委会第10次会议，双方签署《中国—印尼关于进一步加强贸易投资合作会谈纪要》。4月，越南政府总理阮晋勇出席“中国（江苏）—越南经贸合作论坛”，江苏省与越南有关方面签署了经贸合作备忘录。6月，温家宝总理访缅期间，两国签署15项双边合作文件，中缅石油天然气管道工程也正式开工建设。当月，国家主席胡锦涛在多伦多会晤了出席20国集团峰会的印尼总统苏西洛及该国其他部长，双方一致同意在联合国和20国集团框架内加深合作。国家副主席习近平在当月访问老挝期间，两国政府签署了经济技术合作协定及经贸、金融、电力等领域共18项合作文件。7月，国务院副总理王岐山与新加坡副总理黄根成共同主持中新双边合作联委会第7次会议，签署了有关金融、税务、文化等领域合作文件。10月，在第7届中国—东盟博览会以及商务与投资峰会期间，双方经济合作项目签约金额超过700亿元人民币。① 同月，在印尼副总统布迪奥诺访华期间，双方签署了两国间贸易投资金融服务合作谅解备忘录，中

① “第七届中国—东盟博览会经济合作项目签约金额700亿”，中国新闻网，http://www.chinanews.com/gj/2010/10-20/2600697.shtml。

方建议要努力实现2014年双边贸易额500亿美元的目标并积极扩大能源合作。① 印尼总统苏西洛访华时出席了中印尼经贸论坛，两国签署了27项投资合作协议。温家宝总理在出席东盟与对话伙伴国系列会议期间，就发展中国与东盟关系提出一系列建议，包括力争使双边贸易额到2015年达到5000亿美元，以及中国愿在5年内同每个东盟成员国共建一个经贸合作区等。② 11月，吴邦国委员长访问印尼时，两国签署了多项双边经贸合作协议，总额涉及66亿美元。

双方在次区域经济合作也趋于活跃。为实现2015年建成东盟共同体的目标，东盟国家正积极加强东盟东部经济增长区、湄公河区域、印尼—马来西亚—泰国增长三角等次区域经济合作，以缩小东盟内部经济发展差距。中国政府积极鼓励企业参与东盟框架内的次区域经济合作，同时与东盟有关国家积极推动大湄公河次区域（GMS）建设和泛北部湾经济区建设。次区域经济合作将成为推动中国—东盟自贸区进一步发展的重要组成部分，也有利于使区域内各国共享经济发展成果。③ 今年6月，中国—东盟东部增长区高官会第5次会议在成都举行，东盟东部增长区四国（文莱、印尼、马来西亚和菲律宾）高官出席会议。东盟东部增长区方面表示，希望与中方加强在粮食种植、发电、旅游等领域的合作，共同推动企业加强交流合作。8月，第5届泛北部湾经济合作论坛在南宁举行，论坛围绕“中国—东盟自贸区建设与泛北部湾经济合作”主题，以及“中国—东盟自贸区建成与南宁—新加坡通道建设”、“北部湾对话世界500强—泛北部湾经济合作中的国际投资与产业发展”和“泛北部湾航运、港口、物流合作”等三大议题展开深入研讨。8月，中国代表还参加了在越南河内举行的大湄公河次区域（GMS）经济合作第16次部长级会议。

得益于自贸区的全面建成，今年以来中国与东盟的双边贸易强劲增长。1—10月，中国对东盟出口1111.4亿美元，进口1243亿美元，同比增长分别为34.9%和49%。目前东盟已取代日本成为中国第三大贸易伙

① “习近平同印尼副总统举行会谈”，《人民日报》，2010年10月21日。

② “温家宝出席中国与东盟领导人会议”，《人民日报》，2010年10月30日。

③ “中国—东盟自贸区建成‘元年’观察：周年成绩单漂亮”，新华网，http://news.xinhuanet.com/fortune/2010-10/21/c_13568895.htm。

伴，中国与东盟已互为第三大贸易伙伴。[①] 数据显示，2010年上半年，东盟对华直接投资约31亿美元，中国对东盟非金融类直接投资约12亿美元。截至2010年6月底，双边投资总额约694亿美元，其中东盟对华投资累计约598亿美元，中国对东盟非金融类投资累计约96亿美元。[②] 目前，东盟国家已成为中国吸引外资的重要来源地，也是中国企业"走出去"的首选地之一。随着中国与东盟开放投资市场、改善投资环境、降低投资壁垒，未来双方的投资合作将出现更大的增长空间。但区域经济一体化也面临着诸如双边贸易不平衡、贸易保护主义可能抬头以及相关协议有待进一步落实等问题的挑战。因此，中国—东盟自贸区的建成，并不意味着双边经济一体化进程的终结，而是双方进一步发展经贸关系，继续推动区域经济一体化的新起点。

（三）双方在军事安全领域的交流合作上实现新的突破

首先，双方军事领导人之间频繁开展各项互访交流活动。4月，新加坡国防部长张志贤访华，双方就加强两军多方面合作达成共识。3—4月，越南国防部副部长阮志咏、国防部长冯光青等先后访华，同中方就加强两军关系进行交流。阮志咏于8月再次访华，与中方就首届东盟防长扩大会议等相关议题交换意见。5月，中央军委副主席郭伯雄访问印尼，与印尼国防部长会谈并发表联合新闻公报。同月，总政治部主任李继耐和副总参谋长马晓天分别访问越南和老挝。5月，柬埔寨王家军总司令波尔沙伦访华。7月和9月，缅甸海军司令年吞和总参谋长吴瑞曼先后访华，中国军事代表团于6月访缅。老挝政府副总理兼国防部长当斋于7月访华期间，两国签署国防部合作协议。8—10月，泰国国防部次长阿皮差、国防部长巴维、空军司令伊塔蓬、武装部队最高司令颂吉滴等先后访华，同中方就两国两军关系等交换意见。9月，柬埔寨副首相兼国防大臣迪班到访中国。10月，国务委员兼国防部长梁光烈访问越

① "自贸区建成周年中国东盟互为第三大贸易伙伴"，中国新闻网，http://www.chinanews.com/gj/2010/12-22/2739787.shtml。

② "中国—东盟自贸区建成'元年'观察：周年成绩单漂亮"，新华网，http://news.xinhuanet.com/fortune/2010-10/21/c_13568895.htm。

南，两国国防部发表联合新闻公报，强调将继续加强两国防务领域合作。11月底，中国军事代表团开始访问菲律宾和印尼，菲武装部队总参谋长里卡多·戴维于12月访华。

其次，双方共同主持或参加了一系列防务对话会议。3月，中国主办了“中国与东盟防务与安全对话”。5月，马晓天副总参谋长率团出席在越南岘港举行的东盟地区论坛安全政策会议并主持中国—东盟（10＋1）早餐会，就进一步加强合作共同应对非传统安全威胁等问题提出中方的立场和倡议。6月，马晓天出席在新加坡举行的第9届亚洲安全会议（又称“香格里拉对话”），同与会代表重点围绕加强地区安全合作、朝鲜半岛问题、中美关系等展开讨论。7月，马晓天副总参谋长参与并主持的第3次中国—新加坡防务政策对话在北京举行，双方就进一步加强与发展两军关系达成许多共识。8月底至9月初，中泰双方在北京共同主持第2届东盟地区论坛武装部队国际救灾法律规程建设研讨会。10月，国务委员兼国防部长梁光烈率团赴越南出席首届东盟防长扩大会议，阐述中国的国防政策和中方对地区安全合作的立场。同月，第2届“东盟与中日韩（10＋3）武装部队非传统安全论坛”在中国石家庄举行。11月，马晓天率团出访新加坡、越南和泰国，观摩在新加坡举行的“合作—2010”中新安保联合训练，并分别与越南和泰国国防部举行第4次和第9次防务安全磋商。

第三，双方在军事演训等方面的交流合作日趋活跃。10月6—19日，中泰陆军特种部队在中国广西举行“突击—2010”反恐联合训练，并首次以城市反恐为课题展开训练。这是双方继“突击—2007”和“突击—2008”之后举行的第3次陆军联合训练。10月26日至11月11日，中泰海军陆战队在泰国举行代号为“蓝色突击—2010”的联合训练，训练以反恐为主题。这是中泰两国海军陆战队首次举行联合训练，也是中国海军陆战队首次与外军举行联合训练。11月19—26日，中新两军在新加坡举行“合作—2010”安保联合训练。训练以应对地区恐怖组织对大型活动发动恐怖袭击为背景，重点进行核生化爆炸危害应急处置实兵演练。这是继去年在中国桂林举行“合作—2009”安保联合训练之后，中新两军举行的第2次安保联合训练。此外，中国和印尼计划于2011年开展特种部队联合反恐训练。

第四，双方在部队访问及海外非军事行动的合作上也富有成效。中国海军护航编队在回国途中多次访问新加坡等东南亚国家，中新两军还在亚丁湾护航期间开展合作交流。4月中旬，中国海军第四批护航编队访问菲律宾。8—9月，第五批护航编队先后访问缅甸和新加坡，在新加坡进行油、水等后勤补给，并与新海军开展护航情况交流、联合演练等活动。该编队在护航期间曾与新加坡护航舰艇多次进行护航信息合作交流，并先后为17艘新加坡商船提供护航。9月中旬，第六批护航编队“昆仑山”舰官兵在亚丁湾海域与新海军护航编队“坚韧”号船坞登陆舰官兵进行互访，就反海盗经验、国际反海盗交流合作和近期海盗活动态势进行交流。“坚韧”号船坞登陆舰曾于今年7月接护我海军护航船队内1艘因主机故障无法航行的商船。今年3月，新海军“坚持”号坦克登陆舰及170多名官兵访问上海。12月，中国海军“襄樊”舰访问越南，第六批护航编队访问印尼。

（四）双方关系中仍面临着南海局势恶化和复杂化的挑战

首先，与我国有领土争议的一些国家在南海问题上继续采取侵犯我主权及海洋权益的做法。2010年4月初，越南国家主席阮明哲在两艘越海军舰艇护卫下，“视察”了位于越南和中国海南岛之间的白龙尾岛（越南自1957年开始控制该岛），并称“越南将捍卫其对南中国海争议岛屿的主权”。近一两年来，越来越多的越南渔船进入南海中国水域捕鱼作业，据称，这些活动背后都有越南政府的支持，目的是通过让他们深入到中国海域捕鱼，以显示越南对该海域的“主权”。4月底，中国渔政311、301和302船组成的巡航护渔编队在航行至南沙弹丸礁附近海域时，遭到马来西亚海军导弹舰艇和飞机的骚扰。中国渔民在南海进行捕鱼等作业时经常遭到部分国家的骚扰甚至扣留和罚款。

其次，南海周边国家持续加强军备建设。其中，越南近年与俄签订了有关购买6艘潜艇和20架苏式战机及航空设备等协议，俄方还将帮助越南建造相关的潜艇基地及首座核电站等。马来西亚近年从法国购置的2艘“鲉鱼”级潜艇先后于2009年和2010年进驻其海军基地。马国防部长哈米迪2010年4月表示，计划再拥有一个多功能战斗机大队。7—8月，马海军首次在南海举行了包括潜艇在内的舰队作战训练演习，意在检验舰队战备情况，训练海空军与潜艇的协同作战能力，突出马海军在南中国海的存在，以及演练马海军在南沙群岛的应急防御计划。印尼自2009年以来，也计划采购2艘潜艇，已有俄罗斯和韩国参与招标。东南亚国家还积极派军队参与同美国等进行的联合军事演习。其中，最引人关注的是，越美两国海军于8月首次在南海举行海上联合演习，这次演习虽以非传统安全为内容，但意图非常明显，而且在越美两国关系史上是从未有过的。柬埔寨也首次加入到与美军举行的“卡拉特”年度系列双边军事演习当中，马来西亚等国还参加了美军在夏威夷附近海域举行的“环太平洋”演习，旨在提高其海军作战能力以及与外军的协同作战水平。

第三，美俄等区外大国加大对东南亚地区事务的介入力度。自2009年美国国务卿希拉里访问东南亚并提出“重返亚洲”的口号以来，美国政府一改布什时期对东南亚外交相对滞后的姿态，高度重视同东盟国家的关系，并致力于和该地区国家建立“面向未来的伙伴关系”。在此过程中，特别值得关注的动向是，美国介入南海问题的声势和力度明显加大，力图使该争端国际化和复杂化。今年3月以来，从助理国务卿坎贝尔，到国防部长盖茨，再到国务卿希拉里，美国政府高层官员接连在南海问题上表态。3月，坎贝尔在访问东南亚时，声称希望维持南海的航行自由，并提出解决南海争议的谈判应该是多边的。在6月举行的第9届亚洲安全会议（即“香格里拉对话”）上，美国国防部长盖茨再次阐述了美国在南海问题上的立场，声称：对于相互冲突的主权要求，美国不会表态支持哪一方，但反对使用武力，也反对妨碍“航行自由”的行为。7月，在东盟地区论坛外长会议上，希拉里特意表达了美国对南海问题的“关注与兴趣”，称南海岛屿领土争议事关美国国家利益，为解决南海问题美国有意主持召开国际会议。在9月于纽约举行的第2届美国—东盟首脑峰会上，美国也专门提及南海问题，会后发表的联合声明强调“海上安全”和“自由航行”的重要性。俄罗斯今年也举行了与东盟之间的系列会议，包括俄总统、国防部长及外长等先后到访东南亚，并举行第2届俄罗斯—东盟峰会，与美国一起获准于2011年加入东亚峰会。俄罗斯年内与越南等东南亚国家签订了一系列军事和能源协议，除了向该地区国家出售武器外，还获准与部分国家合作开采南海油气资源，取得切实的经济和战略利益。此外，日本、韩国、印度和澳大利亚等国家也注重加强与东南亚国家在南海的合作。区外大国的介入和竞争，将使东南亚地区局势更加复杂化，使中国的东南亚外交特别是维护在南海的权益面临严峻考验。

（覃鸿运　杨光海）

第十二章

南亚地区安全形势

南亚是当今世界最具经济活力和发展潜力的地区之一，同时也是受各种传统和非传统安全威胁困扰最为严重的地区之一。2010 年，南亚地区核心国家印度依然是全球经济增长速度最快的国家之一，年均 GDP 增速在 8%以上；印度积极拓展外交空间，大力加强军事力量，综合国力和国际影响力不断提升，美俄等国对其倚重和支持进一步加强；然而，风光之下暗流涌动，通货膨胀、经济弊案、反政府武装和印控克什米尔骚乱等国内问题令印度政府饱受困扰。对巴基斯坦来说，2010 年是非常艰难的一年，夏季的特大洪灾是“有史以来最大的国家灾难”，给巴基斯坦的经济社会发展带来了巨大挫折和长期困难，巴基斯坦民选政府的执政能力在救灾和反恐重任面前经受着双重考验。本年度，尼泊尔、孟加拉国、斯里兰卡等南亚国家政局风云诡谲，乃至骚乱动荡，究其原因，皆和选举有关，民主乱象的背后是政党恶斗和权力运作机制的痼疾。

一、印度崛起势头不减，但饱受各种内部困扰

印度各领域均取得了不俗的成绩，重要的地缘战略地位和国家战略价值使其成为大国争取的对象，正以大国姿态活跃于地区和世界舞台，可谓无限风光。但是，在风光的背后，各种国内非良性因素也严重影响和干扰着其发展，成为未来安全形势的隐患。

（一）印度经济增长强劲，外交成绩斐然，综合国力不断提升

经济因素是塑造全球化时代国际权力格局最为重要的动力之一。2010年，南亚地区总体经济形势向好，据世界银行《南亚经济形势报告2010》评估，南亚地区今年经济增长率为7%，成为继东亚与太平洋之后经济增速第二的地区。报告指出，南亚地区在2008年全球金融危机之后实现经济缓慢稳定增长，其中一个重要原因是其与全球经济融合程度日益增强。例如海外侨汇收入已成为该地区外汇收入的最大来源，占GDP的平均比重达到10%，是净外商直接投资额的5倍。[①] 南亚区域核心国家印度的经济增长势头尤其迅猛，截止到2009—2010财年第三季度（即2010年10—12月），印度GDP总值达11.47万亿卢比，位列全球第11名，同比增长8.9%，整体经济实力显著增强。[②] 印度的发展模式重消费而非投资、重内需而非出口、重服务业而非制造业、重高新技术产业而非劳动密集技术含量低的工业，这种方式使印度经济表现出比较强的韧劲和经济平稳增长的长周期性。不过，在印度经济高速增长的背后，通货膨胀居高不下，成为困扰印度经济的隐忧，为此，饱受批评的印度政府采取了积极的应对政策。

在外交领域，2010年，印度依托新兴经济体、"人口最多的民主国家"、不结盟国家等多重身份，在国际外交舞台上长袖善舞，积极扩展外交空间，大国外交经营得有声有色，印美、印俄、印中以及印度与其他大国的关系均保持了良好的发展势头。尽管印度在南亚推行印度版"门罗主义"，不愿意外部力量卷入南亚权力博弈，然后外部大国的影响却在南亚权力格局和政治进程中留下了深深的印记。目前，美中俄等大国均非常关注南亚地区，其中以美国的影响力最为显著。而随着国际关系格局的变化，印度在全球的战略地位和重要性不断提升，美俄等国进一步加强了对印度的倚重和支持。为了取悦印度，美俄法甚至承诺支持印度成为联合国

① "世行报告显示南亚经济增长缓慢但稳定"，中华人民共和国商务部网站，http：//sousuo. mofcom. gov. cn/query/。

② "2010年三季度印度GDP增8.9%"，中华人民共和国驻印使馆经济商务参赞处网站，http：//in. mofcom. gov. cn/aarticle/jmxw/201012/20101207283713. html。

安理会常任理事国。

美国非常看重印度的区域地位和合作潜力，不仅看好印度的经济发展前景，也希望这个快速成长的所谓“民主国家”能对中国及南亚伊斯兰国家发挥一定的制衡作用。2010年，美印高层互访不断，积极谋划建立“全球战略伙伴关系”。2010年3月，美国与印度达成了民用核能关键协议，标志印美两国具有里程碑意义的“民用核能合作协议”取得了关键性进展。4月6—8日，美国财长盖特纳访印，与印度财长签订了有关建立印美财政与经济伙伴关系机制的协定。2010年6月，印美开启战略对话，承诺建立“全球战略伙伴关系”。11月5日，美国总统奥巴马开始为期10天的亚洲巡回访问，印度是其亚洲之旅的第一站。行前，奥巴马将印度称作美国参与亚洲事务的“基石”，并表示将为印度的崛起提供支持，与之建立“真正的战略伙伴关系”。[①] 在访印期间，奥巴马与印度总理辛格举行会谈，内容涉及两国在经贸、反恐、地区安全、清洁能源和教育等方面的合作。奥巴马还给印度带来不少“厚礼”，其中包括取消对印度的高科技禁运，这使美国军工和核工业企业可以长驱直入印度市场。两国签署了价值100亿美元的多项采购协议。11月8日，奥巴马在印度国会发表讲话，表示“期待着联合国安理会在未来几年经过改革后，能接纳印度为常任理事国”。[②] 迄今，印美战略合作主要表现出两大特点：一是热络的军事往来，在“防务关系新框架”下，印美联合军演规模不断扩大，印度对美军购大单接二连三；二是浓重的意识形态色彩，两国领导人反复强调双方的“民主”共性，将共同的“民主价值观”作为战略合作的重要基础。[③] 不过，美国在与印度发展关系的同时，坚持与印度的地区对手巴基斯坦维持反恐同盟关系并向其提供“大手笔”援助，令印度耿耿于怀，印度学者不无夸大地称之为“地区遏制”，即制衡印度或减小其优势地位。即便在双方合作较为顺畅的军工领域，美国也对印度进行某些技术限制甚至制裁，制定

---

① “奥巴马称支持印度崛起，印媒指责其口惠实不至”，人民网，http：//world. people. com. cn/GB/13130674. html。

② “奥巴马表态支持印度‘入常’咋兑现”，新华网，http：//news. xinhuanet. com/world/2010-11/14/c_12772948_2. htm。

③ 李莉：“印美关系仍需反复‘对表’”，新华网，http：//finance. people. com. cn/GB/13135123. html。

和争取维持一些限制印度核武和导弹领域发展的国际体制。此外，印美两国的过度亲昵也会招致巴基斯坦的反感。11 月 10 日，巴基斯坦外交部发表声明称，巴政府对于美国支持印度入常“深感失望并深表担忧”，希望美国从道德的角度考虑问题，而不是基于“权力政治”。[①]

在本年度，军售和核能合作进一步拉近了俄印关系，两国“特殊关系”热度居高不下。12 月 21—22 日，俄罗斯总统梅德韦杰夫对印度进行正式访问。在美法等国纷纷与印度加强合作关系的背景下，梅德韦杰夫访印旨在保持两国长期以来“特殊关系”的热度，以防俄罗斯在印度这个传统武器装备和核能市场受到别国挤压。在梅德韦杰夫访印期间，俄印双方签署超过 15 个协议，内容涵盖了俄印关系的各个方面，其中包括合作研制第五代战机，以及核能、反恐、贸易、宇航、教育文化方面的合作。双方重申“特殊”战略合作伙伴关系，俄罗斯表示支持印度争取成为联合国安理会常任理事国和上海合作组织正式成员，支持其加入核供应集团、“导弹及其技术控制制度”和包括“瓦森纳安排”在内的多国出口管制机制。两国的核协议被印度媒体赞为具有“突破”意义，俄罗斯对印度核试验的“放行”使得俄印核能合作较之于印美和印日核能合作有了突破性跨越。

2010 年是中印建交 60 周年，两国举办多种活动，传承 60 年来友好交往与合作的传统。在本年度，中印关系虽然出现了一些不谐之音，但稳步发展的总体趋势没有改变。就中国而言，由于印度不时采取某些对华不友善姿态，加上印巴的显著敌意和中印关系存在其他重要现实阴影及历史宿怨，印度在一定意义上当然是中国必须考虑的一大经久的战略制约要素(对于印度亦然)。不过作为世界上最大的两个发展中国家，中印之间也存在许多共同利益。所以两国都有选择地发展关系，并决心避免近 50 年前的大规模冲突重演。本年度，中印两国的双边和多边合作协调进一步加强，建立并维持了中印高层互访、中印防务安全磋商机制、联合军事演习和训练，在建立政治互信方面取得了一定的进展。4 月，印度外长克里希纳访华。5 月，印度总统帕蒂尔访华，这是印度国家元首十年来首次访华。10 月 31 日—11 月 2 日，中共中央政治局常委、中央政法委书记周永康率团

---

① “巴基斯坦就美国支持印度入常表示担忧”，新华网，http：//world. people. com. cn/GB/13184208. html。

访印，并出席第二次中印关系研讨会。12月15日—17日，温家宝总理在时隔五年之后再次访印：双方决定建立国家元首、政府首脑定期互访机制，开通总理热线；重申通过谈判协商，寻求公平、合理、双方都可以接受的边界问题解决方案，在问题解决前切实维护边境地区和平与安宁；建立战略经济对话机制，进一步拓展投资、高科技、能源等领域合作，争取实现2015年双边贸易额达1000亿美元的目标；就地区事务加强多方位对话，加强在多边场合的协调与配合；宣布2011年为“中印交流年”，鼓励两国各界人士开展更大规模的交流。[①] 总体而言，印度政府的对华政策仍然取决于其领导层对国际形势、外部威胁和国家利益的判断。在这一点上，印度领导人头脑还是比较清醒的。印度总理辛格在接受美国《新闻周刊》专访时指出：“中国的和平崛起为世界创造了接触中国的新机会。中国已经逐渐成为我们的重要贸易伙伴之一，但我们与中国的边境争端依然存在问题。我相信世界有足够的空间同时容纳印度与中国的雄心。”[②] 不过，也不排除少数印度政客或一些媒体进行炒作，鼓吹“中国军事威胁论”，给中印关系发展制造不谐之音。

2010年，印度与日本、欧盟等其他大国的关系也保持了较好的发展态势。本年度，印日关系的主要议题之一是核能合作。两国进行了积极的接触，最终因日方对印度核试验的担忧而流产。不过两国经济关系取得了重大突破。10月24—26日，印度总理访日，两国签署双边经济合作协议，拟在10年内将双边进出口关税减94%，扩大投资额，保护知识产权。双方同意每年举行部长级经济会谈，此外，印日将加速推进民用核能合作谈判，并在稀土及稀有金属开发方面展开合作。目前，印度已超过中国，成为日本对外直接投资的主要目的地。印度还加强与欧盟主要国家的合作，尤其在军售、反恐方面。12月4日，法国总统萨科齐率领庞大的经济代表团访印。法国的能源、军工等企业都希望借此从印度获得大量商业机会。在印度的“高新技术之都”班加罗尔，萨科齐称赞印度是正在崛起中的新

---

① “温家宝总理南亚行：继往开来，成果丰硕”，新华网，http：//news. xinhuanet. com/world/2010-12/19/c _ 12896170 _ 2. htm。

② “In the Eye of the Storm”，*Newsweek*，http：//www. newsweek. com/2009/11/20/in-the-eye-of-the-storm. html.

兴强国。他承诺，法国将支持印度争取获得联合国安理会常任理事国的努力。[①] 12月10日，欧盟领导人和印度总理辛格在布鲁塞尔发布联合声明，声明鼓励“所有”国家拆除“在他们所控制的领土上所存在的恐怖主义基础设施”。双方在声明中还表示，将会建立战略信息交流机制，继续努力以截断恐怖主义的财政来源，加强合作以确保航空客运和货运安全，相互协调以努力消除恐怖分子和恐怖组织的“避风港”。[②]

除经济和外交举措外，印度还不断扩充自身军事力量，国产武器研发和对外军事采购并举，加快武器装备的更新换代，力求总体军事实力得以提升。印度致力于开展国产导弹和火箭技术研发，虽然屡经挫折，却雄心不改。2月7日，印度成功试射一枚“烈火”—3中程弹道导弹，这是印度第4次进行该型导弹试射。同日起，该型导弹全面装备部队。印度军方最高科研机构国防研究与发展组织负责人萨拉斯瓦特表示，“烈火”—3导弹精度优于中国，射程5000公里的“烈火”—5洲际弹道导弹也已“走下绘图板”，将于年内试射。印度《德干先驱报》称，一旦“烈火”—5试射成功，印度就将找到“回敬中国导弹致命威胁的答案”。[③] 本年度，印度的导弹试射经历了一些挫折，如：3月15日，印度的反导试验出现失误；9月24日，印度的“大地”—2型短程弹道导弹试射失败。但印度发展导弹技术的热情依然高昂。3月27日，印度在东部海岸成功试射了两枚能够携带核弹头的“大地”短程导弹，28日又试射一枚“烈火”—1短程弹道导弹，以此加紧调试印度导弹交付、控制及制导系统。12月2日，印度成功试射了一枚由印度与俄罗斯联合研制的新型号的“布拉莫斯”巡航导弹。印度还积极发展国产火箭技术，其中，GSLV系列是其全力发展的运载火箭。但也遭遇了一些挫折：4月15日，该国首枚国产低温发动机运载火箭GSLV-D3在发射后不久就与地面失去联系；12月25日，该国发射搭载GSAT-5P卫星的GSLV-F06运载火箭，火箭升空后发生猛烈爆炸。尽管

---

① “法总统萨科齐到访印度，承诺支持印‘入常’”，人民网，http://world.people.com.cn/GB/13397423.html。

② “欧盟和印度就加强反恐合作达成共识”，中国日报网，http://www.chinadaily.com.cn/hqgj/bmoz/2010-12-11/content_1372499.html。

③ “印军工最高负责人宣布反导导弹皆领先中国”，人民网，http://military.people.com.cn/GB/42969/58518/10975478.html。

经历了两次挫败，印度的火箭技术研发还是取得了不小的成绩，积极探索空间技术的步伐不会因此放缓。

印度加强对外军事采购和合作，全面提升武器装备的水平。其中俄、美、法等国是印度的主要采购对象，而巴基斯坦和中国则成为印度的主要防御目标。2月15日至18日，俄罗斯军事技术合作局第一副局长亚历山大·福明率团参加印度第6届国际陆海军武器展，表示俄印两国将在2015—2016年间共同制造第五代歼击机。8月底，印度与美国政府签署协议，购买24枚波音公司制造的“鱼叉Ⅱ”型反舰导弹，价值1.7亿美元，这是印度多年来首次采购先进的美制反舰导弹，以加强印度沿海地区的空中作战能力。根据美国毕马威咨询公司的报告，印度预计在未来6年内斥资1120亿美元购买军火，美国总统奥巴马、法国总统萨科齐和俄罗斯总统梅德韦杰夫随后敲定了11月至12月访问印度的日程，而商讨军事合作是三位总统访印的核心内容之一。奥巴马访印期间，美印签署价值50亿美元的军售合同，波音公司向印度空军出售10架被称作“环球霸王”的C-17战略运输机，这将极大地增强印军远程兵力投送能力；萨科奇访印期间，法印两国签订了价值50亿欧元的军售合作协议，法国军火商将帮助印度升级其军方的51架“幻影”战斗机，协议金额为22亿欧元；梅德韦杰夫访印期间，“俄罗斯国防出口公司”与“印度斯坦航空公司”签署了有关联合研制第五代战斗机（FGFA）的文件，计划在未来10年内合作开发250架至300架第五代战斗机，这是印度历史上最大的国防采购计划，每架战机价格大约1亿美元。印度还加强与俄日等国的军事合作。10月15日，俄印在中印边境举行代号“因陀罗2010”的军事演习；10月24日，印度总理访问日本，力促两国军事合作。分析人士指出，庞大的军购计划与拉俄日搞军事合作与印度全面制衡中国的意图密切相关。8月初，印度空军在靠近中印边境的阿萨姆邦提斯普尔空军基地，部署了一个中队的苏—30MKI多用途战斗机。印度此举具有防御中国的明显意图，印度空军官员表示，携带核武器的苏—30MKI经过空中加油可深入中国腹地。[①] 印度战略部队司令部还向国防部提交建议报告，要求成立两个中队的核攻击战斗

① “印军妄言对中国搞‘核突袭’，中国反制手段丰富”，新华网，http://news.xinhuanet.com/mil/2010-08/18/content_14033479.htm。

机部队，由40架战斗机组成。这是印度战略部队司令部首次要求组建自己的核攻击战斗机部队。[①] 10月15日，印度陆军参谋长V·K·辛格公开把中国和巴基斯坦形容为“印度安全的两大刺激因素”。辛格说：“发生一场全面常规战争的可能性极低，不过小冲突是会发生的。我们应该具备良好的常规能力……要做好在核背景下能发挥作用的准备。”[②]

（二）风光之下暗流涌动，印度饱受各种国内困扰

印度在享受经济高速增长和国际影响力攀升的同时，也面临诸多问题，在本年度，通货膨胀、经济弊案、纳萨尔武装和印控克什米尔骚乱等国内问题比较突出。

1. 通货膨胀

与其他新兴市场经济体类似，印度在本年度饱受通货膨胀的困扰，甚至是“金砖四国”中通胀率最高的国家。[③] 高达两位数的通胀既侵蚀着印度民众的生活，也考验着政府的应对能力。印度的通胀从2009年下半年开始凸显，在2010年始终居高不下。通胀的主要压力来源于食品价格。到2010年10月，印度CPI涨幅达到9.8%，其中食品价格连续52周超过10%，引发了民众恐慌。这其中既有全球因素的影响，也有本国经济结构失衡和2009年农业歉收的影响。有研究机构指出：“印度由于农业落后、工业整体不发达，造成了经济发展的不平衡。而这种不平衡，在消费领域，多数时间表现为通货膨胀。”[④] 为了应对金融危机，2008年以来印度政府实施了一系列扩张性财政政策和宽松货币政策，印度政府目前面临的主要挑战是既能在适当的时机退出刺激政策，又刚好不妨碍经济增长，同时又确保短缺不会导致普遍的高通胀。为了控制通胀，印度央行今年先后六

---

① “印度战略部队计划配备40架核攻击战斗机”，新华网，http://news.xinhuanet.com/2010-09/12/c_12544367.htm。

② “印度抛出千亿军火订单，意在中国?”，人民网，http://world.people.com.cn/GB/13115911.html。

③ “金砖四国CPI集体‘发烧’”，新华网，http://news.xinhuanet.com/fortune/2010-12/13/c_12872479.htm。

④ 刘湖源：“印度通胀之惑”，21世纪经济报道，http://press.bearsblog.us/detail/article/id/20100819472123。

次加息，取得了一定的成效。印度财政部长慕克吉预计，该国通胀率到本财年（2011 年 3 月底结束）年底时将降至 6%，而印度央行则预计通胀率届时将降为 5.5%。不过，印度央行行长苏巴拉奥认为，通胀率仍然高于印度央行可以忍受的水平。[①] 有分析人士表示，国际商品价格上涨使印度国内的通胀压力持续存在，经济高速增长和物价不断攀升并存的局面在短期内难有改观。

2. 经济弊案

2010 年 12 月 13 日，印度议会冬季会期结束，没有通过任何法案，因为反对党派执意要求议会就电信腐败丑闻[②]展开跨党派联合调查，议会冬季会期陷入瘫痪 22 天。电信腐败丑闻在印度政坛掀起轩然大波，被称作印度建国以来涉案金额最大的腐败案件。对于国大党而言，电信腐败丑闻已经上升到国家政治高度，令素有“最正直最清廉政治家”之称的辛格蒙羞。尽管迄今为止辛格本人未卷入任何丑闻，然而随着越来越多的内阁成员被控有罪，其作为有能力的管理者的形象已经受损。印度最大的反对党人民党甚至在议会中强烈指责辛格和国大党姑息养奸，为保本党执政地位而不惜损害国家利益。有分析人士指出，电信腐败丑闻是印度“镀金时代”走向终结的标志，也是对印度政府的重大考验。此外，11 月底，印度爆发多家国营银行高级官员涉嫌受贿，对私人金融机构违法贷款和欺诈丑闻，成为继大英国协运动会筹备委员会贪污案、电信腐败丑闻后的又一宗金融欺诈案。亚洲开发银行发表报告，向印度发出警告。报告指出，印度存在寡头政治资本主义风险，大型企业公司强大的市场和政治势力最终将

---

① “通胀压力稍缓，印度央行暂停加息”，凤凰网，http：//finance. ifeng. com/roll/20101217/3075135. shtml。

② 据印度中央审计部门 11 月 16 日提交议会的一份报告称，2007 年至 2008 年间，时任信息技术和通信部部长安迪穆图·拉贾以“难以置信的低价”向多家电信运营商发放 2G 通信执照和军民两用通信执照，印度蒙受多达 390 亿美元损失。据印度媒体报道，印度前司法部长斯瓦米在过去两年中曾 5 次致信辛格，要求政府对拉贾启动司法调查程序，印度议会一些议员也多次要求就拉贾涉腐问题展开调查，但这些要求均被拒绝。11 月 14 日，拉贾宣布辞职。他否认自己有渎职行为，并称辞职只是为了避免给辛格政府带来困扰。参见：“电信丑闻致瘫印度议会”，新华网，http：//news. xinhuanet. com/world/2010-12/15/c _ 12882084. htm。

演变成印度长期经济成长的拖累和政策方针畸形的源泉。①

3. 纳萨尔武装

纳萨尔派目前是印度最大的反政府武装，印度总理辛格曾坦言，这是他最为头痛的三大问题之一。纳萨尔武装组织主要集中在印度中部的切蒂斯格尔邦、恰尔肯德邦和安德拉邦，对印度安全构成不可忽视的威胁。印度 12 个邦的 125 个地区都不同程度地受到纳萨尔派活动的影响，其活跃区域相当于印度国土面积的 40%。他们还在印度中部和东部的不发达地区形成了一片面积达 9.2 万平方公里的"纳萨尔地带"。自 2009 年 11 月起，印度政府对纳萨尔派武装展开代号为"绿色狩猎行动"的攻势，旨在夺回被纳萨尔派武装控制的地区。不过纳萨尔派毫不示弱，他们加大袭击频率，极端手段屡见不鲜。2010 年 4 月 6 日，印度中央后备警察部队在东部切蒂斯格尔邦遭到纳萨尔派武装袭击，75 人被打死。5 月 17 日和 5 月 19 日，纳萨尔派武装两次实施地雷袭击，共造成 40 人死亡，其中包括约 19 名印安全部队人员。5 月 28 日，印东部西孟加拉邦一列火车遭到疑为纳萨尔派武装分子袭击，火车发生爆炸脱轨，造成至少 148 人死亡。此事发生后，印度政府誓言加大力度清剿纳萨尔派武装。不过，武力并不能解决所有问题。著名作家阿鲁达提・罗伊称，农民在政治上的边缘化以及农村社会经济的落后是纳萨尔派武装存在的深层次原因。对此，甚至战斗一线的军方官员也不得不承认，印度情报机构反恐处前负责人巴胡库图比・拉曼就表示："我们有两个不同的印度，一个是政治领导人口中描述的光鲜亮丽的印度，还有一个是长期遭受贫穷折磨的印度，这个印度的居民被上层政治领导人、地主和森林承包商当作奴隶和牲畜一样对待。正是这个印度在支持着纳萨尔派武装。"②

4. 印控克什米尔骚乱

这也是印度总理辛格最为头痛的问题之一。2010 年，在印控克什米尔地区，骚乱有增无减，屡次升级为暴力冲突。印政府一方面对反政府武装实施重拳打击，一方面准备采取适当的缓和政策。印控克什米尔的穆斯林

---

① 李雪："印度电信腐败丑闻致国库损失 400 亿美元"，环球网，http: //www.huanqiu.com。

② "纳萨尔派刺痛印度"，《南都周刊》，2010 年第 21 期，第 61—63 页。

民众与“邦”政府之间一直关系紧张，反印情绪浓厚，民众的反政府示威抗议活动此起彼伏，难以平息。6月27日晚，印安全部队打死一名参加示威活动的年轻人，约4000名示威者于次日举行示威抗议，又与安全部队发生冲突，一人因伤重不治身亡。该地区从此示威活动不断。9月11日是斯利那加开斋节，印控克什米尔爆发了二十年来规模最大的反政府示威游行。首府斯利那加等地次日开始实施宵禁。9月13日，印控克什米尔许多民众当日不顾宵禁举行示威游行，并与警方发生冲突，造成14人死亡，70人受伤。9月17日，反对政府实施宵禁的示威民众与警方发生暴力冲突，至少2名示威民众被警方射杀，16人受伤。① 在印控克什米尔地区还有形形色色的反政府组织，公开进行武装斗争。本年度，印度政府军和反政府武装屡次交火，双方互有死伤。3月底，印度政府军发动了“包围与搜捕”行动，在拉约里区与武装分子展开激战，先后打死11名武装分子，另有3名政府军士兵丧生。8月11日，印度政府军与武装分子在数处地点交火，共造成至少4人死亡，8人受伤，其中包括3名政府军士兵。9月25日，印度政府表示，鉴于印控克什米尔地区目前的局势，印度政府决定与该地区政党进行“持续不间断的对话”，平息近期该地反政府暴力示威活动的浪潮。同时，印度政府可能缩减派往当地维持秩序的军队人数规模。②

二、巴基斯坦在反恐和洪灾的双重困境中艰难前行

对于巴基斯坦来说，2010年是非常艰难的一年，反恐形势刚刚有所好转，就遭遇了80年一遇的特大洪灾。困境中的巴基斯坦专注于稳定国内局势，同时也积极向外部寻求援助。在本年度，巴基斯坦改变了长期以来对美亦步亦趋的反恐政策，开始展现更多的独立意愿，并将反恐的目标限定在捍卫本国利益上，美巴关系在反恐和洪灾面前经受着诸多考验。

---

① “印控克什米尔发生20年来最大骚乱”，新华网，http://news.xinhuanet.com/world/2010-09/13/c_12544893_2.htm/。

② “印度拟减缩印控克什米尔军警数量，决心持续对话”，新华网，http://news.xinhuanet.com/mil/2010-09/25/c_12604719.htm。

(一) 遭遇特大洪灾，寻求外部援助

2010年7月，巴基斯坦遭遇了80年来的特大洪灾，经济社会发展承受了巨大损失。在洪灾中，巴有1/5的国土面积被洪水淹没，有2000万人（相当于巴基斯坦人口总数1/9）受到水灾不同程度的影响，因灾死亡人数超过2000人。联合国官员估计，巴基斯坦至少有150万人无家可归，65万间房屋损毁，约55.8万公顷农田被淹，受灾人数甚至要超过2004年印度洋海啸、2005年克什米尔地震和2010年海地地震等自然灾害受灾人数的总和。巴总理吉拉尼称："巴基斯坦正经历着有史以来最大的国家灾难！"灾区居民表示："洪灾3天内给当地带来的破坏，远超过塔利班与政府军交战3年造成的损失。"据估计，洪水给巴基斯坦造成的总体损失超过430亿美元，其中建筑物的损失40亿美元，农业损失超过5亿美元，还有530万个工作岗位因洪水而损失。洪灾前，巴基斯坦的年度GDP增速为4%，洪灾后则转为负值（－2%——－5%），需要数年才能恢复到灾前的水平。[①] 此次洪灾由于受灾损失巨大、受灾人口众多，已经成为覆盖巴基斯坦全民的巨大危机，在洪水退去之后，巴基斯坦政府依然面临很多难题。首先的难题是灾后重建工作，据世界银行评估，灾后重建成本预计高达250亿至300亿美元；其次是如何保证受灾民众中妇女、儿童等弱势群体的利益；最后还有如何解决洪水引发的次生灾害问题，尤其是农业生产和防疫工作。

巴基斯坦的这次洪灾成为对其民主政权的考验，政府在救灾中的表现无疑会在一定程度上影响巴基斯坦民众对民主化进程的看法。在这场特大洪灾中，政府表现的失分与军方表现的得分形成了鲜明对比，洪灾后的巴基斯坦政局出现了一些微妙的变化。在巴基斯坦政府的救灾行动中，扎尔达里出现了一定的失误。8月初，在巴基斯坦国内抗洪最紧张的时候，扎尔达里没有亲自监督救灾工作，而是按照原计划出访英国和法国，这引起广泛的批评。政府的低效无能引起了民众极大的愤慨，少数地区出现骚

---

① "2010 Pakistan floods"，Wikipedia，http：//en.wikipedia.org/wiki/2010_Pakistan_floods.

乱。由于缺乏统一的政府应对，巴塔、“拉什卡—塔伊巴”和“达瓦慈善会”等伊斯兰极端组织参与了援助行动，并趁机扩大影响力。巴基斯坦军方则在救灾过程中发挥了不可替代的作用，在洪水发生后，巴军方紧急集结部队、加固大坝、转移灾民，并动用军队的战略储备，为灾民提供帐篷、食品和饮用水。洪灾后，军方在巴基斯坦政局中的影响力进一步加强，政府和军方的关系出现了变化的苗头。2010 年 10 月 1 日，前军政府首脑、远居英国伦敦的巴基斯坦前总统穆沙拉夫宣布，将组建新党“全巴基斯坦穆斯林联盟”，重返巴基斯坦政坛，瞄准 2013 年的总统选举。①

洪灾后，巴基斯坦积极向国际社会寻求援助。7 月 19 日，美国国务卿希拉里宣布，将主要在水利和能源方面对巴基斯坦进行一系列帮助。8 月 15 日，联合国秘书长潘基文访问巴基斯坦，对巴基斯坦特大洪灾进行视察和评估，并号召全世界向巴基斯坦提供援助。潘基文表示，这是他所见的最大灾难，请求国际社会向巴基斯坦提供 4.6 亿美元的紧急援助，用于救灾物资补给以及灾后重建等工作。截止到 8 月末，全球向巴基斯坦的人道主义捐赠已达到 6.87 亿美元，还有 3.24 亿美元的认捐承诺。据联合国人道主义事务协调办公室的数据，截至 2010 年 11 月，全球总计已向巴基斯坦提供近 17.92 亿美元，捐赠前三位的是美国（30.7%）、私人和私营机构（17.5%）以及沙特（13.5%）。②

特大洪灾也给美巴反恐伙伴关系带来新的考验：一方面，巴灾后重建工作需要大量的资金，也需要军方投入相当的兵力用于安置灾民和重建工作；另一方面，巴基斯坦军方工作重点的转移必将影响美军在阿富汗的反恐进程，美国如何平衡这两者的关系将直接影响到日后的美巴关系和反恐进程。10 月 22 日，美国国务卿希拉里表示，美国将向巴基斯坦提供 20 亿美元军事援助。希拉里称，美国“在打击恐怖主义方面没有比巴基斯坦更有力的伙伴”。希拉里称这项需要国会通过的军事援助一揽子计划，将在未来数年内逐步实施，这笔资金将帮助巴基斯坦更好、更有效地打击塔利

---

① 怀畅：“洪水后巴基斯坦政局难题待解”，法制网，http：//www. legaldaily. com. cn/zmbm/content/2010-10/21/content _ 2321201. htm? node=7578。

② UNOCHA（November 19，2010），“PAKISTAN-Flood-July 2010 Table B：Total Humanitarian Assistance per Donor”，http：//fts. unocha. org/reports/daily/ocha _ R24 _ E15913 _ 1011190204. pdf.

班等武装组织。甚至印巴关系也因洪灾的出现而暂时缓和，据巴基斯坦《商业记录报》8月21日报道，巴基斯坦决定接受印度提供的500万美元洪灾援助物资，并称印度对巴基斯坦的洪灾援助是提升两国关系“非常友好的举动”。

作为全天候盟友，一年来，中国和巴基斯坦两国在各种问题上密切合作，有利地维护了彼此国家利益和地区稳定，巴基斯坦洪灾发生后，中方给予了前所未有的巨大援助。2010年，中巴两国高层往来不断。巴总统扎尔达里、外长库雷西、内政部长马利克、陆军参谋长基亚尼、反对派领袖谢里夫等政界、军方高层相继访华，中方温家宝总理、张德江副总理、国防部长梁光烈、副总参谋长马晓天也成功回访。在巴遭遇特大洪灾后，中方迅速施救，派遣医疗队、直升机参加一线抗洪救灾，直接援巴金额约2.47亿美元，为我国对外援助的最高纪录，此外中国还提供了价值1.2亿人民币的各类救灾物资，巴驻华大使称中方的援助“最实用、最迅速、最急需”。[①] 2010年12月17—19日，温家宝总理成功访问巴基斯坦，一方面标志着今年以来双方高层密集互访达到新的高潮，明年中巴建交60周年有了一个良好开端；另一方面，中巴借机举行战略对话，规划未来政治、经济、文化交流等多方面合作协议，为未来中巴务实合作奠定良好基础。访问期间，温总理专门听取了巴国家灾害管理局有关抗洪救灾情况的介绍和汇报，并当场宣布，中方将采取三项措施帮助巴基斯坦：一是重点支持交通、电力等基础设施建设，帮助巴尽快排除堰塞湖险情，疏通喀喇昆仑公路；向巴政府“灾民补偿计划”提供1000万美元现汇，同时再提供4万美元优惠信贷；帮助巴方提高灾害预警和应对能力，向巴方提供减灾救灾技术、装备支持和人力资源培训。[②] 此外，中方还积极支持巴经济社会发展，目前在巴投资总额超过150亿美元，中巴合作呈现全方位、多层次的发展趋势。

---

① “中国对外援助体现发展中国家负责任立场”，《人民日报》，2010年8月26日。

② “温总理听取巴基斯坦抗洪汇报，称金钱买不来情谊”，人民网，http://politics.people.com.cn/GB/1024/13519361.html。

（二）反恐形势依旧严峻，政府调整反恐政策

2010年，恐怖袭击对巴基斯坦国家安全的威胁有所降低，然而总体形势依然严峻。以前塔利班恐怖袭击的预定目标一般是军警及其设施，但自2009年年底以来巴政府加强了安全警卫工作，自杀式袭击者难以攻击预定目标，于是增加了对平民的袭击。2010年，造成重大人员伤亡的恐怖袭击事件包括：

1月30日，巴西北部巴焦尔部落地区一个集市检查站发生自杀式炸弹袭击，造成至少16人死亡，20多人受伤，死者中包括14名平民与2名警察。

2月14日，巴南部信德省达杜市一个繁忙路口发生爆炸，造成3人死亡，9人受伤。

3月5日，巴西北部一个市场附近，当一群平民在安全部队的保护下经过该地时，自杀袭击者冲入人群。爆炸造成6人死亡，25人受伤。

3月8日，巴第二大城市拉合尔东部一座警方建筑物遭自杀式汽车炸弹袭击，造成至少11人死亡，61人受伤，其中包括妇女和儿童。

3月12日，拉合尔发生两起针对巴陆军车辆的自杀式袭击，造成39人死亡，其中包括5名士兵，还有95人在爆炸中受伤。

4月5日，巴西北边境省首府白沙瓦接连发生3起爆炸，至少6人在爆炸中死亡，其中包括4名袭击者，另有多人受伤。美驻白沙瓦领事馆也是袭击目标之一。巴基斯坦塔利班组织宣称对有关爆炸负责。

4月5日，巴西北边境省下迪尔地区发生自杀式爆炸袭击，造成至少38人死亡，100多人受伤。西北边境省执政的人民民族党当时正在组织群众集会。

4月17日，巴西北科哈特地区一处难民营连续遭到2次自杀式炸弹袭击，造成至少27人死亡，45人受伤。当时，人们在排队等待领取救济物，自杀袭击者在人群中突然引爆炸弹。

4月18日，巴西北边境省科哈特地区萨德尔警察局遭遇自杀式汽车炸弹袭击，造成7人死亡、26人受伤，死者均为平民，伤者中有6人是警察。

4月24日，巴境内接连发生数起暴力事件，共造成29人丧生。一辆囚车遭自杀式汽车爆炸袭击；当天，武装分子还引爆了6辆北约油罐车，造成4名巴基斯坦警察死亡，10人受伤。

5月28日，巴东部城市拉合尔发生两起恐怖袭击事件，造成至少68人死亡，另有70多人受伤。事发不久，巴基斯坦塔利班旁遮普省分部和“基地”组织旁遮普省分部分别宣称对武装恐怖袭击负责。

6月28日，巴南部城市海德拉巴发生爆炸事件，一处停车场遭炸弹袭击，导致至少14人死亡，30人受伤。

7月9日，巴西北部莫赫曼德特区一个市场内发生自杀式炸弹袭击，造成至少50人死亡、70人受伤，其中20多人伤势严重。

7月17日，在巴西北部落地区古勒姆地区一处村庄，一队载有平民的车队遭到武装分子伏击，造成16人死亡，多人受伤。

7月15日，巴西北部斯瓦特山谷主要城市明戈拉发生爆炸，造成至少3人死亡，数十人受伤。爆炸发生在一个繁忙汽车终点站附近。

7月26日，巴基斯坦西北部凯伯尔省发生自杀式炸弹袭击，造成7人死亡，21人受伤。当时，人们正在该省信息部长胡塞恩家中参加哀悼仪式。自杀袭击者在胡塞恩家附近安检站引爆了炸弹。

8月14日上午，在巴西南部俾路支省首府奎达附近的默杰镇，一辆满载乘客的公交车遭到一伙不明身份的武装分子袭击，造成至少10人死亡、8人受伤。

8月23日，巴西北部地区发生3起爆炸袭击事件，造成至少36人死亡。在开伯尔—普赫图赫瓦省首府白沙瓦郊外的一起爆炸造成3人死亡。同日，塔利班活动据点南瓦齐里斯坦的一个清真寺遭到自杀式炸弹袭击，致26人死亡，其中包括当地一个著名传教士，另有10多人受伤。另外，库拉姆地区的部落长老在举行会议时遭遇炸弹袭击，造成7人死亡。

9月3日，巴西南部城市奎达的一处什叶派穆斯林集会地点遭炸弹袭击，造成至少42人死亡，70多人受伤。

10月22日，白沙瓦市一批刚参加完礼拜的伊斯兰教徒在清真寺内遭到炸弹袭击，造成2人死亡，11人受伤。

10月25日，巴东部城市帕克帕坦一座苏菲派清真寺入口处发生炸弹爆炸，造成6人死亡、12人受伤。

12月6日，巴西北部莫赫曼德部落地区发生两起自杀式炸弹袭击，死亡人数超过50人。巴基斯坦塔利班组织宣称对此次事件负责。

12月10日，巴西北部城市亨古一家医院附近发生爆炸，造成至少11人死亡。

12月25日，巴西北部巴焦尔地区的世界粮食计划署食品援助发放中心附近发生自杀式炸弹袭击，至少45人死亡，百余人受伤。

2009年年底以来，巴基斯坦政府对反恐政策进行了一定的调整。这主要是由于国内安全形势急剧恶化、国民反美情绪浓厚、巴政府试图孤立巴基斯坦塔利班并维护本国在阿富汗的利益、巴基斯坦防范印度的考虑以及对美压力的回应。“9·11”事件后，巴基斯坦选择站在美国一边，配合美国进行反恐战争。虽然其国力有限，但在美国的反恐战略中，巴基斯坦是非常重要的“前线国家”。2009年12月4日拉瓦尔品第恐怖袭击发生后，巴政府重新拟定了反恐政策，对反恐目标、手段、步骤和对象进行了一定调整：在反恐目标上，以捍卫本国利益为出发点，刻意与奥巴马政府的“阿巴一体化”战略保持距离；在反恐手段上，引入宗教和政治手段，以边缘化塔利班及其盟友；在反恐对象上，开始对阿富汗塔利班领导人进行抓捕；在反恐步骤上，放弃全面开花，改为稳扎稳打，逐步推进反恐战争。①

2010年度，巴基斯坦向美国和北约展现了更多的独立意愿。1月，美国防长盖茨要求巴基斯坦进攻“基地”组织大本营北瓦齐里斯坦，巴方予以婉言拒绝，“巴方已经过度使用，并不适合于开辟新的大型军事行动”。②在美国无人机空袭巴境内目标问题上，巴基斯坦政府也顺应民意，向美国表示了适度的抗议和不满。1月19日，巴基斯坦进行反无人机试验，微妙地向美国显示力量；1月22日，巴总统扎尔达里在会见美国防长盖茨时指出，无人机攻击问题侵蚀了巴国民众的反恐共识，表达了由巴军而非外军

---

① 兰江：“从巴基斯坦政府反恐政策调整看其反恐战争的走向”，《南亚和东南亚研究》，2010年第3期，第12—15页。

② BBC News (21 January 2010), Pakistan snubs US over new Taliban offensive, http: //news. bbc. co. uk/2/hi/8471789. stm.

的无人机在巴国进行攻击的意愿。[①] 9月27日—29日，北约和美国的武装直升机对巴基斯坦的一个军事哨所发射导弹，造成两名巴方士兵死亡，四人受伤，引起了巴方的强烈不满。巴对北约的行动提出强烈抗议，并当即下令关闭了巴阿边境北约陆路补给通道。巴基斯坦爆发了全国性的反美游行示威。直至北约秘书长公开表示歉意并反复进行劝说，巴基斯坦才于10月9日重新开放北约向阿富汗运输军需物资的托尔哈姆陆路通道。

拉瓦尔品第恐怖袭击发生后，巴基斯坦政府采纳穆斯林宗教精英的建议，将发动袭击的塔利班分子定位为叛教者，以削弱其影响力。巴基斯坦还采取政治和宣传手段，将塔利班与印度和以色列挂钩，以增强本国民众的厌恶感。此外，为维护本国利益和回应美国压力的考虑，巴基斯坦开始对境内的阿富汗塔利班领导人进行抓捕。巴政府已逮捕了多名阿塔重要官员。2月17日，巴基斯坦军方证实，阿富汗塔利班高级指挥官巴拉达尔已在美巴联合秘密行动中被抓获。巴拉达尔是塔利班创始人奥马尔的“亲密战友”和“基地”组织领导人本·拉登的重要合作伙伴，被认为是塔利班二号人物。美国官员认为，巴拉达尔是2001年美国出兵阿富汗以来抓获的最高级别塔利班头目。[②] 随后不久，巴基斯坦警方相继逮捕了塔利班重要头目尤尼斯、萨拉姆、穆罕默德、卡比尔、萨立克等人，他们均是塔利班政权的“影子省长”。

巴基斯坦政府军在部落区的军事行动也稳步推进，但洪灾削弱了军方的反恐精力，该地区要实现真正稳定还有待时日。进入2010年，巴军逐渐在部落地区取得战果。在莫哈曼德，当地巴军指挥官1月5日称，已将塔利班清除出该部落区80%的区域；在斯瓦特，当地巴军指挥官2月16日宣布，巴军在当地的攻势已经结束，剩下的只是对局部区域进行外科手术式打击；在巴焦尔，巴军于3月3日攻占战略要地达玛多拉，标志着当地塔利班在军事上的失败；在南瓦齐里斯坦，陆军参谋长基亚尼3月15日指

① Baqir Sajjad Syed and Iftikhar A. Khan, “No guarantee against repeat of Mumbai-like attacks”, 22 Jan, 2010, http://www.dawn.com/wps/wcm/connect/dawn-content-library/dawn/news/pakistan/03-gates-warns-of-militant-havens-ahead-of-pakistan-visit-ss-02.

② “巴基斯坦军方证实塔利班二号领导人物已被抓获”，凤凰网，http://news.ifeng.com/mil/1/201002/0217_339_1548608.shtml。

出，“拯救之路”军事行动的主要目标已经达到，巴军将于 3 月 30 日正式结束这次军事行动。伴随巴军在上述地区的战果，巴军开始加大在奥克拉兹、开伯尔、库拉姆等地的军事压力，争取更大的战绩。[①] 从 3 月中旬起，巴基斯坦政府军在奥拉克兹、库拉姆等地展开对巴基斯坦塔利班武装分子的突击行动，清剿从政府军枪口下逃脱的“漏网之鱼”。据巴政府官员透露，截至 4 月初，已歼灭约 250 名武装分子。虽然巴塔主力尚存，并继续控制该国北部一些区域，但其指挥控制系统严重受损，一些高官相继毙命，武器装备损失很大。巴塔首领哈基穆拉·马哈苏德在 1 月份的美军无人机空袭中受伤，并因伤重不治死亡。他殒命后，巴国境内各塔利班分支陷入各自为战的境地。5 月 26 日，阿富汗安全部队在巴阿边境地区击毙了斯瓦特地区巴塔头目法兹卢拉。随着塔利班在军事上的失利，对部落地区的控制力度开始削弱，许多部落长老和民众与塔利班离心离德，尽管塔利班对其进行报复，还是难以阻止这个趋势，一些部落武装开始攻击塔利班。然而，7 月份发生洪灾后，巴军方的主要精力用于救助灾民，在短期内没有太多精力配合美国继续开展反恐战争。在水灾发生后，巴境内塔利班武装趋于活跃。8 月，巴塔发言人呼吁巴基斯坦政府拒绝来自西方国家“基督徒和犹太人”的援助，宣称塔利班将提供 2000 万美元的援助。[②] 巴塔发言人还威胁将对这些参与救灾行动的外国人发动恐怖袭击。[③] 巴塔组织不仅参与救灾行动，还制造多起针对北约供给车队的袭击。10 月 1 日，武装分子在南部信德省用火箭发射器和冲锋枪向北约车辆发动攻击，并点火焚烧了 27 辆装有日常补给物资的北约卡车和运油车；10 月 6 日，武装分子在巴西部城市奎达附近再次焚烧了 20 多辆北约油罐车。巴部落区的反恐工作依然任重道远。

巴基斯坦反恐不仅关乎本国安全，更是决定阿富汗战争成败的关键因

---

① 兰江：“从巴基斯坦政府反恐政策调整看其反恐战争的走向”，《南亚和东南亚研究》，2010 年第 3 期，第 18—19 页。

② ABC News (11 August 2010), “Taliban urges Pakistan to Reject Foreign Flood Aid”, http://www.abc.net.au/news/stories/2010/08/11/2980194.htm.

③ Crilly, Rob, “Pakistan floods: Taliban vows to kidnap foreign aid workers”, *The Daily Telegraph*, http://www.telegraph.co.uk/news/worldnews/asia/pakistan/7965241/Pakistan-floods-Taliban-vows-to-kidnap-foreign-aid-workers.html.

素之一，具有超出巴基斯坦的地区性而具有全球性重要意义。巴政府未来将在捍卫本国利益和回应美国压力、使用军事手段与采用政治手段、巩固既有战果与开辟新战场以及利用塔利班和敲打塔利班之间维持微妙的平衡，稳步推进反恐战争，以实现国家利益的最大化。

三、尼泊尔、孟加拉国和斯里兰卡的选举之殇与民主乱象

2010 年，尼泊尔、孟加拉国和斯里兰卡三国政局风云诡谲，乃至骚乱动荡，究其原因，竟然都和选举有关：尼泊尔是各党派之间无法取得共识，选不出总理；孟加拉国是反对党对执政党强烈不满，希望提前进行大选；斯里兰卡则是现政府打压反对党，以求得连任。这些动荡骚乱的背后，几乎都闪现一个共同的身影——反对党。有分析人士指出，这是亚洲民主化的危机。在这些国家，政治力量之间的互动并没有严格意义上遵循的游戏规则。尽管建立了民主架构或采取了民主选举的形式，但在这个制度表象下，并不存在健全有效的权力运作机制，尤其是缺乏妥协、和解的机制，政党关系因此表现出公开对立乃至恶性内斗。① 这在斯里兰卡、尼泊尔和孟加拉国有着明显的体现。

2010 年，尼泊尔制宪会议自 7 月 21 日至 11 月 15 日，总计已举行 17 轮投票，始终无候选人胜出。2010 年 6 月 30 日，尼泊尔原总理尼帕尔迫于压力辞职，成为看守内阁总理。尼泊尔制宪会议共有 601 个议席，第一大党尼泊尔联合共产党（毛主义），提名普拉昌达为候选人；第二大党尼泊尔大会党，提名保德尔为候选人；第三大党尼泊尔共产党（联合马列），提名卡纳尔为候选人。卡纳尔在第一轮投票中宣布退出竞选，并在此后的选举过程中一直保持中立，选举成为普拉昌达和保德尔两人的较量。本来，普拉昌达在第 7 轮选举时颇有希望获胜，然而因“录音带泄露事件”而最终落败。录音带事件背后有印度插手选举的身影。有印度媒体称，印度“成功”剥夺了普拉昌达的胜利，新德里希望尼泊尔大会党这样的“中

① “国际先驱导报：亚洲民主乱象让中国引为鉴”，凤凰网，http：//news. ifeng. com/opinion/200807/0721 _ 23 _ 665521. shtml。

间派”政党“而不是毛派这样的左派政党”在加德满都执政。[①] 随后，普拉昌达宣布弃选，保德尔成为唯一的候选人。然而，由于第一和第三大党在制宪会议中控制半数以上的议席，保德尔根本无法赢得半数以上的选票，同时尼临时宪法未就无人获得超过半数选票的情况下如何产生新总理做出规定，导致选举僵局难以打破。

2010 年，孟加拉国发生了数次大罢工，皆是政党斗争的苦果。孟加拉国有两个主要政党，一个是前总理卡莉达·齐亚领导的孟加拉民族主义党，一个是现任总理谢赫·哈西娜领导的孟加拉人民联盟。自 2008 年 12 月在议会选举中落败后，民族主义党一直不愿意接受选举结果，对执政的人民联盟多有不满。两个女政客之间更是恩怨难了，斗争激烈。2010 年 7 月 7 日，民族主义党及其主要盟友伊斯兰大会党在首都达卡及多个城市举行示威活动，数百名示威者组成人链抗议政府政策，呼吁提前举行选举。在冲突中，有 1 名示威者死亡，逾百人受伤。11 月 14 日和 30 日，民族主义党两次发起全国大罢工，全国主要商店、公司和教育机构关闭，居民生活和商业活动受到冲击。民族主义党之所以做出罢工决定，是抗议该党领袖卡莉达·齐亚被迫迁出其军营住所。孟政府和军方表示，根据现有法律，没有人可以拥有两处政府分配的住所。而在民族主义党看来，这是对卡莉达的政治打压和迫害。民主主义党同时向政府提出撤销起诉该党领导人和支持者等 12 点要求。孟加拉国政府在首都达卡的要害部门部署警力，发射催泪弹驱散示威者。在首都以外地区，民族主义党支持者和执政党支持者之间，以及警方与示威者之间都发生了冲突。据民族主义党称，有 2000 多名该党支持者在两次罢工中被捕。[②]

2010 年，斯里兰卡总统拉贾帕克萨成功获得连任，而反对派候选人、“伏虎”的首席功臣、前陆军司令丰塞卡则沦为阶下囚。拉贾帕克萨的首届总统任期本应于 2011 年结束，但斯里兰卡反政府武装“泰米尔伊拉姆猛虎解放组织”于去年 5 月被政府军击败后，政局变得有利于拉贾帕克萨，他于是决定提前举行大选。大选在 1 月份举行。这是该国内战结束后的首

---

① “印度商业旗帜报：印度插手尼泊尔选举，排挤中国”，凤凰网，http：//news. ifeng. com/opinion/world/detail _ 2010 _ 09/10/2480010 _ 0. shtml。

② “孟加拉国主要反对党发起全国性罢工”，新华网，http：//news. xinhuanet. com/world/2010-11/30/c _ 12833575. htm。

次总统选举，因而备受关注。拉贾帕克萨在大选中成功连任，这在很大程度上受益于占斯里兰卡人口多数僧迦罗人的支持。拉贾帕克萨 2 月 4 日发表讲话，呼吁泰米尔人与政府合作，反对给予其自治权。拉贾帕克萨表示，泰米尔领导人不应该“误导”民众，或者心存基于种族主义的政治野心；他同时指出，“在我国没有所谓的少数民族”，政府反对给予泰米尔人自治权的计划。[①] 作为前陆军司令，丰塞卡是斯里兰卡“伏虎”战争中的首要功臣，2009 年 11 月，他辞去军职，作为反对党联盟的候选人参加大选。落选后，丰塞卡指责选举中有舞弊行为，表示不接受选举结果。2 月 8 日，丰塞卡被捕，并被指控“煽动叛乱”等罪名。2 月 10 日，斯里兰卡亲政府与反对派支持民众在首都科伦坡街头爆发暴力冲突。反对派支持民众聚集在最高法院外，抗议丰塞卡被逮捕。反对派人士称，政府对丰塞卡的逮捕是非法行为，目的是在即将举行的议会选举前，打乱反对派的部署。亲政府民众向反对派活动人士投掷石块，警方向人群发射了催泪弹，冲突造成一些反对派示威民众受伤。[②] 8 月 13 日，斯里兰卡军事法庭裁定丰塞卡担任军职期间参与政治活动罪名成立，剥夺其军衔、勋章和所有军事荣誉；8 月底，丰塞卡被判处 3 年监禁，判决随后获拉贾帕克萨总统批准。11 月 19 日，拉贾帕克萨宣誓连任斯里兰卡总统，开始第二个六年任期。

（宋德星　胡二杰）

---

① “斯总统吁泰米尔人与政府合作，反对给予其自治权”，中国新闻网，http://www.chinanews.com/gj/gj-yt/news/2010/02-04/2110302.shtml。

② “斯里兰卡前陆军司令丰塞卡出庭受审”，人民网，http://tv.people.com.cn/GB/166419/11158787.html。

第十三章

中亚地区安全形势

2010年中亚安全形势尽管总体上继续保持稳定，但局部动荡不安，矛盾有所激化和升级，安全形势堪忧。具体来说，吉尔吉斯斯坦发生的政权更迭与国内大规模骚乱是2010年中亚地区最严重、最值得关注的安全事件，造成大量人员伤亡和财产损失，折射出该国固有的一系列深层次矛盾。塔吉克斯坦继2009年之后仍然是中亚地区暴力袭击活动的重灾区，且暴力袭击活动的数量明显上升，安全形势出现恶化迹象。与此相反，哈萨克斯坦、乌兹别克斯坦和土库曼斯坦三国在2010年基本保持安全稳定，未发生重大安全事件。另外，中国与中亚各国的安全合作继续向前发展，但存在一些短期内难以消除的客观限制性因素。

一、吉尔吉斯斯坦政权更迭与国内骚乱折射出该国固有的一系列深层次矛盾

吉尔吉斯斯坦政权更迭以及由此引发的国内骚乱无疑是2010年中亚地区安全形势的关注焦点。从4月6日发生反政府的大规模骚乱开始，直到6月27日吉尔吉斯斯坦临时政府组织的全民公投结果揭晓，吉尔吉斯斯坦国内局势持续动荡，多次发生严重暴力事件，造成了惨重的人员伤亡和财产损失。所幸的是，随着全民公投的结束，过渡政府政治掌控能力逐步加强，吉尔吉斯斯坦国内局势已经逐渐趋于稳定。

（一）政权更迭与国内骚乱过程回顾

4 月 6 日下午，据称由于吉尔吉斯斯坦政府拘捕了“阿塔—梅肯”（祖国）党副主席谢尔尼亚佐夫，约 1500 名示威者围攻并占领了吉西北部的塔拉斯州政府大楼，将该州州长扣为人质，要求警方释放谢尔尼亚佐夫。警方随即出动大量警力，将示威人群赶出政府大楼，并解救了被扣押的州长。吉政府总理乌谢诺夫事后称，在这场持续到 6 日深夜的骚乱中，85 名警察受伤，15 名警察失踪。①

由于吉尔吉斯斯坦反对派提出的“4 月 7 日在全国各地举行‘人民大会’”的计划未得到政府批准，4 月 7 日上午，包括首都比什凯克在内的吉尔吉斯斯坦多个城市和地区发生大规模骚乱。上万反对派支持者走上街头，冲击州政府大楼，围攻总统府，冲击议会，并与防暴警察发生激烈冲突。据吉卫生部说，在当天的骚乱中有 40 人死亡，约 400 人受伤。② 同日，吉总统巴基耶夫下令比什凯克和其他三个地区进入紧急状态。

7 日傍晚，随着国家电视台、国防部、总检察院大楼以及议会大楼等重要国家机构被反对派控制，反对派领导人公开宣称，反对派的最终目的是夺取国家政权，要求巴基耶夫政府集体辞职。迫于反对派的巨大压力，巴基耶夫总统及个别政府要员离开比什凯克转至南部城市奥什，后于 4 月 15 日宣布辞职并逃亡国外。

4 月 8 日，吉尔吉斯斯坦反对派组建的临时政府成立，临时政府总统奥通巴耶娃宣布，临时政府将在 6 个月内履行政府职能。她表示，临时政府准备在半年之内修改宪法、选举法和政党法，以符合民主发展的需求。

尽管新组建的临时政府接管了国家政权，但临时政府无力完全控制秩序，吉尔吉斯斯坦的国内局势仍旧不能安定下来。特别是在吉南部地区，前总统巴基耶夫的支持者与临时政府的支持者冲突不断，而吉国内长期存在的乌兹别克族与吉尔吉斯族之间的矛盾也从中起了推波助澜的负面作

---

① “新闻分析：吉尔吉斯斯坦何以发生大规模骚乱”，新华网，http：//news.xinhuanet.com/world/2010-04/08/c_1221829.htm。

② “新闻分析：吉尔吉斯斯坦何以发生大规模骚乱”，新华网，http：//news.xinhuanet.com/world/2010-04/08/c_1221829.htm。

用。5月13日，前总统巴基耶夫的支持者冲击并占领了南部奥什州、贾拉拉巴德州和巴特肯州的政府大楼，临时政府随即强制恢复了当地秩序，在冲突中至少2人死亡，63人受伤。[①] 5月19日，在贾拉拉巴德市，临时政府支持者、前总统巴基耶夫支持者以及维持秩序的警方之间再次发生暴力冲突事件，造成2人死亡，74人受伤。[②]

经过将近一个月的短暂平静之后，6月10日晚，在南部城市奥什，乌兹别克族和吉尔吉斯族男青年之间的群殴引发了两族之间的冲突，其后冲突迅速扩大，演变为4月以来吉尔吉斯斯坦最为严重的一次大规模骚乱。两族之间的暴力冲突和与之相伴的打砸抢烧造成了极其严重的人员伤亡和财产损失，将吉尔吉斯斯坦推向了内战的边缘。面对严峻形势，6月13日，临时政府授权给军队和警方，令他们有权射杀任何与当局对抗的人，以保护市内财产安全和民众人身安全。

在临时政府的强力镇压和国际社会的人道主义援助之下，大规模骚乱在短时间内得到了平息。尽管如此，这场骚乱已造成至少179人死亡，超过2000人受伤。吉临时政府总统奥通巴耶娃则认为实际死亡人数可能是179人的“数倍”，因为不少遇难者的家属按照穆斯林风俗很快就将死者安葬，并没有向官方机构报告。[③]

为了尽快恢复国内秩序，临时政府在强力镇压暴力冲突的同时，也努力推动政权建设。6月27日，临时政府组织的全民公投通过新宪法并认可由临时政府总理奥通巴耶娃担任过渡时期总统，同时将吉政体由总统制过渡到议会制，大幅削减总统权力。10月10日，吉尔吉斯斯坦顺利举行了新议会选举。11月30日，吉尔吉斯斯坦议会新闻局对外宣布，社会民主党、“共和国”党和“阿塔—梅肯”（祖国）党三个政党共同组建了议会多数派联盟。根据三党协议，社会民主党领导人阿坦巴耶夫担任新政府总理、“阿塔—梅肯”（祖国）党领导人捷克巴耶夫担任议长、“共和国”党

---

① “新宪法草案公决获通过 吉尔吉斯斯坦变议会制国家”，中国网，http://www.china.com.cn/international/txt/2010-06/28/content_20364189_5.htm。

② “吉临时政府宣布2011年10月举行总统大选”，大洋网，http://www.dayoo.com/roll/201005/20/10000307_102038086.htm。

③ “吉尔吉斯：骚乱是精心策划的阴谋死亡人数恐将达数百人”，新华网，http://news.xinhuanet.com/2010-06/17/c_12227131.htm。

领导人巴巴诺夫担任政府第一副总理。全民公决、新议会选举以及三党联合政府的成立，为吉尔吉斯斯坦恢复国内秩序奠定了政治基础，到2010年底吉国内局势基本恢复正常。

（二）政权更迭与国内骚乱原因探析

2005年吉尔吉斯斯坦爆发的“玫瑰革命”迫使时任总统阿卡耶夫下台逃亡国外，随即巴基耶夫担任总统。然而，不到五年时间，吉国内再次发生大规模骚乱，巴基耶夫步阿卡耶夫后尘，不得不下台逃亡国外。在不到五年的时间里，两届政府都在反政府运动的压力之下被迫下台，且总统逃亡国外，充分说明这个山地小国长期固有的一系列深层次矛盾始终未得到有效的化解。

1. 乌兹别克族与吉尔吉斯族之间深刻的民族矛盾

吉尔吉斯族占吉总人口的2/3，乌兹别克族占吉总人口的大约14%，两族之间的矛盾由来已久。1990年6月6日，在奥什州的乌兹别克族人与吉尔吉斯族人就因争夺耕地和水资源发生械斗，造成300多人伤亡和严重财产损失。尽管当时苏联政府和乌吉两国政府共同采取措施制止住了这场民族骚乱，但两族之间的矛盾并没有得到解决。在过去的20年里，吉尔吉斯族始终占据着吉政权的各个层级，直到2005年，乌兹别克族的官员才开始出现在地方政府层面，而高级领导层的状况依旧没有得到改变。这种权力结构自然招致乌兹别克族的严重不满，进而引发两族之间的对立。另外，在过去20年里，随着经济的发展，两族之间日益拉大的经济差距也助长了彼此之间的矛盾和对立。享有“中亚犹太人”之称的乌兹别克族人善于做生意，在吉国独立后的近20年间逐渐掌控了当地贸易和服务业，经济收入水平明显高于游牧传统的吉尔吉斯族人。而作为主体民族的吉尔吉斯族生活贫困，主要靠出国打工挣钱，对当地乌兹别克族的相对富裕颇有不满。“在吉族人眼里，乌族人狡猾、奸诈、唯利是图；而在乌族人眼里，吉族人懒惰、好斗、总想不劳而获。”① 双方之间的矛盾和对立在乌兹别克

---

① “吉尔吉斯斯坦宪法公投 动荡幕后的‘四大角力’”，网易新闻，http://news.163.com/10/0627/07/6A5V255C000146BD.html。

族聚集的南部地区尤为突出，这也正是南部地区骚乱空前严重的最主要原因。

2. 政治体制方面的固有矛盾

和其他中亚国家一样，吉尔吉斯斯坦独立之后，尽管在表面上建立了以三权分立和多党制为标志的西方式民主体制，但实际上实行的却是以总统集权为核心的所谓“威权政治”模式。① 在“威权政治”模式之下，总统拥有广泛的宪法权力，而政府和议会拥有的权力却相对很小，因而这种政治体制无疑助长了总统的独裁倾向，导致了国家政治生活中以总统为核心的特殊利益集团的形成，其合理性与合法性一直饱受质疑。前总统阿卡耶夫在2005年的“玫瑰革命”中之所以被推翻，很人程度上就在于民众不愿意再忍受其独裁统治。民众原以为随后上台的巴基耶夫能够在政治体制改革方面有所突破，但巴基耶夫显然没能做到。不仅如此，巴基耶夫在执政后期独裁倾向日益突出，竭力在政府中安插、扶植其亲信，企图长期掌控国家政权，最终与其前任阿卡耶夫一样彻底失去了民众的支持与信任，在动乱开始的数日之内就被迫下台并逃亡国外。6月27日，临时政府主持的全民公投将吉政体由总统制过渡到议会制，大幅削减了总统权力，但此举是否能够彻底消除政治体制方面的固有矛盾还有待进一步观察。

3. 经济问题

经济问题一直是影响吉尔吉斯斯坦国内政局稳定的重要因素之一。在中亚五国中，由于缺乏资源等各方面原因，吉尔吉斯斯坦的经济发展水平相对比较落后，人民生活水平较低，再加上政治腐败等因素，民众对政府的不满情绪普遍存在，进而导致政权基础十分脆弱。2008年爆发的全球金融危机同样冲击了吉尔吉斯斯坦脆弱的经济，同时由于吉重要的经济合作伙伴俄罗斯也受到了金融危机的影响，在俄罗斯打工的劳工人员被迫返乡，吉外汇收入大幅度减少。经济形势的恶化直接导致了人民生活水平的进一步下降，助长了广大民众对政府的不满，为大规模反政府运动提供了必要的群众基础。

4. 外部政治势力的干预

外部政治势力的干预也是吉动乱背后一个不容忽视的重要因素。“9·

---

① 刘宏周：“中亚安全形势：现实威胁与潜在挑战的交融”，《世界经济与政治论坛》，2010年第3期。

11”事件以后，随着美国力量进一步地深入到中亚地区，俄美两国在中亚的战略争夺更趋激烈。而同时有俄美两国军事基地存在的吉尔吉斯斯坦可以说是俄美战略博弈的一个焦点。尽管在吉政权更迭和大规模骚乱中俄美两国采取了不干涉、不介入的所谓“中立”立场，将援助仅限于人道主义援助方面，但媒体仍时常披露俄美两国的表态和举动，并不时有俄美两国政府关于吉国内局势的小道消息传出。由此可见，作为对中亚地区影响最大的两股外部势力，俄美两国尽管表面上做出一副“中立”的面孔，但其一举一动、一言一行都影响着吉国内局势的演化。何况俄美两国是否在幕后对吉政局进行了干预尚不得而知。毫无疑问，“这些外来力量不仅影响了吉尔吉斯国内政治势力，也从某种程度上干扰了民众的视听和判断”。①

（三）吉尔吉斯斯坦国内骚乱对中亚地区安全形势的影响

从目前情况看，吉尔吉斯斯坦国内骚乱基本局限在国界以内，没有外溢至其他国家，对中亚地区安全形势的影响比较有限。然而，中亚五国同为前苏联的加盟共和国，在政治、经济、文化、宗教等方面彼此联系紧密，吉尔吉斯斯坦面临的国内问题——民族矛盾、政治体制问题、外部势力干涉等——在中亚地区具有一定的普遍性，其他四国也或多或少地存在这些问题。因此，在未来不能排除吉尔吉斯斯坦的国内骚乱产生“示范”效应，引起其他国家效仿而导致整个地区的动荡不安。

二、塔吉克斯坦发生多起暴力袭击事件，安全形势出现恶化迹象

2010年，塔吉克斯坦继2009年之后仍然是中亚地区暴力袭击活动的重灾区，且暴力袭击活动的数量明显上升，安全形势出现恶化迹象。特别是从下半年开始，暴力袭击活动频繁发生，甚至首次出现了自杀式袭击事件，给塔国家安全造成严重威胁。综合各方信息，2010年塔吉克斯坦发生

---

① “吉尔吉斯骚乱原因分析：政治体制方面不断冲突”，腾讯网，http：//news.qq.com/a/20100408/000742.htm。

的暴力袭击事件主要有：

6月4日，塔吉克斯坦警方在首都杜尚别以北15公里处击毙2名恐怖分子。经调查，2人是恐怖主义组织“乌兹别克斯坦伊斯兰运动”的成员，当天试图前往杜尚别执行恐怖任务。在交火中，警方1死1伤。

8月22日晚，杜尚别一家监狱的25名重犯在打死狱警、抢夺武器后越狱逃跑。塔吉克斯坦官员称，这些重犯是从事恐怖袭击和贩毒活动的极端武装人员，刑期从30年至终身监禁不等。

9月3日上午，至少2名自杀式袭击者驾驶一辆装满炸药的“伏尔加”轿车强行冲进塔北部苦盏市的打击有组织犯罪局大院并发生爆炸，造成2名警官死亡，25名警察受伤。塔内务部公告指出，初步调查结果显示，这起爆炸事件是由与“基地”组织关系密切的“乌兹别克斯坦伊斯兰运动”精心策划并实施的。[①] 需要指出的是，这是塔5年来遭受的首次自杀式袭击事件。

9月5日夜，杜尚别一家娱乐中心发生爆炸袭击事件，导致7人受伤。塔内务部认为，袭击者可能来自“乌兹别克斯坦伊斯兰运动”。[②]

9月10日晚，塔安全部队在靠近阿富汗边界地区与一伙塔利班武装分子发生激烈交火，击毙至少20名塔利班成员。[③]

9月19日，塔政府军一支车队在靠近阿富汗边境的拉什特山谷地区遭到伏击，至少23名军人死亡，10名军人受伤。[④]

主要有以下几方面原因导致2010年塔吉克斯坦暴力袭击事件出现升级和恶化的势头：

首先，地理位置特点一定程度上决定了塔吉克斯坦是持续暴力袭击事件的多发地带。一方面，塔吉克斯坦南部与国际恐怖主义活动的焦点——阿富汗接壤，双方之间拥有长达1200多公里的边界线。因此，在美国为首

① “塔吉克斯坦发生自杀式爆炸事件致2死25伤”，新华网，http：//news. xinhuanet. com/2010-09/04/c _ 12516981. htm。

② “塔吉克斯坦首都杜尚别娱乐场所发生爆炸”，亚心网，http：//www. xjjjb. com/html/news/62766. html。

③ “塔吉克斯坦安全部队与塔利班激战击毙20人”，腾讯网，http：//news. qq. com/a/20100912/000743. htm。

④ “塔吉克斯坦23名士兵遇袭身亡”，新浪网，http：//news. sina. com. cn/w/2010-09-21/085218144035s. shtml。

的国际力量加强在阿富汗的反恐力度之后，塔利班等恐怖主义分子撤退或逃窜至塔吉克斯坦。这种现象2009年已经显现。9月10日晚，塔吉克斯坦安全部队在靠近阿富汗边界地区与塔利班武装分子的激烈交火充分证实了这一点。另一方面，拥有“中亚火药桶”之称的费尔干纳盆地正好位于塔、吉、乌三国交界处，这里一直是中亚地区“三股势力”、有组织犯罪集团和武装贩毒集团的藏身之地。当地经济落后、人口和民族众多、宗教成分复杂，且自然环境、民族和宗教背景等与阿富汗有某些相似之处。由于该三国交界地区地形复杂等因素，非法武装分子时常在三国间流窜，伺机破坏地区稳定。

其次，伊斯兰极端主义组织“乌兹别克斯坦伊斯兰运动”与塔利班、“基地”组织等国际恐怖组织相勾结，活动较往年更加活跃。2010年塔吉克斯坦发生的暴力袭击事件中，至少有三起明显与“乌伊运”有关。“乌伊运”作为一个“老牌”宗教极端主义组织，常年盘踞在费尔干纳盆地地区，目前已经从鼓吹宗教极端主义发展到策划国际恐怖袭击、煽动民族分裂主义的地步，是一个集宗教极端主义、国际恐怖主义和民族分裂主义为一体的犯罪集团，是中亚地区“三股势力”的典型代表。从2009年开始，随着阿富汗和巴基斯坦的国际恐怖主义活动外溢至中亚地区，“乌伊运”与塔利班、“基地”组织等国际恐怖组织的勾结日益密切，实施恐怖袭击的能力进一步提高，对中亚地区安全的威胁越来越大。而塔吉克斯坦作为中亚地区“遭遇了形势最为严峻的来自伊斯兰原教旨主义的挑战”[①]的国家，伊斯兰化趋势越来越浓厚，客观上有利于“乌伊运”等宗教极端组织的生存和活动。

再次，塔吉克斯坦内战后遗症仍然存在，且出现了恶化的苗头。9月19日导致23名军人丧生的拉什特山谷遭伏击事件，是2010年塔吉克斯坦遭受的最为惨重的暴力袭击事件。事后塔吉克斯坦国防部发言人法里敦·马赫马达利耶夫将这起事件定性为“恐怖主义行动”：“实施武装袭击的恐怖分子是来自巴基斯坦、阿富汗和车臣的雇佣兵。他们与塔吉克斯坦反政府武装领袖拉希莫夫和达夫拉托夫有密切关系。前军阀穆洛·阿卜杜拉领

---

① 文丰：“十字路口上的塔吉克斯坦”，新疆哲学社会科学网，http：//www.xjass.com/zy/content/2010-11/30/content_178070.htm。

导了这次袭击。"[①] 事实正是如此，在 1992 年至 1997 年塔内战期间，拉什特山谷是塔吉克联合反对派的大本营。塔吉克斯坦现任总统拉赫蒙当时领导人民阵线与塔吉克联合反对派武装进行斗争，并最终取得胜利。然而，尽管塔政府做出了不懈努力，甚至不惜放下身段与反政府武装进行谈判，但始终无法彻底清除盘踞在该地区的反政府武装。特别是近年来，反政府武装开始逐渐与阿富汗等地的国际恐怖主义分子相勾结，力量和破坏性大为增强，塔内战后遗症不仅没有治愈，反而出现了恶化的苗头。

三、乌兹别克斯坦、哈萨克斯坦、土库曼斯坦三国基本保持安全稳定

乌兹别克斯坦的安集延州历来是暴力袭击活动猖獗的地区，2005 年这里曾发生过严重的骚乱事件，2009 年 5 月 26 日该地区在同一天发生了两起暴力袭击事件。然而，尽管吉尔吉斯斯坦骚乱期间有数万难民涌入乌兹别克斯坦，对乌国内安全造成一定的影响，迫使乌暂时关闭乌吉边界乌方一侧，但 2010 年全年乌兹别克斯坦非常难得地保持了基本稳定，公开信息显示包括安集延州在内的全国各地未发生任何引起国际关注的暴力袭击事件。笔者认为，来之不易的安全局面主要归功于两个方面：一是乌兹别克斯坦政府多年来对安全工作的高度重视和巨大投入；二是 2010 年乌兹别克斯坦国家经济增长了 8.5%，尤其是居民实际收入增长了 23.5%，工资、退休金、助学金和社会津贴增长了 32%，人民生活水平明显提高，2010 年因此被称为"乌兹别克斯坦和谐发展的一年"。[②] 良好的经济发展形势以及人民生活水平的大幅提高无疑为乌国内安全稳定提供了有利的经济和社会基础。

但是，需要特别指出的是，乌兹别克斯坦的安全问题出现了一个新的动向，即乌兹别克斯坦与吉尔吉斯斯坦和塔吉克斯坦两国的矛盾有所显

---

① "塔吉克斯坦政府军惨遭伏击"，腾讯网，http://news.qq.com/a/20100921/000171.htm。

② "乌兹别克斯坦 2011 年前景将比 2010 年更加美好"，亚心网，http://www.xjjb.com/html/news/68472.html。

现。1月17日，乌吉两国边防人员在边境地区发生武装冲突，造成1名吉方人员受伤，事后双方都指责是对方挑起冲突。3月4日和28日，在吉乌边境地区，有乌公民试图强行进入吉境内，与吉边防士兵发生冲突，吉方开火，共造成2人死亡，数人受伤。另外，从今年3月到10月，乌扣押了3000多节通过乌境内到塔吉克斯坦的货运车皮，给塔经济造成一定程度的影响。导致此事的主要原因是塔要修建罗贡水电站，乌作为下游国家强烈反对，以此相威胁。到目前为止这一问题仍未完全解决，两国关系仍未正常化。此类事件的发生说明中亚国家之间的矛盾可能成为今后中亚地区安全的又一个重要关注点。

2010年，哈萨克斯坦和土库曼斯坦基本上继续保持安全稳定，公开信息显示未发生重大安全事件。事实上，哈土两国一直是中亚地区安全形势比较好的国家，近几年均未发生严重暴力袭击事件。笔者认为，两国良好的安全形势主要来自三方面原因：

首先，在中亚五国中，哈土两国人均GDP稳居前两位，且远远高于其他三国，经济发展水平与人民生活水平都比较高。[①] 良好的经济发展形势为政府强化安全防范工作提供了强有力的经济支撑，同时人民生活的高水平不仅保证了广大民众对政府的满意和信任，客观上也严重压缩了“三股势力”生存空间。其次，哈土两国政局一直比较稳定，避免了政局动荡可能诱发的安全形势恶化。在哈萨克斯坦，纳扎尔巴耶夫担任总统已达20年之久，至今依然受到民众的广泛支持，且有望在2012年总统选举中获得连任；在土库曼斯坦，尽管2006年12月自独立以来一直担任总统的尼亚佐夫因病逝世，但随后有尼亚佐夫的“第一副手”之称的别尔德穆罕默多夫继任了总统，同时在很大程度上也继承了尼亚佐夫的治国方略，土政局实现了平稳过渡，且之后一直保持了稳定。再次，哈土两国政府一直对安全问题保持高度警惕，不断加大人力、财力投入，强化安全防范措施。比如，2010年两国在这方面的努力就有：3月9日，哈萨克斯坦《打击洗钱和金融恐怖法》正式开始实施，11月17日和12月23日，哈萨克斯坦议会下院和上院分别批准了《上海合作组织反恐怖主义公约》，两者从法律

① “中亚五国国情国力分析”，亚心网，http://www.xjjjb.com/html/news/2008/12/32029.html。

层面加强对恐怖主义的打击力度；在土库曼斯坦方面，继 2009 年 8 月别尔德穆罕默多夫总统首次签署组建海军的发令后，2010 年 2 月有媒体报道“土库曼斯坦将于 2015 年前在里海沿岸的巴什港部署海军”，而德穆罕默多夫总统称部署海军是为了“保持必要的安全等级，阻遏恐怖主义，打击有组织犯罪与贩毒组织”。[①]

尽管如此，两国在安全领域仍然存在隐忧。英国梅普尔克罗夫特全球风险顾问公司通过研究称，由于与极端主义恐怖团体活动频繁的地区相邻，哈萨克斯坦位列 2011 年恐怖袭击多发国家之列。[②] 而由于地理上与阿富汗接壤，土库曼斯坦遭受外部恐怖势力袭击和骚扰的危险将长期存在。

四、中国与中亚各国的安全合作稳步向前发展

中亚地区的安全稳定与我国西部地区的安全稳定息息相关。2010 年，我国继续积极加强与中亚各国的安全合作，共同打击、防范“三股势力”的威胁，努力维护地区安全与稳定。

（一）2010 年中国与中亚各国安全合作的基本情况

上海合作组织是中国与中亚各国开展安全合作的重要平台。2010 年，中国一如既往地在上海合作组织的框架之下积极开展与中亚各国的安全合作，其中值得关注的重要事件包括：

9 月 10 日—24 日，上海合作组织“和平使命—2010”联合反恐军事演习在哈萨克斯坦马特布拉克诸兵种合成训练场成功举行。中国、俄罗斯、哈萨克斯坦、塔吉克斯坦、吉尔吉斯斯坦五国派出精兵强将参加了这次演

---

① “土库曼斯坦计划组建海军”，新华网，http：//news. xinhuanet. com/mil/2010-02/22/content _ 13023485. htm。

② “哈萨克斯坦进入易受恐怖袭击国家名单”，亚心网，http：//www. xjjjb. com/html/news/68157. html。

习。作为上海合作组织框架内的第七次联合反恐军事演习，此次演习标志着上合组织“和平使命”系列军演已经机制化，“表明上海合作组织成员国军队共同打击恐怖主义、分裂主义、极端主义的意志、决心和能力，体现成员国互信的高水平和务实合作，表达成员国维护地区和平稳定、促进共同发展与繁荣的真诚愿望”。①

4月23日，上海合作组织第五次安全会议秘书会议在乌兹别克斯坦首都塔什干举行，我国国务委员兼公安部长孟建柱出席了会议。会议就地区安全形势，成员国在打击恐怖主义、分裂主义、极端主义，非法贩运毒品及网络恐怖主义等领域开展合作和完善协作机制等交换了意见。各方认为，在协商一致基础上达成的并在塔什干举行的上海合作组织国家首脑峰会上将要签署的文件将进一步完善上海合作组织活动和机制的法律基础。

6月11日，上海合作组织第十次领导人峰会在塔什干举行，会议发表了《上海合作组织成员国元首理事会第十次会议宣言》和《成果新闻稿》，签署并通过了一系列重要协议。胡锦涛主席在会上发表了题为《深化务实合作、维护和平稳定》的重要讲话，就增进包括安全合作在内的上海合作组织的发展提出了六条具体建议，受到了与会各国元首的欢迎和赞赏。

11月25日，上海合作组织成员国第九次总理会议在塔吉克斯坦首都杜尚别举行。温家宝总理在会上强调各方必须采取共同行动和综合措施，更有力、有效、持久地打击“三股势力”、毒品走私、跨国有组织犯罪。各国领导人一致同意加大打击“三股势力”力度，切实维护本地区的安全与稳定。

与此同时，在上海合作组织的框架之外，中国也积极增进与中亚各国的安全合作。在吉尔吉斯斯坦骚乱期间，为了帮助吉方尽快恢复国内秩序，中国慷慨解囊，主动向吉方伸出援手。4月19日，中国宣布向吉临时政府提供300万美元的物资援助和100万美元的财政援助。6月15日，在吉骚乱再次激化的情况下，中国再次向吉方提供价值500万元人民币的紧急人道主义物资援助，同时向乌兹别克斯坦提供价值300万元人民币的物资援助。8月25日，国家副主席习近平在人民大会堂会见来访的吉过渡政

---

① “上合组织和平使命系列军演已经机制化”，腾讯网，http://news.qq.com/a/20100917/000541.htm。

府外长卡扎克巴耶夫。双方一致同意加强各层次交往，全面推进双方各领域合作，严厉打击“三股势力”，不断提高两国睦邻友好合作关系水平。在接受采访时，卡扎克巴耶夫表示“中国是吉尔吉斯斯坦在国际舞台上重要合作伙伴”。①

另外，4月下旬，中国和塔吉克斯坦两国外长共同签署了《中塔勘界议定书》，标志着两国历史遗留的边界问题得到彻底解决，同时也彻底扫清了两国开展各领域合作的障碍。

（二）客观上影响中国与中亚各国安全合作进一步深化的限制性因素

近年来中国与中亚各国的安全合作取得了长足的进步，特别是在上海合作组织的框架之下，双方之间的军事交流日益频繁，军事互信显著增强，在联合打击“三股势力”、维护地区安全方面目标保持高度一致。尽管如此，中国与中亚各国的安全合作仍然显得较为表面化，实质性合作内容相对欠缺，合作方式比较单一，主要体现在联合军演方面。中国与中亚各国的安全合作之所以出现这种空洞化的倾向，主要是由于存在一些限制双方安全合作进一步深化的客观因素：

第一，俄美两大国的制约因素。中亚五国是从前苏联独立出来的，俄罗斯一直将其视为自己的势力范围，不愿意别国染指。“9·11”事件后，随着美国势力大举进入中亚，俄美在该地区的矛盾迅速凸显，双方之间的战略博弈日益激烈。然而，尽管俄美在中亚地区争得不可开交，但双方都不愿意中国力量介入中亚。因此，俄美两大国均对中国与中亚各国的安全合作持消极态度，难免从中干涉甚至阻挠。

第二，中亚各国对中国始终怀有战略疑惧。中亚各国作为仅仅独立二十年的小国、弱国，非常珍视自己的独立地位。从地理位置上讲，中亚各国夹在中俄两大国之间，且现在美国势力也深入到了中亚，加上俄罗斯的大国沙文主义传统，因而中亚各国对自己的国家安全都十分敏感，担心主权独立遭受周边大国的威胁。中国作为与中亚各国相邻的、一个正在崛起

---

① “吉尔吉斯斯坦外长：中国是其在国际舞台上重要合作伙伴”，新华网，http：//news. xinhuanet. com/world/2010-08/24/c_12480385_2. htm。

的大国，与俄美两国一样，自然而然被中亚各国视为潜在威胁，尽管中国一再倡导“互信、互利、平等、协作”为核心的新安全观。这种战略疑惧必然影响中国与中亚各国安全合作的进一步深化。

第三，在安全问题上，中亚各国更加重视俄美两大国的作用。美国作为当今世界上唯一的超级大国，“9·11”事件后大举进入中亚。俄罗斯将中亚视为自己的传统势力范围，广泛参与中亚地区的安全事务。相比而言，中国坚决奉行不干涉政策，与中亚各国的安全合作基本局限在打击“三股势力”方面。因此，在安全问题上，中亚各国更加倚重俄美两国。如在吉尔吉斯斯坦骚乱中，吉临时政府首先向俄美两国寻求援助，而不是中国。

第四，中亚各国的基本国策客观上也制约了中亚各国与中国安全合作的深化。比如，拥有永久中立国地位的土库曼斯坦与中国的安全合作水平必然是有限的。不仅如此，中亚其他四国在对外政策方面基本上都奉行大国平衡战略，不可能在安全合作方面与中国走得太近，特别是在俄美争夺主导中亚地区的情况之下。

（刘宏周）

第十四章

中东地区安全形势

2010年，中东地区总体安全形势趋于恶化，新老热点问题跌宕起伏，动乱和紧张状况未有根本改变，传统安全与非传统安全威胁并存，地区安全战略格局依旧处于剧烈的震荡与调整之中。其中，巴以领导人在美国斡旋下进行了多轮间接谈判，重启了中断20个月的直接谈判，但不久即因以方未能延长犹太人定居点限建令而陷入僵局，致使美推动中东和平进程的斡旋努力未能奏效；伊拉克今年虽然渡过重重危机，特别是美国如期兑现撤军计划、伊新政府经大选长达8个月的权力斗争后终于成立，但随之而来的则是恐怖暴力依然猖獗、政治局势持续动荡、教派冲突不断加剧、外部势力加大介入；伊朗核问题今年持续升温，美国等西方国家纷纷对伊挥舞制裁大棒，所幸对话大门并未关闭，伊与6国代表年底在日内瓦重启谈判，但伊核问题前景难言乐观；也门安全形势不断恶化，已成为中东地区备受瞩目的新焦点，特别是恐怖活动日益猖獗，迫使英美在也门开辟反恐新战线。

一、巴以和谈命运多舛，和平曙光昙花一现

2008年底，以色列对加沙地带发动大规模军事打击后，巴以和谈就陷入停滞状态。2010年9月2日，在美积极推动下，以总理内塔尼亚胡和巴勒斯坦民族权力机构主席阿巴斯重启中断20个月的巴以和平谈判，但令人

期待的两轮直接谈判没有产生任何实质性成果。9月20日，以拒绝延长犹太人定居点“冻结令”，致使重燃希望的巴以和谈再陷困境。10月2日，巴勒斯坦解放组织（巴解组织）执委会通过决议，敦促巴民族权力机构暂停与以色列直接和谈，声称“定居点与和谈不可能同时存在”。[①] 命运多舛的巴以和谈转眼又回到起点，和平曙光如同昙花一现。

（一）巴以和谈曲折前行，核心问题难谋共识

巴以问题错综复杂，是中东诸多问题的核心，其久拖不决势必影响整个中东形势。为彻底解决巴以争端，使中东地区实现和平，美国、欧盟和许多阿拉伯国家都在积极推动巴以和谈。

2010年5月9日，巴以开始为期4个月的间接和谈。当日，巴首席谈判代表埃雷卡特在约旦河西岸城市拉姆安拉称，此次间接谈判将涉及巴以最终地位等关键问题，包括边界、耶路撒冷、难民、犹太人定居点、安全和水资源问题。在初始阶段，间接和谈将集中讨论边界和安全问题。此前一天，巴解组织执委会经过激烈讨论，最终以多数票同意启动巴以间接和谈。[②] 然而，持续数月的间接谈判几乎颗粒无收，未能在关键问题上取得任何进展。尽管如此，美国一直在积极推动重启旨在解决所有最终地位问题的直接谈判。

9月2日，在美斡旋下，内塔尼亚胡与阿巴斯在华盛顿聚首，重启中断20个月的直接谈判。这是以色列2008年底向加沙地带发起代号为“铸铅行动”的大规模袭击以来，以巴代表首次举行面对面会谈。巴以直接谈判旨在解决巴以之间的最终地位问题，包括巴以边界划分、犹太人定居点前途、巴勒斯坦难民安置、耶路撒冷归属等。主持巴以和谈的美国务卿希拉里在开场声明中说，和谈要取得成功，“需要耐心、坚持和领导能力”。[③]

---

① 王储、刘跃骅：“巴勒斯坦外长说巴以和谈和犹太人定居点建设不能共存”，新华网，http：//news. xinhuanet. com/world/2010-10/09/c _ 12638891. htm。

② 杨媛媛、赵悦：“巴勒斯坦首席谈判代表宣布巴以间接和谈开始”，人民网，http：//world. people. com. cn/GB/11550117. html。

③ 易爱军、冉维：“巴以领导人在华盛顿重启直接和谈”，新华网，http：//world. people. com. cn/GB/12621529. html。

和谈开始后，以总理内塔尼亚胡开门见山地要求巴承认以色列为“犹太民族国家”，并照顾以方“真实安全需求”，而阿巴斯则要求以停止修建所有犹太人定居点。经过 4 小时闭门会谈，双方表示愿为最终缔结和平达成框架协议，同意 9 月 14 日、15 日再次会谈，此后每两周碰面一次，力争一年内完成最终地位谈判。[①]

巴以和谈中断 20 个月后再度重启，开局似乎良好，但美国中东问题特使米切尔认为，双方没有在任何实质性问题上展开具体磋商。随着以色列政府 2009 年就约旦河西岸犹太人定居点建设颁布的停建令即将到期，这场难得的直接谈判将面临第一场严峻考验。很多人担心，如果届时停建令不能得到延期，这场刚刚开启的直接谈判很可能“夭折”。此外，巴以和谈恐怕也不是阿巴斯一人能说了算的事。控制着加沙地带的哈马斯坚决反对与以色列进行任何形式的谈判，认为与以谈判有损巴勒斯坦人民的利益，公开表示决不接受任何谈判结果。当美国主导的首轮直接谈判在华盛顿刚结束，巴勒斯坦 12 个抵抗武装力量[②]就发表火药味很浓的声明，强烈反对与以色列和谈，声称要对以发动新的袭击。而以色列内部也不平静，反对和谈的声音此起彼伏。因此，“力争一年内完成最终地位谈判”的想法恐怕只是“一厢情愿”。由于巴以之间分歧太多、鸿沟太深，双方似乎应该首先朝着达成一份临时性解决方案而努力，否则可能将重走前几次和谈的老路。

巴以和谈终究没有跳出“命运多舛”的怪圈。9 月 26 日以色列定居点限建令到期后，内塔尼亚胡不顾国际社会的强大压力，仍然拒绝延长约旦河西岸定居点建设的冻结期。9 月 27 日，美国国务院发言人克劳利表示，美国对以色列拒绝延长约旦河西岸定居点建设冻结期表示失望。克劳利说：“我们感到失望，但是我们仍然将关注我们的长期目标，我们将就以色列决定的影响同各方进行讨论。”克劳利还宣布，美国中东问题特使米切尔将于 27 日晚飞往中东地区，并同巴以领导人举行会谈。毫无疑问，米

① “巴以商定每两周谈一次”，《广州日报》网站，http：//gzdaily. dayoo. com/html/2010-09/04/content_ 1108494. htm。

② 12 个巴勒斯坦武装组织包括：卡桑旅、圣城旅、纳赛尔·萨拉丁旅、人民抵抗组织、圣战者旅、阿克萨烈士旅、阿布·阿里·穆斯塔法旅、赛义夫·伊斯拉姆旅、杰哈德·贾布利勒旅、霹雳旅、安萨尔旅、纳比勒·马苏欧德旅。

切尔此行是美国为防止巴以直接谈判因定居点问题夭折而所做的“紧急努力”。[①]

作为对美方外交努力的一种姿态回应，内塔尼亚胡10月11日发表讲话，提出愿意延长犹太人定居点限建令，但必须以巴勒斯坦方面承认以色列是“犹太民族国家”为前提。不难看出，内塔尼亚胡看似让步，却是以巴方不可能接受的条件为前提。如果巴方承认以色列是“犹太民族国家”，则意味着以色列国内占人口总数约1/5的阿拉伯人的平等权利难以得到保障。巴难民回归等巴以和平进程中的核心问题得到解决的希望则更加渺茫。毋庸置疑，内塔尼亚胡的表态立即遭到巴方的断然拒绝。11日，巴首席谈判代表埃雷卡特明确表示，内塔尼亚胡最新建议是将以色列停建定居点问题与以色列国家性质进行了“令人完全不能接受的挂钩”。埃雷卡特批评说，在定居点建设与和平之间，内塔尼亚胡选择了定居点，而他将对巴以直接谈判破裂负责。[②]

对此，美国一方面对以色列未将犹太人定居点限建令延长表示失望，另一方面申明，美国正竭力确保巴以双方直接和谈继续进行，并加紧同巴以沟通。随后，美中东问题特使米切尔在巴以之间展开新一轮穿梭访问，旨在打破和谈僵局，力促巴以双方重新回到谈判桌前。但从实际效果看，这一努力难有实质性成果，巴以谈判依然举步维艰，困难重重。为使巴以和谈继续，华盛顿已就目前局势向以色列提出了“数项建议”，同时向以色列提出了一揽子安全保证措施，并允诺再向以色列提供30亿美元军援，以换取定居点限建令延长90天。[③] 但美方努力的效果如何，仍有待观察。

显然，约旦河西岸犹太人定居点建设已成为巴以直接和谈能否继续的关键。从以方来看，其国内对和谈的牵制因素很多，尤其是一些右翼势力千方百计破坏和谈，在定居点等问题上为政府设置重重障碍，给政府造成巨大压力。政治上，内塔亚尼胡意欲谋取右翼政党在联合政府内的支持，

① 冉维、易爱军：“美国对以色列拒绝延长定居点建设冻结期表示失望”，新华网，2010年09月28日，http：//news. xinhuanet. com/world/2010-09/28/c _ 12613126. htm。

② 温宪：“巴以就定居点问题重新摊牌”，人民网，2010年10月13日，http：//world. people. com. cn/GB/1029/12934779. html。

③ 崔海培：“美欲30亿军援换西岸定居点停建90天，以色列认真考量”，中国日报网站，http：//www. chinadaily. com. cn/hqgj/2010-11/15/content _ 11549035. htm。

这就决定了他很难在此问题上作出实质性的让步。同时，以政府内部对谈判存有不同声音也有损其在民众中的声望，更给谈判本身带来诸多不测。此外，许多普通以色列民众安于现状，在既得利益面前不愿向巴方让步。因此，以方对恢复谈判缺乏热情，对和谈的迫切性远不及巴方强烈，这正是谈判深陷泥潭的一个重要原因。

就巴方而言，其内部依然处于四分五裂状态，法塔赫和哈马斯对立依旧，在重大问题上立场多有相左。愈来愈多的巴勒斯坦人对以色列蚕食其领土和耶路撒冷的“犹太化”表示强烈不满，这使得阿巴斯政府面临沉重的内部压力。其实，巴勒斯坦是最希望谈判早日恢复并取得进展的一方，但目前看来，巴方对裹足不前的谈判也正失去信心，并预做了谈判失败后的应对之策，譬如准备单方面宣布建立国家，寻求更多国家对事实上巴勒斯坦国的承认和支持等。9 月 11 日，埃雷卡特曾明确提出，如果美国斡旋失败，巴方会要求其延长外交磋商，建立一个与安全的以色列共存的巴勒斯坦国，这个巴勒斯坦国要以东耶路撒冷为首都，以 1967 年战争爆发前的停火线为边界。如果美国不能做到这一点，巴方将诉诸于联合国安理会，要求联合国安理会成员国通过决议承认 1967 年边界。如果以上努力均告失败，巴方会根据联合国宪章第 77 条和第 85 条的规定，再次考虑要求国际托管。11 月 30 日，巴过渡政府总理萨拉姆·法耶兹在接受采访时明确表示，巴勒斯坦人已经准备在 2011 年 8 月前建立自己的独立国家。[①] 如果巴方将此付诸实施，必然会挑动以色列敏感神经，导致巴以关系更趋复杂化。巴以共居一地，双方在边界划分、资源享用等许多方面犬牙交错，不少问题只能通过双方协商谈判才能得以化解，单边行动很难“摆平”所有问题。

（二）美积极推动巴以和谈，斡旋努力未能奏效

推动阿拉伯世界与以色列的谈判，避免中东陷入战争和冲突，符合美国战略利益，几乎是美历届政府的外交重点之一。美总统奥巴马入主白宫

① “巴勒斯坦准备在明年 8 月前建国”，中国日报网站，http://www.chinadaily.com.cn/hqgj/jryw/2010-12-02/content_1318886.html。

后，亦秉承这一外交理念，试图在中东问题上有所建树。2009 年 4 月和 6 月，奥巴马先后在伊斯坦布尔和开罗向伊斯兰世界示好，声称将竭尽全力推动中东和平进程，帮助中东地区人民实现和平发展的良好愿望。为了兑现诺言，美国政府高官 2010 年频繁出访中东，在以巴之间进行斡旋，迫不及待地推动巴以进行直接谈判，希望在巴以问题上早日取得重大突破。

美国之所以急于促成巴以直接谈判，主要是出于国内政治的需要。首先，直接谈判的重启对奥巴马来说是一个重要外交成果。2009 年 1 月上台后，奥巴马便宣布将中东和平进程作为其外交重点，并在这方面投入了大量时间和政治资本。通过一年多努力，巴以双方重新开始面对面对话，这多少能在 11 月国会中期选举前提振表现不佳的民主党选情。其次，按照美方说法，直接谈判可以在一年内完成。果真如此，那么巴以和谈应该在 2011 年 9 月份左右完成，那正是奥巴马为 2012 年连任进行竞选的时候。如果届时巴以能达成和平协议，那么这将非常有利于他的竞选。此外，美国希望，巴以之间若达成和平协议，能为包含叙利亚、黎巴嫩以及约旦在内的中东地区达成全面和平协议带来可能。中东和平迷局困扰美国历届政府 60 多年，若能促成和平协议，奥巴马将留下重要“政治遗产”。

然而，巴以双方对奥巴马政府推动和谈的满腔热情却反应不一。就巴方而言，他们是在不很情愿但又无奈的情况下同意与以色列恢复直接谈判的。实际上，巴方一直希望美国在定居点问题上澄清立场，要求以色列停止在巴方土地上扩建犹太人定居点，以此作为巴以直接谈判的起点。然而，巴方的呼声遭到美国的忽视，美政府坚持认为启动谈判不应有任何先决条件。尽管如此，巴方却无法忽视美方的重压。毕竟，美国是巴勒斯坦最大的资助者，仅 2010 年 6 月，美国就向巴提供了 4 亿美元的经济援助。① 与巴方相反，希拉里宣布邀请后，以色列总理内塔尼亚胡随即发表声明，对此表示欢迎。以政府之所以积极支持美方提议，原因在于该方案完全符合以方要求。事实上，美国政府是在与以色列政府进行充分协调后

① 冉维、蒋国鹏、赵悦、杨媛媛、袁震宇、郝方甲：“巴以直接谈判：启动不易，成功更难”，新华网，http：//news. xinhuanet. com/world/2010-08/22/c _ 12471177. htm。

才发表复谈声明的。耐人寻味的是，以方在回应的声明中两次提到，很高兴看到此次直接谈判是“没有预设条件的”。这其实是以政府一直以来的要求。因此，美方此次明确提出直接谈判不设任何前提条件，无疑是以方的一个胜利。

巴以直接和谈在美国的推动下虽艰难启动，但经过两轮没有任何实质成果的谈判就再度陷入停顿，令人感到沮丧。美国在巴以问题之所以频频发力，却收益寥寥，究其主要原因①：一是中东问题本身复杂棘手，涉及巴以双方的诸多重大核心利益，尖锐矛盾难以调和。历史上除卡特政府成功促使埃及和以色列签署《戴维营协议》外，往往无果而终。二是美国的中东政策缺乏连贯性和统一性。不同政府每每根据情势变化和工作轻重缓急而采取不同做法，即便同一政府，其中东政策也往往前后不一，自相矛盾。譬如奥巴马政府，一会儿力促巴以直接谈判，一会儿又建议双方间接谈判。如此变幻反复，在客观上也影响了促和的力度和效果。三是出于政治、外交和经济利益等因素的考量，美国难以从根本上改变偏袒以色列的政策。在说服以色列延长犹太人定居点限建令遭遇挫折后，奥巴马政府不是继续对以方做工作，更没有对其施压，却转而敦促巴以双方立即就核心问题进行谈判。美国此举令巴方不悦，巴方目前仍坚持将冻结犹太人定居点建设作为恢复谈判的基础和前提。

推动中东和平进程是奥巴马政府的一项政治承诺，也是奥巴马上台后的外交着力点之一。在长时间未获实质突破的情形下，美国认为巴以双方只要能够坐下来面对面谈判便是成果。美国虽然表示希望巴以在一年内就所有核心问题达成框架性和平协议，但美国的外交政策历来受到国内政治的左右，正面临中期选举压力的奥巴马政府并不愿意真正触动以色列，对于谈判强势一方的以色列施压有限，默许其继续建设定居点，这使阿拉伯国家对美国感到失望。目前，阿拉伯国家准备将巴以问题提交联合国安理会，并呼吁国际社会承认以1967年战前实际停火线为边界的独立的巴勒斯坦国。背负着国内外巨大压力的奥巴马政府，能否真正在巴以和谈问题上有所作为，仍是一个不容乐观的问题。

---

① 黄培昭：“巴以和谈为何原地打转”，人民网，2010年12月16日，http：//world.people.com.cn/GB/13493411.html。

二、美国如期实现撤军计划，但伊拉克局势仍持续动荡

2010年，伊拉克安全局势未能得到彻底改善，民族和解进程接连受挫，战后重建荆棘密布。3月的议会选举虽顺利举行，但伊拉克政府的组阁僵局却持续8个月之久，新联合政府到岁末才宣告成立。美国如期实现撤军计划后，安全真空导致伊拉克局势动荡难止，与之相伴的则是恐怖暴力活动猖獗、政治冲突跌宕起伏、教派纷争不断加剧、外部势力加大介入。年内，伊拉克虽艰难渡过重重危机，但国内局势稳定和经济复苏仍需假以时日，而外来势力的干扰和影响更令其百废待兴的前景堪忧。

（一）伊拉克安全局势动荡不止，恐怖暴力活动持续猖獗

2010年，随着美军如期实施作战部队撤离计划，以及大选后政治僵局愈演愈烈，伊拉克安全形势趋于恶化，重大恶性恐怖暴力事件频繁发生，造成大量人员伤亡，达到了近两年来的恐怖暴力最高峰。自2月以来，伊拉克安全局势急转直下。1月，伊拉克死于各类袭击事件的人数为196人，2月则剧增至352人，另有684人受伤。① 随后，伊拉克死伤人数不断逐月攀升。7月，伊全国有535人因暴力袭击身亡，1043人受伤，死亡人数创2008年5月以来的新高。② 尽管伊拉克几乎每天都发生炸弹袭击，枪击和绑架事件也相当常见，但驻伊美军指挥官仍坚称，自2009年美军撤出伊拉克城镇以来，暴力事件减少一半，较安全局势最恶劣的2007年减少90%。③

年内，为了恢复伊拉克的安全与稳定，伊安全部队与美军联合对伊境内“基地”组织开展了多次严厉打击行动，击毙、俘获数名该组织高级成

① 李来房、徐俨俨：“伊拉克2月遭暴力袭击死亡人数剧增至352人”，新华网，http：//news. xinhuanet. com/world/2010-03/01/content _ 13076914. htm。

② 徐俨俨、宋聃：“伊拉克7月暴力袭击致死人数创两年来新高”，新华网，http：//news. xinhuanet. com/world/2010-08/01/c _ 13424984. htm。

③ “伊拉克安全部队恐难独挑大梁”，新华网，http：//news. xinhuanet. com/world/2010-07/26/c _ 12371663. htm。

员。2月9日，伊安全部队在费卢杰抓获“基地”组织伊拉克分支机构“伊拉克伊斯兰国”领导人之一格莱里。[①] 4月18日，美伊联军在北部萨拉赫丁省首府提克里特开展联合打击行动，当场击毙两名与“基地”最高头目本·拉丹有直接联系的高级指挥官——阿布—奥马尔·巴格达迪和阿布—阿尤布·马斯里。对此，伊拉克总理努里·马利基说，巴格达迪和马斯里之死使伊拉克安全消除了两大主要威胁。而美国副总统乔·拜登则宣称，这对伊拉克“基地”组织是“毁灭性打击”。[②] 8月31日，伊总理马利基表示，美军战斗部队撤离后，伊安全部队完全有能力承担起保障安全和控制局势的任务。[③] 然而，随着伊拉克安全形势日趋恶化，外界对美军撤离后伊拉克安全部队能否有效控制局势日益持怀疑态度。

（二）美军作战部队如期撤离，权力真空留下后遗症

按照美国总统奥巴马2009年宣布的驻伊美军撤离计划，[④] 2010年是美军作战部队从伊拉克撤离的关键阶段。在伊拉克恐怖暴力活动日益猖獗、政治局势持续不稳的情况下，美军不顾各方的争议与质疑，依然如期按计划撤离。2月17日，驻伊美军宣布，美军人数已撤至不足10万人（9.8万），为其2003年占领伊拉克以来的最低点。[⑤] 8月18日，美军第二步兵

---

① 徐俨俨、李来房：“伊拉克抓获一名‘基地’组织重要地方头目”，新华网，http：//news. xinhuanet. com/world/2010-02/10/content _ 12964353. htm。

② “伊拉克‘基地’组织证实两名高级指挥官死讯”，新华网，http：//news. xinhuanet. com/world/2010-04/26/c _ 1255928. htm。

③ “伊总理就美军撤离发表讲话，称伊拉克‘获得独立’”，中国新闻网，http：//www. chinanews. com/gj/2010/08-31/2503264. shtml。

④ 2009年1月，美国总统奥巴马上台后，依照战略重心东移巴基斯坦—阿富汗的战略部署，决定逐步从伊拉克逐步撤军。2月27日，奥巴马宣布了美国将从伊拉克撤军的计划。根据三阶段撤军计划：2009年6月30日前，驻伊美军作战部队将全部撤出伊拉克城镇，驻扎在郊外的基地中；2010年8月31日前，美将从伊拉克撤离所有作战部队，结束作战任务，留下3.5万—5万兵力，负责支持伊拉克政府及其安全部队的军事行动；2011年年底前，美将从伊拉克撤回全部剩余部队。2009年6月，美已如期完成第一步撤军计划。

⑤ 徐俨俨、宋聃：“驻伊拉克美军人数降至伊战以来最低”，新华网，http：//news. xinhuanet. com/world/2010-02/17/content _ 12998536. htm。

师第四斯特赖克旅跨越伊科边界线进入科威特，标志着伊拉克境内最后一批美军作战部队开始撤离，至此驻伊美军人数降至约5.6万人。[①] 8月31日，奥巴马总统向全国发表电视讲话，宣布美军在伊拉克为时7年多的作战任务正式结束。9月1日，美国副总统拜登在巴格达驻伊美军基地内主持了美军任务转换仪式，宣布"新黎明行动"正式取代自2003年起的"自由伊拉克行动"。拜登表示，已兑现了向美国和伊拉克人民作出的承诺，将军队减至5万人左右，并保证剩余美军士兵将于2011年底全部撤出伊拉克。拜登强调，驻伊美军任务代号的变更，"标志着美军同伊拉克之间关系上一个新篇章的开始，剩余美军将为伊军提供咨询和支持，协助伊军反恐并保护平民安全"。[②] 伊拉克总理马利基称伊美关系已进入新时代，"伊拉克是拥有独立主权的国家，我们期望在美军撤离后获得安全、稳定和繁荣"。[③]

驻伊美军如期实施撤军计划，既凸显出奥巴马政府把反恐战略重心从伊拉克东移至阿富汗—巴基斯坦的坚定决心，也反映出美军急于从伊拉克战争泥潭中脱身的强烈意愿。美军作战部队的撤离，无疑将给伊拉克带来诸多问题：第一，伊拉克安全部队掌控局势能力有限，短期内难以弥补驻伊美军撤离留下的安全真空。虽然伊拉克政府以及驻伊美军高层都反复强调，伊安全部队已完全具备独立接管防务和掌控局势的能力，但外界普遍持怀疑态度，主要理由：一是伊拉克安全部队战斗能力普遍较差，人部分安全部队成员不具备专业素质，无法摆脱教派制约；二是伊安全部队训练和装备水平参差不齐。在伊安全部队中，拥有24.8万人兵力的军队被认为是装备最精良、训练水平最高的部队。与他们相比，伊拉克警察部队逊色许多；三是伊各安全部队间的教派和种族分歧尚未完全得到解决，内部斗争十分激烈。从美军撤离后伊恐怖暴力激增的情况来看，伊安全部队掌控安全局势的能力着实让人担忧。第二，美军撤离造成的权力真空，导致伊

① 温宪："最后一批美军战斗部队开始撤离伊拉克"，新华网，http://news.xinhuanet.com/world/2010-08/19/c_12462177.htm。

② 宋聃、徐俨俨："美国副总统在巴格达主持驻伊美军任务转换仪式"，新华网，http://news.xinhuanet.com/photo/2010-09/02/c_12509009_4.htm。

③ 徐俨俨、宋聃："伊拉克总理就美军撤离讲话保证能控制局势"，中国日报网，http://www.chinadaily.com.cn/hqgj/jryw/2010-08-31/content_795158.html。

拉克国内政治、宗教矛盾的进一步激化。美军撤离后，伊拉克获得了“主权自由”，开始自己掌握自己的命运，但随之而来的则是政治派别斗争日益激烈、宗教矛盾与冲突逐渐加剧，甚至存在日益失控、爆发内战的可能性。伊拉克大选后新政府迟迟不能组建，以及教派矛盾激化与流血冲突不断加剧，足以印证这一点。第三，美军撤离后留下的权力真空，引发其他外部势力的争相介入，严重影响和干扰伊国内局势。随着美国在伊拉克力量与影响逐步下降，地区强国纷纷介入伊内部政治和宗教斗争，扩大其对伊影响力和控制力。伊大选后长达 8 个月的政治僵局，是内外因素相互作用、相互制约的结果。

（三）伊拉克新政府艰难成立，政治与教派斗争加剧

2010 年 3 月 7 日，伊拉克举行了美国发动战争推翻萨达姆政权后的第二次大选。[①] 3 月 26 日，伊拉克独立高等选举委员会公布最终计票结果，由前总理阿拉维领导的“伊拉克名单”获得 91 个席位，以 2 席优势险胜由现任总理马利基领导的“法治国家联盟”，赢得议会选举。[②] 然而，马利基明确表态拒绝接受选举结果，认为计票过程中存在舞弊，称其为一场“不流血的政变”。[③] 4 月 3 日，独立高等选举委员会宣布，即日起开始对 3 月 7 日举行的伊拉克全国议会选举巴格达选区的 250 万张选票重新统计。[④] 6 月 1 日，伊拉克高级司法委员会核准了伊全国议会选举最终结果，确认前

---

① 杨俊：“伊拉克大选在不平静中举行”，人民网，http：//cpc. people. com. cn/GB/64093/82429/83083/11091891. html。

② “阿拉维在伊拉克大选中险胜，伊国内形势不乐观”，中国新闻网，http：//www. chinanews. com/gj/gj-ywdd/news/2010/03-29/2194269. shtml。

③ 安国章：“马利基说计票工作是‘不流血政变’”，易网，http：//news. 163. com/10/0324/10/62HJVHJ2000146BC. html。

④ 巴格达选区总共有 70 个席位，是伊拉克各省选区中席位最多的。尽管“法治国家联盟”在该选区内获胜，但仅比前总理阿拉维领导的世俗政党联盟“伊拉克名单”多获得 2 个席位，这一“胜果”难以令马利基满意。马利基希望通过此次重新计票，扩大在巴格达选区对“伊拉克名单”的优势。“法治国家联盟”在巴格达选区是获得议会席位最多的政党联盟，共获得 26 个席位，而“伊拉克名单”则紧随其后，在巴格达选区获得了 24 个席位。

总理阿拉维领导的“伊拉克名单”胜出。[①]

不过，由于目前没有任何一个单一阵营获得过半数席位，未来优先组阁权花落谁家仍不明朗。为此，马利基和阿拉维均坚称有权出任新总理，伊出现长达8个月的权力真空，安全形势持续恶化。期间，各方斡旋都归于失败。直到11月10日，各派才终于就权力分配达成一致。根据分权协议，马利基将继续留任新政府总理，总统仍由塔拉巴尼担任，议长则由“伊拉克名单”阵营的逊尼派人士努贾伊菲担任，阿拉维出任拟将成立的在安全上拥有“关键决策权”的“国家战略政策委员会”领导人。[②] 11月11日，伊拉克国民议会第一次会议在中断数月后复会，并选举“伊拉克名单”成员努贾伊菲为新一任议长。[③] 随后，国民议会投票，塔拉巴尼成功连任伊拉克总统。11月25日，塔拉巴尼正式提名马利基为新一届政府总理。

伊拉克国民议会当地时间21日下午表决通过了马利基提交的新一届内阁名单，并批准马利基继续担任政府总理，随后伊拉克新政府集体正式宣誓就职，从而结束了伊拉克长达9个月“无人看管”的局面。[④] 本届新内阁设有42个政府职务，其中包括3名副总理，内阁成员的来源也最大限度地涵盖了逊尼派、什叶派和库尔德人三股主要政治力量。来自什叶派的马利基在连任总理的同时，还暂时兼任国防部长、内政部长和国家安全部长，直到有关各派就正式人选达成一致。12月21日，伊拉克国民议会投票表决，通过当选总理马利基提名的内阁人选，确定由马利基连任总理。这次表决确立了马利基的总理地位，结束了大半年来一直悬而未决的政府真空状态。

尽管伊拉克内外人士对新政府怀有希望，但不可否认的是，重重挑战正摆在伊拉克新政府面前。首先，新政府面临保持自身稳定的问题。这是

① 李潇：“伊拉克大选最终结果被核准”，人民网，http：//world. people. com. cn/GB/1029/42361/11755285. html。

② 李潇：“伊拉克各派就权力分享协议达成一致”，人民网，http：//www. cnr. cn/allnews/201011/t20101112 _ 507308468. html。

③ 徐俨俨、宋聃：“伊拉克国民议会复会选举努贾伊菲为新一任议长”，新华网，http：//news. xinhuanet. com/2010-11/12/c _ 12764736. htm。

④ “伊拉克结束九个月‘无人看管’”，人民网，http：//paper. people. com. cn/rmrb/html/2010-12/23/nw. D110000renmrb _ 20101223 _ 5-03. htm？div=-1。

因为，新政府是由多个派别组成的，这些派别在很多领域都存在利益冲突，难免发生政见分歧，因此新政府很可能因派别发生分歧和相互掣肘以致低效或失灵。随着新政府走马上任，多次在伊拉克境内发动大规模恐怖袭击的"基地"等极端组织将可能有所收敛，伊拉克长达 9 个月"无人看管"的安全局面或将得以改善。但局势能否实质性好转，民众对改善基础设施和服务的要求能否得到满足，还要看新政府能否有效运转。

经过 8 个多月的政治斗争，伊政坛什叶派、逊尼派和库尔德阵营达成"分权协议"，总统、总理、国家战略和安全事务掌门人分属三大派别，三足鼎立之势得以延续，形成制衡。随着长达数月的政治危机得到化解，伊战后的权力分配此消彼长，形成新的政治格局：什叶派仍保持一枝独秀地位，但权力有所压缩；逊尼派战前长期主导政坛，战后经历打压，现又有所恢复；库尔德作为三足之一，地位依然不可动摇。伊政坛的新格局，是各派别相互斗争与妥协的结果，但各派之间根深蒂固的矛盾与分歧依然难以消弥，权力平衡依然脆弱，未来政局动荡难以避免。这种权力分享模式为政局不稳埋下伏笔，教派政治和政局动荡不安恐将长期伴随伊拉克，新政府运作将困难重重。

（四）外部势力竞逐伊拉克，进一步加剧其局势动荡

美军撤离无疑给伊留下极大的权力真空，而这种诱惑又反过来促使国内外各种势力加快填补空白，[①] 从而进一步加剧伊拉克政治与安全局势的动荡。首先，尽管伴随撤军进程，美影响力式微已成趋势，但美不会轻易放弃战后获取的巨大利益，必然会通过各种方式加强对伊拉克的控制力。美始终密切关注伊政治僵局，美高官多次敦促其消除分歧，尽快达成共识。而伊各派最终能达成分权协议，显然也受到了美巨大压力。但此次伊持续数月政治危机业已暴露出美对伊实施有效控制的局限性。未来美在如何实现"伊人治伊"和撤军后继续主控伊拉克之间保持平衡面临艰巨任务。如伊继续陷入政治混乱与动荡不安，不仅影响下一步美从伊撤出计

---

① Sami Moubayed，Heated blame-game in shocked Iraq，Asia Times Online，Aug 25，2009，http：//www.atimes.com/atimes/Middle_East/KH25Ak01.html.

划，也会牵制美在阿富汗—巴基斯坦战略的实施。其次，伊朗、沙特、土耳其以及叙利亚等伊邻国争先在伊寻找“代理人”，力图争夺地盘、扩大影响：（1）伊朗在伊拉克有三大目标：一是大力支持什叶派，改变两伊长期敌对局面；二是以伊拉克为基地，向海湾及中东地区渗透，扩大伊朗及什叶派势力的影响；三是以伊拉克作为要挟、制约美国的工具，迫使美在伊核问题上让步。为此，伊朗积极扶植伊拉克什叶派继续执政，邀请马利基和塔拉巴尼等到德黑兰商讨组阁策略，还通过向“伊拉克伊斯兰最高委员会”、“萨德尔派”等亲伊朗什叶派力量进行资助。（2）沙特在伊有两大目标：一是阻止伊拉克的什叶派化和去阿拉伯化；二是力阻伊朗主导伊拉克。为此，沙特支持阿拉维为首的逊尼派联盟，将阿拉维等所有逊尼派领导人邀到利雅得商谈组阁，唯独未邀请马利基。（3）土耳其在伊主要目标是防止伊北部库尔德人独立及消除影响土库尔德人分裂倾向的因素。土倾向于阿拉维组阁，并与阿拉维联盟内反对库尔德分裂主义的阿拉伯民族主义者建立了密切关系。（4）叙利亚也想发挥其影响力。伊拉克与叙利亚一样曾是阿拉伯社会复兴党执政。伊战后，伊复兴党大批高中层官员流亡叙利亚。叙欲借此扶植伊亲叙势力，力挺受逊尼派支持的阿拉维，反对马连任。叙还邀阿拉维和萨德尔在大马士革会晤。[①]

三、伊核问题再起波澜，长期僵局仍无突破

2010年以来，伊朗核问题持续升温，各方围绕核问题的斗争愈演愈烈。5月，伊朗与巴西、土耳其就核燃料交换问题达成协议，但西方国家对此并不理睬，制裁大棒接二连三。6月，联合国安理会通过决议，对伊朗实施自2006年以来的第四轮制裁。美国和欧盟随后宣布对伊朗实施单边制裁。然而，伊朗并不屈服于制裁压力，坚持铀浓缩计划，并于11月底宣布已生产出35公斤纯度为20％的浓缩铀。虽然坚持铀浓缩计划，但伊朗并没有关闭与西方的对话大门。12月6日至7日，伊朗与六国代表在日内瓦就核问题重启谈判，但由于分歧严重，会谈未能取得任何实质性成果。

① 唐志超：“2010年伊拉克有惊无险，动荡难止”，中国网，http：//www.china.com.cn/international/txt/2010-12/23/content_21606023.htm。

(一) 伊核问题持续升温，外交角力针锋相对

新年伊始，伊朗就给西方国家一个下马威，使2009年相对平静的伊核问题再次升温。1月2日，伊朗外长穆塔声称，伊朗已向西方国家发出“最后通牒”，要求它们在一个月内接受伊朗的核燃料交换提议，[①] 否则伊朗将生产纯度较高的浓缩铀。两天之后，美国国务卿希拉里·克林顿表示，美国正和其他国家协商，准备对伊朗实施制裁，但双方对话的大门仍然敞开。欧盟多个成员国的领导人也警告说，如果伊朗固执己见，欧盟将支持对它采取新一轮制裁措施。对于西方国家可能发动的新一轮经济制裁，伊朗政府多次表示“不惧怕”。尽管制裁会阻碍伊朗经济发展，但伊朗绝不会以牺牲核权利为代价而委曲求全。[②] 2月9日，伊朗原子能机构主席阿里·阿克巴尔·萨利希声称，伊朗已在纳坦兹核工厂开始提炼纯度为20%的浓缩铀。[③] 2月11日，在庆祝1979年霍梅尼领导的“伊斯兰革命”胜利31周年的集会上，伊朗总统内贾德宣布伊朗现在已经是“核国家”，

---

① 近年来，国际社会对伊朗已经生产出的1200公斤低纯度浓缩铀很不放心，因为伊朗仍在致力于提高自己的铀浓缩水平。为此，时任国际原子能机构总干事的巴拉迪在2009年10月下旬提议：伊朗在年底前一次性把1200公斤低纯度浓缩铀运往俄罗斯，由俄罗斯将其提炼至20%左右，然后再由法国将其生产成伊朗所需的核燃料棒。美国、俄罗斯和法国表示支持这一方案。然而，伊朗断然拒绝该方案，并很快提出反方案：伊朗在交出低纯度浓缩铀的同时，西方国家就要提供20%纯度的浓缩铀，而且双方必须在伊朗国内分批进行交换。在双方缺乏互信的情况下，有关这一方案的协商很快陷入僵局。2009年12月10日，美国、法国和英国常驻联合国的代表再次警告伊朗不要继续违反联合国决议，否则将考虑对伊朗实行进一步的制裁。美国白宫还指出，2009年底是伊朗接受国际原子能机构核燃料交换提议的最后期限。如果伊朗拒绝接受，美国将考虑对伊朗的保险业、银行业和金融业实施新一轮制裁，伊朗革命卫队也将成为制裁的目标。

② “伊核：两个‘最后期限’的较量”，新华网，http://news.xinhuanet.com/world/2010-01/05/content_12758923.htm。

③ 从理论上来讲，20%是民用浓缩铀的纯度极限，也是铀浓缩的一个临界点。如果伊朗具备提炼20%纯度浓缩铀的技术，就可以制造核反应堆，那么在理论上，它就有能力在较短时间内提炼出纯度更高甚至纯度为90%的武器级浓缩铀。因此，西方国家立即将伊朗的这一行动视为其继续向核国家迈进的重要标志，并激起其更强硬的反应。

其纳坦兹核工厂已生产出了第一批20%的高纯度浓缩铀，但再次否认伊朗寻求发展核武器。[①] 2月16日，内贾德在记者会上宣布，伊朗新一代离心机的试验也进入最后阶段，新一代离心机的安装将使伊朗浓缩铀的产量增加5倍。内贾德还声称，伊朗与有关各方就核燃料交换的谈判并未结束，但交换必须在国际原子能机构的监督下同步进行。在通过交换获得核燃料后，伊朗将暂停生产20%纯度的浓缩铀。如果有关国家通过制裁向伊朗施压，伊朗的反应将令它们后悔。[②] 2月19日，国际原子能机构在一份报告中指责伊朗正在秘密研发核弹头，而且没有按照联合国安理会的要求中止铀浓缩活动或与重水有关的计划。对于这份报告，伊朗驻IAEA代表苏丹尼耶回应说，有关担忧"缺乏依据"，因为该报告中并"没有包含新信息"，是在一些老问题上加上"新调子"。然而，法国对伊朗研制核弹头的说法立即做出反应。外交部发言人贝尔纳·瓦莱罗说，该报告充分说明国际社会对伊朗核问题现状的严重担忧，也说明各方必须下定决心"立即采取行动"，以应对伊方拒不合作的态度。[③]

随着伊核问题的持续升温，伊朗与以美国为首的西方国家之间的外交角力不断加剧。3月12日，美国总统奥巴马致信国会称，伊朗对美国的安全与利益依然构成严重威胁，为此美国对伊朗的制裁将延长一年。次日，伊朗总统内贾德回应称，通过制裁阻碍伊朗发展是一种"幼稚的思维"，也是一个"巨大的错误"。不过，伊朗也稍微显示出了一点灵活性。伊朗原子能组织主席萨利希表示，愿意在境内一次性以1200公斤纯度3.5%浓缩铀交换120公斤纯度20%的浓缩铀。而此前，伊朗一直拒绝一次性交换方案。这似乎是在试探西方国家的反应，但看来并无效果。3月17日，英国首相布朗警告说，伊朗必须同意更严格的联合国监管，否则就将面临"进一步更加严厉的制裁"。

不过，伊核问题在今年5月也曾出现过积极的进展。在土耳其、巴西

① "内贾德称伊朗已是'核国家'，但无意生产核武"，中国新闻网，http://www.chinanews.com/gj/gj-zd/news/2010/02-12/2123086.shtml。

② 罗来安："内贾德称伊朗将在近期开始安装新一代离心机"，国际在线，http://gb.cri.cn/27824/2010/02/17/2625s2759359.htm。

③ 顾玉清、牟宗琮、张光政："IAEA报告指责伊朗研发核弹头"，人民网，http://military.people.com.cn/GB/42967/10990651.html。

的斡旋下，伊朗与土耳其、巴西三国在伊朗首都德黑兰达成核燃料交换协议。根据协议，伊朗政府同意把其拥有的约 1200 公斤纯度为 3.5%的浓缩铀运往土耳其，用以交换纯度为 20%的浓缩铀，用于德黑兰医学研究。不过，伊朗同意把低浓缩铀送到境外进行交换是有条件的：核燃料交换要同时进行，即伊朗把浓缩铀送到土耳其，土耳其等国必须保证伊朗得到用于科研的相关核燃料，而且交换要同时进行。[①] 其实，伊朗之所以同意在土耳其进行核燃料交换，是希望阻止美国对其进行新制裁的步伐。但遗憾的是，这份协议因美欧国家的反对而未能生效，西方国家对伊朗的新一轮制裁已是箭在弦上。

（二）西方掀起新一轮制裁，伊核僵局泥足深陷

6 月 10 日，联合国安理会就伊朗核问题通过决议，决定对伊朗实行自 2006 年以来的第四轮制裁。根据决议，主要制裁措施包括禁止伊朗在国外参与核领域的投资活动；禁止各国向伊朗出口坦克、战斗机和军舰等重型武器装备；禁止伊朗进行任何与可运载核武器弹道导弹有关的活动；加强在港口和公海对涉嫌运送违禁品货船的检查措施；禁止各国与伊朗进行与核活动有关的金融交易，同时禁止伊朗在国外开设可能会被用于资助其核活动的独资或合资金融机构。[②] 随后，美国于 6 月 16 日宣布单方面对伊朗采取进一步制裁措施，宣布对伊朗邮政银行、伊朗伊斯兰革命卫队相关实体及个人、伊朗伊斯兰共和国船运公司相关实体等实施制裁。[③] 7 月 26 日，欧盟 27 国外长在布鲁塞尔举行的外长会议上通过了对伊朗的新制裁措施。新的制裁措施包括：禁止对伊朗的天然气和石油工业进行新的投资、提供技术帮助及技术、设备和服务转让；限制伊朗海运及空运公司的运营；冻结更多伊朗银行账户及保险业交易等。欧盟现在宣布单方面对伊朗采取新

① 安国章：“伊朗同意在土耳其交换核燃料”，人民网，http：//world. people. com. cn/GB/11608602. html。

② 席来旺、吴云、牟宗琮：“安理会决议草案要求进一步制裁伊朗”，人民网，http：//world. people. com. cn/GB/1029/42361/11643461. html。

③ 冉维：“奥巴马签署‘史上最严厉’的制裁伊朗法案”，新华网，http：//news. xinhuanet. com/2010-07/02/c _ 12290083. htm。

制裁措施，旨在进一步向伊朗施加压力，以迫使伊朗恢复核谈判。①

除了欧美出台单边制裁措施外，在美国游说下，澳大利亚、加拿大、日本和韩国等国也相继出台了对伊单边制裁措施。8月3日，日本政府决定根据联合国安理会的有关决议，对伊朗追加制裁措施。措施包括：冻结伊朗革命卫队等40个团体和个人资产；原则上禁止伊朗企业对日本核技术相关企业投资；防止向伊朗转移或供应与大型常规武器有关的资金等。9月3日，日本政府召开内阁会议，决定追加对伊朗制裁措施，以进一步对伊朗施压。追加制裁措施包括：冻结涉嫌参与核开发的伊朗88个团体、15个金融机构和24名个人的资产；要求日本金融机构不与伊朗金融机构签订有关汇款和结算等的新合同；不准伊朗金融机构在日本开设分行和子公司等。此外，韩国政府也于9月8日宣布了由外交通商部、企划财政部、金融监督院等有关部门共同制订的对伊朗制裁方案，涉及金融、贸易、运输、能源等多领域。方案将涉嫌参与核开发的伊朗102个团体、24名个人列为追加制裁对象，禁止与其进行金融交易，并禁止其入境。特别是其中涉嫌参与大规模杀伤性武器扩散的伊朗国民银行首尔分行将被暂停营业6个月。韩国政府还禁止与核武器、生化武器、常规武器等有关的具有双重用途的战略物资对伊出口；加强对有关船只、飞机等运输货物的检查，并禁止对其进行燃料补给等援助；禁止本国企业对伊朗天然气、石油等能源领域的投资和技术输出等。②

（三）美伊关系日趋紧张，双方军事动作频频

首先，美国采取双轨战略，加强对伊军事部署与威慑。美国（包括欧盟）在伊朗核问题上一直采取双轨战略，即接触与施压并举。然而，自2010年以来，与伊朗长达数月的外交周旋毫无进展之后，美方双轨战略已向施压倾斜。年内，美国加紧针对伊朗进行军事部署，并不时做出威慑之

① 任奇：“欧盟通过对伊朗的单边制裁，新制裁明日生效”，中国日报网站，http：//www.tianjinwe.com/rollnews/gj/201007/t20100726_1325627.html。

② 唐志超：“2010伊朗核问题长陷僵局，一抹亮色”，中国网，http：//www.china.com.cn/international/txt/2010-12/30/content_21647752.htm。

举。第一，美国将在海湾四国部署导弹防御系统[①]，力图构筑一个环海湾地区的导弹防御网，以防备来自伊朗的导弹威胁。美国在海湾地区构筑导弹防御体系既可以对伊朗形成先发制人的军事威慑，也可以增强海湾国家的安全感，还可以防止以色列未经美国允许就对伊朗的核设施和导弹设施实施军事打击。第二，美军首次针对伊朗进行反导试验。1月31日，美军首次以伊朗为假想敌，从马绍尔群岛夸贾林环礁发射一枚目标导弹，6分钟后从加利福尼亚范登堡空军基地发射陆基拦截器，模拟应对来自伊朗的导弹袭击。这是美国第一次以伊朗为假想敌进行导弹防御试验，体现出美国对伊朗通盘政策中的重大变化，因而倍受关注。[②] 第三，美军向迪戈加西亚岛[③]调运重型钻地弹。据悉，美军已将387枚BLU-110和BLU-117型重型钻地弹调往印度洋上的迪戈加西亚岛。这两种被称为“掩体粉碎机”的智能炸弹专门用于摧毁坚固的地下建筑，而其作战目标可能就是伊朗的地下核设施。这些部署意味着美军基本完成对伊朗的军事合围。不过，军事部署的完成并不意味着美国一定很快会对伊朗开战。美国现在尚无开战的法理基础，因为伊朗仍然不是一个核国家，20%纯度的浓缩铀也不是武器级核材料。而且，德国等欧盟国家仍然坚持外交施压和制裁的作用，希望通过谈判而非武力来解决伊核问题。更重要的是，美国还必须认真考虑军事打击给本国以及地区安全形势带来的破坏性后果。综合分析可以看出，美国下一阶段仍将采取外交斗争与军事准备并重的双轨战略。

其次，伊朗以各种方式展示军事实力，力争缓解来自国际社会越来越大的压力。就军事实力而言，伊朗与美国相差悬殊，特别是防空力量比较薄弱，但2010年以来，伊朗仍通过各种方式展示自己的“肌肉”，警告美国不要贸然动武。一方面，伊朗军方不断向外界展示先进的武器装备。2月3日，伊朗成功地利用自制火箭发射了首颗自制卫星，并宣布启动为期

① 温宪、牟宗琮、席来旺、吴云：“美军中央司令部称，将在海湾4国部署导弹防御系统”，人民网 http：//military. people. com. cn/GB/42967/10927509. html。

② 同上。

③ 迪戈加西亚岛的战略地位十分重要，是美军在印度洋上的唯一基地。1991年的海湾战争、2001年的阿富汗战争和2003年的伊拉克战争，美军飞机都曾从此岛起飞执行作战任务，因此它也被人称为“美国战争风向标”。

12年的载人航天计划。[①] 3月9日，伊朗海军通过国产的“贾马兰”号驱逐舰成功发射一枚“努尔”舰对地导弹。另外，伊朗海军计划在未来两年内再增加一艘国产驱逐舰。4月11日，伊朗国防部长瓦希迪说，伊朗首个自行研制的防空导弹系统已经准备投入使用。这种名为“埋伏”的防空导弹使用了先进的雷达信号处理技术，可以摧毁在中低空飞行的现代化飞机，特别适用于电子战争。[②] 8月22日，伊朗选在“国防工业日”当天公开展示其自主研发的第一架远程无人驾驶轰炸机。据称，这架名为“卡拉尔”的无人机能携带军事载荷执行对地面目标的轰炸任务，还能高速进行1000公里的远距离飞行。[③] 另一方面，伊朗武装力量还频频举行军演，展现军事实力。4月22—26日，伊朗革命卫队在有“世界石油咽喉”之称的霍尔木兹海峡进行“伟大先知—5”联合军事演习。革命卫队不仅出动300余艘军舰参与演习，还密集发射新式导弹，亮出“导弹密集阵”来回击欧美等国家的制裁威胁。[④] 两周后，伊朗海军开始在波斯湾和阿曼湾开展为期八天的海军演习活动，参演部队将包括潜艇和空中力量，意在展示伊朗海军的防卫能力。[⑤] 7月31日，伊朗空军举行为期一周的大规模军事演习，以提高空军部队的战斗力。[⑥] 11月16日，伊朗有史以来最大规模的一次防空演习开始在全国范围内举行，主要目的在于检验伊朗空中防御体系的威慑能力，为伊朗各地的核设施提供充分保护。[⑦]

---

① 梁有昶、车玲：“伊朗成功试射一枚自制卫星运载火箭”，新华网，http://news.xinhuanet.com/world/2010-02/03/content_12926001.htm。

② 牟宗琮：“伊军方表示自制防空导弹将交付使用”，人民网，http://news.china.com.cn/rollnews/2010-04/12/content_1542564.htm。

③ “伊朗‘亮剑’既是警告，也是为谈判加码”，人民网，http://world.people.com.cn/GB/12525717.html。

④ 罗山爱：“伊朗欲用‘导弹密集阵’封锁霍尔木兹海峡”，《新京报》，2010年4月28日，http://www.cnr.cn/allnews/201004/t20100428_506349616.html。

⑤ 高轶军：“伊朗海军半月内两度大演习”，人民网，http://world.people.com.cn/GB/1029/42361/11518106.html。

⑥ 安国章：“伊朗空军开始进行大规模军事演习”，人民网，http://www.0375xx.cn/news/d/list-2.html。

⑦ 牟宗琮：“伊朗最大规模军演检验防空威慑力”，人民网，http://military.people.com.cn/GB/13257961.html。

（三）伊核谈判日内瓦重启，发展前景难言乐观

为了缓解愈演愈烈的紧张局势，欧盟外交与安全政策高级代表阿什顿11月16日提议就伊朗核问题举行新一轮谈判。第二天，伊朗总统内贾德就对于阿什顿的提议做出了积极的回应，表示伊朗已准备好与国际社会重启核谈判，但强调伊朗绝不会屈服于压力，新一轮谈判必须在公平和尊重的基础上进行。在当时的形势下，美欧与伊朗之所以愿意坐下来谈判，归纳起来主要有三个因素：[①] 一是美国和欧盟迫切希望恢复谈判，尽快解决伊浓缩铀问题。奥巴马上台后虽然确立了针对伊朗的接触与对话政策，但是效果一直不理想，且日益面临来自内外要求对伊朗采取更强硬政策的压力，内部有共和党以及亲以犹太院外集体，在外有盟友以色列。虽然奥巴马政府推动安理会通过2006年以来的第四个制裁伊朗决议，但奥巴马对伊政策路线并非根本调整，仍希望接触与对话，只是更多使用制裁手段来压迫伊朗“低头”而已。二是伊朗也有复谈需求。第四个制裁决议通过后，内贾德政府面临来自多方面的压力，在内部，反对派借机加强对内贾德的批评，经济上面临严重困难，美方预测制裁已使伊朗损失500亿—600亿美元；在外部，制裁使伊朗日益孤立，且越来越多国家和公司在美压力下开始对伊投资和贸易进行单方面限制。因此，用美国防部长盖茨的话说，伊朗已经“感到了疼痛”。伊朗希望通过谈判来缓解困境，并力图解除制裁。三是中国、俄罗斯以及土耳其、巴西等国积极促谈，劝和的努力发挥了重要作用。就在日内瓦会谈前，中国政府还派外交部副部长访问伊朗，就复谈做伊方工作。

12月6日，伊朗与六国（美、俄、中、英、法、德）就伊核问题在瑞士日内瓦举行两天的闭门会谈。这是时隔14个月后，各方首度重启伊核问题谈判。会谈结束后，伊朗首席核谈判代表贾利利和欧盟负责外交与安全政策的高级代表凯瑟琳·阿什顿宣布，谈判各方将于2011年1月底在土耳

---

① 唐志超：“2010伊朗核问题长陷僵局，一抹亮色”，中国网，http：//www.china.com.cn/international/txt/2010-12/30/content_21647752.htm。

其城市伊斯坦布尔举行下一轮会谈。① 虽然本次会议未取得实质性成果，但会议确定将继续进行会谈，这对伊核打破僵局具有积极意义。具体而言，本次会议主要有三个方面的成果：一是在一定程度上打破了伊核僵局，恢复了中断14个月的伊核谈判；二是有关各方围绕伊核等诸多广泛议题交换了看法，各自提出了建设性的意见，为下一轮会谈奠定了基础；三是各方尽管存在严重分歧，但愿意继续保持对话。这可以说是本次会谈取得的最大成果。

在各方的努力下，伊核问题谈判虽然得以重新启动，但前景并不乐观。展望2011年，由于立场相去太远，双方不太可能形成一个能够彻底解决该问题且令双方都满意的方案，因而，通过谈判解决伊核问题将异常艰难。倘若未达成协议，伊核谈判再次陷入僵局，那么伊核问题今后的发展将更趋严峻。谈判努力失败后，美国政府可能会对伊朗采取新一轮的严厉制裁，并进一步加强对伊军事部署。由于核武器的巨大诱惑力，伊朗决不甘心弃核，而且今后将继续向核门槛逼近的可能性较大。当伊朗到达核门槛时，伊朗核问题发展及中东局势将进入一个真正的危机时刻。

四、也门安全形势持续恶化，恐怖活动日益猖獗

2010年，也门安全局势不断恶化，成为中东地区的焦点之一。2010年以来，设在也门的“阿拉伯半岛基地组织”不断扩充实力，频繁制造绑架和汽车炸弹袭击等暴力事件，尤其是2010年10月以来，针对美欧的邮包炸弹事件更是让西方国家感到恐怖袭击的阴霾并未远去。此外，也门内部反政府武装和分裂势力也异常活跃。年内，虽然也门政府与胡塞武装签署了停火协议，但由于缺乏互信，双方难以实现真正的和解。

---

① 何光海、杜源江：“伊朗呼吁六国应为谈判营造‘建设性’氛围”，新华网，http：//news. xinhuanet. com/2010-12/08/c _ 12858581. htm。

(一) 也门安全形势不断恶化，多重危机相互交织

近年来，也门安全形势不断恶化，既有外部因素，也有内部因素，但其国内日趋恶化的政治、经济和社会矛盾才是危机爆发的主要根源。目前，也门正处于矛盾爆发期，多重危机并发，且相互交织，短期内难以缓解，且有进一步恶化趋势。[①]

一是也门国内局势十分动荡，反政府与分裂势力猖獗。自 20 世纪 60 年代以来，也门一直处于分裂和内战之中，直到 1990 年北、南也门才宣布统一，成立也门共和国。1994 年，也门北南领导人在统一等问题上矛盾激化，爆发旷日持久的内战。目前，也门主要有三支反政府武装，即北部萨达省和阿姆朗省什叶派胡塞反政府武装[②]、南部反政府分裂主义武装[③]以及中部和东部"基地"组织。眼下，也门政府军必须同时与这三支反政府武装交战。在北部，自 2004 年以来，由胡塞家族领导的什叶派反政府武装在萨达省一直发动叛乱。过去六年里，政府军与叛乱武装曾发生 6 次大规模冲突，造成数十万人流离失所。2010 年 2 月在卡塔尔斡旋下，也门政府与胡塞叛乱武装达成停火协议，但协议屡遭违反，冲突依然不断。在南部，近年来原属南也门的南部省份分裂运动愈闹愈凶，且呈暴力化趋势。此外，也门的"基地"组织活动日趋活跃，频繁发动恐怖袭击。由于三支反政府武装都十分强大，也门政府根本没有能力集中力量反恐。

二是也门中央政府孱弱腐败，对国家控制能力不强。现任总统萨利赫

---

① 唐志超："2010 也门安全形势恶化，多种危机交织"，中国网，http://news.163.com/10/1223/21/6OKC4P5400014JB6_2.html。

② 在也门，什叶派的宰德教派和逊尼派的沙裴仪教派各占 50%，而也门北部萨亚达省的什叶派武装胡塞叛军，主张建立什叶派神权国家，这与萨利赫政府的执政理念严重冲突，因而双方频频发生冲突。但由于胡塞反政府武装得到伊朗的大力支持，也门也成为伊朗精心构筑的从伊拉克到也门，再到黎巴嫩的"什叶派新月地带"的重要一环。也门政府军则得到逊尼派背景的沙特的大力支持。由此使也门成为中东什叶派与逊尼派角力的重要战场和斗争前沿。

③ 也门南部的分离主义十分严重。虽然也门 1990 年实现南北统一，但 1994 年 5 月双方领导人矛盾激化，爆发内战。南方战败，领导人逃亡国外，但南部分离主义运动一直延续至今。

已在位 30 年，2013 年总统任期将届满。虽然也门得以维系统一，与萨利赫有很大关系，但作为一代政治强人，他终有一天要退出舞台，其后也门走向何方存在很大不确定性。随着萨利赫的政治影响力日益减弱，虚弱无力、腐败盛行的也门政府面临日益严重的重重危机，其中包括总统继承人问题。更令人担忧的是，由于北部的教派叛乱，南部的分离主义，加上部族势力强大，也门 2/3 的地区掌握在分离组织或地方部落手中，中央政府对疆域缺乏足够的控制能力，甚至“中央政府政令几乎出不了首都萨那”。[①]

三是国家经济社会发展落后，矛盾尖锐突出。也门是中东最贫穷的国家，也是世界上最不发达的国家之一。经济上，也门主要倚赖石油，石油约占出口额的 90%。然而，作为经济支柱的石油产量不断下降，已从 2001 年 440 万桶/日下降到 2010 年 260 万桶/日。[②]据世界银行指出，其石油储备日趋减少，并可能在 2017 年消耗殆尽。[③] 而且，该国水资源严重不足，面临枯竭威胁，甚至出现了武装押运水车的现象。此外，也门社会发展落后，面临一大堆社会问题，如极度贫困、人口激增、失业严重。也门境内还有数十万难民，其中内战造成 25 万人流离失所，另有近 20 万索马里难民，已成为社会动荡不安的重要因素。

四是恶劣环境成为极端思想温床，恐怖主义滋生蔓延。“基地”组织力量能够在也门迅速渗透和积聚，主要还是因为也门存在恐怖主义势力滋生与蔓延的气候与土壤。首先，由于贫穷落后，当地民众对外界事务知之甚少，因而将伊斯兰教视为最完美、最崇高的精神追求，其虔诚程度比沙特、伊朗等国的穆斯林更甚。而且，也门地下宗教学校[④]活动影响极大。这些学校打着中学的名号招收适龄青年，实际上是传播极端宗教思想，发展恐怖主义力量。其次，“基地”组织在也门的力量渗透还得益于也门经

---

① 田文林：“也门反恐，美国欲一箭双雕?”，新浪网，http://blog.sina.com.cn/s/blog_60142d230100hc8u.html。

② *Yemen Energy Data*, *Statistics and Analysis-Oil*, *Gas*, *Electricity*, *Coal*, US Energy Information Administration, http://www.eia.doe.gov/cabs/Yemen/Oil.html.

③ “《时代》：也门成极端武装新温床，美国最脆弱的盟国”，中国网，http://www.china.com.cn/news/txt/2010-01/11/content_19216748.htm。

④ 据统计，也门全国有近 4000 所地下宗教学校，在校生达 30 万。

济的落后以及国内安全形势的脆弱，以及政府对一些偏远地区控制力的不足。在也门一些偏远农村地区，“基地”组织还通过经济诱惑或在秘密属于“基地”组织的企业安排就业等方式吸引年轻人。也门人口众多，现仍呈“爆炸式”增长，再加上贫穷的因素，促使很多也门年轻人被恐怖组织吸收和利用。此外，也门境内多山地高原，沙漠遍布，交通不便，有着数千公里漫长而缺乏监管的边境线和海岸线，这为恐怖分子的活动提供了得天独厚的环境。也门与沙特1800多公里的边界线一直是恐怖分子流窜和武器走私的主要通道。也门还与索马里、吉布提、厄立特里亚、埃塞俄比亚隔海相望，海岸线达1900公里。这一带海域不仅海盗活动猖獗，还有大量难民非法偷渡到也门。从外部环境看，美国与西方国家在阿富汗和巴基斯坦的反恐行动，也迫使一些“基地”组织成员潜逃到也门。

（二）也门反恐形势日益严峻，改变地区及全球反恐态势

也门的“基地”组织是从2009年初开始逐渐发展起来的。“基地”组织在受到挤压、从伊拉克和阿富汗转移以后，其活跃分子在也门首都萨那以东的山区得以重新集结，并与“基地”的沙特分支融合。2009年1月，“基地”组织宣布将其沙特和也门两个分支机构合并，形成了“阿拉伯半岛基地组织”。该组织由纳赛尔·阿布德尔—卡里姆·瓦西什和赛义德·阿里·谢赫里领导，其中后者曾被关押在关塔那摩监狱，并于2007年获释。“阿拉伯半岛基地组织”可能有200名核心成员，并受到数以千计的当地人支持。[①] 而据也门政府估计，目前约有1200名“基地”组织成员藏匿于也门境内。[②] 反恐专家担心，随着“基地”组织在也门站稳脚跟，该组织就能够与来自索马里的红海海盗勾结起来，并最终将势力延伸至苏伊士运河，或者在沙特和其他海湾国家发动袭击。也门反恐形势的不断恶化，不仅将对也门和中东地区稳定造成严重威胁，还将改变中东地区及全球的反恐态势：一是加剧也门内部动荡，对其安全与稳定构成严峻挑战。2010

---

① “《时代》：也门成极端武装新温床，美国最脆弱的盟国”，中国网，http://www.china.com.cn/news/txt/2010-01/11/content_19216748.htm。

② “也门反恐局势渐成焦点”，人民网，http://news.163.com/10/0104/12/5S6E6IGL000120GU.html。

年，“基地”分支活动基本集中在也门分裂主义势力较为活跃的地区。特别是今夏以来，盘踞在也门境内的“基地”组织分支机构明显加大了活动力度，频繁于阿比洋、拉哈吉、舍卜瓦、达利阿等省份发动针对政府军及安全部门的袭击。8月，也门政府军与“基地”组织武装分子在南部阿比洋省鲁达尔区发生激烈交火，造成至少15名士兵和3名“基地”组织武装分子死亡。[①]“基地”组织分支在也门境内的大部分活动之所以都集中在当地分裂主义势力较为活跃的省份和地区，其主要目的是通过恶性袭击事件削弱也门政府的公信力，煽动当地分裂情绪高涨，从而为“基地”组织分支力量在以上地区的驻扎和扩张培育土壤。另外，从袭击行动的细节来看，也不排除“基地”组织分支已同当地分裂武装建立密切联系与合作的可能。二是影响地区稳定，威胁沙特等海湾国家安全。近年来，随着沙特政府反恐力度的加大，很多来自沙特的恐怖分子残余势力及“基地”组织支持者在遭到打击后转移至邻国也门，被迫收缩至沙特南部与也门接壤的吉赞山区，那里地形复杂，易守难攻。因此，沙特自2009年11月开始在南部与也门接壤的边境地区开始军事行动，以阻止在边境地带活动的“基地”组织成员向其境内渗透。随着也门反恐形势的不断恶化，沙特等海湾国家忧心忡忡，担心也门会演变为下一个阿富汗或巴基斯坦。三是由于索马里和也门在地理上距离不远，也门“基地”组织可能与索马里海盗勾结，扩大亚丁湾和红海航道安全威胁，最终将势力延伸至苏伊士运河。如2010年2月，阿拉伯半岛基地分支二号头目赛义德·谢赫里威胁要控制曼德海峡。[②] 此外，来自索马里的武装分子也对也门境内多省“虎视眈眈”。也门安全机构情报显示，在过去一年的时间里，有上百名索马里反政府武装分子从海路进入了也门南方各省，参与到了针对也门政府和西方国家驻也门机构的袭击行动中。四是催生新的地区恐怖策源地，改变全球反恐形势。从发展势头看，“阿拉伯半岛基地组织”大有超过南亚“基地”总部，成为国际最大的“恐怖策源地”之势。近年来，该组织频频发出恐怖威

① 温宪、李潇：“美国欲在也门出重拳反恐”，人民网，http：//world. people. com. cn/GB/12556520. html。

② 安国章：“‘基地’组织威胁要控制曼德海峡”，人民网，http：//world. people. com. cn/GB/10956888. html。

胁，制造恐怖事件。如去年美国圣诞节炸机未遂事件[①]以及今年10月以来引发全球恐慌的邮包炸弹事件，[②] 其幕后推手都是盘踞在也门的“阿拉伯半岛基地组织”。美国国务卿希拉里曾表示，“基地”组织势力正在试图将也门变成该组织在全球范围内发动恐怖袭击的基地，也门境内的“基地”组织势力已对地区和全球的稳定构成严重威胁。[③]

（三）也门加强与美反恐合作，努力提升反恐能力

2009年圣诞节美国航空公司遭遇的未遂炸机事件，给美国敲响了警钟。在2010年首次的周六例行广播电视讲话中，美国总统奥巴马表示，他充分认识到美国“在与一个充满暴力和仇恨的广泛组织进行战争”，声称“基地”组织已经不是第一次从阿拉伯半岛发起对美国及其盟友的攻击。因此，他将与也门政府加强合作打击“基地”组织作为首要任务。[④] 为此，奥巴马政府调整了与也门关系，提升也门反恐地位，加大了对也门的投

---

① 2009年12月25日，一名23岁的尼日利亚籍男子乘坐美国达美航空公司的航班，在降落前20分钟企图点燃随身携带的自制爆炸装置，但未获成功。事件发生后，“阿拉伯半岛基地组织”通过互联网发表声明，称他们策划了此次袭击事件。据美国掌握的情报显示，这一组织的总部设在也门，由拉登的前任私人助理担任主要领导者。

② 2010年全球发生的主要邮包炸弹事件有：10月28日，英国和阿拉伯联合酋长国在两架中转飞往美国的货机上，发现来自也门的两个可疑邮包。包裹内设有爆炸装置。设在也门的“基地”组织阿拉伯半岛分支随后发表声明承认邮件炸弹事件是其所为。11月1日，希腊警方截获了分别寄往墨西哥、比利时和荷兰等国驻希腊使馆以及法国总统萨科齐的邮件炸弹，其中一枚爆炸，造成一名邮局工作人员受伤。11月2日，希腊警方发现了分别寄往瑞士、俄罗斯、智利、保加利亚、德国和巴拿马等国驻希腊使馆以及希腊前总理西米蒂斯的邮件炸弹，其中两枚爆炸，没有造成人员伤亡。此外，希腊警方还在雅典国际机场发现了一批数量不明的可疑包裹，其中两个被警方引爆的包裹分别是送往荷兰欧洲刑警组织以及卢森堡的欧洲法院的。11月2日，德国总理府收到一个来自希腊的邮件炸弹。警方对此进行了处理，没有人受伤。11月3日，哥伦比亚中部城市比亚维森西奥的一个机场仓库发生邮件爆炸事件，造成严重物质损失，但未造成人员伤亡。邮件是从邻近的卡格达省的米拉弗洛雷斯市托运上飞机的。

③ 蒋国鹏、王丰丰：“希拉里称也门境内‘基地’组织势力对全球稳定构成威胁”，新华网，http：//news.xinhuanet.com/world/2010-01/05/content_12754534.htm。

④ “也门反恐局势渐成焦点”，人民网，http：//news.163.com/10/0104/12/5S6E6IGL000120GU.html。

入。奥巴马强调美将加强与也门政府的合作，为也安全部队提供培训和装备，分享情报，共同打击“基地”组织。对于美方反恐合作要求，也门总统萨利赫及外交部官员也在不同场合反复强调，也门欢迎美国及其他国家在训练、情报和后勤援助方面的援助措施，但不会接受外国军队进入也门直接开展反恐工作。概括起来，美国主要在以下方面与也门开展反恐合作：一是提升与也门反恐机构合作，加大针对“基地”组织的打击力度。目前，美在也门积极推行新反恐模式，即“以也门为主、美国为辅”。美强调对也支持以提供情报和训练反恐部队为主，强调打“秘密战”、“影子战争”，如派遣特种部队和无人机秘密开展联合反恐军事行动，但不会向也门派兵。总统国土安全及反恐事务顾问布伦南表示，美没有向也门派兵计划，不打算开辟新反恐战线。二是改善美国对也门的情报搜集，加强反恐情报合作。目前，美国和也门已开始共享对也门境内“基地”组织阿拉伯半岛分支活动的监控等情报。此外，美中情局与也门还有一些秘密合作。三是加大对也门反恐事务的援助力度。据统计，也门方面在2009年内共收到来自美国6700万美元的反恐援助，其中尚不包括美中情局与也门方面的一些秘密合作项目。而在2010年内，美方对也门反恐事务的公开援助将至少保持在7000万美元以上，这些款项将主要用于为也门军方、内政部和海岸警卫队提供训练和装备。四是增加发展援助，推动也门政治、经济改革，以铲除恐怖根源。过去几年，美对也门援助年均为2000万—2500万美元左右，而2010年则增至5840万美元。另外，美军方还提供了1.5亿美元的培训和装备。2011年财政年度，美对也门援助计划为1.06亿美元。五是积极动员国际力量支持也门反恐，与英国联合推动成立“也门之友”。英国除主动举办伦敦也门问题国际会议外，还向也门提供1亿英镑的发展援助，并提供反恐情报、安全培训。此外，英国还承诺与美国共同出资，帮助也门建立一支专门的反恐警察部队。

不过，理想与现实总是存在巨大差距。就目前来看，美国要想在也门开启反恐新战场，并非那么容易。一是美国与也门虽然在反恐事务上有密切合作，但两国在具体的反恐战略上仍有很大差异。如在对“基地”组织的态度上，美国是坚决将其视为不可谈判、不可妥协的敌人；而也门虽然将“基地”组织的行动方式非法化，但仍认为“基地”组织是有信仰的，目标可能是合法的、合理的。这使得也门政府在打击“基地”等极端组织时，并不放弃与这些组织之间的谈判与协商。在美国看来，这种反恐怖战略其实是在纵容恐怖分子的行为，也门政府的反恐诚意值得怀疑。二是也门政府当前最紧要的问题是防止分裂和打击反政府武装，而非反恐。因此，也门政府反恐积极性不高，明确拒绝外界军事介入。而没有当地政府的积极配合和邀请，美军很难进驻当地，实现预期目的。况且，美国借反恐加大军事存在力度，必然使很多中东国家担心美国借机控制中东、谋求霸权，因此轻易不愿美军涉足地区反恐事务。三是美高调介入也门反恐，也可能刺激也门及穆斯林世界反美情绪，从而促使更多极端分子涌向也门参加圣战，并影响奥巴马推动的美与伊斯兰世界国家关系改善。

总而言之，也门安全形势的发展已对中东地区乃至全球反恐格局产生重大影响，其反恐任务依然任重而道远，而美国反恐战略在也门能否奏效仍需拭目以待。

（周　辉）

第十五章

非洲地区安全形势

非洲幅员辽阔，人口众多，是世界上面积仅次于亚洲的第二大陆。由于殖民时期遗留的领土争端、宗教和种族矛盾等历史问题，非洲的政治、经济、社会和环境有其独特的发展道路。但同世界其他地区相比较，非洲仍贫穷落后，是全球最不发达国家最集中的大陆，还面临政治发展易变性大和可持续发展挑战严峻等突出问题。2010年，南非世界杯所带来的激情、自豪与自信，又重新点燃了非洲人民对非洲复兴与发展的热情和希望。在联合国及国际社会的不懈努力下，非洲总体安全形势朝着和平与稳定的方向发展，国际战略地位稳步提升。

一、足球与非盟共同缔造总体和平安全局势

2010年恰逢"非洲独立"50周年，又被非洲联盟定为"非洲和平年"。南非不负众望，成功举办了非洲历史上第一届世界杯。非洲人民在非洲联盟和各自政府的领导下，努力为经济发展和人民生活创造一个和平稳定的环境。非洲的安全形势总体趋于稳定，经济形势也呈现出稳健复苏的良好趋势。

（一）世界杯成为非洲腾飞的"助推器"

2010年世界杯来到非洲恰逢"非洲独立"50周年（1960年17个非洲

国家先后独立，被称为“独立年”），绝大多数非洲人把世界杯看成是一场对非洲独立50周年的欢庆盛典，也是国际社会对非洲50年来发展的肯定。前联合国秘书长科菲·安南在南非《星期日时报》上曾撰文指出，2010年对非洲而言是重要的一年。世界杯足球赛让这个大洲为全球瞩目。他认为，通过举办这届世界杯，非洲大陆的人民将能够高高站起，非洲也或将改变其命运，迎来光明的未来。

的确，作为历史上首次在非洲举办的世界杯，南非不负众望，把一个热情洋溢和充满非洲元素的世界杯呈献世人。国际足联主席布拉特高度评价南非的工作，他说：“如果满分是10分的话，南非的组织工作可以得9分。”法国《回声报》刊文认为：“整个非洲成功地经受了它的第一次世界杯的考验。非洲不再是历史上的边缘大陆。它被排除在国际进程之外的日子已经终结。”

南非成功举办世界杯，不仅大幅提升了南非经济（世界杯的相关工程创造了13万个就业机会，可使南非今年经济增长380亿兰特，带动南非国内生产总值增加0.4个百分点），而且极大地提高了南非以及全体非洲人民的自豪感，增强了非洲的团结和凝聚力。南非总统祖马把南非承办世界杯称作是南非的第二次“新生”（1994年，南非废除了种族隔离制度，实现了第一次“新生”），认为“全体南非人民迸发出的民族自豪感和团结之情是这场赛事带来的不可估量的收获”。而且，乘着世界杯成功举办的东风，南非又雄心勃勃地提出了申办2020年或2024年奥运会的计划。毕竟，有了目标和梦想，就有了前进的方向和动力。承载着民族自强和非洲复兴与发展的世界杯以及未来的奥运会或许真可成为21世纪非洲经济腾飞的“助推器”。

（二）2010年是“非洲和平安全年”

2010年被非洲联盟（非盟）确定为“非洲和平安全年”。非盟希望以此推动非洲地区冲突和危机的早日解决，为非洲经济发展和人民生活创造一个和平、安定的内部环境。为此，非盟以及南部非洲发展共同体、西部非洲国家经济共同体等区域性组织针对矛盾重重的津巴布韦联合政府、久拖未决的马达加斯加政治危机和反复推迟的几内亚和科特迪瓦总统选举做了大量的调解工作。虽然这些问题还没有得到最终的解决，但这些国家的政局仍保持了相对的稳定。

自20世纪90年代初冷战结束以来开始实行的非洲多党民主制迄今已走过了20年历程，民主、良治的理念已经在非洲扎根。在2010年内，安哥拉（2月）和肯尼亚（8月）顺利通过了各自的新宪法，为秩序重建、社会稳定和民主的发展与巩固奠定了坚实的宪法基础。多哥（3月）、苏丹（4月）、布隆迪（7月）、卢旺达（8月）和坦桑尼亚（10月）等国还举行了总统选举，原在任多哥总统福雷、布隆迪总统恩库伦齐、苏丹总统巴希尔、卢旺达总统卡加梅和坦桑尼亚总统基奎特均顺利赢得连任。埃塞俄比亚也于6月举行了议会选举，执政党——埃塞俄比亚人民革命民主阵线（埃革阵）获得压倒性胜利，总理泽纳维因此也将继续执政5年。另外，2010年5月，尼日利亚原在任总统亚拉杜瓦因病去世，由原副总统古德勒克·乔纳森接任尼日利亚总统。此次权力过渡对尼日利亚政局影响有限，从侧面表明尼日利亚各界民主意识、权力监督机制比过去进一步增强，民主政治的氛围越来越浓。

另外，在推进非洲大陆集体民主监督机制的完善方面，非洲自主设计并推动的民主监督机制“非洲互查机制”自2003年3月成立以来已走过了7年的历程。2010年7月非洲联盟峰会召开前夕，非洲各国领导人在乌干达首都坎帕拉召开了“非洲互查机制”第十三届论坛峰会，对毛里求斯的国家报告进行了检查和评估。目前，在29个志愿加入的成员国中已经有13国完成了检查和评估。据悉，未来该机制的发展将更多吸纳来自非洲民众的看法和意见，并推动评估报告所形成的建议尽快得以落实。

不过，非洲撒哈拉以南地区个别国家的局势依然十分脆弱。在被称为“非洲之角”的索马里，旷日持久的内战毫无松动迹象，不仅在本国造成了严重的人道主义危机，还对地区的和平与稳定构成了威胁。与“基地”组织有着千丝万缕联系的索马里反政府武装“伊斯兰青年运动”，还将魔爪伸向了索马里以外的非洲国家，并制造了震惊世界的乌干达恐怖袭击事件，给非洲地区的和平与安全增添了新的不安全因素。倍受国际社会关注的科特迪瓦总统选举未能结束国内长达8年的政治危机，选举结果的争议令该国形势乱上加乱。独立选举委员会宣布科前总理、共和人士联盟党主席瓦塔拉赢得选举，并得到国际社会的广泛认可。而对选举结果拥有最终裁决权的宪法委员会却宣布现任总统巴博为获胜者。巴博和瓦塔拉在同一天先后宣誓就任总统，制造了“一国两总统”的乱象。目前科政局十分微妙，颇有动荡一触即发之势。

在已持续近20年的索马里内战问题上，非盟在面临资金匮乏、人员短缺、装备落后、风险增大等困难之时，一方面呼吁联合国加大介入力度，同时充分发挥自身作用，想方设法向索马里增派维和人员，有效遏制了反政府武装的攻势，帮助得到国际社会承认的索马里过渡政府度过了重重危机。

（三）非盟维护和平与稳定的地位和作用愈显突出

2010年，非盟分别召开了第十四届、第十五届首脑会议。积极参与调解科特迪瓦、几内亚、尼日尔等国政治危机，继续推动索马里、苏丹达尔富尔和大湖地区和平稳定，为联合国更有效介入非洲热点问题发挥着桥梁与纽带作用。但非盟维和行动在筹集资金、能力建设等方面的瓶颈也在显现，亟需得到包括联合国在内的国际社会各方的支持与帮助。在推进非洲一体化进程方面，非洲国家虽有联合自强、加速政经融合的强烈愿望，但存在一体化程度低、各成员国战略利益和目标差异较大的现实困难。以利比亚和塞内加尔领导人为代表的激进派和以南非、尼日利亚等非洲大国为首的渐进派之间对一体化进程存在分歧，非洲实现联合不可能一蹴而就。

自2002年7月正式运作以来，尤其是2004年5月非盟“和平与安全理事会”成立之后，非洲联盟已逐步肩负起维护非洲和平与稳定的历史重任。非盟在其宪章中明确宣布：“认识到冲突是阻碍非洲社会经济发展的主要因素，必须把和平、安全、稳定作为非洲发展与统一的先决条件。”[①] 目前，非盟正在苏丹达尔富尔地区和刚果（金）的维和行动中发挥着重要的作用，主持科特迪瓦冲突各方的调解工作，协助推动索马里的和平进程，缓解乍得与苏丹之间的纷争，并大力促动埃厄边界纠纷的最终解决，其维和、促和的能力得到进一步提高。此外，南非、尼日利亚等非洲大国

---

① Constitutive Act of the African Union，http：//www. africa-union. org/en/home. asp/.

也在化解非洲地区冲突和维护非洲稳定方面发挥着重要的辅助作用。

非洲各国已基本认可“主权有限”的理念，正积极推动非盟的机构建设，为实现长期和平与稳定营造有利的大环境。继2004年3月非盟常设立法机构“泛非议会”成立之后，非盟又在2006年7月召开的第七届首脑会议上通过了关于成立“非洲人权法院”的决议，这标志着非洲国家在保护人权方面迈出了重要的一步，同时也是非洲新安全观中“人本”思想在集体安全保障机制建设方面的具体要求和体现。此外，2006年又有3个国家自愿加入“非洲互查机制”，使加入这一机制的非洲国家总数增加到26个。如果说“和平与安全理事会”的建立为非洲内部安全提供了硬件保障的话，那么“泛非议会”、“非洲互查机制”以及“非洲人权法院”的设立则在软件方面提供了有力的呼应与支持，将在超国家的层面上起到规约和监督成员国领导人执政行为的作用。这些机制的到位及运作将有助于非洲政局的长期稳定、良治的实施以及经济和社会的可持续发展。

非洲联盟在推进非洲政治经济一体化、维护地区安全方面的作用日益明显，但同时也暴露出非洲国家在团结应对地区及国际所面临的问题和挑战方面仍有更多合作努力的空间。

（四）经济稳健复苏，整体形势向好

国际金融危机对非洲政治和经济产生了深远的影响。它不仅加大了非洲国家政局不稳和社会动荡的风险，而且凸显了非洲经济结构单一，资金短缺等弊端，加剧了非洲经济增长的波动性和脆弱性。在欧洲一些国家陷入债务危机、美国经济仍在低谷中徘徊之时，非洲经济却走得格外稳健。面对金融危机的冲击，非洲各国正在积极应对。它们在动员国内和区域力量进行自救的基础上，力争通过南南合作，减少负面影响。

2009年非洲经济在国际金融危机的影响下曾遭到重挫，经济增长率下降到2%以下，人均国内生产总值出现了自1994年以来的首次负增长。2010年，随着世界经济的逐步复苏以及非洲贸易条件、经常项目和财政状况等经济指标的趋向好转，非洲经济触底回升，预计可达到4%以上的增幅。

根据国际货币基金组织最近发布的报告《非洲撒哈拉以南地区经济展

望 2010》，该地区国家今年综合经济增长率可望达到 5%，2011 年增长率有望进一步攀升至 5.5%。如果这一预测能变成现实，将意味着非洲经济成功走出全球金融危机阴影。国际货币基金组织认为，非洲经济的良好表现得益于危机前各国经济基础的稳步提升，包括相对稳定的增长、低通胀、外汇储备增加以及债务的逐渐减少等。尽管整体经济形势向好，但各国之间因经济实力悬殊、产业发展各异而面临着不一样的未来。在撒哈拉以南 47 个非洲国家中，南非、尼日利亚、安哥拉、埃塞俄比亚和肯尼亚经济实力较强，5 国经济实力之和占了区域总量的 2/3。相对于这些区域强国来说，博茨瓦纳、津巴布韦、乍得、厄立特里亚等经济基础相对薄弱的国家在复苏道路上困难与不确定因素更多。

东非共同体成员国肯尼亚、坦桑尼亚、乌干达、卢旺达和布隆迪于 2010 年 7 月正式启动共同市场，东非 5 国从此形成了一个拥有人口过亿的单一市场。这是继 2008 年 8 月南部非洲发展共同体成立自由贸易区后，非洲经济一体化进程上又一重要的历史性事件。在共同市场下，东非共同体 5 个成员国将采取一系列措施整合市场，包括继续完善关税同盟，逐步取消关税壁垒、非关税贸易壁垒及技术性贸易壁垒，允许商品、服务、资本和人员的跨境自由流动，实行统一对外关税，采用统一商品质量标准，协调金融、贸易、货币、教育、就业和劳务政策等。共同市场的建立将使东非地区进入新的发展阶段，进一步促进区域贸易，提升整体投资吸引力和经济竞争力，有利于该地区参与全球经济事务。非洲经济一体化今年取得的重大进展还表现在：东非共同体和东南非共同市场已就缩短货物在两组织成员国之间的过境时间达成一致，两区域组织的成员国将安装统一的过境监控系统。该系统能使海关官员提前获取关于过境货物的车辆和商品信息，从而减少货物在这些国家边境等候的时间，大大加快货物的流动速度；东非共同体、南部非洲发展共同体和东南非共同市场还于 10 月底在肯尼亚内罗毕召开三方首脑会议，就逐步取消边界贸易关卡实现一站式贸易、协调基础设施规划与建设等达成了一致。

除了金融危机的冲击，非洲还承受着全球变暖和气候变化的影响。在联合国列出的全球 28 个受气候变化影响最大和最脆弱国家的名单上，22 个为非洲国家。非洲国家积极应对气候变化带来的挑战，加纳、博茨瓦纳、突尼斯、马拉维等国都制定了减轻气候变化潜在危害的国家发展战略，在立法管理温室气体排放、使用清洁技术、推广新能源和加强环境保护等方面均采取了一系列措施。近年来，非洲国家还积极参与国际气候变化谈判和制定国际规章的进程，在国际气候变化谈判中用更加有力和统一的声音说话。在2009年12月丹麦哥本哈根联合国气候大会上，当一些西方国家企图抛出取代《京都议定书》的另一套方案时，非洲国家大声疾呼，“扼杀《京都议定书》就是扼杀非洲大陆”，并采取了集体退出会谈长达5小时的方式表示抗议。《印度时报》据此评论说，非洲充当了“道义领袖”的角色，这表现了发展中国家的“团结和力量”。

二、局部热点持续动荡，现实与潜在危机严重影响地区稳定和发展

和平与稳定尽管是非洲政局中占主导的趋势，但局部冲突与动荡依然不时作祟，给争取持久和平和稳定的主旋律增添不和谐音符。可以说，非洲地区局部战乱与冲突的社会渊源在2010年没有发生根本性改变，苏丹政局、索马里局势、刚果（金）人道主义危机、尼日利亚安全形势恶化等难点问题仍然是实现非洲政治稳定和地区持久和平的挑战。

（一）索马里暴力外溢民不聊生

1991年，西亚德·巴雷政权垮台，索马里立时陷入部族与教派争斗。次年，美国以“维和”和“保护人道主义救援”名义派兵近3万介入。但是，不到一年时间，美国“以武力建和平”的努力就演变成美军同当地武装的激烈冲突。1994年3月，美国被迫撤军，索马里形成军阀割据的内战局面。后来，在国际社会支持下，索马里建立过渡政府，但这个政府一直偏安一隅，无法行使对国家的有效管理，全国大部分地区仍处在各派武装掌控的混乱状态。这种情况从内陆蔓延到沿海，促使海盗大批衍生。2008年以来，索马里附近海域发生袭击各国过往船只事件100多起，其中30多艘船只遭劫持，400多名船员被扣押，勒索赎金1.2亿多美元。索马里近海已成为世界上海盗活动最猖獗的地区。

2010年以来，索马里的安全局势持续恶化，反政府武装开始把爆炸袭击的对象扩大到驻扎在索马里的非盟维和部队以及非洲邻近国家。7月11日晚，当世界杯决赛激战正酣时，乌干达首都坎帕拉发生的两起血腥自杀性爆炸事件，便是索马里反政府武装首次在境外制造的重大恐怖袭击事件，标志着“伊斯兰青年党”已经有能力以索马里为跳板进行跨国袭击。用美国负责非洲事务的助理国务卿约翰尼·卡森的话来说，索马里乱局和“伊斯兰青年党”的行为“曾经是一种地方性的毒瘤。但现在，毒瘤已经发展成了地区性的危机。这一危机已经超越了国界，如今正在感染整个国际社会”。自杀性爆炸等“基地”组织的惯用手法还表明地区安全的另一隐忧，那就是“基地”组织在“伊斯兰青年党”中的渗透与相互勾结。据报道，“基地”组织正不断加强在索马里的存在，现已在索马里北部地区建立了多个训练营地。2010年8月底开始，非盟驻索维和部队、政府军多次在首都摩加迪沙及其附近地区与反政府武装连续发生激烈交火，至少造成300人死亡。2010年，索马里新增流离失所者已达20万人。

索马里长期战乱以及暴力袭击的外溢不仅造成其国内民不聊生，还对非洲地区稳定和索马里沿海的国际航运安全造成了重要影响。由于索马里长期缺乏法制体系和政府管理，频频出没的海盗已经对世界航运业形成威胁，迫使多国花费人力物力派遣军舰护航。而索马里问题要想得到彻底解决，国际社会必须加大在索马里的维和投入（目前，非盟成员国中仅乌干达与布隆迪向非盟索马里任务区派驻了约4300名维和士兵，但据安全专家估计，必须有一支2.7万人的维和部队才能稳定索马里局势），并积极推动索马里分歧各派的和谈进程，而这一过程也必然是艰苦和漫长的。

（二）苏丹未来充满变数

苏丹作为非洲面积最大的国家，与9个非洲邻国接壤，不但位于北非阿拉伯国家和撒哈拉以南非洲的过渡带，又处于阿拉伯文化和基督教文化的衔接点，具有很重要的战略位置。自20世纪50年代中期以来，苏丹南北方因在民族、宗教、文化和政治等方面存在差异，双方矛盾不断激化，并引发了两次内战。苏丹近代史上的两次内战共持续了39年之久，南方10州的独立问题一直受到国际社会的关注，苏丹的达尔富尔问题更是吸引了全世界的目光。

达尔富尔位于苏丹和乍得的交界处，自北至南依次与利比亚、乍得、中非等国毗邻，面积50多万平方公里，约占苏丹全国面积的1/5。达尔富尔共有三个州：北达尔富尔州、南达尔富尔州和西达尔富尔州。50万平方公里的土地上生活着大约600万人，基本都信奉伊斯兰教，但分属80多个不同肤色的部族和种族，主要分为阿拉伯人以及包括黑人和富尔人在内的非阿拉伯人三大族群。长期以来，各族群之间因土地、水源等问题争执不断。2003年2月，由非阿拉伯人组成的苏丹解放运动、正义与平等运动等组织袭击阿拉伯民兵和政府军，政府军当即反击，武装冲突逐渐演变成一场互相仇杀。在国际社会调停下，苏丹政府同意与反政府组织举行谈判，但有的反政府组织拒绝谈判，有的反政府组织虽参与和谈并达成协议，却没有执行协议。在几年的冲突中，双方均有大量人员伤亡，另有上百万人流离失所。西方把这场民事冲突渲染为一场"种族大屠杀"，并将责任全部归于苏丹政府。现在，冲突虽有一定缓解，但尚无根本解决的迹象。

由于降雨减少，苏丹边远地区的生活物质变得匾乏，而达尔富尔地区的暴力冲突就是在旱灾之中爆发的。因此，潘基文认为，在该地区建设持久和平必须从气候变化这一造成冲突的根本原因着手。① 20世纪六七十年代，由于人口膨胀、过度放牧、荒漠化加剧，引起了人们对牧场、草地、水源等资源的争夺。达尔富尔问题最初只是一种"争夺紧缺生活资源的低烈度冲突"。复杂的地区因素和大国因素使达尔富尔问题解决的难度系数陡增，而达尔富尔问题又与苏丹南部独立问题密切相关。只有达尔富尔问题取得一些突破性和实质性进展，苏丹的大选和公决才有可能顺利进行。

2010年2月23日，苏丹政府和主要反政府组织"公正与平等运动"在卡塔尔首都多哈正式签署停火协议，旨在结束苏丹达尔富尔地区长达7年的武装冲突。作为苏丹达尔富尔和谈主要调解人的哈马德当天宣布，卡塔尔出资10亿美元帮助重建饱受战争蹂躏的达尔富尔地区。5月30日，苏丹总统巴希尔宣布解散2005年苏丹北南双方签署《全面和平协议》后组

---

① See Ban Ki-moon, "A Climate Culprit in Darfur", The Washington Post, Saturday, June 16, 2007, p. A15, http://www.washingtonpost.com/wp-dyn/content/article/2007/06/15/AR2007061501857.html.

建的现任政府，以便为组建新一届团结政府作准备。12 月 2 日，苏丹总统巴希尔 2 日在喀土穆表示，国家不会再爆发战争，苏丹政府将坚持不懈地维护国家统一。巴希尔表示，只要苏丹南部地区 2011 年 1 月 9 日以自由、公正的方式举行公投，那么苏丹政府就将尊重南方人民的选择。

苏丹的和平进程已经有二十多年的历史了，但突破性的进展只是在近两三年才取得的。以政府间发展组织为主的国际社会的调停和美国近年来的积极参与，对苏丹的和平进程起到了重要的推动作用。苏丹的未来走向是人们最为关注的问题。2010 年 4 月苏丹举行总统大选后，国家政治与安全局势大为改善。但在 2011 年初，南方就是否与北方“统一”或者“独立”问题举行全民公决之前，苏丹的安全局势仍处于紧要阶段。苏丹舆论认为，苏丹北南之间至今仍存在多个悬而未决的问题，任何一个如果得不到妥善解决，都有可能导致北南之间重新爆发战争。在如今的苏丹，相互作用、相互影响的主、客观因素还有很多。历史遗留问题依然存在、宗教冲突难以消除、权力和资源分配无法对等、新的动荡正在出现，对未来的国家结构形式的确定更是充满着变数。

（三）刚果（金）人道主义危机

1994 年，卢旺达的胡图与图西两大部族之间发生大仇杀，造成大批图西族人和胡图族人先后逃到相邻的刚果（金）东部地区。1998 年 8 月，刚果（金）政府军中的图西族将领恩孔达以政府袒护胡图族为由发动武装叛乱，得到卢旺达和乌干达的支持，占领东部大片土地。津巴布韦、安哥拉、纳米比亚等国应刚果（金）政府请求出兵平叛，局部内乱扩展为一场地区性战争。冲突各方于 1999 年签署停火协议，外国军队相继撤离，联合国维和部队进入，政局稳定下来。但是，2008 年以来，恩孔达所属武装向政府军及支持政府的部族武装频频发动袭击，刚果（金）东部战火再起，造成大量人员伤亡，25 万平民沦为难民。

在非盟等组织的推动下，刚果（金）、卢旺达和乌干达于 2009 年展开联合军事行动，清剿反政府武装力量。目前，大湖地区危机总体上得到缓解，战争危险基本消除。但是在刚果（金）东部地区，卢旺达胡图族武装人员与刚果（金）政府军之间持续进行的战争，已导致 1000 多名平民死亡，近90万人无家可归，这使得非洲大湖地区面临着安全、人道主义、发展与环境保护方面诸多挑战。

进入2010年以来，刚果（金）东部的北基伍省安全局势恶化，盘踞在当地的卢旺达反政府武装“解放卢旺达民主力量”以及刚果（金）反政府武装“马伊—马伊”于7月30日至8月3日袭击并控制了北基伍省的卢温吉镇。其间，武装分子封锁通往外界的道路，洗劫该镇及周边地区的民宅，并强奸了数百名当地妇女。据联合国官员证实，反政府武装在13个村庄强暴了至少242名女性，其中包括28名未成年人。此后，负责维和事务的联合国助理秘书长卡雷受联合国秘书长潘基文委派，赴当地调查具体情况后向安理会报告说，在刚果（金）东部的乌维拉地区和基伍地区又发现260起妇女遭强暴和侵犯的案件，总数超过500起。卡雷承认，联合国刚果（金）稳定特派团未能为保护平民尽责。

从某种意义上来说，刚果（金）内战是世界上最残酷的战争，广泛存在的强奸、暴力以及滥用人权行为，已经成了这场战争中最残酷的武器。牛津饥荒救济委员会今年7月份的一份调查显示，刚果（金）女性的不安全感越发强烈，特别是针对广泛存在的强奸事件。对24个社区816人的调查发现，60%的人感觉安全局势正在恶化。而发生在刚果（金）东部的集体强奸事件，足以令世界对刚果（金）的危险局势有新的认识。专栏作家戴维·帕特里卡拉克斯警告称，随着历史上最大规模的联合国维和部队离开，刚果（金）战争很可能再一次点燃“非洲大战”。①

（四）科特迪瓦大选导致政局不稳

2010年12月，在非洲的科特迪瓦刚刚举行完总统选举，分别有两位总统宣誓就任这个国家的总统。12月4日，科特迪瓦现任总统洛朗·巴博在经济首都阿比让总统府举行了总统就职典礼，宣誓连任科特迪瓦总统，任期将于2015年结束。随后，科特迪瓦前总理阿拉萨纳·瓦塔拉也于同一天通过电子邮件致信科特迪瓦宪法委员会，宣誓就任新总统。

---

① Newstatesman：*Congo, on the frontline of the world's worst war*. November 2010.

科特迪瓦自2002年爆发内战以后，就形成了政府控制南部和反政府武装控制北部的对峙局面。长期以来，现任总统巴博与前总理瓦塔拉更是政坛上的宿敌。

巴博1945年5月31日出生于科特迪瓦南部的一个小村庄。他曾经是阿比让大学的历史教师，后来步入政坛并成为科特迪瓦总统。他是科特迪瓦前总统博瓦尼的反对者，并因为反对博瓦尼的政权而被关过监禁，甚至流放国外。1990年，科特迪瓦引入多党制，巴博作为唯一的反对党候选人和当时的总统博瓦尼一同参选，这也是巴博第一次参加总统大选，但首战失败。1996年，他当选为现在的执政党科特迪瓦人民阵线的主席。1999年，军方领导人盖伊通过政变上台。随后的2000年，科特迪瓦再次迎来大选。在科政府宣布盖伊当选后，人民阵线领袖巴博随即宣称自己已当选为国家元首，并在经济首都阿比让领导了反对盖伊的起义，逼迫盖伊逃往国外，巴博上台。

瓦塔拉在步入政坛之前是一名经济学家，他曾经担任过国际货币基金组织的副总裁，西非国家中央银行的行长。和巴博一样，瓦塔拉的从政之路也充满了荆棘。1990年，当时的科特迪瓦总统博瓦尼任命瓦塔拉为总理。但1993年博瓦尼病逝后，在一场权力斗争中，瓦塔拉输给了当时的国会议长贝迪埃，瓦塔拉辞去了总理一职，又回到国际货币基金组织当起了副总裁，直到1999年。瓦塔拉一直不能作为总统候选人参选，因为他的父亲是布基纳法索人，所以他被认为不是真正的科特迪瓦人，1995年，科特迪瓦政府还颁布专门的法律，规定只要父母有一方不是科特迪瓦国籍，那就不能参加总统大选，因此他在1995年和2000年都被禁止参加总统选举。他在2000年大选之前，曾经出具了一份自己的身份证明，结果还被法院认定是伪造的，甚至对其颁发了逮捕令。2007年，现任总统巴博表示，瓦塔拉可以参加2010大选，这样瓦塔拉才最终获得了竞选的资格。

巴博宣誓就职的强势做法给本已纠缠不清的科政局蒙上了一层厚厚的阴影，而瓦塔拉及时跟进的行为无疑更是火上浇油。科特迪瓦的政局目前已成“骑虎难下”的胶着之势，社会动荡以及政局变化的不确定性笼罩着这个西非国家。

尽管南非前总统姆贝基已经到科特迪瓦去调解这场政治争端，但双方实现和解的可能性微乎其微。因此，如果和解不成，科特迪瓦可能再度陷入内战。巴博和瓦塔拉实际上代表了科特迪瓦的南北两个地区的矛盾，巴博的支持者大部分在南部，而北部则是瓦塔拉的大本营。目前，政府军控制着南部地区，而北方还是被反政府武装所控制。如果双方都坚持自己的立场，不愿意让出总统宝座，那么，科特迪瓦很可能陷入动乱。

另外还有一种可能性，那就是一方出走。2000年的大选中，巴博就是通过在阿比让掀起大规模的抗议活动，逼得当时已宣布获胜的盖伊远走他乡。因此，如果这次一方再掀起抗议活动，再加上国际社会的压力，巴博或瓦塔拉就有可能出走科特迪瓦。

三、地区热点根源难除，解决非洲问题的根本出路在于非洲国家的发展

总体来看，非洲的安全形势呈现出传统安全与非传统安全多点并发、互相交织的态势。尽管国际社会、非洲联盟和非洲各国人民都作出了不懈的努力，但是非洲大陆的动荡热点依然难以根除，复杂的部族、种族和宗教矛盾依然难以调和，我们必须清醒地认识到，解决非洲问题主要在于非洲国家的发展，这是实现非洲安全的根本出路。

（一）地区热点产生的原因难以根除

不难看出，非洲地区持续动荡的热点之所以出现，根本原因是有关国家的内部矛盾日益激化，而外部势力的干预则在发挥推波助澜的作用。

首先，种族、部族、宗教和不同利益集团之间的矛盾尖锐，处置有时失当。在索马里，1000多万人口虽然绝大部分信仰伊斯兰教，但分属多个部族和教派，各自为政，国家认同意识淡薄。在苏丹，阿拉伯人与非阿拉伯人种族属性不同，而各族群中又有不同的部族矛盾。掌握政权的阿拉伯人对非阿拉伯人的利益照顾不够，冲突发生时，政府往往偏袒阿拉伯人。在刚果（金），本国的部族矛盾本来就错综复杂，现在又同来自卢旺达等国的部族矛盾纠结在一起。在津巴布韦，穆加贝执政近30年，积累了雄厚

的政治与行政资源。反对党抓住其执政中的一些失误，发展自己的势力，图谋取而代之。双方围绕政权问题展开激烈较量，对立日趋严重。

其次，周边国家介入，使国内矛盾复杂化。索马里是阿拉伯联盟成员国，其伊斯兰极端势力得到某些西亚国家伊斯兰极端势力的支持。邻国埃塞俄比亚是基督教占主导地位的非阿拉伯国家，支持索马里的温和派势力。苏丹的邻国乌干达一直支持苏丹南部的反政府力量，而另一邻国乍得则支持达尔富尔地区的反政府力量。刚果（金）东部的反政府武装曾得到卢旺达、乌干达等国支持，而刚果（金）政府则得到安哥拉、纳米比亚等国支持。津巴布韦政府原本得到南部非洲国家的一致支持，但其某些政策损害一些周边国家的利益，赞比亚、博茨瓦纳对穆加贝政权持严厉批评态度，其他一些邻近国家对穆加贝政权的态度也在发生微妙变化。

最后，西方国家在政治、经济和外交上横加干预，促使这些热点急剧升温。近几年，美国逐步提高在非洲的军事能力，直至组建非洲司令部计划的出台，其中一个不容忽视的原因就是美国欲以此来平衡其他大国在非洲的影响力。从地缘政治学的全球战略来看，非洲地理位置较为重要，尤其非洲之角地区因与中东石油带和危机带相邻，且与红海航运线相接，具有较高的战略地位。[①] 冷战期间，这种“咽喉式”的地理位置当然为美国所珍视，即使在今天，美国也丝毫没有减弱对非洲的“青睐”。在索马里问题上，美国起初是派兵直接介入，失败后转而采取先是支持索马里某些军阀对付另一些军阀，后来又支持某些温和势力来对付伊斯兰极端势力，最后支持埃塞俄比亚出兵，利用非洲人打非洲人的做法。在苏丹问题上，美国先是以“支持恐怖活动”为由向苏丹政府施压，继而联合英法等国制造“种族大屠杀”罪名，企图一举推翻苏丹现政权。在刚果（金）问题上，西方国家均认识到这个有“资源宝库”之称的国家的战略意义，争相抢占其资源，在政府与反政府力量之间玩弄手腕。在津巴布韦问题上，西方各国不断加大对政府的制裁，加大对反对派的支持，其最终目标是颠覆穆加贝政权。

---

① See Crawford Yong, “United States Policy toward Africa : Sliver Anniversary Reflections”, *African Studies Review*, Vol. 127, No. 13, Sep. 1, 1984, pp. 14—51.

(二) 复杂的部族、种族和宗教矛盾难以调和

在非洲国家从传统社会向现代国家的急剧转型中，传统因素与现代要求产生冲突，狭隘的部族意识同民族国家意识、同中央政府的决策相互冲突。部族意识渗透到政党、政府、军队、议会等政治生活的方方面面，稍有风吹草动，遇到大选、偶然事件都可能酿成冲突甚至部族仇杀。在索马里、刚果（金）等国出现的情况就是如此。

冷战后，国际安全局势发生了巨大变化，其中一个引人注目的现象就是，各层次、各类型的民族主义在世界范围内重新崛起，对国际和平与安全形势构成了重大影响。在这方面，非洲与其他地区相比具有特殊性。几乎所有的非洲国家都是多民族而非单一民族国家，拥有多元性的语言和文化。在撒哈拉以南非洲地区，只有索马里、莱索托、斯威士兰等极少数国家具有民族同一性概念，相比之下，刚果（金）、尼日利亚、喀麦隆等国都有 200 个以上的部族，历届政府均难以找到有效解决部族问题的办法。部族众多带来了语言问题。在非洲，除了 6 种外来的非洲语言外，有多达 700 种部族语言，其中只有约 50 种语言被 100 万以上的人所使用。部族语言的繁多及混乱，限制了不同部族之间的交流，严重阻碍了构建单一民族国家的进程。总人口达 3500 万的肯尼亚就拥有 42 个部族，主要有吉库尤族、卢希亚族、卢奥族、卡伦津族和康巴族。其中，吉库尤族人口最多，约占全国总人口的 21%，其他三大民族人口也都占总人口的 10%以上。2008 年初的肯尼亚骚乱主要表现为支持现总统齐贝吉的吉库尤族人与支持“橙色民主运动”领导人奥廷加的卢奥族、卡伦津族人之间的对立与冲突。索马里的战乱之所以持续难平，主要是因为该国国内错综复杂的部族矛盾。该国有 4 个大部族，占全国人口约 80%。4 个大部族实际上属于同一民族的不同分支，但由于历史、地理等方面的原因，彼此积怨很深，尤其在人数最多的哈维耶族和达罗德族之间。索马里人对于部族的忠诚往往高于对国家的忠诚，这是造成多年来军阀混战不休的一个重要原因，也为国家分裂埋下了伏笔。

由于大多数非洲国家的民族发展过程尚处于初级阶段，其民族意识、国家意识正在形成之中，在现阶段许多非洲国家的部族意识在一段时间之

内仍将深深影响今后部族之间、乃至国家之间的关系。特别是撒哈拉以南非洲国家，由于生产力低下、经济落后、文化教育水平不高、国民素质低下等原因，部族矛盾、部族冲突将仍会时起时伏，甚至激化。在总体形势趋向缓和的大背景下，虽然一些热点问题降温，但部族矛盾尖锐化为西方大国控制非洲国家，干涉各国内政，推行强权政治大开方便之门，使他们有机会利用矛盾，插手非洲国家事务，美国在刚果（金）、索马里的行动就是如此。

（三）国际社会的调解成效有限

对非洲这些热点问题，国际社会都进行过调解，虽也取得过一些成效，但未能从根本上遏住热点的升温。这些热点问题的存在和久拖不决，不但影响到有关国家和地区的政治稳定和经济发展，而且由于难民流入、经贸萎缩、欠债难还等问题，也给周边国家造成了较大影响，甚至因认识不同而影响到非洲国家的团结。联合国、非洲联盟和非洲相关国家都非常重视这些问题的解决，为此仍在做着不懈的努力。

这些努力最近取得了一些初步成效。南非世界杯的成功举办，极大地鼓舞了非洲人民的信心。民主、良治的理念已经在非洲生根发芽。在2010年内，安哥拉和肯尼亚顺利通过了各自的新宪法，为秩序重建、社会稳定和民主的发展与巩固奠定了坚实的宪法基础。苏丹和坦桑尼亚等国还举行了总统选举。在国际社会和非盟的努力下，非洲各国在推进非洲大陆集体民主监督机制的完善方面也取得了较大进展。索马里、苏丹等一些不稳定地区的态势虽然没有明显好转，但是恶化趋势得到有效遏制。但是，这些进展同热点问题的根本解决仍相距甚远。

然而，非洲热点地区的持续动荡，则使人更加忧虑和担心。在刚果（金），反政府武装仍在征兵，并不断骚扰平民。索马里海盗依然猖獗，各大国争相派出的护航军舰并不能有效遏制海盗行为。达尔富尔公投之后，整个苏丹会不会出现新的更大的动荡。科特迪瓦大选带来的影响还在发酵之中。对如何对待这些热点问题存在两种不同的主张和做法。非洲联盟及其大多数成员国主张通过和平谈判，调解各方关系，照顾各方关切，促使各方相互妥协，结束冲突，实现问题的政治解决。这种办法有助于问题的根本解决，对有关国家有利，对整个非洲也有利。西方一些国家则主张通过制裁，整垮一方，扶持一方。这只能加剧本已存在的矛盾，无益于问题的根本解决，最终受害的还是非洲国家。由此可见，国际社会对非洲调解、斡旋的成效毕竟有其局限性，非洲安全问题的最终出路，在于非洲国家有能力按照自己的意愿解决问题。

（四）解决非洲问题的根本出路在于非洲国家的发展

当前，非洲面临的突出问题主要有两个方面：一是非洲政治发展易变性大，安全局势相当脆弱；二是非洲经济积贫积弱，实现可持续发展面临严峻挑战。鉴于非洲社会经济发展水平低下和特殊的政治生态环境，非洲目前总体上处于民族民主发展阶段。“所有的外部调解、联合国维和及其他不断增加的做法，都使得非洲的安全问题更加复杂化。联合国的调解未能使问题得到持久解决。非洲不能将自身的防务寄托于联合国的维和行动。”① 关于非洲政治体制和发展道路的选择，只能由非洲各国根据本国国情去探索和实践，任何外来模式都不会成功，任何外来力量都无法替代。

面对非洲当前存在的最突出问题，各国当务之急首先是发展经济：第一，抓好农业。农业是国民经济的基础，在非洲尤其如此。因为非洲最主要的经济支柱是农业，只有抓住农业与粮食问题，才抓住了非洲发展的根基和解决一切发展问题的前提。农业抓好了，不仅为非洲实现现代化发展创造了基本条件，也可为各国保持社会稳定、推进政治民主改革，克服部族和宗教矛盾打下坚实物质基础。第二，抓好对外开放和引进外资，利用非洲丰富的资源换取西方发达国家和新兴大国的资金和投资项目，发展工商业、对外贸易和城市建设，将资源优势转化为发展优势。第三，抓好多元外交，一方面敦促西方国家和世界银行、国际货币基金组织等国际金融机构在对非援助、减债、提供贸易优惠等方面采取更多实质性举措，另一方面大力加强同发展中大国的关系，推动南南合作。

其次是保持政治社会稳定，这是发展经济的首要和必要条件。在当前

---

① ［埃塞］马莫·穆契：“非洲联盟：希望之路”，载《西亚非洲》，2003年第2期，第39页。

非洲和平安全形势比较脆弱的情况下，非盟可以在非洲内外事务中发挥主导作用。

最后是推进改革，努力为保持政治社会稳定，发展经济创造良好氛围。

非洲的和平与发展是一个相当长的历史时期，各国的发展道路不可能一样，也不可能一帆风顺，将会面临各种困难和挑战，但我们有理由相信非洲的发展潜力巨大，前途是光明的。

（杨 凯）

第十六章

欧盟地区安全形势

2009年12月1日，《里斯本条约》正式生效。一年来，欧盟在政治、外交、经济和防务等领域继续保持联合势头，一体化建设取得一定突破，但受国际金融危机和欧洲债务危机的双重冲击，内部矛盾分歧也进一步凸显。

一、政治联合取得阶段性成果，但内部运作机制尚需磨合

一年来，《里约》确定的欧盟新政治架构初步成型，各种新机制相继开始运作。

第一，经多方努力，欧洲理事会常任主席制度得以确立。欧洲理事会按惯例由欧盟轮值主席国主持，轮值期为6个月。轮值主席国拥有动议权和负责政策实施的权力，在确定联盟共同外交与安全政策的议程和优先次序方面处于有利地位。轮值主席国一般会优先考虑本国利益，力图将它转化为欧盟的政策，往往造成联盟对外政策缺乏连贯性和一致性。东欧诸国入盟后，上述问题尤为突出。为解决这一难题，《里约》确立了欧洲理事会常任主席制度，常任主席任期两年半，可连任一届，职责是致力于促进欧盟内部的凝聚力与共识，确保欧洲理事会工作的连续性。①

第二，决策方式更加灵活。“有效多数表决制”决策机制覆盖范围大

① 程卫东等译：《欧洲联盟基础条约》，社会科学文献出版社，2010年版，第38页。

大扩大，运用范围向移民、司法与警务、教育等敏感领域拓展，逐步取代原有的“一致通过”原则，简化了决策过程，大大提高了决策效率。从2014年起，欧盟委员会的委员人数由27名减至18名，委员会主席权限加强。各成员国在“有效多数表决制”下的加权票数重新调整，2014年至2017年之间逐步实行。2014年后将分三年逐步推进“双重多数表决制”，即有关决议必须至少获得55%的成员国和65%的欧盟人口的赞同才算通过。①

第三，欧洲议会权力增大。作为欧盟主要机构中唯一的民选机构，欧洲议会在立法、预算及人事方面获得更大权力，使欧盟内部决策更加透明公开，在一定程度上缩小了普通民众与欧洲政治精英之间的芥蒂。②

第四，扩大进程有进展。欧盟今年发布扩大事务报告，在严格入盟标准的同时继续推行扩大政策。日前，冰岛入盟谈判正式启动，克罗地亚、塞尔维亚等巴尔干国家入盟进程稳步推进。2010年12月15—16日举行的欧盟峰会，决定在2011年对黑山进行全面评估后确定其入盟谈判开始时间。至此，黑山成为巴尔干地区继塞尔维亚、克罗地亚之后第三个取得入盟候选国地位的国家。欧盟委员会主席巴罗佐称，该决定是欧盟致力于巴尔干地区未来发展的“强有力信号”。

但是，欧盟推进一体化建设的过程中，也遇到一些突出问题。首先，欧盟缺乏有力的领导核心。《里斯本条约》的生效，加强了欧盟机构的权力，但主要决策权仍掌握住英、法、德等大国手中，一个越来越自信的欧盟机构和一个有诸多不同声音的欧洲将在较长时间内并存，欧盟遇到重大问题时，只能将就应对。其次，英、法、德三强协调不够。英、法、德三边关系中，以英德关系最为薄弱。法德曾为宿敌，但二战结束后为防止发生战争，双方共同实现煤钢联营，形成了推动欧洲一体化进程的核心。法德于1963年建立了首脑定期会晤机制，每年举行两次双边会晤，还在各种多边国际场合会面三至四次。英法关系也较密切，政治、经济关系和人文交流十分频繁，每年有一次例行领导人会晤。英德之间则无定期会晤机

---

① 程卫东等译：《欧洲联盟基础条约》，社会科学文献出版社，2010年版，第38页。

② 程卫东等译：《欧洲联盟基础条约》，社会科学文献出版社，2010年版，第37页。

制，双方历史宿怨仍未消除，从南非足球世界杯两国球队对决时民众的对立情绪就可见一斑。这种敌对情绪落后于时代，不利于欧盟一体化建设。再次，欧盟对国际形势变化反应迟缓。金融危机发生后，国际社会已进入全新时代，美国虽仍在科技、军事等领域保持优势，但已不再拥有全方位的超级霸权。二十国集团（G20）机制成为国际经济治理主要平台，使一些新兴国家自二战以来首次与传统大国平起平坐。欧洲正在努力适应这种形势变化，并作出相应调整，给予新兴国家更多重视。但目前欧洲在对新兴国家政策上仍缺乏协调，不仅对华政策如此，对印度、俄罗斯、巴西等新兴大国的政策也协调不够。

二、经济一体化领域取得一定进展，但债务危机阴影挥之不去

（一）“欧洲2020战略”启动

2010年3月3日，欧盟委员会公布了指导欧盟发展的“欧洲2020战略”，这是欧盟历史上第二份十年发展战略。[①] 6月17日，欧盟夏季首脑会议正式通过该战略——“欧洲2020战略：实现灵巧、可持续性和包容性增长”（Europe 2020：A Strategy for Smart，Sustainable and Inclusive Growth，简称“欧洲2020战略”）。该战略提出了三大核心目标、五大量化指标和七大创议，涵盖了欧洲社会经济发展模式中的创新、绿色能效、可持续性等低碳经济发展理念。[②]

三大核心任务是：第一，灵巧增长——基于知识和创新的经济增长。灵巧增长以知识和创新作为未来经济发展的主要推动力，为此欧盟将大力提高教育质量、加快调整研发投入的重点领域及其支出规模，并为私人研发投入创造良好的经营环境，加强研发成果的市场化和商品化过程，确保

① Europe 2020：A Strategy for Smart，Sustainable and Inclusive Growth，http：//www.eurunion.org/eu/images/stories/eufactsh-eur2020-8-10.pdf.

② 以下内容参考“欧盟2020战略——灵巧、可持续和包容性增长”，上海情报服务平台网，http：//istis.sh.cn/list/list.aspx？id=6832。

创新理念成功地转化为新产品和新服务，从而达到刺激经济增长和扩大就业的目标。第二，可持续性增长——实现资源效率型、更加绿色和更具竞争力的经济。欧盟经济的可持续性增长是建立在提高资源利用效率和发展绿色技术的优势基础上的，欧盟是发展绿色经济的倡导者和领先者，然而，这些优势正在或很可能被中国和北美等主要竞争者赶超，因此欧盟应该通过提高资源使用效率以保障在绿色技术市场的领先地位。这将有助于欧盟向低碳经济转型、创建资源节约型社会，遏制环境退化、生物多样性消失、资源不可持续性等问题，有助于进一步加强经济、社会和地区聚合。第三，包容性增长——实现经济、社会和地区聚合的高就业增长。包容性增长旨在提高就业水平，加大技能培训投入，开展反贫困斗争，实现劳动力市场、培训和社会保障体系的现代化建设，帮助人们预测和应对社会经济快速变化，创建一个更具凝聚力的社会。包容性，在一定程度上意味着经济增长应该惠及欧盟所有成员国和地区，人人应享有终身学习的机会。

为实现这些核心目标，欧盟委员会提出了五大量化目标：争取将年龄在20—64周岁者的就业率从现在的69%提高到75%，提高妇女、年长者的就业率，更好地吸纳移民加入欧盟的劳动力市场；将欧盟的研发投入增加到国内生产总值的3%，尤其要提高私营部门的研发投入，创建一项能够反映创新和研发集中度的新指标；将温室气体排放量在1990年的基础上削减20%，将可再生能源使用比例提高至20%，将能效提高20%；将未能完成基础教育的学生人数比例从现在的15%降至10%以下，使年龄在30—34周岁者受高等教育的人口比率从现在的31.5%至少提高到40%；根据各国的贫困标准将欧盟贫困总人口削减25%，到2020年共减少贫困人口2000万。

与量化目标相配套的七大创议是：三项促进智慧增长的创议即“创新联盟”、“青年人流动”和“欧洲数字化议程”；两项促进可持续性增长创议即资源效率型欧洲和“全球化时代的工业政策”计划；两项促进包容性增长创议即新技能和就业议程及欧洲反贫困平台。

“欧洲2020战略”是在欧盟各国经济遭受国际金融危机重创、希腊主权债务危机蔓延、社会不满情绪积聚的情况下出台的。它虽仍然保留了2000年制定的第一份经济发展规划“里斯本战略”的部分内容，但相比之下更为现实和低调。如“里斯本战略”所定的目标之一是欧盟经济年均增长率为3%，“欧洲2020战略”却将此调低至2%。在战略目标定位和具体行动方案上显得比较务实，主要围绕着保持优势和克服缺陷展开。

（二）“能源2020”战略

2010年11月10日，欧盟委员会公布《能源2020：竞争性、可持续性和安全的能源战略》文件，提出未来十年欧盟能源建设的目标，以及为达到目标将采取的主要措施。① 该战略的主要内容是：

第一，欧盟未来十年能源建设的核心目标是提高能源效率，建立节能环保型经济。该战略文件提出，欧盟到2020年时将实现节能20%的目标。为达到这一目标，欧盟将采取以下行动：一是挖掘建筑和交通领域的节能潜力，对建筑加贴节能标签，开发智能交通管理系统，提高所有车辆的节能标准；二是提高工业效率和能源供应效率，强化欧盟工业竞争力；三是继续实施《国家节能行动计划》，对能源效率方面取得的进展进行年度评估。

第二，加快统一的能源市场和基础设施建设，提升欧盟竞争力。目前，欧盟的电力和燃气市场仍由各国分别管理，不少成员国对能源价格仍实施管制，这些都不利于欧盟提升竞争力。为改变这种状况，欧盟今后十年将继续致力于推动内部能源市场建没：一是通过法律手段强化共同竞争政策，计划至2015年将所有成员国均纳入欧盟统一的能源市场；二是投资1万亿欧元用于更新老旧能源设备，并鼓励能源公司、设备运营商等向电力、燃气、石油和其他能源部门投资；三是欧委会将制定政策，简化基础设施建设批准程序和市场规则，以建立更加透明、更加开放的欧盟能源市场。

第三，进一步推动技术研发和创新，确保普通民众和企业获得安全、廉价的能源。未来十年，欧委会将全力贯彻“战略能源技术计划”，增加欧盟科技研发预算，加速推进第二代生物燃料、智能电网、智能城市、智

---

① “Energy 2020—A strategy for competitive sustainable and secure energy”, http://wenku.baidu.com/view/74fa3206eff9aef8941e06c8.html.

能网络、碳捕捉和储存、第二代核心技术、可再生加热和冷却等技术的研发，确保欧盟在能源技术和创新方面保持世界领先地位。同时，欧盟将采取措施加强对放射性物质运输和核废料的管理，提升能源零售市场的运行效率，使消费者能够以合理价格获取更安全的能源。

第四，加大能源领域的国际合作力度，确保其能源供应安全。欧盟的能源供给主要来自外部。为保证能源供应安全，欧盟必须努力拓展能源供给渠道，力争与能源生产国、能源管道过境国以及能源消费国均保持良好的合作关系。为此，该《战略》提出以下建议：一是与愿意接受欧盟市场模式的邻国建立统一的能源市场；二是与关键能源供给国和转型国家建立特殊关系；三是努力保持欧盟在低碳能源方面的全球领导地位。

（三）挥之不去的债务危机

2008年国际金融危机爆发之初，冰岛等国即濒临“国家破产”边缘，欧洲债务问题已开始浮出水面。2009年下半年以来，全球经济呈现恢复性增长态势，欧洲部分国家债务问题有所缓解。但自2009年年底以来，希腊等国债务危机问题再度凸显。2010年4月欧盟统计局公布数据显示，2009年欧元区16国财政赤字占其国内生产总值（GDP）的比例从2008年的2%猛升至6.3%，国家主权债务占GDP的比例从2008年的69.4%升至78.7%，均超过欧盟《稳定与增长公约》所规定的3%和60%的上限。[①]特别是葡萄牙（Portugal）、爱尔兰（Ireland）、意大利（Italy）、希腊（Greece）和西班牙（Spain）五国2009年财政赤字占GDP的比率均严重超标：希腊为12.7%，爱尔兰为12.5%，西班牙为11.2%，葡萄牙为8.0%，意大利为5.3%。其中，希腊主权债务问题尤为突出。2009年希腊债务总额达3000亿欧元，几乎是欧盟《稳定与增长公约》规定的2倍。今年4月22日，欧盟统计局又将2009年希腊财政赤字占GDP比例从12.7%调高至13.6%，进一步加剧了市场对希腊债务危机的担忧。6月3日，匈牙利新政府预计2010年匈财政赤字将可能占GDP的7%至7.5%，

---

① “欧元区2009年财政赤字飙升至6.3%”，凤凰网，http：//finance.ifeng.com/stock/roll/20100422/2092821.shtml。

这与债务危机爆发前的希腊类似。

欧洲债务危机引起国际社会广泛关注。自2009年底以来，欧盟和国际组织逐渐加大对希腊等国的应急援助力度，大体分为三个阶段：第一阶段从2009年底到2010年4月22日，各方就援助措施初步达成一致。2010年3月25日，欧元区成员国领导人达成协议，规定在希腊无法在资本市场筹到所需资金，且欧元区16国均同意援助的情况下，将启动援助方案，欧盟和国际货币基金组织向希腊提供最高220亿欧元的贷款。第二阶段从4月22日至5月2日，欧元区启动援助机制。欧盟统计局4月22日公布数据显示希腊财政状况进一步恶化后，希腊政府被迫于次日申请启动联合援助机制。5月2日，欧元区财长特别会议决定启动援助希腊机制，未来三年将向希腊提供总额为1100亿欧元的贷款，其中欧元区国家出资800亿欧元，国际货币基金组织出资300亿欧元。第三阶段从5月2日至今，援助力度进一步加大，根据援助希腊机制，德、法等国相继批准援助希腊的贷款。5月10日，欧盟27国财长特别会议又批准设立一项7500亿欧元的援助基金，用以帮助陷入债务危机的欧元区成员国，防止希腊债务危机蔓延。除应急援助外，欧盟还从制度层面强化欧洲一体化建设。首先，推出欧洲金融稳定机制。2010年5月10日，欧洲理事会决定建立欧洲金融稳定机制（European Financial Stabilization Mechanism）①，后经成员国政府协商建立了欧洲金融稳定机构（European Financial Stability Facility）。欧洲金融稳定机制和金融稳定机构是由危机促成的又一欧洲经济一体化成果。其次，在《稳定与增长公约》的框架下，加强对成员国的财政约束，加快启动该公约的惩罚机制。第三，各成员国财政预算在提交所在国议会讨论前，须先提交到欧盟进行预先评估。

但一波未平，一波又起。继希腊之后，同属欧元区的欧盟成员国爱尔兰也于11月爆发债务危机。2008年以来，欧洲央行和爱尔兰央行实行宽松的货币政策，爱尔兰国家信贷供应量占国内生产总值比例高达300%以上，且庞大的资金集中流向地产开发和房屋个人信贷。截至2009年，爱尔兰的房屋总抵押贷款已逼近300亿欧元。从目前情况看，爱尔兰债务危机

① "EU finance ministers agree on 750-billion-euro rescue mechanism to safeguard euro", http://english.cnnb.com.cn/system/2010/05/10/006519940.shtml.

产生的影响可能不会马上波及欧元区其他国家。因为爱尔兰债务危机属于行业内部危机，爱尔兰国家经济的基本面尚好，其化工、制药和信息技术产业对国家经济的推动力依然存在。另外，目前爱尔兰的高额负债主要是因大规模救助银行所致，且爱尔兰此前的公共债务完全处于可控制状态。但是，在爱尔兰爆发债务危机期间，美国有意夸大爱尔兰债务危机形势，引起欧盟和国际社会恐慌，加上美元贬值，使得爱尔兰债务危机雪上加霜。目前经济尚不景气的葡萄牙、西班牙等欧元区国家，在经受了国际金融危机、希腊债务危机和爱尔兰债务危机的连番冲击后，经济上也到了发生债务危机的边缘。所以说，未来几年，欧元区国家发生更大债务危机的可能性不能排除。

欧盟债务危机对其国际地位和经济发展有诸多负面影响。一是危机迫使欧盟各国对内外发展战略进行调整。欧洲各国为减少债务，相继出台大规模财政紧缩政策，特别是大幅削减军费。英、法两国都承认自己非综合性、全球性强国，只是在某些领域仍具有全球影响力。二是危机令欧盟元气大伤，成为最大输家。希腊在欧盟救助下，经济刚有好转，爱尔兰又爆发债务危机，并且危机有可能进一步向西班牙蔓延。英国没有参与欧盟7500亿欧元紧急救助计划，一旦自身发生危机，将无从应对。欧洲很可能陷入较长时期的低速增长。三是欧洲国家间矛盾增多，打击了培植多年的欧洲认同观念，突出表现为德国与其他一些欧盟成员国围绕经济失衡问题争议不断。不少欧洲民众认为德出口大量顺差导致欧元区内部经济失衡，应当承担责任。包括法国在内的一些国家政府迫于民意，不得不对德施压，要求德减少出口，增加消费。但德国老百姓则认为，德顺差是其过去10多年来勤俭节约、辛勤劳动的结果，现在被当成债务危机的替罪羊，很不公平。

三、欧盟在防务领域的合作和一体化进程出现新动向

（一）欧盟内外安全合作情况

首先是欧盟军事和民事力量之间的合作。近年来，欧盟一直坚持强调

解决危机过程中军事和民事力量的紧密合作，并取得了明显成效。[①] 第一，欧盟不断完善自身的军事—民事合作机构建设。2003 年底，欧盟军事参谋部中设立了“民事—军事联络处”；2008 年，欧洲理事会设立了民事行动指挥机构“民事行动计划和执行能力司”；2009 年 12 月，《里斯本条约》正式生效后，理事会把全面协调欧盟军事—民事行动的重任赋予了新设立的总司级单位——“欧洲理事会危机管理与计划总司”。第二，通过近年来的“14 个海外行动”及多次军事、民事演习，欧盟军事—民事部门之间的实战配合已越来越成熟，一批操作性很强的标准作业流程已经完成并被应用于实践。第三，对“综合手段”的研究和宣传工作扩大了欧盟在解决国际危机问题中的影响力，其自身的内涵和实用性也大大增强。2009 年 9 月，欧盟先后召开有关军事—民事力量合作的研讨会和非正式国防部长会议，研讨进一步发展“军事—民事综合手段”问题。会后，欧盟积极推进军事和民事力量合作。2009 年 12 月 1 日至 3 日，欧盟在布鲁塞尔开设了“欧盟共同安全和防务政策指南：欧盟的军事和民事能力发展”课程。该课程由欧洲安全与防务学院推动，法国国防高等研究院和希腊外交部主办，来自成员国的多名军方和民事人员参加了课程。2010 年 2 月 9 日，欧洲防务局召开题为“搭起桥梁：连接民事安全和军事能力发展”年会，来自欧盟军参部、其他欧盟机构、欧洲国防工业界和国际组织的 250 余人与会。2010 年 2 月 10 日，欧盟轮值主席国西班牙还组织了一场名为“为了处理危机而融合欧盟民事和军事能力发展”的研讨会。在欧盟相关部门的积极推动下，“军事—民事综合手段”概念在欧盟内部获得高度认同，为进一步推动“综合手段”的完善和应用打下了坚实基础。

其次是欧盟与北约的军事合作。尽管存在矛盾，但目前欧盟与北约军事机构之间的合作仍是较为紧密的。在信息共享方面，欧盟和北约的情报和通信专家目前已为进一步发展“信息收集工具”（IGTOOL）建立了工作联系，欧盟军事参谋部与北约国际参谋部于 2010 年 2 月共同测试了相关软件，双方还互邀对方参加各自主办的“信息搜集工具”训练课程。在军事

① Jonathan Debilde, “The European Union: from soft power to smart power?” http://gcreport.com/index.php/analysis/180-the-european-union-from-soft-power-to-smart-power.

能力合作方面，欧盟和北约的“军事能力小组”继续就此交换信息，双方近一年来共召开过 4 次相关会议，其中包括：2009 年 11 月召开的“北约—欧盟战略空运会议”；2009 年 12 月召开的有关相互提供直升机的研讨会；2010 年 2 月召开的有关欧盟和北约协调合作问题的会议；以及 2010 年 3 月举行的“解决后勤挑战”会议。在此期间，两个机构还继续相互通报有关军事能力发展的最新进展。此外，双方互设的永久性联络机构（欧盟设在北约盟军作战司令部内的“联络处”和北约设在欧盟的“常设联络小组”）运作顺利而有效。欧盟与北约军事合作较为紧密，但一些长期矛盾仍使双方保持一定距离。当前欧盟与北约在军事安全领域的合作基础是 2002 年 12 月通过的《柏林附加安排》，双方的合作是“战略伙伴”关系。不过，在实际执行过程中，北约一直试图强势主导跨大西洋关系，对欧盟发展独立防务的态度始终较为冷淡，不少“老欧洲”国家对此长期不满。双方的主要矛盾在于，北约希望将欧盟倡导的“软实力”作为其“硬实力”的补充，而欧盟则希望独立发展有自身特色的、“软硬结合”的“军事—民事综合手段”。欧盟当前有关与北约合作的几乎所有文件都强调“应充分尊重两大机构决策的自主性”，尽量把北约因素排除在欧盟防务决策的范围之外。

最后是欧盟与其他第三方在军事安全领域的合作。除与北约进行军事安全合作外，欧盟与联合国和非洲联盟等国际组织在危机管理领域也有较为紧密的合作。近年来，欧委会与联合国维和行动部门在“欧盟—联合国指导委员会”框架下建立了定期会晤机制，欧盟与非盟在军事安全领域的合作主要有以下三个方面：首先是加强政治与安全对话，其次是促使非洲“和平与安全架构”充分运转，最后是向非盟主导的维和行动提供一定的支持经费。欧盟还与欧安组织和东盟建立了“危机管理对话机制”。此外，欧盟与美国在反恐和防扩散领域的合作一直较为频繁。近年来，欧美在危机管理领域的合作也有所增强。2007 年，美国首次参加了欧盟主导的科索沃维和任务。欧盟与俄罗斯自 2003 年开始在军事安全领域展开合作。2003 年，俄成为欧盟第一个海外军事任务“欧盟波黑警察任务”的“贡献国”；2008 年 11 月，俄首次成为欧盟军事行动的“贡献国”，向欧盟在乍得的维和行动提供了数架大型运输直升机。此外，欧盟与冰岛、挪威和土耳其三个关系较为紧密的邻国之间签订了特殊军事行动合作协议，与加拿大和乌克兰之间也签订有军事安全合作协议。自2009年开始，欧盟与中国的护航舰队在亚丁湾展开初步接触与合作，这是欧盟与我国在军事安全领域的首次合作。

（二）欧盟区外维持和平行动继续延长

一年来，欧盟继续保持对外干预行动力度，共派出近9000人在欧洲、亚洲和非洲等地实施14项军事和民事行动，启动索马里安全部队训练计划，同时延长了驻拉法赫边境观察团（至2011年5月）、驻刚果（金）警察特派团（至2011年9月）、驻格鲁吉亚观察团（至2011年9月）、驻科索沃法治特派团（至2012年6月）、驻伊拉克法治特派团（至2012年6月）、“阿塔兰塔”打击索马里海盗军事行动（至2012年12月）以及驻阿富汗警察特派团（至2013年5月）等行动的任务期限。

（三）欧盟快反战斗群建设取得进展

快反战斗群是欧盟近年来着力打造的危机反应和快速干预力量，它不仅对各成员国军队的建军质量和能力标准提出了更高的要求，大力推进了欧盟国家军队的军事改革与转型进程，而且在政治决策、军事规划、作战指挥、战备动员、远程投送和后勤支援等诸方面推进了欧盟及其成员国的军事一体化建设。

1993年生效的《马斯特里赫特条约》首次明确提出了“在适当的时候组建欧盟共同防卫力量”的基本目标，标志着欧盟“共同外交和安全政策”的诞生。1999年，欧盟赫尔辛基峰会决定2003年前组建一支6万人的欧盟快速反应部队，计划装备300架战机和75艘军舰，从而使欧盟有能力在北约不直接介入的情况下独立实施危机预防与控制、维和以及人道主义救援行动。但在具体实施过程中，欧盟军事参谋部提出的42项成员国军力建设规划未能如期实现，到2003年5月只落实了16项。针对这一情况，2004年12月22日，欧盟25国国防部长在布鲁塞尔召开会议，正式宣布将于2007年之前组建13支快反战斗群，作为欧盟快反部队的核心力量。此后，欧盟开始着力加强快反战斗群的建设，在促进成员国军事转型、提高危机反应和干预能力以及推进欧盟共同安全与防务政策等领域取得了明显进展。

根据欧盟内部达成的协议，快反战斗群主要执行欧盟领导下的国际危机管理与干预行动，由成员国以自愿方式独立或联合出兵组建，每支兵力规模约1500人，最快可在5天内到达海外任务区，并至少可独立维持1个月。在欧盟理事会作出政治决定后，由德、法、英、意、希5国分别提供的一个战役指挥司令部负责具体指挥海外军事行动。平时，欧盟每半年均安排1至2支快反战斗群担负战备值班任务。其中2005年—2014年轮值计划如下：2005年上半年英国和法国各1支，下半年意大利1支；2006年上半年法国和德国1支，西班牙、意人利、希腊、葡萄牙1支，下半年法国、德国、比利时1支；2007年上半年德国、荷兰、芬兰1支，法国、比利时1支，下半年意人利、匈牙利、斯洛文尼亚1支，希腊、保加利亚、罗马尼亚、塞浦路斯1支；2008年上半年瑞典、芬兰、挪威、爱沙尼牙、爱尔兰1支，西班牙、德国、葡萄牙、法国1支，下半年德国、法国、比利时、卢森堡、西班牙1支，英国1支；2009年上半年意大利、西班牙、葡萄牙、希腊1支，希腊、保加利亚、罗马尼亚、塞浦路斯1支，下半年捷克、斯洛伐克1支，法国、比利时、卢森堡1支；2010年上半年波兰、德国、斯洛伐克、立陶宛、拉脱维亚1支，英国、荷兰1支，下半年意人利、罗马尼亚、土耳其1支，西班牙、法国、葡萄牙1支；2011年上半年荷兰、德国、芬兰、奥地利、立陶宛1支，瑞典、芬兰、挪威、爱沙尼亚、爱尔兰1支，下半年希腊、保加利亚、罗马尼亚、塞浦路斯1支，葡萄牙、西班牙、法国、意大利1支；2012年上半年法国、德国、荷兰1支，第2支待定，下半年意大利、斯洛文尼亚、匈牙利1支，德国、奥地利、捷克、先罗地亚、马其顿1支；2013年上半年波兰、德国、法国快反战斗群1支，第2支待定，下半年英国、瑞典1支，第2支待定；2014年上半年希腊、保加利亚、罗马尼而、塞浦路斯1支，第2支待定。

欧盟方面虽着力加强快反战斗群建设，但因体制原因，效果并不理想。这些体制性因素包括：（1）欧盟尚不具备独立统一的常设军事计划与指挥机构。欧盟现有的危机管理与计划署（CMPD）和军事参谋部虽在一定程度上担负战略筹划任务，但却因专业人员和资源配备不到位而缺乏必要的军事能力。由于在政治和战略层面上的规划与指挥机制尚不完善，欧盟战时只能依托由英德法意希5国分别提供的战役指挥司令部来行使军事指挥职能。从实践看，此举无疑增大了欧盟与有关成员国之间的指挥协调难度，大大降低了欧盟的危机反应与处置效率。（2）欧盟框架内可迅速调用的快反战斗群数量不够，联合训练和协同配合不力，其实战能力是否满足预定任务要求尚存疑问。（3）由于部分成员国不重视快反战斗群的建设投入、大小国家之间装备计划与需求不一等因素，由中小国家牵头组建的一些快反战斗群缺乏必要的直升机、战略通信等军事装备，影响了其战场机动与通联能力。（4）鉴于兵力规模和综合能力的缺失，欧盟快反战斗群尚不能独立承担较高强度的传统军事任务，只能担任所谓彼得斯堡使命框架内规定的部分较低强度军事任务，且其行动范围、持续时间等均受一定限制。（5）战略投送与后勤保障能力有限，多数国家被迫通过联合租赁和相互协作方式解决空运和后勤保障等难题，但财政开支巨大，且质量和可靠性难以保障。不过，《里斯本条约》生效后，欧盟内部有关建设“欧洲军队”的呼声再次升高。波兰宣布，将在2011年下半年轮值欧盟主席国期间把该问题作为核心议题之一。但综合目前各方面条件看，以快反战斗群为基础寻求建立一支统一的“欧洲军队”的时机尚不成熟。

（四）欧盟国防部长和外长会议达成主要共识

2010年12月9日和13日，欧盟外交和安全政策高级代表阿什顿先后主持召开国防部长会议和外长会议，讨论在新形势下加强欧盟防务一体化建设问题。这两次会议达成如下多项共识：

一是加强内部防务合作。此次欧盟国防部长会议的主要内容是讨论如何进一步落实9月非正式国防部长会议上提出的建议。会议再次确认，成员国应积极致力于超越目前防务合作水平，在训练、后勤、医疗、运输、信息和通信等领域加强“共享”与“整合”，努力减少防务预算削减给成员国和欧盟带来的负面影响，把金融危机的冲击转变成一个机遇，为提高欧盟军事能力注入新活力。会议还讨论并肯定了德国和瑞典联合提出的《加强欧盟军事合作的思考建议》。该份《建议》指出，为提升欧盟军事力量的效率、可持续性、协作性并降低防务成本，成员国应在防务需求、研发、采购、训练、演习、指挥结构、标准作业流程和行动费用等方面加强合作。会议还对法国和英国加强防务合作予以肯定。欧盟外长会议则承认，有必要根据《里斯本条约》的相关内容，进一步推动建立永久性的欧盟军事—民事合作机构，以加强欧盟应对危机的能力。

二是加强军事能力建设。国防部长会议期间，阿什顿还主持召开了欧洲防务局和欧盟军事委员会共同参加的欧洲防务局指导委员会会议。会议主要就加强欧盟军事能力建设中的“共享”与“整合”进行了讨论。目前，欧洲防务局正牵头70项“共享”与“整合”军事能力项目。指导委员会鼓励成员国提出更多“共享”与“整合”建议，并指出成员国应优先支持空中运输、医疗支援、“生物、化学、辐射、核武器防御”、无人机系统、多国直升机联队及未来海军后勤系统项目。会议批准了《2011年欧洲防务局工作计划》、《“保护欧洲部队”联合研发合作框架》、《鼓励欧洲的防务公司更广泛参与防务研发的决议》及《欧盟无线电频率政策项目决议》。此外，会议还讨论了有关“单一欧洲天空”的提议及《单一欧洲空中交通管理研发项目》。欧盟外长会议通过了《2010年后欧盟军事—民事能力发展报告》，肯定了欧盟近年来在军事—民事能力建设上的成果，为未来军事—民事能力建设勾画蓝图，强调发挥国防费用的军—民双重效用，加强欧洲防务局与欧委会的合作，促进军事技术和民用技术的互通性。

三是强化欧盟与北约的合作。国防部长会议召开前，阿什顿及欧盟国防部长们与北约秘书长拉斯穆森举行了1个小时的会晤。拉斯穆森首先简要介绍了北约里斯本峰会情况。此后，双方主要就欧盟与北约继续加强合作进行了讨论，认为双方应在尊重各自决策权的基础上，在军事能力发展建设上加强协调，增加工作人员之间的联系、加强欧洲防务局和北约盟军转型司令部之间的合作。

四是研究积极开展海外行动。国防部长会议上，欧盟“木槿花行动”、“阿塔兰塔行动”及“索马里训练任务”的3名指挥官分别向与会国防部长介绍了行动进展情况。首先，会议对“木槿花行动”，2010年展开新的能力建设和训练任务表示欢迎，认为该行动为维护波黑地区安全与稳定作出了积极贡献，参与行动的1500名官兵将在2011年继续完成好本职工作，并帮助欧盟加强在当地的影响力。此后，会议充分肯定了“阿塔兰塔行动”所作出的贡献，包括保障索马里沿岸安全、保护“世界粮食计划”向索马里运送人道主义救援物资船免受海盗袭扰、向其他船只提供保护等。会议还对欧盟国家海军将与国际刑警组织共享海盗个人信息表示欢迎。此外，“索马里训练任务”的第一批900名索马里士兵即将受训完毕，第二批训练1000名索士兵的任务即将开始。目前，欧盟将尽力通过与联合国、非盟、乌干达和美国等相关方加强合作，来保证受训士兵在回国后能被索马里临时政府雇用，并能够发挥积极作用。

四、正式设立“欧盟对外行动署”并将近期发挥效能

“欧洲对外行动署”（the European External Action Service，EEAS）是根据《里斯本条约》设立的。条约规定：“为完成其职责，（欧盟外交与安全政策）高级代表将由欧洲对外行动署支持工作……对外行动署将由（欧盟）理事会作出决议而成立。理事会的决议则以高级代表提出的方案为基础，并在与欧洲议会协商和征得欧盟委员会的赞成之后作出。”[①] 另外条约还规定高级代表担任欧盟委员会第一副主席，负责处理委员会中的对外事务。可见《里约》设置的高级代表已不再是“共同外交与安全政策”（CFSP）高级代表，而是欧盟外交与安全政策代表。高级代表的双重身份在一定程度上克服了欧盟内部旧有的超国家和政府间力量的冲突。与原高级代表只起辅助性作用相比，现高级代表的职权大大扩展，能够在超国家层面巩固欧盟外交政策权能。

欧盟外交与安全政策高级代表阿什顿在2009年12月履新后，着手根据《里斯本条约》的规定，于2010年3月25日向欧洲议会提交了长达12页的建立“欧洲对外行动署”方案。但是，这份方案未突出欧洲议

① “欧洲是否真能‘以一个声音说话’”，网易，http：//news.163.com/10/0716/16/6BNQAUK100014AED.html。

会对“欧洲对外行动署”工作的监督作用，又过于强调“欧洲对外行动署”中由公务员担任的秘书长的权力，受到欧洲议会的强烈批评。阿什顿不得不对草案进行修改。4 月 26 日，由各成员国外长组成的欧盟总务理事会认可了修改后的方案，但是欧洲议会依然要求对方案做进一步修改。6 月 23 日，欧盟轮值主席国西班牙外长莫拉提诺斯主持召开会议，阿什顿、欧盟委员会内部关系与行政事务委员瑟夫车维奇和欧洲议会派出的三位代表范霍夫斯塔特（比利时人）、波洛克（德国人）、爪尔梯利（意大利人）共同参加会议。经过深入细致的磋商，各方最终就组建方案达成妥协。

7 月 8 日，欧洲议会在夏季休会之前对阿什顿提出的方案进行投票表决，以 549 人赞成、78 人反对、17 人缺席的表决结果同意了欧盟“欧洲对外行动署”筹建方案。

根据欧洲议会通过的筹建方案，“欧洲对外行动署”的功能是处理欧盟总体的对外关系和安全与防务事务，并且还掌控欧盟层面的情报部门。“欧洲对外行动署”的另一项功能是管理欧盟派驻世界各国和各政府间国际组织的代表处，这些代表处实际上相当于欧盟的驻外使馆。值得注意的是，方案中写有这样的内容：“欧洲对外行动署”的负责人，即欧盟外交与安全政策高级代表必须定期向欧洲议会报告“欧洲对外行动署”的工作情况。被选派的欧盟驻外“大使”（正式名称目前依然是欧盟驻外代表团团长）必须在赴任前先到欧洲议会听证，尽管议会对其任命不拥有否决权。

经过近 5 个月的筹备，欧洲对外行动署于 2010 年 12 月 1 日正式运行。根据欧洲议会通过的 2011 年预算方案，欧洲对外行动署共设 1643 个职位，其中 411 个职位由欧洲理事会和欧盟理事会转任而来，1114 个职位由欧盟委员会人员担任，余下的 118 个职位另觅新人。

欧洲对外行动署将原来分属欧盟理事会和欧盟委员会的外交机构合二为一，形成欧盟层面单一的处理日常对外事务部门，因此确实能促进欧盟共同外交政策的具体落实，帮助欧盟内部在共同外交政策实施方面相互协调与妥协。但是，欧盟共同外交政策的决策权依然在欧盟理事会，也就是在各成员国手中。在贯彻执行欧盟各项共同外交政策的过程中，“欧洲对外行动署”能发挥非常重要的作用，但它并不是唯一的角色，例如欧盟委员会仍在欧盟扩大和实施对外援助方面发挥重要作用。这意味着“外交署”虽然能促进欧盟共同外交政策的发展、为欧洲“以一个声音说话”提供保障机制，却不能保证欧盟的共同外交政策肯定能更上一个台阶、欧洲真的能完全“以一个声音说话”。

（崔建树）

第十七章

独联体地区安全形势

2010年，独联体国家的一体化进程在新旧矛盾并存中曲折发展。在政治形势与地区关系方面，俄罗斯“梅普组合”进入第三个年头，反危机政策取得成效，政局稳定有序；乌克兰和白俄罗斯举行总统大选，政权平稳交接；吉尔吉斯斯坦政权更迭后选择了议会制政体。自2004年底以来的颜色革命后的独联体地区政治格局出现重组态势，随着经济复兴和在独联体地区影响力的回升，俄积极寻求和推动独联体地区合作的新模式和新途径。在地区经济方面，2010年独联体国家经济形势逐步好转，经贸额出现回升势头。2010年是独联体国家“科技和创新年”，独联体政府首脑圣彼得堡峰会讨论了2020年前独联体国家创新合作目标纲要；俄白哈正式建立三国关税同盟，并签署涉及组建三国统一经济空间的系列文件。在军事安全方面，2010年独联体国家军费（按美元计算）比2009年增加了5%，比2008年增加了近15%。俄出台新版军事学说，加快落实编制体制调整；集体安全条约组织定期举行军演并酝酿内部改革。在对外关系方面，大多数独联体国家继续务实的多元平衡外交。俄罗斯借助于经济复苏加快国家现代化和创新发展，强调与美欧西方大国建立务实的“现代化联盟关系”和“现代化伙伴关系”，实施富有成效的东方外交，推动西伯利亚和远东地区的开发。俄与美欧已对俄加入世贸组织达成协议。

一、社会政治形势基本稳定，地区关系新旧矛盾并存发展

2010年，俄罗斯“梅普组合”进入第三个年头，仍保持70%以上的民

意支持率，政局稳定有序。乌克兰、白俄罗斯在年初和年终分别进行了总统大选，政权平稳交接；吉尔吉斯斯坦发生反政府骚乱，巴基耶夫政权被推翻，反对派组成新政权宣布在吉实行议会制。独联体国家间新旧矛盾并存，一体化在曲折中发展。

（一）俄罗斯社会政治形势基本稳定

首先，梅普组合仍保持较高民意支持率。历经世界经济危机的考验后，梅普组合进入第三个年头，俄反危机措施取得了成效，政治局势基本稳定有序。4月，普京发布2009年政府工作报告，积极肯定了政府的反危机政策，并指出未来两年俄政府的重要任务是：经济平稳增长，创新经济和社会保障。① 5月，俄公布外交部提交的《在系统基础上有效利用外交因素推动俄联邦长期发展的计划》，明确了要开展积极有效外交，建立互利的双边及多边伙伴关系，为俄实现现代化、创新发展创造有利外部条件，推动俄根本利益并加强俄对世界进程的影响。② 11月，梅德韦杰夫向议会发表总统年度国情咨文，对经济、政治、社会、军事和外交等方面进行了工作总结和展望，指出国家的工作重心是现代化、法制、民生，强烈呼吁改善俄人口形势，扶持多子女家庭和发展教育。③ 今年，梅德韦杰夫进行了一些地区和部门领导人的更换，其中影响最大的是以“失去总统信任”为由罢免了莫斯科市长卢日科夫。与此同时，俄国内加里宁格勒、伊尔库茨克等地区也出现了反政府的抗议活动。但上述矛盾和冲突并不代表主流，截止到2010年10月，梅普两人的民意支持率仍保持在70%以上，表明俄罗斯的政治局势基本稳定。

其次，莫斯科及北高加索地区发生恐怖袭击惨案，预示着恐怖威胁难以消除。3月29日，莫斯科地铁两次遭遇恐怖袭击，发生连环爆炸，共造成39人死亡，72人受伤。北高加索（车臣）伊斯兰主义抵抗分子宣称对此负责。30日，俄罗斯降半旗悼念遇难者。3月31日和4月1日，俄北高

---

① 2009年俄政府工作报告，俄政府网站，2010年4月2日。

② “在系统基础上有效利用外交因素推动俄联邦长期发展计划”，［美］《新闻周刊》（俄文版），2010年5月11日。

③ 俄总统国情咨文，俄总统网站，2010年11月30日。

加索地区达吉斯坦共和国境内又相继发生多起爆炸袭击事件，造成10多人死亡。普京当天在政府召开的交通安全会议上表示，莫斯科地铁爆炸案及世界其他地区发生的恐怖袭击证明，俄和其他国家均面临恐怖主义的威胁，因此必须完善相应的安全预警机制。正在布拉格参加新的《削减战略核武器条约》签字仪式的俄美两国总统，共同讨论了反恐及反恐合作问题。4月1日，梅德韦杰夫在马哈奇卡拉召开的会议上提出，高加索反恐将面临五大任务：加强内务部、联邦安全局和法院力量；严厉打击恐怖分子，消灭他们本人及他们的藏身之处；帮助与恐怖分子决裂的人；发展经济、教育、文化；加强精神和道德力量。① 为应对和改善北高加索地区社会经济形势，2010年1月，俄设立了第八个联邦区——北高加索联邦区，亚·赫洛波宁出任总统驻北高加索联邦区全权代表。但是，恐怖主义的威胁并未消失，新联邦区的划分和新领导人的到任能否遏制恐怖主义对俄安全的威胁，尚有待观察。

（二）乌克兰、白俄罗斯举行总统大选，政权平稳交接

首先，乌克兰总统易人，俄乌关系回暖。1月17日，乌克兰开始总统大选。2月10日，亚努科维奇宣誓就任乌总统。亚努科维奇表示，他将致力于维护乌克兰的国家利益。工作重点是改善乌投资环境，吸引更多投资；优先发展与乌克兰在经济、文化和历史上紧密相连的国家间关系。乌克兰称，未来3年，即到2012年将停止有关尽快加入军事政治联盟的任何讨论，乌三年内将不再谋求成为北约的一员。3月5日，乌新总统访问莫斯科。

4月21日，俄乌签署协议，俄以七折优惠价格向乌克兰出售天然气，由此乌每年将节省30—40亿美元的能源支出。乌克兰则同意俄黑海舰队在塞瓦斯托波尔港口2017年租期到期后，延长25年到2042年，并强调“期满后如双方无异议，俄有权进一步要求延期5年”。俄黑海舰队每年给乌方的租赁费为9785万美元，乌可用来抵扣对俄罗斯的天然气债务。俄乌两国

① “俄总统飞行访问达吉斯坦 提高加索反恐五大任务”，中国新闻网，http://www.chinanews.com/gj/gj-oz/news/2010/04-01/2204100.shtml。

高层互访不断，带动了俄乌关系的回温。5月17日，梅德韦杰夫访问乌克兰，两国就欧洲安全体系、黑海地区安全和德涅斯特河沿岸问题发表联合声明，俄称乌克兰是“真正的伙伴”，亚努科维奇则提议制定两国10年长期合作纲要。当月，梅德韦杰夫在出席第七届俄乌经济论坛时宣称，俄乌经贸龃龉的时代已经过去，双方在航空航天，造船和燃料动力系统等领域合作潜力巨大。①

自2004年底尤先科因橙色革命而上台后，俄乌关系一直不睦。两国在天然气供应和过境及塞瓦斯托波尔海军基地等问题上的冲突严重。今年初乌政权更迭后，乌克兰奉行“务实外交”，从国家根本利益出发，俄乌关系出现实质性改善。乌克兰称不加入集体安全条约组织，但不排除与集安组织在各项领域发展合作，以维护乌国家安全。

其次，白俄罗斯总统卢卡申科获连任，白继续多元化外交。12月19日，白俄罗斯现任总统卢卡申科以79.67%的选票再获连任，这是卢卡申科第四次当选白俄罗斯总统。19日晚，白俄罗斯当局与反对派抗议者发生严重冲突。欧安组织观察员认为选举存在问题，以俄罗斯为首的独联体观察团称选举是合法的。卢卡申科表示，白俄罗斯将继续多元化外交政策，同时发展与西方和俄罗斯的关系。

（三）吉尔吉斯斯坦政权更迭，南部冲突拉响地区安全警报

4月6日，吉尔吉斯斯坦数千名反对派支持者游行示威，要求总统库尔曼别克·巴基耶夫辞职。7日，吉首都比什凯克等多个城市和地区发生大规模骚乱，上万名反对派支持者冲击政府大楼，围攻总统府，占领议会和电视台，并与警察发生冲突，造成近百名人员伤亡。当日夜间，反对派宣布组建代理政府，巴基耶夫被迫离开首都飞往南部城市奥什。8日，反对派领导人萝扎·奥图巴耶娃宣称接管政权。

吉尔吉斯斯坦人口500余万，民族众多（90个以上）。在所有的族际矛盾中，吉尔吉斯族与乌兹别克族两族之间的矛盾最为深刻。1990年，吉乌两族在奥什地区就曾发生过大规模的流血冲突，造成300多人丧生。

① 尚月：“俄罗斯正收紧‘独联体’”，载《世界知识》，2010年第19期。

2010年6月10日始，吉南部奥什地区吉尔吉斯族人与乌兹别克族人再次发生民族冲突，并扩大为大规模骚乱。6月17日，吉尔吉斯斯坦卫生部发布消息称，吉国南部骚乱已经造成至少191人死亡、1971人受伤。[①] 自冲突发生以来，近四十万难民逃离家园。[②] 吉尔吉斯斯坦政府发生骚乱当天即向俄罗斯请求军事援助，声称其南部形势已经失控，但是俄官方表态，奥什地区的骚乱是吉内部冲突，当前不具备使用俄武装力量进行干预的条件。16日，俄紧急情况部将向吉方运送130吨的救援物资。美国在此问题上也只应吉尔吉斯临时政府的请求，提供了约80万美元的紧急援助物资。中国政府坚持不干预他国内政的原则，向吉提供了一批价值500万元人民币的紧急人道主义物资援助。

6月27日吉公民投票通过新宪法，吉成为中亚首个议会制国家，奥图巴耶娃将担任总统直至2011年底。8月，在集体安全组织峰会上俄表示将帮助吉解决国内经济和政治问题。10月10日，吉举行了议会选举，5个政党进入议会，无一党独大。社会民主党、"阿塔—梅肯"（祖国）党支持新宪法，力主扩大议会权力，而"故乡"党、"尊严"党和"共和国"党意图恢复总统权力。

（四）独联体国家间新旧矛盾并存发展

首先，摩尔多瓦当局实行反俄政策。2009年4月，亲俄罗斯的摩共政府下台后，"融入欧洲"执政联盟、代总统米哈伊·金普实施反俄亲罗马尼亚政策。在"融入欧洲"执政联盟中，"我们的摩尔多瓦"和民主党主张摩尔多瓦独立，而自由党和自由民主党主张摩尔多瓦与罗马尼亚合并。代总统金普是自由党领袖、议长，总理弗·菲拉特是自由民主党领袖。因此，当前摩政权实际掌握在亲罗派手中，要求俄军无条件撤离摩，将德涅斯特河沿岸地区维和形式变成国际文职观察员使团。5月，摩拒不参加莫斯科胜利日庆典活动。6月，代总统金普签发命令，称1940年6月28日

---

① "吉尔吉斯骚乱已致191人死，逾十万难民涌向邻国"，腾讯网，http：//news. qq. com/a/20100617/001576. htm。

② "联合国称已有40万难民因吉尔吉斯南部骚乱逃离"，新华网，http：//news. xinhuanet. com/world/2010-06/17/c_ 12231018. htm。

为苏联占领日，并要求俄从德涅斯特河沿岸地区撤军，以欧洲调解人取代俄罗斯。8月，金普出访格鲁吉亚，与萨卡什维利会谈意欲重振古阿姆。与此同时，摩当局积极加强与罗马尼亚的外交关系及文化认同。

其次，纳卡问题使阿塞拜疆与亚美尼亚矛盾继续恶化。苏联解体近20年来，纳戈尔诺—卡拉巴赫地区的摩擦和冲突从未停止，阿塞拜疆与亚美尼亚两国始终未能就此达成和平协议。今年，亚美尼亚不仅在卡拉巴赫地区展开长时间军事演习，其总统萨尔基相还赴此地视察。8月31日，阿塞拜疆与亚美尼亚军队在有争议的纳戈尔诺—卡拉巴赫发生冲突，造成至少5人死亡。

俄格冲突后，俄罗斯更加关注南高加索地区局势。俄决定尽一切可能继续调解亚美尼亚和阿塞拜疆之间的冲突，避免纳卡地区爆发战争。亚美尼亚是集体组织成员国，一直奉行“亲俄”政策。8月19日，俄总统梅德韦杰夫出访亚美尼亚，并出席在埃里温举行的集体安全条约组织非正式峰会。访问期间，俄亚签署了有关将俄军基地的使用期延长至49年的协议，并改变驻亚俄军的职责内容。近年来，阿塞拜疆积极展开能源外交，向多个国家输送油气，引起俄的不满和不安。9月2日，梅德韦杰夫访问阿塞拜疆。能源合作是梅氏此行的重要议题，2011年俄从阿塞拜疆天然气进口量有望达到20亿立方米。虽然亚美尼亚与阿塞拜疆关系交恶，但双方对俄均有所需，梅德韦杰夫的到访受到两国欢迎。

第三，中亚水电资源争端激化。作为地区稀缺资源，水资源争端是持续影响中亚地区安全和国家间关系的重要因素。从地理环境上看，中亚地区的水资源总量并不少，淡水资源总蕴藏量在1万亿立方米以上，但大部分水资源都深处高山冰川，或是深层地下水，开发难度大。其次，中亚地区地表水分布极不均衡，主要水源位于上游塔吉克斯坦和吉尔吉斯斯坦境内。塔吉两国水量丰富但其他能源严重缺乏，便想用水资源来交换下游哈萨克斯坦、乌兹别克斯坦和土库曼斯坦三国的能源。哈乌土三国对上游国家的做法非常反感，认为水资源是自然资源，应该共享而不能用来作为能源交换的条件。苏联时期，水资源分配得当，中亚河流上游地区重点建设各类水利调节设施，下游地区则重点发展灌溉农业和工业，并向上游地区提供能源和工业品与农产品，从而达到整个地区的平衡发展。苏联解体后，水利设施和水资源分配体制被中亚地区保留下来，但下游国家不再对上游国家进行任何补偿，矛盾随之而来。水是否能作为商品用于交换成为中亚国家的主要问题。

2010 年，中亚水资源问题进一步激化，塔吉克斯坦方面称，如果原先的中亚统一电力系统不恢复使用，他们不得不把凯拉库姆水库的水全部用于发电，而这将会使冬春季流向乌兹别克斯坦用于农业灌溉的水流大幅减少。乌兹别克斯坦和哈萨克斯坦南部的大部分农田正位于该水库下游，其农业必将受到很大影响。塔吉克斯坦和乌兹别克斯坦关于罗贡大坝工程的争议也在水资源危机时越演越烈，塔吉克斯坦罗贡大坝正在计划重新建造，大坝的重建将解决塔吉克斯坦能源不足问题，但水坝的建成也会直接影响到下游临水而生活的几百万乌兹别克斯坦人用水及其农业灌溉问题。由此，中亚水资源危机不可避免地与中亚统一电网危机纠结在一起。2003 年 6 月，土库曼斯坦第一个退出中亚统一电力系统，2009 年 12 月初，乌兹别克斯坦退出。哈萨克斯坦也表示，当其电力系统安全受到威胁时也将退出中亚统一电力系统。乌兹别克斯坦退出统一电网使吉塔两国措手不及，由于电网的限制，吉塔两国水利设施发展受到严重影响，这将使两国的水资源由发电用途改变成本国枯水期的农田灌溉。水电的供应不足将大大降低中亚国家地区安全稳定性。

二、经济逐步恢复，经济一体化步伐有所加快并取得阶段性成果

在经历严重经济危机后，2010 年独联体国家经济形势逐步好转，经贸额出现回升势头，经济一体化在曲折中艰难发展。2010 年是独联体国家“科技和创新年”，独联体政府首脑圣彼得堡峰会讨论了 2020 年前独联体国家创新合作目标纲要，以推动成员国在科技创新领域的合作。俄白哈历经坎坷，正式建立三国关税同盟，并签署涉及组建三国统一经济空间的系列文件。

（一）独联体地区经济形势

2010 年，独联体国家经济逐步复苏。据独联体跨国统计委员会资料显

示，1—8月份独联体国家GDP平均增长率为4%，其中乌兹别克斯坦以8%的增幅位列第一。其他国家增幅依次为：塔吉克斯坦为7%，白俄罗斯为6.5%，亚美尼亚为6%，阿塞拜疆为4.5%，俄罗斯为4%，哈萨克斯坦和乌克兰为3.5%，摩尔多瓦为2.5%。[①] 1—9月独联体国家工业产品生产增长9%，货物运输量增7%，零售额增5%，固定资本投资增3%。1—9月独联体各国工业生产同比增长情况如下：亚美尼亚为10.9%，乌克兰为10.8%，塔吉克斯坦为10.6%，哈萨克斯坦为10.4%，白俄罗斯为10.3%，俄罗斯为8.9%，摩尔多瓦为6.3%，阿塞拜疆为3.1%。[②]

2010年，俄罗斯反危机措施取得了应有的成效，俄开始缓步走出国际金融危机。根据俄联邦统计局的初步数据，到12月27日俄通货膨胀率达到8.7%，超过政府官方8%的目标。今年俄遭受严重旱灾，粮食歉收，山林大火又使俄重要的出口产品——谷物和天然气产量大幅下降，俄国内生产总值增长不会高于4%。俄财长库德林表示，俄经济增长主要靠加工业，资金投入将成为推动经济发展的主要力量。1月20日，普京总理批准了“远东和贝加尔地区2025年前社会经济发展战略”，俄远东地区的开发正式拉开序幕。俄远东和贝加尔地区包括12个州、共和国和边疆区，面积772.74万平方公里，占俄国土总面积的45.2%；现有人口1107.29万，占俄总人口的7.8%。该地区森林资源丰富，俄全国一半以上的锡、钻石和黄金产自这一地区，煤炭、石油、天然气储藏量巨大，有色金属和稀有金属品种多。俄计划分三阶段使远东地区居民的收入水平提高三倍，成为俄较发达地区。远东地区的经济振兴将带动俄整体经济的复兴。

独联体国家中阿塞拜疆、乌兹别克斯坦和土库曼斯坦受世界经济危机影响较小。今年上半年与去年同期相比，土库曼斯坦国内生产总值增长20.5%，国家预算收入增加，中小型企业积极发展，国家货币玛纳特与外币兑换汇率稳定，本国货币得到国家银行系统的信任，通货膨胀得到抑制。其中，建筑领域产值增长86%，交通运输领域增长41%，农业领域增长15%。目前，土库曼斯坦正实施2100多个工程建设项目，总投资323

① “中亚速览”，载《中亚信息》，2010年第9期。

② “1—9月独联体国家工业生产大幅增长”，中国驻哈萨克斯坦使馆经济商务参赞处网站，http：//kz.mofcom.gov.cn/aarticle/jmxw/201011/20101107228871.html。

亿美元，投资额比去年同期增长了 6.5%，南北州际铁路已经建成 300 多公里，土库曼斯坦—中国输气管道另一支线建设项目的筹备工作进展迅速；利用本国资金和力量正在修建全长 1000 公里的东西输气管道。此外，土今年又新开发了一些石油天然气矿区。①

（二）独联体地区经济关系及经济一体化进程

2010 年，独联体经济一体化最大的成果是俄白哈三国正式建立关税同盟。

近年来，俄罗斯与白俄罗斯关系以“务实”为基调，经济利益上逐步采取“亲兄弟，明算账”原则。今年上半年，俄白在经贸关系方面仍纠纷不断，并多次出现冲突与对抗。继 2009 年底的俄白天然气之争后，俄决定从 2010 年起对超过白俄罗斯国内需求部分的俄原油全额交纳关税，并坚持在俄白哈关税同盟中，原油和成品油不纳入免税清单。白俄罗斯国内需要成品油约为 600—700 万吨，其余的全部出口以赚取外汇。对此，白俄罗斯声称提高俄运往欧洲的原油过境费，并提高了俄向“飞地”加里宁格勒州输送电力的过境费。2010 年 1 月 27 日，俄白终于就石油供应条件达成协议，今年俄向白提供 630 万吨的免税原油。② 之后，俄白“斗气”风波又起。6 月 21 日，俄天然气工业股份公司以白俄罗斯拖欠 1.92 亿美元天然气进口费为由，宣布减少对白俄罗斯天然气供应量。白俄罗斯方面称俄方拖欠天然气过境运输费，向俄方索要 2.6 亿美元。6 月 22 日，白俄罗斯总统卢卡申科宣布，关闭俄经白俄输往欧洲的天然气管道。他在与俄外长拉夫罗夫会面时称，此次冲突已经超出两国公司纠纷范畴，已变成“天然气战争”。6 月 23 日，俄天然气工业公司总裁阿列克谢·米勒宣布，继前日“俄气”对白俄罗斯供气量减少 30%之后，当天将对白俄供气量减少 60%。俄白“斗气”最终以双方付清欠费而解决。据专家分析，俄白斗气的深层原因还有俄白哈三国关税同盟问题。

---

① “中亚速览”，载《中亚信息》，2010 年第 7 期。

② 谢·科尔钦：“后苏联空间的新一轮能源冲突”，［俄］《独立报》，2010 年 2 月 9 日。

俄白哈三国关税同盟原拟定于2010年7月1日正式启动。由于俄白在石油产品出口关税关键问题上意见相左，加上双方在天然气价格问题上也一直无法达成一致，致使这一进程屡经坎坷。5月14日，俄政府批准俄白哈建立关税同盟的文件，但5月23日，普京表示因其一项法规未达成协议，三国关税同盟还不能开始全面运转。5月28日，白俄罗斯总理西多尔斯基称，由于无法调和的分歧，白将取消与俄罗斯、哈萨克斯坦关于关税联盟的谈判。俄方指责白俄在同盟问题上消极对待，声称如果白方坚持己见，俄将与哈萨克斯坦建立关税同盟。7月1日，俄哈海关法典生效。7月3日，俄白宣布已签署包括海关法典在内的海关同盟所有的相关协议。7月5日，俄白哈在欧亚经济共同体峰会上宣布三国海关法典于7月6日生效。① 三国关税同盟的签订并不代表三国间的矛盾与分歧消失。7月5日，俄第一副总理舒瓦洛夫对媒体称，关税同盟在取消出口关税的问题上仍然存在分歧。白俄罗斯认为，随着统一关税区的形成，现在就应该取消相互贸易中征收出口关税的权利，并建议俄罗斯从2011年1月1日开始取消石油出口关税。俄哈两国则认为，在统一经济空间形成之前以及所有相关协议生效之前，各方仍保留征收出口关税的权利。②

7月5日，欧亚经济共同体峰会在哈萨克斯坦首都阿斯塔纳举行。除了俄白哈宣布三国关税同盟正式启动，会议还讨论了有关共同采取措施克服国际金融危机的影响、建立欧亚经济共同体法院以及欧亚经济共同体的预算等问题。此外，俄积极推动卢布在独联体地区的使用。早在金融危机前，俄就提出推动卢布成为世界金融市场结算货币的目标。目前，俄罗斯与白俄罗斯用卢布结算的份额已超过90%，俄与乌克兰和哈萨克斯坦用卢布结算的份额也在继续增加。俄主张独联体发行卢布债券，并考虑近期在俄证券市场发行独联体国家卢布债券。俄副总理兼财长库德林表示，如果白俄罗斯和乌克兰决定发行卢布债券，俄将对两国政府和银行给予支持。③

11月19日，独联体政府首脑会议在圣彼得堡举行。俄罗斯、白俄罗斯、哈萨克斯坦、阿塞拜疆、亚美尼亚、摩尔多瓦、塔吉克斯坦、吉尔吉

① “中亚速览”，载《中亚信息》，2010年7月。

② “俄白哈关税同盟海关法今日生效”，人民网，http://world.people.com.cn/GB/12061242.html。

③ “中亚速览”，载《中亚信息》，2010年7月。

斯斯坦、乌兹别克斯坦和土库曼斯坦等国家政府领导人或代表参加了会议。与会各方就加强独联体地区经济一体化、推动多边自由贸易区建立，促进创新科技合作等问题进行了讨论，并签署20多份合作文件。新协议将取代独联体组织现行的100多项经贸协议，减少成员国之间的贸易壁垒。普京表示，今年前8个月独联体国家间的贸易额同比增长30%，独联体各国的相互协作在不断加强。[①] 当天，俄罗斯总理普京、白俄罗斯总理西多尔斯基和哈萨克斯坦总理马西莫夫在俄圣彼得堡举行关税同盟最高机构会议，并签署了涉及组建俄白哈三国统一经济空间的一系列文件。这些文件包括协调宏观经济政策协议、竞争统一原则和规则协议、抵制第三国非法劳动移民合作文件等。

三、军事发展提速，军事合作有所加强，但改革势在必行

受金融危机影响，独联体国家国内生产总值平均缩水近7%，但各国军费（按美元计算）却比2009年增加了5%，比2008年增加了近15%。其中格鲁吉亚军费占国内生产总值的4.56%，亚美尼亚占4.07%，阿塞拜疆占3.95%，乌兹别克斯坦占3.5%，乌克兰占3.5%，白俄罗斯占1.5%。吉尔吉斯坦和塔吉克斯坦依然不多，其军费预算在很大程度上要靠国外援助补充。土库曼斯坦和摩尔多瓦仍维持原有水平。按卢布计算，俄罗斯军费同比增长3.4%。[②]

（一）俄罗斯推出新军事学说，定期举行军事演习，落实军队编制体制调整，加快军事改革步伐

自2008年9月俄总统批准军队改革计划后，2009年俄通过国防法的系列修改，为使用军队保护境外俄公民提供了法律依据。国际社会在关注

① “独联体国家寻求合作新途径”，《人民日报》，2010年11月22日，第3版。

② 弗·穆欣：“军事化国家联合体——危机并未妨碍独联体国家增加军费”，［俄］《独立报》，2010年3月17日。

俄罗斯大国复兴的同时，也在关注其军事改革走向。

2010年2月5日，俄罗斯总统梅德韦杰夫主持召开了联邦安全会议常委会，批准了新版《俄联邦军事学说》和《2020年前国家核遏制政策原则》。新军事学说明确了世界经济政治新形势，西方国家的整体影响力下降和新兴国家快速崛起的现实，分析了2008年俄格战争的教训及美俄关系的新态势，继续视核武器为保障俄国家安全和大国地位的最重要和最可靠的手段。

新军事学说的突出特点：其一是首次宣告当俄及其盟国受到外国常规武器攻击，使国家处于危亡关头时，可以由总统作出使用核武器的决定（参见新军事学说第22条）。其二，北约东扩及美国在东欧的反导部署被称为危害俄罗斯国家安全的首要外部军事威胁（参见第8条）。其三，首次明确了对外军事政治合作的优先顺序：与白俄罗斯协调军队发展及军事基础设施使用；与独联体集体安全条约组织成员国确保集体安全和联合防御；与独联体国家共同保证地区和国际安全，共同实施维和行动；与上合组织国家进行合作，应对本地区新的军事威胁；与联合国和其他国际组织共同参与军控和维和行动（参见第51条）。[①]

3月5日，梅德韦杰夫总统在俄国防部部务扩大会议上指出，俄军在2010年的重要任务是提高通用部队在新的组织编制结构中的战斗准备水平，集中于建立和培训跨军种部队，继续进行军事改革，维护和发展核遏制力量和手段。俄总统确认，俄将完成2011—2020年新的国家装备纲要的制定工作，提出年平均更新9%—11%的武器和技术装备任务，到2020年现代化军事技术装备的比例提高到70%。[②] 总理普京在军工综合体发展会议上也指出："2008和2009这两年签订了提供130架战机的长期合同，2010年军队将购买270架飞机，50多架直升机及5套S-400防空导弹系统。"在研制出第五代歼击机后，俄还要开始研制未来远程飞行系统。俄罗斯正在研制的新型航空系统将在2025—2030年进入俄空装备，此项新型战略轰炸机技术完全由隐形技术制造，届时俄军事力量将大幅提升。

---

① "俄罗斯联邦军事学说"，俄总统网站，2010年2月5日。

② 俄罗斯总统网，2010年3月5日。

2010 年 5 月 9 日，俄罗斯举国庆祝卫国战争胜利 65 周年。莫斯科红场阅兵引人注目，在众多国家元首面前，俄罗斯展示了曾在苏德战场上立下赫赫战功的 T-34 坦克等武器装备，并展现了 S-400 防空导弹系统和“白杨-M”型洲际弹道导弹等俄军当前最高水平的现代化武器装备。7 月 14 日，俄总统令规定至年底前完成指挥机构的更新，四大军区取代原六大军区，并组建完成联合战略司令部，各军区区域内的所有部队，包括海军，空军及防空兵都将由新司令部领导。

2010 年 6 月 29 日至 7 月 8 日，俄罗斯举行代号“东方—2010”的大规模战略战役军事演习。此次演习是俄罗斯和白俄罗斯“西方—2009”联合演习的逻辑延续，旨在检验跨兵种联合指挥水平、三级指挥体系（战役战略司令部—战役司令部—旅）的协调能力和部队机动性能。参演部队来自西伯利亚军区、远东军区、伏尔加河沿岸—乌拉尔等军区，包括空军、空降兵和太平洋舰队各兵团和部队。除国防部直属部队及其军事指挥机关外，俄罗斯其他强力部门，如内务部、联邦安全局、联邦警卫局、紧急情况部、联邦惩罚执行局也派出行动组和作战分队参与。总参演兵力约 2 万人、75 架飞机、2500 个单位军事装备、40 艘舰艇，由俄联邦武装力量总参谋长马卡罗夫大将亲自指挥。俄军事观察员指出，“东方—2010”演习表明俄军已为在俄边界和原苏联地区的局部冲突而可能发生的战争做准备，主要对手将包括正规军到规模较大的匪帮及恐怖主义分子。演习中暴露出俄军现存的两大重要问题：一是军队人员作战能力下降，义务兵素质不如合同兵。因经济实力不足，裁减合同兵对训练产生负面影响。二是武器装备和数量相对发达国家处于落后状态。目前俄罗斯新型舰艇支队装备的都是 20 世纪 70—80 年代的设备，俄寄希望于列入预算的 2010—2020 俄罗斯武器更新计划的实施有助于缓解这一问题。①

---

① 军事观察家伊利亚·克拉姆尼克：“东方—2010：检验新型部队”，俄新社，2010 年 7 月 5 日；“新的军队指挥体系：建立联合司令部”，俄新社，2010 年 7 月 15 日。

(二) 俄批准与阿布哈兹、南奥塞梯军事合作协议，据此俄在黑海地区获得新的海军基地

2010 年 2 月 17 日，俄与阿布哈兹签署一揽子社会经济及军事合作协定，并批准了俄在阿建立联合军事基地的文件。联合军事基地的构成包括古达乌塔区原驻扎的维和设施和邦博雷军用机场、奥恰姆奇拉郊区的军用靶场和海港的一部分，以及科多里峪谷北部和因古里河水电站附近的俄阿联合守备部队。[①] 基地使用期为 49 年。据此，俄黑海舰队将在苏呼米和奥恰姆奇拉获得新的海军基地使用权，摆脱对乌克兰塞瓦斯托波尔的过分依重。

2010 年 3 月 9 日，俄批准了与南奥塞梯军事合作协议，俄在南军事基地将设在茨欣瓦利或贾瓦，使用期为 99 年。

(三) 为应对内外安全挑战，提高效率和行为能力，集体安全条约组织举行联合军演并酝酿改革新举措

2010 年 4 月 22—26 日，独联体集体安全条约组织快速反应部队在塔吉克斯坦举行了代号为“界线—2010”首长司令部联合反恐军事演习。此次演习是该组织自 2004 年以来举行的第 6 次联合反恐军事演习。演习的目的是提高独联体国家联合反恐作战能力，演练快速反应部队的应变能力，提高指挥多兵种联合作战的能力。演习内容包括：边境特殊防卫；搜索入境非法武装并疏散、安置边民；摧毁恐怖集团在边境偏远山区的窝点；彻底消灭残余恐怖团伙。参加此次演习的有来自俄罗斯、塔吉克斯坦、哈萨克斯坦和吉尔吉斯斯坦的约 600 名军人。白俄罗斯和亚美尼亚没有参加此次军演，乌兹别克斯坦派出了观察员。[②]

10 月 25—28 日，集安组织在乌拉尔地区车里雅宾斯克州切巴尔库尔军事训练基地举行了“协作—2010”战役战术联合演习，演习旨在制止发

---

① 弗·穆欣：“阿布哈兹平台”，［俄］《独立报》，2010 年 2 月 18 日。

② Учения ОДКБ “Рубеж-2010”，оружие России，俄武器装备网，2010 年 4 月 23 日，http：//www.arms-expo.ru/site.xp/049056050057124049053050055052.html。

生在集体安全区域内的军事冲突。参演单位包括来自俄罗斯、亚美尼亚、哈萨克斯坦、吉尔吉斯斯坦、塔吉克斯坦的1700多名军人和近300个单位的军事装备，白俄罗斯派出了观察员。俄军伊尔-76运输机、苏-24轰炸机、苏-27战斗机、米-8直升机和米-24直升机以及哈萨克斯坦的5架战机参加了演习。这是集安组织快速反应部队首次在俄境内参与演习。[①]

8月19日，集安组织非正式峰会在亚美尼亚埃里温举行。俄、白、吉、哈、塔、亚国家元首参加了峰会，乌兹别克斯坦总统没有参会。各国元首探讨了对集体安全组织的内部改革，以提高该组织效率和行为能力，快速、及时地作出反应，应对地区内部和外部挑战。针对今年上半年吉尔吉斯斯坦国内的政治动荡，集安组织反应迟缓。鉴于集体安全条约组织成员国内部还面临着其他纷争（纳卡问题等），对该组织的改革势在必行。

四、对外关系全面趋于缓和，与西方关系改善引人瞩目

吉尔吉斯斯坦的政权更迭和乌克兰新总统的上台预示着2004年底以来的颜色革命后独联体地区的大国博弈重新洗牌，俄罗斯借助于经济复苏加快国家现代化和创新发展，一方面加大对独联体的影响力度，寻求新的合作途径，一方面加强与美欧西方大国的“现代化联盟关系”和“现代化伙伴关系”，同时加强东方外交，推动西伯利亚和远东地区的开发。俄与美欧已对俄加入世贸组织达成协议，俄希望2011年能够加入。与此同时，大多数独联体国家继续务实的多元平衡外交。

① “独联体集体安全条约组织成员国举行联合军演”，中国日报网，http：//www. chinadaily. com. cn/hqgj/zbyt/2010-10-25/content _ 1074696. html。

(一) 乌克兰新政权奉行不结盟务实外交，放弃加入北约；乌克兰—北约举行“海风—2010”年度联合军演

2月10日，亚努科维奇宣誓就任乌克兰新总统。3月1日，亚努克维奇出访布鲁塞尔，与欧盟主席巴罗佐商谈了乌欧建立自由贸易区、乌公民进入欧盟国家免签证等问题。7月15日，亚努科维奇正式签署《对内对外政策原则法》，确立了乌克兰对外政策基本原则是“不加入任何政治军事集团”。亚努科维奇称：“今天的乌克兰，在对外政策中没有提出谋求成为北约成员国的目标，但我们与北约的关系史悠久而丰富，也有许多合作项目。拒绝北约提供给我们的援助、放弃参加既不违背乌克兰利益也不损害作为非北约成员国的伙伴国家利益的某些项目，那是不负责任和没有前途的决定。乌克兰是一个大国，不与北约发生关系是不可能的，我们视这种关系为伙伴关系。”①

7月12日至23日，为期10天的“海风-2010”联合演习在乌克兰境内举行。来自乌克兰、格鲁吉亚、摩尔多瓦、美国和土耳其的部队和舰艇、飞机参加了演习。乌克兰海军派出16艘军舰，乌国家边防局海上警卫队也首次派舰艇参加，并在空中、陆地和海上全面进行反海盗行动等科目的演练。阿塞拜疆、比利时、德国、希腊、摩尔多瓦、波兰、瑞典和奥地利的代表观摩了演习。②“海风”军演从1997年起定期举行，参与者为北大西洋公约组织成员及其伙伴国。

(二) 上海合作组织五国举行“和平使命—2010”联合反恐演习

9月13日，上海合作组织“和平使命—2010”联合反恐演习开始在哈萨克斯坦南部的马特布拉克训练场拉开帷幕，演习总共持续17天。来自上海合作组织五个成员国——哈萨克斯坦、中国、吉尔吉斯斯坦、俄罗斯和塔吉克斯坦的5000名官兵参加了演习，哈中俄派遣了300个单位的军事装备以及50多架飞机和直升机，哈紧急状况部和内卫部队也参加了演习。实

① 关健斌：“乌克兰：放弃加入北约，回归平衡外交”，新华网，http://news.xinhuanet.com/world/2010-07/24/c_12367950.htm。

② “北约多国部队入境乌克兰开始联合军事演习”，中国日报网，http://www.chinadaily.com.cn/hqjs/jsxx/2010-07-13/content_570731.html。

战演习于9月24日展开。

（三）里海沿岸国家第三次元首峰会在巴库举行，五国决定加强合作推动里海能源开发，维护里海地区安全

11月18日，里海沿岸国家首脑峰会在阿塞拜疆首都巴库举行，阿塞拜疆、俄罗斯、哈萨克斯坦、土库曼斯坦和伊朗等五国总统出席了会议。此次峰会是里海沿岸国家首脑的第三次会晤，2002年4月在土库曼斯坦首都阿什哈巴德举行首次峰会，上次峰会于2007年10月在德黑兰举行。

加强在里海地区的安全合作是此次峰会的主题，会议签署了关于在里海地区开展安全领域合作的协议并发表了联合声明。协议指出，保障里海地区的安全是沿岸国家的“特权”，其他国家没有权力参与里海事务。会议还就里海的法律地位进行了讨论。五国的主要分歧是能源问题。俄哈阿三国沿岸大陆架蕴藏着丰富的油气资源，三国认为里海为内陆海，应依据国际海洋法公约对水体及海底进行划界，明确各国的主权和专属经济区范围。但沿岸地区油气资源储备较少的伊朗和土库曼斯坦则认为里海是内陆湖泊，应当是沿岸各国的共同财产，里海资源的开发必须经各国协商和达成一致后方能进行。目前，俄哈阿三方已就里海北部水域划界达成一致并签署了相关协议。阿塞拜疆和伊朗希望在2011年完成有关里海法律地位的国际公约的制定，以便尽快实施里海能源开发，抓住近年来国际能源价格上涨的机遇，加强五国的能源输出国地位。①

为加强紧密联系与合作，五国首脑决定落实定期会晤机制，每年举行一次峰会。下一届峰会将在俄罗斯举行。

（四）俄美签署《削减和限制进攻性战略武器条约》，维护国际战略稳定

4月8日，历经一年多的谈判，美国总统奥巴马和俄罗斯总统梅德韦杰夫在捷克首都布拉格签署《削减和限制进攻性战略武器条约》，有效期

---

① 王德禄：“里海沿岸国家首脑峰会在巴库举行”，国际在线，http：//gb.cri.cn/27824/2010/11/19/3785s3061860.htm。

10年。按照程序，新核裁军条约须经美国国会和俄罗斯国家杜马（议会下院）批准方能生效，以取代去年12月5日到期的《削减和限制进攻性战略武器条约》。新条约规定，美俄各自部署的核弹头应削减至1550枚以下，而战略武器运载工具应被削减至700件以下，削减幅度近三分之一，① 新条约还规定了一套有效并相对简单的核查机制，这使得任何违反协议的重大军事行动能够及时被发现。另外新条约规定两国进攻性战略武器只能在本国部署，并允许双方在国家最高利益受到损害时退出条约。俄罗斯声明，如果美国继续坚持在欧洲部署反导防御系统的计划，俄罗斯将有权单方面退出新的核裁军条约。俄罗斯核武器老化及巨大的武器保养经费已经成为其研发新武器的严重掣肘，美国在经历过“9·11”事件后也意识到恐怖主义的巨大威胁，核武器成为了双刃剑，在有效威吓敌人的同时，美国也惧怕核武器落入恐怖分子手中，对其造成威胁。此外，美俄两国在核武器问题上都有“减负”的愿望，将节省下来的经费用于经济建设或者其他军事武器和技术的开发与利用。②

9月，新条约获得美国参议院外交关系委员会批准，之后还需得到参议院全会批准后才能呈送至奥巴马签署。10月，俄罗斯同美国就俄罗斯加入世界贸易组织问题达成了协议。11月，美国国会中期选举后共和党占主导地位，宣称本届会期有限，应于明年初再考虑条约批准问题，并提出对条约进行修改以维护美国家安全。对此俄提出警告并回应称，在美参议院批准或肯定会批准该条约前，俄议会不会批准该条约。12月23日，奥巴马总统最终促使国会参议院表决通过了这项条约。俄总统称，俄议会两院将在一定时间后表决通过该条约。

（五）俄北关系重启，意欲反导合作；俄—欧盟确立“现代化伙伴关系”，俄罗斯与欧洲关系有所突破但前景不容乐观

俄格冲突后的俄罗斯与北约的矛盾主要集中在两个方面：北约东扩及

① “美俄在布拉格签署新的核裁军条约”，新华网，http://news.xinhuanet.com/mil/2010-04/08/content_13322672.htm。

② “美俄核裁军新条约六大看点”，新华网，http://news.xinhuanet.com/mil/2010-04/08/content_13319370.htm。

美在东欧建反导系统。2009 年底，俄北理事会就反导合作交换了意见。2010 年 2 月 1 日，美国防部向国会提交第一份《弹道导弹防御评估报告》，全面评估了美弹道导弹防御的政策、战略、计划和项目等内容。报告确认近期美将防御地区导弹威胁作为重中之重，同时加强国土防御能力，防御有限的远程弹道导弹对美本土的攻击。2 月 5 日，俄通过的新军事学说仍称北约为俄主要外部军事威胁。2 月初，美与罗马尼亚和保加利亚宣称就在罗保境内部署导弹达成一致。2 月 12 日，波兰批准允许在其境内派驻 100 名美军士兵及部署"爱国者"导弹和"标准—3"型导弹的条约。2 月 22 日，美国务卿希拉里建议俄与北约进行反导领域合作。俄驻北约代表罗戈津随即回应，俄注重北约的行动，而不是口头承诺。5 月 17 日，美国前国务卿玛德琳·奥尔布赖特领导的专家小组在布鲁塞尔北约总部向北约秘书长安诺斯·福格·拉斯穆森提交了关于北约未来发展战略的建议性报告《北约 2020：确保安全，积极接触》。报告认为，北约—俄罗斯伙伴关系被认为是加强欧洲—大西洋地区安全的一种手段，北约愿意协助建立一个合作性质的欧洲—大西洋安全秩序，其中包括与俄罗斯的安全合作。鉴于此，北约在确保所有盟国的安全和利益的同时，应当采取与俄接触的政策。北约应积极参与北约—俄理事会，重点关注与俄在寻求共同利益的过程中展开务实合作的机会。双方的共同利益包括防止核武扩散、武器军控、反恐活动、导弹防御、有效的危机管理、维和行动、海上安全及打击毒品走私等。

11 月 19—20 日，里斯本北约峰会讨论了上述报告并通过了北约新战略。20 日，俄北理事会在北约峰会框架下举行并发表了联合声明，这是继 2008 年俄格冲突后中断的俄北理事会的重启，双方就反导系统、经俄领土向阿富汗运输军用物资、北约新战略和欧洲安全等问题进行了讨论和交流。联合声明指出，利用现有机制和手段加强欧洲—大西洋地区安全与稳定为目的的透明政策符合俄北峰会成员国的福祉……责成俄北峰会全面共同研究反导领域未来合作的框架条件，2011 年 6 月俄北峰会成员国国防部长会议将审议这项研究的进展。① 俄称必须在平等伙伴关系基础上参与建

① 安·捷列霍夫："俄罗斯与北约的里斯本胜利"，［俄］《独立报》，2011 年 11 月 22 日。

立欧洲反导系统。北约内部对俄北关系走向存在分歧，法德等老欧洲国家认为欧洲安全离不开俄罗斯，而新欧洲国家则对俄保持担忧和警惕。

2010年12月1日至2日，时隔11年之久的欧安组织峰会在哈萨克斯坦首都阿斯塔纳举行。会议通过了纲领性文件——《阿斯塔纳宣言》。在本次峰会上，梅德韦杰夫谈到了欧安组织的发展，称其可以成为推动北约、欧盟与独联体、集体安全条约组织之间加强协作的平台。梅德韦杰夫参加了半天会议就提前回国，而美、法等国总统更是缺席此次峰会。欧安组织目前已有56个成员国，会议进程表明，成员国间缺乏互信、安全利益难以协调等现象依然是阻碍该组织在欧洲安全体系建设中发挥重要作用的“痼疾”。

俄—欧盟关系对维护欧洲地区安全、能源供应和地区经济合作与繁荣至关重要。2月，欧盟委员会制定并转交给俄《以现代化为目的的伙伴关系》计划草案。欧盟建议俄现代化必须首先确保“法律的至高无上地位”，以欧盟为标准实现经济现代化和政治民主化。俄对此反应冷淡。5月31日至6月1日，欧盟—俄罗斯峰会在俄罗斯罗斯托夫市举行，双方在经济改革、经济合作和现代化等问题上进行了磋商。双方同意在公开对话中解决有关现代化观念和政治上的分歧，在取消签证上仍旧没有达成共识。11月，普京在德国公司领导和高管年度经济论坛上呼吁俄与欧盟加强经济合作，扩大伙伴关系计划，在造船、汽车、航空和航天、医疗和制药业、物流、核能等领域建立统一的能源与工业联盟，构建从里斯本到符拉迪沃斯托克的经济共同体，未来形成统一的欧亚大陆共同市场，并建议以取消签证作为一体化进程的开始。① 12月，俄罗斯同欧盟签署了有关俄罗斯入世的谅解备忘录。

（张文茹　张　滢）

① 普京：“俄罗斯与欧洲：从反思危机教训到伙伴关系新日程”，俄罗斯政府网站，2010年11月26日。

第四部分

国际安全大事记及条约资料选编

本部分分为两章：第十八章是对2010年度发生的世界与安全相关的主要大事的简要记述，名为“2010年国际安全大事记”；第十九章选编了2010年与国际安全相关的部分条约和资料，名为“2010年重要国际条约、协议和法规选编”。这些信息均来自各种公开媒体，是本书写作的主要参考基础。将其陈列在此目的有二：一是为广大读者深入了解2010年全年世界安全形势作基本背景参考；二是为相关学者日常研究国际安全问题查阅提供便利。

第十八章

2010年国际安全大事记

1月

1月1日　朝鲜发表声明，表示希望和美国结束敌对关系。声明还谈到了一直倍受全球关注的朝鲜核问题：“在朝鲜半岛建立和平体系以及通过对话协商达成无核化，是朝鲜的一贯立场。”

巴基斯坦西北边境一个村庄的排球场发生自杀式汽车炸弹袭击，爆炸造成88人死亡，37人受伤。

1月2日　泰国南部也拉府发生一起炸弹袭击事件，造成3名军人和3名平民受伤。

位于加勒比海地区的荷兰属地“荷属安地列斯”群岛确定将要解体，其中3个岛屿将划归荷兰，并成为欧盟的一部分，另外3个岛屿则保持高度自治地位。

美国总统奥巴马表示，美国将与也门政府加强合作打击“基地”组织恐怖分子。

1月3日　美国政府宣布，由于受到“基地”组织威胁，美国驻也门使馆将暂时关闭。

苏丹总统巴希尔重申，他将继续致力于在苏丹西部达尔富尔地区实现全面和平，并呼吁全体苏丹人民共同努力建设美好未来。

1月4日　塞尔维亚在海牙向国际法庭递交起诉书，指控克罗地亚在1991—1995年前南战争期间对塞尔维亚人犯有种族灭绝罪。

美国国务卿希拉里·克林顿表示，也门境内的“基地”组织势力已经对地区和全球的稳定构成严重威胁，美方将在“条件允许”的情况下考虑恢复美国驻也门使馆的正常运转。

尼日利亚新闻部长多拉·阿昆尼利谴责美国将尼日利亚列入“资助恐怖主义国家”和“相关国家”名单。

1月5日 伊朗对美国国务卿希拉里表示伊朗核问题对话没有严格最后期限的言论表示欢迎。

联合国粮食署发言人表示，因无法满足当地武装组织“令人无法接受”的要求，联合国将停止对索马里南部大约100万人的援助计划。

韩国同意将本月3日乘船漂入韩国海域并获得救援的2名朝鲜渔民遣返回朝鲜。

1月6日 美国国务卿希拉里·克林顿在华盛顿表示，美国向外提供发展援助与美国利益以及解决世界性问题都密切相关。

阿富汗东部地区发生连环爆炸案，共造成9名阿富汗人死亡，近百人受伤。死者中包括4名儿童与5名警察。

1月7日 以色列国防部发表声明称，密集测试证明铁穹防御系统可成功拦截火箭弹与迫击炮，以决定将自2010年下半年起将该系统部署于加沙边界。

朝鲜《劳动新闻》发表报道称，如果“敌对国家”改变政策，朝鲜愿意与其改善关系，并使之正常化。

1月8日 塞尔维亚总统塔迪奇对克罗地亚总统梅西奇当天访问科索沃表示不满，称此举将进一步恶化塞克两国关系。

美国国务卿希拉里·克林顿称，美方敦促苏丹国内各政治派别加倍努力，以继续推动和平进程，关乎苏丹未来的问题最终应该由苏丹人民自己解决。

1月9日 美国国务卿希拉里·克林顿提出中东和谈新建议，主张无条件重启巴以和谈。巴勒斯坦方面随即拒绝了这一建议，认为美国的主张忽视了阿拉伯的立场。沙特阿拉伯也强调，以色列停止在巴勒斯坦领土上建立犹太人定居点是重启和谈的必要前提。

委内瑞拉总统查韦斯表示，美国军机近日两次入侵委内瑞拉领空。委内瑞拉空军由此派遣了2架F-16战机，紧急升空拦截入侵飞机。

1月10日 美国总统奥巴马发表文章称，美国无意向也门与索马里派遣军队。

一位也门高官警告称，已有数十名沙特与埃及籍“基地”组织成员进入也门境内，他们均为阿富汗战场的老兵。

1月11日 索马里西部贝莱特韦内地区两个伊斯兰对立组织发生冲突，造成14人丧生。

朝鲜外务省通过朝鲜中央通讯社发表声明，称愿意通过六方会谈框架讨论签订和平协定。美国政府表示拒绝。

1月12日 哈萨克斯坦能源和矿产部副部长马加乌沃夫在哈首都阿斯塔纳表示，哈未将伊朗视为铀矿的出口市场，也不会向伊朗出售铀材料。

也门政府官员公开承认，也门政府与“基地”组织的战斗正濒临失败。

1月13日 土耳其外交部发表声明称，以色列就日前召见土驻以大使时态度不当向土耳其表示道歉。

俄罗斯能源部副部长谢尔盖·库德里亚绍夫透露，俄罗斯与伊朗将在为期两天的谈判中讨论在石油天然气领域进一步的合作计划。

韩国以向阿联酋出口核电工程为契机，计划到2030年出口80座核电站工程，韩为此投入5千亿韩元进行有关研发，并积极培育专业人才。

1月14日 俄罗斯国防部新闻发言人库兹涅佐夫证实，俄空军一架苏—27战斗机当天在远东地区哈巴洛夫斯克边疆区失踪。

也门国防部誓言铲除基地组织势力，并警告国民不要与极端分子进行合作。

1月15日 管理“末日之钟”的美国杂志《原子科学家公报》宣布，由于美国总统奥巴马倡导“无核武世界”，提高了核裁军的声势，故把表针拨慢1分钟，目前还剩下6分钟。

美国获得古巴允许，可通过古巴领空向海地震区运送救援物资和撤离伤员。

1月16日 伊朗驻挪威资深外交官宣布辞职，公开谴责伊朗政府派警方镇压上月的反对派示威活动。

美国、俄罗斯、中国、法国、英国和德国六国代表在纽约举行会议，就进一步制裁伊朗问题进行了初步讨论，但会议没有达成任何一致性意见。

1月17日 第四届东亚—拉美合作论坛外长会议在东京闭幕。会议通过《东京宣言》，为论坛未来的发展确定了方向，并宣布将在广泛领域进一步深化两地区的合作。此外，会议还接受蒙古国为新成员国，确定阿根廷和印度尼西亚为下次外长会议协调国。

1月18日 一架美军无人驾驶飞机向巴基斯坦西北部与阿富汗交界的部落地区发射多枚导弹，造成22人死亡，其中包括3名外国人。

联合国秘书长潘基文在纽约联合国总部表示，他在当天的安理会闭门会议上建议安理会向海地增派1500名维和警察和2000名维和军人。

阿富汗新政府宣誓就职，塔利班趁机在首都喀布尔发动近一年来最大规模的自杀式炸弹袭击，20名“人弹”针对总统府和其他政府部门施袭，并与警方激烈枪战。连串袭击导致6人死亡，40多人受伤。

1月19日 美日两国外长和防长就《日美安全保障条约》修订50周年发表联合声明称，两国将进一步深化在广泛领域的安保合作。

伊朗正式拒绝将低浓缩铀送到海外加工来交换核燃料协议的关键部分。

1月20日 朝鲜国防委员会决定设立负责与国际金融机构和银行进行交易，并根据国家政策进行投资业务的“国家开发银行”。

韩国国防部长官金泰荣表示："朝鲜若进行核武攻击时，我方将会受到重大打击。所以会区别核武和一般武器的攻击，对于明确的核武攻击将会采取先发制人的攻击。"

1月21日 俄罗斯海军一名高级代表透露，由于美国计划在波兰靠近俄罗斯边境地区部署"爱国者"导弹，俄罗斯海军将使用精确制导武器加强波罗的海舰队的力量。

罗马尼亚最高国防委员会表示，将于2010年向阿富汗增兵600人。

1月22日 印度官方证实，该国收到恐怖分子谋划劫持印度客机的警报，全国机场已处高度戒备状态。

联合国秘书长发言人内西尔基表示，以色列已支付1050万美元，用于赔偿在2008年底到2009年初对加沙实施军事打击期间给联合国造成的损失。

1月23日 土耳其警方在全国反恐，拘捕120名疑似"基地"组织武装分子。

朝鲜祖国和平统一委员会发言人在平壤发表声明，谴责韩国当局人士蓄意恶化朝韩关系。

1月24日 阿富汗极端组织宣布说，根据通过和平途径解决阿富汗问题的计划，决定断绝与"基地"组织和阿富汗塔利班的关系。

柬埔寨和泰国军队在有主权争议的柏威夏古寺附近交火。

俄罗斯总统梅德韦杰夫表示，俄方与美国就削减进攻性战略武器新条约进行的谈判已"95%"达成了一致。

1月25日 伊拉克首都巴格达发生3起自杀式汽车炸弹袭击，造成36人死亡，71人受伤。

日本政府召开由执政三党党首参加的基本政策阁僚委员会会议，决定向海地派遣自卫队维和部队。

俄罗斯、阿塞拜疆和亚美尼亚三国首脑在俄南部城市索契举行会晤，就解决纳戈尔诺—卡拉巴赫问题的原则文件序文达成共识。

1月26日 国际货币基金组织发布最新的《世界经济展望》报告称，全球经济正在复苏，力度比预期更为强劲，但各地区复苏速度不尽相同，预计2010年和2011年世界经济分别增长3.9%和4.3%。

在土耳其举行的阿富汗问题地区峰会通过《伊斯坦布尔声明》，表示支持阿富汗内部和解进程，并决定通过加强地区合作解决阿富汗面临的挑战。

北约和俄罗斯在布鲁塞尔举行总参谋长级会谈。

1月27日 由20多个国家及国际组织的官员参加的也门问题国际会议闭幕，与会各国就携手合作应对"基地"组织带来的威胁达成共识。

俄罗斯与白俄罗斯在莫斯科就石油供给条件问题达成了一揽子协议，其中包括供油方式、税费计算方法以及两国石油贸易平衡等问题。

北约秘书长拉斯穆森发表声明，对德国和罗马尼亚决定向阿富汗增兵表示欢迎。

1月28日 阿富汗问题国际会议在英国伦敦开幕，近70个国家与国际组织与会，会议主要讨论阿富汗政府与塔利班和解，以及将安保任务移交给阿富汗部队的问题。

联合国主管政治事务的副秘书长帕斯科敦促国际社会以一种全面、系统和基础广泛的战略打击索马里海域的海盗。

1月29日 朝鲜方面已正式通知美国，朝鲜扣留了一名该国公民。

俄罗斯苏霍伊公司发言人称，俄第五代歼击机在远东地区顺利完成首飞。

俄罗斯两架图—95MS战略轰炸机的机组人员在太平洋和日本海水域上空成功完成例行巡逻任务。

1月30日 日本第一管区海上保安总部发表消息称，俄罗斯边境警备队直升机在北方领土国后岛附近海面向两艘日本渔船发射疑似照明弹，两艘渔船回到北海道罗臼港后船身上共发现20处枪击痕迹。

塔利班否认曾与联合国特别代表讨论过阿富汗和平问题。塔利班发表声明称，有关该组织官员与联合国特别代表本月在迪拜见面的报道是“谣言”和“宣传”。

1月31日 巴基斯坦西北部一个集市的检查站发生自杀式炸弹爆炸袭击事件，造成16人死亡，20多人受伤。

阿富汗总统卡尔扎伊宣布将成立“高级和平与和解委员会”，以推动与塔利班的和解进程。

2月

2月1日 美军和泰军主办的东南亚最大规模联合军演“金色眼镜蛇”在泰国东部乌塔保空军基地举行。

美国国防部最新一期《四年防务评估报告》出炉。该报告提出，美军将放弃以往为传统性大规模地区冲突作准备的国防战略指针，将着重加强海空协调能力，为多次、多形式冲突作准备。

2月2日 哈马斯高级成员表示，以色列与巴勒斯坦伊斯兰抵抗运动组织关于交换囚犯的事宜被暂停。

日美安全高层工作磋商在日本外务省举行，标志《日美安保条约》修订50周年之际为“深化同盟”的磋商已正式启动。

2月3日 伊拉克中部城市卡尔巴拉发生针对什叶派朝圣者的炸弹袭击事件，造成

20人死亡，117人受伤。

美国白宫再次敦促伊朗“承担应有的国际责任”，同时表示对话大门依然敞开。

2月4日 斯里兰卡总统拉贾帕克萨呼吁泰米尔少数民族与政府合作，以解决双方存在的分歧。但他指出，不会给予泰米尔人自治权。

以色列外交部长利伯曼警告称，如果叙利亚攻打以色列，那么叙利亚总统巴沙尔·阿萨德将会下台，也一定会输掉战斗。

罗最高国防委员会决定，同意美国在罗马尼亚部署导弹拦截装置，罗将加入美国在欧洲新的反导系统。

2月5日 伊拉克和巴基斯坦等国的什叶派穆斯林在庆祝传统节日之际分别遭遇严重自杀式炸弹袭击，造成两百余人死伤。

法国国防部长埃尔韦·莫兰表示，法国决定向阿富汗增派80名军事训练人员，帮助阿富汗训练自己的安全部队。

朝鲜决定释放因在去年圣诞节非法入朝而遭扣留的美国传教士罗伯特·帕克。

第46届慕尼黑安全政策会议开幕。会议将就资源和能源安全、军控与核不扩散、阿富汗问题、北约新战略、伊朗核问题、跨大西洋关系和欧洲安全架构等议题展开交流探讨。

亚太地区13国海军开始在印度东部安达曼·尼可巴群岛的布莱尔港举行代号为“米兰—2010”的联合演习，以加强反海盗和人道援助等海上协作能力。

2月6日 在美英等西方国家加紧在伊朗周边部署军力之际，伊朗政府宣布开始制造两枚新导弹。

柬埔寨总理洪森到泰柬争议边界访视，两国陆军此前特别为此会面，不过，泰国不准备在边界增兵，认为目前的兵力足以维持边界和平。

联合国秘书长潘基文的朝鲜问题特使、联合国负责政治事务的副秘书长林恩·帕斯科抵达韩国首都首尔访问。

2月7日 伊朗原子能组织主席萨利希称，一旦与有关国家的核燃料交易谈判失败，伊朗将在纳坦兹核设施开始生产纯度为20%的浓缩铀。

印度国防部宣布，印度成功试射一枚“烈火—3”中程弹道导弹。

北约秘书长拉斯穆森称，北约应该与中国、印度和俄罗斯加强联系，使北约成为一个全球安全协商的论坛与中心。

2月8日 乌克兰中央选举委员会公布近99%的计票结果，反对派地区党领导人亚努科维奇以微弱优势在乌总统选举第二轮投票中获胜。

美国与法国就伊朗核问题达成“全面一致”，认为应当对伊朗采取新的制裁措施。

2月9日 伊朗政府宣布，该国开始提炼纯度为20%的浓缩铀。

韩国国会召开全体会议，表决通过关于向海地派兵参与维和行动的动议案。

2月10日　日本陆上自卫队第6师团和驻日美国陆军在宫城县大和町的大和营地开始为期9天的联合训练，训练以射击和战斗技能为主。

黎巴嫩总理哈里里对黎巴嫩面临的以色列威胁表示担心，称这一威胁可能进一步“升级”，黎以双方可能“爆发战争”。

伊拉克内政部长布拉尼表示，伊方要求250名美国“黑水”保安公司的前任和现任雇员在7天内离开伊拉克。

2月11日　法国总理菲永与阿富汗总统卡尔扎伊举行会晤，称法国军队将一直留在阿富汗，直到其“恢复稳定”才会撤出。

伊朗总统艾哈迈迪-内贾德在纪念伊斯兰革命胜利日的活动上发表讲话，宣布伊朗已生产出“第一批”纯度为20%的浓缩铀。

也门政府与北部什叶派极端武装胡塞叛军达成停火协议，结束武装冲突。

2月12日　联合国秘书长潘基文宣布成立一个由各国政要和专家组成的气候变化融资问题高级顾问团，其任务是为在哥本哈根气候变化会议上达成的应对气候变化融资承诺做组织动员工作。

2月13日　美国与阿富汗联军发动代号为“共同行动”的对被塔利班盘踞的阿南部赫尔曼德省马尔贾镇的军事攻势。这是阿富汗战争以来最大的一次联合军事行动，有1.5万名士兵参加。

伊朗声称自己已经迈人“核国家”行列，美国表示这个说法可信度不高。

2月14日　黎巴嫩军方发表声明称，黎巴嫩地面防空部队开火阻击了进入黎南部领空的以色列战斗机。

乌克兰中央选举委员会正式宣布，亚努科维奇当选为乌克兰总统。

2月15日　朝鲜最高人民会议常任委员会委员长金永南在平壤表示，朝鲜将努力通过对话和协商终止朝美之间的敌对关系。

美国国务卿希拉里在卡塔尔大学发表讲话称她认为伊朗正在走向军事独裁。希拉里表示，伊朗革命卫队的权力正在扩大，事实上正在取代政府。

2月16日　伊朗总统艾哈迈迪-内贾德表示，伊朗最近完成了新一代离心机的试验，其功率是目前离心机的5倍，新一代离心机将在不久后投入使用。

泰国总理阿披实签署命令，成立国家安全临时监控委员会。

2月17日　美国太平洋海军陆战队司令斯塔尔德中将就驻扎在冲绳的海军陆战队称直升机部队有必要放在地面部队的附近这一说法，对美军普天间机场搬迁至冲绳县外提出否定性意见。

俄罗斯与阿布哈兹签署了一项协议，俄将在阿布哈兹建立一个大型的永久性军事基地。

2月18日　俄罗斯武装力量总参谋长尼古拉·马卡罗夫称如果美国决定打击伊朗

将带来“非常可怕的”后果。

尼日尔发生军事政变，总统坦贾被劫持并带离总统府。

美国总统奥巴马不顾中国的强烈反对在华盛顿会见达赖。中方就奥巴马会见达赖的问题多次向美方提出严正交涉。

2月19日 朝鲜将包括北方界线附近海域在内的东海、西海六处海域宣布为禁航区。

伊朗最高精神领袖哈梅内伊表示，伊朗“强烈反对核武器”，也不会研发核武。

俄罗斯北高加索地区的印古什共和国纳兹兰市发生数起爆炸事件，导致2人死亡，28人受伤。

2月20日 朝鲜最高领导人金正日视察黄海北道的黄海制铁联合企业，强调朝鲜经济发展必须依靠本国资源。

以色列与巴勒斯坦在加沙地带交火，以色列打伤4名巴勒斯坦人；在约旦河西岸，又有2名试图进入以色列的巴勒斯坦人被击伤。

2月21日 阿富汗塔利班组织拒绝了阿总统卡尔扎伊发出的和平呼吁，称他无权代表阿富汗国家与政府。

法国提议，国际社会可在巴勒斯坦边境线确定前先承认其建国，以打破中东和平进程僵局。

2月22日 伊朗原子能组织主席萨拉希宣布，伊朗正为10座新建铀浓缩厂选址，其中的两座铀浓缩厂会在3月末后开工兴建。

获得英国政府批准的石油公司计划在马尔维纳斯群岛外海展开钻探，此举令英、阿马尔维纳斯群岛主权之争再度激化。

联合国中东和平进程特别协调员赛里发表声明，对以色列政府宣布将位于约旦河西岸的两处宗教古迹列为以色列国家遗产深表关切。

2月23日 苏丹政府和主要反政府组织“公正与平等运动”在卡塔尔首都多哈正式签署停火协议，旨在结束苏丹达尔富尔地区长达7年的武装冲突。

一枚重达250磅的汽车炸弹在英国北爱尔兰纽利市被引爆，但未造成人员伤亡。

2月24日 联合国安理会就毒品贩运和有组织犯罪对国际和平与安全构成的威胁举行辩论。潘基文呼吁各成员国在各个层面上开展合作，联手打击跨国犯罪。

2月25日 韩国国会通过向阿富汗派遣350名士兵的议案。这些士兵将驻扎在阿富汗首都喀布尔北部的帕尔旺省，时间为30个月。

英国和阿根廷的船舰首次在发生石油主权争议的马尔维纳斯群岛水域对峙。

2月26日 泰国大理院宣布对前总理他信在泰的全部760亿泰铢（约合22亿美元）资产，没收其中463亿泰铢非法所得。

阿富汗首都喀布尔发生连环大爆炸，造成10人死亡30多人受伤。事后塔利班宣布对爆炸事件负责。

缅甸最高法院驳回缅甸反对党领导人、缅甸全国民主联盟总书记昂山素季的上诉，维持早前仰光地方法庭对她监禁的判决。

2月27日　美国朝鲜政策特别代表博斯沃思表示，期待不久的将来重启朝核问题六方会谈，但重启的时间表取决于朝鲜。

巴基斯坦西北部地区发生宗教冲突与枪战，造成7人丧生，38人受伤。巴基斯坦政府全力镇压，并在当地实施了戒严。

2月28日　以色列开始向全国700万国民分发新的防毒面具。以色列当局认为，叙利亚或者伊朗有能力对以色列发动化学武器袭击。

3月

3月1日　韩国总统李明博表示，希望通过对话与朝鲜实行“真正的”和解，并称韩国将为朝鲜提供援助，以实现朝鲜不可逆转地弃核。

自从反政府武装组织2008年发动连环袭击事件以来，由马来西亚人领衔的国际和平监督团首次回到动荡的菲律宾南部地区。

3月2日　伊朗原子能组织主席萨利希指责国际原子能机构新任总干事天野之弥对伊朗核项目存在偏见，但是希望天野之弥能够端正态度。

朝鲜和韩国在开城工业园区就通行、通关、通信“三通”等问题举行工作会谈。

英国拒绝美国提出的在英国与阿根廷之间进行斡旋，以解决最近发生的马尔维纳斯群岛争议的提议。

3月3日　伊拉克中部城市巴古拜发生3起重大自杀式袭击事件，造成33人死亡，55人受伤。

阿拉伯国家在埃及首都开罗召开外长会议，支持巴勒斯坦和以色列进行为期4个月的间接对话。

美国和欧盟指责伊朗在没有联合国适当监督的情况下加大铀浓缩力度，破坏了核透明规则，称伊朗这种“挑衅”行为只会引来更严厉的制裁。

3月4日　朝鲜亚洲太平洋委员会称，由于“目前国内外对金刚山和开城地区的旅游需求在增加”，“将从3月和4月起分别启动开城和金刚山旅游项目，并将彻底保障进入朝鲜的韩国同胞人身安全和便利”。

俄罗斯总理普京会见格鲁吉亚反对党“民主运动—统一格鲁吉亚”党领袖尼诺·布尔贾纳泽，表示俄罗斯已做好与格鲁吉亚各方政治势力进行对话的准备。

3月5日　土耳其外交部长达乌特奥卢要求美国停止审议有关奥斯曼土耳其军队对亚美尼亚人进行了“种族灭绝”的议案。

巴基斯坦发生自杀式炸弹爆炸事件，造成至少6人丧生。

3月6日　伊拉克中部伊斯兰教圣城纳贾夫发生汽车炸弹爆炸，造成3人死亡，54人受伤。

伊朗政府表示，由于国内有充足的合格飞行员，在伊朗工作的所有俄罗斯飞行员必须在2个月内离境。

为帮助索马里过渡政府收复对首都的控制和追剿“基地”武装分子，美国准备对索马里进行军事干预。

3月7日　伊拉克国民议会选举投票开始举行。首都巴格达等地发生多起暴力袭击，造成数十人死伤。

朝鲜人民军驻板门店代表部发言人发表声明，称在美韩举行大规模联合军事演习的情况下，朝鲜半岛无核化进程将“不得不中断”，朝鲜将“进一步加强自卫性的核遏制力”。

3月8日　以色列批准在约旦河西岸一处犹太人定居点修建112套新住宅。

巴基斯坦拉合尔东部一座警方建筑物遭自杀式汽车炸弹袭击，造成11人死亡，61人受伤，伤亡人员中包括妇女和儿童。

代号为“关键决断”的韩国与美国大型联合军事演习正式开始，1.8万名美军官兵和2万多名韩国官兵参加。

3月9日　俄罗斯与美国在瑞士日内瓦就两国签订削减进攻性战略武器条约一事展开新一轮谈判。

日本外务省专家委员会提交报告认定存在三份日美密约。

3月10日　韩国红十字会通过京义线陆路运输渠道向朝鲜运送20吨脱脂奶粉。这次支援规模达1.56亿韩元。

印度政府批准以23.5亿美元购买俄罗斯“戈尔什科夫海军上将”号航空母舰。

3月11日　以色列称该国在美国副总统拜登到访期间宣布在东耶路撒冷修建1600套新住房的计划是“错误”的，并因此感到“懊悔”。

希腊爆发百万民众大罢工，国家陷入严重瘫痪。

阿富汗总统卡尔扎伊表示，阿富汗不想成为印度、巴基斯坦、伊朗与美国之间进行代理人战争的战场。

3月12日　巴基斯坦城市拉合尔发生两起自杀式袭击，造成39人死亡，包括5名士兵，这两起爆炸明显是针对巴基斯坦军方实施的。

索马里政府军队与武装叛乱组织在该国首都摩加迪沙发生激战，导致 40 人死亡，150 人受伤。

3 月 13 日　阿富汗南部坎大哈省首府坎大哈市发生连环爆炸袭击，造成 27 人死亡，另有 52 人受伤。

3 月 14 日　黎巴嫩军方发表声明说，以色列违背了联合国安理会第 1707 号决议，其侦察机接连进入黎巴嫩领空进行侦察活动。

泰国红衫军领导人威腊在红衫军聚集中心发表声明说，阿披实政府必须在 24 小时内解散众议院，否则将面临更大规模的示威游行。

法国外交部长库什内称，欧盟准备单方面对伊朗实施新制裁。

3 月 15 日　印度试射的一枚拦截导弹未能成功发射，当天举行的反导试验宣告失败。

俄罗斯同印度就建造最多 16 个核反应堆达成协议。

以色列总理内塔尼亚胡称以色列将继续在耶路撒冷等地开展犹太人定居点建设活动。

3 月 16 日　美军无人机向巴基斯坦北瓦济里斯坦地区发射导弹，打死 10 名武装分子。

美国中东特使乔治·米歇尔推迟访问中东地区，美以两国关系趋紧。

3 月 17 日　德国总理默克尔发表措辞强硬的言论，称如果某一个欧元区成员国持续违反欧元区的财政规则，欧元区可以选择取消该国成员国的资格。

沙特石油部长纳伊米表示，石油输出国组织各成员国已经同意维持现有原油产量。

日本外相冈田克在众议院外务委员会上表示，为了确保日本在紧急情况下的安全，不能排除美军携带核武器入境的可能。

3 月 18 日　日美两国政府就本月 31 日将驻日美军所管辖的冲绳本岛周边的航空管制系统“嘉手纳 RAPCON”归还日本一事正式达成协议。

以色列驻美国大使迈克·欧伦表示，以色列和美国拥有“深厚的友谊”，但是近来发生的紧张局面令人遗憾。

3 月 19 日　中东问题“四方”外长级会议在莫斯科召开并发表联合声明，呼吁以巴双方立即停止武力威胁，尽快恢复间接谈判。

澳大利亚称，由于对俄罗斯的核安全措施感到满意，澳大利亚将向俄罗斯出售铀，但该国对印度禁售的立场目前不会改变。

伊朗反对派领导人穆萨维通过网站发表信息，矢言将“坚持不懈”地抵抗伊朗政府。

俄罗斯外长拉夫罗夫表示，不排除对伊朗实施制裁的可能性。

3 月 20 日　以色列再次空袭加沙机场，造成 11 人受伤。以色列军方证实，以军针对加沙南部拉法附近的民兵目标进行了空袭。

泰国红衫军举行大规模的车队游行示威活动。受此影响，泰国内阁本周例会取消，国会会议也无法正常举行。

3月21日 伊拉克总理马利基要求对3月7日举行的伊拉克国民议会选举重新计票。

黎巴嫩军队司令部发表声明称，黎军地面防空部队向进入黎南部领空的两架以色列军用飞机开火，迫使以军飞机飞离黎巴嫩领空。

3月22日 阿富汗第二大反政府武装组织“伊斯兰协会”发言人表示，该组织已经派出了一个代表团赴首都喀布尔，与总统卡尔扎伊进行和平谈判。

联合国安理会通过决议，将联合国阿富汗援助团的任期延长一年，并授权联阿援助团为阿富汗定于9月举行的议会选举提供支持。

3月23日 泰国内阁会议地点卫生部大院里发生2起炸弹爆炸事件，但未造成人员伤亡。

阿富汗塔利班组织发言人表示，塔利班没有参与反政府武装组织与阿富汗政府的和谈。

3月24日 俄罗斯太平洋舰队开始在日本海海域展开反潜作战演习。此次演习有包括导弹驱逐舰和柴油动力潜艇在内的俄海军现役武器装备和人员参与。

俄罗斯和美国双方完成就所有关于签署削减进攻性战略武器新条约的文件进行的协商。

3月25日 伊朗要求西方采取行动阻止以色列在东耶路撒冷犹太人定居点修建新房屋计划。

欧元区峰会召开，欧元区成员国领导人通过了希腊救助方案。

3月26日 在韩国西部海域执行警戒任务的韩国海军哨戒舰天安舰因不明原因事故，船底被炸开洞而下沉。

美国总统奥巴马与俄罗斯总统梅德韦杰夫通电话，表示美俄已就签署一项新的裁减核武器条约达成共识，两国同意削减大约三分之一的核弹头。

3月27日 印度在东部海岸成功试射两枚能够携带核弹头的“大地”系列短程导弹。

缅甸在首都内比都举行盛大的阅兵式庆祝第65个军人节，缅甸国家和平与发展委员会主席丹瑞大将检阅部队并发表讲话，他强调了军队在国家政治生活中的重要性，并称今年的大选“只是标志着民主进程的开始”。

3月28日 印度成功试射一枚“烈火—1”短程弹道导弹，以此加紧调试印度导弹交付、控制及制导系统。

泰国总理阿披实在泰国曼谷国家人权委员会与支持该国前总理他信的“红衫军”

代表展开正式谈判。

3 月 29 日　朝鲜板门店代表部发言人发表谈话称，韩国政府通过允许参观和采访非武装地带，正在进行“反共和国心理战”。

俄罗斯首都莫斯科发生 6 年来最为严重的地铁炸弹袭击事件，莫斯科 2 处地铁站先后遭袭，造成 35 人死亡，30 余人受伤。

3 月 30 日　泰国内阁批准首都曼谷和附近的两个府将内部安全法延长实施一周。

美国与越南签署一份核能合作协议，为美国公司帮助越南建造核电站铺平道路。

日本文部科学省公布 2011 年春起使用的小学教科书的 2009 年度检定结果。韩国外交通商部长官柳明桓则召见了日本驻韩大使重家俊范表示强烈抗议。

3 月 31 日　以“沙波什尼科夫元帅”号反潜舰为主力战舰的俄罗斯太平洋舰艇编队抵达亚丁湾，与北约组成的“第 151 联合特遣舰队”以及欧盟舰队共同打击索马里海盗。

韩国政府开始探讨在有关国际法框架内解决天安舰事故，以应对沉舰事故若被查明为朝鲜或第三方有意攻击和水雷管理疏忽造成的情况。

4 月

4 月 1 日　俄罗斯总统梅德韦杰夫飞抵达吉斯坦共和国，与当地官员举行紧急安全会议，并提出高加索地区反恐五大任务。

几内亚比绍总理卡洛斯·戈梅斯·朱尼尔遭一伙士兵扣押。

巴基斯坦政府军部队在毗邻阿富汗的边境地区对武装分子的营地发动攻势，直升机摧毁了叛军的车辆，打死 28 名可疑武装分子，迫使上万名当地平民逃离家园。

4 月 2 日　以色列威胁要对加沙地带再次展开大规模军事行动。

韩国国会召开全体会议，就日本小学教科书将独岛（日本称竹岛）标记为日本领土，表决通过“要求日本取消社会教科书鉴定批准的决议案”。

4 月 3 日　第三次中日财长对话在北京举行。两国财长就宏观经济政策与新增长战略、经济刺激政策及退出战略等议题进行了深入探讨。

约 3 万名泰国红衫军从原先的集会中心繁华桥移师曼谷市中心商业地段拉差帕宋路口示威，并造成该地段交通瘫痪。

4 月 4 日　俄达吉斯坦共和国铁路发生两次爆炸事件，被认定为恐怖袭击。

伊拉克首都巴格达市中心发生三起巨大爆炸，造成 15 人在爆炸中死亡，另有 40 余人受伤。

印度安全部队在东部奥里萨邦遭遇地雷爆炸，导致 10 人死亡，另有 15 人受伤。

4 月 12 日 全球核安全峰会在美国华盛顿举行，47 国领袖、以及国际组织的代表出席。这次峰会主要讨论恐怖主义威胁、各国和国际社会的应对措施以及国际原子能机构在核安全领域的作用等问题。

吉尔吉斯斯坦总统巴基耶夫表示，愿与反对派组建的“临时政府”举行会谈。

4 月 13 日 吉尔吉斯斯坦反对派组建的“临时政府”代总检察长宣布剥夺该国总统巴基耶夫的豁免权，并威胁称他如果不向当局投降就将遭逮捕。

以色列部队对加沙地带武装分子实施陆空打击，打死 1 名巴勒斯坦人，打伤 3 人。

韩国执政党大国家党代表郑梦准前往独岛，并阐明对独岛的实效控制方案。

4 月 14 日 俄罗斯总理普京表示，吉尔吉斯斯坦发生的事件完全是吉国内政，但鉴于其国内经济困难，俄方将向其提供经济援助。

吉尔吉斯斯坦临时政府首脑罗扎·奥通巴耶娃称不排除与该国总统库尔曼别克·巴基耶夫举行谈判。巴基耶夫表示，如新政府保障其安全，他可能辞去总统职务。

4 月 15 日 缅甸仰光在庆祝泼水节之日发生三起爆炸，有多人死伤。缅甸军政府指控这起事件是恐怖攻击。

4 月 16 日 韩国发表《就天安舰事故告国民书》，韩国国防部长官金泰荣表示：“韩国政府和军方把天安舰事故视为威胁国家安全的重大事件。”

韩国政府属下的韩国海洋研究院宣布将在日韩两国存在主权争议的竹岛（韩国称独岛）附近海域实施地质调查。日本对此表示抗议。

4 月 17 日 吉尔吉斯斯坦总统巴基耶夫的支持者在贾拉拉巴德州首府贾拉拉巴德市举行集会。支持者们随后闯入了州政府大楼，并且控制了当地电视台。

巴基斯坦西北部一处难民营连续遭到 2 次自杀式炸弹袭击，导致 27 人死亡，45 人受伤。

朝鲜中央通讯社发表军事评论员文章称不久前发生的韩国海军“天安”号警戒舰沉没事件与朝鲜无关。

在伊朗总统内贾德主持下，“人人可用核能源，全面禁止核武器”的会议在伊朗德黑兰举行。内贾德在会议上呼吁各国成立一个共同的监督机构，负责监督核裁军进程。

4 月 18 日 日本鹿儿岛县德之岛 15000 名岛民举行集会反对美军基地的迁入。

泰国黄衫军向政府发出最后通牒，要求当局在 7 日内结束红衫军示威，否则将发起集会对抗。

一名自杀式袭击者驾驶满载炸药的卡车闯入巴基斯坦一个警察局，之后引爆炸弹，造成 7 名平民丧生，其中包括 1 名儿童。

4月19日　韩国国防部长金泰荣就天安舰事故表示从舰艇的弯曲程度可以推断事故原因，在努力查找更为确凿的物证。

哈萨克斯坦外交部发言人阿斯卡尔·阿布德拉赫曼诺夫表示，遭罢免的吉尔吉斯总统巴基耶夫已经离开哈萨克斯坦。

4月20日　警方和抗议者在吉尔吉斯斯坦首都北部的马耶夫卡村地区再次爆发冲突。

世界银行发布《2010年世界发展指标》报告，称受金融危机和经济衰退影响，全球新增6400万极度贫困人口，世界减贫任务仍然严峻。

4月21日　俄罗斯总统梅德韦杰夫与乌克兰总统亚努科维奇签署协议，允许俄黑海舰队在2017年后继续驻扎在乌克兰克里米亚半岛。

朝鲜重申其拥核国家的地位，并表示将会同其他拥核国家一样，致力于缩减核军备，并继续始终如一地为半岛无核化而努力。

被罢黜的吉尔吉斯斯坦前总统巴基耶夫在白俄罗斯表示，他依然是吉尔吉斯斯坦的总统，否认自己已经辞职。

4月22日　泰国首都曼谷市中心的沙拉登交叉路口地铁站发生6起炸弹袭击事件，造成1名妇女死亡，56人受伤。

俄罗斯能源部长什马特科表示俄罗斯与乌克兰重审天然气协议并不意味着与其他国家也修改天然气协议。

4月23日　俄罗斯政府警告伊朗，称在解决伊朗核问题上不要一意孤行，否则将面临严重后果。

以色列国防部长埃胡德·巴拉克与美国中东问题特使乔治·米歇尔展开磋商，同时拉开新一轮重启中东和谈高级会晤的序幕。

伊拉克西部城市拉马迪附近发生数起路边炸弹爆炸事件，6人在爆炸中丧生。

4月24日　泰国总理阿披实拒绝红衫军30天解散国会的要求，红衫军领袖通知支持者当局48小时内会采取镇压行动，泰国再陷僵局。

朝鲜最高领导人金正日观看人民军115部队的军事演习，他要求部队高举“训练也是战斗”的口号，努力加强战斗力。

巴基斯坦接连发生数起暴力事件，共造成29人丧生。

4月25日　伊朗革命卫队在战略要地霍尔木兹海峡进行军事演习，并试射了5枚导弹。

韩国军民联合调查团就天安舰的沉舰原因做出初步调查结果，认为近距离的强力爆炸是造成沉舰的直接原因。

4月26日　苏丹国家选举委员会宣布，苏丹现任总统巴希尔当选下一届苏丹总统。

澳大利亚、马来西亚、新西兰、新加坡以及英国举行旨在加强地区安全的联合军演。

泰国国王普密蓬首次就该国国内的危机发表讲话，呼吁法官要“公正”，以促进和平。

缅甸总理登盛与22名部长从军事职位退休，这项行动是为今年大选后，缅甸军政府将转换为“文人政府”铺路。

4月27日 朝鲜对金刚山离散家属团聚站等设施进行了没收和冻结。

俄罗斯与挪威就划定两国在巴伦支海和北冰洋上界限的问题达成协议。

4月28日 泰国红衫军领导人纳塔兀表示，政府的“紧急情况处理中心”应该设定明确的以武力镇压红衫军示威民众的日期。

美国指责黎巴嫩真主党装备先进武器，真主党随即指责美国造成了中东地区不稳定。

朝鲜劳动党中央机关报《劳动新闻》刊登评论文章称，《朝鲜停战协定》是半岛“最大冷战遗物”，尽早清除这一“冷战遗物”有利于各方。

4月29日 俄罗斯总理普京表示，北极可保障俄罗斯的安全和防御，俄罗斯地缘政治利益与北极有关。

印度总理辛格与巴基斯坦总理吉拉尼在不丹举行双边会晤。这是2008年孟买遭遇特大恐怖爆炸袭击以来，印巴两国总理首次举行正式会晤。

4月30日 法国国防部长对法驻阿富汗军队在一次行动中误杀4名平民的事件感到遗憾。

巴基斯坦部队在靠近阿富汗边境的一个部落地区击毙8名武装分子。

5月

5月1日 索马里首都摩加迪沙一座清真寺遭到连环爆炸袭击，造成28人死亡，另有50余人受伤。

俄罗斯北高加索地区卡巴尔达—巴尔卡尔共和国首府纳利奇克市发生一起爆炸事件，造成21人受伤。

巴基斯坦西北部斯瓦特地区一个市场入口处发生炸弹爆炸，造成2人死亡，9人受伤。

5月2日 第13届东盟与中日韩（10＋3）财长会当日在乌兹别克斯坦首都塔什干

举行。会议讨论了东亚区域宏观经济形势和加强东亚财金合作等议题。

泰国总理阿披实发表强硬谈话，警告红衫军“如果不结束导致曼谷商业区瘫痪的活动，可能会面临冲突与损失的风险”。

5月3日　泰国总理阿披实发表电话讲话，提出5点和解路线图，希望社会各界达成和解，结束当前政治争端。

第八次《不扩散核武器条约》缔约国审议大会在纽约联合国总部开幕。与会各国代表围绕核裁军、核不扩散及和平利用核能等关键议题举行谈判。

美国国务卿希拉里在联合国《不扩散核武器条约》审议大会上宣布将增加核裁军的透明度，五角大楼公布目前美国持有的核弹头的总数为5113枚。

5月4日　泰国红衫军领导人威腊表示，反对独裁民主联合阵线已经决定加入总理阿披实提出的和解路线图。

希腊公务员举行大规模示威抗议政府减税改革政策，开始了希腊新一轮全面罢工。

日本首相鸠山由纪夫宣布放弃将美军基地完全撤离冲绳的计划。

5月5日　伊朗总统艾哈迈迪-内贾德表示，如果由巴西进行斡旋，则将“原则上同意”国际原子能机构就伊朗核问题提出的解决方案，将低纯度浓缩铀运往国外。

美国中东问题特使米歇尔与以色列总理内塔尼亚胡举行会谈，讨论以巴间接和谈问题，为重启中东和平进程作最后准备。

5月6日　美国副总统拜登警告称，伊朗如果依然顽固不化，仍不放弃发展其核计划，将面临更严重的后果，遭到更多孤立。

法国总统萨科奇和德国总理默克尔共同呼吁欧元区国家加强对财政预算的监管，并提议召开峰会，对无法控制本国财政状况的欧元区国进行制裁。

支持现政府的“人民民主联盟”（黄衫军）发布声明，对总理阿披实公布的和解路线图表达不满。

5月7日　英国官方宣布，2010年英国政党大选出现“无多数议会”。

吉尔吉斯斯坦总检察院向白俄罗斯提出引渡被罢免的吉总统巴基耶夫的要求。

欧元区16国领导人在布鲁塞尔召开特别峰会，评估各国议会对2日启动的希腊救助机制的审批情况，并重点讨论如何加强欧元区经济治理以及强化对成员国的财政监督问题。

5月8日　日本鹿儿岛县民众在鹿儿岛市举行集会，反对日本政府正在探讨的将部分训练转至德之岛的方案。

巴基斯坦成功试射2枚能够携带核与常规弹头的导弹。

5月9日　巴勒斯坦首席谈判代表埃雷卡特在约旦河西岸城市拉姆安拉宣布，巴勒斯坦与以色列已开始在美国斡旋下进行为期4个月的间接和谈。

美军无人机袭击巴基斯坦西北部，造成10人死亡。

5月10日 韩国国防长官金泰荣称天安号事件调查团检出的火药成分是用于制造鱼雷的RDX（火药成分）。

伊拉克中部城市希拉发生多起爆炸，造成36人死亡，140人受伤。

5月11日 埃及总理纳齐夫请求执政党控制的国会延长紧急状态法两年。

阿富汗警方、军方以及情报机构在北约部队的协助下在阿境内展开联合清剿行动，击毙18名武装分子。

5月12日 日本防卫省统合幕僚监部发表消息称，两架俄罗斯轰炸机从日本海一侧经由北海道以北空域进入太平洋一侧，沿日本列岛周边飞行，有侵犯日本领空的危险，日方紧急出动了航空自卫队战斗机等进行监视。

伊拉克巴格达西北部的一家杂货店附近发生爆炸，造成3人死亡，至少23人受伤。

泰国红衫军拒绝了总理阿披实要求他们在12日结束之前解散集会的要求。

5月13日 朝鲜《劳动新闻》发表评论称，朝鲜半岛当务之急是签订和平协定，以结束军事对抗。

俄罗斯北高加索地区达吉斯坦共和国境内发生警车被袭击事件，造成8人死亡。

5月14日 泰国前总理他信敦促阿披实政府撤回军队，并重启与“红衫军”的谈判。

吉尔吉斯斯坦临时政府支持者与前总统巴基耶夫的支持者在该国南部发生冲突，造成1人死亡，至少40人受伤。

5月15日 苏丹政府军在达尔富尔地区占领了反政府武装的一个重要据点，并打死108名反政府武装分子。

阿富汗国防部称，阿富汗军警和北约部队在全国针对塔利班武装的军事行动中共打死21名塔利班武装分子，抓获27人。

5月16日 泰国政府紧急状态公共管理中心军方成员、陆军助理参谋长阿沙拉发表电视讲话称，取消在曼谷实施宵禁的计划。

伊拉克独立高等选举委员会表示，伊拉克全国议会选举巴格达省选区的重新计票结果没有改变各政治集团的议席分配。

朝鲜军方警告称，如果韩国方面不立即停止对朝鲜的心理战，朝鲜将采取措施，限制韩方人员通过军事分界线的陆路通行。

日本冲绳县约1.7万民众在驻日美军普天间基地外组成“人链”，反对在冲绳县内迁移该基地，要求美军早日归还基地。

5月17日 新加坡和印度尼西亚同意设立7个工作小组，其中包括反恐工作小组，以加强两国之间的合作关系。

印度警方称反政府武装分子在印度中部引爆一辆公交车，造成40人死亡。

联合国亚洲及太平洋经济社会委员会第66届大会部长级会议在韩国仁川开幕，与会者就如何建立稳定有力的金融体系、通过技术转让与融资以实现可持续发展进行了探讨。

5月18日　美国、中国和俄罗斯就制裁伊朗的联合国决议草案达成一致，并将在联合国安理会散发决议草案文本。

泰国红衫军领导人乍杜蓬·蓬潘在曼谷红衫军集会地点说，红衫军不会离开集会地点，直至封锁集会地点的军队撤走。

伊朗外交部发言人梅赫曼帕拉斯特表示，伊朗正在等待西方国家对新的核燃料交换协议作出“合理”答复。

5月19日　泰国国防部长巴维·翁素万宣布在曼谷实施宵禁，以防止暴乱。

朝鲜祖国和平统一委员会在平壤发表“控告书”，指责韩国把“天安”号舰艇沉没事件与朝鲜联系在一起是对朝鲜的“严重挑衅”，是“把局势引向严重危机的行动”。这是朝鲜官方首次就韩国“天安”号警戒舰沉没事件表明立场。

5月20日　西班牙内政部称，疑似巴斯克分离主义组织埃塔突击队的头目在法国被逮捕，同时被捕的还有3名埃塔成员。

泰国政府紧急状态公共管理中心宣布，把在首都曼谷和其他23个府的宵禁期限延长到22日，时间从晚9时至次日5时。

希腊民众再次举行全国性大罢工，约2万人走上街头抗议政府的财政紧缩政策。

5月21日　第24届中国—欧盟经贸混委会在布鲁塞尔欧盟总部举行，双方达成了广泛共识。

朝鲜外务省发言人在平壤发表谈话，指责美国在“天安”号事件上袒护韩国，继续推行旨在孤立、扼杀朝鲜的敌视政策。

巴勒斯坦武装人员在加沙地带南部边境地区与以军士兵发生剧烈交火，2名巴武装人员丧生。

5月22日　日本和美国政府就驻日美军普天间基地迁移问题达成基本协议。

朝鲜人民武力部部长金永春向韩国方面发出通知书，要求韩国方面立即接受朝鲜派遣的旨在核实“天安”号事件物证的检查团。

美国总统奥巴马颁布行政命令，宣布成立独立的总统委员会调查墨西哥湾原油泄漏事件。

5月23日　第七次中日韩经贸部长会议在韩国首尔举行，三国经贸部长就中日韩合作、区域和国际经济合作等问题交换意见并共同发布了《联合新闻稿》。

泰国紧急情况公共管理中心宣布，暂时没有撤销紧急状态法的决定，包括曼谷市在内的多个城市、省份仍实施宵禁，该中心将逐天宣布是否实施宵禁。

索马里的亲基地组织武装分子采用重型武器袭击该国首都摩加迪沙等多处地点，

导致10余名平民死亡。

5月24日 朝鲜外务省发言人在平壤称，为了保卫国家的最高利益，朝鲜有权继续扩大和加强必要的核遏制力。

伊朗政府军地面部队开始在伊朗中部的伊斯法汗地区举办为期3天的代号为“耶路撒冷22”大规模军事演习，以应对可能的各种进攻。

伊朗正式向国际原子能机构提交信函，向该组织通报17日伊朗与土耳其、巴西在德黑兰签署的核燃料交换协议内容。

5月25日 美国军方驻中东最高指挥官彼得雷乌斯签发秘密指令，要在中东、中亚和非洲之角等地，扩大美军的秘密军事活动。

朝鲜祖国和平统一委员会发言人在平壤发表讲话，宣布对韩国的八项措施，称将从现在开始全面冻结朝韩关系，废除朝韩互不侵犯协议，全面停止朝韩合作。

联合国秘书长潘基文敦促以色列“必须在东耶路撒冷保持特别克制”，并解除对加沙的封锁。

5月26日 伊朗总统内贾德敦促美国与俄罗斯支持核燃料交换协议，警告这将是解决此次核僵局的“最后机会”。

俄罗斯外交部表示，美国在波兰境内部署“爱国者”导弹无助于巩固地区安全和发展信任关系。

5月27日 朝鲜人民军总参谋部在平壤宣布了七项措施，以应对韩国就“天安”号警戒舰沉没事件对朝鲜采取的制裁措施。

韩国海军在西部海域举行了针对潜水艇的机动训练，10余艘舰艇参与了训练。

5月28日 巴基斯坦东部城市拉合尔发生两起恐怖袭击事件，造成68人死亡，另有70多人受伤。

日本国会参议院全体会议、通过了针对进出朝鲜船舶的《货物检查特别措施法》，并批准将禁止朝鲜船舶进入日本港口的期限延长至明年4月13日。

5月29日 第三次中日韩领导人会议在韩国济州岛举行，中国国务院总理温家宝、韩国总统李明博和日本首相鸠山由纪夫出席会议。会议当天发布了《2020中日韩合作展望》文件，三国就提升伙伴关系、实现共同繁荣达成多项共识。

泰国总理阿披实宣布，泰安全部队已控制住了曼谷及其他23个省的局势，政府决定即日起不再延长这些地区的宵禁令。

5月30日 日本社民党在东京都内召开全国干事长会议和常任干事会，决定脱离2009年9月成立至今的民主、社民、国民新三党联合的政权。

朝鲜10万名群众在平壤市金日成广场举行集会，谴责韩国当局伪造“天安”号事件，激化朝鲜半岛紧张局势。

5月31日 韩国统一部发表发言人评论，要求朝鲜停止诽谤韩国总统，歪曲“天安”号事件事实等行为。

以色列军方拦截一支驶往加沙地带的国际救援船队，船队中包括希腊船只。行动造成 19 人死亡，36 人受伤。以军的做法引来国际社会的一致谴责。

2010 年第二轮联合国气候变化谈判在德国波恩启动，182 个国家的政府代表与会。这是去年年底哥本哈根会议后，联合国气候谈判各方首次开始实质性磋商。

6 月

6 月 1 日　联合国安理会在纽约联合国总部发表主席声明，对以色列军队袭击向加沙地带提供人道主义援助的救援船队造成平民伤亡表示谴责。

朝鲜《劳动新闻》发表评论谴责美韩的反朝行为（“天安”号事件）使朝鲜半岛局势紧张。

北约与阿富汗政府宣布双方联合行动，从武装分子手中夺回了巴基马他地区。

第 25 次俄罗斯—欧盟峰会发表联合声明，宣布启动“现代化伙伴关系倡议”。

6 月 2 日　巴勒斯坦总统阿巴斯表示将要求美国总统奥巴马就中东和平进程作出“勇敢的决定”。

日本首相鸠山由纪夫和民主党干事长小泽一郎宣布将辞职。

阿富汗在首都喀布尔郊外举行和平支尔格会议时发生爆炸袭击。

6 月 3 日　以色列拒绝国际社会、联合国等国际组织对以军队拦截开往加沙地带的国际救援船只一事进行调查。

俄罗斯总统梅德韦杰夫签署了关于批准关税同盟海关法典协定的联邦法律，此举将深化俄白哈三国一体化。

6 月 4 日　土耳其副总理宣布将全面削减与以色列的关系，将两国经济和军事合作降至最低程度。

营直人当选日本第 94 任首相。

6 月 5 日　巴拿马外交部发布公告称巴拿马驻法使馆向法国外交部拉美司正式提交申请，以谋杀罪名要求引渡巴拿马前政府首脑、前国防军总司令诺列加。

英国石油公司宣布已使用一个漏斗装置“盖住”了墨西哥湾漏油油井，并开始通过该装置向停泊在海面的“发现事业号”油船输送油气。

6 月 6 日　伊拉克首都巴格达发生连环爆炸，造成 5 人死亡，其中包括 4 名警察，另有 24 人受伤。

阿富汗南部发生路边炸弹爆炸袭击，袭击目标为警察，造成 3 人死亡，11 人受伤。

朝鲜《劳动新闻》报道，朝鲜最高领导人金正日近日在视察平安北道南兴青年化工联合企业时表示，当前朝鲜正处于“伟大的转折时期”，各地都在热火朝天地建设强盛大国，每时每刻都在创造“令人惊叹的成绩”。

6 月 7 日 朝鲜第十二届最高人民会议第三次会议在平壤召开，最高领导人金正日出席。朝鲜通过此次会议作出了重大人事变动，朝鲜劳动党平壤市责任书记崔永林成为朝鲜新一任总理，金正日妹夫张成泽被提拔为朝鲜国防委员会副委员长。

6 月 8 日 日本首相菅直人公布新内阁，正式公布的 17 位内阁大臣名单中，有 11 位内阁大臣延续了此前的鸠山内阁，华裔议员莲舫成功入阁并担任行政革新相。

伊朗总统内贾德表示如果联合国安理会对伊朗采取新的制裁，伊朗不会同意就本国核问题进行协商。

朝鲜常驻联合国代表申善昊致函安理会本月轮值主席、墨西哥常驻联合国代表埃莱尔，要求安理会采取措施，促使韩国接受朝鲜国防委员会的检查团，以查明有关“天安”号舰艇沉没事件的真相。

美国国务院将朝鲜、古巴、厄立特里亚、伊朗、叙利亚、委内瑞拉等 8 个国家列为“反恐行动不合作国家”，并将该名单提交国会。

6 月 9 日 联合国安理会就伊朗核问题通过第 1929 号决议，决定对伊朗实行自 2006 年以来的第四轮制裁。

菲律宾国会正式宣布，议员阿基诺三世当选该国新一任总统。

阿富汗南部发生严重炸弹袭击事件，造成 40 多人死亡，70 多人受伤。

6 月 10 日 俄罗斯国家杜马国际事务委员会主席康斯坦丁·科萨切夫称针对伊朗的国际制裁不牵扯到俄罗斯与伊朗在和平利用核能领域的双边合作项目，包括布什尔核电站的投产使用，以及计划向伊朗提供的 S-300 地空导弹系统。

土耳其总理府发表声明表示，安卡拉将继续坚持德黑兰宣言，土耳其认为最正确的解决伊朗核问题的方式是政治途径。

泰国总理阿披实举行信仰仪式提振泰国民众的士气和祈祷社会和平，以实质性推进民族和解计划。

伊朗外交部发言人梅赫曼帕拉斯特指责西方在对伊朗制裁问题上欺骗国际社会，并宣称伊朗将继续实施其“和平”核计划。

6 月 11 日 吉尔吉斯斯坦南部发生新一波暴力冲突事件，吉临时政府宣布，即日起该国南部进入紧急状态，并实施宵禁。

伊斯兰和平国际会议致信给伊斯兰会议组织秘书长，要求对以色列的侵略行径采取强硬措施。

6月12日　吉尔吉斯斯坦临时政府紧急向俄罗斯寻求军事援助，称该国南部暴力冲突引发的骚乱已经“失控”。俄罗斯总统德米特里·梅德韦杰夫排除现阶段动用集安组织力量稳定吉尔吉斯斯坦局势的可能。

俄罗斯达吉斯坦共和国内务部发言人称该共和国卡斯皮斯克市发生爆炸，造成1人死亡，5人受伤。

美国海岸警卫队对英国石油公司采取的收集漏油计划表示关注，并命令其在48小时内作出改进。

6月13日　伊朗与巴基斯坦正式签署天然气出口协议，伊朗将从2014年起开始向邻国巴基斯坦输送天然气。

6月14日　朝鲜劳动党中央政治局候补委员、最高人民会议常任委员会副委员长杨亨燮在平壤纪念《北南共同宣言》发表10周年中央报告大会上呼吁全民族团结起来，捍卫10年前签署的《北南共同宣言》，粉碎内外敌人的战争阴谋。

联合国人权事务高级专员皮莱宣布任命一个由三名专家组成的独立委员会，监督以色列和巴勒斯坦各自对去年初的加沙冲突期间的违法行为开展的调查。

6月15日　美国总统奥巴马在白宫就墨西哥湾漏油事件发表全国电视演说，要求英国石油公司为其“鲁莽行为”导致的事故“买单”，同时还提出一系列措施平抚日渐沸腾的民怨。

吉尔吉斯斯坦卫生部称吉南部骚乱中死亡的人数达170人，受伤人数达1700多人。

6月16日　伊朗外交部在德黑兰传唤英国驻伊朗大使，要求其对有关英国卷入针对伊朗的恐怖阴谋的指控作出答复。

美国政府以参与或支持伊朗核计划和弹道导弹计划为由，宣布对伊朗邮政银行、伊朗伊斯兰革命卫队相关实体及个人、伊朗伊斯兰共和国船运公司相关实体等实施制裁。

美国与俄罗斯就吉尔吉斯斯坦局势进行磋商，并作好随时援助吉尔吉斯斯坦的准备。

6月17日　欧盟国家和政府首脑在布鲁塞尔召开正式峰会，讨论经济政策和为6月的加拿大8国与20国峰会作准备。同时，决定吸收爱沙尼亚进入欧元区，并开始与冰岛的入盟谈判。

西班牙爆发的信贷危机及其推行的缩减投资人风险资产政策，引发全球股市急转直下，欧元及原油油价也相应下挫。

6月18日　巴勒斯坦伊斯兰抵抗运动官员萨拉赫·巴尔达维勒称巴勒斯坦民族权力机构与埃及已经原则上同意哈马斯新提出的巴内部和解方案。

阿富汗总统卡尔扎伊表示美军撤退不会给阿富汗造成太大影响，力争5年内实现稳定全国治安的目标。

6月19日 联合国秘书长潘基文呼吁给予在吉尔吉斯斯坦种族骚乱中受难的数十万吉尔吉斯斯坦人7100万美元的紧急人道援助。

一伙武装分子袭击也门南部城市亚丁的情报机构大楼，造成3名也门安全部队成员死亡。

6月20日 吉尔吉斯斯坦临时政府决定将南部部分地区的紧急状态延长到25日。

美国白宫对以色列在加沙地带采取放宽封锁的新政策表示欢迎。

伊拉克首都巴格达发生两起汽车炸弹爆炸，导致26人死亡，53人受伤。

6月21日 日本和美国的外交及防卫部门官员首次就驻日美军普天间基地迁移候选地跑道修建地点和施工方法进行了协商。

俄罗斯天然气工业股份公司总裁米勒宣布，因白俄罗斯拖欠债务问题，该公司从莫斯科时间当天上午10时开始，限制对白俄罗斯供应天然气。

6月22日 阿富汗总统府发表声明称联合国同意逐步将部分塔利班领导人从制裁名单上去除。

白俄罗斯总统亚历山大·卢卡申科宣布下令掐断过境输气管道，直到俄罗斯天然气公司支付过境费为止。

6月23日 伊朗原子能机构主席萨利希宣布伊朗已经生产出逾17公斤的纯度为20%的浓缩铀。

日本首相菅直人出席在冲绳县丝满市举行的“冲绳全体战殁者追悼仪式”，就冲绳的美军普天间机场搬迁问题多次强调将致力于减轻冲绳基地负担。

6月24日 朝鲜中央通讯社发表新闻公报，指责美国为孤立扼杀朝鲜故意破坏六方会谈，造成北南分裂与对峙，阻碍朝鲜半岛的民族统一与发展。

以色列执政的利库德集团同意继续在被占领的西岸地区修建定居点。以色列战机当晚向加沙地带发动了3次袭击，造成1人受伤。

6月25日 澳大利亚新任总理吉拉德与美国总统奥巴马通电话，重申澳大利亚对阿富汗战争支持的立场，澳大利亚与美国的联盟关系不会改变，并巩固澳美双边关系。

八国集团首脑会议在加拿大多伦多北部亨茨维尔开幕，会议议题是讨论发展援助、国际和平与安全、伊朗核问题、朝鲜半岛局势、气候变化和能源等问题。

美国国会通过大萧条时期以来最大的一次金融监管改革法案。

6月26日 20国集团领导人第四次峰会全体会议27日在加拿大多伦多召开，与会领导人就当前世界经济面临的主要挑战寻求合作应对之策。

6月27日 美国参谋长联席会议主席迈克·马伦上将突访以色列并与以军方官员举行了未公开的会面。

吉尔吉斯斯坦临时政府宣布当日举行的全民公投结果显示，新宪法草案获得通过。

该草案确定吉尔吉斯斯坦将实行议会民主制。

几内亚开始举行军政府统治 18 个月后的大选，选举新的总统。

6 月 28 日　朝鲜指责美国和韩国将重型武器运至板门店边界，并要求美韩将这些重型武器撤走，否则将采取军事应对措施。并宣布将进一步加强核遏制力，以对应当前局势。

印度警方称印度安全部队在印控克什米尔地区索波尔镇与示威抗议者发生冲突。

巴基斯坦南部发生炸弹爆炸事件，导致 14 人死亡，30 人受伤。

6 月 29 日　俄军“东方—2010”大规模战略战役演习在俄远东和西伯利亚地区开始进行。

6 月 30 日　塔利班武装分子袭击阿富汗东部北约军事基地贾拉拉巴德机场，并与北约国际安全援助部队交火。

7 月

7 月 1 日　朝鲜祖国和平统一委员会谴责美国推迟向韩国移交战时作战指挥权，认为这是“加剧朝鲜半岛战争危险的行动”。

白俄罗斯经济部发言人宣布，即日起上调俄罗斯石油产品经白俄罗斯的过境运输费，每百公里每吨石油产品运费提高到 1.6 美元，上调幅度为 12.7%。

北约秘书长拉斯穆森称北约成员国全力支持来自美国的彼得雷乌斯担任北约驻阿富汗军队的最高指挥官，继续实施北约在阿富汗的既定战略。

黎巴嫩军事法庭对两名涉嫌在黎境内向以色列提供情报的犯罪嫌疑人提起诉讼。

7 月 2 日　朝鲜祖国和平统一委员会秘书局发表新闻公报，强烈谴责韩国国会最近通过决议案就“天安”号事件谴责朝鲜。

土耳其总参谋部发表声明称土耳其军队出动战机轰炸了位于伊拉克北部的库尔德工人党武装组织基地。

俄罗斯总统梅德韦杰夫在俄远东哈巴罗夫斯克出席远东社会经济发展会议，称俄罗斯必须加强在亚太地区的地位，并希望政府年底能出台加强俄罗斯在亚太地区地位的行动纲要。

7 月 3 日　柬埔寨官方在金边宣布，柬埔寨已经抓获 2 名制造泰国首都曼谷泰自豪党总部附近爆炸案的嫌犯，并将移交给泰方。

吉尔吉斯斯坦临时政府总理奥通巴耶娃宣誓就任吉尔吉斯斯坦过渡时期总统，任期至2011年12月31日。

美国国务卿希拉里·克林顿和波兰外交部长西科尔斯基共同出席了在波兰南方城市克拉科夫举行的波美导弹防御系统补充协议签字仪式。

7月4日 伊拉克西部城市拉马迪省政府大楼门口发生自杀式爆炸袭击事件，造成10人死亡。

美国国防部长盖茨要求日本增加承担驻冲绳海军陆战队移师关岛的费用。

7月5日 伊朗新发现两个天然气田，总储量约为8千亿立方米。

朝鲜中央通讯社谴责美国以"人权问题"向朝施压。

俄罗斯总理普京主持召开政府主席团会议，审议关于批准俄中相互通报弹道导弹和航天运载火箭发射政府间协议的联邦法律草案。

7月6日 伊朗首席核谈判代表贾利利致信欧盟称如果伊朗提出的三个条件得到满足，伊朗愿意在9月1日重启与其他国家的核谈判。其条件为：第一，有关国家必须明确表示恢复谈判的目标是接触与合作，而不是敌视与对抗；第二，承诺重开谈判不是出于恫吓或施压的目的；第三，有关各方需表明对以色列拥有核武器的态度。

泰国内阁批准解除四色菊、南、那空沙旺等5个省的紧急状态法令，而将曼谷及其他18个省已实施3个月的紧急状态法令再延展3个月。

7月7日 联合国安理会召开公开会议，讨论如何加强武装冲突中平民的保护问题。

德国政府批准财政部长朔伊布勒递交的2011年预算草案及截至2014年的财政计划，决定大幅削减财政开支，并在未来几年明显减少新增债务。

7月8日 欧洲议会全体会议通过了欧盟"外交署"筹组方案。方案规定了"外交署"的组织架构、编制、预算等。

黎巴嫩政府举行内阁会议，决定向联合国驻黎巴嫩南部临时部队在南部的任务区增派3000—5000名黎军人，以便于与联黎部队协调，共同控制南部的局势。

国际货币基金组织发布美国经济形势年度评估报告，称美国宏观经济的核心挑战在于建立可靠的财政战略，确保在不损害经济复苏的情况下，使公共债务走上可持续发展的道路。

7月9日 巴基斯坦西北部莫赫曼德特区发生一起自杀式炸弹爆炸事件，造成50人死亡，70人受伤。

联合国安理会以协商一致方式通过关于"天安"号事件的主席声明。

7月10日 朝鲜称联合国安理会发表的关于"天安"号事件的主席声明证明美韩企图陷害朝鲜的图谋"极其愚蠢"。

俄罗斯从哈萨克斯坦境内的拜科努尔发射场成功发射一颗美国通信卫星"Echostar-15”。

7月11日　俄罗斯罗斯托夫州和达吉斯坦共和国接连发生货运列车爆炸脱轨事件。

日本第22届参院选举进行投票和计票，执政党丧失过半数地位。

7月12日　俄罗斯总统梅德韦杰夫发表措辞激烈的声明称，伊朗已接近具有并表现出制造核武器的潜力。

英国北爱尔兰首府发生骚乱事件，造成27名警察受伤，其中3人被枪击中。

阿拉伯议会联盟下属的加沙物资运输委员会决定在斋月前向加沙地带运送人道主义物资，以满足加沙地带民众的需求。

7月13日　欧盟成员国财政部长最终同意爱沙尼亚自2011年1月1日起加入欧元区，并确定了爱沙尼亚货币克鲁恩兑欧元的汇率。

泰内阁批准从7月20日起，再延长泰南地区边境省份北大年府、也拉府和陶公府紧急状态法令3个月，至10月19日到期。

韩国军方称在与朝鲜交界的板门店地区的哨所部署携枪机器人。

7月14日　驻阿富汗北约部队发言人称阿富汗战争目前处于最艰难的时刻，为此北约部队将继续在塔利班势力最大的阿南部地区增加兵力。

尼日利亚东部地区爆发严重宗教冲突，造成8人死亡，40人重伤。

巴勒斯坦解放组织发表新闻公报称以色列批准在东耶路撒冷新建32套犹太定居者住宅和拆除巴勒斯坦人住宅的做法是挑衅行为，扼杀了实现巴以和平的机会。

7月15日　日本政府就美军普天间机场搬迁问题敲定一项新的有力方案，即在名护市边野古岬和其接邻水域上以填海造地的方式建造一条1800米长的跑道。

7月16日　朝鲜强烈谴责韩美即将举行的联合军事演习是“破坏朝鲜半岛和东北亚地区和平与稳定、激化紧张局势的十分危险的行动”。

土耳其总理埃尔多安强调土耳其将成立特别边防部队打击库尔德工人党武装组织。

日本政府召开安全保障会议和内阁会议，决定将7月23日到期的海上自卫队在索马里附近海域打击海盗活动期限延长一年。

7月17日　韩国军方称已成功开发出射程为1500公里的巡航导弹，并计划在年内部署在韩朝边界的“中部前线”。

7月18日　伊拉克首都巴格达市郊发生一起针对逊尼派武装人员的自杀式炸弹袭击，造成43人死亡，40人受伤。

7月19日　索马里首都摩加迪沙爆发政府军与反政府武装激烈交火，造成16人丧生、50余人受伤。

美国“联合国军司令部”向朝鲜人民军建议，推迟原定于20日举行的双方大校级军官会谈。

美国国务卿希拉里宣布将主要在水力和能源方面对巴基斯坦进行大规模资助计划。

7月20日 伊朗外交部发言人梅赫曼帕拉斯特呼吁美国和一些欧洲国家停止支持恐怖主义。

泰国内阁会议决定，同意取消南邦、沙功那空、黎逸3个省的紧急状态法令。

阿富汗问题国际会议闭幕，会议发表公报支持阿总统卡尔扎伊提出的与塔利班武装的和平计划，支持阿富汗政府对国际援助拥有更多支配权，并在安全方面承担更多责任。

第43届东盟外长会议在越南河内国家会议中心开幕。会议重点为朝韩紧张局势、缅甸大选以及如何能实现东盟地区的经济复苏。

7月21日 马来西亚和英国签署共同防范和打击跨国犯罪协议。

历史上首次美国与韩国外长、防长“2+2”会谈在首尔举行。

7月22日 欧洲安全合作组织决定向吉尔吉斯斯坦派遣国际警察团。

美国恢复与印度尼西亚之间中断了约12年的特种部队合作。

7月23日 美国“联合国军司令部”发表新闻公报称美朝大校级军官在板门店举行会谈，就美方提议成立“联合评估团”评估“天安”号事件原因进行了讨论。

法国总统萨科齐宣布法国将为俄罗斯建造至少2艘直升机航母。

7月24日 朝鲜国防委员会发言人在平壤发表声明，表示将“以强有力的核遏制力”对付美韩即将举行的联合军事演习。

伊朗政府警告将与对其海外资产施以制裁的国家断绝贸易往来。

日本和美国政府计划同意向第三国提供双方共同研发的海基型拦截导弹“SM-3 Block 2A”。

7月25日 第15届非洲联盟首脑会议在乌干达首都坎帕拉开幕。会议主题是“非洲母婴、儿童健康及发展”。

委内瑞拉总统查韦斯称，如果哥伦比亚攻击委内瑞拉，委内瑞拉将停止向美国出口石油。

俄罗斯总理普京会见同美国方面交换回的10名俄间谍人员，并承诺他们将拥有“趣味、光明的生活”。

7月26日 印度国防部下属的导弹研发机构“国防研究与发展组织”宣布，在印度东部奥里萨邦成功进行了针对可携核弹头的“大地”—2地对地导弹的拦截试验。

“维基泄密”网站与英国《卫报》、美国《纽约时报》和德国《明镜周刊》同步刊登了过去六年美军在阿富汗的一些机密数据。

朝鲜《劳动新闻》发表评论称日本不仅在六方会谈中无所作为，还故意逃避责任，给会谈制造障碍，因此日本没有资格参加六方会谈。

7月27日 英国首相卡梅伦称英国支持土耳其加入欧盟，他将为土耳其努力争取欧盟成员国身份。

韩国外交通商部发言人办公室证实利比亚6月驱逐了一名涉嫌从事间谍活动的韩国外交官。

朝鲜祖国和平统一委员会就韩美联合军演发表声明称对于敌人炫耀遏制力的行为，朝鲜将用更强大、更可怕的遏制力予以应对。

7月28日　英国商务大臣凯布尔宣布英国政府将首次允许向印度出口民用核技术。

泰国总理阿披实对世界遗产委员会同意柬埔寨提出的泰、柬边境地区有争议的柏威夏神庙的管理计划表示反对。

黎巴嫩军队司令部发表声明指控以色列军事巡逻艇向黎巴嫩南部水域开枪射击。

7月29日　泰国总理阿披实下令再解除大城府、农磨喃蒲、猜也蓬、春武里、莫拉限府和玛哈沙拉堪6个省的紧急状态法令。

阿富汗总统卡尔扎伊对西方盟国不采取行动对巴基斯坦境内的塔利班势力进行打击表示质疑。

7月30日　伊朗原子能组织主席萨利希称伊朗反对储存20%纯度的浓缩铀。

朝美军方代表在板门店举行大校级事务接触。朝鲜军方代表表示，朝鲜军队和人民将彻底查明“天安”号事件的真相，这一立场“决不会动摇”。

7月31日　朝鲜中央通讯社发表“控诉书”，指责美国好战分子的活动使朝鲜半岛局势“极度恶化”，正处于“战争前夜”状态，同时也严重破坏了东北亚地区的和平与稳定。

以色列战机对哈马斯组织5处目标发射导弹，打死该组织军队高级指挥官巴特兰。

8月

8月1日　朝鲜《劳动新闻》发表评论文章表示朝鲜将就韩美联合军演“坚决而无情地”惩罚韩国。

8月2日　日本青森县六所村的核废料再处理工厂发生微量的高水平放射性废液泄漏事故。

以色列南部城市埃拉特和约旦亚喀巴市遭到多枚火箭弹袭击，造成1人死亡，4人受伤。

伊朗总统内贾德表示已准备好就国际社会关心的问题与美国总统奥巴马进行“面对面”会谈。

8月3日 以色列与黎巴嫩两国士兵在边境交火，导致3名黎巴嫩士兵和1名记者死亡，另有1名黎平民受伤。

阿富汗南部坎大哈空军基地遭到塔利班武装分子的自杀式袭击。

8月4日 联合国和美国对以色列和黎巴嫩部队3日爆发越境冲突表示深切关注。以色列国防部长称，该国与黎巴嫩在边境地区的交火事件是黎巴嫩挑衅所致，但是这是一起局部性事件，并非由黎巴嫩真主党或其他军方高层策划组织。

8月5日 韩国"史上最大规模的反潜演习"在黄海东部的韩国海域开始举行。

美国国务院发布了2009年度全球恐怖主义形势报告，继续将伊朗、苏丹、古巴和叙利亚四国列入"支持恐怖主义国家"黑名单。

8月6日 印度部署1500名准军事部队到印控克什米尔首府斯利那加，以平息当地"反印度统治"抗议活动。

英国和巴基斯坦两国领导人同意开展更多合作，对抗恐怖分子，抚平此前因英国首相卡梅伦批评巴基斯坦"输出恐怖主义"造成的外交纠纷。

8月7日 俄罗斯外交部对"美国一再违背在诸多不扩散与军控协议上应承担义务的做法"表示不满。

伊拉克南部城市巴士拉发生爆炸，造成45人死亡，162人受伤。

8月8日 为纪念美越关系正常化15周年，美军航空母舰"乔治华盛顿"号抵达越南岘港附近的南海海域，一批越南高层军方人士登舰参观。

伊朗外交部长穆塔基表示，如果黎巴嫩和叙利亚遭到以色列袭击，伊朗将全力支持这两个国家。

代号为"可汗探索2010"的多国联合军演在蒙古国首都乌兰巴托以西65公里的蒙古国武装力量训练中心举行，来自德国、法国、日本、韩国、新加坡、印度、美国、加拿大等国的125名军人以及蒙古国204名军人共同参加本次演习。

8月9日 朝鲜向朝鲜半岛西部海域的"北方界线"附近海域发射近100发炮弹。

日本首相菅直人表示愿研究实现"无核三原则"法制化问题。

8月10日 菅直人内阁全体成员表示不在终战纪念日当天参拜靖国神社。

委内瑞拉总统查韦斯与哥伦比亚总统桑托斯举行历史性会晤并发表联合声明，宣布两国恢复外交关系。

8月11日 格鲁吉亚政府对俄罗斯在阿布哈兹部署S-300防空导弹系统表示强烈谴责，称此举"极端危险和具有挑衅性"。

印度士兵与武装分子在印控克什米尔地区数处地点发生交火，共造成4人死亡，8人受伤。

8月12日 埃及贸易和工业部长拉希德表示，埃及将只会通过国际招标的方式进口小麦，尽管美国表示愿意向埃及供应小麦，但埃及不会以签署协议的方式进口美国小麦。

8月13日 伊朗原子能组织主席萨利希证实该国首座核电站将于下周正式投入运营。

俄罗斯国家原子能公司发言人谢尔盖·诺维科夫称俄罗斯将从8月21日开始，为伊朗首座核电站——布什尔核电站核反应堆装载核燃料。

在伊拉克北部根据地与土耳其政府作战的库尔德运动组织单方面宣布在穆斯林斋月期间停火。

8月14日 维基泄密创始人阿桑奇称该网站将在几个星期内公开最后一批阿富汗战争机密文件。

一批欧洲的极右翼团体成员在日本参拜了供奉有战争罪犯牌位的东京靖国神社，并在东京举行集会与日本的民族主义团体会面。

8月15日 朝鲜人民军总参谋部发言人在平壤发表谈话称，针对韩国和美国将举行的联合军演，朝鲜军民将采取“最严厉的军事对应措施”。韩国总统李明博表示不会容忍朝鲜任何军事挑衅。

泰国总理阿披实称柬埔寨违反了泰国和柬埔寨于2000年签署的谅解备忘录，首先侵入泰国领土。

8月16日 美国和韩国在韩国东部海域与韩国西部海域进行联合军演，为期11天。

8月17日 伊拉克首都巴格达一个征兵站发生自杀式袭击，造成60人丧生，125人受伤。

以色列战机对加沙地带南部地区实施了4次空中打击。

朝鲜祖国和平统一委员会发言人称韩国总统李明博三阶段实现统一的言论是与朝鲜进行“体制对抗的宣言”，是企图把事态“引向极端”。

8月18日 俄罗斯总统梅德韦杰夫下令签署俄罗斯与亚美尼亚关于修订1995年俄驻亚美尼亚军事基地条约的协议。

俄总统梅德韦杰夫在索契会见阿富汗总统卡尔扎伊，表示俄罗斯愿意在打击恐怖主义与恢复国内和平方面向阿富汗政府提供一切帮助。

美军最后一批战斗部队开始撤离伊拉克，当日伊拉克连续发生炸弹袭击，造成5名政府雇员死亡。

8月19日 由联合国下令，美国领导的“巴拿马极限2010”联合演习在巴拿马开始举行，有19国、2000多人参加，目的是反击威胁巴拿马沿海和巴拿马运河沿岸的贩毒集团。

8月20日 伊朗表示将继续进行铀浓缩项目，以获取布什尔核电站所需燃料。俄罗斯外交部排除即将投入运营的伊朗布什尔核电站的核燃料被用作他途的可能性。

俄罗斯原子能公司总经理谢尔盖·基里延科表示，俄罗斯可能拨款20%以上在亚美尼亚建设核电站，该电站造价估计约为50亿美元。

以色列致信联合国表示将保留武力阻止一艘救援船抵达加沙地带的“权力”。

8月21日 伊朗已经开始向俄罗斯为其建造的布什尔核电站核反应堆装载核燃料。

日本外相冈田克也与印度外长克里希纳就缔结核能合作协定举行会谈。冈田克也表示，如果印度重启核试验则将停止核能合作，印度表示反对。

联合国秘书长潘基文在联合国总部发表声明，对巴以准备开始直接对话的决定表示欢迎。

8月22日 巴勒斯坦民族权力机构主席阿巴斯致信中东问题有关四方（联合国、美国、欧盟与俄罗斯），强调以色列若继续修建犹太人定居点，巴方就停止与其直接谈判。

8月23日 泰国前总理他信辞去柬埔寨首相洪森和柬王国政府经济顾问职务，泰国政府宣布该国自8月24日起恢复与柬埔寨的外交关系。

一辆香港旅游巴士在菲律宾首都马尼拉遭劫持，警方强攻入大巴解救人质，劫匪遭击毙，造成人质伤亡。

8月24日 索马里首都摩加迪沙一家酒店发生自杀式爆炸袭击，联合国驻索马里特别代表奥古斯丁马希格发布声明对此表示严厉谴责。

8月25日 伊拉克多地发生一系列明显有预谋的针对警察的汽车炸弹事件，造成41人死亡，其中包括妇女和儿童。

伊朗成功试射第三代“征服者—110”导弹，具备高精确的导向控制系统。

印度议会下议院通过法案，将允许外国公司在印度建设核电站。

8月26日 伊朗向俄罗斯提出申请要求为布什尔核电站和以后的相关设施与俄方联合生产核燃料。

阿富汗总统卡尔扎伊再次呼吁美国将军事力量集中于阿富汗境外的“恐怖分子”窝点，称单纯在阿富汗打仗是“不会取得进展的”。

8月27日 美国前总统卡特结束朝鲜之行，成功带走朝鲜关押的美国人戈梅斯。朝方向卡特表示，愿意重开六方会谈。

国际原子能机构前副总干事海诺宁表示，伊朗已储存足够制造1—2枚核武所需的低浓缩铀，但以现有储备跨越核弹制造门槛并无意义。

8月28日 法国愤怒否认联合国发表的敦促法国避免它所称的“集体驱逐吉普赛人”的行动报告。

8月29日 俄罗斯护法部门人士与武装分子在北高加索车臣地区发生激烈交火，12名武装分子被击毙，同时有5名平民和2名护法部门人士死亡。

由朝韩政党、社会团体及海外朝侨团体组成的“实践615共同宣言民族共同委员会”发表声明，要求日本对在殖民统治时期犯下的罪行赔礼道歉和赔偿，并无条件地返还掠走的文化遗产。

8月30日　韩国政府表示将会重启六方会谈，暂且不议要求朝鲜就“天安”舰沉船事件向韩国道歉一事。

联合国安理会通过决议将联合国驻黎巴嫩临时部队的任期延长一年，至2011年8月31日。

8月31日　伊拉克总理马利基称，美军在伊拉克战斗行动结束后，伊拉克随之“获得独立”，伊拉克部队将负责应对来自国内和国外的所有威胁。

以色列4名犹太定居点居民在西岸地区被打死，哈马斯武装分支声称对袭击事件负责。

9月

9月1日　以色列国防部长巴拉克称，以方愿意在和平条约框架内写入将耶路撒冷部分地区交给巴勒斯坦的内容。当天以色列军队封锁了部分西岸地区，巴勒斯坦当局逮捕数百名哈马斯武装组织的支持者。

俄政府对粮食出口禁令作出部分修改，规定可以在一些特殊情况下出口粮食。

美国国防部长盖茨出席在伊拉克首都巴格达国际机场附近美军基地举行的美军任务转换仪式，宣布2003年起的“自由伊拉克行动”正式被“新黎明行动”取代。

9月2日　以色列总理内塔尼亚胡和巴勒斯坦民族权力机构主席阿巴斯在华盛顿重启已中断近20个月的直接谈判，寻求在一年之内解决所有最终地位问题，进而达成一项和平协议。

朝鲜确定罗先市为经贸特区，并制定把罗先经济贸易区建设成为世界性加工贸易区的远景规划。

9月3日　巴基斯坦奎达市一处什叶派穆斯林集会发生炸弹爆炸，造成42人死亡，70多人受伤。

古巴革命领袖菲德尔·卡斯特罗现身哈瓦那大学，向在场的数千学生和群众发表演讲。这是4年前他因健康原因从古巴革命委员会主席一职退下后首次现身群众集会。

9月4日　朝鲜《劳动新闻》发表评论指责美韩即将举行的联合军事演习破坏朝鲜半岛的和平稳定，要求美韩认清形势，立即停止联合军演。

阿富汗总统卡尔扎伊成立专门委员会，准备同塔利班进行和谈。

9月5日 俄罗斯国防部第136摩步旅驻达吉斯坦共和国布伊纳克斯克市一处军营遭自杀式汽车炸弹袭击，导致5人死亡，近40人受伤。

西班牙巴斯克民族分裂组织“埃塔”宣布停止武装袭击。

9月6日 俄罗斯与以色列两国在莫斯科签署军事合作协定。

朝鲜官方决定释放朝鲜海军于8月在朝鲜东部海域扣留的一艘韩国渔船及船上人员。

9月7日 日本海上保安厅巡逻船在钓鱼岛附近海域冲撞一艘中国拖网渔船，并拟以涉嫌妨碍执行公务为由逮捕中国渔船船长。

伊朗外交部发言人梅赫曼帕拉斯特称国际原子能机构有关伊朗核计划的最新报告被部分政治化。

菲律宾国家警察总长赫苏斯·贝尔索萨宣布，从当日午时起，菲律宾北部吕宋地区和中部米沙鄢地区全部处于戒备状态，以防恐怖分子实施报复性袭击行动。

9月8日 朝鲜祖国统一民主主义战线中央委员会发言人称在美国继续在韩国驻军的情况下，朝鲜半岛的和平、统一及东北亚地区的和平稳定“都不可能实现”。

菲律宾总统阿基诺三世及经济顾问承认，菲律宾很可能无法实现联合国的千年发展目标。

美军无人机空袭巴基斯坦部落地区，投掷2枚炸弹，共打死14名武装分子。

9月9日 索马里首都摩加迪沙的机场遭反政府武装组织的自杀式爆炸袭击，造成3人死亡、4人受伤。

世界出口发展论坛在中国重庆开幕，来自世贸组织、联合国贸发会议及中国、印度、南非等国的贸易官员，就后金融危机时代全球贸易模式和出口发展经验，进行总结交流。

日本与印度政府举行副部长级磋商，就缔结旨在促进双边贸易和投资自由化的经济伙伴协定基本达成一致。

9月10日 由芬兰主持的“北部海岸”多国海上联合军事演习在芬兰南部沿海城市图尔库拉开序幕。

日本通过2010年版《防卫白皮书》，将竹岛描述为“日本固有领土”，遭到韩国抗议，韩国对此表示“遗憾”并要求日本撤回主张。

基地组织阿拉伯半岛分支发表声明，点名威胁杀害55名也门警方、军方人员。

俄罗斯外交部长拉夫罗夫称俄罗斯无意要求北约及欧洲安全与合作组织解散。

9月11日 日本首颗辅助导航定位的“导”号卫星在该国鹿儿岛县借助H2A火箭发射升空。

伊朗政府宣布推迟释放被扣美国人莎拉·舒尔德。

9月12日　印度战略部队司令部计划配备40架可实施核攻击的战斗机，以加强空中核攻击能力。

土耳其举行旨在加强民主机制、使其满足加入欧盟条件的宪改公投。

9月13日　世界银行发布报告宣布，世行将推动向医疗和农业领域投入更多资金，以帮助贫困国家在2015年前实现千年发展目标。

印控克什米尔许多民众不顾宵禁举行示威游行并与警方发生冲突，造成14人死亡，70人受伤。

以色列3年多来首次允许汽车零件运入加沙地带。

9月14日　以色列总理内塔尼亚胡和巴勒斯坦领导人阿巴斯就和谈核心议题举行了约100分钟的直接谈话。

韩国统一部表示，将把朝鲜开城工业园区内韩方工作人员的数量由目前的600多名增加到800—900名。

9月15日　欧盟司法专员雷丁促请欧洲委员会对“驱逐”罗姆人的法国采取法律行动。法国对雷丁的言论表示“惊讶”。

韩国关税厅与美国能源部签署杜绝运输核物质或放射性物质的合作谅解备忘录。

9月16日　突厥语国家首脑会议在土耳其伊斯坦布尔召开，会议主要讨论如何加强突厥语国家合作和发扬突厥语传统等问题。

意大利放弃反对立场，欧盟与韩国达成自由贸易协定。该协议预定从2011年7月1日起正式启动生效。

9月17日　委内瑞拉总统查韦斯再次拒绝接受拉里·帕尔默出任美国驻委大使。

莫桑比克国防部长菲利佩·纽西和安哥拉国防部长范杜嫩在马普托签署了一系列旨在加强莫安两国和两国人民友好关系的合作协议。

乌克兰总统亚努科维奇和俄罗斯总统梅德韦杰夫在乌城市格卢霍夫举行会谈，讨论了两国在能源、交通、飞机制造和投资等领域的合作问题，表示将继续推进两国边境地区的合作。

9月18日　阿拉伯国家外长会议通过决议，不承认以色列是犹太国家，并要求美国对以色列施加强大压力，迫使以色列停止在巴勒斯坦被占领地区扩建犹太人定居点。

大约300名保加利亚罗姆人以及支持罗姆人的13个非政府组织代表在法国驻保加利亚大使馆前举行抗议活动，呼吁法国政府停止“驱逐”罗姆人的行为。

9月19日　伊拉克首都巴格达连续发生两起汽车炸弹袭击，造成29人死亡，111人受伤。

以色列对俄罗斯将向叙利亚出售P-800型“宝石”反舰巡航导弹一事表示谴责，称俄罗斯这一做法“不负责任”，会威胁这个地区的战略平衡。

泰国反政府组织“红衫军”在曼谷市中心举行集会，纪念他信政府被推翻4周年以及“红衫军”集会被驱散4个月。

9月20日 国际原子能机构第54届大会在维也纳国际中心开幕，会议就加强核安全、辐射安全、核保安等议题进行讨论。

巴拿马外交部表示，美国政府承诺援助1000万美元供巴拿马执行一项加强治安及打击国际组织犯罪的计划。

土耳其驻以色列特拉维夫大使馆收到一个含有白色粉末的可疑信封，没有人员受伤。

9月21日 联合国秘书长索马里问题特别代表马希加、非洲联盟驻索马里特派团以及东非政府间发展组织在内罗毕发表联合声明，呼吁索马里冲突各方在全球迎来国际和平日之时实现停火。

吉尔吉斯斯坦完全关闭与塔吉克斯坦边界。此次吉尔吉斯斯坦主动提出关闭边界，与塔吉克斯坦发生的军方车队遭武装分子袭击事件有关。

以色列总理内塔尼亚胡称以色列想在未来巴勒斯坦国东部边境地区保留部队。巴勒斯坦对此建议予以拒绝。

9月22日 欧盟海军宣布，欧盟护航编队将进一步扩大其在印度洋及亚丁湾附近的巡逻区域，以打击日益频繁的海盗劫船和袭击行为。

俄罗斯武装力量总参谋长马卡罗夫称由于S-300防空导弹系统在联合国对伊朗制裁范围内，俄罗斯决定停止向伊朗出售该武器系统。

根据塞内加尔总统瓦德签署的引渡令，塞警方将扣押在达喀尔的3名摩洛哥籍恐怖组织成员引渡回国。

9月23日 朝鲜劳动党代表团与止在平壤访问的英国共产党代表团进行会谈。

俄罗斯总理普京表示，关于北极问题的所有争端能够本着合作的精神通过谈判的方式得以解决。

索马里政府军在首都摩加迪沙与反政府武装发生新一轮激烈交火，造成20人丧生，近70人受伤。

9月24日 印度在东部沿海地区进行的“大地—2”型短程弹道导弹试射失败。

由联合国人权理事会任命的调查小组发表报告，遣责以色列军队5月间突击驶向加沙的国际救援船队，违反国际法。

9月25日 鉴于印控克什米尔地区的局势，印度政府决定与印控克什米尔地区政党进行“持续不间断的对话”，平息该地反政府暴力示威活动的浪潮。

巴勒斯坦民族权力机构主席阿巴斯在联合国大会上称，以色列必须在修建犹太人定居点与和平之间作出选择。

9月26日 泰国总理阿披实与柬埔寨首相洪森达成共识，认为两国围绕柏威夏古庙的边界争端不应该用诉诸武力的方式来解决。

解放巴勒斯坦人民阵线决定中止参加巴勒斯坦解放组织执行委员会会议，以表示对巴解组织作出恢复同以色列谈判的决定及其退让政策的警告。

9月27日　朝鲜最高领导人金正日下达命令，任命李英浩为朝鲜人民军次帅，同时任命金敬姬、金正银、崔龙海等6人为大将。

驻扎在阿富汗东部的北约直升机对巴基斯坦境内发动空袭，打死50多名武装分子。

9月28日　以色列海军拦截一艘试图突破封锁前往加沙的犹太团体船只，这艘船被迫转向驶往以色列港口。

泰国国家安全委员会秘书长他汶称，在通过对曼谷与其邻近省份的安全状况重新评估后认为，其紧急状态法令有可能延长执行期至2011年初。

塔利班发言人穆杰希德对彼得雷乌斯“不少反政府武装组织已经表示愿意放下武器”的言论给予了断然否认，并表示塔利班“不会与外国侵略者及其傀儡政府进行谈判”。

9月29日　朝鲜副外相朴吉渊在联大一般性辩论中发言时称只要美国不停止对朝鲜的武力威胁，朝鲜就不会放弃核威慑。

欧盟委员会出台一揽子立法建议，拟通过对违反财政纪律的国家实施严厉制裁，避免类似希腊的主权债务危机再次发生。

9月30日　巴勒斯坦首席谈判代表埃雷卡特在拉姆安拉重申，以色列停止约旦河西岸和东耶路撒冷的犹太人定居点建设是巴以直接和谈能够继续的关键。

朝韩军事会谈在板门店韩方一侧举行，朝方在会上要求韩方立即停止在陆地和海上的挑衅。

10月

10月1日　朝鲜和韩国就重启离散家属团聚问题达成协议，双方一致商定，离散家属会面将于10月30日至11月5日在朝鲜金刚山举行。

泰国总理阿披实签署命令，解除泰东北地区孔敬、乌隆和呵叻的紧急状态法令。

一伙巴基斯坦武装分子在南部信德省点火焚烧了20多辆北约装有补给的卡车和运油车。

10月2日　巴勒斯坦民族权力机构主席府发言人纳比勒·阿布·鲁代纳宣布，在以色列继续修建犹太人定居点的情况下，巴方将不与其继续展开直接和谈。

朝鲜名胜地综合开发指导局向韩国统一部发出通知，提议双方重新讨论恢复金刚山旅游项目事宜。

10月3日　美国国务院向在欧洲国家旅游的美国游客发出警告，防范可能发生的恐怖袭击危险。

10月4日　北约秘书长拉斯穆森对北约空袭炸死巴基斯坦士兵一事表示遗憾，并敦促巴基斯坦“尽快”重新开放驻阿富汗北约物资供给通道。

第八届亚欧首脑会议在布鲁塞尔开幕，会议的主题是“改善民生：提高公民福利和尊严”，全球金融和经济治理、可持续发展、气候变化等也是热点议题。

10月5日　朝鲜在第六次朝美大校级工作会谈中提出查明“天安”号事件的新提案，提议美方将调查事件所必需的“物证”带到板门店以便双方进行共同检验。

泰国曼谷周边的暖武里府发生一起炸弹袭击事件，该事件造成3人死亡，4人重伤。

10月6日　一伙身份不明的武装分子在巴基斯坦西部城市奎达附近将20多辆北约油罐车烧毁。

联合国逮捕刚果叛军组织的一名高级指挥官，该名指挥官涉嫌指挥发动针对数百名平民的大规模强奸。

尼泊尔制宪会议议长苏巴什·内姆旺宣布，参加总理选举的唯一候选人在第十轮投票中再次未能获得通过。

10月7日　俄海军“德米特里·顿斯科伊”号战略核潜艇在白海水域成功试射“布拉瓦”海基洲际弹道导弹。

10月8日　阿富汗北部塔哈尔省首府塔卢坎市一清真寺发生一起自杀式爆炸袭击事件，致使包括昆都士省省长在内的13人死亡，另外13人受伤。

韩国和美国决定成立常设机构，确保美国向韩国提供核保护伞、常规打击等“延伸威慑”的有效性，两国还签署了《国防合作方针》、《战略同盟2015》和《战略计划方针》三份文件。

朝鲜最高人民议会常委会副委员长杨亨燮证实，金正恩将会成为朝鲜的第三代领导人。

10月9日　巴基斯坦外交部宣布将重新开放北约向阿富汗运输军需物资的主要陆路通道。

伊拉克总理马利基批评某些邻国插手伊拉克新政府的组建，并呼吁伊所有政治派别加入谈判，解决持续了7个多月的组阁僵局。

《联合国气候变化框架公约》工作组第12次会议及《京都议定书》工作组第14次会议在中国天津落幕，会议为坎昆会议作了重要铺垫。

10月10日　泰国红衫军的数千名支持者再度走上街头抗议示威，要求政府释放尚关押狱中的红衫军领导人及其支持者。

第二届阿拉伯—非洲首脑会议在利比亚苏尔特闭幕，会议通过了《2011—2016 阿拉伯—非洲共同行动计划》《阿拉伯—非洲伙伴关系战略》《建立阿拉伯—非洲共同灾难应对基金决议》和《苏尔特宣言》等文件。

朝鲜在首都平壤的金日成广场举行盛大阅兵式，庆祝劳动党建党 65 周年。金正日、金正恩等朝鲜领导人出席。

10月11日　首届第一夫人峰会在马来西亚首都吉隆坡举行，主题为“今日的儿童，明天的领袖”。

生物多样性条约第 10 届缔约国会议在日本爱知县名古屋国际会议中心开幕，会议将最终制定《名古屋议定书》。

10月12日　第一届东盟国防部长扩大会议在越南河内国家会议中心闭幕，会议通过的联合声明强调，与会各国将加强防务和安全合作，推动地区的和平、安全和繁荣。

10月13日　伊朗总统艾哈迈迪-内贾德称伊朗坚决支持黎巴嫩和叙利亚解放被以色列占领的领土，并支持黎巴嫩政府和人民实现国家统一，并表示中东地区不需要外国势力的干涉。

巴勒斯坦呼吁美国与以色列政府确定以色列的边界。

10月14日　北约秘书长拉斯穆森表示北约成员国就建设导弹防御系统达成广泛一致。

日本政府计划年内向阿富汗派遣自卫队医官和护士等约 10 名医务人员，并开始就此展开协调。

10月15日　韩国与美国开始代号“最响雷鸣”的常规空军演练。演习将历时 8 天，旨在加强两国空军协同能力。

朝韩将军级军事会谈朝方团长向韩国当局发出抗议通知书，要求韩国立刻终止反朝心理战。

以色列政府批准在东耶路撒冷地区建造 238 所新住宅的投标程序，巴勒斯坦对此表示不满。

10月16日　朝鲜外务省发言人在平壤表示朝鲜已做好重启六方会谈的准备。

法国爆发第 5 次大规模罢工示威。法国工会估计全国有 230 个示威活动，多达 300 万人上街示威。

10月17日　伊朗总统艾哈迈迪-内贾德在阿尔达比勒发表演讲，称伊朗愿有条件与六国（美、英、法、俄、中、德）就有争议的伊朗核问题恢复谈判。

为办好 G20 峰会，韩国联合参谋本部将军事应对级别提升至“最高水平的军事应对”阶段。

10月18日　波兰总统科莫罗夫斯基发表声明，将驻阿富汗士兵的任务期限延长至2011年4月13日。

在联合国驻黎巴嫩南部临时部队司令阿尔博托·奎瓦斯主持下，黎巴嫩和以色列两军的高级军官在联黎部队司令部驻地纳古拉举行会议，讨论两国边界立桩等问题。

日本政府决定应众议院预算委员会的要求向国会公开钓鱼岛事件中国渔船的录像。

代号为“马刀打击2011”的北约大型演习在立陶宛开始，参加演习的有来自拉脱维亚、立陶宛、爱沙尼亚、波兰和美国的1700多名军人。

10月19日　泰国宣布将该国南部三府紧急状态法再延长三个月时间，到2011年1月19日为止。

英国首相卡梅伦发布战略防务与安全评估报告，宣布今后4年将国防预算削减8%。

10月20日　联合国人口基金会公布2010年版《世界人口白皮书》，测算出2010年全球人口将比2009年增加7930万，达到69亿870万。

韩朝红十字会在开城工业园区交换离散家属团聚活动人员名单。

奥巴马政府正式公布美国“史上最大”军售计划，准备向沙特阿拉伯出售总额高达600亿美元的先进军用飞机。

10月21日　澳大利亚反恐中心在堪培拉成立，将积极应对恐怖袭击威胁。

缅甸国家和平与发展委员会颁布法令，缅甸正式启用《缅甸联邦共和国宪法》确定的新国旗、新国徽，国歌保持不变。

日本防卫省决定将海上自卫队的潜艇数量从16艘增至22艘。这是1976年后日本首次制定部署20艘以上潜艇的防卫计划。

10月22日　美国国务卿希拉里称美国将向巴基斯坦提供20亿美元的经费来帮助其武装军队。

英国最新一艘高级别核潜艇“机敏号”在苏格兰西北部凯斯岛附近海域搁浅。

日本与越南就签署核能协定达成实质性共识。

10月23日　为表示对阿富汗政府推动和平进程的支持，巴基斯坦政府释放阿富汗塔利班二号人物，以使他回阿富汗参加和谈。

日本菅直人政府开始就修改“武器出口三原则”展开实质性讨论。

10月24日　以色列总理内塔尼亚胡呼吁巴勒斯坦方面尽快重返巴以直接谈判，力争在一年内达成和平协议。

第13届法语国家组织首脑峰会在瑞士蒙特勒闭幕，会议发表《蒙特勒声明》呼吁联合国安理会实施改革。

10月25日　朝鲜在平壤体育馆举行约3万人参加的盛大集会，隆重纪念中国人民志愿军入朝参战60周年。

俄罗斯远程航空兵在空军总司令亚历山大·泽林上将的指挥下开始导弹实弹发射大型军事演习。

泰国陶公府发生 9 起路边炸弹袭击事件，事件造成 1 人死亡和 10 人受伤。

10 月 26 日　苏丹总统巴希尔和苏丹第一副总统兼南部自治政府主席基尔在喀土穆表示，无论苏丹南部地区举行的公投结果如何，都将坚持在苏丹北南之间实现永久和平，并消除北南之间重新爆发战争的一切可能性。

联合国粮农组织发表《世界粮食和农业植物遗传资源状况》第二份报告，指出粮食作物多样性正面临气候变化等因素的威胁。

尼泊尔制宪会议对总理选举唯一候选人保德尔进行第 13 轮投票，本轮选举因其所得选票仍未超过半数而再次无果而终。

10 月 27 日　“基地”组织首领本·拉登公布最新录音，声称为回应法国禁止穆斯林罩袍的法令，基地组织有权驱逐法国“侵略者”。

俄罗斯建立恐怖袭击蓝、黄、红三级预警机制，警告级别依次为低级、高级和危险级。

10 月 28 日　欧盟领导人在布鲁塞尔召开峰会，讨论如何避免另一次可能影响欧洲经济的债务危机。

巴勒斯坦民族权力机构主席阿巴斯重申，巴勒斯坦坚持通过和谈解决巴以冲突。

10 月 29 日　朝鲜军队炮击韩军哨所，地点为距韩国首都 90 公里的华川地区。

日本防卫省宣布海上自卫队宙斯盾舰“雾岛”号在美国夏威夷考爱岛附近海域成功实施拦截试验，击落了作为靶弹的模拟导弹。

北约决定调整科索沃国际维和部队人数，计划在数月内将 1 万人减少至 5000 人。

伊朗首席核谈判代表贾利利致信欧盟外交与安全政策高级代表阿什顿，表示伊朗同意与六国（美、英、法、俄、中、德）就有争议的伊朗核问题恢复谈判。

10 月 30 日　朝鲜和韩国的离散家属开始在朝鲜境内的金刚山地区举行中秋会面活动。

第 17 届东盟首脑会议及东盟与对话伙伴国系列峰会在越南河内国家会议中心闭幕。以“从愿景到行动，迈向东盟共同体”为主题的系列会议通过了《东盟互联互通总体规划》、《东盟宣言》、《河内宣言》，以及实施海上搜救合作的文件，决定从 2011 年起邀请俄罗斯和美国加入东亚峰会。

10 月 31 日　俄罗斯和越南在河内签署一项总额 56 亿美元的核合作协议。

伊拉克巴格达市中心教堂发生人质劫持事件，造成 37 人死亡，逾 50 人受伤。

11月

11月1日 俄罗斯总统梅德韦杰夫视察南千岛群岛的国后岛。日本政府对此表示抗议。美国对日本在日俄南千岛群岛争端问题上的诉求表示支持。

11月2日 朝鲜国防委员会检查团发表“天安舰”事件调查报告，表示此事与朝鲜无关，完全是韩美制造的“荒唐骗局”。

英国首相卡梅伦与法国总统萨科齐在伦敦签署2个里程碑意义的国防条约。两国同意联合进行两国核武器试验，并建立一支联合军事部队，以及共享航空母舰。

11月3日 美国联邦储备委员会宣布推出第二轮定量宽松货币政策，到2011年6月底以前购买6000亿美元的美国长期国债，以进一步刺激美国经济复苏。

英国外交大臣黑格称英国支持在“两国方案”的基础上解决巴以争端，并呼吁以色列停止犹太人定居点建设。

11月4日 希腊警方宣布在寄给法国驻希腊大使馆的邮包中发现并拆除了一枚炸弹，这是自1日以来，希腊拦截的第14枚邮包炸弹。

11月5日 格鲁吉亚内务部反谍部门利用一名双重间谍捣毁一个俄罗斯间谍网，逮捕13名嫌疑人。

美国总统奥巴马开始赴亚洲进行为期10天的巡回访问，借外交挽救下跌中的支持率。

11月6日 阿富汗选举投诉委员会宣布，413名阿议会选举候选人因涉嫌舞弊，已被提交司法部门调查。

11月7日 缅甸多党制全国大选开始投票，选举1000多名联邦议会议员和省邦议会议员。

伊朗外交部长穆塔基称伊朗已经同意与六国（美、英、法、俄、中、德）在土耳其举行核谈判。

11月8日 美国总统奥巴马在印度发表一篇旨在加强美印关系的讲话，对印度争取安理会常任理事国地位的努力表示支持。

澳大利亚和美国在墨尔本举行外交和防务部门部长级安全对话，确认在亚太地区安全问题上“日本发挥的重要作用”，并表示将加强日美澳三国的战略对话。

11月9日 美国总统奥巴马与印尼总统苏西洛举行双边会晤，并共同签署全面伙伴关系协议。

缅甸“联邦巩固与发展党”在该国20年来的首次大选中取得80%的议会议席，赢得大选。

11月10日 巴基斯坦就美国总统奥巴马支持印度成为联合国安理会常任理事国一事表示失望和担忧。

蒙古与土耳其签署《蒙土政府间军事援助协议》，土耳其国防部将向蒙古国国防部提供80多万美元的军事援助。

11月11日 G20峰会在首尔COEX会展中心正式开幕，峰会主题为“超越危机，共享增长”。

缅甸联邦大选委员会发布大选公告，吴瑞曼、吴登盛和吴丁昂敏乌等3名现任领导人当选联邦议会人民院议员。

11月12日 朝鲜最高领导人金正日视察朝鲜人民军3875部队，要求人民军官兵具有保卫社会主义祖国的精神，争当“先军时代”的英雄。

11月13日 亚太经合组织峰会在日本横滨市的横滨太平洋会展中心开幕，如何实现区域经济一体化成为此次峰会的最大焦点。

缅甸解除对民主人士昂山素季的软禁，将其正式释放。

日本首相菅直人与美国总统奥巴马举行会谈。两国就进一步“深化”同盟关系达成一致，奥巴马重申支持日本成为联合国安理会常任理事国。双方还就围绕稀土等资源供应多样化以及开发清洁能源技术启动高层对话达成最终协议。

11月14日 美国总统奥巴马与俄罗斯总统梅德韦杰夫举行双边会谈。奥巴马表示美国支持俄罗斯加入世界贸易组织，并将尽快促请国会通过美俄削减战略性武器新条约。

第18次APEC领导人非正式会议和2010横滨APEC领导人周正式闭幕。日本首相菅直人以议长身份发布21个成员经济体签署的《横滨宣言》。

11月15日 韩国总统李明博表示在维持朝鲜半岛的和平与无核化的目标下，随时可以进行韩朝首脑会谈，但不会以国内政治为目的推动该会谈。

美国奥巴马政府计划在18至24个月内将阿富汗一些地区的安全职责移交给该国的军队，预计将在2014年结束美军在阿富汗的作战任务。

11月16日 海地民众与联合国维和部队发生暴力冲突，致2人死亡，10多人受伤。

俄罗斯取消将存在主权纠纷的南千岛群岛中的色丹岛、齿舞群岛归还日本的计划。

伊朗开始举行为期5天的大规模防空演习，以展示该国保卫重要目标，特别是核电站的能力。

11月17日 德国内政部长托马斯·德梅齐埃在主题为“新安全形势”的发言中警

告称，德国正面临新一轮恐怖袭击威胁。

美日军方高级官员展开防务磋商，针对所谓“中国海军在东海的频繁活动”将制定在日本西南海域的共同防御策略。

以色列安全内阁批准从以黎边境的盖杰尔村北部撤军，并将这一地区的实际控制权移交给联合国驻黎巴嫩临时部队。

11月18日 日本经济产业大臣大畠章宏与美国能源部长朱棣文签署联合声明，声明表示日本和美国将加强在稀土领域的合作，共同开发稀土替代材料。

伊朗通过升级S-200防空导弹系统的方式研发了国产S-300系统并测试成功。

11月19日 北大西洋公约组织28个成员国的领导人在葡萄牙首都里斯本举行峰会，本次峰会将决定北约今后10年的定位。

美国军方在历时9年的打击塔利班的战争中首次向阿富汗战场调运主战坦克。

“基地”组织北非分支头目在录像中称，要解救5名法国人质，法国必须直接与本・拉登谈判。

11月20日 俄罗斯总统梅德韦杰夫与北约组织首脑们举行会谈，梅德韦杰夫表示，在欧洲MD不损害俄罗斯核战斗力、俄罗斯拥有平等发言权的条件下，愿意积极合作。

11月21日 美国智库“科学与国际安全研究所”公布一张卫星照片，其中的建筑物可能是已在朝鲜宁边确认的铀浓缩设施。

11月22日 “基地”组织也门分支“阿拉伯半岛基地组织”誓言，今后将更频繁地向西方国家发动更多小规模袭击，以“千刀割战略”让“敌人流血至死”。

泄密网站“维基解密”在微博上表示，计划在下一次大规模泄密行动中公开300多万份机密文件。

柬埔寨金边送水节在钻石岛钻石桥上发生踩踏事件，事故共造成351人死亡，395人受伤。

11月23日 朝鲜向韩国一侧的延坪岛附近发射200多枚海岸炮炮弹，致2死16伤，韩国随后予以了还击。

日本防卫省下令自卫队启动所有的警备机制，加强对朝鲜和韩国军事动态的检测。

泰国黄衫军聚集在泰国会大厦门前开始进行为期3天的集会示威活动，抗议泰国会审议修改现行宪法的有关条款。

11月24日 韩国军方向该国西部海域五岛发布代号为“珍岛犬一号”的警戒令。韩国合同参谋本部与韩美联合司令部将对朝鲜情报监视级别从第3级上调至第2级。同时，韩美两国军队启动“联合危机管理机制”，组成韩美联合危机管理小组，评估朝鲜半岛的危机状况。

也门焦夫省北部城镇发生汽车炸弹爆炸事件，造成23人死亡。

11月25日　日本防卫省决定在冲绳县的与那国岛、石垣岛、宫古岛等岛屿部署陆上自卫队。

韩国总统李明博受理国防长官金泰荣的辞呈。此外，李明博还决定替换青瓦台国防秘书官。

印度在东部奥里萨邦的综合试验场成功试射一枚“烈火—1”型短程弹道导弹，该导弹可以携带核弹头和常规弹头。

11月26日　沙特阿拉伯内政部发布声明，表示该国在过去的八个月内共计逮捕149名与基地组织有关的嫌疑人，并且挫败多起针对政府人士、安全部门官员以及媒体人员的袭击。

日本首相菅直人宣布全体内阁进入待命状态。

11月27日　伊朗原子能组织主席萨利希称伊朗首座核电站布什尔核电站已经完成核燃料加载，将在两个月内并网发电。

阿富汗东南部帕克提卡省的警察总部遭两起自杀式袭击，造成12名警察死亡。

11月28日　韩美决定开始在西海格列飞列岛实施24小时的高强度军演。此次韩美联合军演包括海上自由攻防战、对空防御训练、海上射击等空前规模的演练。

缅甸政府军和反政府的克伦军再度爆发武装冲突，大约1000名缅甸克伦族村民跨越泰、缅界河进入泰国边境的美索地区。

11月29日　伊朗首都德黑兰发生两起汽车爆炸事件，造成两名核专家一死一伤。

以色列总理本雅明·内塔尼亚胡任命塔米尔·帕尔多接替梅尔·达甘出任情报和特勤局局长。

11月30日　俄罗斯战略导弹部队司令谢尔盖·卡拉卡耶夫中将称该部队计划明年发射10枚洲际弹道导弹。

12月

12月1日　巴勒斯坦伊斯兰抵抗运动高级领导人哈尼亚称哈马斯同意以全世界巴勒斯坦人通过公投方式，来决定以1967年第三次中东战争前实际停火线为边界、以东耶路撒冷为首都建立巴勒斯坦国的方案。

科威特和埃及空军在科威特的艾哈迈德·贾比尔空军基地举行代号为“耶尔穆克1号”的联合军事演习。

俄罗斯武装力量副总参谋长兼作战总局局长安德烈·特列季亚克中将宣布，俄武装力量已经完成了4大新式军区的组建工作，以替代此前的6个传统军区。

12月2日 印度在东部的奥里萨邦导弹试验基地成功地试射一枚由印度与俄罗斯联合研制的新型号的布拉莫斯巡航导弹。

苏丹总统巴希尔在喀土穆表示，国家不会再爆发战争，苏丹政府将坚持不懈地维护国家统一。

12月3日 日本自卫队与美军在日本各地及周边海域空域开始进行联合演习。包括美军"乔治·华盛顿"号核动力航母在内，日美双方共约4.4万人、60艘舰艇和400架飞机将参加联合演习。

伊拉克首都巴格达接连发生3起路边炸弹袭击，造成12人受伤。

乌克兰总统亚努科维奇和叙利亚总统巴沙尔在基辅称两国将在2011年建立双边自由贸易区。

12月4日 伊拉克首都巴格达发生一系列针对伊朗朝圣者和伊拉克平民、军警的汽车炸弹袭击，14人死亡，100多人受伤。

日本外相前原诚司乘坐海上保安厅飞机从空中视察了日本同俄罗斯存有归属争议的北方四岛（俄方称"南千岛群岛"）。

伊朗官员指认国际原子能机构在定期派往伊朗的核查人员中安插情报人员。

12月5日 朝鲜中央通讯社受权发表新闻公报，警告韩国要对其军事挑衅行动可能带来的后果"深思熟虑"，不要轻举妄动。

12月6日 巴基斯坦西北部莫赫曼德部落地区发生两起自杀式爆炸袭击，死亡人数达50人。巴基斯坦塔利班组织宣称制造了袭击事件。

韩国新任国防部长官金宽镇称如果朝鲜先发起挑衅时，韩国将行使自卫权进行应对。

柬埔寨首相洪森在金边宣布，柬埔寨与泰国边境柏威夏寺附近地区的局势已恢复到2008年7月两国发生冲突之前的状态。

12月7日 俄罗斯经济发展部部长埃利维拉·纳比乌琳娜和欧盟贸易专员卡洛·德古赫特签署俄罗斯与欧盟关于结束俄罗斯入世谈判的谅解备忘录。

印度北方邦瓦拉纳西城一座庙宇外发生爆炸，造成约20人受伤，1人死亡。

伊朗首席核谈判代表贾利利在日内瓦伊朗核问题"6加1"会谈后宣布，谈判各方将于2011年1月底在伊斯坦布尔举行下一轮会谈。

日本政府决定，放弃出口武器的计划。

12月8日 俄罗斯国防部发言人科瓦利丘克表示，俄方将向哈萨克斯坦提供S-300防空导弹系统。

联合国秘书长科特迪瓦事务特别代表崔英镇发表言论称，科特迪瓦只有一人可以成为总统，那就是以“不可反驳的差距”赢得了总统选举的现任反对派领导人瓦塔拉。

12月9日　美军参谋长联席会议主席马伦会晤日本防卫相北泽俊美，双方就日美韩加强防务合作，共同应对日趋紧张的朝鲜半岛局势达成一致。

非洲联盟和平与安全理事会在亚的斯亚贝巴召开特别会议，就科特迪瓦国内政治危机进行紧急磋商，并决定暂时中止科特迪瓦成员国资格。

12月10日　巴基斯坦西北部城市亨古一家医院附近发生爆炸，造成11人死亡。

泰国红衫军在曼谷市中心的民主纪念碑地区举行集会活动，纪念今年4月红衫军在集会点与军警发生冲突8个月以及泰国宪法日。

一支德国作战部队正式进驻法国东部城市斯特拉斯堡，成为二战后首支进入法国领土的德国军队。

12月11日　日本首相菅直人在视察东京的一处就业中心时表示，政府正在考虑在朝鲜半岛“战争发生后”，派遣自卫队前往韩国，“救助日本人”。

瑞典首都斯德哥尔摩市中心接连发生两起爆炸事件，其中一起炸毁一辆汽车，造成1人死亡，2人受伤。瑞典外长宣布，这是一起“恐怖主义”袭击事件。

12月12日　伊拉克西部安巴尔省城市拉马迪发生自杀式汽车炸弹袭击事件，造成17人死亡，23人受伤。

北大西洋公约组织驻阿富汗国际安全援助部队发表公报称，6名北约士兵当天在阿富汗南部遇袭死亡。

12月13日　美国国务院公布一份由五角大楼编纂的文件，称美国政府计划在未来5年内投入10亿美元开发常规武器全球即时打击能力。

韩国即日起将在韩国东海、西海海域等27处地点举行为期5天的海上实弹射击演习。

韩美两国在韩国国防部大楼举行安保政策构想会议，并签署关于防扩散政策委员会运行计划的约定书。

俄罗斯主管经济事务的第一副总理舒瓦洛夫按照俄总统梅德韦杰夫下达的私人命令，视察俄日存在争端的南千岛群岛中的国后岛。

12月14日　韩国陆军参谋总长黄义敦为对“以非法手段获取财产”的行为负责，提交了退伍申请书，并获总统李明博批准。

日本政府召开安全保障会议，批准从2011年开始施行的5年《中期防卫力量整备计划》预算。

12月15日　韩国举行大规模民防演习。这是自1975年民防法通过以来韩国第一次全国范围的民防演习。

美国政府公布“重要资源战略”，提出与日本及欧洲各国紧密合作，以确保电动汽车及战略武器等必不可少的稀土资源供应稳定。

联合国安理会通过决议，终结根据《联合国宪章》第七章对伊拉克在大规模杀伤性武器、导弹和民用核活动领域的制裁，结束“石油换食品计划”以及妥善安排伊拉克发展基金相关机制。

12 月 16 日　美国国务卿希拉里·克林顿公布一份决定未来 4 年美国外交方针的报告。这份由美国国务院首次撰写的中长期外交战略报告体现了奥巴马总统提倡的不依赖军事力量的外交路线。

美国导弹防卫局称在加利福尼亚州范登伯格基地试射的拦截导弹试验又一次失败。

12 月 17 日　日本政府召开安全保障会议及内阁会议，通过了作为今后 10 年日本国防指南的新一期《防卫计划大纲》以及《中期防卫力量整备计划》（2011—2015 年度），明确写入在西南海域离岛部署陆上自卫队“沿岸监视队”。

美国、日本和韩国向朝鲜提出五项特定要求，作为重启六方会谈的条件。

美国国会众议院通过 2011 财年国防授权法案，包括战争拨款在内，国防预算总额将达到 7250 亿美元。

12 月 18 日　韩国军方计划 18—21 日间在延坪岛举行 24 小时的实弹射击演习，美军将派 21 名军方训练人员和观察员进行观摩。

朝鲜《劳动新闻》刊登评论文章，要求韩国立即取消在延坪岛周边进行海上射击训练的计划，再次暗示朝方将重新还以炮击。

12 月 19 日　约 6000—7000 名泰国红衫军成员在曼谷市主要商业区拉差巴颂路口举行集会活动，悼念 5 月 19 日与军警冲突中的死亡人员，并要求释放被拘禁在各监狱的红衫军领导人及其他成员。

联合国安理会在纽约联合国总部就朝鲜半岛局势举行长达 8 个多小时的紧急闭门磋商，最终未达成一致意见。

12 月 20 日　韩国于下午 2 时 30 分左右开始在延坪岛海域举行海上射击训练，演习持续 1 个小时左右。对于此事件朝鲜军方表示“并不值得作出回应”。

日本外相前原诚司和韩国驻日大使权哲贤在东京签署一份民用核协议，为两国共享核动力技术和设备铺平了道路。

12 月 21 日　俄罗斯总统梅德韦杰夫访问印度，两国发布联合声明，并签署一系列军火与核电站商贸合同，俄罗斯还表示支持印度争取联合国安理会常任理事国的努力。

巴基斯坦成功试射射程约在 1300 公里左右的“高里/哈坦夫 5 型”导弹，该导弹既可携带常规弹头，也可携带核弹头。

泰国内阁会议批准解除曼谷及周边 3 府紧急状态发令的议案，这一决定从 22 日起生效。

12 月 22 日　韩国军方宣布并开始了新的大规模海陆空演习计划，位置在韩朝东部海上分界线以南 100 公里的海域，目的是为了“应对朝鲜潜水艇和巡逻船”。

美国参议院投票通过美俄《削减和限制进攻性战略武器条约》。

印度军方成功试射2枚可携带核弹头的“大地—2”地对地短程导弹。

玻利维亚总统莫拉莱斯宣布，玻利维亚正式承认巴勒斯坦为独立的主权国家。

12月23日　韩国军方最大规模的陆空联合实弹射击演练于当地时间下午2点43分开始。演习目的是要向朝鲜展示韩国的军事实力和应对能力。

韩国军方对西北五岛和前线下达的“珍岛犬一号”应对态势，被下调为“珍岛犬二号”，但仍继续维持对朝监视态势的“Watchcon2”和对西海的军事部署。

12月24日　日本经济产业相大畠章宏与土耳其能源和自然资源部长耶尔德兹签署民用核合作备忘录，日本将帮助土耳其推进核电站建设计划。

日本政府召开内阁会议，通过了2011年的全年预算924116亿日元，创下历史新高。其中军费为47752亿日元，占总预算的5%。

12月25日　印度在“萨迪什·达万”航天中心发射搭载GSAT-5P卫星的GSLV-F06运载火箭因发生爆炸而失败。

一名女性自杀式炸弹攻击者在巴基斯坦西北部落地区哈尔镇炸死43人，另有100多人受伤。

12月26日　4名土耳其工程师在阿富汗东部帕克蒂亚省境内遭不明身份武装人员绑架。

也门安全官员表示，当局正在筹建地区反恐小组以便在基地组织的核心区域对其进行打击。

12月27日　韩国军方宣布于27—31日在全国23处海上进行实弹射击演习，陆海空三军都将出动。

伊拉克西部城市拉马迪接连发生两起爆炸事件，造成7人死亡，其中4人为警察，另有51人受伤。

希腊驻罗马大使馆外发现可疑包裹，经过检查，包裹内含有爆炸物。

12月28日　泰国内阁会议审议并同意解除北大年夜兰县的紧急状态法令。

美军无人机空袭巴基斯坦北瓦济里斯坦部落地区，炸毁多个武装分子据点和车辆，打死15人。

12月29日　随着口蹄疫不断扩散，韩国政府决定将危机应对警报阶段提升到最高水平。

印度尼西亚法院开始对该国被捕的一名头号通缉犯、与“亚齐基地组织”关系密切的伊斯兰教极端主义分子阿卜杜拉·苏纳塔进行审判。

维基解密网站创始人阿桑奇再次声称要公开有关阿拉伯国家官员为美国中情局工作的绝密文件。

12月30日　韩国国防部发表《2010年国防白皮书》，称朝鲜政权和军队为“敌人”。朝鲜认为这是“不可容忍的挑战和严重挑衅”。

柬埔寨首都金边法庭决定将以非法入境罪和非法闯入军事禁区罪，对被扣押的泰国国会议员巴尼等 7 人提起诉讼。泰国总理阿披实要求柬埔寨释放被扣押的 7 名泰国公民。

12 月 31 日　朝鲜最高领导人金正日观看人民军“汉城柳京守 105 坦克师”军事演习，要求人民军部队要进一步做好战斗准备，增强战斗力，为祖国的繁荣富强作出贡献。

巴勒斯坦领导人阿巴斯强调，由于以色列顽固地坚持定居点政策而美国又执意偏袒以色列，巴以谈判不可能再继续进行。为结束以色列的占领，正考虑使巴勒斯坦地区实行国际托管。

（曾　映　毕　成）

第十九章

2010年重要国际条约、协议和法规选编

《核安全峰会公报全文》

（2010年4月13日）

2010年4月13日，首届核安全峰会在华盛顿发表公报。全文如下：

核恐怖主义是对国际安全最具挑战性的威胁之一，强有力的核安全措施是防止恐怖分子、犯罪分子及其他非授权行为者获取核材料的最有效途径。

除了在核裁军、核不扩散及和平利用核能方面有共同目标之外，我们在核安全方面也有共同的目标。因此，我们于2010年4月13日齐聚华盛顿哥伦比亚特区，承诺加强核安全和减少核恐怖主义威胁。这方面的成功需要负责任的国家行动以及持续和有效的国际合作。

基于我们为增进核安全而共同努力，我们欢迎并与奥巴马总统共同呼吁在4年内确保所有易流失核材料安全。

鉴此，我们：

1. 重申各国根据各自国际义务，对维护各自控制的所有核材料，包括核武器中使用的核材料，及核设施的有效安全，以及对防止非国家行为者获取恶意使用此类材料所需的信息或技术负有根本责任；强调建立强有力的国家核安全立法和监管框架的重要性；

2. 呼吁各国作为国际社会整体为增进核安全作出共同努力，并在必要时寻求和提供协助；

3. 确认高浓铀和分离钚需要采取特别防范措施，同意在适当情况下推动采取措施加强此类材料的安全、衡算和集中存放；在技术和经济可行的情况下，鼓励将使用高浓铀的反应堆转化为使用低浓铀，并最大限度减少使用高浓铀；

4. 致力于全面履行所有现行核安全承诺，并根据各自国内法律、政策和程序努力

加入那些尚未加入的承诺；

5. 支持将经修订的《核材料实物保护公约》和《制止核恐怖主义行为国际公约》等国际核安全文书的目标作为全球核安全体系的实质要素；

6. 重申国际原子能机构在国际核安全框架中至关重要的作用，并将努力确保该机构继续拥有所需的适当的机制、资源和专业知识，以根据其《规约》、相关大会决议和《核安全计划》，在其授权范围内开展活动；

7. 确认联合国的作用和贡献，以及“打击核恐怖主义全球倡议”和八国集团倡导的“应对大规模杀伤性武器和材料扩散全球伙伴计划”在各自授权和成员国范围内的贡献；

8. 认识到有必要通过技术开发、人力资源开发、教育和培训加强核安全能力建设，以及在双边、地区和多边层面开展合作促进核安全文化；强调优化国家合作和协调援助的重要性；

9. 确认各国有必要就有效防止和应对核非法贩运事件开展合作；同意根据各国法律和程序，通过双边和多边机制，在核探测、分析鉴定、执法和新技术开发等相关领域分享信息和专业知识；

10. 确认包括私营部门在内的核工业界在核安全方面的持续作用，并将与核工业界共同努力，确保将实物保护、材料衡算及核安全文化置于必要的优先地位；

11. 支持实施强有力的核安全操作规范，同时这些操作规范不应侵害各国为和平目的开发和利用核能和核技术的权利，并将促进核安全领域的国际合作；以及

12. 确认有助于核材料安全的措施对于放射性材料安全具有价值，并鼓励为确保此类材料的安全作出努力。维护有效的核安全需要各国在国际合作协助下持续努力，并在自愿基础上采取行动。我们将通过与所有国家开展对话和合作，促进加强全球核安全。

鉴此，我们发表《峰会工作计划》以指导各国和国际行动，包括在相关国际论坛和组织框架下的合作。我们将于 2012 年在韩国举行下一届核安全峰会。

《“金砖四国”领导人第二次正式会晤联合声明》

（2010 年 4 月 15 日）

我们，巴西联邦共和国、俄罗斯联邦、印度共和国和中华人民共和国领导人于 2010 年 4 月 15 日在巴西利亚举行会晤，讨论国际社会关注的主要问题，商定推动“金砖四国”合作与协调的具体举措。

我们达成以下共识：

共同愿景与全球治理

1. 我们一致认为，世界正经历重大的飞速变化，凸显在全球治理各领域作出相应转变的必要性。

2. 我们强调并支持，依据国际法并在平等合作、互相尊重、彼此协调和集体决策的基础上，进一步推动国际秩序朝多极、平等、民主的方向发展。

3. 我们强调，二十国集团在应对国际金融危机中采取了前所未有的协调行动，发挥了核心作用。我们欢迎二十国集团被确定为国际经济协调与合作的主要平台。同以往机制相比，二十国集团成员更广泛，更具包容性、多样性、代表性和有效性。我们呼吁所有成员国积极落实二十国集团领导人前三次峰会所达成的成果和共识。

我们主张，二十国集团有必要在后危机时期发挥积极作用并制定协调战略。我们四国愿为此做出共同努力。

4. 我们致力于推动多边外交，支持联合国在应对全球性挑战和威胁方面发挥中心作用。为此，我们重申，需要对联合国进行全面改革，使其更具效力、效率和代表性，更有效地应对当今全球性挑战。我们重申，重视印度和巴西在国际事务中的地位，理解并支持他们在联合国发挥更大作用的愿望。

5. 我们相信，深化和拓展四国对话与合作不仅符合新兴市场和发展中国家的共同利益，而且有利于建设一个持久和平、共同繁荣的和谐世界。我们将采取循序渐进、积极务实、开放透明的方式推动四国对话与合作。

国际经济金融事务

6. 自 2009 年 6 月叶卡捷琳堡首次会晤以来，世界经济形势已回升向好。我们欢迎世界经济恢复增长，新兴经济体为此发挥了十分重要的作用。但是，我们认识到世界经济复苏的基础并不稳固，还存在诸多不确定因素。我们呼吁各国在宏观经济领域加强合作，巩固世界经济企稳复苏势头，实现强劲、可持续和平衡增长。我们重申，四国决心保持本国经济复苏并为促进全球发展作出积极努力。

7. 我们强调，保持主要储备货币汇率相对稳定和财政政策可持续性对实现强劲的长期平衡增长十分重要。

8. 我们相信，新兴市场和发展中国家作为世界经济繁荣的引擎，有潜力为促进世界经济增长和繁荣发挥更大、更积极的作用。同时，我们将致力于同其他国家一道，减小全球经济发展的不平衡，增进社会包容性。

9. 由于“金砖四国”的重要贡献，二十国集团成员向国际货币基金组织大幅增资。我们支持在“平等分担”原则基础上，向国际复兴开发银行、国际金融公司增加资本，以使多边开发银行向发展中经济体提供更强劲、更灵活、更迅捷、更以客户为导向的支持。

10. 尽管前景良好，我们依然任重道远。我们认为，世界需要一个经过改革、更稳健的金融体系，使全球经济能有效地预防和抵御未来危机的冲击。我们认为，有必要建立一个更加稳定、更可预见、更多元化的国际货币体系。

11. 我们将努力尽快实现布雷顿森林机构改革，此项改革早该进行。国际货币基金组织和世界银行应尽快解决其合法性不足的问题。治理结构改革的首要目标是向新兴市场和发展中国家实质性转移投票权，使其在世界经济中的决策权与份量相匹配。我们呼吁世行于今年春季会议兑现投票权改革方面的承诺，期待国际货币基金组织份额改革于今年11月二十国集团峰会前完成。我们同意，基金组织和世行高管职位的遴选应本着公开、择优的原则，无需考虑人选国籍。上述机构的职员组成需更好反映其成员的多样性。需特别注意增加发展中国家的参与度。国际社会必须推动上述改革产生我们预期的结果，否则有关国际机构将面临出局的风险。

12. 为促进国际经济形势稳定，我们要求四国财长和央行行长对有关区域货币机制进行研究，并讨论四国可就此开展的合作方式。为便利四国贸易与投资，我们将研究货币合作的可行性，包括四国本币贸易结算等。

13. 近期发生的情况打破了金融市场自我监管的神话。我们迫切需要在监管金融市场各个部分、机制和工具方面加深和加强合作。我们承诺加强国内监管，推动国际金融监管体系改革，并同包括金融稳定论坛在内的国际标准制定机构开展密切合作。

国际贸易

14. 我们强调，世界贸易组织作为多边贸易体制在维护开放、稳定、公平、非歧视性的国际贸易环境方面所发挥的重要作用。为此，我们承诺并敦促各国抵制各种形式的贸易保护主义，打击隐形贸易限制。我们赞同，在尊重授权、锁定包括谈判模式在内已有成果的基础上推动多哈回合早日取得全面、均衡的结果，实现“发展回合”目标。我们注意到并全力支持俄罗斯申请加入世贸组织。

发展

15. 我们重申联合国《千年宣言》及落实千年发展目标的重要性。我们强调应重点防止经济金融危机对穷国实现千年发展目标造成潜在影响。我们应作出持续努力，推动在2015年前实现千年发展目标，包括向穷国提供技术合作和紧急支持，帮助其落实发展政策、提供社会保障。我们期待2010年9月举行的联合国千年发展目标高级别会议为推动实现该目标提出政策建议。我们强调，应充分尊重发展中国家的可持续发展模式，确保发展中国家享有必要的政策空间。

16. 最贫困国家遭受经济金融危机的冲击最为严重。对发展中国家的援助承诺，特别是涉及千年发展目标的承诺必须兑现，同时不应削减发展援助。推动世界经济实现包容性增长不仅事关各国团结，而且对维护全球政治和经济稳定也具有战略意义。

农业

17. 我们对在莫斯科召开的四国农业部长会议表示满意。会议讨论了推进四国在农业领域，特别是家庭农场方面的合作方式。我们相信这将有助于促进全球粮食生产和粮食安全。我们欢迎会议决定设立四国农业信息库系统，制定确保脆弱群体粮食供给的战略，减少气候变化对粮食安全的负面影响，以及加强农技合作和创新。

消除贫困

18. 我们呼吁国际社会采取一切必要措施，充分考虑发展中国家，尤其是最不发达国家、小岛屿发展中国家和非洲国家的特殊需要，消除贫困，增进社会包容，化解不平等。我们必须加强这些国家政府的技术和财政能力建设，广泛地促进社会发展和社会保障，确保充分就业和体面劳动，特别关注弱势群体，包括穷人、妇女、青年、移民及残疾人在内的人。

能源

19. 我们认识到，能源是提高人民生活水平的重要资源，获得能源对于促进经济增长、确保社会平等和包容性至关重要。我们将发展更清洁、更实惠和可持续的能源体系，增强能源的可及性，在各领域推广节能技术和实践。我们将通过适当提升可再生能源比重，促进能源结构多样化，鼓励使用更清洁、更有效的化石能源及其它能源。因此，我们重申支持在提高能效方面加强国际合作。

20. 我们认识到新型、环境友好型技术在促进能源结构多样化及创造就业方面具有巨大潜力。因此，我们将适当鼓励可持续地开发、生产和使用生物燃料。我们将结合各国政策重点，通过国际合作分享包括生物燃料在内的可再生能源技术和政策方面的有关经验，共同促进生物可再生能源的使用。

21. 我们认为“金砖四国”可就能源领域的培训、研发、咨询、技术转让等开展合作。

气候变化

22. 我们认识到，气候变化是一个严重威胁，亟需全球携手应对。我们致力于参与在墨西哥举行的《联合国气候变化框架公约》第十六次缔约方大会及《京都议定书》第六次缔约方大会，促成各方达成加强《公约》和《议定书》实施的全面、平衡和有约束力的成果。我们认为，《公约》和《议定书》为气候变化国际谈判提供了主要框架。应确保谈判进程更加透明，所有缔约方应广泛参与，谈判结果应有助于公平、有效应对气候变化带来的挑战，同时体现《公约》原则，尤其是公平和“共同但有区别的责任”原则。

恐怖主义

23. 我们谴责一切形式的恐怖主义。我们注意到，打击国际恐怖主义必须遵守《联合国宪章》、现行国际公约及其议定书、联大和安理会有关反恐决议。预防与打击恐怖主义及遏制恐怖融资同等重要。我们敦促联合国大会尽快缔结《关于国际恐怖主义的全面公约》，呼吁所有成员国批准。

24. 对俄罗斯和印度政府和人民近期遭受野蛮恐怖袭击，巴西和中国深表同情和慰问。任何理由都不能成为恐怖主义的借口。

不同文明联盟

25. 我们强调鼓励不同文明、文化、宗教和人群对话的重要性。为此，我们支持“不同文明联盟”，这一联合国倡议旨在促进各国的沟通、了解和理解。我们赞赏巴西决定于2010年5月在里约热内卢承办第三届全球论坛，愿派适当高级别代表参会。

海地

26. 我们重申坚定支持海地人民。自1月12日发生地震灾害以来，海地人民一直与恶劣环境作斗争。我们重申将同国际社会一道，在海地政府指导下，并根据《海地国家恢复和发展行动计划》设定的优先任务，致力于帮助海地人民重建家园。

合作

27. 我们欢迎旨在加强四国专业领域合作的下列倡议：

a. 农业部长首次会议

b. 财长和央行行长会议

c. 安全事务高级代表会议

d. 根据2009年签署的《“金砖四国”最高法院合作意向书》，于2010年3月举行第一届“金砖四国”地方法官交流项目

e. 发展银行首次会议

f. 国家统计局长首次会议

g. 国际竞争力大会

h. 首次合作社会议

i. 首次商业论坛

j. 智库研讨会

28. 我们也支持其他加深彼此合作意愿的具体行动：

a. 四国统计部门将于今天发布的联合研究报告；

b. 四国将研究编纂“金砖四国”大百科全书的可行性。

29. 我们重申愿加强四国在科技、文化、体育领域的合作。

30. 我们相信，2010年上海世博会、2010年新德里英联邦运动会、2013年喀山世界大学生运动会、2014年索契冬季奥运会和残奥会、2014年巴西世界杯足球赛、2016年里约热内卢夏季奥运会和残奥会，都将取得成功。

31. 我们重申将加强减灾领域的合作与援助。对巴西里约热内卢州泥石流和中国青海玉树县地震死难者，俄罗斯、印度向巴西和中国政府与人民深表哀悼和同情。

"金砖四国"领导人第三次正式会晤

32. 巴西、俄罗斯和印度感谢中国于2011年承办"金砖四国"领导人第三次正式会晤。

33. 俄罗斯、印度和中国对巴西政府和人民承办"金砖四国"领导人第二次正式会晤深表谢意。

《中国—阿拉伯国家合作论坛关于中阿双方建立战略合作关系的天津宣言》(2010年5月14日)

2010年5月14日，中国—阿拉伯国家合作论坛第四届部长级会议在天津闭幕。会议签署并发表了《中国—阿拉伯国家合作论坛关于中阿双方建立战略合作关系的天津宣言》，宣言全文如下：

中国—阿拉伯国家合作论坛关于中阿双方建立战略合作关系的天津宣言

2010年5月13—14日，天津

中国—阿拉伯国家合作论坛第四届部长级会议于2010年5月13日至14日在中华人民共和国天津市举行。

与会代表本着对话、合作、和平、发展的宗旨，回顾了半个多世纪中阿关系的发展进程，特别是中国—阿拉伯国家合作论坛成立6年来的建设成就，对中阿合作取得的丰硕成果表示满意，决心进一步发挥中国—阿拉伯国家合作论坛的作用。

我们强调，中阿深厚的传统友谊和发展中阿关系的共同意愿是双方合作的坚实基础。进一步提升中阿合作水平具有重要意义，为此我们需要共同努力，加强发展中国家团结与合作、维护世界的和平与安全。

我们看到，当前世界正处在大发展大变革大调整时期。谋求和平、可持续发展和促进世界各国和各国人民之间的平等互利合作已成为时代的要求之一。经济全球化和世界多极化趋势不可逆转，国与国相互依存更加紧密，开展国际合作是应对新威胁和新挑战的重要有效途径。

因此，我们共同倡导世界各国秉持和平、发展、公正、民主、合作、包容理念，团结应对各种全球性挑战，依据和平共处五项原则及其他公认的国际关系准则，本着推动对话与合作的精神，在平衡、公正的国际关系所遵循的原则和基础上，推动建设持久和平、共同繁荣的和谐世界。

我们呼吁各国携手推动国际安全合作，通过政治外交途径和平解决国际争端和地区冲突，反对一切形式的恐怖主义、分裂主义和极端主义，反对把恐怖主义与特定的民族、宗教挂钩。

我们主张加强南南合作和南北对话，致力于推动经济全球化更快地朝着均衡、普惠、共赢方向发展，着力提高发展中国家在国际金融体系中的代表性，营造有利于发展中国家可持续发展的国际环境。

我们呼吁尊重各国自主选择发展道路的权利，倡导开放包容精神，促进不同文明间的对话与交流，推动不同文明共同发展。

鉴于上述，我们宣示，在中国—阿拉伯国家合作论坛框架内建立全面合作、共同发展的中阿战略合作关系。并为此：加强各层次互访，开展战略对话和磋商，共同维护广大发展中国家的利益；继续在各自核心和重大利益问题上相互支持；加强各领域合作，交流治国理政和发展经验；发挥双方经济互补优势，推动双方互利合作，促进共同发展；支持不同文明间对话，致力于不同种族、宗教、信仰和文化间的相互尊重与和谐共处；加强中国—阿拉伯国家合作论坛建设，充分发挥论坛各项机制的作用，并根据形势发展和双方共同利益，拓展新的合作领域。

我们认为，建立全面合作、共同发展的中阿战略合作关系，是中阿双方的共同愿望，符合双方利益，有利于增进发展中国家的团结与合作，也有助于推动建立公正、合理的国际政治、经济新秩序，促进世界和平与发展。

《2020中日韩合作展望》
（2010年5月29日）

我们，中华人民共和国、日本国和大韩民国的领导人，于2010年5月29日在韩国济州岛举行了第三次中日韩领导人会议。

我们对于十年来三国在政治、经济、文化和人员交流方面所取得的务实合作成果表示满意。我们将继续坚持和全面落实《中日韩推进三国合作联合宣言》、《中日韩伙伴关系联合声明》和《中日韩合作十周年联合声明》中的各项共识。

我们确认，在促进人员、货物、服务和资金往来，以及应对全球化潮流为首的地区和国际问题方面，三国合作还有很大的发展空间。我们将继续秉承正视历史、面向未来的精神，坚持不懈地推动三国关系朝着睦邻互信、全面合作、互惠互利、共同发展的方向前进。

我们一致认为，提出到2020年，即下一个十年结束时应该实现的具体目标和远景后，三国需要集中力量，推动三国合作达到新的高度，使得三国面向未来和全方位合作的伙伴关系更加巩固，各领域互利合作更具成果，人民之间的友好感情更加深厚，三国合作将促进三国的共同利益，为东亚地区乃至世界的和平、稳定与繁荣作出贡献。

念及上述，我们决定：

一、机制化与提升三国伙伴关系

（一）我们将加强三国高层交往，增进三国人民友谊与和睦，并以领导人会议、外长会、其他部长级会议、外交高官磋商等政府间合作机制来深化和扩大各领域的交流合作，从而进一步构筑稳定的战略互信。

（二）我们将于2011年在韩国建立三国合作秘书处，以促进和加强三国合作。秘书处将支持领导人会议、外长会、其他部长级会议和外交高官磋商等三国磋商机制的运行和管理，协助探讨落实合作项目。

（三）我们将充分利用中日韩三国灾害管理部门负责人会议等现有机制和机构，分享与灾害有关的信息、政策和技术，以共同有效应对自然灾害，减少东北亚灾害风险。

（四）我们将探讨建立“三国防务对话”机制的可能性，以加强安全对话，促进三国防务或军事人员的交流合作。

（五）我们将在三国警务部门间建立紧密的合作机制，以共同应对国际犯罪，提升三国警务合作。

（六）我们将推进三国地方政府交流，通过拓展三国间的友城关系来加强行政、经济和文化领域的合作。

二、发展可持续经济合作，实现共同繁荣

（一）我们将努力在2012年之前，完成于2010年5月启动的中日韩自贸区联合研究。通过联合研究，我们将寻求三国对有关问题的共识，为将来谈判建立三国自贸区提供务实参考。另外，我们将继续努力，促进三国经济在远期实现一体化，包括在本地区建立共同市场。

（二）我们致力于在2020年前扩大三国贸易量，这对于促进地区经济增长和一体化至关重要。我们将加大贸易便利化力度，不断改善三国贸易环境。

（三）我们认为，三国建立协调、高效的运输和物流系统，有助于降低三国产品成本，提高国际竞争力。因此，我们主张继续充分利用“中日韩运输及物流部长会议”机制和双边政策对话，推动东北亚运输物流网络建设，实现无缝物流体系。

（四）我们重申海关合作的重要性，这有助于实现三国乃至本地区的贸易便利化和供应链安全。为此，我们将通过三国海关领导人会议来落实“三国海关合作行动计

划”，进一步提升海关合作。

（五）我们将努力完成三国投资协议谈判，以积极促进域内企业在三国投资，在法律、机制和程序方面提供有利的投资环境，使域内投资者能够成功经营。此外，我们将努力为促进本地区投资资本自由流动提供必要的基础设施。

（六）我们将进一步加强金融主管部门的协调，努力通过鼓励三国金融机构相互进入对方市场来加强金融合作，以应对国际金融市场的变化。我们欢迎清迈倡议多边化成功实施和亚洲债券市场发展倡议取得的实质性进展。我们将进一步努力提升亚洲财金合作，包括增强清迈倡议多边化的有效性。我们将积极参加由二十国集团引领的加强国际金融体系的讨论，包括改进全球金融安全网的工作。

（七）我们认为，一个开放、公平和自由化的多边贸易体系不仅对中日韩，而且对于整个世界都至关重要。为维护和巩固这一体系，我们必须反对任何形式的保护主义。为此，我们决心促进多哈发展回合依据其授权，在包括模式等已有进展基础上，取得迅速、丰硕、平衡的结果，加强三国合作，推动多哈回合后多边贸易体系不断取得进展。

（八）我们同意通过加强科技与创新合作，提升我们的研究能力，增强三国工业技术的竞争力并应对共同的地区和国际问题，探讨有利于实现建设东亚共同体长远目标的途径。为此，我们将继续为联合研究计划和前瞻计划提供经费支持，并根据实际情况探索进一步扩大投入的可能性。此外，我们将探索建立新的合作基金的可能性，以支持在三国共同感兴趣的领域，以三国商定的方式开展联合研究。

（九）我们将继续探讨加强工业、能源、能效、资源、信息通信、高科技、文化产业、交通、卫生、农业、渔业、旅游和知识产权保护等领域的政策合作与磋商。

（十）我们确认标准化合作能够消除不必要的技术壁垒，为促进贸易发挥重要作用。因此，我们将利用东北亚标准合作论坛，通过研究协调标准和提出协调一致的国际标准，进一步提升标准化领域的合作。

（十一）我们认识到，三国更加协调的经济合作对于推动地区经济活动至关重要。我们承诺通过以上所列措施，进一步加强合作。而且，我们认识到三国在地区和全球经济中的重要作用，我们应该在多边论坛特别是二十国集团和亚太经合组织内共同行动，以实现强劲、可持续和平衡的全球发展。为此，我们将积极参与发起一个合作与磋商、旨在相互评估政策框架的进程。

三、环保合作

（一）我们欢迎哥本哈根会议（COP15/CMP5）的成果，支持《哥本哈根协议》。

基于哥本哈根会议的积极成果，我们将加强合作，根据《联合国气候变化框架公约》的原则，特别是共同但是有区别的责任原则共同推动墨西哥会议（COP16/CMP6）取得成果，包括建立2012年后应对气候变化的有效国际合作框架。

（二）我们认为有必要加强环保合作，为此，我们支持三国环境部长采取切实行动，必要时与适当的地区或国家框架合作，落实2010年5月第12次三国环境部长会议通过的《三国环境合作联合行动计划》的十大优先合作领域，包括：1. 环境教育，环境意识和公众参与；2. 气候变化；3. 生物多样性保护；4. 沙尘暴；5. 污染控制；6. 环境友好型社会/减量化、再使用、再循环/资源循环型社会；7. 电子废物越境转移；8. 化学品无害管理；9. 东北亚环境管理；10. 环保产业和环保技术。

（三）我们将紧密合作，推动将于2010年10月在日本爱知县名古屋举行的第10次《生物多样性公约》缔约方大会取得成功，支持自然保护国际联盟将于2012年在韩国济州岛举行的世界自然保护大会。

（四）我们将合作加强地区海洋环境保护，努力提升公众减少海洋垃圾的意识，重申落实西北太平洋行动计划框架性防止海洋垃圾的“区域海洋垃圾行动计划”的重要性。

（五）我们注意到沙尘暴的频率和强度。我们将加强在沙尘暴检测方法、预防技术和能力建设方面的合作。

（六）我们将提升危险废物特别是电子废物方面的合作。我们认为三国应该提升电子废物管理方面的合作，交流信息，共同打击非法越境转移，加强立法执法方面的能力建设。

（七）我们重申关于探讨建立中日韩循环经济示范基地的承诺。

四、扩大人员和文化交流合作，增进友好关系

（一）我们将通过扩大和发展三国间活跃的人员交流，促进中日韩友谊与和睦。

（二）我们深信文化作为精神桥梁，对促进三国人民的相互理解与信任有重要作用。为此，我们将进一步加强中日韩文化部长会议框架内的合作，以进一步推动三国文化交流，办好一年一度的中日韩文化产业论坛，鼓励开展文化产业合作，促进文化产业结构优化与升级，进一步提升包括联合国教科文组织框架下的非物质文化遗产在内的各领域合作。

（三）我们将显著扩大三国人员交流规模，以增进友好关系和相互理解，进一步促进地区经济社会发展。

（四）我们将通过学分互认、联合学位等交流项目推动增强大学的竞争力，培育合

格人才。为此，我们确认三国推动大学交流合作委员会会议将持续举行。我们还将推动三国教育质量保障机构合作，共同起草一份指导文件，以提升大学之间的交流。另外，我们将考虑切实促进优异学生交流的一揽子政策。同时，为进一步推动三国教育合作，我们将充分利用各种会议，推动建立三国教育部长会议机制。而且，我们将推动三国教师交流。

（五）我们将扩大三国政府主办的青年交流活动规模，以在三国未来领导者中间积极开展交流。

（六）我们将加强三国体育合作，为实现《2020 展望》目标作出贡献。为此，我们将鼓励三国体育组织、机构和运动员开展交流，积极参与在三国举行的各类体育活动。

（七）在推动三国开展社会、文化领域各类合作项目的过程中，我们承诺关注妇女、儿童、残疾人和老年人等弱势群体。我们将加强三国有关交流与合作，以全面增进并实现这些群体的权利。

五、共同促进地区和国际的和平稳定

（一）我们认为，朝鲜半岛无核化非常有利于东北亚的持久和平、安全和经济繁荣。为此，我们将继续共同努力，通过六方会谈实现 2005 年“9・19 共同声明”的目标。

（二）我们认识到恐怖主义对国际安全构成重大威胁，将继续紧密合作，消除恐怖主义。为此，我们将召开一次三方该领域的专家会议。

（三）我们认识到在地区层面有效应对包括涉毒犯罪在内的毒品问题的必要性，将加强在该领域的三方合作。

（四）我们将通过交流各自国家的食品安全标准等信息，及时通报主管部门检测到的问题以及防止其再次发生的措施，努力提高食品安全。

（五）我们将通过扩大三国合作范围，纳入可能的新领域，来进一步增强三国防治传染病的地区合作。

（六）我们将继续分享相关信息，包括疾病发生形势和各国采取的预防措施，以有效应对直至最终消除禽流感和口蹄疫等恶性动物疾病。

（七）我们高度关注全球贫困和饥饿问题的加剧，将为实现可持续的全球粮食安全，继续在联合国等国际框架下开展三国合作。

（八）我们将进一步加强在东盟—中日韩合作、东亚峰会、东盟地区论坛和亚太经合组织等各种地区框架内的合作，以促进亚洲地区的和平、稳定和繁荣。我们支持东盟作为东亚合作的主导力量。我们重申致力于建设东亚共同体的长远目标。

（九）我们认为，为有效应对全球性威胁和挑战，应进一步加强联合国的作用，应当按照2005年联合国峰会成果文件等所述，加强改革联合国的努力，以增强其权威性、效率和有效性。

（十）我们将轮流主办三国非洲政策对话会，以分享有关经验，寻求有效措施，支持非洲的和平与发展。

《二十国集团多伦多峰会宣言》
（2010年6月27日）

一、前言

1. 我们聚会于多伦多，这是二十国集团（G20）被确立为国际经济合作主要论坛后的首次峰会。

2. 我们在应对国际金融危机方面已取得进展。在此基础上，我们同意进一步采取行动，确保全面经济复苏和高质量的就业增长，改革和强化金融体系，实现世界经济强劲、可持续、平衡增长。

3. 我们迄已交上一份不错的成绩单。各国协调推出前所未有的财政和货币刺激计划对恢复私人需求和信贷发挥主要作用。我们正采取有力举措，稳定并改善金融体系。向国际金融机构大幅增资有助于稳定并减轻危机对世界上最弱势群体的影响。正在推进的国际金融机构治理和管理改革，也将提高其有效性和相关性。这一改革必须完成。我们恪守了反对保护主义的郑重承诺。

4. 然而，挑战依然严峻。尽管经济正恢复增长，但复苏并不均衡，基础依然脆弱，许多国家失业率居高不下、令人无法接受，危机对社会造成的影响依然深远。巩固复苏是关键。为此目标，我们要继续完成现有的经济刺激计划，并努力为产生强劲私人需求创造条件。同时，近期有关事件凸显保持公共财政可持续性的重要性，我们要根据各自国情，采取可信、逐步到位、增长友好型的计划，以实现财政可持续性。财政状况严峻的国家要加速财政整顿步伐。同时，重新平衡全球需求也应推进，以确保全球实现可持续增长。我们应在金融修复和改革领域取得更多进展，增强金融部门透明度，强化其资产负债表，支持信贷供应和实体经济快速增长。我们已采取新步骤，建立监管更为完善和更富韧性的金融体系，服务于民众需求。对国际金融机构的改革也亟需完成。

5. 我们认识到，实现强有力的就业增长、向民众特别是弱势群体提供社会保障十分重要。我们欢迎今年4月举行的劳工和就业部长会议所提建议，以及国际劳工组织同经合组织一道制定的培训战略。

6. 我们决心兑现所有承诺，已指示部长和高官采取一切必要措施，全面、如期加以落实。

二、“强劲、可持续、平衡增长框架”

7. G20 当务之急是巩固和促进复苏，为经济强劲、可持续、平衡增长奠定基础，加强金融体系应对风险能力。为此，我们欢迎部分 G20 成员采取行动并作出承诺，扩大需求，推动平衡增长，强化公共财政，促进金融体系更为强健和透明。这些措施极大地促进了我们的集体福祉，是我们先前行动的延续。我们将继续合作，并采取适当措施，以促进经济增长，推动强劲和持久的复苏。

8. 匹兹堡峰会启动的“强劲、可持续、平衡增长框架”对我们政策行动的整体一致性进行评估，强化政策框架，是实现我们共同目标的手段。

9. 我们已完成了第一阶段互评进程，结论是我们能够做得更好。国际货币基金组织和世界银行预测，如果我们采取更富雄心的改革，中期内可实现以下目标：

- 将全球产量提高近 4 万亿美元；
- 创造数以千万计的就业岗位；
- 帮助数量更多的人口脱贫；
- 极大缓解全球失衡。

在可持续基础上推动全球增长是我们改善包括贫困国家在内的各国民生的最重要步骤。

10. 我们致力于采取协调一致行动推动可持续复苏，增加就业，实现更强劲、更可持续、更平衡增长。这些措施将根据各自国情而有所区别。我们今天同意：

- 发达国家完成财政刺激计划并公布“增长友好型”的财政整顿计划。财政整顿计划在今后一段时间将得以落实。拥有良好的财政状况，对实现持续复苏、更灵活地应对新冲击、确保具备应对人口老龄化挑战的能力、避免给子孙后代留下赤字和债务均十分关键。调整方式必须仔细衡量，以支持私人需求的复苏。风险在于，如果数个主要经济体同步进行财政调整，可能给复苏带来负面影响。但若在必要时未采取整顿措施，也会打击信心，损害增长。考虑到上述平衡，发达经济体承诺在 2013 年前将财政赤字至少减半，在 2016 年前稳定或降低政府债务占 GDP 的比重。考虑到日本的具体情况，我们欢迎日本政府近期一同宣布的增长战略和财政整顿计划。面临严重财政挑战的国家需加快整顿步伐。财政整顿计划必须可信、明确，根据不同国情有所区别，且着眼于加强经济增长的举措。

• 一些新兴市场国家需加强社会保障网，推进公司治理改革，发展金融市场，加大基础设施建设支出，增强汇率灵活性；

• G20全体成员需进行结构改革，以改善并维持我们的增长前景；

• 在重新平衡全球需求方面应取得更多进展。

应继续保持适当货币政策，以维护物价稳定并以此推动经济复苏。

11. 发达赤字国应增加储蓄，同时保持市场开放并增强出口竞争力。

12. 盈余经济体应实施改革，减少对外需的依赖，主要依靠内需拉动增长。

13. 我们承诺缩小发展差距，并充分考虑我们政策行动对低收入国家的影响。我们将继续支持发展融资，包括运用新手段鼓励通过公共和私有资源进行发展融资。

14. 我们认为，上述措施归根结底需在国家层面加以实施，并根据各国国情进行调整。为推动这一进程，我们第二阶段相互评估应以国家主导和咨询性为特征，应在单个国家和欧盟层面实施。如有需要，我们将采取更多举措以实现强劲、可持续、平衡增长。

三、金融监管改革

15. 我们正在建立更具抗风险能力的金融体系，以服务实体经济，减少道德风险，限制系统风险积累，支持全球经济强劲、稳定增长。通过加强审慎监督，提高风险管理水平，增强透明度，加强持久国际合作，我们强化了全球金融体系。许多工作业已完成。我们对欧洲金融稳定机制的全面实施、欧盟决定公开发布欧洲银行测试结果的决定以及美国最近通过的金融改革法案表示欢迎。

16. 但我们依然重任在肩。为此，我们将采取共同行动，按期或加速兑现华盛顿、伦敦和匹兹堡峰会关于改革金融部门的承诺。在向新标准过渡的时期内，要考虑上述改革对发达和发展中经济体宏观经济产生的累积性影响。我们承诺开展国际评估和同行审议，确保所有决定得以全面落实。

17. 我们的改革包括四个支柱。

18. 第一是强有力的监管框架。我们注意到巴塞尔银行监管委员会在建立全球性的银行资本和流动性新机制方面取得的进展，这将显著增强各国银行体系的抗风险能力。我们欢迎并支持委员会上述工作。全面执行新的改革标准后，资本的数量将大大提高，质量将得到极大改善。这将使银行能在无需政府超常规介入的情况下承受诸如近期金融危机所产生的巨大压力。我们支持在首尔峰会时就新资本框架达成一致。我们同意，所有成员都执行新的标准。为避免影响经济持续复苏并对市场产生干扰，上述标准将在一定期限内逐步实施，争取于2012年底前全部到位。过渡期由金融稳定理事会和巴塞尔银行监管委员会共同开展的宏观经济影响评估确定。新标准的逐步实施要考虑到各国国情和起点的不同。各国在执行初期存在的差异应逐步缩小，最终执行全球统一的新标准。

19. 我们同意加强金融市场基础设施建设。加快实施强有力措施，以国际一致和非歧视方式，提高对冲基金、信用评级机构、场外衍生品市场的透明度和监管的力度。我们重申制定全球统一的高质量会计准则，以及落实金融稳定理事会稳健薪酬标准的重要性。

20. 第二是有效监管。我们赞同执行更强有力的新规则需要更有效的监督和监管。我们责成金融稳定理事会与国际货币基金组织协商，向10月财长和央行行长会议汇报并提出加强监督和监管的建议，尤其是旨在加强监管者职能、所需资源以及具体权限方面的建议，以便主动识别和应对风险，包括早期干预。

21. 第三是处置和解决系统性机构问题。我们致力于打造一个在危机中能有权力、有办法对各类金融机构进行重组或处置，而无需让纳税人最终承受负担的体系。我们要求金融稳定理事会于首尔峰会前讨论并确定有效处置具有系统重要性金融机构的具体政策建议。为降低道德风险，需要建立一个政策框架，包含有效的处置手段、强化的审慎监管要求、金融市场核心基础设施等内容。我们同意，在出现政府为修补金融体系、降低金融系统风险需提供资金时，金融部门应公平和实质性地偿付政府干预所产生的费用。为此，我们承认对此可有一系列政策选项。一些国家将征收金融税，其他国家将采取不同措施。

22. 第四是透明的国际评估和同行审议。我们重申对国际货币基金组织/世界银行的金融部门评估规划的承诺，并支持通过金融稳定理事会开展的强有力、透明的同行审议。在对避税天堂、反洗钱行动、恐怖主义融资及审慎标准执行进行全面、一致和透明的评估基础上，我们正在解决不合作辖区问题。

四、国际金融机构和发展

23. 国际金融机构一直是应对国际经济金融危机的中坚力量，筹集了至关重要的资金，包括国际货币基金组织筹集的7500亿美元和多边开发银行筹集的2350亿美元。这些举措凸显了国际金融机构作为全球合作平台的价值。

24. 我们承诺加强国际金融机构的合法性、可信度和有效性，使其成为我们未来更强有力的伙伴。

25. 为此，我们已落实匹兹堡峰会关于多边开发银行的承诺。这包括增加3500亿美元资本金，使多边开发银行贷款能力几乎翻番。新增资本同仍在进行的重要改革共同发挥作用，将使这些机构更加透明、负责、有效，并加强它们对提高贫困人口生活水平、促进增长、应对气候变化和粮食安全的关注。

26. 我们将兑现承诺，使多边开发银行的优惠贷款窗口，特别是国际开发协会和非洲开发基金获得大幅增资。

27. 我们已核准世界银行股东通过的重要的发言权改革方案，使发展中国家和转轨国家的投票权自 2008 年以来增加 4.59%。

28. 我们强调要确保各国批准国际货币基金组织 2008 年份额和发言权改革，以及新借款安排扩大方案。

29. 为落实匹兹堡峰会承诺，我们呼吁加快推进所需开展的大量工作，在首尔峰会前完成国际货币基金组织份额改革，同时兼顾其他治理结构改革。

30. 今天我们在先前承诺的基础上，致力于通过公开、透明、择优进程，遴选所有国际金融机构负责人和高层管理人员。我们将在首尔峰会之前，在推动更广泛改革的大背景下，推进这一进程。

31. 我们责成 G20 财长和央行行长就如何加强全球金融安全网提出政策建议，并提交首尔峰会讨论。我们的目标是建立一个更加稳定和更富韧性的国际货币体系。

32. 我们同海地人民并肩努力并向其提供重建亟需的援助，包括免除海地在国际金融机构所有债务。我们欢迎启动海地重建基金。

33. 我们已启动“中小企业融资挑战”计划，承诺为实施优胜倡议筹集资金，其中包括从多边开发银行获得有力支持。我们已制定了一套促进创新性和普惠性融资的原则。

34. 我们欢迎启动全球农业和粮食安全基金，落实匹兹堡峰会有关粮食安全的承诺。这是进一步落实全球农业和粮食安全伙伴关系的重要步骤，我们将争取更多捐助。展望未来，我们承诺探讨面向创新、面向成果的机制，以运用私营部门开展农业革新。我们呼吁全面落实拉奎拉倡议，并推广其原则。

五、反对保护主义、促进贸易和投资

35. 全球经济危机导致七十多年来最严重的贸易萎缩，但 G20 成员选择了保持市场开放，把握贸易和投资所带来的机遇。这是正确的选择。

36. 我们将自己的承诺延长三年，至 2013 年底，包括：不提高投资和贸易（包括货物、服务）壁垒，不设置新壁垒，不设置新的出口限制，不执行违反世界贸易组织规则的出口刺激措施。我们承诺一旦违反上述措施将予纠正。我们将努力把各自国内政策举措，包括财政政策、扶持金融部门的行动等，对贸易和投资造成的负面影响降至最低。我们要求世贸组织、经合组织、联合国贸发会议继续根据各自职责监督形势发展，每个季度公开报告上述承诺落实情况。

37. 开放市场对促进增长、扩大就业，实现强劲、可持续、平衡增长极为重要。我们要求经合组织、国际劳工组织、世界银行、世贸组织向首尔峰会提交关于贸易自由化促进就业和增长的报告。

38. 我们重申，支持在维护现有授权和基于已有进展的前提下，尽早完成世贸组织多哈回合谈判，并取得平衡和富有雄心水平的结果。我们责成本国代表借助一切谈判渠道，寻求实现上述目标，并向首尔峰会提交进展报告。我们届时将讨论谈判状况及下步举措。

39. 我们承诺保持促贸援助的势头。我们要求包括世界银行和其他多边开发银行在内的国际机构，加强自身能力，支持贸易便利化，以推动全球贸易。

六、其他问题及未来议程

40. 我们认为，腐败威胁市场诚信，损害公平竞争，扭曲资源配置，破坏公信力，削弱法治。我们呼吁所有 G20 成员批准并全面实施《联合国反腐败公约》，鼓励其他国家采取同样行动。我们将依据《联合国反腐败公约》条款全面落实审评。我们同意，在匹兹堡峰会后所取得进展基础上建立一个反腐败问题工作组，就 G20 如何继续有效地为国际反腐败作出贡献和树立榜样等问题提出全面建议，供首尔峰会领导人讨论。反腐合作的关键领域包括但又不仅限于：制定并实施严格有效的反贿赂规则，公私部门均开展反腐败，防止腐败人员利用全球金融体系，对腐败人员拒发签证，开展遣返涉腐人员和返还资产的合作，保护腐败行为检举人等。

41. 我们重申对实现绿色复苏和全球可持续增长的承诺。我们当中已具名支持《哥本哈根协议》的成员重申支持《协议》的落实，呼吁其他成员具名支持《协议》。我们承诺，以《联合国气候变化框架公约》目标规定及共同但有区别的责任和各自能力等原则为基础，参与《公约》下的谈判。我们决心通过坎昆会议的包容性进程，确保取得成功结果。我们感谢墨西哥于今年 11 月 29 日至 12 月 10 日在坎昆举办《联合国气候变化框架公约》第 16 次缔约方大会，赞赏其为协助谈判所作努力。联合国秘书长气候变化融资问题高级别咨询小组正在就创新性融资方式等问题进行探讨，我们期待看到有关成果。

42. 我们赞赏国际能源署、石油输出国组织、经合组织和世界银行提交的能源补贴报告。各国财政和能源部长根据本国国情提交了关于在中期内规范逐步取消低效、鼓励浪费的化石燃料补贴的措施和时间表，同时考虑弱势群体的利益和发展需求。我们对他们所做的工作表示欢迎。我们也鼓励各国继续全面落实符合各国具体情况的措施，并在今后峰会加以审议。

43. 我们从近期墨西哥湾原油泄露事件认识到，需要分享最佳做法以保护海洋环境，预防近海勘探、开发和运输等发生意外，及处理其影响。

44. 我们认为 2010 年是解决发展问题的重要一年。9 月举行的联合国“千年发展目标高级别会议”是一重要契机，应重申全球发展议程和全球伙伴关系，制定全体行动，重申各自帮助最贫困国家的承诺，推动在 2015 年前实现千年发展目标。

45. 鉴此，通过共同努力使最不发达国家成为全球经济体系的积极参与者和受益者非常重要。我们为此感谢土耳其决定于 2011 年 6 月举办第四次联合国最不发达国家会议。

46. 我们欢迎旨在保护弱势群体的“全球同心倡议”发布中期报告，期待其提供有关最新进展。

47. 对于实现强劲、可持续、平衡增长并有效抵御冲击这一宏大目标，缩小发展鸿沟、消除贫困是不可或缺的。为此，我们同意建立“发展工作组”，授权其根据 G20 重在促进经济持续增长的目标，完善发展议程，制定跨年度行动计划，并提交首尔峰会讨论通过。

48. 我们同意于今年 11 月 11 日至 12 日在韩国首尔举行峰会，并于 2011 年 11 月在法国及于 2012 年在墨西哥召开峰会。

49. 我们感谢加拿大成功举办多伦多峰会。

附件一

强劲、可持续、平衡增长框架

1. 二十国集团（G20）华盛顿峰会、伦敦峰会和匹兹堡峰会决定采取超常规且高度协调的政策行动，作为成果，全球经济正以超出预期的速度复苏。我们过去两年的果断及前所未有的行动遏制了经济下滑，推动了复苏。

2. 但风险犹存。很多 G20 成员失业率依然高企，令人难以接受，发达国家之间、发达国家与新兴市场国家之间复苏亦不均衡。这对经济持续扩张构成风险。若不进一步采取相关行动，全球经常账户失衡很可能将再次增大。尽管我们在修复和改革金融部门方面取得相当进展，但金融市场依然脆弱，资金流动仍受限制。部分国家的高额财政赤字和债务持续上升引起各方关切，成为经济不确定性和金融市场波动的原因之一。

3. G20 当务之急是巩固和促进复苏，为经济强劲、可持续、平衡增长奠定基础，加强金融体系应对风险能力。为此，我们欢迎部分 G20 成员采取行动并作出承诺。就近期举措而言，我们尤其欢迎欧洲金融稳定机制的全面落实以及欧盟承诺公开发布正在进行的欧洲银行测试结果；我们欢迎近期一些G20成员有关财政整顿计划及目标的声明。这些措施极大地促进了我们的集体福祉，是我们先前行动的延续。我们将继续合作，并采取适当措施，以促进经济增长，推动强劲和持久的复苏。

4. 匹兹堡峰会启动的“强劲、可持续、平衡增长框架”是实现我们共同目标的手段。G20成员需对国际社会负责，确保全球经济总体健康。我们承诺对我们政策行动的整体一致性加以评估，强化政策框架，以实现共同目标。通过采取集体行动，我们将确保可持续和更为平衡的增长能惠及各国、各地区，并符合我们的发展目标。

5. 我们已完成了第一阶段互评进程。根据匹兹堡峰会要求，G20财长和央行行长在国际货币基金组织、世界银行、经合组织、国际劳工组织及其他国际组织的协助下，已对我们各自政策框架的整体一致性以及替代情景下的全球经济前景进行了评估。

6. 评估结果显示：如不采取协调一致的应对政策，全球产出预期可能低于危机前水平；大多数国家失业率比危机前更高；部分发达国家财政赤字和债务高企，令人难以接受；危机期间曾一度缩小的全球经常账户失衡将再度增大。此外，这一前景还将面临相当大的下行风险。

7. 我们认为能够做得更好。国际货币基金组织和世界银行预测，如果我们采取更富雄心的改革，中期内可实现以下目标：

- 将全球产量提高近4万亿美元；
- 创造约5200万个就业岗位；
- 帮助近9000万人口脱贫；
- 极大缓解全球经常账户失衡。

如果我们能协调行动，所有地区现在和未来都将受益。此外，我们改善包括贫困国家在内的各国民生的最重要步骤，是在可持续基础上推动全球增长。

8. 我们致力于采取协调一致行动推动可持续复苏，增加就业，实现更强劲、更可持续、更平衡增长。这些措施将根据各自国情而有所区别。我们今天同意：

- 发达国家完成财政刺激计划并公布“增长友好型”的财政整顿计划。财政整顿计划在今后一段时间将得以落实；
- 部分新兴市场国家加强社会保障网，推进公司治理改革，发展金融市场，加大基础设施建设支出，增强汇率灵活性；
- G20全体成员进行结构改革，以扩大和稳定我们的增长；
- 全球需求再平衡方面应取得更多进展。

应继续保持适当货币政策，以维护物价稳定并以此推动经济复苏。

9. 我们同意，发达国家完成财政刺激计划并公布“增长友好型”的财政整顿计划。财政整顿计划在今后一段时间将得以落实。拥有良好的财政状况，对实现持续复苏，更灵活地应对新动荡，确保应对人口老龄化挑战的能力，避免给子孙后代留下赤字和债务均十分关键。调整方式应予仔细衡量，以维护私人需求的复苏。风险在于，如果数个主要经济体同步进行财政调整，可能给复苏带来负面影响。但若在必要时未采取整顿措施，也会打击信心，损害增长。考虑到上述平衡，发达经济体承诺在2013年前将财政赤字至少减半，在2016年前政府债务占GDP比重实现稳定或明显降低。考虑到日本的具体情况，我们欢迎日本政府近期一同宣布的增长战略和财政整顿计划。存在严重财政挑战的国家需加快整顿步伐。财政整顿计划必须可信、明确，根据不同国情有所区别，且着眼于加强经济增长的举措。

10. 我们一致通过一套发达经济体实施财政整顿计划的原则，包括：

• 财政整顿计划应切实可信。有关计划的制定应基于对经济增长及各国财政情况的审慎预测，还应提出实现重建财政可持续性目标的具体措施。强化预算框架和预算机构，有助于巩固整顿计划的可信度。

• 立即公布中期财政计划。我们将为确保财政可持续性制定明确可信的方案。各国应根据自身经济形势和全球经济需求确定退出财政刺激政策及减少赤字和债务的速度和时机。但应当明确，发达国家需在2011年开始财政整顿，当前面临严峻财政风险的国家可提前采取行动。

• 财政整顿应主要着眼于促进经济增长。我们将寻求更有效使用财政资源的方式，既减少我们干预措施的总体开支，又可将有限资源用于刀刃。另外，我们应着重推进结构改革，促进经济长期增长。

11. 发达赤字国应增加储蓄，维持开放市场环境并增强出口竞争力。

12. 盈余经济体应积极改革，减少对外需的依赖，主要依靠内需拉动增长。这既可帮助增强经济韧性，抵御外部冲击，又可促进更稳定的经济增长。为此，发达盈余经济体将重在结构改革，增加内部需求。新兴盈余经济体应根据本国国情实行以下改革：

• 加强社会保障网（如公共医疗卫生及养老金计划），公司治理，发展金融市场，以减少预防性储蓄，刺激私人消费；

• 增加基础设施建设支出，提升生产力，减少供应瓶颈；

• 增强汇率灵活性以反映经济基本面。汇率过度、无序波动会对经济金融稳定带来负面影响。以市场为导向、反映经济基本面的汇率机制有助于维持全球经济稳定。

13. G20成员普遍认识到，结构改革对经济增长和全球福祉可产生重大影响。我们将采取措施增强经济增长潜力，同时对弱势群体给予特殊关注。倘根据生产力的提高而增加工资，结构改革可能会促进需求的普遍均衡增长。在政策选择上，应根据各自国情在促进更多市场竞争和经济增长以及构建社会安全网络之间取得平衡。同时采取这些举措将有助于释放需求，具体包括：

• 发达经济体应进行产品、服务及劳动力市场改革，这对因危机失去部分生产能力的经济体而言尤为重要。劳动力市场改革可包括：增强失业救济金发放的针对性，实施更加积极有效的劳动力市场政策（如：二次职业培训，再就业及技能开发项目，提高劳动力流动性等）。还可为建立工资谈判机制创造合适条件，以支持就业。产品和服务市场改革宜包括：增强服务业的竞争，减少网络产业、专业服务业及零售业的竞争壁垒，鼓励创新，进一步减少对外国企业参与竞争的障碍。

• 新兴市场经济体应减少对劳动力流动的限制，为外国投资者提供机会，简化产品市场管制等。

• 避免采取新的保护主义措施。

• 完成多哈回合谈判，通过促进贸易流动推动世界经济加速增长。开放的贸易将为各国带来显著收益，促进全球再平衡。

• 加速金融体系修复和监管改革步伐。发达经济体金融监管不力导致了本次危机。我们将落实 G20 金融监管改革计划，确保构建一个服务于实体经济需求的更强有力的金融体系。新兴经济体虽不处于危机中心，但部分新兴经济体要进一步发展金融部门，为推动并维持经济高速增长提供有深度、有广度的金融服务。发达经济体金融改革要考虑到资本流动对新兴和发展中经济体产生的负面效应。要保持警惕，确保资本市场开放，避免金融保护主义。

14. 我们欢迎今年 4 月 G20 劳工和就业部长会议就全球金融危机对就业影响提出的建议。我们重申承诺，将致力于实现强劲的就业增长，向弱势群体提供社会保障。有效的就业政策要把高质量就业置于复苏的核心。我们感谢国际劳工组织同经合组织一同制定培训战略，该战略将有助于劳动者掌握现在和未来就业所需的各项技能。

15. 我们承诺缩小发展差距，并充分考虑我们政策行动对低收入国家的影响。我们将继续支持发展融资，包括运用新手段鼓励利用公共和私有资源进行发展融资。本次危机对世界贫穷国家的发展轨迹产生长期影响。发展中国家可能在利用公共和私人资源获取发展融资方面面临更多挑战。我们当中的很多成员已针对这一问题采取措施，革新融资方式，比如预先市场承诺计划，中小企业挑战计划，以及增加金融包容性新近取得的进展。低收入国家具备促进全球经济更强劲、更平衡增长的潜力，应被视为投资市场。

16. 上述措施归根结底需在国家层面加以实施，并根据各国国情进行调整。我们欢迎部分 G20 成员为实现这一共同目标而宣布的其他举措。

17. 为推动这一进程，以国家主导和咨询性为特征的第二阶段评估应在单个国家和欧盟层面实施。各国需确定将采取的措施，落实我们今天达成的共识，保证更强劲、更可持续、更平衡的增长。我们要求财长和央行行长细化这些措施并向下次峰会提交报告。我们将在必要时继续利用国际货币基金组织、世界银行、经合组织、国际劳工组织及其他国际机构的专长。这些措施将构成 11 月首尔峰会宣布的全面行动计划的基础。在寻求强劲、可持续、平衡增长过程中，我们继续鼓励评估经济发展对社会和环境的影响而开展的方法论证工作。

18. 通过今天达成的上述政策承诺，加之业已采取的政策举措，我们将实现强劲、可持续、平衡增长的目标，G20 全体成员乃至全球均将从中获益。

附件二

金融监管改革

1. 金融危机造成巨大损失，我们不容许危机再度发生。近期金融动荡更坚定了我们共同修补和改革金融体系的决心。我们需建立更具抗风险能力的金融体系，以服务各经济体的需求，减少道德风险，限制系统风险积累，支持全球经济强劲、稳定增长。

2. 我们共同采取举措，加强审慎监督，提高风险管理水平，增强透明度，继续加强国际合作，在强化全球金融体系方面取得了显著进步。我们欢迎美国制定的强有力的金融监管改革法案。

3. 然而，我们依然重任在肩。进一步修补金融部门对全球经济可持续复苏至关重要。许多工作仍待完成，以恢复银行资产负债表和市场的稳健性，并提高其透明度；加强金融机构公司治理及风险管理，强化全球金融体系，恢复信贷以支持经济可持续增长。我们欢迎欧盟领导人将公开公布欧洲银行测试结果的决定，这有助于增强市场信心，显示欧洲银行体系的抗风险能力和透明度。

4. 我们将采取共同行动，按期甚至加速兑现华盛顿、伦敦和匹兹堡峰会关于改革金融部门的承诺。在过渡期内，要考虑上述改革对发达和发展中经济体宏观经济产生的累积性影响。

关于资本和流动性

5. 我们同意金融监管改革的核心在于加强资本和流动性，限制过度杠杆行为。我们同意提高资本的质量、水平和国际一致性，强化流动性标准，限制过度杠杆经营和涉险，减少顺周期性。

6. 我们总结并评估了巴塞尔银行监管委员会在建立全球性的银行资本和流动性新机制方面取得的进展，欢迎并支持委员会的工作，改革取得的实质性进展将显著增强各国银行体系的抗风险能力。

• 新的改革标准全面实施后，将大大提高资本水平。

• 资本的质量也将大幅提高，银行吸收损失的能力将得到加强。

7. 我们支持各国在首尔峰会时就建立新的资本框架达成一致，以提高资本要求。具体包括：

• 在一级资本内部，使所有银行的普通股扣减后占风险加权资产的比例有所提高并对此制定最低要求，从而使银行在持续经营条件下能够充分吸收资产损失，能在无需政府超常规介入的情况下承受诸如近期金融危机所产生的巨大压力。

• 寻求建立一套全球一致、透明且较为保守的适用于普通股或非股份制公司相当于普通股资本工具的扣减标准，同时预留一段适当的全球一致的过渡期。

8. 匹兹堡峰会决定，所有主要金融中心将于 2011 年前执行“新巴塞尔资本协议框架”。我们同意，所有成员均将执行上述标准。为避免影响经济持续复苏并对市场产生干扰，上述标准将在一定期限内逐步实施，争取于 2012 年底前全部到位。过渡期由金融稳定理事会和巴塞尔银行监管委员会共同开展的宏观经济影响评估确定。

9. 新标准的逐步实施要考虑到各国国情和起点的不同。各国在执行初期存在的差异应逐步缩小，最终执行全球统一的新标准。现有的公共部门注资在过渡期仍将适用。

10. 我们重申，支持引入杠杆率作为以风险为基础的“新巴塞尔资本协议框架”的补充措施，并在适当评估和校准的基础上，在合适的过渡期后将其引入第一支柱。为确保可比性，将充分调整会计差异后，对杠杆率的具体内容实行国际一致。

11. 我们认为巴塞尔银行监管委员会所开展的定量影响测算非常重要。该测算旨在衡量新巴塞尔标准的潜在影响，确保制定高质量的、经充分调整的资本和流动性的新标准。金融稳定理事会和巴塞尔银行监管委员会共同开展的宏观经济影响评估将对上述新标准的逐步实施提供参考。

12. 我们欢迎巴塞尔银行监管委员会同意在 2011 年 12 月 31 日前确定统一的起始日，实施修改后的交易账户规则的所有内容。

13. 或有资本有助于加强市场纪律、构建一个私营部门完全承担其投资损失的金融体系，我们支持巴塞尔银行监管委员会在上述领域发挥作用。对建立或有资本的考虑应纳入 2010 年金融监管一揽子改革措施中。

14. 我们呼吁金融稳定理事会和巴塞尔银行监管委员会在首尔峰会前汇报制定一揽子改革措施所取得的进展。我们认识到金融部门在推动经济强劲增长方面所发挥的关键作用，承诺构建稳定、抗风险能力强、确保可持续获得信贷的金融体系。

关于更强有力的监管

15. 我们赞同，执行更强有力的新规则需要更有效的监督和监管。我们承诺遵循“巴塞尔委员会有效监管核心原则”，责成金融稳定理事会与国际货币基金组织协商，向 10 月财长和央行行长会议汇报并提出加强监督和监管的建议，尤其是旨在加强监管者职责、能力、资源以及具体权限方面的建议，以便主动识别和应对风险，包括早期干预。

关于金融机构的处置

16. 我们将继续落实有关减少金融体系道德风险的承诺，致力于打造一个在危机中能有权力、有办法对各类金融机构进行重组或处置，而无需让纳税人最终承受负担的体系。上述权力应能应对持续经营条件下及破产处置时对资本和流动性的重组。我们认可并已承诺运用国内处置权力和工具，以维护金融稳定，并承诺落实巴塞尔银行监管委员会于2010年3月发布的关于跨境银行处置的10条关键建议。为此，我们支持各国在必要时修改有关处置和清偿的程序和法律，赋予国内相关机构开展跨境处置合作与协调的能力。

17. 我们同意，处置机制应能：

• 妥善分担损失，减少道德风险，保护纳税人；

• 延续关键领域金融服务，包括为投保储户提供不受干扰的服务；

• 提高处置机制在市场中的信誉；

• 最大程度地减少风险蔓延；

• 对有序处置和合约关系转移进行早期规划；

• 若发生跨境机构倒闭，各国国内相关机构和不同辖区间应开展有效合作和信息交换。

解决系统重要性金融机构问题

18. 我们欢迎金融稳定理事会在减少具有系统重要性金融机构道德风险方面出台的临时报告。我们认识到，在限制道德风险方面仍有大量工作尚待完成。对这些机构的审慎监管要求应覆盖其倒闭产生的成本。我们要求金融稳定理事会于首尔峰会前讨论并确定有效处置具有系统重要性金融机构的具体政策建议，比如考虑采用各种金融工具和机制进行更有力的监管，加强市场纪律，包含或有资本、自救机制、额外资本和流动性要求、征税、结构性约束以及对无担保债权人资产打折的方法。

19. 金融稳定理事会为其确定的主要复杂金融机构组建了联合监管机制和危机管理工作组，我们对在此方面取得的实质性进展表示欢迎。

20. 我们将继续开展合作，于年底前为主要跨境机构制定一致认可的、针对个体机构的有力的恢复和快速处置计划。我们承诺继续努力确保不同辖区就金融机构处置程序开展合作。

关于金融部门责任

21. 我们同意，在出现政府为修补金融体系、降低金融系统风险需提供资金时，金融部门应公平和实质性地偿付政府干预所产生的费用。

22. 为此，我们承认对此可有一系列政策选项。一些国家提出征收金融税，其他国家将采取不同措施。我们同意有关政策选项应遵循以下原则：

• 保护纳税人；

• 降低金融体系风险；

• 在经济景气和萧条时期均确保信贷流动；

• 考虑各国的国情和选择；

• 推动建设公平的竞争环境。

23. 我们感谢国际货币基金组织在这方面所做工作。

关于金融市场基础设施和监管范畴

24. 我们同意需加强金融市场基础设施建设，以减少系统性风险，提高市场效率、透明度和诚信。应在全球范围内采取行动，最大限度地减少监管套利，推动建立公平的竞争环境，广泛推进并落实良好操守、诚信和透明的原则。

25. 我们承诺协调推进落实对场外衍生品的监管，提高透明度和标准化程度。我们重申致力于根据情况在交易所或电子交易平台进行所有标准化场外衍生品合约的交易，并最迟于2012年底通过中央交易对手方进行清算。应向交易存托机构提供所有场外衍生品合约信息。我们将努力建立符合全球标准的中央交易对手方和交易存托机构，确保各国监管当局获得所有相关信息。此外，我们同意积极采取针对证券融资和场外衍生品交易等行为的扣减及保证金等政策措施，以减轻上述行为的顺周期性效应，加强金融市场抗风险能力。我们认识到已在该领域做了许多工作。我们将继续支持在落实上述举措方面取得更多进展。

26. 我们承诺加快实施强有力措施，以国际一致和非歧视方式，提高对冲基金、信用评级机构、场外衍生品市场的透明度，并加强对其监管力度。我们承诺完善大宗商品市场的运行和透明度。我们呼吁信用评级机构加强透明度，提高质量，防止利益冲突，同时呼吁各国监管者在监督信用评级机构时，继续着重关注上述问题。

27. 我们承诺在法规制定和监管方面减少对外部评级机构的依赖。我们注意到，巴塞尔银行监管委员会正就如何消除监管资本框架下因使用外部评级所引发的不当激励开展了有关工作，金融稳定理事会正着手制订如何减少各国当局和金融机构对外部评级依赖的原则。我们呼吁两机构向10月G20财长和央行行长会议提交报告。

28. 我们认识到国际证监会组织在推动监管当局信息交换、制订对冲基金监管原则以加强规范和减少系统性风险方面开展了重要工作。

29. 我们呼吁金融稳定理事会审议各国和各地区落实此前G20有关承诺情况，推动全球政策协作并予评估。如需进一步开展工作，应向2010年10月举行的财长和央行行长会议汇报有关评估情况。

关于会计准则

30. 我们再次强调制定和改进全球统一高质量会计准则的重要性，敦促国际会计准则理事会和财务会计准则理事会加倍努力，于2011年底前完成趋同项目。

31. 我们鼓励国际会计准则理事会进一步增强各方参与力度，包括在制订独立会计准则进程框架内，加强同新兴市场经济体的沟通。

关于评估和同行审议

32. 我们承诺，支持通过国际货币基金组织、世界银行开展的金融部门评估规划和金融稳定理事会实施的同行审议，对各国金融体系进行有力、透明、独立的国际评估和同行审议。各国金融体系本质上互相依存、密不可分，需要我们共同兑现承诺。一些国家脆弱的金融系统对国际金融体系的稳定构成了威胁。国际评估和同行审议极为重要，有助于确保各国金融部门更加安全。

33. 我们重申金融稳定理事会在以下领域的首要作用：制定国际金融监管政策和标准，协调不同标准制定机构，通过专题评估和国别评估确保对各国金融部门改革进程的问责，通过在不同部门和辖区一致推进执行标准以建立公平竞争环境等。为此，我们鼓励金融稳定理事会加强能力建设，以适应不断增加的需求。

34. 我们呼吁金融稳定理事会确保并扩大同非 G20 成员的外围活动，以体现金融体系的全球特征。我们认识到金融稳定理事会、国际货币基金组织、世界银行和其他国际标准制定和监管机构，对金融体系健康有效运转发挥着中心作用。

35. 我们全力支持金融稳定理事会开展专题同行评估，以加强不同国家落实金融和监管政策的一致性，并评估各国取得预期目标的有效性。我们欢迎金融稳定理事会公布的关于薪酬的首次专题评估报告。报告表明，在执行金融稳定理事会关于合理薪酬标准方面取得了一定进展，但全面落实仍任重道远。我们鼓励各国和金融机构在今年年底前全面执行金融稳定理事会标准和准则，呼吁金融稳定理事会继续开展该领域的监督，并于 2011 年第二季度深入开展第二轮同行审议。我们同样期待金融稳定理事会对风险披露的专题评估结果。

36. 我们注意到金融稳定理事会国别评估计划取得的显著进展。该评估是国际货币基金组织和世界银行联合开展的金融部门评估规划的重要补充，为各国就如何应对挑战开展相互学习和交流提供了平台。今年将完成三个国别评估。

关于其他国际标准和不合作辖区

37. 我们同意，在全面、一致和透明的评估基础上，考虑采取措施并建立机制，以解决不合作辖区问题，鼓励其遵守有关国际标准，包括在国际金融机构协助下提供技术支持。

38. 我们全力支持“全球税收透明度和情报交换论坛”有关工作，欢迎同行审议取得相关进展，以及建立面向各国的多边情报交换机制。2009 年 4 月伦敦峰会以来，已签署的税收信息交换协议增加了近 500 个。我们鼓励全球税收论坛于 2011 年 11 月前向领导人汇报各国在制订加强有效信息交换所需法律框架方面的进展。我们欢迎追回被窃资产项目取得的进展，支持该项目继续监督相关进展，以追讨腐败行为所产生的收益。我们已做好准备对“避税天堂”采取反制措施。

39. 我们全力支持金融行动特别工作组及与其工作职责相同的区域机构在反洗钱和反恐融资领域开展的工作，支持其定期更新和公开具有重大缺陷的辖区名单。我们鼓励金融行动特别工作组继续监督和加强在全球范围内落实反洗钱、打击反恐融资国际标准。

40. 我们欢迎金融稳定理事会对各辖区遵守审慎情报交换和国际合作标准情况进行评估。

附件三

加强国际金融机构的合法性、可信度和有效性，支持最脆弱国家

1. 全球经济金融危机体现了国际金融机构协调多边行动的价值。这些机构身处应对危机的前沿，筹集了9850亿美元应急资金。此外，国际社会和国际金融机构筹集了超过2500亿美元的贸易融资。

2. 危机也表明继续推进改革的重要性。作为合作的关键平台，我们承诺加强国际金融机构合法性、可信度和有效性，确保其具备协助我们维持全球经济金融稳定、支持其各成员的经济增长和发展。

3. 为加强国际金融机构的合法性和有效性，我们在伦敦和匹兹堡承诺，支持采取新的公开、透明和择优程序遴选国际金融机构领导人和高层管理人员。我们将在首尔峰会前，在推动更广泛改革的大背景下，推进这一进程。

多边开发银行融资

4. 国际金融危机发生至今，多边开发银行一直在应对全球危机方面发挥着重要作用，提供了2350亿美元贷款，数量超过在伦敦峰会上作出的承诺，其中超过半数来自世界银行集团。值此私营部门资金缩减之时，这些贷款对维护全球稳定至关重要。多边开发银行作为很多国家重要发展伙伴的地位更胜以往。

5. 我们已兑现承诺，通过对亚洲开发银行、非洲开发银行、泛美开发银行、欧洲复兴开发银行和世界银行集团，特别是国际复兴开发银行、国际金融公司等增资，使主要多边开发银行获得必要资源。作为上述机构的主要股东，我们与其他成员共同努力，使这些机构资本基础增加了85%，约合3500亿美元。总体看，他们每年对发展中国家的贷款总量将从每年370亿美元增加到每年710亿美元。此举将提高他们应对中短期贷款需求增加的能力，使其有足够资源支持其成员的需求。我们支持尽快落实这些协议。

多边开发银行	增资幅度	危机前年度贷款额（亿美元）a	新年度贷款额（亿美元）b
非洲开发银行	200%	18	60
亚洲开发银行	200%	58	100
欧洲复兴开发银行c	50%	53	110

续表

多边开发银行	增资幅度	危机前年度贷款额（亿美元）a	新年度贷款额（亿美元）b
泛美开发银行 d	70%	67	120
国际复兴开发银行	30%	121	150
国际金融公司	2 亿美元 选择性增资	54	170
总额	85%	370	710

* 均以美元计价。

a. 2000—2008 年 b. 2012—2020 年 c. 大部分为第四次股份审查时的临时增资，待缴。d. 包括减免海地泛美开发银行债务的协议。

6. 我们认识到非洲对发展的迫切需求，它远落后于千年发展目标。鉴此，通过对非洲开发银行进行 200%增资，其年度贷款水平将相应增长 3 倍，其支持区域长期经济增长和发展的能力将得到强化。

7. 为确保国际金融公司具备继续发展所必要的资源，我们将考虑设立一项股东分红和收益留存的长期混合安排，以此作为近期对发言权改革进行选择性增资的补充。

8. 为支持低收入国家，并考虑其需求更多优惠贷款，我们将兑现承诺，为多边开发银行的优惠贷款窗口安排大幅增资，特别是今年对国际开发协会和非洲开发基金增资。我们欢迎许多 G20 成员采取重要举措，成为这些机构的捐助者。我们重申支持更公平和更广泛的负担分摊办法。

多边开发银行改革

9. 我们已履行承诺，确保通过新增资本和重要的机制改革，使多边开发银行更有效，更高效，更易于问责。这些措施包括：

• 承诺通过在财务上更审慎的方式进一步支持最贫穷国家发展，包括在可行条件下转移资源，将多边开发银行净收入转向面向低收入国家的贷款窗口，增加它们对低收入国家和落后地区的投资。这将确保新增资本惠及低收入国家和中等收入国家。

• 采取具体措施确保援助更加透明，更高问责，更优治理，受援国更多主导，权力更加下放并在合适情况下更多使用国别体系，更优化的采购指南，管理、效果追踪和资金贡献的新方法；加强知识管理，确保人力资源适当并具有合适的多样性，更好地履行环境和社会保障责任，更稳健的风险管理；通过定价与费用挂钩方式，确保财务可持续性；承诺继续减少管理费用并使其更加透明。

• 进一步支持私营部门发展，包括通过更多私营部门运作和投资，将其作为可持续和包容性发展的重要组成部分。

· 再次承诺多边开发银行的核心职能是发展，并应就解决跨国问题的全球方案发挥更大作用，如气候变化和粮食安全。

10. 通过这些改革承诺，我们可以建立更大、更好的多边开发银行，将战略重点更多放在提高贫困人口生活水平，突出增长，促进安全，解决气候变化和粮食安全等全球性挑战。这些改革措施业已付诸实施，我们将继续努力确保顺利完成此项工作，并根据需要不断推进改革。

世界银行发言权改革

11. 我们欢迎各方就世行发言权改革达成一致，按照匹兹堡峰会共识，增加发展中国家和转轨国家 3.13%投票权。再加上前一阶段改革增加的 1.46%投票权，我们已向发展中国家和转轨国家转移 4.59%的投票权，总投票权达到 47.19%。我们承诺继续推进改革，最终实现发展中国家和发达国家平等分享投票权的目标，同时保护最小国家利益，形成一个动态公式以反映各国经济权重变化和对世行发展使命的贡献。我们也核准国际金融公司的发言权改革，将总额为 6.07%的投票权转移给发展中国家和转轨国家，使其投票权增至 39.48%。

免除海地债务

12. 我们与海地人民并肩努力，帮助他们从 1 月地震灾难中恢复过来。在此艰难时刻，我们同其他捐助方一道向海地提供援助，包括通过世行、泛美开发银行和联合国组建的海地重建基金会。为确保海地经济恢复的努力集中于灾后重建行动，避免被过去债务所累，G20 财长今年 4 月同意免除海地对所有国际金融机构所欠债务，包括必要时共同分担有关费用。我们高兴地看到国际货币基金组织已就减免这些债务的框架达成协议；世界银行、国际农业发展基金已采取措施实现这一目标，泛美开发银行不久之后也将采取相关措施。我们将尽快公平分担相关费用。我们将在首尔峰会上报告进展。

国际货币基金组织改革

13. 我们承诺强化国际货币基金组织的合法性、可信度和有效性，以确保其能够成功履行职能。危机伊始，G20 和国际社会就采取重要行动，包括筹集 7500 亿美元，用以支持国际货币基金组织成员危机融资的需求。国际货币基金组织通过即期双边贷款和票据购买协议的方式筹集 2500 亿美元，并随即转入“新借款安排”增资 5000 亿美元的计划中。国际货币基金组织还实施总额为 2500 亿美元的特别提款权普遍分配方案，以增加所有成员外汇储备。借助重要的监管和贷款改革，包括新的早期预警演习及设立“灵活信贷安排”等预防性工具，国际货币基金组织应对危机能力已获大幅提高。但是，全面改革国际货币基金组织仍任重道远。

14. 为落实匹兹堡峰会承诺，我们呼吁加快推进各项实质性工作，在首尔峰会前完成国际货币基金组织份额改革，同时兼顾其他治理结构改革。对国际货币基金组织治理结构进行现代化完善，是我们提高其合法性、可信度和有效性努力的核心要素。我们认为，国际货币基金组织仍是一个以份额为基础的机构，其份额分配应客观反映各成员在世界经济中的比重。由于富有活力的新兴市场国家和发展中国家的强劲增长，这一比重已发生重大变化。因此，我们承诺以现有份额计算公式为基础，从高估国向低估国转移份额，向富有活力的新兴市场国家和发展中国家转移至少5%的份额。我们还承诺保护国际货币基金组织最贫困成员的投票权。作为该进程的组成部分，我们同意其他一些重大事宜尚需解决，包括：国际货币基金组织任何份额增资对份额占比调整的影响；执董会规模和组成；加强执董会效力的途径；理事们参与国际货币基金组织战略性监督等。基金组织工作人员的多样性应予增强。

15. 我们强调确保国际货币基金组织拥有足够资源，保证其在全球经济中发挥重要作用。绝大多数G20成员已批准2008年制定的国际货币基金组织份额改革决议，正在落实伦敦峰会的承诺。其他尚未批准该决议的成员也承诺在G20首尔峰会前完成。此举不仅将增加发展中国家的发言权和参与度，进而提高国际货币基金组织合法性，还将为国际货币基金组织新增300亿美元的份额资源。我们呼吁国际货币基金组织所有成员于年内批准该决议。

16. 部分G20成员已正式接受最近达成的扩大新借款安排的改革，这将为国际货币基金组织的份额资源提供重要支持，整合5000多亿美元，使其能向陷入危机的国家提供贷款。其他参与新借款安排的G20成员将在下次财长和央行行长会议前完成审批进程。我们呼吁所有已加入和新加入新借款安排的成员效仿此举。

17. G20成员已承诺，将按照国际货币基金组织新收入模式，通过出售其黄金、运用内部资源及其他资源等方式，确保国际货币基金组织向最贫穷国家新增60亿美元的优惠融资。我们正兑现承诺。部分G20成员积极支持该承诺，向“减贫和增长信托基金”提供额外贷款和贴息资源，其他成员也计划在未来数月采取行动。

18. 我们注意到，需通过国家、地区和多边努力，应对资本流动波动性和金融脆弱性，防范危机蔓延。我们责成G20财长和央行行长根据良好激励原则，就如何加强全球金融安全网提出政策建议，并提交首尔峰会讨论。为配合这些努力，我们也要求国际货币基金组织加快审查其贷款工具，以便进一步对其适当改革。同时，应强化国际货币基金组织监督职能，重点监督可能存在的系统性风险和脆弱性。我们的目标是建立一个更加稳定和更富韧性的国际货币体系。

进一步支持弱势群体需求

19. 危机期间，我们在支持最贫困国家方面取得重大进展，须继续采取举措帮助弱势群体，确保最贫穷国家受益于我们恢复全球经济增长的努力。我们认识到这十分迫切，承诺2015年前实现千年发展目标，并将为此付出更大努力，包括通过运用官方发展援助。

20. 我们承诺提高贫困人口获得金融服务的能力，增加发展中国家中小企业融资，并已取得具体进展。

21. 资金充足的中小企业对创造就业和经济增长至关重要，特别是对新兴经济体而言。我们启动了“中小企业融资挑战计划”，旨在找到为中小企业动员资金的最具潜力的公私合作模式。我们承诺筹集资金落实优胜倡议，包括从多边开发银行获取有力支持。我们欢迎多边开发银行为可扩展、可持续的中小企业融资倡议提供有力支持，包括通过“中小企业融资挑战计划”与私营部门合作。我们期待在首尔峰会上宣布“中小企业融资挑战计划”优胜倡议，以及收到完善中小企业融资模式的建议。

22. 我们制定了一套促进创新性和普惠性融资的原则，这将为采取具体、实用的行动计划打好基础，提高贫困人口获得金融服务的能力。这一行动计划将在G20首尔峰会上宣布。

23. 在匹兹堡峰会上，我们认识到持续性资金支持和有针对性的投资对提高低收入国家的长期粮食安全十分重要。我们欢迎发起全球农业和粮食安全基金，这有助于为低收入国家提高农业生产力提供可预测的资金，提高农业人口收入，建立可持续农业体系。全球农业和粮食安全基金已批准向孟加拉国、卢旺达、海地、多哥和塞拉利昂提供总额为2.24亿美元的首笔赠款。我们还支持发展全球农业和粮食安全基金私营部门贷款窗口，增加私人部门投资，为贫穷国家的中小型农业企业和农户提供资源。我们欢迎已获得的支持，鼓励捐助方向全球农业和粮食安全基金公私部门贷款窗口提供更多资金。

24. 面对需求和环境压力上升的背景，亟需通过区域和南南合作等方式加快研发，缩小农业生产差距，对非洲尤其如此。私营部门对开发和运用创新性方案十分关键，这有助于取得具体成果。我们致力于挖掘潜力，开发诸如预先市场承诺计划等面向创新、面向成果的机制，运用私营部门的创造性和资源，在贫穷国家粮食安全和农业发展状况方面取得突破性革新。我们将在首尔峰会上汇报有关进展。

《中国和东盟领导人关于可持续发展的联合声明》（2010年10月29日）

2010年10月29日，中国和东盟领导人在越南首都河内发表了《中国和东盟领导人关于可持续发展的联合声明》。联合声明全文如下：

中国和东盟领导人关于可持续发展的联合声明

2010年10月29日，我们，中华人民共和国及东南亚国家联盟各国国家元首/政府首脑（以下简称“双方”）在越南河内聚会，举行第13次中国—东盟领导人会议：

满意地忆及双方落实2003年10月7日签署的《中国—东盟面向和平与繁荣的战略伙伴关系联合宣言》及相关文件取得的进展，包括在可持续发展领域开展的卓有成效合作；

中方重申支持东盟在2015年建成包括政治安全共同体、经济共同体和社会文化共同体三大支柱在内的东盟共同体；

忆及今年4月第十六届东盟峰会发表的《关于复苏和可持续发展的联合声明》和《关于联合应对气候变化的声明》；

进一步重申双方促进本地区和国际社会和平、安全、繁荣及可持续发展的共同愿望和责任；

强调维持经济增长和促进贸易投资联系、社会发展、减贫和环境保护的重要性；

宣布：

一、继续加强在东盟加三（10＋3）框架下的地区经济和财金合作；

二、促进市场开放，拒绝各种形式的保护主义，确保多边贸易体系的开放性和可预测性；

三、继续支持世界贸易组织多哈发展议程，根据多哈回合授权，在锁定包括谈判模式在内的现有成果的基础上，为推动早日取得全面、均衡的结果做出积极贡献；

四、全面、有效落实中国—东盟自贸区协议，帮助公共部门和工商界更多了解协议带来的好处，包括通过贸易和投资能力建设；

五、通过交流最佳实践和技术加强农业和粮食生产合作，提高生产效率，确保粮食安全，提高农民收入和生活水平，促进本地区农村发展；

六、支持发挥中国—东盟环保合作中心的作用，积极落实《中国—东盟环保合作战略2009—2015》，特别是在通过与东盟生物多样性中心合作保护生物多样性和生态环境、清洁生产、环境教育意识等领域开展合作，支持《东盟环境教育行动计划2008—2015》及环境可持续城市，共同努力实现人与自然和谐发展；

七、通过举办研讨会、培训班和论坛，联合开发研究，加强科技合作，促进国家科技能力建设，培养研究和科技管理人才，传播适用技术；

八、加强能效、新能源和可再生能源、减排、环保等领域科学研究和技术合作，促进高效、环保、节能技术和清洁技术的应用，提高非化石能源占一次能源消费比重；

九、加强减贫合作，共同努力实现联合国千年发展目标，确保可持续发展真正惠及所有国家和人民；

十、支持东盟根据包括《东盟一体化工作计划第二份倡议（2009—2015）》和《东盟互联互通总体规划》在内的《东盟共同体路线图昌安华欣声明》，推进一体化和共同体建设进程。加强大湄公河次区域经济合作、东盟湄公河流域开发合作、东盟东部增长区和柬埔寨—老挝—缅甸—越南等次区域合作；

十一、在国际气候变化谈判中加强对话和合作，包括按照各国国情和《联合国气候变化框架公约》规定的原则，特别是“共同但有区别的责任”原则和各自能力，在“巴厘路线图”授权下朝建立全球法律约束框架努力，以在2012年之前及以后全面、有效、持续实施《联合国气候变化框架公约》及其《京都议定书》；

十二、考虑到《东盟灾害管理与紧急应对协议》已于2009年12月生效，通过对减少灾害风险、救灾和重建等信息分享、经验知识交流，增强灾害管理合作，支持建立东盟人道主义援助中心；

十三、通过培训政府官员和各领域专家，举办培训项目和研讨会，增强在东盟成员国，特别是东盟最不发达国家的人力资源开发合作和援助。

2010年10月29日于越南河内

《中华人民共和国和法兰西共和国关于加强全面战略伙伴关系的联合声明》

（2010年11月4日）

应法兰西共和国总统尼古拉·萨科齐邀请，中华人民共和国主席胡锦涛2010年11月4日至6日对法兰西共和国进行了国事访问。两国元首就双边关系和国际问题深入交换了意见，达成广泛共识。

建交46年来，中法关系取得了长足发展，体现了战略性、全球性和时代性。在中法建立全面伙伴关系13年后，两国决定为双边关系注入新的活力，建设互信互利、成熟稳定、面向全球的新型全面战略伙伴关系。

双方一致认为，在多极化、全球化深入发展的当今世界，全球治理体系面临深刻变革。新兴国家的快速发展有利于国际关系向更加合理均衡方向发展。

中法作为联合国安理会常任理事国和世界两大经济体，肩负着特殊责任。中法关系应当继续发挥示范作用。两国既要为世界的和平、稳定与发展作出重要贡献，也要按照联合国宪章的宗旨和原则，弘扬多边主义，相互尊重对方独立自主选择发展道路。应该建立平等合作、包容互利、面向未来的新型大国伙伴关系。

双方还应深化在国际事务中的协调与合作，共同应对全球重大威胁，尤其是大规模杀伤性武器及其运载工具扩散，致力于解决包括伊朗核问题、朝鲜半岛无核化问题和阿富汗等地区热点问题。

双方认为，二十国集团（G20）应在更加健康稳定的基础上重塑世界经济增长和国际金融体系，切实发挥G20作为国际经济合作主要论坛的作用。法国即将担任G20主席国，中国给予积极支持。双方强调各国应致力于推行协调、连续和稳定的宏观经济政策，进一步推进国际货币与金融体系改革，应对原材料价格过度波动。双方希望大力完善全球经济治理机制，支持包括国际货币基金组织在内的国际金融机构的改革，以顺应时代要求。

双方坚决反对各种形式的保护主义，愿在维护现有授权和基于已有进展的前提下，尽早完成多哈回合谈判，取得全面、均衡、富有雄心的成果。

双方希望即将在墨西哥坎昆召开的联合国气候变化会议，按照《联合国气候变化框架公约》及其《京都议定书》以及“巴厘路线图”的授权，达成能够应对挑战的协议。两国在环境保护、可持续发展和应对气候变化领域保持紧密合作，愿深化在应对气候变化方面的合作伙伴关系，加强对话、磋商与务实合作。

双方同意在发展问题上加强合作，重申支持实现千年发展目标的努力。

双方认为，在非洲开展经济合作有利于促进非洲经济发展，支持两国企业在非洲开展合作。

随着欧盟机构改革深化，中欧关系将进入新阶段。中国高度重视在政治、经济和文化领域同欧盟发展关系，愿继续致力于加强中欧全面战略伙伴关系。法国将继续为推动中欧关系发展发挥表率作用。双方一致认为，欧盟应取消对华军售禁令，尽早承认中国完全市场经济地位。

双方将继续密切高层交往，深入开展战略对话，促进相互理解和战略互信，加强双边合作。

双方重申高度重视中法关系，愿以战略和长远眼光、在相互尊重和重视彼此主权和领土完整、根本利益的基础上，共同推动中法全面战略伙伴关系取得更大发展。

双方肯定中欧人权对话取得的进展，愿在平等和相互尊重基础上加强对话和双边交流。

中法双边关系在贸易、投资、科技以及人文交流等领域取得长足发展。作为最早支持中国现代化的国家之一，法国与中国建立了多项具体合作项目。双方强调愿在互利共赢、共同发展原则指引下，建立更加紧密、可持续和创新的经贸关系。

中法在核能、航空航天和铁路领域的合作建立在平等互利的基础之上，是双方合作的重要组成部分。在三十年成功合作的基础上，双方愿进一步深化核能领域合作，在推进现有合作项目基础上，拓展合作领域，共同开发包括第三方市场的新项目。鼓励双方相关企业开展务实深入的磋商，推进在核燃料循环领域的合作。法方重申愿深化与中方在铀矿开采、核燃料生产、在本国和第三方市场建设核电站以及乏燃料后处理/再循环等方面的合作。中方对法方这一意愿予以支持。

双方同意继续深化两国航空工业长期且富有成效的合作，体现在空客等法方企业与中国航空公司及工业企业合作、A320 天津总装线运营、法国公司参与中国 C919 大飞机项目，以及中法正在联合研制中型多用途民用直升机（EC175/Z15）等方面。

铁路运输是中法传统合作领域，双方重申进一步推动铁路交通合作的意愿。

除传统合作领域外，双方愿在环境与可持续发展、农业及食品加工和金融服务等重点领域实现创新合作，并加强上述领域企业间合作。双方还愿在新能源、生物、新材料、电动汽车、循环经济以及低碳技术等新兴领域加强合作。

双方认识到新型商务合作关系只有在开放型经济的框架下才能得到充分的发展，同意将反对贸易保护主义列为工作重点。双方将努力加强知识产权保护。双方将平衡双边贸易关系。法方欢迎中方为加入世界贸易组织《政府采购协定》采取的努力。双方将尽快商签新的避免双重征税协定，支持中小企业合作及为其融资提供便利的项目。双方还将鼓励业已蓬勃发展的双向投资，为其提供有利和公平的环境。

中法双方期待中国与欧盟能就包括便利双方人员交流在内的移民与人员往来问题尽早完成谈判，并重申双方合作打击非法移民活动的决心。

为加深两国人民间的相互了解，双方决定进一步加强在文化、教育、科技领域的合作，鼓励地方政府进一步开展合作。支持两国文化机构建立长期、稳定的合作关系，鼓励各自的文化机构和个人参加在对方国家举办的艺术节等文化活动。双方同意继续执行今年稍早签署的合作拍摄电影协议，进一步推动广播、影视领域的交流与合作。

双方将积极推动两国院校间建立和发展伙伴关系，扩大互派青年留学生规模，支持中文在法国和法语在中国的推广。

双方将继续实施好科技研发合作项目，积极支持共建研发机构，加强“产学研”科研和创新合作。

（以上资料曾映选编自中国外交部网站）

《东京宣言》

(2010年1月17日)

Tokyo Declaration

(Adopted at the Fourth Foreign Ministers Meeting of the Forum for East Asia-Latin America Cooperation 16—17 January 2010)

Introduction

1. We, the Foreign Ministers of the member countries of the Forum for East Asia-Latin America Cooperation (FEALAC), met in Tokyo, on 16th and 17th of January, 2010, to strengthen the links between the two regions and broaden the areas of our cooperation. On this occasion, we welcomed the admission of Mongolia as a new member of the Forum.

2. Recalling the achievements of the previous three Foreign Ministers Meetings, we unanimously adopted this Tokyo Declaration.

10 Years of FEALAC and Beyond

3. Ten years have passed since the creation of FEALAC. We recognized that the relations between East Asia and Latin America have deepened considerably. We especially noted that the bi-regional trade between East Asia and Latin America has quadrupled, far outpacing the increase of other re-

gion-to-region trades in the world. The links between the two regions and their peoples, once described as missing, are getting broader and deeper.

4. We acknowledged that FEALAC has developed from its infancy to its youth in these years, by taking root as a useful forum to promote closer interactions and dialogue between the two regions. We reaffirmed that FEALAC is a unique forum that plays critical roles in promoting mutual learning of best practices in the both regions, in multiplying mutual benefits by cooperation and exchanges among countries of the regions and in collaborating to meet common global challenges in the international community. The cooperation through FEALAC, which represents 40 of the world population, 26 of the world economy and more than 40 of the world trade, has global relevance.

5. In this context, we committed ourselves to further strengthening our activities and interactions through the frameworks of FEALAC, ino rder to make the most of the vast potential in the bi-regional cooperation as well as to jointly tackle major challenges that we face in the world of today and future.

Major Challenges that FEALAC Member Countries Face

Financial and Economic Crisis

6. We recognized that the global economy appears to have emerged from the worst stage of crisis and we are in the midst of transition from crisis to recovery although we must remain vigilant. We recognized the important role of the G20 in tackling the global financial and economic crisis. We appreciated that our experience of the past crises and our responsive fiscal and monetary policies toward the latest crisis played a key role in confronting this grave challenge and stopping the sharp decline in economic activities that the crisis could have brought.

7. We shared the recognition that the impact of the crisis still continues to impact negatively on both regions, hampering our effort for recovery, and, in particular, undermining the most vulnerable countries. We reaffirmed

the importance of taking wise fiscal policies and prudent financial management policies to build a resilient and viable international economy and of developing strategies to mitigate the impact of the crisis and to prevent future crisis, particularly for the poor.

These include, combating all forms of protectionism and promoting global trade and investment including through an ambitious and balanced conclusion of the WTO Doha Development Round Negotiations, consistent with its mandate including development goals, in the year of 2010 based on the progress already made including with regard to its modalities. In this context, we stress the importance of accomplishing the quantified targets of IMF and the World Bank governance reform endorsed by 2009 IMF World Bank annual meeting in Istanbul, and restructuring International Financial Institutions, and undertaking actions necessary to achieve inclusive, sustainable and balanced growth. In this regard, we welcomed the Framework for Strong, Sustainable, and Balanced Growth launched at the G20 Pittsburgh Summit in September 2009. We also reiterated that the crisis of such global dimension requires the participation of all nations in the search for fair and viable solutions, in an inclusive and democratic framework, with the important role of the United Nations. We, therefore, reinforced our determination to continue working together to accelerate economic recovery by sharing our own experiences, wisdom and best practices that both regions obtained as they got over the past crises.

We believe that FEALAC is an appropriate international forum to provide opportunities for such cooperation between countries of both regions.

8. We supported international and regional efforts to reduce hunger, malnutrition and food insecurity through international cooperation and investment in food security, sustainable agriculture and rural development. This includes promoting and cooperating in the research, development, including transfer, of technologies, practices and process in the agriculture sector, particularly those that improve the efficiency and productivity of agriculture systems in a sustainable manner and those that could support adap-

tation to the adverse effects of climate change.

Social Inclusion

9. We believe that economic growth must entail social inclusion through active policies and further involvement by member countries as well as through greater international cooperation. We are acutely aware that the global financial and economic crisis affects, above all, those who live in poverty and in disadvantageous circumstances. We emphasized the importance of international cooperation in supporting national efforts for fostering individual and collective well-being, under sustainable patterns through increasing the income level of people, and consolidating social safety nets. We also reaffirmed the importance of promoting the inclusive development that will strengthen skills of those who live in poverty and in disadvantageous circumstances and create job opportunities and provide decent work for them ino rder to maintain a productive and competitive workforce in the countries. We also acknowledge the importance of the migrant workers. We recommend that the working group on economy and society includes the topic in the discussion with an integrated approach. We welcome the next IV Global Forum on Migration and Development to be held in Mexico in 2010 with a constructive and successful conclusion. Moreover, we emphasize the need to further cooperate in efforts to achieve the Millennium Development Goals and to enhance human progress and development, particularly in the areas of poverty reduction and food security, and thus to realize a prosperous and equitable society in our regions. We agreed on the need to consider cooperation and dialogue on social inclusion and social policies as one of the main objectives and working areas on which FEALAC should focus for the forthcoming years.

The Environment and Sustainable Development

10. We recognize that the environmental issues, including climate change, affect all humankind, especially in developing countries and those more vul-

nerable among them, and require greater, concerted and coordinated action by the international community. FEALAC is a useful forum for member countries to share experiences, exchange views and promote cooperation in meeting these challenges. We shared the view that cooperation and mutual learning through sharing of experiences and technologies, capacity building, knowledge and lessons in particular the development and transfer of environmental friendly technology is beneficialand should be further promoted.

11. We reaffirmed the importance of tackling climate change issues and our determination to engage in efforts towards the resolution of such issues through international cooperation, based on the principle of common but differentiated responsibilities and respective capabilities.

In this context, building on the result at UN conference on climate change in Copenhagen, we recognized that much work has to be done to strengthen the climate change regime. And we reaffirmed our commitment to work constructively to ensure a successful conclusion of the 16th Session of the Conference of the Parties to the UNFCCC and the 6th Session of the Conference of the Parties to the Kyoto Protocol to be held in Mexico in 2010.

12. We stressed the need to seek ways and means to ensure that the efforts for the environmental protection are compatible with economic and social development. In this context, we recognized that coordinated global action will create new opportunities and incentives for the transfer of environmental technologies, in particular to developing countries including environmental goods and services such aso rganic products, energy efficient products, clean-energy transports, solar power generation and clean energy businesses. While we welcomed the inclusion by a significant number of countries of environment-related investment in their economic stimulus packages, we also acknowledged budgetary and financial restrictions hampering environment-related investment in developing countries and the current clean technology gap between these and developed ones. In view of this, we stressed the importance of ensuring favorable conditions for the

development of green industries in developing countries so that they can further benefit from trade in environmental goods and services and are in a better position to contribute to global efforts for the fulfillment of the objectives enshrined in international environmental agreements. It is important that such initiatives result in net environmental benefits and are not a disguise for trade protectionism. We also stressed the importance of participating actively in the negotiation on the reductionor, as appropriate, elimination of tariff and non-tariff barriers to environmental goods and services in the WTO Doha Development Round Negotiations.

13. We shared the view that the FEALAC countries should utilize effectively their rich natural resources to implement environment-friendly measures that also realize sustainable growth to the benefit of our populations. We recognize the principle of sovereign rights of States to manage and regulate their natural resources. In this regard, we encourage the member countries to promote cooperation in areas including agroforestry, sustainable forest management and eco-tourism, as they are home to more than one third of the worlds forests. We also underlined the importance of the conservation, the sustainable use and the fair and equitable sharing of the benefits derived from biodiversity as a base for all the kind of human activities, particularly in Asia and Latin America that enjoy rich flora and fauna. We thus confirmed to cooperate with each other to establish action-oriented global targets beyond 2010 constructively and to conclude the negotiation of the international regime on access and benefit sharing at the tenth meeting of the Conference of the Parties to the Convention on Biological Diversity in Nagoya, Japan.

Other Global Challenges

Nuclear Disarmament and Non-Proliferation

14. We shared the necessity of strengthening our efforts in the fields of nuclear disarmament, non-proliferation and peaceful use of nuclear energy. We will cooperate to ensure successful outcome of the 2010 Review Confer-

ence of the Parties to the Treaty on the Non-Proliferation of Nuclear Weapons (NPT) so as to strengthen the Treatys regime.

15. We recognized the importance of the full implementation of the September 2005 Joint Statement through early resumption of the Six-party talks.

United Nations Reform

16. We reaffirmed our strong belief in multilateralism with the United Nations at its center and the commitment to uphold the principles of the United Nations Charter. We thus reaffirmed the need for a comprehensive reform of the UN, including the Security Council, to make it more effective, democratic, accountable, efficient and transparent. We reaffirmed our commitment to the Resolution adopted by the General Assembly in October 2005 (A/RES/60/1—2005 World Summit Outcome).

Human Rights

17. We reaffirmed our commitment to the promotion and protection of human rights, including through the ratification and implementation of relevant international human rights instruments.

Transnational Organized Crime

18. We express our deep concern for the threat that transnationalo rganized crime poses to the wellbeing and development of all States and their peoples, and express our commitment to redouble our efforts in the framework of the United Nations to ensure the universality and full implementation of the United Nations Convention against TransnationalO rganized Crime and the Protocols thereto. We express our intention to contribute with our ideas and experiences to strengthen the fight against transnationalo rganized crime.

Disaster Risk Reduction and Management

19. We recognized that disasters continued to cause significant impact to the economy, society and well being of the people of East Asia and Latin America. We, therefore, reaffirmed the importance of further strengthening bi-regional cooperation, expanding the network of technical support and cooperation and sharing information and expertise among FEALAC members and international and regional institutions.

Response to Influenza Pandemic

20. We recognized that the timely information sharing and mutual cooperation at global and regional levels has played an important role in the fight against the current Influenza Pandemic (H1N1) . We also stressed the need to share lessons learnt from our experience between Asia and Latin America, with a view to strengthening the preparednessfor a possible future pandemic.

Prospects of FEALAC Activities

21. We highly appreciated the progress made by the three FEALAC Working Groups in the cooperation in the areas specified as core programs in the Brasilia Ministerial Declaration. We also welcomed that, as described in the reports produced by the three Working Groups, a wide variety of national projects presented by each member country have contributed to deepen mutual understanding and cooperation between both regions.

22. We recognized that FEALACs activities should be more focused and systematic for better coordination and effective management. We thus reaffirmed the need to carry out thorough stocktaking of the ongoing projects, properly categorize them under the relevant working groups and actively identify the areas of cooperation that reflect the common interests of East Asia and Latin America.

23. We therefore decided to address with a sense of urgency major challenges such as the global financial and economic crisis, sustainable develop-

ment including environmental protection and climate change and social inclusion through the activities of the three Working Groups. We thus instructed the three Working Groups respectively to engage in the following priority areas in the period until the next Foreign Ministers Meeting.

(1) the Politics, Culture, Education and Sport Working Group;

—Academic, cultural and intellectual exchange

—Exchange of parliamentarians, policy makers and journalists

—Promotion of environmental awareness

—Sports as a means of social inclusion

(2) the Economy and Society Working Group;

—Environment and sustainable development

—Poverty reduction and social inclusion

—Trade and investment promotion

—Utilization of information and communication technology (ICT)

—Promotion of small and medium enterprises (SMEs)

—Tourism

—International Migration

—Infrastructure and integration

(3) the Science and Technology Working Group;

—New and renewable energy

—Green House Gas mitigation technology

—Disaster risk reduction and management

—Technological innovation to strengthen the competitiveness

—Prevention and control of infectious diseases

24. In this regard, we welcomed the new projects and initiatives as well as those already introduced in the Working Groups proposed by member countries and commended those member countries for their valuable contributions to deepen and further promote cooperation and exchanges through FEALAC process.

25. We decided to reform the modality of Working Group meetings to make them more cost effective and sustainable by holding the three Working

Group meetings consecutively in one venue. On this new modality, the Regional Coordinators will host the three Working Group meetings, SOM and FMM, unlessotherwise decided by consensus.

26. We also decided to create the Coordinating Board which aims at making FEALAC activities more effective and consistent by establishing follow-up mechanism of the decisions taken by Foreign Ministers and SOM, as well as by improving the coordination among three Working Groups.

27. We decided to create the Cyber-secretariat by further developing the current FEALAC official website and eventually establishing a secretariat for the better management and promotion of the Forum. We appreciated Koreas willingness to host the Cyber-secretariat and make necessary changes to the existing website so that communication and coordination among the members could be enhanced. We also directed our respective officials to intensify their efforts in supporting Korea to achieve this objective.

28. We also instructed each Working Group to consider and assess cooperation offers and demands as well as needs and capacities of member countries in the areaso r subjects discussed in each group. A segment for technical cooperation will thus be created with a view to optimize the utilization of the cooperation resources of both regions while respecting Member States national priorities and development policies.

29. We recognized that this meeting provided a timely opportunity to consolidate and strengthen FEALAC. We requested the Senior Officials to undertake a stocktake of the forums progress, achievements, membership issues, and the forums future direction.

Outreach

30. We recognized the contributions made by the Asian Development Bank (ADB) and the Inter-American Development Bank (IDB) ino rder to address major challenges in their respective regions. We also appreciated the efforts of the Economic Commission for Latin America and the Caribbean (ECLAC) and the Economic and Social Commission for Asia and Pacific

(ESCAP) to promote bi-regional cooperation. We encouraged theseo rganizations to play a greater role in the FEALAC process. In this regard, we instructed each Working Group to explore ways to enhance financial and technical cooperation with theseo rganizations and others from these regions to carry out the FEALAC projects.

31. We appreciated an informative and constructive dialogue with the representatives of ADB, IDB and the World Bank participated in the FMM IV and recognized the importance of continuing this kind of dialogue between these international financial institutions and FEALAC.

32. We emphasized the necessity of promoting the publicity of FEALAC inside and outside the FEALAC member countries. We also consider it important to mobilize the private sector and other stakeholders of the member countries, as appropriate, for the FEALAC activities.

Conclusion

33. The next Foreign Ministers Meeting will be held at a venue and on a date to be decided by consensus.

34. We expressed our appreciation to the outgoing Coordinators of FEALAC, Argentina and Japan, and welcomed the new Coordinators, Argentina and Indonesia.

《关于“亚洲之心”的友谊与合作的伊斯坦布尔声明》

(2010年1月26日)

Istanbul Statement on Friendship and Cooperation in the “HEART OF ASIA” 26 January 2010

We the President of the Islamic Republic of Afghanistan, the President of the Islamic Republic of Pakistan, the President of the Republic of Turkey, the First Vice President of the Islamic Republic of Iran, the Special Representative of the President and thc Minister of Foreign Affairs of the People's Republic of China and the Minister of Foreign Affairs of the Republic of Tajikistan have met in Istanbul on 26 January 2010 upon the invitation of the Republic of Turkey and agreed on the following Statement.

The Foreign Secretary of the United Kingdom, the Minister of Foreign Affairs of the Republic of Kyrgyzstan, the Minister of State in charge of Foreign Affairs of the Kingdom of Saudi Arabia and the Minister of State of the United Arab Emirates, the Deputy Minister of Foreign Affairs of the Russian Federation, the Secretary General of the Organization of the Islamic Conference, the Secretary General of the Economic Cooperation Organization, the Executive Director of the Conference on Interaction and Confidence Building Measures in Asia, the senior representatives of the United States of America, France, Italy, Germany, Japan, the United Nations, the European Union, and NATO joined them at their meeting in Istanbul as observers.

The Shared Vision

Forming the very heart of Asia, Afghanistan is a country whose present and future is inseparably bound with those of its neighbourhood.

The vital element of regional peace and stability is a safe, secure, stable and prosperous Afghanistan, which, in turn can be ensured within a regional framework that reflects friendship and cooperation.

Afghanistan and the neighbouring countries have been moulded by intensive mutual exchanges and interactions throughout history. Our cultures, populations and languages are profoundly intertwined. Rich human potential, cultural depth and promising economic potential are shared by us all. Similarly, several of the risks and challenges we face are also shared. Threats such as all forms of terrorism, extremism and all aspects related to illicit narcotic drugs are interlinked and affect all of our countries.

The success of one regional country in standing up against challenges positively reverberates in neighbouring countries, while shortcomings also afflict the neighbours. We are convinced that our region as a whole should take determined and coordinated action to address the complex challenges that characterise the contemporary regional environment.

This is equally true for the economic potential of our countries and for the attainment of a prosperous future for our countries. Enhanced and effective regional cooperation in key fields such as trade and transit, transport and energy would exponentially benefit not only Afghanistan but indeed all of our countries and peoples.

Regional cooperation starts from the region. It has great potential. It is effective when it is regionally owned, steered and governed in a sincere, transparent and constructive manner, bringing positive synergy.

In the region that surrounds Afghanistan we aim to weave a rich, positive, and progressive mosaic of initiatives and efforts that each shoulders a part of the common task to ensure peace, stability and prosperity.

The bonds between us constitute a strong basis to establish a consensus underwriting a code of conduct that is based on fundamental principles of good neighbourly relations.

Our solidarity today with Afghanistan will be a facilitator and a test for the irrevocable establishment of timeless friendship and cooperation in our region.

Principles of Cooperation

In order to fulfil the foregoing vision for the region that finds Afghanistan at its core we:

Note that the invitation for this Summit was issued by Turkey which acted on the Joint Statement Adopted at the Conclusion of the Third Trilateral Summit on 1 April 2009 among Afghanistan, Pakistan and Turkey which stated that the "Presidents of Afghanistan and Pakistan requested the Turkish President to organize in Turkey a regional summit that would underline their political will to enhance cooperation on regional issues";

Reaffirm our strong commitment to the sovereignty, independence, territorial integrity and national unity of Afghanistan and of each other;

Reiterate our commitment to continued support for the Government and people of Afghanistan as they develop their country, reconstruct their economy, and further improve their human capital;

Support the ongoing efforts of the Afghan Government and the international community to address its development needs;

Support the program that is set out by the President of Afghanistan with his inaugural speech on 19 November 2009;

Support, therefore, the Afghan national process of reconciliation and reintegration in accordance with the Constitution of Afghanistan in a way that is Afghan-led and-driven;

Recognize the interconnected nature of the challenges Afghanistan is facing and the fact that no neighbouring country is immune from them;

Recall the Kabul Declaration on Good-Neighbourly Relations of 2002, as well as the objectives and principles laid therein, including the shared determination to defeat terrorism, extremism and narcotrafficking, common desire for peace and stability in the region, and the commitment to constructive and supportive bilateral relationships based on the principles of territorial integrity, mutual respect, friendly relations, cooperation and non-interference in each other's internal affairs;

Underscore the key significance of the immediate neighbours of Afghanistan for promoting peace stability and prosperity, Reaffirm that sustainable progress on security, governance and development is mutually reinforcing;

To enhance the coordinating role of the United Nations/UNAMA and increase the Afghan ownership, urge the contributors to provide as much transparency as possible in their assistance efforts;

Stress the importance of a comprehensive approach which should include regional cooperation as an indispensable pillar in addressing the challenges in Afghanistan and beyond;

Recall the existence of various processes aimed at contributing to enhanced cooperative ties among regional countries, including among others the Trilateral Summit processes among Turkey, Afghanistan, Pakistan; among Iran, Afghanistan, Pakistan; among Iran, Afghanistan and Tajikistan; among Tajikistan, Afghanistan, Pakistan; among Tajikistan, Pakistan, Afghanistan and Russian Federation and among the Russian Federation, Pakistan and Afghanistan; the Regional Economic Cooperation Conferences on Afghanistan (RECCA); the Special Conference on Afghanistan convened under the auspices of the Shanghai Cooperation Organization in March 2009;

Welcome these processes that add substance and value to regional cooperation and are mutually reinforcing;

Pledge therefore to give strong emphasis and further impetus to the ongoing regional cooperation endeavours;

Acknowledge that terrorism poses a common challenge that could only be addressed through concerted efforts;

Aim to reinforce efforts in countering terrorism, extremism, illicit narcotics production and trafficking, drug abuse, organized crime and trafficking in human beings;

Commit to deepen cooperation to prevent cross-border illegal flow of weapons, production and trafficking of narcotics and precursors, and trans-national organized crime, by among other means, strengthening national capacities to address these challenges;

Emphasize the need to address the situation of refugees by creating conditions within Afghanistan conducive to the safe, voluntary, gradual and dignified return and settlement of Afghan refugees in Afghanistan with the support of the international community;

Commit to coordinating work with a view to underpinning economic and human capital development and security at the national and regional levels;

Agree to enhance region-wide connectivity through the establishment and further development of trade and transit, energy and transport corridors and to encourage participation of their private sectors in regional development programmes including through joint ventures;

Agree to give impetus to project-based cooperation in the areas of trade, energy, transport, industry, mining, agriculture, livestock and environment;

Remain ready to use our membership in various international and regional organizations and participation in various processes in fulfilment of our shared vision and principles as set out above;

Call on the international community to recognize and give strong support to our regional cooperation objectives and projects, and;

Stress the central and impartial role of the UN in promoting peace and stability in Afghanistan.

As we cooperate with regard to supporting.

Istanbul, 26 January 2010

《河内宣言》

(2010年4月21日)

Hanoi Declaration

At the International Ministerial Conference："Animal and Pandemic Influenza：The Way Forward" Hanoi，Vietnam，19－21 April 2010

IMCAPI Hanoi 2010

PREAMBLE

The International Ministerial Conference on Animal and Pandemic Influenza was convened in Hanoi，Vietnam，on 19－21 April 2010. Hosted by the Government of Vietnam，in coordination with the European Union and the United States of America，with the support of the UN System Influenza Coordination and international organizations，the conference was attended by representatives of 71 countries and regional bodies around the world and representatives of international technical organizations，development banks and other stakeholders within the development community. The conference convened only a few days after the Eyjafjallajökull volcano eruption in the north of Europe，which disrupted global air travel. Nevertheless，great spirit on the part of both delegations and organizers，the use of technologies，and support from diplomatic corps assured representation to the fullest extent possible.

This conference built on a series of preceding international ministerial conferences and senior officials meetings since 2005, which have provided a platform for an unprecedented coordination in planning and action to respond to highly pathogenic avian influenza (HPAI) caused by the A/H5N1 strain, to prepare for a possible influenza pandemic and to strengthen jointly animal and human health systems on a long term basis.

In addition, the conference noted the emergence of the first pandemic of the 21st century, caused by a new subtype of the A/H1N1 influenza virus, regretting the suffering and deaths caused by pandemic (H1N1) 2009, noting in particular the impact on young adults and pregnant women, young children, indigenous peoples, people with chronic conditions, and those with limited access to health care. The conference identified and discussed lessons learned from pandemic (H1N1) 2009.

The global experience with H5N1 HPAI and pandemic (H1N1) 2009 has reaffirmed the importance of international and regional ooperation, national political commitment, inter-sectoral collaboration, timely and transparent communication, and capacity building as essential to build a health system which is capable to address emerging threats, such as animal and human influenza, and to ensure effective pandemic readiness and response across different sectors. National experiences during the pandemic (H1N1) 2009 have reinforced the need for sustained, well-coordinated, multi-sector, multi-disciplinary, community-based actions to address high impact disease threats that arise at the animalhuman-environment interface.

The continued threat of H5N1 HPAI to animal health, livelihoods, and human health in affected communities illustrates that despite progress in controlling influenza, the potential remains for influenza viruses to become more virulent through mutations or exchanges of genetic material. This may result in a severe pandemic. The ongoing pandemic (H1N1) 2009 demonstrates the capacity for rapid global spread of influenza viruses, and still has the potential to become more pathogenic. Additional animal and human health policies for early detection systems and control measures will need to be developed and sustained at national and international levels for the foreseeable future.

Moreover, effective metrics and policy analysis for evaluating such actions need to be developed and consistently applied.

The majority of high impact infectious diseases that have recently affected humans have arisen at the animal-human-environment interface. A number of existing diseases which emerge from this interface significantly burden animal and human health, livelihoods, and development. The effort to control HPAI and to prepare for pandemics can serve as a useful example of the way forward not only for controlling such diseases, but also for building stronger and more responsive human and veterinary health systems and better aligning those sectoral policies in ways that encourage socio-economic development.

Recent experience of H5N1 HPAI and pandemic (H1N1) 2009 has confirmed the need for a sustained cross-sectoral policy and coordination to deal with serious threats that arise at the animal-human-environment interface. This approach, often referred to as "One Health", was addressed at the IMCAPI in New Delhi in 2007 and further promoted by Ministers at the IMCAPI in Sharm el-Sheikh in 2008. One Health is a first step towards improving health outcomes through incorporating human and animal health policies in all relevant sectors.

The surge in demand for health care services associated with pandemic (H1N1) 2009 has strained the health sector in many countries, especially in countries that face the dual challenge of limited resources and highly vulnerable populations, and negatively affected agriculture, business, education, travel, and tourism in some countries. This experience highlights the importance of understanding the cross-sectoral determinants of good health and a global commitment to fundamental, long-term, and systematic approach to building public health capacity, including surveillance, detection, and reporting, as well as reinforcing economic resilience. It highlights the importance of non-pharmaceutical interventions in pandemic preparedness and response. The experience with pandemic (H1N1) 2009 also demonstrates the importance of planning for proportionate, differentiated responses to allow for flexibility in responding to different scenarios in terms of virulence, geographic spread, and other factors. It reinforces the importance of including continuity planning for critical services and of addressing potential impacts in national disaster management plans.

Effective advocacy and communications at all levels need to be strengthened to better support decision-making, to ensure resource commitment, to promote understanding and appropriate assessments of the risks in animals and humans, and to enable effective engagement at the community level through behaviour changes and the adoption of protective practices.

The new challenge of the 21st century, "live again with infectious uncertainty and strengthen systems so they can respond to unpredictable health risks", calls for a thorough and carefully planned effort of sensitization and education.

WE, THE PARTICIPANTS IN THE CONFERENCE

1. Take note of the progress that has been achieved in global coordination and cooperation since the end of 2005 in the global response to highly pathogenic avian influenza (H5N1), and of the positive conclusions presented at this conference, and in independent evaluations of the overall H5N1 response.
2. Commend the ongoing consultations at all levels, as exemplified in particular by the technical meeting undertaken as part of this conference, to identify, inform, and promote efforts to improve global health.
3. Recognize the concerted efforts of the international community, including agencies of the United Nations system and other relevant international and regional organizations, countries, development and technical agencies, nongovernmental organizations, foundations, communities, the private sector, and other partners to prepare for and respond to the threat of pandemic influenza; emphasize the need to continue to enhance coordination at the international level and encourage countries and inter-

national partners to further promote information exchange on experiences, policies, guidelines, clinical data, and other aspects bilaterally, regionally and globally.

4. Express satisfaction that commitments first made by participants at the January 2006 Beijing conference, and reaffirmed at subsequent conferences, have had significant results, including: the development and implementation of national integrated action plans within the strategic framework of the World Health Organization, the Food and Agricultural Organization, and the World Organization for Animal Health; and the establishment of strategic partnerships between the international community and the countries affected or at risk of H5N1 HPAI.
5. Renew our commitment to continue and reinforce this long-term partnership, by working within the United Nations system and through global, regional, and intercountry networks to increase our capacity and cooperation on surveillance systems, epidemiological research, antiviral and vaccine research and development, health and veterinary systems strengthening, as well as safe and resilient systems for food production, and to evaluate periodically our preparedness and action plans for pandemics.
6. Recognize that despite substantial progress in controlling H5N1 HPAI globally, the virus continues to circulate in domestic poultry in a number of countries, and to result in human infections and deaths.
7. Encourage countries and international partners, including agencies of the United Nations system, to remain vigilant and continue to share information with respect to emerging threats such as H5N1 HPAI, pandemic (H1N1) 2009, and other influenza viruses and to continue their efforts towards the control and elimination of H5N1 HPAI, while working to strengthen jointly human and animal public health systems and to evaluate such efforts by effective metrics.
8. Recognize that global preparations for H5N1 HPAI influenza largely contributed to coordination of the response to pandemic (H1N1) 2009.

9. Recognize the critical importance of learning lessons from the responses to H5N1 HPAI and pandemic (H1N1) 2009, including lessons from important learning events hosted by a number of countries and institutions as well as reviews and assessments that were shared at the conference, appreciate the risks associated with these viruses, and commit ourselves to considering to take further actions to avert H5N1 HPAI and increasing efforts to review pandemic preparedness plans using, where relevant, guidance and tools provided by the international technical agencies and the multilateral development banks; these country strategies should be aligned nationally and regionally to address the global "One Health" challenges.

10. Recognize that there is a need for the international community, led by the international technical agencies and development banks, to address the fundamental gaps in public health and animal health systems so as to reduce the impact of zoonoses, avert potential pandemics of animal origin, and mainstream investments and capacity in country health systems.

11. Call for increased efforts to strengthen early detection of, preparedness for, and rapid reporting of future events, by understanding the cross-sectoral nature of any threat, with particular focus on the health systems' capacity for rapid interdisciplinary action and coordination in line with the requirements outlined in IHR 2005 and the OIE standards on quality of Veterinary Services, with special attention devoted to develop and sustain such capacity in the least developed countries, to the needs of vulnerable groups, and to encourage the role of local communities as part of disease prevention and control programmes.

12. Call for the development of national strategies, plans, and interventions to stimulate whole-of-society, multi-sector, multi-disciplinary, and communitybased actions when addressing disease threats that arise at the animal-humanenvironment interface, stress the importance of business continuity planning in critical sectors, encourage all stake-

holders to strengthen institutional and practical mechanisms to support cooperation and collaboration, and work to improve risk communication at all levels, in particular at the community level.

13. Underline the importance of implementing science-based public health measures and food safety international standards to minimize the potential economic and trade implications, and encourage countries to rapidly report disease outbreaks.
14. Reaffirm the critical role of communication, while reviewing the challenges in communications on pandemic (H1N1) 2009; enhance the efforts to better communicate with our populations, including the media, health services, and specific communities, to promote understanding of the risk, policy direction and necessary prevention measures, and to promote behaviour change, where necessary, through effective communication.
15. Call for constructive cooperation between governments and the private sector, as well as academia, on innovations leading to improved surveillance, prevention, and treatment, including on diagnostic reagents, vaccines, and medicines, always working within the relevant policy frameworks established by competent national authorities and WHO and OIE.
16. Finally, call for concerted worldwide efforts by all countries and relevant agencies of the United Nations system, and other international and regional partners, to better understand the emergence of disease threats at the animal-humanenvironment interface through multi-sectoral actions, and to develop appropriate and sustainable means to reduce such threats.

《第18届东盟—欧盟部长级会议联席声明》

(2010年4月26日)

18th ASEAN-EU Ministerial Meeting Co-Chair's Statement

Madrid, 26 May 2010

The 18th ASEAN-EU Ministerial Meeting, under the theme of "Partners in Regional Integration", was held in Madrid, Spain on 26 May 2010 and co-chaired by their Excellencies Miguel ángel Moratinos, Minister of Foreign Affairs and Co-operation of Spain, the EU High Representative for Foreign Affairs and Security Policy/Vice-President of the European Commission Lady Catherine Ashton and His Royal Highness Prince Mohamed Bolkiah, Minister of Foreign Affairs and Trade of Brunei Darussalam. The Meeting was attended by Foreign Ministers from ASEAN and EU Member States and the Secretary-General of ASEAN.

PART I: BUILD A COMPREHENSIVE POLITICAL PARTNERSHIP

1. The Ministers reaffirmed the unique character of the partnership between the EU and ASEAN, the two regions of the world that are most advanced in regional integration. This is a partnership built on over thirty years of dialogue and cooperation, and based on a spirit of equality, mutual respect and mutual benefit. It is being supported and reinforced by the Nuremberg Declaration on an EUASEAN Enhanced Partnership as well as the

Partnership and Co-operation Agreements (PCAs) being negotiated with ASEAN Member States, a process which has gained momentum from the recent signing of the first PCA with Indonesia. The Ministers underlined the potential strategic importance of the partnership representing, as it does, almost one and a quarter billion people. They reaffirmed their shared desire to promote political stability and security, economic progress, justice, democracy, human rights, good governance, the rule of law and social equality, peace, and sustainable development in accordance with the spirit of the Charter of the United Nations.

2. The Ministers resolved to intensify relations further through deepening political engagement and developing a comprehensive co-operation, based in particular on the Plan of Action to Implement the Nuremberg Declaration on an EU-ASEAN Enhanced Partnership for the period 2007—2012. Celebrating the 30th anniversary of the EC-ASEAN Co-operation Agreement signed in Kuala Lumpur on 7 March 1980, the Ministers expressed satisfaction at the significant development of cooperation and its diversification into new areas. They commended the outcomes of the Phnom Penh Agenda agreed at the 17th Ministerial Meeting for priorities in implementing the Plan of Action in 2009—2010 (Annex 2). They agreed on new priority activities under the Plan of Action for 2011—2012 (Annex 1). They tasked senior officials to report on further progress, as well as propose new directions for ASEAN-EU co-operation after 2012, at the next ASEAN-EU Ministerial Meeting.

A. Supporting ASEAN's wider regional role

3. The EU underlined its continuing support for ASEAN's central role in driving wider co-operation in the region. In this regard, the Ministers expressed support for ASEAN's two-pronged approach for accelerating its integration and community building efforts while intensifying its external relations including through the ASEAN Regional Forum (ARF), the ASEAN Post-Ministerial Conference Plus One, the ASEAN Plus Three

and the East Asia Summit. The Ministers agreed that these processes should be mutually reinforcing and therefore encouraged enhanced links between the ASEAN Political-Security Community and the ARF in order to achieve synergies on issues of common concern. They also looked forward to the implementation of the ARF Vision Statement in order to further strengthen the Forum's relevance and effectiveness.

4. The Ministers welcomed the progress in amending the Treaty of Amity and Cooperation in Southeast Asia (TAC) to allow the EU to join the Treaty. They looked forward to the EU's accession to the TAC, on completion of the necessary procedures. The EU emphasised that its application to accede to the TAC had been intended as a signal of support for ASEAN, and for integration initiatives in the wider region, and the benefits that these could bring in terms of enhanced stability, security and economic prosperity. The EU, as the first Dialogue Partner to establish informal relations with ASEAN in 1972, wished to engage further with the region in order to help achieve these benefits.

B. Exchanging views on developments in ASEAN and the EU

5. The Ministers welcomed ASEAN's continued progress in regional integration following adoption of the ASEAN Charter, in particular the efforts to realise the ASEAN Economic Community by 2015. The Ministers noted the full implementation of the ASEAN Free Trade Area (AFTA) and the entry into force of the ASEAN-China FTA, ASEAN-Republic of Korea FTA, ASEAN-Australia-New Zealand FTA and the ASEAN-India Trade in Goods Agreement on 1 January 2010. They also noted the launching of the Chiang Mai Initiative Multilateralisation on 24 March 2010, establishing a pool of foreign-currency reserves ($120 billion) among ASEAN, China, Japan and Republic of Korea.

6. The Ministers took note of the outcome of the 16th ASEAN Summit in Ha Noi, Viet Nam on 8—9 April 2010 particularly on the commitment to implement the Roadmap for an ASEAN Community by 2015 and the

ASEAN Leaders' Statement on ASEAN Connectivity. ASEAN welcomed the EU's assistance in promoting and developing connectivity in the region including in air, sea and land transportation links and looked forward to deepening the exchange of views with the EU in light of its advanced physical infrastructures, communication systems and sophisticated technologies.

7. The Ministers agreed to strengthen mutual cooperation in promoting and protecting human rights. They expressed their satisfaction at the growing dialogue on human rights between the EU and countries of Asia and discussed the possibility of working together to address the growing spectrum of human rights issues. The Ministers also welcomed the establishment of the ASEAN Intergovernmental Commission on Human Rights (AICHR). In this regard, they supported increased dialogue between the EU and ASEAN. The Ministers welcomed the recent establishment of the ASEAN Commission on the Promotio and Protection of the Rights of Women and Children (ACWC). ASEAN welcomed the EU's support in achieving the mission of the ACWC.

8. The Ministers noted the interest of EU to explore the possibility of engaging in defence cooperation with ASEAN.

9. The Ministers exchanged views on Myanmar. They took note of the political developments in the country including preparations for the general elections to be held this year, with the EU raising the issue of Aung San Suu Kyi. Both sides emphasized that the political and socio-economic challenges facing the country should be resolved through engaging all stakeholders in an inclusive political process leading to national reconciliation and to peaceful transition to civilian government. Therefore they called on the Government of Myanmar to make the forthcoming elections a credible, transparent, democratic and inclusive process. They believed that the early release of those under detention would contribute to making the elections more inclusive and help bring about a peaceful political transition. They also encouraged the Government of Myanmar to continue to engage in meaningful manner with the international community, including ASEAN and the UN.

10. The Ministers welcomed the intent of the EU to step up its dialogue with the authorities of the country and other key stakeholders by sending a delegation to Myanmar to explore the possibilities for developing its engagement. Both sides agreed to continue their dialogue including on how to step up assistance to the people of Myanmar in order to contribute to the urgently needed improvement of social and economic conditions. The Ministers affirmed their commitment to the sovereignty and territorial integrity of Myanmar. In that context, they reiterated that the future of Myanmar lies in the hands of all of its people.

11. With regard to developments in the EU, ASEAN welcomed the ratification and entry into force of the Lisbon Treaty and the recent appointments of the President of the European Council and the High Representative for Foreign Affairs and Security Policy/Vice-President of the European Commission. ASEAN hoped that these appointments will bring about regular and effective consultations between ASEAN and the EU. Furthermore, Ministers noted the EU's briefing on their 2020 Strategy aimed at turning the EU into a smart, sustainable and inclusive economy delivering high levels of employment, productivity and social cohesion.

12. The Ministers welcomed the recovery of both regions from the global financial and economic crisis. In spite of the positive developments, both sides called for close cooperation to achieve a more balanced international financial architecture, including a more equitable representation of developing countries, and more effective global governance. The Ministers agreed that by promoting trade, investment and financial links between ASEAN and the EU, growth and prosperity would be enhanced in both regions. Thus, they welcomed the commitment to strengthen trade relations further between the two regions, and the renewed engagement to achieve that, including the launch of this year's bilateral FTA negotiations between the EU and individual ASEAN Member States. These agreements could provide a stepping stone for a future agreement in the regional context. Ministers encouraged the relevant senior officials on both sides to work together to ex-

amine further ways in which the EU and ASEAN could strengthen their economic relationship in view of the AEM-EU Consultations to be held in Danang, Vietnam in August 2010.

C. Working together in ASEM

13. The Ministers welcomed the strategic importance of the ASEM as a vehicle to promote partnership for dialogue and co-operation between Asia and Europe. In this regard, the Ministers reaffirmed the mutually reinforcing roles of the ASEAN-EU Dialogue and ASEM in maintaining peace and stability as well as promoting conditions conducive to sustainable economic and social development for the benefit of their peoples. The Ministers would continue to work to ensure that both processes achieved their maximum potential. They also noted that Belgium would host the 8th ASEM Summit on 4—5 October 2010 with the theme "Improving the Quality of Life: Achieving greater wellbeing and more dignity for all citizens", deepening and reinforcing the ASEM dialogue towards a closer partnership mode.

D. Joining efforts to address global issues Alliance of Civilizations Initiative

14. Ministers reaffirmed their support for the UN Alliance of Civilisation (AOC) initiative and welcomed the efforts made by the UN SG and the High Representative for the AOC in promoting mutual understanding and respect among civilisations. The adoption of the UN General Assembly Resolution A/RES/64/14 on the AOC on 10 November 2009 supports a wide range of activities and allows the initiative to be more operative. The Ministers noted with satisfaction the growing community of the Group of Friends of the AOC and the results of the two Global Forums held in Madrid in 2008 and in Istanbul in 2009. They welcomed the next Global Forum of the AOC in Brazil on 28—29 May 2010, as a new opportunity to foster inclusive dialogues and to develop synergies in working in favour of common values and shared interests among diverse cultures and communi-

ties.

15. The Ministers expressed support for the implementation of the 64th UNGA Resolution (A/RES/64/81) "Promoting Inter-religious and Intercultural Dialogue, Understanding and Cooperation for Peace" and the interfaith dialogue initiatives in the UN. They took note of the recent adoption of the Manila Declaration and Programme of Action on interfaith dialogue and cooperation for peace and development at the Special Non-Aligned Movement Ministerial Meeting.

Non-proliferation

16. The Ministers recalled that the Treaty on the Non-Proliferation of Nuclear Weapons (NPT) is a crucial instrument for maintaining and reinforcing international peace, security and stability. In this context, Ministers welcomed the efforts of the 2010 NPT Review Conference to achieve a substantive and balanced outcome on all three mutually-reinforcing pillars of the Treaty of nonproliferation, disarmament and the peaceful use of nuclear energy. The Ministers reaffirmed their commitment to strengthen the international non-proliferation regime by promoting the universalisation of all relevant Treaties and fulfilling their obligations under international disarmament and non-proliferation treaties.

17. The Ministers reiterated that for the NPT goals to be achieved, all NPT State Parties must adhere to their obligations under the NPT. They also called upon all States that are outside of the NPT to accede to the Treaty as Non-nuclear Weapons States. ASEAN emphasised its Statement delivered at the 2010 NPT Conference on 4 May 2010. Ministers expressed appreciation to the Philippines

for its able and effective Presidency of the 2010 NPT Review Conference.

18. The Ministers called upon all States that have yet to sign and ratify the Comprehensive Nuclear Test Ban Treaty to do so, without delay and conditions, particularly the nine remaining States listed in Annex II, with a view to securing the Treaty's early entry into force since the Treaty forms an es-

sential part of the nuclear disarmament and non-proliferation regime. The Ministers welcomed the intention of Indonesia to advance the ratification of the CTBT.

19. The Ministers called upon all concerned States to begin with negotiations at the Conference on Disarmament on a Treaty banning the production of fissile material for nuclear weapons or other nuclear explosive devices.

20. The Ministers recognised the importance of the Treaty of Southeast Asia Nuclear Weapons Free Zone in contributing towards global nuclear disarmament and nonproliferation and peace and security in the region. ASEAN encouraged the early accession by the Nuclear Weapons States to the Protocol of the Treaty in accordance with the objectives and principles of the Treaty.

21. The Ministers reaffirmed their commitment to curbing illegal trade and excessive accumulation of small arms and light weapons (SALW) in accordance with the UN programme of action on SALW. The Ministers underlined the need for all Member States to fully engage in the upcoming Biannual Meeting of States to discuss the UN Programme of Action on SALW. The Ministers agreed to pursue the efforts led by the United Nations to establish international standards for the import, export and transfer of conventional arms. The EU expressed the belief that this should be achieved through an arms trade treaty.

22. The Ministers welcomed the offer of the Lao PDR to host the First Meeting of State Parties to the Convention on Cluster Munitions on 9—12 November 2010 in Vientiane, Lao PDR following its entry into force.

Fight against terrorism

23. The Ministers welcomed efforts undertaken by ASEAN and EU Member States to promote counter-terrorism co-operation and enhance human security, through collective and bilateral approaches. They looked forward to the upcoming review of the UN Global Counter-Terrorism Strategy. They tasked the relevant officials to take the necessary steps to implement

the Joint Declaration on Co-operation to Combat International Terrorism adopted at the 14th ASEAN-EU Ministerial Meeting in Brussels in January 2003. They agreed to pursue the negotiations on the Comprehensive Convention on International Terrorism. The Ministers recognized that measures taken to prevent and counter terrorism must be carried out in accordance with, and full respect for, international law as well as relevant domestic law. The Ministers reiterated their support to strengthen counterterrorism cooperation among regional counter terrorism institutions and agencies such as the Jakarta Law Enforcement Centre for Cooperation (JCLEC), the Southeast Asia Regional Centre for Counter Terrorism (SEARCCT) in Kuala Lumpur and the International Law Enforcement Academy (ILEA) in Bangkok.

24. The Ministers recognised the increasing interconnections between terrorism and transnational organised crime and the need for a constant update on strategies, well-targeted objectives, better co-ordinated multilateral efforts and law enforcement. Ministers also agreed that the UN Convention on Transnational Organised Crime (or "Palermo Convention") are and the UN Convention Against Corruption (or "Merida Convention") are the primary tools to address these challenges and are committed to promoting their universal ratification and full implementation.

Sustaining the world economic recovery

25. The Ministers exchanged views on how the EU and ASEAN could best help to achieve a sustained and balanced global recovery. Taking into account its economic resilience during the current crisis, Asia could be a major contributor to global economic growth in the coming years, and boosting domestic demand would be important to rebalance growth.

26. The Ministers resolved to contribute to reform the global economic and financial architecture in order to safeguard the global economy from future crises, and to promote regional and global economic growth and recovery. They also welcomed the representation and governance reforms of the In-

ternational Financial Institutions agreed by the G-20 in Pittsburgh in September 2009, to ensure their legitimacy and effectiveness.

Doha

27. The Ministers reaffirmed the Doha Development Agenda as a priority for both ASEAN and the EU and stressed the importance of achieving an early, ambitious and balanced conclusion at the earliest opportunity. They emphasised the need to ensure that negotiations remain on track. A successful and balanced conclusion of the DDA is crucial in the context of the current global economic weakness and would help reduce protectionism. It would also send an important signal of their governments' continued belief in and support for strengthening the multilateral trading system. In this regard, the Ministers reaffirmed their commitment to keep markets open, reject protectionism, refrain from raising new barriers to trade and investment while avoiding the WTO-inconsistent measures. ASEAN Ministers also expressed their appreciation for the EU's continued support for accession of Lao PDR to the WTO.

Climate change and the environment

28. The Ministers welcomed the adoption of the ASEAN Leaders' Statement on Joint Response to Climate Change issued at the 16th ASEAN Summit in Ha Noi, Viet Nam. The Ministers affirmed that the best way to achieve a comprehensive post 2012 climate agreement is to pursue a deal under the auspices of the UNFCCC. The Ministers noted the large number of countries associating themselves with the Copenhagen Accord. Ministers acknowledged the need for closer co-operation in environmental conservation, sustainable development and natural resource management, including sustainable management of forest resources and the areas of biodiversity and trans-boundary environmental pollution control and management. In this regard, ASEAN welcomed EU efforts in developing a post-2010 biodiversity policy framework. ASEAN expressed appreciation for the EU's

long-standing support to the ASEAN Center for Biodiversity and underlined its firm commitment to continue its efforts to ensure the long-term financial sustainability of this endeavour, including through contributions by ASEAN Member States to the ASEAN Biodiversity Fund. The Ministers also encouraged further co-operation in relation to coral reefs, fisheries, food security, adaptation to climate change and the implementation of the Manado Oceans Declaration.

29. The Ministers, recognising that averting dangerous anthropogenic interference with the climate system requires the increase in global mean surface temperature to be kept below 2°C compared with pre-industrial levels, underlined their commitment to work together to address climate change and encouraged all UNFCCC Parties to engage constructively and work towards a legally binding global agreement at COP 16/CMP 6 in December 2010.

30. ASEAN warmly welcomed the EU's initiative by introducing, after COP 15, the "Fast Track" financial commitment to provide EUR 2.4 billion to developing countries annually from 2010—2012.

31. ASEAN called upon the EU to take full account of the specific needs and special situations of ASEAN Member States, particularly the least developed countries in ASEAN and those most affected by climate change, and to support them with adequate, predictable and sustainable financial resources, transfer of technology, as well as capacity enhancement, to enable them to develop on a low emission pathway.

32. While noting that developing countries may undertake actions voluntarily and on the basis of support, the EU encouraged ASEAN to make active contributions to the global efforts to address climate change through the development and implementation of Nationally Appropriate Mitigation Actions (NAMAs), in accordance with their different national circumstances.

E. Consulting on regional issues of global concern

33. Ministers stressed the need to maintain peace and stability in the region

as well as the importance of the international non proliferation regime. They urged the DPRK to comply fully with the UNSC Resolutions and decisions and to refrain from actions which could exacerbate the situation and recalled that the DPRK cannot have the status of the nuclear weapon state in accordance with the NPT. The Ministers reaffirmed their support for the Six-Party Talks as the best means to achieve denuclearization of the Korean Peninsula in a peaceful manner. They expressed concern about the 21 April 2010 memorandum issued by the DPRK's Foreign Ministry on the nuclear issue. They also emphasized the importance of addressing the humanitarian concerns.

34. The Ministers reiterated their deep concern over the rising tension following the sinking of the Cheonan and recent publication of the findings of an investigation conducted by Republic of Korea in cooperation with a number of countries. They expressed condolences to the victims and their families. The Ministers called on all parties concerned to exercise restrain and to step up efforts to promote lasting peace and security on the Korean Peninsula.

35. The Ministers welcomed the start of proximity talks between Israelis and Palestinians as a positive step forward and confirmed the urgency of a comprehensive, just and lasting peace in the Middle East. In line with the Middle East Quartet statement in Moscow on 19 March 2010 they called for urgent progress towards the two-state solution with the State of Israel and an independent, democratic, contiguous and viable State of Palestine, living side by side in peace and security. The Ministers support the United States' efforts to ensure negotiations on all final status issues, including borders, Jerusalem, refugees, security and water, respecting previous agreements and understandings. Ministers expressed concern about the situation on the ground, including in East Jerusalem. The Ministers urged the government of Israel to immediately end all settlement activities in East Jerusalem and the rest of the West Bank, including natural growth, and to dismantle all outposts erected since March 2001. The Ministers remained

gravely concerned about the situation in Gaza; they urged the full implementation of UNSCR 1860 and the full respect of international humanitarian law. They reiterated their call for an immediate, sustained and unconditional opening of crossings for the flow of humanitarian aid, commercial goods and persons to and from Gaza. They recalled that a comprehensive peace must include a settlement between Israel and Syria and Israel and Lebanon. The Ministers encouraged inter-Palestinian reconciliation behind President Mahmoud Abbas and supported the mediation efforts of Egypt and the Arab League in this respect. The Ministers reiterated their appreciation of the Arab Peace Initiative which offers a framework for the achievement of a comprehensive peace in this region.

36. The Ministers noted with deep concern the situation regarding the Iranian nuclear programme and urged Iran to fulfil the obligations set out in UN Security Council Resolutions on this matter. They noted the importance of full and transparent cooperation by Iran with the IAEA. The Ministers expressed their support for a negotiated solution to the Iranian nuclear issue and underlined the importance to take appropriate measures to that end in the context of the dual track approach.

37. The Ministers, noting its importance, expressed their support of promoting peace, stability and development in Afghanistan and maintaining Afghanistan's unity and territorial integrity, including successfully executing the forthcoming parliamentary elections and for continued improvement of the electoral process, governance, civilian capacity and human rights issues. They noted the need for a more regional approach by engaging Afghanistan's neighbours and continued engagement of the international community to assist the Government and people of Afghanistan in regaining their livelihood, and the reconstruction and rehabilitation of their country under full Afghan ownership.

38. Ministers congratulated Pakistan on the adoption of the 18th Constitutional Amendment as a positive step towards strengthening parliamentary democracy. They expressed confidence that it would contribute towards

good governance and human rights, electoral reform, sustainable development and countering extremism and terrorism.

F. Next ASEAN-EU Ministerial Meeting

39. Ministers agreed that the 19th ASEAN-EU Ministerial Meeting will take place in Brunei Darussalam in 2012.

PART II: REVIEW OF ONGOING CO-OPERATION

40. The Ministers reviewed EU-ASEAN co-operation programmes and activities aimed at enhancing overall Dialogue Relations and supporting the ASEAN integration and community building process by 2015. ASEAN greatly appreciated the EU's assistance and support for the period 2007—2013, around 70 million for ASEAN and 1. 3 billion for development and poverty-reduction to individual ASEAN Member States, thus helping to bridge the development gap in the region. Noting that EU integration was much further advanced, the Ministers encouraged EU to share experiences with ASEAN on regional integration. In this regard, they welcomed the study visit of the ASEAN Committee of Permanent Representatives to Brussels and Berlin now planned for the later half of 2010.

41. The Ministers also underlined the importance of strengthened region to region cooperation in the trade area (outside the framework of the FTA negotiations) on issues such as negotiating capacity of ASEAN, exchange of experience on regional integration and capacity building on technical trade issues for the ASEAN Secretariat and ASEAN Member States.

42. In addition, the Ministers noted the progress made in the implementation of the Regional EU-ASEAN Dialogue Instrument (READI) which provides opportunities for both sides to strengthen co-operation in non-trade areas. They noted, in particular, the growing number of dialogues, including information society, climate change, energy, science and technology and the recently launched dialogue on disaster preparedness. The Ministers encouraged relevant senior officials to intensify and expand dialogue in dif-

ferent sectors. They looked forward to the launch of the new READI facility in 2010 that will provide additional resources to underpin such dialogues.

43. The Ministers assessed experience so far and agreed that the successful implementation of co-operation programmes depends, inter alia, on two factors: a) the absorption capacity of the ASEAN Secretariat and b) an effective ASEAN-led donor co-ordination process to make sure that contributions from all partners are used optimally. The Ministers tasked relevant officials to follow-up speedily on these issues.

Political and Security Co-operation

44. The Ministers noted the initiative of the EU to establish a regional Chemical, Biological, Radiological and Nuclear (CBRN) Centre of Excellence in South East Asia, to promote a regional approach in the field of CBRN risk mitigation, facilitate the exchange of expertise and best practices, and enhance the CBRN safety and security culture.

45. The Ministers committed to promote greater collaboration in addressing nontraditional security issues. In this context, ASEAN noted with appreciation EU support through the EU-ASEAN Migration and Border Management Programme which aims to develop a more efficient border management system in ASEAN Member States as well as combat trafficking of persons and illegal migration control. The Ministers also reaffirmed their commitment to promote co-operation in combating other forms of transnational crime such as illicit drug trafficking, terrorism, arms smuggling, international economic crime and cyber crime, money laundering, acts of piracy and robbery against ships.

Economic Co-operation

46. The Ministers agreed to enhance co-operation on food and energy security between ASEAN and the EU. Global demand for food is expected to significantly increase by 2050, much of this extra demand coming from developing countries, where population growth is fastest. But more unpre-

dictable rainfall and sea level rise in some regions due to climate change could strongly challenge our ability to meet this increased demand. Developing countries are amongst the most vulnerable in terms of long-term food security given low incomes, often poor nutritional status (especially of women and children) and the impact of price volatility on affordability. Thus, the Ministers agreed to promote open trade in staples and other food products; to put greater emphasis on improving nutrition; and to support greater cooperation exploring alternatives to conventional energy resources through, among other things, the development of renewable energy sources, while taking into account the potential impact on agricultural land for food crops. In this context, the Ministers expressed support for the realisation of commitments of the G8 Summit in L'Aquila 2009 and the Declaration of World.

Food Security 2009 as well as the ASEAN Integrated Food Security Framework.

47. On developing alternative and renewable energy resources, the Ministers encouraged greater efforts to create a favourable investment climate, co-operation in R&D technology transfer and capacity building. They recognised the urgent need to pursue low-carbon technologies and green economy solutions to mitigate the impact of climate change. They welcomed the ASEAN-EC Energy Work Plan which was adopted at the 2nd ASEAN Senior Officials' Meeting on Energy-EU Dialogue on 14 May 2009 in Chiang Mai, Thailand as the implementation framework for the ASEAN-EC Energy Dialogue. They also stressed biofuel sustainability, energy efficiency and energy security as two key issues in the ASEAN-EU energy relationship.

48. The Ministers noted similarities between the development of the single EU aviation market and the planned single ASEAN aviation market by 2015 and expressed their interest in exchanging experiences in this field to the mutual benefit. Ministers agreed therefore to enhance EU-ASEAN technical and regulatory co-operation in the air transport sector in areas such as

air traffic management, aviation security, aviation safety, environment and economic regulation. They expressed interest in exploring scope for more comprehensive co-operation in the area of civil aviation between the EU and ASEAN.

49. The Ministers stressed the importance of increasing availability and improving the quality of statistical data as an essential economic management tool. They therefore welcomed on-going co-operation efforts in this direction between ASEAN and the EU in the area of economic statistics.

50. The Ministers welcomed the reinforcement of the bi-regional policy dialogue in the field of research between the ASEAN Committee of Science and Technology (COST) and the European Commission. This dialogue provides a solid framework for co-operation in many areas such as food, agriculture and biotechnologies, health, information and communication technologies, marine sciences, renewable energy and climate change. In that respect, Ministers noted with satisfaction the results of the 1st ASEAN-EC Dialogue Meeting on Science and Technology which took place in Vientiane, Laos, on 20—21 May 2010.

51. The Ministers welcomed the setting-up of a co-operation framework in the field of civilian use of satellite navigation systems, and expressed their willingness to promote the involvement of their relevant institutions and organisations. They encouraged in particular the establishment of a permanent EU-ASEAN collaboration centre on civilian use of satellite navigation systems.

Socio-cultural Co-operation

52. The Ministers welcomed the entry into force of the ASEAN Agreement on Disaster Management and Emergency Response (AADMER) and the establishment of the ASEAN Coordinating Centre for Humanitarian Assistance on Disaster Management (AHA centre). The Ministers also welcomed the launching of the AADMER Work Program. The Ministers noted that a stronger dialogue and co-operation has been initiated between the

ASEAN Secretariat and EC's Directorate-General on Humanitarian Aid & Civil Protection European Commission Humanitarian Office (ECHO) in order to further enhance ASEAN's disaster management and humanitarian assistance capabilities. This co-operation will be further facilitated and strengthened by the Regional READI facility.

53. The Ministers welcomed intensified co-operation between the EU and ASEAN on disaster risk assessment, early warning, risk reduction and disaster preparedness, prevention and mitigation, especially in light of the Climate Change challenges in the ASEAN region. This co-operation will further intensify with EU's support for the implementation of the AADMER Work Programme 2010－2015, including the establishment of the AHA Centre as part of the ASEAN Socio-Cultural Community Blueprint.

54. The Ministers agreed on the need to remain vigilant and proactive vis-à-vis emerging infectious threats, in particular highly-pathogenic avian influenza (HPAI) and pandemics. They noted the outcome of the International Ministerial Conference on Animal and Pandemic Influenza, held in Hanoi, Vietnam, from 19 to 21 April 2010, which commended the ongoing efforts of countries in tackling HPAI and pandemics and at the same time noted the continued threat of HPAI. The unprecedented global mobilization against HPAI had helped strengthen the capacity of ASEAN Member States to prevent and respond to health risks emerging at the interface between animals, humans and environment. Moreover, the investments made since 2005 in pandemic preparedness had considerably facilitated a smooth response to the A/H1N1 (2009) pandemic.

《欧盟—美国关于反恐合作的联合声明》

(2010年6月3日)

EU Council of Ministers' Adoption of U. S. -EU Joint Declaration on Counterterrorism Cooperation

June 3, 2010

We welcome the European Union Council of Ministers' adoption of the joint U. S. -EU Statement on Counterterrorism. We and our partners in the EU are committed to working together to combat the threat of terrorism, bringing to that effort our common values of freedom and democracy, and our respect for international law, the rule of law, and human rights. The joint statement highlights that commitment and those shared values and provides a framework for deepening our already close and productive counterterrorism relationship. We thank our European colleagues, particularly the Spanish Presidency, for their willingness to join with us in issuing this statement and, more broadly, for deepening transatlantic cooperation in counterterrorism. We look forward to the EU's continuing partnership on this challenging issue.

《二十国集团多伦多峰会宣言》
(2010年6月27日)

THE G-20 TORONTO SUMMIT DECLARATION
June 26－27，2010

Preamble

1. In Toronto，we held our first Summit of the G-20 in its new capacity as the premier forum for our international economic cooperation.

2. Building on our achievements in addressing the global economic crisis，we have agreed on the next steps we should take to ensure a full return to growth with quality jobs，to reform and strengthen financial systems，and to create strong，sustainable and balanced global growth.

3. Our efforts to date have borne good results. Unprecedented and globally coordinated fiscal and monetary stimulus is playing a major role in helping to restore private demand and lending. We are taking strong steps toward increasing the stability and strength of our financial systems. Significantly increased resources for international financial institutions are helping stabilise and address the impact of the crisis on the world's most vulnerable. Ongoing governance and management reforms，which must be completed，will also enhance the effectiveness and relevance of these institutions. We have successfully maintained our strong commitment to resist protectionism.

4. But serious challenges remain. While growth is returning，the recovery

is uneven and fragile, unemployment in many countries remains at unacceptable levels, and the social impact of the crisis is still widely felt. Strengthening the recovery is key. To sustain recovery, we need to follow through on delivering existing stimulus plans, while working to create the conditions for robust private demand. At the same time, recent events highlight the importance of sustainable public finances and the need for our countries to put in place credible, properly phased and growth-friendly plans to deliver fiscal sustainability, differentiated for and tailored to national circumstances. Those countries with serious fiscal challenges need to accelerate the pace of consolidation. This should be combined with efforts to rebalance global demand to help ensure global growth continues on a sustainable path. Further progress is also required on financial repair and reform to increase the transparency and strengthen the balance sheets of our financial institutions, and support credit availability and rapid growth, including in the real economy. We took new steps to build a better regulated and more resilient financial system that serves the needs of our citizens. There is also a pressing need to complete the reforms of the international financial institutions.

5. Recognizing the importance of achieving strong job growth and providing social protection to our citizens, particularly our most vulnerable, we welcome the recommendations of our Labour and Employment Ministers, who met in April 2010, and the training strategy prepared by the International Labour Organization (ILO) in collaboration with the Organisation for Economic Co-operation and Development (OECD) .

6. We are determined to be accountable for the commitments we have made, and have instructed our Ministers and officials to take all necessary steps to implement them full within agreed timelines.

The Framework for Strong, Sustainable and Balanced Growth

7. The G-20's highest priority is to safeguard and strengthen the recovery and lay the foundation for strong, sustainable and balanced growth, and

strengthen our financial systems against risks. We therefore welcome the actions taken and commitments made by a number of G-20 countries to boost demand and rebalance growth, strengthen our public finances, and make our financial systems stronger and more transparent. These measures represent substantial contributions to our collective well-being and build on previous actions. We will continue to co-operate and undertake appropriate actions to bolster economic growth and foster a strong and lasting recovery.

8. The Framework for Strong, Sustainable and Balanced Growth that we launched in Pittsburgh is the means to achieving our shared objectives, by assessing the collective consistency of policy actions and strengthening policy frameworks.

9. We have completed the first stage of our Mutual Assessment Process and we concluded that we can do much better. The IMF and World Bank estimate that if we choose a more ambitious path of reforms, over the medium term:

• global output would be higher by almost ＄4 trillion;

• tens of millions more jobs would be created;

• even more people would be lifted out of poverty; and

• global imbalances would be significantly reduced.

Increasing global growth on a sustainable basis is the most important step we can take in improving the lives of all of our citizens, including those in the poorest countries.

10. We are committed to taking concerted actions to sustain the recovery, create jobs and to achieve stronger, more sustainable and more balanced growth. These will be differentiated and tailored to national circumstances. We agreed today on:

• Following through on fiscal stimulus and communicating "growth friendly" fiscal consolidation plans in advanced countries that will be implemented going forward. Sound fiscal finances are essential to sustain recovery, provide flexibility to respond to new shocks, ensure the capacity to meet the challenges of aging populations, and avoid leaving future generations with a legacy of deficits and debt. The path of adjustment must be carefully calibrated to sustain the recovery in private demand. There is a risk that synchronized fiscal adjustment across several major economies could adversely impact the recovery. There is also a risk that the failure to implement consolidation where necessary would undermine confidence and hamper growth. Reflecting this balance, advanced economies have committed to fiscal plans that will at least halve deficits by 2013 and stabilize or reduce government debt-to-GDP ratios by 2016. Recognizing the circumstances of Japan, we welcome the Japanese government's fiscal consolidation plan announced recently with their growth strategy. Those with serious fiscal challenges need to accelerate the pace of consolidation. Fiscal consolidation plans will be credible, clearly communicated, differentiated to national circumstances, and focused on measures to foster economic growth.

• Strengthening social safety nets, enhancing corporate governance reform, financial market development, infrastructure spending, and greater exchange rate flexibility in some emerging markets.

• Pursuing structural reforms across the entire G-20 membership to increase and sustain our growth prospects; and

• Making more progress on rebalancing global demand. Monetary policy will continue to be appropriate to achieve price stability and thereby contribute to the recovery.

11. Advanced deficit countries should take actions to boost national savings while maintaining open markets and enhancing export competitiveness.

12. Surplus economies will undertake reforms to reduce their reliance on external demand and focus more on domestic sources of growth.

13. We are committed to narrowing the development gap and that we must consider the impact of our policy actions on low-income countries. We will continue to support development financing, including through new approaches that encourage development financing from both public and private

sources.

14. We recognize that these measures will need to be implemented at the national level and will need to be tailored to individual country circumstances. To facilitate this process, we have agreed that the second stage of our country-led and consultative mutual assessment will be conducted at the country and European level and that we will each identify additional measures, as necessary, that we will take toward achieving strong, sustainable, and balanced growth.

Financial Sector Reform

15. We are building a more resilient financial system that serves the needs of our economies, reduces moral hazard, limits the build up of systemic risk, and supports strong and stable economic growth. We have strengthened the global financial system by fortifying prudential oversight, improving risk management, promoting transparency, and reinforcing international cooperation. A great deal has been accomplished. We welcome the full implementation of the European Stabilization Mechanism and Facility, the EU decision to publicly release the results of ongoing tests on European banks, and the recent US financial reform bill.

16. But more work is required. Accordingly, we pledge to act together to achieve the commitments to reform the financial sector made at the Washington, London and Pittsburgh Summits by the agreed or accelerated timeframes. The transition to new standards will take into account the cumulative macroeconomic impact of the reforms in advanced and emerging economies. We are committed to international assessment and peer review to ensure that all our decisions are fully implemented.

17. Our reform agenda rests on four pillars.

18. The first pillar is a strong regulatory framework. We took stock of the progress of the Basel Committee on Banking Supervision (BCBS) towards a new global regime for bank capital and liquidity and we welcome and support its work. Substantial progress has been made on reforms that will ma-

terially raise levels of resilience of our banking systems. The amount of capital will be significantly higher and the quality of capital will be significantly improved when the new reforms are fully implemented. This will enable banks to withstand-without extraordinary government support-stresses of a magnitude associated with the recent financial crisis. We support reaching agreement at the time of the Seoul Summit on the new capital framework. We agreed that all members will adopt the new standards and these will be phased in over a timeframe that is consistent with sustained recovery and limits market disruption, with the aim of implementation by end-2012, and a transition horizon informed by the macroeconomic impact assessment of the Financial Stability Board (FSB) and BCBS. Phase-in arrangements will reflect different national starting points and circumstances, with initial variance around the new standards narrowing over time as countries converge to the new global standard.

19. We agreed to strengthen financial market infrastructure by accelerating the implementation of strong measures to improve transparency and regulatory oversight of hedge funds, credit rating agencies and over-the-counter derivatives in an internationally consistent and nondiscriminatory way. We re-emphasized the importance of achieving a single set of high quality improved global accounting standards and the implementation of the FSB's standards for sound compensation.

20. The second pillar is effective supervision. We agreed that new, stronger rules must be complemented with more effective oversight and supervision. We tasked the FSB, in consultation with the IMF, to report to our Finance Ministers and Central Bank Governors in October 2010 on recommendations to strengthen oversight and supervision, specifically relating to the mandate, capacity and resourcing of supervisors and specific powers which should be adopted to proactively identify and address risks, including early intervention.

21. The third pillar is resolution and addressing systemic institutions. We are committed to design and implement a system where we have the powers

and tools to restructure or resolve all types of financial institutions in crisis, without taxpayers ultimately bearing the burden, and adopted principles that will guide implementation. We called upon the FSB to consider and develop concrete policy recommendations to effectively address problems associated with, and resolve, systemically important financial institutions by the Seoul Summit. To reduce moral hazard risks, there is a need to have a policy framework including effective resolution tools, strengthened prudential and supervisory requirements, and core financial market infrastructures. We agreed the financial sector should make a fair and substantial contribution towards paying for any burdens associated with government interventions, where they occur, to repair the financial system or fund resolution, and reduce risks from the financial system. We recognized that there are a range of policy approaches to this end.

Some countries are pursuing a financial levy. Other countries are pursuing different approaches.

22. The fourth pillar is transparent international assessment and peer review. We have strengthened our commitment to the IMF/World Bank Financial Sector Assessment Program (FSAP) and pledge to support robust and transparent peer review through the FSB.

We are addressing non-cooperative jurisdictions based on comprehensive, consistent, and transparent assessment with respect to tax havens, the fight against money laundering and terrorist financing and the adherence to prudential standards.

International Financial Institutions and Development

23. The International Financial Institutions (IFIs) have been a central part of the global response to the financial and economic crisis, mobilizing critical financing, including $750 billion by the IMF and $235 billion by the Multilateral Development Banks (MDBs) . This has underscored the value of these institutions as platforms for our global cooperation.

24. We commit to strengthening the legitimacy, credibility and effective-

ness of the IFIs to make them even stronger partners for us in the future.

25. Towards this end, we have fulfilled our Pittsburgh Summit commitment on the MDBs. This includes $350 billion in capital increases for the MDBs, allowing them to nearly double their lending. This new capital is joined to ongoing and important reforms to make these institutions more transparent, accountable and effective, and to strengthen their focus on lifting the lives of the poor, underwriting growth, and addressing climate change and food security.

26. We will fulfill our commitment to ensure an ambitious replenishment for the concessional lending facilities of the MDBs, especially the International Development Association and the African Development Fund.

27. We have endorsed the important voice reforms agreed by shareholders at the World Bank, which will increase the voting power of developing and transition countries by 4.59% since 2008.

28. We underscore our resolve to ensure ratification of the 2008 IMF Quota and Voice Reforms and expansion of the New Arrangements to Borrow (NAB).

29. We called for an acceleration of the substantial work still needed for the IMF to complete the quota reform by the Seoul Summit and in parallel deliver on other governance reforms, in line with commitments made in Pittsburgh.

30. Today we build on our earlier commitment to open, transparent and merit-based selection processes for the heads and senior leadership of all the IFIs. We will strengthen the selection processes in the lead up to the Seoul Summit in the context of broader reform.

31. We agreed to task our Finance Ministers and Central Bank Governors to prepare policy options to strengthen global financial safety nets for our consideration at the Seoul Summit. Our goal is to build a more stable and resilient international monetary system.

32. We stand united with the people of Haiti and are providing much-needed reconstruction assistance, including the full cancellation of all of

Haiti's IFI debt. We welcome the launching of the Haiti Reconstruction Fund.

33. We have launched the SME Finance Challenge and commit to mobilizing funding for implementation of winning proposals, including through the strong support of the MDBs. We have developed a set of principles for innovative financial inclusion.

34. We welcome the launch of the Global Agriculture and Food Security Program in fulfillment of our Pittsburgh commitment on food security, an important step to further implement the Global Partnership for Agriculture and Food Security, and invite further contributions. Looking ahead, we commit to exploring innovative, results-based mechanisms to harness the private sector for agricultural innovation. We call for the full implementation of the L'Aquila Initiative and the application of its principles.

Fighting Protectionism and Promoting Trade and Investment

35. While the global economic crisis led to the sharpest decline of trade in more than seventy years, G-20 countries chose to keep markets open to the opportunities that trade and investment offer. It was the right choice.

36. As such, we renew for a further three years, until the end of 2013, our commitment to refrain from raising barriers or imposing new barriers to investment or trade in goods and services, imposing new export restrictions or implementing World Trade Organization (WTO) -inconsistent measures to stimulate exports, and commit to rectify such measures as they arise. We will minimize any negative impact on trade and investment of our domestic policy actions, including fiscal policy and action to support the financial sector. We ask the WTO, OECD and UNCTAD to continue to monitor the situation within their respective mandates, reporting publicly on these commitments on a quarterly basis.

37. Open markets play a pivotal role in supporting growth and job creation, and in achieving our goals under the G-20 Framework for Strong, Sustainable and Balanced Growth. We ask the OECD, the ILO, World

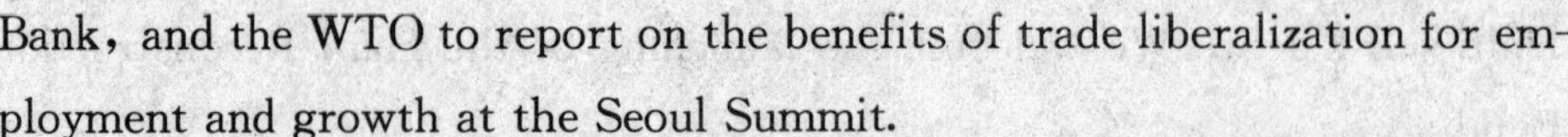
Bank, and the WTO to report on the benefits of trade liberalization for employment and growth at the Seoul Summit.

38. We therefore reiterate our support for bringing the WTO Doha Development Round to a balanced and ambitious conclusion as soon as possible, consistent with its mandate and based on the progress already made. We direct our representatives, using all negotiating avenues, to pursue this objective, and to report on progress at our next meeting in Seoul, where we will discuss the status of the negotiations and the way forward.

39. We commit to maintain momentum for Aid for Trade. We also ask international agencies, including the World Bank and other Multilateral Development Banks to step up their capacity and support trade facilitation which will boost world trade.

Other Issues and Forward Agenda

40. We agree that corruption threatens the integrity of markets, undermines fair competition, distorts resource allocation, destroys public trust and undermines the rule of law. We call for the ratification and full implementation by all G-20 members of the United Nations Convention against Corruption (UNCAC) and encourage others to do the same. We will fully implement the reviews in accordance with the provisions of UNCAC. Building on the progress made since Pittsburgh to address corruption, we agree to establish a Working Group to make comprehensive recommendations for consideration by Leaders in Korea on how the G-20 could continue to make practical and valuable contributions to international efforts to combat corruption and lead by example, in key areas that include, but are not limited to, adopting and enforcing strong and effective anti-bribery rules, fighting corruption in the public and private sectors, preventing access of corrupt persons to global financial systems, cooperation in visa denial, extradition and asset recovery, and protecting whistleblowers who stand-up against corruption.

41. We reiterate our commitment to a green recovery and to sustainable

global growth. Those of us who have associated with the Copenhagen Accord reaffirm our support for it and its implementation and call on others to associate with it. We are committed to engage in negotiations under the UNFCCC on the basis of its objective provisions and principles including common but differentiated responsibilities and respective capabilities and are determined to ensure a successful outcome through an inclusive process at the Cancu Conferences. We thank Mexico for undertaking to host the sixteenth Conference of the Parties (COP 16) in Cancun from November 29 to December 20, 2010 and express our appreciation for its efforts to facilitate negotiations. We look forward to the outcome of the UN Secretary-General's High-Level Advisory Group on Climate Change Financing which is, inter alia, exploring innovative financing.

42. Following the recent oil spill in the Gulf of Mexico we recognize the need to share best practices to protect the marine environment, prevent accidents related to offshore exploration and development, as well as transportation, and deal with their consequences.

43. We recognize that 2010 marks an important year for development issues. The September 2010 Millennium Development Goals (MDG) High Level Plenary will be a crucial opportunity to reaffirm the global development agenda and global partnership, to agree on actions for all to achieve the MDGs by 2015, and to reaffirm our respective commitments to assist the poorest countries.

44. In this regard it is important to work with Least Developed Countries (LDCs) to make them active participants in and beneficiaries of the global economic system. Accordingly we thank Turkey for its decision to host the 4th United Nations Conference on the LDCs in June 2011.

45. We welcome the Global Pulse Initiative interim report and look forward to an update.

46. Narrowing the development gap and reducing poverty are integral to our broader objective of achieving strong, sustainable and balanced growth and ensuring a more robust and resilient global economy for all. In this re-

gard, we agree to establish a Working Group on Development and mandate it to elaborate, consistent with the G-20's focus on measures to promote economic growth and resilience, a development agenda and multi-year action plans to be adopted at the Seoul Summit.

47. We will meet next in Seoul, Korea, on November 11—12, 2010. We will convene in November 2011 under the Chairmanship of France and in 2012 under the Chairmanship of Mexico.

48. We thank Canada for hosting the successful Toronto Summit.

《美俄关于战略稳定的联合宣言》

(2010年6月24日)

Joint Statement by U. S. , Russia on Strategic Stability U. S. , Russia recommit to continue development of new strategic relationship

THE WHITE HOUSE

Office of the Press Secretary

June 24, 2010

Joint Statement by the Presidents of the United States of America and the Russian Federation on Strategic Stability

The United States of America and the Russian Federation are committed to continuing the development of a new strategic relationship based on mutual trust, openness, predictability, and cooperation by following up on the successful negotiation of the Treaty on Measures for the Further Reduction and Limitation of Strategic Offensive Arms, which is focused on the reduction of strategic offensive arms and provides a basis for consideration of further mutually beneficial measures.

They have submitted the Treaty on Measures for the Further Reduction and Limitation of Strategic Offensive Arms to the Senate of the United States and the State Duma of the Federal Assembly of the Russian Federation, and plan to coordinate closely on their respective efforts to secure its prompt ratification and entry into force.

In addition, the Arms Control and International Security Working Group of the U. S. -Russia Bilateral Presidential Commission plans to discuss potential ways to promote strategic stability and a more transparent strategic relationship.

The United States of America and the Russian Federation intend to continue cooperation to establish a mechanism to exchange data on launches of ballistic missiles and space launch vehicles obtained from their national early warning systems. The ultimate goal of such cooperation would be the creation of an international system to monitor, and exchange data on, the launches of ballistic missiles and space launch vehicles. U. S. and Russian experts will meet soon to begin this process.

The United States of America and the Russian Federation are also committed to working with all our partners this year to strengthen the conventional arms control regime in Europe, and modernize it for the 21st century.

（以上资料由毕成摘自网络）

图书在版编目（CIP）数据

2010·国际安全/解放军国际关系学院国际关系研究所编．—北京：时事出版社，2011.4

ISBN 978-7-80232-413-8

Ⅰ.①2… Ⅱ.①解… Ⅲ.①国家安全-研究-世界-2010 Ⅳ.①D815.5

中国版本图书馆 CIP 数据核字（2011）第 029689 号

出版发行：时事出版社

地　　址：北京市海淀区万寿寺甲 2 号

邮　　编：100081

发行热线：（010）88547590　88547591

读者服务部：（010）88547595

编 辑 部：（010）88547594

传　　真：（010）68418647

电子邮箱：shishichubanshe@sina.com

网　　址：www.shshishe.com

印　　刷：北京昌平百善印刷厂

开本：787×1092　1/16　印张：33.25　字数：528 千字

2011 年 4 月第 1 版　2011 年 4 月第 1 次印刷

定价：78.00 元